# 교회사전집7
## 독일 종교개혁

Philip Schaff

# 독일 종교개혁

크리스챤
다이제스트찬

# 서문

　중세를 마감하기 전에 종교개혁사를 먼저 펴낸다. 중세를 마감하는 책은 적절한 시기에 펴낼 것이다.

　종교개혁은 초대 기독교의 재천명인 동시에 근대 기독교의 출범이었다. 이 시기의 역사는 사도 시대 다음으로 교회사에서 가장 중요하고도 흥미로운 부분을 이룬다. 후대의 개신교 진영은 1883년과 1884년에 루터와 츠빙글리를 기념하여 종교개혁의 기억을 되살리는 한편 그 운동에 관한 문헌을 많이 내놓았으며, 이에 자극을 받은 로마 가톨릭 학자들도 상당한 역량을 발휘하여 종교개혁 시대의 독일과 유럽 역사를 교황 중심으로 다시 썼다. '문화 투쟁'(Cultur-Kampf)이 여전히 진행되고 있는 것이다. 16세기에 벌어진 신학적 전투가 현대 사상계에서도 재연되는 가운데, 현대 사상계는 더디지만 꾸준하게 좀 더 나은 이해와 최종 결말을 향해 접근하고 있다. 자유가 특징인 개신교는 전승에 발목 잡혀 있는 로마교에게 공정하고 넓은 시각을 제시할 수 있는 위치에 있다. 교황 무류(無謬) 교의는 학문의 자유에 치명적인 장애가 된다. 사실들이 교의를 주관해야지, 교의가 사실들을 주관해서는 안 된다. 진리를 추구하되 온전하고 순전한 진리를 추구하는 것이 역사가의 목표이다. 그러나 진리는 사랑에 담아 전해야 함을 잊어서는 안 된다(엡 4:15).

　시대의 징후들은 그리스도의 나라가 끊임없이 전진하는 새로운 시대를 바라보게 한다. 미래는 오직 하나님만 미리 내다보신다. 하나님은 처음부터 끝을 바라보시는 분이시다. 우리 가련한 사멸적(死滅的) 존재들은 "부분적으로" 알고, "거울을 보는 것같이 희미하게" 바라볼 뿐이다. 그러나 하나님께서 역사에 두신 계획이 하나하나 밝혀짐에 따라 시야가 확대되고, 과거의 편견이 봄눈 녹듯 녹아 내리며, 소망과 사랑이 부풀어오른다. 역사가에게는 중립이나 무관심도 금물이지만, 편견과 편파도 금물이다. 역사가는 공명정대한 태도로 역사의 노정에 찍혀 있는 하나님 섭리의 발자국을 찾아 따라가야 하며, 인간의 종국을 결정짓고 세상의 모든 사건들을 진리와 의와 평화 안에서 인도하시는 섭리를 바라봐야 한다.

필자는 하절기를 이용하여 여러 번(모두 열세 번) 유럽의 도서관들을 찾아다니며 방대한 종교개혁사 자료를 수집하고 그것을 정리했다. 루터의 문헌은 베를린 대학교에서, 츠빙글리의 문헌은 취리히 대학교에서, 칼빈의 문헌은 제네바와 파리 대학교에서, 잉글랜드와 스코틀랜드 종교개혁의 문헌은 런던과 옥스퍼드와 에든버러 대학교에서 연구했다. 2년 전에는 종교개혁으로 불후의 명성을 얻은 지역들 ― 비텐베르크, 아이슬레벤, 아이제나흐, 바르트부르크 성, 할레, 라이프치히, 예나, 바이마르, 에르푸르트, 고타, 하이델베르크, 취리히, 제네바 ― 을 다시 방문하여 큰 만족을 얻었고, 가는 곳마다 친절한 친구들과 신앙의 형제들을 만났다. 마르부르크와 코부르크, 아우크스부르크는 일전에 방문한 바 있다. 같은 해에 방향을 완전히 바꾸어 페르난도와 이사벨라, 카를 5세, 펠리페 2세, 이그나티우스 로욜라가 활동한 무대인 로마 가톨릭 진영 스페인도 방문하였으며, 그 나라의 과거와 현재 상태를 개신교권 북유럽과 비교해 보았다. 이탈리아는 세 번 방문했으며, 로마에 석 달 머문 기억이 있다. 파란만장한 사건의 무대가 된 도시들을 방문하면 그 무대에서 활약했던 배우들과 더욱 가까워지고, 거의 곁에서 사건을 목격하는 것과 같은 유익을 얻게 된다.

이 책(제7권)은 근대 교회사의 개괄적 서론 외에도, 아우크스부르크 제국의회(1530)부터 루터의 죽음(1546)까지 이어지는 독일 종교개혁의 왕성한 시기를 다루며, 결론으로 이 비범한 인물의 특성과 업적을 평가한다. 루터의 저작은 신(新) 바이마르 판 루터 전집을 사용했으며, 바이마르 판에 실리지 않은 저서들에 대해서는 발흐와 에를랑겐 판을 사용했다. 현대 개신교 사가들 중에는 루터와 종교개혁에 관해 필자와 견해가 같은 랑케(Ranke, 필자의 은사)와 쾨스틀린(Köstlin, 필자의 친구)에게 주로 자문을 구했다. 박식한 로마 가톨릭 사가들인 될링거(Döllinger)와 얀센(Janssen)의 저서들과 그 밖의 많은 논문들도 참조했다. 독자 여러분은 본문의 주요 부분에 참고문헌이 체계적으로 정리된 것을 만나게 될 것이며, 기독교 역사 철학을 다뤄놓은 부분도 가끔 만나게 될 것이다(예. 서론, 49, 56, 63, 79, 87, 99 등). 이 책에서 필자는 과거를 현재의 빛으로 조명하고, 16세기의 운동들을 19세기에 드러난 결과를 토대로 좀 더 명확하게 밝히려고 노력했다. 나무는 그 열매로 판단해야 하겠기 때문이다. "하나님의 맷돌은 천천히 돌지만, 어김없이 모든 것을 갈고 지나간다."

우군과 적군의 입에 그토록 자주 회자되어온 종교개혁사를 새로 집필하고 나니 부족한 점이 마음에 많이 걸린다. 하지만 최선을 다했다고 자부한다. 하나님께서 당신의 종들에게 기대하시는 것은 탁월한 업적보다는 주어진 재능과 기회를 사용하여 충성을 다하는 것이다.


1888년 9월 뉴욕에서

저자 식(識)

# † 차례

## 제6장 독일 개신교의 전파와 박해(1530년까지) ⋯⋯⋯⋯⋯⋯ 460



## 제7장 성찬 논쟁 ⋯⋯⋯⋯⋯⋯⋯⋯⋯⋯⋯⋯⋯⋯⋯⋯⋯⋯⋯ 500

## 제8장 1526-1529년의 정치 상황 ·········· 573




## 제9장 아우크스부르크 제국의회와 신앙고백(1530) ·········· 583

# 독일 종교개혁

## A.D. 1517-1648

# 제 1 장

# 기본적 주제들

## 1. 근대사의 전환점

16세기의 종교개혁은 역사상 기독교의 형성 버금가는 중차대한 사건이다. 종교개혁으로 중세가 막을 내리고 근대가 시작된다. 기독교에서 시작한 종교개혁 운동은 이후의 모든 진보적 운동들에 직간접으로 강력한 자극을 주었으며, 개신교는 근대 문명사에 있어서 주된 추진력이 되었다.

종교개혁 시대는 1세기와 매우 유사한 점들이 많다. 이 두 시대 모두 다른 어떤 시대와도 비교할 수 없는 위대한 인물들, 중요한 사실들, 그리고 항구적인 결과들이 풍부하다. 두 시대 모두 앞선 시대에서 진행되고 있던 것들이 마침내 열매를 맺었으며, 또한 이후의 시대들을 위해 풍부한 결실을 가져올 씨앗들이 되었다. 두 시대는 인류사의 전환점이다. 우리는 두 시대의 영향을 오늘날까지 느끼고 있으며, 역사가 끝날 때까지도 그럴 것이다. 두 시대는 무한자와의 접촉을 통해 인간 영혼의 가장 내밀한 깊이로부터 이 세상을 새롭게 형성했다. 이 두 시대는 모두 섭리에 의해 특정한 사건들과 사상적 경향들이 함께 일어남으로 해서 도입되었다. 기독교에로의 길은 모세와 예언자들, 유대인들의 흩어짐, 알렉산더 대왕의 정복, 헬라의 언어와 문학, 로마의 군사력과 법률, 우상 숭배의 쇠퇴, 회의주의(skepticism)의 확산, 새로운 계시를 향한 갈망, 오실 구원자에 대한 대망과 같은 요인들에 의해 준비되었다. 종교개혁은 교황제도의 타락, 수도원 운동과 스콜라주의의 퇴조, 신비주의의 발흥, 학문의 부흥, 헬라와 로마의 고전 저술들의 부활, 인쇄술의 발명, 신대륙의 발견, 헬라어 성서의 발간, 일반적인 탐구

정신, 민족의 독립과 개인의 자유에 대한 갈망 등에 의해 준비되고 필연적인 것이 되었다. 이 두 세기에 있어서 우리는 모두 어둠 속에서 빛을 부르시는 전능자의 창조적 음성을 듣는다.

16세기는 종교, 문학 그리고 예술의 르네상스 시대였다. 그런 분위기는 진보와 자유의 정신에 의해 고조되었다. 긴 겨울의 눈은 봄 햇살 앞에 거의 녹아 사라지고 있었다. 세상은 젊음을 회복하고 있는 것으로 보였다. 낡은 것들은 지나가고, 만물이 새로워지고 있었다. 비관주의자들과 소심한 보수주의자들은 소중하게 여겨왔던 관념과 제도들이 위협받고 전복당하는 것을 경계했으며, 불평하고, 비난하고, 낙담했다. 참으로 쓸데없는 짓이었다. 시대의 징조를 예리하게 관찰하는 사람들은 희망에 부풀어 낙관적으로 미래를 내다보았다. 울리히 폰 후텐(Ulrich von Hutten)은 이렇게 외쳤다. "오, 시대여! 학문은 번영하고, 정신들은 깨어있도다. 산다는 것은 분에 넘치는 일이로다." 루터는 1522년에 이렇게 기록했다: "과거의 모든 연대기를 읽어보더라도, 당신은 그리스도의 탄생 이후 오늘날과 같은 이런 시대를 찾아볼 수 없을 것이다. 이런 건물과 설비, 이런 좋은 생활과 옷, 이런 상업적 모험들, 모든 예술 분야에 있어서 이런 고조된 분위기란 그리스도께서 이 땅에 오신 이후 결코 있어 본 적이 없다. 아무것도 감추인 채로, 드러나지 않은 채로 버려두지 않는 예리하고 총명한 사람들이 얼마나 많은가! 오늘날은 스무살밖에 되지 않은 청년이라 할지라도 과거의 스무 명의 신학박사들이 알고 있던 것보다 더 많이 알고 있다."

우리는 19세기에 대해 더 정확하게 똑같은 말을 할 수 있다. 19세기는 현저하게 발견과 발명, 탐구와 진보의 시대였다. 그리고 그때나 지금이나 빛과 자유에 대한 열망은 정반대되는 두 방향을 취한다. 즉 회의주의와 불신앙으로의 방향이나, 아니면 참된 종교의 그 원시적 근원으로부터 부흥에로의 방향을 취하게 되는 것이다. 그러나 그때 기독교는 승리했다. 그리고 또다시 세상을 새롭게 할 것이다.

개신교 종교개혁은 르네상스의 자유주의적인 경향과 운동의 키를 쥐고, 그것들을 기독교적 삶의 수로로 인도해 들였으며, 그리하여 재앙적인 혁명으로부터 이 세상을 구원했다. 종교개혁은 혁명도 회복도 아니었기 때문이다. 비록 그 요소들을 모두 갖고 있기는 하지만 말이다. 종교개혁은 오류에 대해서는 부정적이고 파괴적이었지만, 진리에 대해서는 긍정적이고 생산적이었다. 종교개혁은 진보적이었던 것만큼이나 또한 보수적이었다. 종교개혁은 그것이 무너뜨린 자리에 새로운 제도들을 쌓아올렸다. 그리고 이런 이유 때문에 또한 그런 정도까지만 종교개혁은 성공했다.

라틴 교회의 어머니 같은 돌봄 아래서 유럽은 기독교화되고 문명화되었다. 그리고 교황의 영적 정부와 황제의 세속적 정부 아래서 여러 나라들이 하나의 신조, 하나의 예식, 하나의 규율, 그리고 하나의 거룩한 언어를 가진 하나의 가족으로 결합되어 있었다. 6세기 초의 이교 정신과 야만주의 상태는 16세기 초의 기독교 유럽의 상태와 명백한 대조를 이룬다. 마치 한밤중의 어둠과 동터오는 새벽처럼 말이다. 그러나 태양이 아직 완전히 떠오른 것은 아니었다.

가톨릭 교회와 인류에 대한 그 측량할 수 없는 공헌에 마땅히 모든 영예를 돌려야 한다. 그러나 기독교는 어떤 교회 제도보다 더 광대하고 더 심원한 것이다. 그것은 중세적 형태의 껍질을 깨버렸고, 새로운 길을 활짝 열었으며, 그리하여 유럽을 그 지적·도덕적·영적 문화에 있어서 이전의 어떤 시대보다도 더 높은 차원으로 이끌어 올렸다.


## 2. 개신교와 로마주의


개신교는 근대 교회사의 가장 계몽적이고 활동적인 한 부분을 보여주지만, 근대 교회사 전체를 보여주는 것은 아니다. 16세기 이후 서방 기독교 세계는 분열되고, 두 다른 방향으로 흐르게 되었다. 이 분열은 오늘날까지도 치유되지 않고 있는 동방 교회와의 9세기의 분열에 비교될 수 있을 것이다. 동방 교회와 서방 교회는 "필리오케"(Filioque)와 같은 교리적 문제에 있어서 양측 모두 항상 확고하고 비타협적이며, 더 중요하고 실제적인 문제인 교황제도에 있어서도 마찬가지이다. 그러나 개신교는 로마 교회가 헬라 교회와 다른 것보다 훨씬 더 로마 교회와 다르다. 그리고 로마 교회로부터 개신교의 분열은 이후 무성하게 진행된 개신교 내부 분열의 모체가 되었다. 이런 분열들은 분리되어버린 교회 조직들 속에서 드러나고 있다.

우리는 카톨리시즘(Catholicism)과 로마주의(Romanism)를 구별해야 한다. 전자는 고대 동방 교회, 중세 교회, 그리고 넓게 보자면 근대의 복음주의적 교회들까지도 포함한다고 말할 수 있다. 로마주의는 종교개혁에 항거한 라틴 교회이다. 이 교회는 트렌트 공의회에 의해 강화되고, 1870년 제1차 바티칸 공의회의 교황 절대주의와 무류성 교리에 의해 완성되었다. 중세 가톨릭 교회는 복음주의를 예비하고 종교개혁에 열려있는 교회였다. 근대의 로마주의는 반(反) 복음주의적이고, 종교개혁을 정죄하며, 한 번 재가된 공의회의 교리들에 불굴의 완고함을 가지고 매달린다. 그리고 교회의 무류성에 대한 주장 때문에 더더욱 그런 모습을 보이고 있다.

개신교에 대한 태도에 있어서 종교개혁 이전의 가톨릭 교회와 종교개혁 이후의 로마주의가 보여주는 차이는 역사적으로 선례를 가지고 있다. 그것은 기독교로의 길을 예비한 기독교 이전 이스라엘과 기독교를 배교로 여기고 극력 반대한 기독교 이후 유대교와의 차이에서 발견된다.

가톨릭 교회와 개신교는 동일한 뿌리에서 나왔지만 그 가지들은 다른 기독교의 서로 구별되는 두 형태를 제시한다.

가톨릭 교회는 중세의 야만적인 민족들에게 꼭 필요한 훈련의 학교로서 공헌한 법적인(legal) 형태의 기독교이다. 개신교는 독립된 성년(manhood)의 시대에 응답한 복음주의적 형태의 기독교이다. 가톨릭 교회는 전통적, 위계제도적, 예전적이며, 보수적이다. 개신교는 성서적, 민주적, 영적이며, 진보적이다. 전자는 '권위'(authority)의 원리에 의해, 후자는 '자유'의 원리에 의해 다스려진다. 그러나 법은 죄에 대한 의식을 일깨우고 구속에 대한 열망을 불러일으킴으로써 복음으로 인도한다. 부모의 권위는 자유를 배우는 학교이기도 하며, 자식으로서의 복종은 성년이 되어 스스로 자기를 다스릴 수 있는 길을 예비하는 것이다.

중세 가톨릭 교회의 특징적인 모습들은 근저에 놓여 있는 일치를 파괴하지 않은 채로 로마주의에 의해 강화되었다.

로마주의와 정통 개신교는 한 분 하나님, 성부, 성자, 성령과, 한 분 하나님이시며 인간이신 주님과 인류의 구세주를 믿는다. 양자는 공히 성경과 보편적 신앙을 받아들인다. 양자는 모두 사도신경의 모든 조항들에 동의한다. 양자를 연합시키고 있는 것은 양자를 분열시키고 있는 것보다 훨씬 더 깊고, 강하고, 그리고 중요하다.

그러나 로마주의는, 개신교가 성서 외적 또는 반(反)성서적이라고 여겨 거부하는 다수의 "장로들의 전통"을 고수한다. 예를 들면 교황제, 성자들과 유물들에 대한 숭배, 화체설, 희생 제사로서의 미사, 죽은 자들을 위한 기도와 미사, 여공(supererogation)의 행위, 연옥, 면죄부, 영원한 맹세와 금욕주의적 관습들을 가진 수도원 제도, 그 외에도 많은 미신적인 의식들을 가지고 있다.

다른 한편 개신교는 죄와 은총에 관한 아우구스티누스의 교리를 되살리고 발전시켰다. 개신교는 인간의 구원에 있어서 하나님의 은총의 주권성, 신앙의 규범으로서 성경의 충족성, 인간이 하나님 앞에 의롭게 여겨지는 근거로서 그리스도의 공로의 완전성을 주장한다. 개신교는 또한 인간적인 중보자의 도움 없이 하나님의 말씀과 은혜의 보좌 앞에 직접 나아갈 수 있는 권리를 주장한다. 개신교는 노예 상태로부터 그리스도인의 자유를 천명한다. 개신교는 수도원의 금욕주의를 사회적 도덕성으로 대체한다. 개신교는, 지성과 마음보다는 감각과 상상력에 호소하는 장엄한 예전주의를 단순하고 영적인 예배로 대체한다.

가톨릭 교회와 개신교회의 차이는 사도 시대에 유대인 기독교와 이방인 기독교의 차이에 의해 전형적으로 예시되어졌다. 말하자면 그 차이는 교회사의 미래의 모든 과정을 미리 보여주는 것이었다. 교회에 받아들여지기 위한 조건으로서 할례와 모세의 율법들을 지키는 문제는 예루살렘의 사도 회의 시에 분열의 위협을 제기했지만, 사도들의 지혜와 사랑에 의해 해결되었다. 그들은 유대인과 이방인이 동일하게 "주 예수의 은혜로 구원받는다"(행 15:11)는 점에 동의했다. 그러나 예루살렘에서 이 논쟁이 해결된 이후에조차도 바울은 동일한 문제 때문에 안디옥에서 베드로와 심각한 갈등에 빠지게 되었으며, 소심한 행동 때문에 더 나은 확신을 부정하고 이방인 형제들을 거부한 것에 대해 연장자인 베드로에게 정면으로 항의했다. 로마 교회가 베드로 위에 세워졌다고 공언하고 그를 첫 번째 교황으로 여기는 것은 결코 우연이 아니다. 반면 종교개혁자들은 주로 바울에게 호소했으며, 그의 갈라디아서와 로마서에서 자신들의 인간론, 구원론, 그리고 그리스도인의 자유에 대한 강력한 요새를 발견했다. 바울과 베드로의 충돌은 단지 일시적인 것이었다. 그리고 개신교와 로마주의의 갈등 역시 하나님이 작정하신 선한 시기가 되면 궁극적으로는 사라져 버리게 될 것이다.

종교개혁은 독일과 스위스에서 동시에 시작되었으며, 놀랍게 빠른 속도로 프랑스, 네덜란드, 스칸디나비아, 보헤미아, 헝가리, 잉글랜드와 스코틀랜드로 퍼져 나갔다. 17세기부터는 이민자들에 의해 북아메리카에, 그리고 상업적인 또한 선교적인 시도들에 의해 네덜란드와 영국의 모든 식민지에, 모든 이교 나라들에 퍼져 나갔다. 종교개혁은 튜턴족 국가들 대부분과 일부 라틴 국가들을 휩쓸었으며, 잠시 동안은 교황 교회를 전복시킬 것처럼 보이기도 했다.

그러나 16세기가 끝나갈 무렵 승승장구하던 종교개혁의 행진은 갑자기 제지되었다. 로마 교회는 마치 상처입은 거인처럼 일어섰으며, 유럽에서 잃어버린 땅들을 재정복하고 아시아와 남아메리카에서 영토를 확장시키기 위해 참으로 치열한 노력을 기울였다. 그때 이후로 수(數)적인 면에 있어서 두 교회 간의 관계는 약간의 변화를 겪었다. 그러나 세속사와 교회사에 있어서의 진보는 주로는 개신교의 통로를 통해 이루어졌다.

많은 점에 있어서 오늘날의 로마 교회는 중세 교회를 커다랗게 능가한다. 로마교회는 개신교 종교개혁으로부터 많은 유익을 얻었으며, 교황 체제 국가들보다는 개신교 국가들에서 훨씬 덜 부패하고 훨씬 더 번성한 모습을 보여주고 있다. 로마 교회는 반(反) 종교개혁으로 이끌려 갔으며, 이를 통해 교회 내 현저하게 잘못된 것들을 일부 제거하고, 성직자와 평신도들에게 새로운 생명과 열정을 공급해 주었다. 16세기 이후로 로마 교회는 분열 때문에 역사에 오점을 남기지는 않았다. 알렉산더 6세나 레오 10세와 같은 성품을 가진 교황은 더 이상 선출될 수 없었다. 로마 교회는 주로 과거에 살고 있지만, 교회를 지키기 위해서는 현대전에서 사용되는 모든 최신 무기들을 다 사용한다. 로마 교회는 동방 교회나 개신교회보다 훨씬 더 많은 교인을 갖고 있다. 로마 교회는 남반구와 북반구의 라틴 민족들을 여전히 자신의 지배 하에 두고 있다. 로마 교회는 모든 나라들과 지역들에 있어서 수많은 사람들의 종교적 욕구를 충족시켜 준다. 로마 교회는 지구상의 모든 사람들에게 교육, 자선, 선교 사역을 통해 도달하고 있다. 로마 교회는 개신교회가 타락하고 그 의무를 등한시하는 것과 비례하여 전진하고 있다. 로마 교회는 그 존경스러운 고대성, 역사적 연속성, 가시적 일치, 중앙집권화된 조직, 장엄한 예전, 성스러운 예술, 그리고 금욕적 경건을 통해 지성적이고 교육받은 사람들의 마음을 끈다. 반면 보통 사람들은 무지와, 천국과 지옥의 문을 열고 죽은 사람들의 연옥에서의 고통을 단축시킬 수 있다는 로마 교회의 주장 때문에 그 신비한 권위에 대한 미신적 외경에 사로잡혀 있다. 선과 악의 문제에 있어서 로마 교회는 현대 사회에서 가장 강력한 보수 세력이다. 그리고 로마 교회가 역사의 마지막까지 존속하리라고 믿을 만한 많은 이유들이 있다.

그리하여 서방 기독교의 이 두 가지들은 서로를 억제하는 것으로 보이지만,

선한 일들에 있어서 고상한 경쟁자가 되도록 서로에게 자극을 주어야 할 것이다.

기독교의 이 불행한 분열은 많은 악의 근원이 되기도 했지만, 또한 세상의 개종을 위해 일선에 있는 교회들을 증식시키고, 종교 생활의 모든 영역에 있어서 자유로운 성장을 촉진시키는 좋은 영향을 끼치기도 했다. 악은 나름대로 완수해야 할 사명이 있는 교파들의 증식에 있다기보다는 다른 이들의 권리와 덕을 부정하는 분파주의(sectarianism)와 배타주의 정신에 있는 것이다. 16세기의 종교개혁은 끝나버린 것이 아니라, 여전히 진행 중인 운동이다. 우리는 더 높고, 더 깊고, 더 광범위한 종교개혁을 희망 속에 고대할 수 있다. 하나님께서 인간적인 것을 침묵시키는 신적인 지혜와 자비로, 모든 교회들 위에 그분의 성령을 오순절처럼 쏟아부어, 인간의 죄와 어리석음이 찢어놓은 것들을 하나로 묶어 연합시키는 그런 종교개혁 말이다. 그리스도의 예언의 완전한 의미에 있어서 "한 목자 아래 한 양떼"(요 10:16)가 있어야만 하고, 또 장차 있게 될 것이다.

## 3. 종교개혁의 필요성

라틴 교회의 타락과 부패는 오래 전부터 선한 사람들, 그리고 심지어는 공의회들의 불평거리였었다. 머리와 지체들을 총망라한 개혁은 피사, 콘스탄츠, 그리고 바젤 공의회의 슬로건이었지만, 온전히 한 세기 동안 하나의 "경건한 열망"(pium desiderium)으로만 남아 있었다.

16세기가 시작될 무렵 교회의 상태가 어떠했는지 그 어두운 면을 간략하게 살펴보기로 하자.

교황제도는 세속화되고 이기적인 폭압으로 전락해, 그 멍에는 점점 견딜 수 없게 되어갔다. 교회의 분열로 교황이 둘 셋씩 존재하던 추문거리는 제거되었다고 하지만, 교황들의 도덕성은 잠시 개선된 것을 제외하고는 1492년부터 1521년 사이에 그 어느 시대보다도 점점 더 악화되고 있었다. 알렉산더 6세는 불법의 괴물이었다. 율리우스 2세는 영혼들의 머리 목자라기보다는 정치가요, 전사였다. 그리고 레오 10세는 종교보다는 이교의 문학과 예술의 부흥에 훨씬 더 많은 관심을 가지고 있었고, 심지어 복음 역사(history)의 진리성을 의심했다고까지 말해진다.

많은 추기경들과 사제들이 교황들의 부끄러운 행실들을 따르고, 성직자에 대한 평신도들의 존경심이 약화되었다는 것은 하등 이상한 일이 아니다. 당대의 학자들, 설교자들, 그리고 풍자가들의 글은 사제들과 수도사들의 무지와 세속성, 그리고 부도덕성에 대한 불평과 폭로로 가득 차 있다. 부끄럽게도 성직매매와 족벌주의(nepotism)가 거리낌없이 행해졌다. 성직자 독신제(celibacy)는 온갖 부정(不貞)과 성적 불결의 냄새나는 근원이 되어 버렸다. 주교직은 자격과는 아무런 상관 없이 왕자들과 귀족들의 가장 어린 아이들에 의해 독점되었다. (독일의) 슈트라스부르크(Strassburg: 현재는 프랑스의 스트라스부르)에서 도덕 개혁을 주창한 엄격한 설교자 카이저스베르크의 가일러(Geiler of Kaisersberg: 1510년 사망)는, 무식하고 세속적인 인간들을 단지 그들의 높은 신분 때문에 고위 성직들에 임명하고 있다고 온 독일을 비난하고 있다. 토마스 무르너(Thomas Murner)는 마귀가 귀족들을 성직으로 끌어들여 주교직을 독점하게 만들었다고 성토하고 있다.

여러 성직을 갖거나 교구 부재(주교가 자신의 교구에 머무르지 않는 것)는 흔한 일이었다. 마인츠의 대주교 알브레히트(Albrecht)는 동시에 마크데부르크(Magdeburg)의 대주교였으며, 또한 할버슈타트(Halberstadt)의 주교였다. 울지(Wolsey) 추기경은 잉글랜드의 대법관(chancellor)이며 동시에 요크의 대주교였고, 프랑스와 스페인 왕, 그리고 베네치아의 총독으로부터 봉급을 받았고, 500명이나 되는 시종들을 거느리고 있었다. 스코틀랜드의 제임스 5세(1528-1542)는 자신의 사생아들을 홀리루드(Holyrood), 켈소(Kelso), 멜로우즈(Melrose), 콜딩햄(Coldingham), 그리고 세인트 앤드루스(St. Andrews) 수도원의 대수도원장으로 임명하고, 자신이 총애하는 자들에게 주교직을 하사하였다.

규율이란 거의 파괴되어 버렸다. 모든 수도원 체계와 종단들은 무지와 미신, 안일과 낭비의 온상이 되었으며, 조롱과 경멸의 대상이 되었다. 우리는 이것을 로이힐린(Reuchlin)과 도미니쿠스 수도사들과의 논쟁, 에라스무스의 저술들, 그리고 「우둔한 자들의 편지」(*Epistolae Virorum Obscurorum*)와 같은 글에서 찾아볼 수 있다.

신학은 스콜라주의적 공교함, 아리스토텔레스의 변증법과 한가한 사변의 미궁을 헤매면서, 복음의 위대한 가르침은 무시해 버리고 있었다. 비텐베르크 대학에서 루터의 연장자 동료였던 칼슈타트(Carlstadt)는 자신은 완성된 성경 사본을 보기도 전에 신학박사가 되었다고 고백했다. 교육은 사제들과 귀족들에게만 한정되어 있었다. 절대 다수의 평신도들은 읽지도 쓰지도 못했으며, 강단에서 가르쳐지는 성경에 관한 교훈 외에는 하나님의 말씀에 접근할 도리가 없었다.

사제의 주된 의무는 신비스런 말로 실체 변화(transubstantiation)의 기적을 행하는 것이었으며, 살아있는 자들과 죽은 자들을 위해 낯선 언어로 미사의 희생을 제공하는 일이었다. 많은 사제들이 기계적으로 또는 회의적인 심정으로 그런 일을 수행했다. 특별히 이탈리아에서 그러했다. 설교는 무시되었고, 대개는 면죄부, 자선금, 성지순례, 성상의 행렬들에 대한 언급으로 채워졌다. 교회당들은 좋고 나쁜 그림들, 진짜와 허구적인 유물들로 넘쳐나고 있었다. 성자 숭배와 성상 숭배, 미신적인 의식들과 예전들이 신령과 진리로 하나님을 직접 예배하는 것을 가로막고 있었다.

영혼과 그리스도의 살아있는 연합과 인격의 성화로부터 흘러나와야 하는 경건이 외적인 것으로 변질되어, 파테르노스테르(Paternoster: 주기도문)와 아베마리아(Avemaria) 암송, 금식, 자선금 기부, 사제에게의 고해, 성지 순례와 같은 기계적 행위들을 수행하는 것으로 축소되었다. 선행은 질보다는 양에 의해 측정되었으며, 보상이라는 이기적 동기에 호소하는 공로의 원리에 의해 오염되었다. 죄의 용서를 돈을 주고 살 수 있었다. 수치스러운 면죄부 판매가 성 베드로 대성당의 건축을 위해서는 물론 더러운 이익을 위해 교황의 재가 아래 행해졌으며, 이것이 종교개혁과, 로마 교회에 대한 무서운 심판의 시작이 되는 도덕적 분노를 폭발시키는 원인이 되었다.

이 모든 것들은 일면적 진술이기는 하지만, 과장된 것은 아니다. 위에서 기술한 것들에 관한 한 그것은 진실이며, 다음에 제시하게 될 밝은 측면에 의해 단지 보완되기만 하면 되는 것이다.

정직한 로마 가톨릭 학자들은, 비록 교회의 무류성과 또한 그에 따르는 교회의 개혁불가성(irreformability) 교리를 주장하기는 하지만, 16세기에 규율이 부패하고 도덕적 개혁의 필요성이 있었다는 것을 강한 어조로 긍정한다.

이에 대한 가장 좋은 증거는 예외적인 고결성을 지녔던 교황 하드리아누스 6세에 의해 제시된다. 그는 1522년 뉘른베르크(Nurnberg) 의회에서 교황과 성직자들이 타락했다는 것을 특별히 고백하고, 교황청을 개혁하기 위해 진지한 노력을 기울였지만, 무위로 끝나고 말았다. 트렌트 공의회는 이단을 박멸하기 위해서 뿐만 아니라, 부분적으로는 또한 "성직자들과 그리스도인들의 개혁을 위해" 소집되었다. 마찬가지로 교황 피우스 4세는 견진성사 교서에서 공의회의 목적 중 하나는 "도덕을 바로잡고 교회의 기율을 회복하는 것"이라고 선언하였다.

다른 한편 교회가 이보다 더 타락한 상태에 있었던 적도 여러 번 있었다는 것을 인정해야 할 것이다. 14세기의 교황청 분열이나, 특별히 10세기와 11세기가 그러했다. 그러나 당시 교회는 교황 힐데브란트(Hildebrand)와 그의 후계자들에 의해 분열 없이, 그리고 가톨릭 교회의 교리를 변경함 없이 개혁될 수 있었다.

16세기에는 왜 동일하게 개혁이 이루어질 수 없었던가? 왜냐하면 로마 교회가 결정적인 시기에 있는 힘을 다해 개혁에 저항하면서 그것을 통제하려고 했기 때문이다: 전혀 개혁을 하지 않거나, 아니면 로마와 반대 방향으로의 개혁만이 가능했다.

서방 교회의 분열에 대한 책임은 동방 교회의 분열과 마찬가지로 두 진영에 다같이 있다. 물론 인간의 법정에서 그 책임의 몫을 정확하게 측정할 수는 없다. 의심의 여지 없이 개신교 진영의 폭력과 무절제에 상당한 책임이 있다. 그러나 로마 교회의 불관용과 완고한 저항에 좀 더 많은 책임이 있다. 교황청은 종교개혁에 반대하여 오랫동안 정치적 영향, 외교적 술책, 세속적인 부, 교만한 긍지, 스콜라 철학, 억압적 권위, 그리고 피에 주린 핍박과 같은 세상적인 무기들만을 사용했다. 그것은 메시야를 십자가에 못 박고 사도들을 회당 밖으로 추방해 버린 유대교의 교권주의 과정을 그대로 답습했다.

그러나 우리는 이러한 부분적 정당화를 넘어서서, 종교개혁의 결과라는 관점에서 사태를 보아야만 할 것이다.

교황제도의 억압 바깥에 있는 새로운 형태의 기독교를 발전시킨 것은 명백하게 섭리적 계획에 의한 것이었다. 그리고 이후 3세기 동안의 역사는 이 섭리적 계획에 대한 가장 좋은 설명이며 옹호인 것이다. 역사 속에서 모든 운동은 그 열매에 의해 평가되어야만 한다.

이러한 진보 운동의 요소들은 루터와 츠빙글리가 교황의 면죄부에 대해 항거하기 전에 이미 역사 속에 작용하고 있었다.

# 4. 종교개혁을 위한 준비

그리스도 이전의 유대교는 비참할 정도로 타락해 있었으며, 모세의 자리에 앉은 자들은 소경을 인도하는 소경들이었다. 그럼에도 불구하고 "구원은 유대인으로부터 말미암는다." 그리고 이 백성으로부터 세례 요한, 동정녀 마리아, 메시야, 그리고 사도들이 일어났다. 선지자들을 돌로 치고, 주님을 십자가에 못 박은 그 예루살렘은 또한 오순절의 기적을 증언하고, 기독교 세계의 어머니 교회가 되었다. 16세기의 가톨릭 교회도 그렇다. 비록 머리와 지체를 망라하여 타락했지만, 그것은 여전히 살아계신 하나님의 교회였으며, 종교개혁을 산출한 교회였다. 이 종교개혁을 통해 인간적 전통의 쓰레기를 제거하고, 그리스도의 복음의 순수한 근원을 다시 열게 되었다.

잊어버려서 안 되는 것은 종교개혁자들은 모두가 로마 가톨릭 교회 안에서 태어나고, 세례받고, 견신되고, 교육받은 사람들이며, 그들 대부분은 자신들의 양심에 따라 교황에게 절대 복종하기로 거룩한 맹세를 하고 사제로서 교회의 제단을 섬기던 사람들이라는 것이다. 그들은 사도들과 복음 전도자들이 회당과 성전에 밀접하게 연관되어 있었던 것처럼, 교황 교회와 밀접하게 연관되어 있었다. 그들은 비슷한 어쩔 수 없는 사정 때문에 선조들의 교회를 떠나지 않을 수 없었다. 아니 그들이 떠난 것이 아니라, 교권의 지도자들에 의해 쫓겨난 것이다. 종교개혁은 앞으로 나가기 위해 최초의 원리들로 되돌아갔다. 종교개혁은 과거에 뿌리를 깊게 내렸으며, 미래를 위해 풍부한 결실을 맺었다. 종교개혁은 유럽의 다른 지역들에서 거의 동시에 분출했으며, 당시 교회와 국가의 지도적인 인물들에 의해 열광적으로 환영받았다. 기독교 그 자체를 제외하고는, 역사상 그 어떤 위대한 운동도 개신교 종교개혁만큼 광범위하고 철저하게 준비된 운동은 없다.

피사, 콘스탄츠, 바젤과 같은 개혁 공의회들, 황제들과 교황들의 갈등, 하나님과의 직접적 교통을 갈망하는 신비주의자들의 명상적 경건, 고전 문학의 부흥, 일반적인 지적 각성, 로이힐린과 에라스무스의 성서 연구, 국가 독립의 기운 고조, 영국의 위클리프(Wycliffe)와 롤라드(Lollards) 운동, 보헤미아의 후스(Hus)와 후스파 사람들, 독일과 네덜란드의 고흐(Goch)의 요한, 베젤(Wesel)의 요한, 그리고 요한 베셀(Johann Wessel)과 같은 사람들, 이탈리아의 사보나롤라(Savonarola), 공동 생활 형제단, 발도파, 하나님의 친구들(Friends of God) — 이 모든 것들이 위대한 변화를 위해 자신들의 몫을 하면서 기독교의 새로운 시대를 위한 길을 닦았던 것이다. 교회의 가장 내밀한 삶은 새로운 시대를 향하여 나아가고 있었다. 종교개혁의 원리나 교리들 중에서 14세기와 15세기에 이미 예견되고 옹호되지 않은 것이라곤 거의 없다. 루터는 만일 자신이 요한 베셀의 저술들을 더 일찍 알았더라면, 자신의 대적자들이 그가 모든 것을 요한 베셀에게서 끌어왔다고 비난했을 것이라고 말했다. 온 유럽에 기름은 충분했다. 단지 그것에 불붙여 활활 타오르게 할 불씨가 필요할 뿐이었다.

폭력적 격정, 정치적 음모, 군주들의 야망과 탐욕, 그리고 모든 종류의 이기적이고 세속적인 동기들이 교황제도와의 전쟁에 뒤섞여 있었다. 그러나 이러한 것들은 이교의 야만인들에게 기독교가 전파되는 중에도 마찬가지로 작용하고 있었던 것들이다. "하나님께서 교회를 세우시는 곳이면 어디나 마귀는 그 가까이에 예배당(chapel)을 세운다." 인간의 본성은 참혹하게 타락해 있으며, 역사 속에서 가장 고상한 운동들에조차 그 오점을 남겨놓는다.

그러나 결국 종교개혁의 지도자들은 결점이 없었던 것은 아니었지만, 가장 순수한 동기와 고상한 목적을 지닌 사람들이었다. 그리고 그들이 도입한 변화로 인해 유익을 받지 않은 국가는 지상에 없었다.


## 5. 종교개혁의 정신과 목적


복음주의적 개신교의 정신과 목적은 바울의 반(反)유대교 서신인 갈라디아서에 가장 잘 표현되고 있다: "그리스도께서 우리를 자유케 하시려고 자유를 주셨으니, 그러므로 굳게 서서 다시는 종의 멍에를 메지 말라." 그리스도인의 자유란 참으로 측량할 수 없는 축복이어서, 아무리 그것을 오용한다 할지라도 영적 독재와 노예 상태로 되돌아가는 것은 결코 정당화되지 않는다. 그러나 오직 그 자유를 누리는 사람들만이 그 가치를 올바로 평가할 수 있는 것이다.

종교개혁은 처음에는 순수하게 종교적 운동이었으며, 역사 속에서 모든 방면으로 침투해 들어가는 종교의 힘을 분명하게 드러내 보여준다. 종교개혁은 다음과 같은 질문에서 시작되었다: 구원받기 위하여 인간은 무엇을 해야 하는가? 어떻게 죄인이 하나님 앞에서 의롭다고 여겨질 수 있으며, 혼란스런 양심에 평화를 얻을 수 있는가? 종교개혁자들은 영혼의 구원, 그리스도의 영광, 그리고 복음의 승리에 대해 지고의 관심을 가지고 있었다. 그들은 현재보다는 미래의 세계에 대해 더 많이 생각했으며, 모든 정치적·국가적·학문적 관심을 종교에 대한 관심 아래 종속시켰다.

그럼에도 불구하고 그들은 수도사들이 아니라, 살아있는 시대의 살아있는 사람들이었다. 비관주의자가 아니라 낙관주의자였으며, 사상가이면서도 행동가이기도 했다. 그들은 이기적인 동기나 목적이 없는 진지하고, 열정적이고, 소망이 넘치는 사람들이었다. 믿음과 성령으로 충만한 사람들이었으며, 사도 시대 이후 그들보다 앞서 살았던 그 어떤 사람에게도 필적할 만한 사람들이었다. 종교라는 중심으로부터 그들은 인간의 삶과 행동의 모든 영역에 영향을 끼쳤으며, 정치적·시민적 자유, 신학과 철학, 과학, 문학의 진보에 강력한 추진력을 공급해 주었다.

종교개혁은 교황 교회가 그리스도와 신자 사이에 설치해 두었던 장애물들을 제거해 버렸다. 종교개혁은 하나님과 인간 사이의 유일한 중보자로서 그리스도와의 직접적 연합의 문을 활짝 열었으며, 사제의 허락 없이 모든 독자가 그분의 복음에 접근할 수 있도록 만들었다. 그것은 첫 원리들로 되돌아가는 것이며, 바로 그 이유 때문에 또한 위대한 진보이기도 하다. 그것은 원시 기독교의 부흥이었으며, 동시에 그때까지 알려진 어떤 이해보다도 기독교에 대한 더 깊은 이해이고 적용이었다.

종교개혁에는 세 가지 원리가 있다. 전통에 대한 **성경**의 우위, 행위에 대한 **믿음**의 우위, 배타적 사제직에 대한 **평신도** 그리스도인들의 우위가 그것이다. 첫 번째는 객관적 원리, 두 번째는 주관적 원리, 그리고 세 번째는 사회적 혹은 교회적 원리라고 말할 수 있다.

이 세 원리는 **복음적 자유** 또는 **그리스도 안의 자유**라고 하는 하나의 원리로 귀속된다. 복음적 개신교의 궁극적 목적은 모든 사람들을 그리스도와의 살아있는 연합 속으로 이끌어들이는 것이다. 그리스도만이 죄와 죽음으로부터 우리를 건져내신 유일하고 완전한 주님이시요, 구원자이시기 때문이다.


# 6. 성경의 권위

개신교의 객관적 원리는, 계시의 영감된 기록으로서의 성경은 우리의 신앙과 행위의 유일하고 오류 없는 규범이라고 주장한다. 로마 가톨릭 교회가 성경과 교회의 **전통**을 신앙의 공통의 규범이라고 주장하면서 대등하게 여기는 것을 이 원리는 반대한다.

살아있는 교회의 가르침이 배척되는 것은 결코 아니다. 단지 하나님의 말씀 아래 종속될 뿐이다. 이와 반대되는 이론은 실제로는 성경을 전통에 종속시킨다. 전통을 성경에 대한 유일한 해석자로 여기고, 성경에 대한 해석을 허구적인 **교부들의 일치**(consensus patrum)라는 한계 안에 가두어 놓기 때문이다. 성경의 원리를 적용함에 있어서 좀 더 보수적인 루터파와 성공회 종교개혁과, 좀 더 급진적인 츠빙글리파와 칼빈주의 종교개혁 사이에는 상당한 차이가 존재한다. 전자가 많은 성경 이후(post-scriptural)의 또는 성경 외적(extra-scriptural)인 전통들, 관습들, 제도들을 받아들인 반면, 후자는 원시적인 순수함과 단순성에 대한 열망에서 그러한 것들을 쓸모없고 위험한 것으로 여겨 배척했다. 그러나 모든 종교개혁자들은 그들이 반(反) 성경적 교리라고 여기는 것들에 대해서는 공히 반대했다. 그들은 또한 모두 하나님의 말씀의 명백한 보증이 없는 신앙의 조항들을 교회가 개인의 양심에 강요할 권리가 없다는 점에 원칙적으로 동의했다.

교회사에 있어서 모든 진정한 진보는 성경에 대한 새롭고 더 깊이있는 연구에 의해 이루어진다. 인문주의자들이 고대의 고전들로 돌아가서 헬라와 로마의 이교의 정신을 받아들인 반면, 종교개혁자들은 원어로 된 성경으로 돌아가서 사도적 기독교의 정신을 받아들였다. 그들은 바울 이후 누구도 갖지 못했던 복음에 대한 열정으로 불타올랐다. 그리스도는 인간 전통의 무덤으로부터 부활하셔서, 생명과 능력의 말씀을 다시 선포하셨다. 성경은 지금까지는 단지 사제들의 전유물이었지만, 이제는 새롭게 그리고 어느 때보다도 더 잘 유럽의 자국어들로 번역되어, 일반 백성들의 소유가 되었다. 그리하여 모든 그리스도인이 이제부터는 영감의 원천으로 나아가, 사제의 허락이나 간섭 없이 신적 교사의 발 아래 앉을 수 있게 되었다. 종교개혁의 성취는 오는 모든 시대를 위하여 측량할 수 없는 축복의 근원이다. 몇 년 지나지 않아 루터의 번역 성경은 여태까지 라틴 불가타(Vulgate)를 읽었던 사제들보다 더 많은 수의 평신도 독자들을 갖게 되었다. 그리고 개신교 성서공회들은 종교개혁 이전 15세기 동안 필사되었던 것보다 더 많은 성경을 단 일년 안에 유포시켰다.

그러나 이러한 놀라운 진보는 이에 앞선 인쇄술의 발명과 이에 따른 일반인들의 교육에 의해서만 가능하게 되었다는 사실을 우리는 기억해야 한다. 가톨릭 교회는 무지와 야만의 시대들 동안 성경을 보존해 왔다. 라틴어 성경은 인쇄술이 세상에 준 첫 번째 선물이었다. 1518년 이전 14쇄 혹은 그 이상의 독일어 성경이 인쇄되었다. 헬라어 성경의 첫 두 판은 스페인 추기경 히메네스(Ximenes)의 관대함과 바젤에서 활동한 네덜란드 학자 에라스무스(Erasmus)의 진취적 정신에 힘입은 바 크다. 루터와 틴들(Tyndale)이 제롬의 불가타 판의 도움을 받으면서 성경 번역 작업을 한 텍스트는 바로 에라스무스가 제공한 것이었다.

로마 교회는 비록 성경의 신적인 영감과 권위를 인정하기는 하지만, 가르치는 사제직에 의해 평신도들을 통제하고자 하며, 오용과 독신(瀆神)에 대한 두려움 때문에 일정한 제한과 조건 아래서만 자국어로 번역된 성경 읽는 것을 허용했다. 인노켄티우스 3세는 성경은 일반인들이 이해하기에는 너무나 심오하며, 심지어는 현자들과 학자들의 이해까지도 뛰어넘는다는 견해를 가지고 있었다. 13세기에 갈리아(Gaul) 지방에서 열린 몇 차례의 교회 회의에서는 로망스어 번역 읽는 것을 금지시켰으며, 그 사본들을 불태우도록 명령했다. 마인츠의 대주교 베르트홀트(Berthold)는 1486년 1월 4일 교령에서 거룩한 책들, 특별히 성경을 자신의 허락 없이 번역하고 그 번역판을 유포시키려고 하는 모든 사람들을 출교시키겠다고 위협했다. 요한 후스(John Hus)와 프라하의 제롬을 화형시킨 콘스탄츠 공의회(1415)는 또한 성경 전체를 영어로 번역한 최초의 인물인 위클리프의 저술들과 해골까지도 불태우도록 저주했다. 또한 잉글랜드의 대법관이며 캔터베리의 대주교였던 아룬델(Arundel)은 위클리프에 대해 "자신의 사악함을 더 채우기 위해 성경을 자신의 모국어로 새롭게 번역한 저주받을 이단의 비참한 해충"이라고 비난했다. 교황 피우스 4세는(1564) 경솔하게 성경의 번역본을 읽는 것은 유익보다는 해가 더 많다는 확신을 가지고 주교나 종교재판관의 특별한 허락이 있는 경우를 제외하고는 평신도들이 성경을 읽는 것을 허락하지 않았다. 클레멘스 8세는(1598) 이를 허락해 주는 권리를 금서목록을 작성하는 성성(聖省)에 귀속시켰다. 그레고리우스 15세(1622)와 클레멘스 11세는(1713년의 교서 *Unigenitus*에서) 이러한 조건적 금지를 재확인했다. 자유주의적 교황 중의 한 사람인 베네딕투스 14세는(1757) 자국어로 하나님의 말씀을 읽는 것을 모든 성도들에게 허락해 주었지만, 그 번역판이 로마의 인정을 받아야 하며, 교부들과 가

틀릭 학자들의 저술들로부터 설명적인 주해가 가해져 있어야 한다는 단서가 붙어 있었다. 이것은 물론 심지어는 가장 좋은 것이라 할지라도 개신교 번역판은 읽을 수 없다는 의미였다. 개신교 번역판들은 부패하고 이단적인 것으로 여겨졌으며, 종종 로마 가톨릭 국가들에서 불길 속에 처넣어졌다. 특별히 보헤미아와 다른 지역들에서 예수회의 반(反) 종교개혁과 관련되어 그러했다. 틴들의 신약 성경 초판은 영국으로 밀반입되어야 했으며, 런던 주교 턴스톨(Tunstall)의 명령에 의해 성 바울 성당의 뜰에서 공개적으로 불태워졌다. 바로 그 근처에서 오늘날 지구상의 모든 곳에 성경을 보내고 있다. 성서 공회들은 근대 교황들에 의해 "그리스도의 복음을 사탄의 복음으로 전도(顚倒)시키는 해충"으로 비난받고 정죄되었다. 교황 피우스 9세의 오류 목록(Syllabus)은 "성서 공회들"(Societates Biblicae)을 사회주의, 공산주의, 비밀 결사체들과 같이 분류하면서, 이것들을 "자주 가장 혹독한 용어로 책망받은 악한 역병"이라고 부른다. 그리고 그 증거로 1846년 11월 9일부터 1863년 8월 10일까지의 여러 회람서신들(Encyclicals)을 거론하고 있다.

만일 교황들이 가톨릭 성서 공회를 선호했다면 개신교 성서 공회들에 대한 이러한 맹렬한 비난은 어느 정도까지는 이해될 수도 있을 것이다. 가톨릭 성서 공회는 성경을 널리 전파하고자 하는 열정의 가장 좋은 증거가 될 수 있기 때문이다. 그러나 가톨릭 성서 공회란 기관은 존재하지 않았다. 다행히도 교황의 교서란 현대에 별로 영향을 끼치지 못했다. 그리하여 공적으로는 금지되고 저지되었음에도 불구하고, 현대 가톨릭 교인들 중에는 헬라와 라틴 교부들이 그러했던 것처럼 성경 읽기의 열렬한 옹호자들이 있다. 트렌트 공의회의 규제들, 또한 심지어는 로마 교회 내부에서조차 성서 연구와 주석의 발전을 가로막을 수 없었다.

현대 개신교 신학은 종교개혁자들보다 교회의 전통을 대함에 있어서 훨씬 더 공정하다. 종교개혁자들은 그 시대의 만연한 부패와 교황제도의 폭압성에 대해 불타는 적개심에 사로잡혀 있었기 때문이다. 교회사와 세속사에 대한 더 깊이있는 연구를 통하여 소위 "암흑 시대"에 대한 이전의 무지는 상당 부분 제거되고, 교부들, 선교사들, 학자들, 교황들이 기독교 문명의 발전에 끼친 공로가 밝히 드러나게 되었다.

그러나 이런 결과가 신앙의 문제에 있어서 궁극적 법정으로서 성경의 지상적 가치나, 성경이 최대한 널리 유포되는 것의 중요성을 감소시키지는 않는다. 성경은 거룩한 삶과 죽음에 있어서 비교할 수 없는 최고의 인도자인 것이다. 성경영감의 방식이나 범위에 있어서 우리가 어떤 이론을 갖고 있는지와 상관 없이, 성경 영감이라는 사실 자체는 분명하며, 기독교 세계의 보편적 동의에 의해 증명되고 있다. 성경은 거룩한 사람들에 의해 기록된 책이다. 그러나 동일하게 하나님에 의해 기록된 책이다. 왜냐하면 하나님께서 그 사람들을 진리의 증인이요, 구원의 길에 있어서 확실한 교사들로 삼으셨기 때문이다.

## 7. 믿음으로 의로워짐

개신교의 주관적 원리는 그리스도에 대한 믿음을 통하여 의로워지고 구원에 이른다는 교리이다. 이 교리는, 믿음과 그리고 **행위**에 의하여 의로워지고, 또는 은총과 그리고 **인간의 공로**에 의해 구원받는다는 교리와는 분명히 다르다. 루터의 공식은 "오직 **믿음으로만**"(sola fide)이다. 칼빈은 더 나아가 구원과 또 삶과 죽음에 있어서 위안의 궁극적 근거로 하나님의 **영원한 선택**(eternal election)을 주장한다. 그렇지만 루터와 칼빈은 실제적으로는 동일한 것을 의미했으며, "그리스도에 대한 살아있는 믿음을 통하여 값없는 은총에 의해 구원받는다"(행 4:12)는 좀 더 일반적인 명제에 동의했다. 그것은 행위와 공로를 하나님과 더불어 인간에게도 일정 부분 귀속시키는 펠라기우스주의나 반(半) 펠라기우스주의에 대한 반대였다. 그리고 이것이 바로 복음주의적 개신교의 영혼인 것이다.

루터는 "오직 믿음으로만" 의로워진다는 교리에 신학의 중심적 위치를 부여했다. (루터파) 교회는 이 교리와 더불어 세워지고 이 교리와 더불어 쓰러진다고 선언하면서, 비록 하늘과 땅이 무너진다 할지라도 단 한 걸음도 이로부터 물러서려고 하지 않았다. 이러한 과정은 수도원 생활에서의 그의 개인적인 체험 때문이었다. 교회가 그 위에 세워지는 기독교 신앙의 중심 조항은 개신교나 로마 또는 헬라 교회의 특정한 교의가 아니라, 모든 그리스도인들이 가지고 있는 더 광대하고 심원한 진리, 즉 주님이시며 구원자이신 그리스도의 신인(神人)의 인격과 그의 속죄 사역이다. 이것이 기독교 세계 최초의 신조(creed)인 베드로의 신앙고백이었다.

　개신교의 칭의론 교리는 트렌트 공의회에서 (대단히 신중하게) 정의된 로마 가톨릭 교회의 그것과 주로는 두 가지 점에서 상이하다. 칭의는 점진적 성장인 성화와는 달리 하나님의 선언적이고 사법적인 행위로 여겨진다. 믿음은 이론적 신앙이나 교회에 대한 맹목적 복종과는 달리 마음과 의지의 신뢰 행위로 여겨진다. 종교개혁자들은 자신들의 사상을 바울에게서 이끌어냈고, 로마주의자들은 주로 야고보에게(2:17-26) 호소했다. 그러나 바울은 명백한 모순의 해결책을 다음과 같은 문장에서 제시하고 있다: "그리스도 예수 안에서는 할례나 무할례가 효력이 없되 **사랑으로써 역사하는 믿음**뿐이니라."

　성경적이고 복음적인 의미에 있어서 믿음은 인간의 모든 힘을 끌어들여 다름 아닌 그리스도의 생명과 그분의 모든 유익을 붙잡아 자신의 것으로 만드는 활력 넘치는 힘이다. 믿음은 은총의 자녀이고 선행의 어머니이다. 믿음은 모든 위대한 사상과 행위의 선구자이다. 믿음으로 아브라함은 열국의 아버지가 되었다. 믿음으로 모세는 이스라엘의 해방자, 입법자가 되었다. 믿음으로 갈릴리 어부들은 사람을 낚는 어부가 되었다. 그리고 믿음으로 순교자들의 고결한 군대는 고통을 견뎌내고 죽음 가운데서 승리했다. 부활하신 구주에 대한 믿음이 없었다면 교회는 세워지지 않았을 것이다. 믿음은 구원하는 능력이다. 믿음은 우리를 그리스도에게 연합시킨다. 그리스도를 믿는 자는 누구든지 "영원한 생명을 가졌다." 예루살렘 사도 회의에서 베드로는 율법의 행위나 의식들 없이 믿음으로 그리스도에게 나아온 이방인들과 같이 "하나님의 은혜로 우리가 구원받는 줄을 믿노라"고 말했다. "내가 어떻게 하여야 구원을 얻으리이까?"하는 간수의 질문에 대한 바울의 대답은 "주 예수를 믿으라. 그리하면 너와 네 집이 구원을 얻으리라"였다.

　개신교는 결코 선행을 경멸하거나 반(反)율법주의적 방종을 선호하지 않는다. 개신교는 단지 선행을 믿음에 종속시키고, 그 가치를 양보다는 질에 의해 판단할 뿐이다. 선행은 칭의의 조건이 아니라, 그 필연적 증거이다. 나무의 뿌리가 아니라 열매인 것이다. 의롭게 하는 동일한 믿음이 또한 거룩하게 한다. 여전히 그것은 "사랑으로써 역사하는 것"(갈 5:6)이다. 루터는 가끔 선행에 무관심하다고 비난받았지만, 그것은 대단히 정당하지 못한 것이었다. 그가 때때로 무심코 한 발언은 그의 전체적인 가르침과 인격에 비추어 이해되어야만 한다. 자신의 진정한 견해를 표출하는 강력한 용어로 루터는 믿음에 대해 이렇게 말한다: "믿음은 살아있고, 바쁘고, 활동적이고, 강력한 것이다. 믿음은 쉬지 않고 선을 행하지 않는다는 것이 불가능하다. 믿음은 선행을 해야 하느냐고 묻지 않는다. 도리어 그렇게 묻기 이전에 이미 선행을 행할 뿐만 아니라, 항상 선행을 하고 있다. 믿음과 선행을 분리시키느니 차라리 불과 빛을 분리시키는 것이 낫다.”

루터의 그리스도인의 자유와 믿음에 의한 칭의의 교리는 육신적인 인간들에 의해 무절제의 구실이 되었다. 루터의 이 교리가 근거하고 있는 바울의 가르침이 그러했던 것처럼 말이다. 육신적 인간들은 사악하게도 “은혜가 넘치도록 하기 위해 죄를 짓자”(롬 6:1)고 추론하면서 그들의 “자유로 육체의 기회를 삼은”(갈 5:13) 자들이었다. 사도는 이러한 모든 주장들을 처음부터 단호하게 “그럴 수 없느니라!” 하면서 배제해 버린다.

독일에서의 종교개혁에 반(反)율법주의적 경향과 공중 도덕의 퇴보가 수반되었다는 것은 부정할 수 없는 사실이다. 이런 사실은 로마주의자들과 분리주의자들의 적대적인 증언뿐만이 아니라, 루터와 멜란히톤 스스로가 후년에 복음의 자유의 오용과 비텐베르크(Wittenberg)와 작센 지방 전체에 걸친 개탄할 만한 도덕적 상태에 대해 종종 쓰라린 불만을 터뜨리곤 했다는 사실에서 알 수 있다.

그러나 도덕의 퇴보 특히 방종이 늘어나고 사치와 이에 따르는 악덕들이 증가하게 된 것은 가톨릭 교회 시절에 이미 시작되었다는 것을 우리는 먼저 기억해야 한다. 그것은 여러 발견과 발명들, 상업과 부의 증대의 결과였다. 또한 그것은 1510년 루터가 교황 율리우스 2세 치하에서 증언하던 상태처럼 그렇게 나쁜 것은 아니었다. 교황 알렉산더 6세의 더 사악한 통치는 말할 필요도 없다. 두 번째로, 도덕적 퇴보는 특별한 어떤 교리보다는, 교회의 질서와 규율이 붕괴된 데 필연적으로 따르는 혼란과, 루터파 개혁자들이 교회에 대한 지배를 너무 쉽게 주교들의 손에서 세속 지배자들에게 넘어가도록 허락해 준 사실에 기인하는 것이다. 세 번째로, 이러한 퇴보는 옛 질서가 무너지고 새로운 질서가 세워지는 과도기의 단지 한시적인 현상이었다. 네 번째로, 이러한 무질서는 독일에만 국한되었다. 스위스 개혁자들은 처음부터 루터파 개혁자들에 비해 규율을 더 강조했으며, 더 단단한 토대 위에 새로운 교회를 조직했다. 칼빈은 그 전에는 기독교 교회에 결코 알려진 적이 없었던 도덕적 순결과 엄격주의를 제네바에 도입했다. 프랑스의 위그노들, 네덜란드의 칼빈주의자들, 잉글랜드와 뉴잉글랜드의 청교도들, 그리고 스코틀랜드의 장로교인들은 그들의 엄격한 원리들과 습관들 때문에 뚜렷하게 구별된다. 공적인 또 개인적인 도덕과 일반적인 문화의 상태와 관련하여 개신교 국가들과 로마 가톨릭 국가들을 편견 없이 비교해 본다면, 그 결과는 분명하게 종교개혁에 호의적이다.

## 8. 평신도 사제직

개신교의 사회적 또는 교회적 원리는 그리스도와 평신도 사이를 중보하는 특별한 사제직과는 구별되는 모든 신자들의 일반적 사제직이다.

로마 교회는 배타적인 위계제도를 가지고 있으며, 평신도에게는 수동적인 복종의 위치를 부여할 뿐이다. 주교들은 가르치고 다스리는 교회이다. 오직 그들만이 공의회나 교회 회의를 구성하며, 입법과 행정의 배타적 권력을 소유한다. 평신도는 영적인 문제들에 있어서 아무런 목소리를 낼 수 없으며, 심지어는 천국과 지옥의 열쇠를 소유하고 있는 사제의 허락이 없이는 성경을 읽을 수조차 없다.

신약 성경에서 모든 신자는 성도, 사제, 그리고 왕으로 불린다. 루터는 말한다: "모든 그리스도인은 진실로 영적인 신분을 가지고 있으며, 직분의 차이를 제외하고는 그들 사이에 어떤 차이도 존재하지 않는다. 바울 사도가 말한 것처럼, 각 지체가 다른 지체들을 섬기기 위한 나름대로의 일을 감당한다 할지라도, 우리는 모두 한 몸이다. 이것은 우리가 한 세례, 한 복음, 한 믿음을 소유하고 있으며, 모두가 같은 그리스도인이기 때문이다." 그는 또 말한다: "우리를 사제로 만드는 것은 믿음이다. 우리를 그리스도와 연합시키는 것도 믿음이다. 우리에게 성령의 내주를 가능하게 하는 것, 그리하여 우리를 거룩한 은총과 하늘의 능력으로 채워지게 만드는 것은 믿음인 것이다. 이 내적인 기름부음이 ― 주교나 교황의 뿔에서 나오는 그 어떤 것보다 나은 기름인 바 ― 우리에게 단지 이름뿐만이 아닌, 사제의 본성, 순결, 그리고 능력을 부여해 준다. 그리고 이 기름부음은 그리스도를 믿는 모든 사람들에게 주어진 것이다."

일관성 있게 수행된다면 이 원리는 평신도를 교회를 다스리고 이끌어 나가는 데 적극적인 협력자의 위치로 끌어 올린다. 이 원리는 목사를 선출함에 있어서 평신도들에게 자신들의 목소리를 내고 투표권을 행사하게 만든다. 이 원리는 공동의 유익을 위해 각인이 가진 특별한 은사에 따라 교회의 모든 지체들을 유용한 사람들로 만들어 준다. 이 원리는 개신교 국가들에서 매우 번성하고 있는 종교적·시민적 자유의 근원이다. 종교적 자유는 시민적 자유의 근원이다. 그리스도인의 보편적 사제직은 왕정이건 공화정이건 상관 없이 시민들이 자유로우며 스스로를 다스린다는 보편적인 왕직(kingship)에로 합법적으로 이끌어간다.

이 원리의 선한 효과는 평신도들 사이의 성경 지식의 확산, 대중적인 회중 찬양, 평신도 장로 제도, 도덕적 개혁과 일반 교육을 위한 관료들의 경건한 열망 등에서 나타난다.

그러나 이 원리는 또한 교회를 통제하게 된 세속 지도자들이 자신들의 영토 안에서 스스로 주교와 교황이 되고, 교회와 수도원들을 빼앗고, 종종 그들 스스로의 비도덕적 행동에 의해 모든 규율들을 무시해 버림으로써 수치스럽게도 전도(顚倒)되고 오용되었다. 헤센의 필립과 잉글랜드의 헨리 8세는 종교개혁의 대의를 부끄럽게 만들어버린 개신교 교황의 전형적인 예들이다. 에라스투스주의(Erastianism: 종교는 국가에 예속되어야 한다는 주장-역주)와 "영주의 종교가 그 지역의 종교를 결정한다"(cuius regio, eius religio)는 원리를 모토로 삼는 지역주의(Territorialism)는 평신도 사제직의 합법적 발전이라기보다는 그것의 전도된 형태들이다. 평신도 사제직의 진정한 발전은 일반 교육, 회중의 자조(自助)와 자치, 국내에서나 해외에서나 모든 선한 일들에 있어서 평신도들과 목회자들의 지적인 상호 협력의 방향에 놓여 있다. 이러한 점에 있어서 잉글랜드, 스코틀랜드, 그리고 북아메리카의 개신교인들은 유럽 대륙의 개신교인들보다 앞서 있다. 로마 교회는 사제들의 교회이며, 참으로 웅장한 성당들을 갖고 있다. 루터파 교회는 신학자들의 교회이며, 뛰어난 학문과 훌륭한 찬송들을 갖고 있다. 개혁파 교회는 평신도 그리스도인들의 교회이며, 최고의 설교자들과 회중들을 갖고 있다.

# 9. 종교개혁과 합리주의

로마 가톨릭 교회는 성경과 전통을 신앙의 최고의 기준으로 삼지만, 전통을 더 강조한다. 즉 성경과 전통의 의미를 판단하는 재판관으로서 무오류적인 교황이 지도하는 무오류적인 교회의 가르침으로서의 전통을 더 강조한다는 것이다.

복음적 개신교는 단지 성경만을 최고의 기준으로 삼지만, 전통과 이성을 성경의 참된 의미를 확증하는 수단으로 사용한다.

합리주의(rationalism)는 인간의 이성을 성경과 전통 위에 두고, 오직 이성이 파악할 수 있는 한계 안에 들어오는 한에 있어서만 이것들을 받아들인다. 합리주의는 합리성(rationality) 또는 가해성(이해할 수 있음: intelligibility)을 신뢰성의 척도로 삼는다. 우리는 여기서 합리주의라는 용어를 합리적 신학(rational theology)과는 구별하여 신학적 체계와 경향에 있어서 전문적 의미로 사용한다. 종교에 있어서 이성을 올바로 사용하는 것을 가톨릭은, 그리고 개신교회는 더더욱 허용하며, 양자는 모두 정통과 조금도 어긋남이 없는 학문 체계들을 산출해 냈다. 기독교는 이성을 초월하는 것이기는 하지만, 반이성적인 것은 아니다.

종교개혁은 합리주의 사가들과 로마 가톨릭 사가들 그리고 논쟁가들에 의해 합리주의의 어머니로 여겨졌지만, 정반대의 관점에서 그러했다. 합리주의 사가들은 그것을 긍정적으로 제시한 반면, 가톨릭 사가들은 합리주의와 종교개혁 양자를 모두 비난했다.

일반적으로 종교개혁은 이성의 해방을 위한 첫걸음을 내디뎠다고 말한다. 종교개혁은 교회의 압제로부터 인간을 해방시켰다. 합리주의는 두 번째 걸음을 내디뎠다. 합리주의는 성경의 압제로부터 인간을 해방시켰다. 루터파 정통주의에 대한 비판의 기수였던 레싱(Lessing)은 이렇게 말했다: "루터, 위대하고 오해받은 사람이여! 당신은 우리를 전통의 멍에로부터 구원했습니다. 누가 우리를 견딜 수 없는 문자의 멍에로부터 구원할 것인가! 누가 마침내 그리스도 자신이 가르치고자 하시는, 루터 당신이 지금 가르치고자 하는 그런 기독교를 우리에게 가져다줄 것인가!"

로마 가톨릭은 이보다 더 나아가, 개신교가 현대의 모든 혁명과 불신앙 그 자체에 책임이 있으며, 궁극적으로는 해체되고 사라져 버릴 것이라고 생각한다. 그러나 이런 비난은, 최악의 형태에 있어서 현대의 불신앙과 혁명은 위계적이고 정치적인 폭압에 대한 필사적인 반항으로서, 주로는 로마 가톨릭 국가들에서 일어났다고 하는 부정할 수 없는 사실에 의해 충분히 논박된다. 프랑스에서 종교개혁에 대한 폭력적 진압은 결국은 교회의 사회적 질서를 완전히 전복시켜버리는 것으로 끝났다. 스페인이나 멕시코와 같은 로마 가톨릭 국가들에서 혁명은 만성적인 질병이 되었다. 로마주의는 그 과도한 초자연주의 때문에 교육받은 사람들 사이에서 불신앙을 불러일으켰다.

종교개혁은 르네상스의 회의주의, 독일의 농민 전쟁과 제네바 자유주의자들의 무정부적 경향을 저지하였다. 지성적 신앙은 불신앙에 대한 가장 효과적인 방호책이며, 자유 정부는 혁명에 대한 훌륭한 안전 장치인 것이다.

종교개혁과 합리주의가 서로 연관되어 있다는 것은 역사적 사실에 속한다. 그러나 이 양자는 지적 자유에 대한 정당한 사용과 그것의 남용 또는 오용의 관계처럼 그렇게 서로 연관되어 있다. 합리주의는 계시에 반대하여 이성을, 인간적 권위는 물론 신적 권위에 반대하여 자유를 주장한다. 합리주의는 계시된 하나님의 의지와 말씀에 대한 종교개혁의 긍정적 · 복음적 신앙을 배척해 버리고, 오직 그것의 부정적 · 도전적 · 반교황적 · 반전통적 요소만을 일면적으로 발전시킨 것이다. 합리주의는 초자연적이고 기적적인 것들을 부정한다. 죄와 죄책에 대해 피상적인 이해만을 갖고 있을 뿐이며, 본질적으로 펠라기우스적이다.

반면 종교개혁은 그 반대로 아우구스티누스적 바탕을 가지고 죄와 구속의 은총에 대한 깊은 확신으로부터 출발한다. 그리하여 이 두 체계는 이론적으로나 실제적으로 서로 정반대이다. 그럼에도 불구하고 이 양자 사이에는 지성적이고 비판적인 유사성이 존재하며, 합리주의는 개신교 역사와 불가분리적이다. 합리주의는 고대 교회에서 영지주의가 차지했던 위치를 현대 교회에서 차지하고 있다: 대중적인 신앙과 교회의 정통주의에 반대하여 사적 판단의 반항, 이론적 지식에 대한 과대평가, 그러나 또한 탐구와 진보에 건강한 자극이 되었다는 점 등. 합리주의는 교회나 분파(sect)가 아니라(소키누스주의와 유니테리언주의를 포함시키지 않기로 한다면), 교회 안의 학파 또는 서로 상당히 다른 다수의 학파들이라고 할 수 있다.

합리주의는 17세기 계시 종교에 반대하여 자연 종교를 주장하는 이신론(Deism)의 형태로 잉글랜드 교회에서 처음으로 출현했는데, 대중에게 큰 영향을 끼치지는 못했다. 합리주의는 다양한 국면을 거쳐 18세기 중반 이후 대륙에서 성장했다. 특별히 레싱(Lessing, 1781년 사망)과 제믈러(Semler, 1791년 사망) 이후 개신교 독일에서 성장하면서 1817년까지 점차적으로 루터파와 개혁파 교회들의 강단과 교단을 지배하게 되었다. 이 해는 종교개혁의 적극적 신앙이 부흥하면서 전 독일을 휩쓸고, 오늘날까지 계속되고 있는 적극적 개신교(positive

Protestantism)와 소극적 개신교(negative Protestantism)의 심각한 갈등이 시작된 해이다.

1. 먼저 종교개혁이 이성을 일반적 원리로 사용하는 것과 어떤 관계가 있는지 살펴보자. 종교개혁은 인간적 권위에 대한 항거였고, 개인의 양심과 판단의 권리를 주장했으며, 지식의 모든 분야에 있어서 비판과 자유로운 탐구의 정신을 불러일으켰다. 그렇기 때문에 종교개혁은 교회의 무오류적 권위에 대해 무조건적인 복종을 요구하던 로마 교회보다 종교 문제에 있어서 훨씬 더 광범위하게 이성의 사용을 허용했다. 그것은 진정한 진보를 가리키는 것이었지만, 시간과 감각의 범위를 초월한 문제들과 관련하여 계시에 대한 신앙과 철저하게 일치하는 것이었다. 하나님께서 우리에게 계시해 주기로 작정하신 것 외에 우리가 창조에 대해, 미래의 세상에 대해 어떻게 알 수 있겠는가? 인간의 이성은 하나님의 존재와 영혼의 불멸성에 대해 가능성이나 개연성을 입증할 수는 있겠지만, 확실성과 필연성을 주장할 수는 없다. 그렇기 때문에 신적 증언과 관련하여 초자연적인 것을 믿는 것은 합리적이며, 그것을 배척하는 것은 불합리한 것이다.

종교개혁자들은 로마 교회와 논쟁함에 있어서 자신들의 이성과 판단을 대단히 자유롭게 사용했다. 루터는 보름스(Worms)에서의 위기 상황에서 성경의 증언과 "수긍할 수 있는 논증"(cogent arguments)에 의해 확신할 수 없다면, 자신의 주장들을 철회할 수 없다고 말했다. 루터는 회의주의적·합리주의적 경향을 갖고 있던 인문주의 운동을 한때 이용하고자 하기도 했지만, 그의 강한 종교적 본성이 항상 그러한 경향을 통제하고 있었다. 그는 자연적 이성과 초월적 신비로서의 계시 사이의 갈등을 현대의 어떤 합리주의자 못지않게 날카롭게 느끼고 있었다. 그는 때로는 의심과 심지어는 신성모독에의 유혹 때문에 고통을 당했는데, 특히 육체적 연약함으로 고통당할 때 그러했다. 다른 사람들의 위로자로서 루터는 자신을 먼저 위로할 필요가 있었으며, 악한 영의 공격으로부터 자신을 강하게 해주도록 친구들에게 기도의 지원을 부탁하곤 했다. 그는 이 악한 영과 개인적으로 자주 대면한다고 생각했다.

루터는 만일 칼슈타트(Carlstadt)가 성찬은 단지 떡과 포도주에 불과하다는 것을 자신에게 확신시킬 수 있었더라면, 교황의 미신과의 전쟁이 시작되기 5년 전 자신이 얼마나 기뻐했을 것인지, 그리고 화체설과 미사에 치명타를 날릴 수 있는 그런 합리주의적 견해에 얼마나 강하게 자신이 이끌렸는지를 1524년 고백했다. 그는 신조의 모든 조항들은 — 일치 속의 삼위일체, 성육신, 원죄의 유전, 그리스도의 피에 의한 구속, 세례를 통한 중생, 성찬의 실제적 임재, 성령에 의한 갱신, 육체의 부활 — 인간의 이해를 초월한다고 생각했다. 1527년 8월 2일 비텐베르크에 페스트가 창궐하고 있을 때, 그는 멜란히톤에게 이렇게 편지하고 있다: "일주일 이상 나는 죽음과 지옥을 헤매고 있었네. 고통스럽지 않은 부분이 없어서 아직도 사지를 떨고 있네. 그리스도를 거의 완전히 잃어버려서 나는 절망과 신성모독의 풍랑과 폭풍에 떠밀려 다녔네. 그러나 성도들의 기도에 감동하신 하나님께서 불쌍히 여기기 시작하셔서, 내 영혼을 지옥의 밑바닥에서 건져 올리셨다네. 나를 위해 쉬지말고 기도해 주게. 나도 자네를 위해 기도하고 있네. 나의 이 고뇌가 다른 사람들에게도 관련이 있다고 믿네."

그런 시련과 유혹 속에서 그는 더욱더 강하게 성경과 신앙을 붙잡았다. 신앙이란 이성에 반하여 믿는 것이며, 소망에 반하여 소망하는 것이었다. 루터는 자신이 좋아하던 갈라디아서 주석에서 이렇게 말하고 있다: "이성의 목을 비틀고, 어떤 피조물도, 온 세상도 목을 조를 수 없는 그 짐승(=이성: 역주)의 목을 조르는 것이 믿음의 특성이다. 그러나 어떻게 그렇게 할 수 있는가? 믿음은 하나님의 말씀을 붙잡는다. 아무리 어리석고 불가능하게 들려도 믿음은 하나님의 말씀을 올바르고 참되게 해준다. 그리하여 아브라함은 하나님의 말씀을 믿는 한 이성을 사로잡아 그것을 죽일 수 있었다. 그 말씀이란 생산할 수 없는, 말하자면 죽은 것과 같은 그의 아내 사라로부터 하나님께서 그에게 씨를 주시겠다는 약속의 말씀이었다."

이런 또 이와 유사한 많은 구절들이 루터의 마음의 경향이 어떠했는지를 분명하게 보여준다. 그는 대적을 알았지만, 그것을 정복했다. 그의 믿음은 의심을 이겨냈다. 노년에 그는 점점 더 보수적인 목사가 되어갔다. 그는 내적인 말씀과 영이라는 신비적 교리를 배척하고, 성경에 기록된 문자에 대한 복종을 주장했다. 심지어는 문자적 내용이 이성과 명백하게 모순되는 경우에도 그러했다. 그는 츠비카우(Zwickau) 예언자들, 혁명적 농민들, 재세례파, 칼슈타트와 츠빙글리의 급진적 견해의 오류를 정당하게 구별하지 않은 채로, 인간의 이성이 신앙의 영역에 주제넘게 침입한 것에 기인한다고 생각했다. 그리고 이러한 것이 종교를 전복시키지 않을까 두려워했다. 이런 한에 있어서 루터는 에라스무스를 에피쿠로스(Epicuros), 루키아노스(Lucian: 2세기 그리스 이교도 풍자작가), 회의론자,

그리고 무신론자라고 부를 정도로 에라스무스에 대한 빚을 망각해 버리고 있었다. 그는 이 세상의 문제들에 있어서는 이성을 하나님께서 주신 고귀한 선물로 높이 평가했지만, 이성이 신앙의 문제들에 대해 판단자의 위치에 앉으려고 할 때에는 불합리할 정도로 난폭하게 이성을 평가절하하였다.

루터가 합리주의의 아버지로 여겨질 수 있으려면 무엇보다도 그에게서 신앙을 완전히 제거해 버려야 하고, 그의 설교들, 요리문답, 그리고 찬송가가 정말 그의 것인지를 의심하지 않으면 안 된다. 루터는 자신의 신앙을 희생시키기보다는 열배나 기꺼이 자신의 이성을 희생시키고자 했을 것이다.

츠빙글리는 종교개혁자들 중에서 가장 명석하고 합리적인 사람이었다. 그는 루터처럼 수도원 생활이나 신비주의의 훈련 과정이 아니라, 에라스무스의 자유로운 문화를 체험한 사람이었다. 그는 신비적 기질을 전혀 갖고 있지 않았으며, 도리어 건전하고 냉정하고 실제적인 상식을 소유한 사람이었다. 그는 항상 성경의 가장 명백한 의미를 선호했다. 그는 또한 원죄, 유아 정죄(infant damnation: 세례받지 못하고 죽은 유아가 지옥에 떨어진다는 가르침-역주), 성찬에 그리스도의 육체적 임재에 관한 가톨릭의 견해를 배척했으며, 루터와 심지어는 칼빈에게까지도 충격을 준 진보적인 견해를 갖고 있었다. 그럼에도 불구하고 츠빙글리는 영감된 하나님의 말씀의 신적 권위 앞에는 경외하는 마음으로 허리를 숙였으며, 이성을 그 위에 두고자 하는 생각을 전혀 하지 않았다. 루터와 그의 논쟁은 단지 해석상의 문제였으며, 루터파의 가장 뛰어난 주석가들도 인정하지 않을 수 없을 정도로, 자신의 성경 해석에 관한 강력한 근거를 갖고 있었다.

칼빈은 종교개혁자들 중에서 가장 뛰어난 신학자이고 주석가였다. 그는 결코 루터처럼 이성을 함부로 다루지 않았지만, 반드시 필요한 계시의 하녀라는 직분을 이성에게 부여했다. 그는 논리적 천재성으로 개신교 정통주의의 가장 엄격한 체계를 구축했으며, 이것이 프랑스, 네덜란드, 잉글랜드 그리고 미국의 신학을 형성했다. 그는 로마주의는 물론 합리주의에 반대하여서 이 체계를 견고하게 구축하였다. 그의 정통주의와 규율은 18세기에 제네바의 교회가 소키누스주의가 되는 것을 막지는 못했지만, 루터가 독일의 합리주의에 대해, 또는 로마가 볼테르(Voltaire)의 불신앙에 대해 책임이 없는 것처럼, 칼빈 역시 이에 대해서는 책임이 없다. 전체적으로 보자면 잉글랜드, 스코틀랜드, 그리고 북아메리카의 개혁파 교회는 독일보다는 합리주의에 의해 훨씬 덜 침략을 받은 것이다.

2. 이제는 자유로운 탐구의 원리를 성경에 적용하는 것에 대해 생각해 보자.

성경, 그 기원, 진정성, 완결성, 목적, 모든 주변 환경 등은 탐구의 정당한 주제들이다. 왜냐하면 성경은 신적인 것과 동시에 또한 인간적인 책이며, 다른 문학 작품들과 마찬가지로 역사를 갖고 있기 때문이다. 더구나 성경 즉 정경(canon)의 범위는 성경 그 자체나 영감에 의해서가 아니라, 교회의 권위 또는 전통에 의해 결정된 것이며, 4세기 말까지도 완전히 일치에 이르렀던 것은 아니었다. 4세기 말의 일치조차도 일곱 공의회 중의 하나에 의해서가 아니라, 지역 교회회의에서 이루어진 것에 불과했다. 그렇기 때문에 이 문제는 다시 탐구해 볼 수 있는 문제였다.

로마 교회는 트렌트 공의회에서 외경(Apocrypha)을 포함한 정경을 확정했지만, 그것은 어떤 비판적인 탐구나 명확한 신학적 원리 없이 이루어진 작업이었다. 공의회는 단지 전통적인 관습을 재확인하면서, 라틴 불가타에 포함되어 있는 모든 책들을 받아들이지 않은 사람들에게 저주(anathema)를 선언한 것에 불과할 뿐이었다. 공의회는 또한 결함이 있는 불가타 판과 교부들의 만장일치의 합의에 순응할 것을 요구함으로써 탐구의 자유를 억제하였다. 기실 어떤 근본적 교리들을 제외하고는 교부들의 그런 주석상의 합의란 존재하지 않았음에도 불구하고 말이다.

종교개혁자들은 정경의 범위에 대한 물음을 다시 다루기 시작했다. 그들은 그럴 권리를 갖고 있었지만, 그렇다고 해서 전통적인 믿음을 쓸어 없애버린다거나 하나님의 말씀의 권위를 약화시키고자 하는 의도는 추호도 없었다. 그와는 정반대로, 성경에 기록되어 있는 것으로서 영감된 말씀에 대한 그들의 온전한 믿음으로부터 그들은 몇몇 책들의 정경성에 대해 의문을 표했다. 그런 책들은 성경 안에 위치할 자격에 대한 충분한 증거가 결여된 것으로 여겨졌기 때문이다. 종교개혁자들은 새로운 형태로 그리고 역사적 근거보다는 교리적 근거 위에서 히브리인들과 고대 교부들이 구약의 정경과 외경을 구별했던 것, 그리고 에우세비우스가 신약의 "호모로구메나"(Homologumena)와 "안티레고메나"(Antile-gomena)를 구별했던 것을 부활시켰으며, 이런 두 관점으로부터 니케아 이전 교회의 자유를 주장하였다.

뿐만 아니라 그들은 이러한 외적인 증거 외에 성경의 본래적 탁월성에 대한 보다 더 중요한 내적 증거를 제시하였다. 그것은 성경의 권위와 순종에 대한 요구가 근거하는 참된 기반이었다. 그들은 정경의 확고한 기준을 제시하였다. 그 기준은 그리스도와 그의 구원의 복음을 가르치는 순수성과 능력이었다. 그들은 교부들의 증거를 배척하지는 않았지만, 바울이 "성령의 나타남과 능력"(고전 2:4)이라고 말한 것을 교부들의 증거보다 우위에 두었다.

루터는 고등 비평의 대담한 선구자였다. 그의 고등 비평이란 주관적이고 자의적이기는 하지만, 결국 신앙 비평이었다. 그는 이신칭의의 중심 교리를 정경성의 기준으로 삼았다. 그리하여 루터는 개신교의 내용적 또는 주관적 원리를 형식적 또는 객관적 원리 위에 두었다. 즉 진리를 진리에 대한 증거 위에, 복음의 교리를 기록된 복음 위에, 그리스도를 성경 위에 둔 것이다. 그러나 우리는 루터가 먼저 성경, 특히 바울 서신들로부터 그리스도를 배웠으며, 이것이 그에게 구원의 계획을 이해할 수 있는 열쇠를 제공해 주었다는 사실을 기억해야만 한다.

더 나아가 루터는 복음의 순수성과 능력을 드러내는 정도에 따라 신약 성경 안에서 더 중요한 책들과 덜 중요한 책들을 구별했다. 그리하여 히브리서, 야고보서, 유다서, 그리고 요한 계시록을 독일어 성경의 맨 마지막에 두었다.

그는 그 이유를 히브리서 서문에서 이렇게 말하고 있다: "지금까지는 신약 성경의 바르고 진정한 책들을 두었다. 이후 네 권의 책들은 고대에 앞의 책들과는 다른 평가를 받았다." 그렇기 때문에 그는 니케아 이전 전통에 호소하지만, 이 네 권의 책들에 대한 그의 주된 반대는 내용에 관한 것이다.

그는 무엇보다도 야고보서를 싫어했다. 야고보서를 행위 **없이** 믿음으로 의롭게 된다는 바울의 가르침과 조화시킬 수 없었기 때문이다. 루터는 야고보서를 진정한 사도적 저술들과 비교하면서 지푸라기 서신(epistle of straw)이라고 불렀다.

그는 히브리서를 반대했는데, 히브리서가 (6, 10, 12 장에서) 복음서나 바울과는 반대로 세례 후의 회개의 가능성을 부정하는 것처럼 보이고, 히 2:3에서 사도 시대 이후의 기원을 드러내 보이고 있기 때문이었다. 루터는 천재적인 추측에 의해 히브리서의 저자를 아볼로라고 생각했는데, 고대 전통에 의해서는 지지를 받지 못하지만, 현대 주석가들과 비평가들에 의해서는 대단히 호의적으로 받아들여졌다. 그 이유는 일차적으로는 가능한 다른 어떤 저자(바울, 바나바, 누가, 클레멘트)를 생각하더라도 극복하기 어려운 문제에 부딪히는 반면, 사도행전 18:24-28에 기술되어 있는 아볼로의 모습이 고전 1:12, 3:6, 4:6, 16:12에서 언급되고 있는 것들과 함께 이 익명의 서신의 저자와 정확하게 맞아떨어지는 것으로 보이기 때문이다.

그는 유다서를 "불필요한 서신"(unnecessary epistle)이라고 불렀다. 유다서는 베드로 후서의 초록(extract)에 불과하며, 사도 시대 이후의 것이고, 외경적인 문제로 가득 차 있으며, 그래서 고대 교부들에게 배척당했다고 여겼기 때문이다.

루터는 처음에는 요한 계시록의 비밀들 속에서 아무런 의미를 찾을 수가 없어서, "사도적인 것도 예언적인 것도 아니라"고 선언하였다. 왜냐하면 계시록이 단지 상징들과 환상들만 다루고 있을 뿐인데, 그 애매모호함에도 불구하고 위협과 약속을 덧붙이고 있기 때문이다. "무엇을 의미하는지 아무도 이해할 수 없음에도 불구하고" 말이다. 그러나 후에 루터파 목사들이 로마 교회에 대항하는 훌륭한 무기를 계시록 안에서 발견하게 되자, 루터는 자신의 판단을 수정하였다.

이 주제에 대한 가장 분명한 언급은 그의 독일어 신약 성경 1판(1522)의 서문 말미에서 발견되지만, 그 이후의 판들에서는 이런 언급이 억제되고 있다.

영감에 대한 루터의 견해는 강하고 자유로운 것이었다. 성경의 신적 내용에 대한 참으로 심오한 확신을 가지고 루터는 계시된 진리 그 자체와 저자의 인간적 언어와 추론을 구별하였다. 그는 자신이 좋아하는 사도의 랍비적 논증 중 하나에 대해 이렇게 말한다: "내 사랑하는 형제 바울이여! 이 논증은 먹혀들지가 않는구먼."

그러나 루터는 자신의 이러한 견해들의 주관적이고 추측적인 성격을 아주 잘 알고 있었기 때문에, 그것들을 교회에 강요하고자 하는 의도는 가지고 있지 않았다. 그렇기 때문에 그는 후의 판들에서는 자신의 서문을 수정했던 것이다. 그는 성경을 배타적으로 교리적인, 그리고 일방적으로 바울적인 관점으로부터만 판단했으며, 성경의 점진적이고 역사적인 성장에 대해서는 고려하지 않았다.

일부 루터파 목사들은 신약 성경의 일곱의 안티레고메나(야고보서, 유다서, 베드로후서, 요한2서, 3서, 히브리서, 계시록)에 종속적인 위치를 부여함으로써 루터를 추종했다. 그러나 루터파 교회는 대중적 사용을 위해서 (심지어는 유대교의 외경을 명백하게 배제하지 않은 채로) 전통적인 가톨릭의 정경을 받아들였다. 그러나 신약 성경에 있어서 루터의 배열 순서는 그대로 유지했다. 물론 합리주의자들은 루터의 대담한 견해를 부활시키고, 강화시키고, 그리고 끝까지 밀고 나갔다. 그렇지만 루터 자신도 강력하게 반대했을 그런 정신을 가지고서였다.

개혁파 목사들은 정경들을 받아들임에 있어서 루터보다는 보수적이었지만, 구약 성경의 외경을 배척함에 있어서는 더욱 단호하였다. 개혁파 신조들은 통상적으로 정경 목록을 나열하고 있다.

츠빙글리는 단지 요한 계시록만을 반대했다. 그는 요한 계시록으로부터 어떤 교리적 가르침도 이끌어내지 않았는데, 그것을 영감된 책으로 여기지 않았으며, 또한 제4 복음서를 기록한 동일한 요한에 의해 기록된 것이라고 생각하지 않았기 때문이다. 이러한 견해에 있어서 츠빙글리는 많은 추종자들을 가지고 있다. 그러나 우리 시대의 가장 엄격한 비평 학파(튀빙겐 학파)는 계시록의 저자를 사도 요한으로 받아들인다. 볼프강 무스쿨루스(Wolfgang Musculus)는 일곱 권의 안티레고메나를 거론하지만, 그 책들을 신약 성경의 전체 목록에 포함시킨다. 오이콜람파디우스(Oecolampadius)는 여섯 권의 안티레고메나(히브리서는 제외)에 대해 말하면서, 열등한 지위를 부여하기는 하지만, 그럼에도 불구하고 이러한 책들의 복음에 대한 증거력을 인정한다.

칼빈은 야고보서와 유다서에 대해 아무런 비판을 가하지 않았으며, 종종 히브리서와 요한 계시록을 정경으로 인정하면서 이로부터 인용을 하기도 했다. 그러나 칼빈은 계시록 주석을 쓰지는 않았는데, 아마도 자신에게 역부족이라고 느꼈기 때문인 듯하다. 그는 요한 2서와 3서에 대해서는 침묵하고 있다. 그는 히브리서에 대해 바울의 저작설을 분명하게 부정하지만, 그 정경성은 부정하지 않는다. 그는 베드로후서의 저자는 베드로의 문하생이며, 사도의 후원과 지도 하에 이를 썼다고 생각하는 경향이 있다. 그렇지만 이 경우에도 칼빈은 기원이 불확실하다고 해서 비우호적으로 추론하는 것(정경성을 부정하려는 것: 역주)에 대해서는 반대한다.

칼빈은 교회에 신조를 만들 수 있는 권리를 부정한 후에 교회에 정경을 결정할 수 있는 권리를 부여한다는 것이 모순된다는 것을 명백히 알고 있었다. 그렇기 때문에 그는 정경을 신자들의 마음에 성령의 음성을 통하여 성경에 대해 증거하시는 하나님의 권위에 근거시켰다. 영원하고 침해할 수 없는 하나님의 진리는 사람들의 기쁨이나 판단에 근거하는 것이 아니며, 빛이 어둠으로부터, 백색이 흑색으로부터 구별되는 것처럼 아주 쉽게 구별될 수 있다고 칼빈은 주장한다. 동일한 맥락에서 페터 베르밀리우스(Peter Vermilius)도 "성경이 교회로부터 권위를 얻게 된다는 것을 부정한다. 성경의 확실성은 하나님으로부터 오는 것이다. 하나님의 말씀이 교회보다 더 오래되었다. 하나님의 영은 말씀을 듣는 자들과 읽는 자들의 마음에 역사하셔서, 그들로 하여금 말씀이 진정 신적인 것임을 인식하게 만든다." 이러한 견해는 여러 칼빈주의 신앙고백들에서 분명하게 드러나고 있다. 이러한 견해는 그 배타적 형태에 있어서 아우구스티누스의 금언과는 정면으로 배치된다. "나는 교회의 권위에 의해 감동되지 않았더라면 결코 복음을 믿지 못했을 것이다." 아우구스티누스의 이 금언은 그렇지 않았더라면 종교개혁자들에 의해 매우 높이 평가되었을 것이다. 그러나 두 종류의 이러한 증거는 서로 보완적인 것이다. 전통이라는 인간적 권위는 신앙의 궁극적 근거는 아니라 할지라도 진정성과 정경성에 관한 역사적 증거로서 없어서는 안되는 것이며, 합리주의와는 달리 커다란 비중을 갖는다. 용어의 정당한 의미에서 보자면 성경과 교회 사이에는 어떤 본질적인 대립도 존재하지 않는다. 양자는 불가분리적이다. 교회는 그리스도와 사도들에 의해 하나님의 **살아있는** 말씀의 선포를 통하여 세워졌으며, 교회를 세운 사람들은 또한 계속하여 교회의 빛을 빛내고 인도해 가는 **기록된** 말씀의 저자들인 것이다. 거꾸로 교회는 성경의 보호자, 전수자, 번역자, 선전자, 그리고 주석자인 것이다.

3. 영감과 정경에 관한 종교개혁자들의 자유로운 견해는 16세기 중반 이후로는 포기되었으며, 간명하고도 견고한 신학 체계가 뒤이어 나타나게 되었다. 17세기의 개신교 스콜라주의는 교부들의 신학을 체계화하고 축소시킨 중세 가톨릭의 스콜라주의를 그 장점과 결점 양자 모두에 있어서 흡사하게 닮았다. 다만 차이가 있다면 전자는 성경에 근거를 두고 있는 반면, 후자는 교회의 전통에 근거를 두고 있다는 점이다. 로마주의와의 투쟁 속에서 루터파와 칼빈파 신학자들은 무오류의 교황에 반대하여 무오류의 성경을 정립시키기 위해 완고하고 기계적인 영감 이론을 정교하게 세우기에 이르렀다. 성경은 하나님의 말씀과 동일시되었으며, 성령의 대필자로서 성경 저자들에게 구술된 것이었다. 심지어는 문체의 고전적인 순수성과 마소라 본문의 구두점까지 포함한 전통적인 텍스트의 완전성이 주장되었다. 본문의 기원과 역사에 관한 연구가 진척되면서 드러나게 된 명백한 사실들과 상충되는 주장이었다. 성경의 신적 측면만이 배타적으로 강조되고, 인간적이고 문학적인 측면은 무시되거나 실제로는 부정되었다. 개신교 스콜라주의 시대의 주석적 빈곤은 이로부터 비롯된 것이었다. 성경은 이미 받아들여진 교리들을 위한 증빙 본문의 저장소로 사용되었다. 맥락이나, 신약과 구약

의 차이나, 인간의 필요나 능력에 따른 신적 계시의 점진적 발달과는 아무런 관련이 없이 말이다.

4. 합리주의가 정당한 항의로 제기한 것은 바로 이러한 개신교의 성경광신(bibliolatry)과 신조광신(symbololatry)에 반대해서였다. 합리주의는 교리들을 하나하나 끌어내려, 성경과 교회법을 탐구적인 비판 아래 종속시켰다. 합리주의는 성경의 신적 영감을 부인하였다. 단지 천재들의 모든 저술들에 적용할 수 있는 광범위한 의미로만 영감을 인정했을 뿐이다. 합리주의는 성경을 단지 이스라엘과 원시 기독교회의 종교적 정신의 점진적 진화로만 다루었다. 성경은 사실 오류들과 교리 오류들로 가득 찬 책이 되었고, 기적들은 전설과 신화로 해소되었다. 모세 오경의 모세 저작권, 다윗 시편들, 솔로몬의 저술들, 제2 이사야와 다니엘의 예언, 그리고 구약 성경의 다른 책들의 진정성이 의문시되었다. 합리주의는 에우세비우스의 안티레고메나뿐만 아니라, 심지어는 복음서들, 사도행전, 공동 서신들, 그리고 바울의 여러 서신들까지도 사도 이후 시대 즉 A.D. 70년부터 150년 사이에 쓰여진 것이라고 주장했다.

그러나 좀 더 후기에 이르면 합리주의는 후퇴하지 않을 수 없었으며, 정통주의에 몇 가지 양보들을 해야만 했다. 계속된 연구와 발견들이 정경 복음서들과 사도행전에 유리하게 작용하였다. 로마서, 고린도전후서, 갈라디아서에 대한 바울의 저작권과 계시록에 대한 사도 요한의 저작권이 가장 엄격한 비평 학파(튀빙겐 학파)에 의해서 완전히 인정되었다. 이것은 참으로 중요한 인정이었다. 왜냐하면 이 다섯 권의 책들이 복음의 모든 중요한 사실들과 진리들을 가르치거나 함축하고 있으며, 또한 합리주의의 기반 그 자체를 전복시켜 버리기 때문이다. 그리스도의 복음서들, 그리고 바울 사도의 서신서들이 인정됨과 더불어 기독교는 안전하게 되었다.

합리주의는 마치 홍수처럼 유럽 대륙을 휩쓸어버린 급진적 혁명이었다. 그러나 부정적이고 파괴적이기만 했던 것은 아니다. 합리주의는 성경 언어학, 본문 비평, 그리고 문법적–역사적 주석에 귀중한 공헌을 했고, 지금도 하고 있다. 합리주의는 성경의 배경과 상태에 관한 지식과 더불어, 그리스도와 기독교의 인간적이고 시간적인 측면에 속한 모든 것들에 관한 지식을 증대시켰다. 합리주의는 특별한 열정과 지식을 가지고 비평적 입문, 성서 신학, 그리스도의 생애, 사도 시대와 사도 이후 시대에 관한 학문 분야들을 계발하였다.

5. 이러한 주석적·역사적 신학의 획득은 항구적인 유익이며, 이러한 요소들은 새로운 복음주의 신학에 통합되었다. 이 복음주의 신학은 합리주의와의 투쟁 속에서 계시의 신적 사실들과 구원의 교리에 대한 적극적인 기독교 신앙을 옹호하기 위해 일어난 것이다. 이 투쟁은 점점 치열해지면서 지금도 전개되고 있지만, 진리가 승리를 거두게 되는 것은 분명한 일이다. 기독교는 정경에 대한 모든 비판적 질문들과, 또한 영감에 대한 인간적 이론들과 관계 없이 존속할 것이다. 그렇지 않다면 그리스도께서 직접 복음서들을 쓰셨거나, 아니면 사도들로 하여금 그렇게 하도록 명령하셨을 것이며, 성경 텍스트의 기적적 보존과 영감된 번역을 위한 조치들을 취하셨을 것이기 때문이다. 그분의 "말씀은 영이며, 또한 생명이다." "육은 무익하다." 비평과 합리주의적 사변이 잠깐 동안은 그리스도로부터 떠나 방황할지 모르지만, 그러나 역사와 인간의 삶의 문제들에 유일한 해결의 열쇠를 제공하시는 그분에게로 궁극적으로는 돌아오게 될 것이다. 세계의 대시인 괴테는 마지막 남긴 말들 중 하나에서 이렇게 말했다: "인간의 정신이 그 지적인 문화와 자연 과학에 있어서 아무리 진보한다 할지라도, 그 넓이와 깊이에 있어서 끊임없이 확장되어간다 할지라도, 결코 복음서들에 빛나고 있는 그 탁월함과 도덕성 위로 솟아오르지는 못할 것이다."

# 10. 개신교와 교파주의

희랍 정교회는 첫 일곱 공의회와 고대의 네 지역 중심 위에 세워진 총대주교적(patriarchal) 위계제도로 존재한다. 그 네 지역 중심은 예루살렘, 안디옥, 알렉산드리아, 그리고 콘스탄티노플인데, 1725년 이후로는 러시아 정교회의 총회가 상주하는 성 페테르부르크(St. Petersburg)가 이에 더해져야만 한다. 콘스탄티노플의 총대주교는 명예상의 수위권(primacy)을 주장하지만, 동료 대주교들 위에 법적으로 군림하는 수위권(supremacy)을 주장하지는 않는다.

로마 교회는 절대적 군주제로서, 전 기독교 세계 위에 군림하는 그리스도의 대리자의 권리를 주장하는 무오류의 교황에 의해 인도된다. 로마 교회는 희랍 정교회와 개신교회를 분파적이고 이단적인 것으로 여겨 그리스도의 교회로 인정하지 않는다.

종교개혁은 라틴 교회의 품안에서 발생했으며, 서방 기독교 세계의 **가시적 일치**를 파괴했다. 그러나 자유와 진리의 각 국면에 있어서의 완전한 발달에 근거하여 더 고차원적인 영적 일치를 위한 길을 예비하였다.

하나의 조직 대신에 개신교회에는 다수의 상이한 민족 교회들과 신앙고백들, 다시 말해 교파들이 존재한다. 일치의 지역적 중심이었던 로마는 비텐베르크, 취리히, 제네바, 옥스퍼드, 케임브리지(Cambridge), 에든버러(Edinburgh)로 대체되었다. 위대한 한 교황이 많은 작은 교황들에게 굴복해야만 했다. 그들은 교황보다는 더 작은 요구를 하는 것처럼 보이지만, 각자의 영역에서는 주권적 권력을 주장하고 행사하는 자들이다. 위계적 지배는 황제교황주의 또는 한 영토의 지배자가 또한 그 종교의 지배자(cuius regio, eius religio)라는 에라스투스적 원리에 자리를 내어주어야 했다. 이 원리는 비잔틴 황제들에 의해 처음 주장되었으며, 또한 러시아의 차르(Czar)에 의해 계승되었다. 그러나 공의회의 지상적 권위에 복종하여서였다. 종교개혁을 받아들인 모든 왕, 제후, 행정관은 교회의 최고의 지위를 차지했으며, 순응하지 않는 자들 즉 비국교도(Nonconformists)를 배제한 국가 교회를 설립했다. 비국교도들은 추방당하거나 또는 여러 가지 제약과 불이익 속에서 관용되기도 했다.

그러므로 독립적인 개신교 정부의 숫자만큼이나 많은 국가 교회 또는 지역 교회들이 존재하게 된다. 그러나 그 모두는 신앙과 행동의 규범으로서 성경의 지상적 권위를 인정하며, 대다수는 또한 성경의 가르침에 대한 정확한 요약으로서 복음주의 신앙고백을 소유하고 있다. 군주제 아래 독일에서는 (아무리 작은 제후라도) 모든 제후들이, 그리고 공화정 하의 스위스에서는 모든 주들(canton)이 스스로의 교회를 소유하고, 그 교회의 신조, 예배, 규율에 관해 지상적 권력을 주장했다. 그리고 이러한 권력은 성직자들에게서가 아니라, 세속적 지배자에게서 정점에 도달했다. 세속적 지배자는 교회의 목사들과 신학 교수들을 임명하는 위치에 있기 때문이다. 중세의 경건한 기관들에 의해 축적된 교회 재산들은 종교개혁 시기에 정부 소유로 이관되었으며, 국가의 통제 하에 있게 되었다. 그리고 이것이 교회의 잠정적 지지를 받았다.

이것이 오늘날까지 유럽의 일반적 상태이다. 스스로의 원리에 따라 자기들의 문제를 처리하고 있는 비교적 최근에 성장한 독립 교회 혹은 자유 교회들을 제외하고는 말이다.

주교와 교황의 권력이 국가의 수장에게로 넘어가게 된 것은 종교개혁자들이 미리 예상했던 바가 아니었다. 그러나 그것은 로마의 전 위계제도가 종교개혁에 철저하게 반대함으로써 비롯된 불가피한 결과였다. 멜란히톤은 이러한 변화에 수반된, 그리고 이기적이고 탐욕적인 군주들에 의해 자행된 많은 현저한 권력 남용을 가슴을 치며 개탄했다. 그라면 아마도 복음을 선포하고 가르치는 자유가 보장된다는 조건으로 주교적 위계제도를 회복하는 것에 동의했을 것이다.

스위스의 개혁파 교회는 루터파 교회보다 처음에는 더 큰 독립성을 확보했다. 왜냐하면 츠빙글리는 취리히의 관료 조직을 통제했으며, 칼빈은 그가 세운 제도 아래 제네바에서 최고의 권력을 가지고 다스렸기 때문이다. 그러나 두 사람은 모두 정치 권력과 교회의 권력을 긴밀하게 연관시켰으며, 정치 권력이 점차적으로 교회 권력까지도 지배하게 되었다.

스칸디나비아와 잉글랜드는 종교개혁과 더불어 교회의 최고 권력과 국가의 수장을 분리시키는 개신교 감독제(episcopate)를 채택했지만, 심지어는 그런 경우에도 세속 통치자가 법적으로는 교회의 최고 지배자이다.

가장 거대한 개신교 국교 즉 국가 교회들은 다음과 같다: 잉글랜드 교회는 분파에 의해 많이 약화되기는 했지만, 그러나 개신교 국가 교회들 중에서 여전히 가장 풍성하고 가장 강력한 교회이다. 1817년 이후 이전에 분열되어 있던 루터파와 개혁파를 포괄하는 프로이센 복음주의 연합 교회(the United Evangelical Church)가 있다. 작센의 루터파 교회(로마 가톨릭 신자인 왕의 지배 하에 있다), 덴마크, 스웨덴, 노르웨이의 루터파 교회, 스위스의 개혁파 교회, 네덜란드의 개혁파 교회, 그리고 스코틀랜드의 개혁파 교회 즉 스코틀랜드 장로교회가 있다.

원래 모든 복음주의 개신교회는 두 신앙고백 즉 두 교파 아래 포괄되었었다. 독일, 스칸디나비아에서 우세했고 지금도 여전히 우세한 루터파 교회와, 스위스, 프랑스, 네덜란드, 잉글랜드, 스코틀랜드, 그리고 제한된 범위이기는 하지만 또한 독일, 보헤미아 그리고 헝가리에 뿌리를 내린 개혁파 교회이다. 루터파 교회는 독일과 스칸디나비아의 많은 이민자들을 통해 미국과 다른 나라들에 전파되었다. 개혁파 교회는 그 다양한 분파들에 있어서 모든 네덜란드와 영국의 식민지들, 그리고 미국에서 발견된다.

이 두 교파와 성공회(Anglican Church)는 구별되어야 한다. 대륙 역사가들은 온전치 못한 정보 때문에 보통 성공회를 개혁파 교회와 비슷하게 여기기도 하지만, 성공회는 복음주의 개신교와 로마 가톨릭의 중간에 위치한 것으로 따라서 "영국 가톨릭"(Anglo-Catholic)이라고 불릴 수 있는 것이다. 실상 성공회는 교리 조항들에 있어서는 온건한 개혁파 색채를 가지고 있으나, 교회 정치와 예전은 칼빈주의 심지어는 루터파보다 훨씬 더 보수적이며, 이들보다 고대 교부들의 증거를 더 존중하고, 고대로부터의 단절되지 않은 감독적 계승을 대단히 강조한다.

개신교 진영 내에서의 신앙고백상의 분열은 매우 일찍 일어났다. 처음에 그것은 성찬에 있어서 그리스도의 임재에 대한 견해의 차이에 국한되었었다. 1529년 마르부르크 회담에서 루터와 츠빙글리는 15개 신앙 조항들 중에서 14개 반의 조항들에는 일치했지만, 이 문제에 있어서는 일치에 도달하지 못했다. 루터는 어떠한 타협도 거부했다. 그리스도의 몸의 편재성, 예정, 세례시의 중생 등 다른 문제들에 있어서 견해의 차이가 서서히 생겨나게 되었는데, 그것이 분열을 점점 더 넓히고 항구적인 것으로 만들었다. 1817년 이래 진행된 프로이센과 독일의 주들에서의 양 교파의 연합은 실제로는 이러한 분열을 치유하지 못했으며, 지금도 다른 나라들에서 여전히 분열되어 있는 두 기존 교파에 "복음주의 연합 교회"라는 제3의 교회를 또 하나 더하게 되는 결과를 초래했을 뿐이다.

16세기 개신교 내부의 논쟁들은 종교적·정치적 격정을 불러일으켰으며, 종교개혁의 밝은 모습에 어두운 그림자를 드리웠다. 멜란히톤은 엘베(Elbe) 강의 강물만큼이나 많은 눈물로도 기독교 세계의 혼란과 "신학자들의 광포함"에 대한 자신의 슬픔을 다 표현할 수 없을 것이라고 개탄하였다. 칼빈 또한 1522년 멜란히톤, 불링거(Bullinger), 그리고 부처(Butzer)와 함께 개혁파 교회들의 일치 신조를 작성하기 위한 목적으로 크랜머(Cranmer) 대주교에 의해 램버스(Lambeth) 궁정에 초대받았을 때, 교회의 연합을 위해서라면 10개의 바다라도 기꺼이 건널 용의가 있다고 말했다. 그러나 이 고상한 계획은 혼란스런 시대 때문에 결국 좌절되었고, 지금도 여전히 "경건한 열망"으로 남아 있을 뿐이다.

종파적 투쟁과 그 쓰라린 결과를 우리가 진실로 개탄하고 정죄해야 하기는 하지만, 개신교에만 그러한 비난을 뒤집어씌우는 것은 불공평한 일일 것이다. 마치 니케아 시대의 삼위일체론 논쟁, 기독론 논쟁, 그리고 다른 논쟁들에 있어서의 폭력적 격정들, 또는 희랍 교회와 라틴 교회 사이의 격렬한 적대감, 또는 중세 수도원 교단들 사이의 시기와 질투, 또는 얀센주의자들과 예수회 사이의, 그리고 근대 로마 교회에 있어서 갈리아주의(Gallicanism: 프랑스 교회의 독자성을 주장하는 입장-역주)과 교황지상주의(Ultramontanism: 국가를 초월하여 최후의 충성을 로마의 교황에게 바친다는 입장-역주) 사이의 사악한 경쟁심 때문에 가톨릭을 비난하는 것이 공평하지 못한 것처럼 말이다. 종교적 격정은 기독교에도 불구하고 이기적인 타락한 인간의 본성에서 생겨난다. 그것이 희랍 교회든, 로마 교회든, 개신교회든 상관 없이 말이다. 그것은 어떤 교파, 어떤 회중에서도 생겨날 수 있는 것이다. 바울은 고린도 교회의 당파심을 책망하지 않으면 안 되었다. 하나의 동일한 정부 아래서의 신학 학파들이나 파당들 사이의 적개심은 경쟁적인 다른 교파들과의 그것과 같거나 때로는 더 크기도 하다. 섭리는 이러한 인간적 연약함들을 교리와 규율에 있어서의 더 명확한 발전으로 반전시키며, 그리하여 악에서 선을 이끌어낸다.

개신교의 개인주의화 경향은 종교개혁의 세 교파로 끝난 것이 아니라, 신학적 당파 또는 학파의 차이들이 형성되고 조직화될 수 있는 여건이 주어진 곳이면 어디서나 또 다른 분열을 야기시켰다. 잉글랜드가 바로 그런 경우였는데, 제2의 종교개혁이라 불릴 수 있는 것의 결과였다. 그로 인해 17세기 잉글랜드는 독일이 30년 전쟁의 공포를 겪고 있는 동안 온 나라가 요동쳤다.

반(牛) 교황적이고 반역적이었던 스튜어트(Stuarts) 왕조의 마지막 전복 이후 1689년의 관용령(Toleration Act)은 전에는 잉글랜드 교회에 속해 있었지만 이제는 비국교도가 된 사람들(Dissenters)에게 장로교회, 독립교회 혹은 회중교회, 침례교회, 퀘이커파 등의 이름 아래 독립적 교파들을 조직할 수 있는 자유를 허용해 주었다. 이런 교회들은 모두 종교개혁의 원리들을 고백하지만, 교리 특별히 규율과 예배에서 사소한 차이들을 가지고 있었다.

18세기 잉글랜드와 아메리카 식민지를 뒤흔든 감리교 부흥 운동은 또 하나의 새로운 교파를 형성하였으며, 감리교회는 정복군의 열정을 가지고 확산되어 영어권 기독교 세계에서 가장 크고 영향력 있는 교파 중의 하나로 성장하였다.

스코틀랜드에서도 마찬가지로 개혁파 교회의 원래의 일치가 깨어졌는데, 주로는 국가의 보호권(patronage)과 그리스도의 유일한 수장권(headship) 문제 때문이었다. 그 결과 스코틀랜드 국민은 이제 주로는 국교(Established Church), 연합 장로교회(United Presbyterian Church), 그리고 스코틀랜드 자유교회(Free Church)의 세 교파로 분열되었는데, 모든 교파가 다같이 웨스트민스터 신앙고백을 신봉하고 있다.

독일에서는 모라비아 형제단(Moravian brotherhood)이 독립된 교파로서의 법적인 생존권을 얻었다. 모라비아 형제단은 이교도들 사이에서의 선교적 열정, 교육 기관, 순수한 규율, 그리고 기존 교회들에 대한 도전적인 영향 때문에 그런 완전한 권리를 획득하게 되었다.

대영 제국과 대륙에 있어서의 이러한 교파들은 북아메리카의 개척지로 이민이 시작됨에 따라 그대로 이식되었는데, 법 앞에서의 평등과 완전한 종교적 자유의 보장이라는 기반 위에서 서로 혼합되었다. 그러나 소수의 교파들은 식민지에서 생겨난 것도 있다. 아메리카에서는 교회와 분파, 국교도와 비국교도의 구별이 그 법적인 의미를 상실하게 되었다. 심지어는 유럽에서조차 그러한 구별은 약화되게 되었다. 관용과 자유라는 근대적 이념의 영향 아래서 국가와 교회의 결합이 느슨해지고, 종파나 신학적 파당들에도 스스로를 독립된 단체로 조직할 수 있는 자유가 허용되는 것에 비례하여 그러하였다.

그리하여 19세기 개신교회는 여섯 혹은 그 이상의 큰 교파들로 분열되었는데, 그보다는 훨씬 많은 작은 분열들은 계산하지 않는 경우에 그러한 것이다. 감독교회(Episcopalians), 루터교회, 장로교회, 회중교회, 감리교회, 그리고 침례교회가 두드러진 그리고 분리된 교파들이다. 그런데도 개신교회의 분리적 경향은 사라지지 아니하여, 새로운 교파들이 생겨날 수 있는데, 그런 과정을 억제할 수 있는 어떤 정치 권력도 존재하지 않는 미국에서 특별히 그러하다.

이런 현상을 외부에서 바라보는 사람들 특히 로마 교회나 불신자들에게 개신교는 결국은 붕괴로 끝날 수밖에 없는 종교적 무질서와 무정부 상태를 보여주는 것일 것이다.

그러나 지난 3세기 동안의 역사와 기독교 세계의 현재의 상태를 조용히 고찰해 보면 우리는 아주 다른 결론에 도달하게 된다. 기독교가 모국과 해외를 포함하여 영어를 사용하는 나라들에서 가장 강력하게 사람들을 사로잡고 가장 큰 활력과 에너지를 나타냈다는 것은 부정할 수 없는 사실이다. 그런데 이러한 나라들에서 기독교는 많은 교파들과 종파들로 분열되었다는 것이다. 잉글랜드와 스페인, 또는 스코틀랜드와 포르투갈, 또는 미국과 멕시코, 페루 또는 브라질을 비교해 보면 살아있는 다양성이 죽은 획일성보다 낫다는 것이 입증될 것이다. 분열이란 강고한 적을 공격하기에는 약점의 요소이지만, 그것은 또한 선교적, 교육적, 그리고 개종적 요소들을 증대시키는 것이다. 모든 개신교 교파들은 나름 대로 가치가 있으며, 그런 교파들 중의 하나라도 사라진다면 그것은 기독교의 목적 그 자체에 심각한 약화와 위축을 초래하게 될 것이다.

우리는 또한 다양한 개신교 교파들을 나누고 있는 차이들이 근본적인 것이 아니며, 이러한 교파들이 동의하는 신앙 조항들이 동의하지 않는 신앙 조항들보다 더 많다는 사실도 간과해서는 안된다. 모든 교파들이 신앙과 행위의 궁극적 규범으로서 영감된 성경, 은혜에 의한 구원, 그리고 사도신경의 모든 조항들을 받아들인다. 또한 기독교의 실천적 측면에 관한 견해에 있어서 모든 개신교 교파들은, 우리의 의무는 하나님에 대한 사랑과 이웃에 대한 사랑이라는 귀중한 계명 속에서 발견되며, 진정한 경건과 덕은 모든 사람의 구주와 주님이신 그리스도의 모범을 따르는 것에 있다고 한 목소리로 가르친다.

그렇다면 일치 속에 다양성이 있는 것은 물론 다양성 속에 일치가 있는 것이다.

그리고 분리와 분열의 경향은 그 반대의 경향 즉 기독교적 연합과 교파 상호 간의 교제에 의해 상쇄되는 바, 이러한 경향은 오늘날 개신교회 내부에서 상당한 정도로 그리고 다양한 형태로 나타나고 있다. 특별히 영국과 미국에서 그리고 선교지들에서 그러한데, 궁극적으로는 분명히 승리를 거두게 될 것이다. 편협성, 완고성, 배타성 같은 정신은 결국은 복음적 보편성(evangelical catholicity)의 정신에 자리를 내어주어야만 하며, 이것은 각 교파로 하여금 각자에게 주어진 특별한 은사에 따라 고유한 사명을 완수할 수 있는 자유와 더불어 또한 모두의 주님이신 분의 영광과 그분의 나라를 세워나가기 위하여 다른 교파들과 선의의 경쟁을 하며 협력할 수 있는 자유를 마찬가지로 허용해 줄 것이다.

기독교의 일치라고 하는 거대한 문제는 신앙과 외적 조직의 통일성으로 되돌아감으로써 해결될 수 없다. 일치 속의 다양성과 다양성 속의 일치는 자연은 물론 역사 속에서도 하나님의 법칙이다. 진리의 모든 측면은 자유로운 발전을 위해 나름대로의 공간을 가져야 한다. 기독교적 삶의 모든 가능성은 실현되어야만 한다. 과거는 되돌릴 수 없다. 역사는 지그재그로 마치 항해하는 배처럼 그렇게 움직이지만, 결코 후퇴하지는 않는다. 희랍 교회이건, 로마 교회이건, 개신교회이건 간에 각 교회들이 교회사 속에서 행한 일은 결코 헛되지 않는다. 모든 교파와 종파는 하나님의 성전을 짓기 위하여 약간의 벽돌을 제공해야 한다.

그리고 참으로 커다란 인간의 불일치 속에서 하나님께서는 가장 풍성한 일치를 이끌어 내실 것이다.

## 11. 개신교와 종교적 자유

종교개혁은 영적인 압제로부터의 웅장한 해방과 또한 종교적 신념의 문제에 있어서 성스러운 양심의 자유에 대한 옹호 행위였다. 보름스 제국 의회에서 교황과 황제의 면전에서 루터가 보여준 담대한 태도는 자유의 역사에 있어서 가장 고상한 사건들 중의 하나였으며, 웅변적인 그의 증거는 수세기를 두고 역사 속에 울려퍼졌다. 교황은 스스로를 지상에 있는 하나님의 가시적인 대리자(visible vicar of God)라고 불렀으며 사람들은 그렇게 믿었다. 또한 교황은 천국의 열쇠를 수중에 가지고 있는 그런 존재였다. 그런 교황의 폭력적 권세를 깨뜨리기 위해서는 백 번의 전투를 치르는 것보다 더한 도덕적 용기가 요구되었다. 그리고 그것은 믿음의 능력을 가진 한 보잘것없는 수도사에 의해 이루어졌다.

정치적이건 종교적이건 그 이후 자유의 진보가 이루어졌다면, 그것은 상당한 부분에 있어서 루터의 그런 영웅적 행위가 가져온 영감에 기인하는 것이다. 그러나 그 진보란 느린 것이었고, 많은 장애물과 저항을 통과해야만 했다. "하나님의 맷돌은 천천히 돌아가지만, 모든 것을 놀랍게 곱게 빻아 놓는다."

그런데 본질적인 것에 있어서 저항의 권리를 주장하고 행사했던 바로 그 사람들이 비본질적인 것에 있어서 자신들과 견해를 달리하는 다른 사람들에게는 그 동일한 권리를 부정했다고 하는 것이 참으로 괴이한 모순 중의 하나로 보인다. 교황권의 멍에로부터 자유를 확보하게 되자 그들은 여태까지 자신들이 당해온 그 박해의 원리들에 따라 행동했다. 그들은 근대적 의미에서 관용이나 자유에 대해 전혀 알지 못했다. 그들은 그리스도 안에서의 자유를 위해 싸웠지만, 그리스도로부터의 자유를 위한 것은 아니었다. 복음을 선포하고 가르치는 자유를 위해서였지, 복음을 반대하거나 전복시키기 위한 것은 아니었다. 그들은 자신들의 대적자인 로마 교회가 스스로의 견해를 확신하고 있었던 것만큼이나 똑같이 자신들의 견해를 확신했다. 그들은 교황제와 이단을 기독교 사회에서 용납되어서는 안 되는 위험한 오류들로 여기고 극도로 혐오했다. 존 녹스는 만 명의 프랑스군 침략자들보다 한 번의 로마식 미사를 더 두려워했다. 16세기 개신교 성직자들과 군주들은 시민적 범죄는 물론 이단을 억제하고 징벌하는 것이 하나님께 대한 그리고 스스로에 대한 의무라고 여겼다. 그들은 율법과 복음을 혼동했다. 많은 경우에 있어서 그들은 보복심으로 그리고 자기 방어를 위해 행동했다. 그들은 스스로를 종교개혁의 적법한 자녀라고 주장하는 많은 분파들과 오류 집단들에 의해 둘러싸여 있었다. 이런 사람들은 종교개혁을 그 대적자들의 책망거리로 만들고 혼란과 무정부 상태로 왜곡시키는 경향이 있었다. 당시 세상과 교회는 자유가 보편적으로 지배할 정도로 성숙되지는 않았었으며, 심지어는 지금도 마찬가지이다.

종교적 박해는 편협성과 광신, 그리고 악의, 증오, 무자비와 같은 저급한 격정으로부터만 일어나는 것이 아니라, 진리와 정통에 대한 잘못된 열정, 종교적 확신의 강렬함, 종교와 정치의 동맹 또는 교회와 국가의 결합으로부터도 일어난다. 이 마지막의 경우 어느 한 쪽에 대한 범죄는 곧 다른 쪽에 대한 범죄가 되는 것이다. 박해는 권력을 가진 모든 종교들, 교회들, 종파들에서 발견된다. 다른 한편 모든 박해받는 종교들, 종파들, 분파들은 최소한 자신들을 위해서라도 관용과 자유의 옹호자가 된다. 박해자들 중에는 몹시 악한 사람들도 있었지만 또 어떤 사람들은 몹시 선한 사람들이었다. 그들은 박해를 통해 대적과 대항하여 싸움으로써 하나님을 섬긴다고 믿는 사람들이었던 것이다.

다소의 사울과, 황제로서 스토아주의 성자요 철학자였던 마르쿠스 아우렐리우스(Marcus Aurelius)는 무지 때문에 기독교를 박해했다. 사울은 모세의 율법을 위한 열심 때문이었고, 아우렐리우스 황제는 로마의 법률과 신들에 대한 헌신 때문이었다. 샤를마뉴(Charlemagne)는 이교도였던 작센족(Saxons)을 강으로 내몰아 도매금으로 세례를 받게 함으로써 기독교를 가장 잘 확장시킬 수 있다고 생각했다. 성 아우구스티누스, 토마스 아퀴나스, 그리고 칼빈 모두 시민 정부가 이단을 징계할 권한과 의무가 있다고 동일하게 확신했다. 법에 의해 세워진 종교나 교회는 그 대적으로부터 법에 의해 보호를 받아야 한다. 박해를 막을 수 있는 유일하게 확실한 보장은 모든 교회들을 법 앞에서 동등하게 대하는 것이며, 모든 교회를 지원하거나 아니면 아무 교회도 지원하지 않거나 하는 것이다.

교회사는 박해의 극악한 불꽃으로 점철된 선홍빛이다. 그 박해는 이교도나 이슬람교도만에 의한 것이 아니라, 기독교인에 의한 기독교인의 박해도 숱하게 있었다.

그러나 모든 구름에는 은빛 테가 있으며, 인간의 모든 약함에는 그것을 반전시키는 신적 섭리가 있다. 박해는 인격을 테스트하고, 도덕적 영웅주의를 발전시키며, 순교의 영광을 드러내고, 종교적 자유의 핏빛 씨앗을 뿌린다. 박해란 박해받는 집단이 진리를 소유하고 있는 경우에는 실패하며, 궁극적으로는 박해받는 집단의 승리로 끝나게 된다. 로마 제국 안에서 기독교가 그러했으며, 상당한 정도까지는 개신교가 그러했다. 그들은 십자가의 고통을 겪었지만, 면류관을 얻게 되었다.

이제 박해의 역사 안에서 그 주요한 단계들을 간략하게 살펴보기로 하자. 그것은 동시에 종교적 자유의 역사이기도 하다.

1. 신약 성경은 박해를 옹호하는 단 하나의 구절도 보여주지 않는다. 그리스도와 사도들의 가르침과 모범은 박해를 반대한다. 그리스도께서는 세상을 구원하시기 위해 오셨지, 파괴시키기 위해서가 아니다. 그리스도께서는 당신의 왕국은 이 세상에 있지 않다고 선포하셨다. 그는, 비록 자신의 주인을 지키기 위해서라 할지라도, 베드로가 성급하게 칼을 빼어든 것을 책망하셨다. 그는 자신의 대적들로부터 자신을 돕기 위하여 하나님의 천사들을 부르기보다는 차라리 고통당하고 죽는 편을 택하셨다. 사도들은 영적인 수단들에 의해 복음을 전파했으며, 세상적인 무기들을 사용하는 것을 정죄하였다.

300년 동안 교회는 사도들의 모범을 따랐으며, 양심의 자유를 옹호하였다. 교회는 유대인들과 이방인들로부터 박해를 받았지만 결코 복수하지 않았으며, 진리의 힘과 영웅적 죽음에 의해 확증된 거룩한 삶을 통해 승리에 이르는 길을 열어나갔다.

2. 교회의 이러한 태도에 변화가 시작된 것은 동방에서는 콘스탄티누스 대제 하에서, 서방에서는 샤를마뉴 아래서 교회와 국가가 연합되면서부터이다. 이 두 황제는 모두 검과 십자가의 지배 하에 있던 구 로마 제국의 연속성을 대표한다.

가톨릭 교회에 대한 중세 이론은 카이사르와 교황, 그리고 기독교 국가들에서 정치 권력과 교회 권력의 긴밀한 연합과, 그 바깥에는 구원이 없는 가톨릭 교회의 유일성(exclusiveness)을 주장했다. 아타나시우스 신조는 삼위일체와 성육신의 정통 교리로부터 이탈하는 모든 사람들에 대한 3개의 저주 조항을 가지고 있다. 이러한 관점에서 본다면 모든 이단 즉 가톨릭 정통주의로부터의 모든 이탈은 사회에 대한 죄악이며 범죄이고, 비록 방법은 다르다 할지라도 교회와 국가 모두에 의해 처벌되어야 하는 것이다. "교회는 피에 굶주린 것은 아니다." 그러나 교회는 완고한 이단을 파문하고, 법에 따라 처벌되도록 정부 관료에게 넘겨 준다. 그리고 이교 시절의 로마나 기독교 시절의 로마는 국가 종교로부터의 모든 공개적 이탈자에 대해 공히 가혹했다. 우상 숭배와 신성모독을 신정통치에 대한 범죄와 여호와에 대한 반역으로 여겨 죽음으로 다스렸던 모세의 율법은 그리스도와 사도들의 가르침과 모범에도 불구하고 기독교적 경륜 아래서 유사한 법률 제정을 위한 신적 권위를 부여해 주는 것으로 여겨졌다. 콘스탄티누스 이후의 그리스도인 황제들은 이교와 이단 종파들을 박해했다. 마치 자신들의 이교도 전임자 황제들이 국가의 신들에 대한 적으로 여겨 그리스도인들을 박해했던 것처럼 말이다. 그 영향력을 전 유럽 대륙에까지 넓힌 유스티니아누스 황제의 법전은 이교도나 유대인은 물론 기독교 이단과 분파 역시 정부나 군대의 공직에 등용될 수 없으며, 공적인 집회를 갖거나 종교 행위를 할 수 없고, 그들의 책은 불사르도록 명령하고 있다.

　교회의 지도적인 성직자들은 이 이론을 재가해 주었다. 그 자신 역시 9년 동안 이단에 속했던 성 아우구스티누스는 처음에는 관용을 선호했다. 그러나 도나투스 논쟁 동안 그는 이단과 분파에 대한 교정과 강제가 어떤 경우에는 필요하며 유익하다는 결론에 도달했다. 그의 소책자 「도나투스주의자들에 대한 교정」 (*Correction of the Donatists*)은 417년 무렵 쓰여졌는데, 그 목적은 분파적이고 열광주의적인 도나투스주의자들은 제국법이 가하는 형벌을 받아야 한다는 것을 보여주는 것이었다. 그는 형벌이나 고통에 대한 두려움 때문에 어쩔 수 없이 하나님을 예배하기보다는 가르침에 의해 하나님 예배로 이끌리는 것이 더 낫다는 것을 인정한다. 그러나 그는 더 다수의 사람들이 공포에 의해 교정된다고 추론하고 있다. 그는 그 증거를 구약 성경으로부터 끌어낸다. 신약 성경에서 그가 이 끌어낼 수 있는 유일한 구절은 형벌보다는 강제적 구원을 가르치는 것이지만, 실제로 아우구스티누스의 논점에는 맞지 않는다. 그는 그리스도 자신에 의한 강제의 한 예로 바울의 회심을 언급한다. 또한 큰 잔치의 비유에서 "강권하여 데려다가 내 집을 채우라"(눅 14:23)는 주님의 말씀을 잘못 적용하고 있다. 그러나 다른 한편 그는 "어떤 사람도 자신의 의지에 반하여 믿을 수는 없다"는 바른 원리를 고백하고 있다. 그리고 그는 이단자들을 사형에 처하는 것에 대해서는 명백하게 반대한다.

토마스 아퀴나스는 라틴 교회 교회법 학자들 사이에서 아우구스티누스 다음으로 최고의 권위를 갖는데, 한 걸음 더 나아간다. 그는 중세가 만족할 만큼, 우상 숭배자들, 유대인들, 그리고 이교도들의 예배의식이 관용되어서는 안 되며, 기독교 신앙의 이단이나 부패자들은 화폐 위조자보다 더 나쁜 범죄자들이기 때문에 (적절한 권면이 있은 후) 교회에 의해 출교될 뿐만 아니라, 국가에 의해 사형에 처해져야 한다고 주장했다. 그는 이단자들에 대한 사형을 옹호하기 위해 성경 구절을 하나도 인용하지 않는다. 이와는 반대로 이단들에 대한 관용을 표현하고 있는 딤후 2:24, 고전 11:19, 마 13:29-30의 세 구절을 언급하면서, 이단의 죄악으로부터 끌어낸 자신의 논증에 의해 이런 구절들을 무력화시키려고 시도한다.

이단에 대한 박해는 가장 훌륭한 교황들 중의 하나였던 인노켄티우스 3세 하에서 알비파(Albigenses)에 대해 이루어진 십자군 원정, 스페인의 종교재판소의 잔학한 행위들, 그리고 네덜란드에서 알바 공작(Duke of Alva)의 짧은 통치(1567-1573) 동안 개신교도들에게 이루어진 말할 수조차 없는 잔인한 행위들에서 정점에 도달했다.

성 바돌로매 대학살 사건(1572년 8월 24일)은 교황 그레고리우스 13세에 의해 재가되었는데, 그는 공개적인 감사 예배를 드리고, 자신의 형상과 복수하는 천사 그리고 "불신자들의 멸망"(Ugonottorum strages)이라고 새겨진 메달을 만들어 그것을 경축했다.

루이 14세의 악명높은 개신교도 박해는 동일한 정치적-교회적 정책의 연속선상에서 대규모로 이루어진 것이었다. 그것은 자신의 할아버지의 엄숙한 칙령(1598년, 1685년 철회됨)을 어기고 프랑스에서 개신교를 완전히 박멸시키고자 하는 목적을 가지고 있었다. 그의 이러한 정책은 갈리아의 자유의 옹호자인 보쉬에(Bossuet) 주교를 포함한 가톨릭 성직자들의 전폭적인 지지를 받았다.

피에몬테(Piedmont) 계곡의 무죄한 발도파(Waldenses)에 대한 많은 박해들 중에서 가장 잔인한 것은 1655년 일어났는데, 그 끝을 모르는 폭력 때문에 전 개신교 세계를 경악시켰다. 이것은 크롬웰(Cromwell)의 격렬한 저항을 불러일으켰고, 그의 외무장관이었던 밀턴(Milton)의 유명한 소넷(단시)을 탄생시켰다.

"오, 주님! 복수하여 주소세! 그들이 성도들을 도살하였나이다.

성도들의 뼈가 차가운 알프스 여기저기에 뒹굴고 있나이다.

우리 선조들이 모두 돌과 나무를 숭배하던 고래로부터

당신의 진리를 그렇게 순수하게 지켜온 사람들을 위하여서라도."

이러한 박해는 교회사에 있어서 가장 어둡고 사탄적이라고 할 수 있는 장(chapters)을 구성한다. 그리고 기존 교회가 박멸하고자 했지만 결국 성공하지 못했던 모든 이단들보다 인간성과 기독교에 대해 더 큰 죄악을 범하는 것이다.

로마 교회는 이러한 비기독교적 행위들에 연루된 것에 대해 결코 회개한 적이 없다. 도리어 그 반대로 가톨릭 교회의 품을 벗어나서는 구원이 없다는 교리와 관련하여 박해의 **원리**를 여전히 붙잡고 있다. 1864년 교황의 오류 목록(Syllabus)은 현대의 여러 오류들 중에서 종교적 관용의 교리를 명백하게 정죄하고 있다. 성 토마스 아퀴나스의 신학을 높이 찬탄하는 레오 13세는 1885년 11월 1일 "국가의 기독교적 정치 체제에 관하여"라는 그의 회람 서신에서 그의 전임자의 정치적 원리들을 현명하게 완화하면서도 본질적으로는 그것을 재확인하고 있다. 그것의 철회는 교황의 무류성에 대한 바티칸의 교리에 치명적인 것이 될 것이다. 박해의 **실행**은 권력과 편의성의 문제이다. 비록 때때로 여전히 개별적인 박해의 경우들이 있기도 하지만, 중세의 불관용은 이제 불가능한 것이며, 지성적이고 자유주의적인 로마 가톨릭 교인들에 의해 어리석음과 죄악으로 정죄당할 것이다.

### 3. 박해와 관용에 대한 개신교의 이론과 실제

#### (a) 루터파 개혁자들과 교회

루터는 관용과 자유의 이념에 있어서 종교개혁자들 중에서 가장 진보적인 사람이었다. 그는 로마에 반대하는 자신의 저항이 가져오는 먼 파급 효과를 분명히 보았으며, 1517년부터 1521년에 이르는 폭풍과 압제의 시기에 두려움을 모르는 자유의 옹호자였다. 그는 양심의 문제에 있어서 강압에 반대하는 몇몇의 가장 고상한 언급들을 남겼는데, 이 주제에 관한 현대 이론의 모든 본질적 측면을 거의 포함하고 있다. 그는 신체와 세상적 재물에만 국한된 세속적 권력과, 하나님께 속해 있는 영적 정부를 날카롭게 구별했다. "하나님 외에는 누구도 영혼에 명령을 할 수도 없고, 해서도 안된다. 오직 하나님만이 천국에 이르는 길을 영혼에게 보여주실 수 있다"고 루터는 말했다. "사람의 생각과 정신은 오직 하나님만이 아실 수 있다." "사람에게 믿음을 명령하거나 또는 힘에 의해 강제한다는 것은 쓸데없고 불가능한 일이다." "이단이란 어떤 칼로도 벨 수 없고, 어떤 불로도 태울 수 없고, 어떤 물로도 익사시킬 수 없는 영적인 일이다." "믿음이란 강제할 수 없는 자유로운 것이다."

루터는 할 수 있는 모든 논증으로 재세례파의 교리를 반대했지만, 재세례파가 가톨릭은 물론 개신교 국가들에서 받고있는 참혹한 박해에 대해서는 찬성하지 않았다. 그는 재세례파를 반대하는 책(1528)에서 "그렇게 불쌍한 사람들이 그렇게나 참혹하게 살해당하고, 화형당하고, 잔인하게 죽음에 처해지는 것은 옳지 않고, 이에 대해 매우 유감스럽게 생각한다. 모든 사람은 자기가 원하는 것을 믿도록 허용되어야 한다. 만일 그릇된 믿음을 가진다면, 그 사람은 영원한 지옥불에서 충분한 처벌을 받게 될 것이다. 왜 그들이 이 세상에서도 고통을 받아야 한단 말인가?"하고 루터는 말하고 있다. 만일 이단들이 죽음으로 처벌되어야 한다면, 집행관이야말로 가장 훌륭한(가장 정통적인) 신학자가 될 것이다. 1528년 루터는 친구 링크(Link)에게 "잘못된 선생들이 죽임을 당해야 한다는 것을 나는 받아들이기 어렵네. 그들은 추방당하는 것으로 충분하다고 생각하네"라고 쓰고 있다.

그렇다면 루터는 이 정도까지 이단자의 처벌을 찬성하기는 했지만, 그 이상은 아니었다. 그는 이단자들이 정부에 의해 침묵을 강요당하거나 추방당하는 편을 원했다. 그는 **말로는**(in words) 폭력을 사용했으며, 이 점에 있어서 친구이건 적이건 그를 능가할 사람이 없었다. 그러한 언어적 폭력을 사용할 때 루터는 교황주의자이건, 츠빙글리파이건, 재세례파이건, 또는 심지어 헨리 8세, 작센의 게오르크 공작(Duke George), 브라운슈바이크의 하인리히 공작(Duke Henry)과 같은 세속 군주들이건 누구도 가리지 않았다. 그러나 그가 **행동으로**(acts) 불관용을 표현한 것은 극히 적었다. 그는 츠빙글리에게 교제의 손을 건네기를 거부했으며, 비텐베르크에서라면 그를 관용하려 하지 않았을 것이다. 그는 선제후 요한에게 한스 모르(Hans Mohr)라는 어떤 사람이 코부르크(Coburg)에 츠빙글리의 입장을 퍼뜨리는 것을 막아주도록 요청했다. 그는 츠빙글리파가 패배한 다음 스위스에서 그들에 대해 관용적 자세를 취하는 것을 유감스럽게 생각했다. 루터는 냉혹하게 츠빙글리파의 패배를 하나님의 공의로운 심판으로 받아들였다.

유대인들에 대한 관용에 관한 루터의 몇 마디 견해를 소개한다. 유대인들은 마치 예수의 십자가 처형에 개인적인 책임이 있는 것처럼 그리스도인들의 분노 때문에 고통을 당해야 했다. 처음에 루터는 일반적인 여론보다 앞선 진보적 견해를 갖고 있었다. 1523년 그는 유대인들이 마치 사람이 아니라 개인 것처럼 잔인하게 대우하는 것에 항의하면서, 그들을 개종시키는 최상의 방법으로 친절과 자비로 대해 줄 것을 호소했다. 만일 이방인 그리스도인인 우리들이 유대인을 다루는 방식으로 유대인 사도들이 이방인들을 다루었다면, 어떤 이방인도 개종하지 않았을 것이며, 설령 내가 유대인이라 할지라도 나 자신도 결코 그리스도인이 되지 않았을 것이라고 루터는 말했다.

그러나 1543년 그는 유대인들에 반대하는 두 편의 격렬한 글을 썼다. 몇몇의 랍비들과의 대화 후에 그는 그들의 교만, 완고, 그리고 신성모독에 대한 혐오와 분노로 가득 찼다. 루터는 그들과 토론한다는 것은 무익하며, 그들을 개종시키는 것은 불가능하다는 결론에 도달했다. 모세는 경고나 악질이나 기적으로 바로(Pharaoh)를 어떻게 할 도리가 없었으며, 홍해에 빠져 죽게 할 수밖에 없었다. 유대인들은 그들이 기다리는 메시야가 온다 할지라도, 그리스도인들의 메시야를 십자가에 못 박았던 것보다 더 악한 방법으로 자기들이 기다렸던 메시야를 십자가에 못 박을 것이다. 그들은 눈이 멀고, 마음이 완고하고, 도저히 고칠 수 없는 인종이다. 루터는 그리스도인들의 국가에서 그들을 추방하고, 그들의 책을 금지하고, 구주와 성모에게 신성모독의 죄를 범하는 그들의 회당과 심지어는 집들조차 불태워버리도록 권하는 극단적 입장으로 나아갔다. 아이슬레벤(Eisleben)은 많은 유대인들이 장사하는 것이 허용되었던 곳인데, 그곳에서 죽기 직전 행해진 설교의 마지막 부분에서 루터는 유대인들은 위험한 공공의 적으로서 관용되어서는 안 되며, 단지 개종이나 추방의 양자 택일만이 있을 뿐이라는 냉혹한 경고로 결론을 내리고 있다.

개혁자들 중에서 가장 온건한 멜란히톤은 말하기 이상하지만 루터가 살아있을 때는 아니지만 그가 죽은지 8년이 지났을 때, 그보다 한 걸음 더 나아갔다. 그는 1554년 10월 14일 쓰여진 칼빈에게 보내는 다음의 놀라운 편지에서 신성모독으로 세르베투스(Servetus)의 처형을 명백하게 재가해 주었다: "존경하는 선생이자 사랑하는 형제여! 나는 당신이 세르베투스의 그 흉악한 신성모독을 명쾌하게 논박한 글을 잘 읽고, 당신의 논쟁 과정에 중재자로 함께 하신 하나님의 아들에게 감사드렸습니다. 현재와 그리고 오는 모든 세대의 교회는 당신에게 감사의 빚을 지고 있습니다. 나는 당신의 판단에 전적으로 동의합니다. 그리고 엄격한 재판을 거쳐 그 신성모독자를 사형에 처한 당신의 행정장관들의 행위 역시 올바른 것이었음을 말씀드리고 싶습니다." 이 편지에서 멜란히톤은 자신이 간직한 확신을 표현하고 있다. 3년 뒤, 테오발트 탐머(Theobald Thammer)의 잘못된 주장을 반박하면서 그는 세르베투스의 처형은 "후세의 모든 사람들에게 기억될 경건한 본보기"라고 하였다. 루터가 살아 있었더라면 이런 상황에서 어떤 말을 하였을지 우리는 알 수 없다. 그러나 루터가 이 재판에 연루되어 있지 않다는 것은 그의 평판을 위해서는 좋은 일이다.

다른 루터파 개혁자들은 본질적으로 지도자들의 입장에 동의하여 관할 지역 사람들의 종교적 정치적 의견 수렴에 있어 행정책임자의 우위를 인정하였다. 마르틴 부처는 이러한 방향으로 더 나아가 그의 「대화록」(1535)에서 기독교인 행정관들은 교회를 개혁하고, 교황숭배와 잘못된 종교를 금지하고 벌하는 일에 있어 엄격한 모세의 율법을 따라 실행할 권리와 의무가 있다고 하였다.

루터파 개혁자들의 이러한 견해로 인해 로마 가톨릭에 속한 사람들이 루터파 소속 지역에서 박해를 받았다. 로마 가톨릭 지역에서 개신교도가 순교의 피를 흘리며 받았던 그런 잔혹한 박해는 아니었지만 교회재산의 몰수와 예배금지, 그리고 필요한 경우에는 추방 등의 방법이 사용되었다. 1528년에 작센 지역에서 교회의 조직을 재정비할 때 교황에 속한 사제들은 그 성직록을 박탈당했으며, 가톨릭을 고수하는 평신도들은 재산을 팔고 다른 지역으로 이주하게 하였다. 이러한 일련의 사건에 대해 그 지역 선제후는 그러한 정책이 사람의 신앙의 자유를 제한하려는 것이 아니라, 초래될 수 있는 모든 소란과 격랑을 미리 막고, 영토 안에서 분열과 분리의 원인을 차단하기 위한 것이라고 하였다.

루터파와 의견을 달리하는 개신교들도 루터파 소속인 작센 지역에서는 여전히 어려움을 겪었다. 필립주의자(멜란히톤주의자) 즉 은밀한 칼빈주의자들(Crypto-Calvinists)은 모두 불법화되었고, 일치 신조(Formula of Concord)에 서명하지 않으려는 모든 사제, 교수, 학교 선생들은 직위에서 물러나야 했다(1580). 카스파르 포이커(Caspar Peucer) 박사는 멜란히톤의 사위이자 비텐베르크 대학의 의학부 교수이고 작센의 아우구스투스 선제후의 진료담당 의사였는데, 다름아닌 필립주의자(멜란히톤주의자)라는 이유 하나로 10년 동안(1576-

1586) 투옥되었으며, 니콜라스 크렐(Nicolas Crell)은 작센의 종교법 고문으로 10년간 갇혀 있다가, 결국 은밀한 칼빈주의를 국내에서 지지하고 국외에서는 위그노교도들을 지원한 죄로 드레스덴에서 참수당했는데(1601), 이것은 중대한 반역죄로 여겨졌다. 그 일 이후로 칼빈이라는 이름은 교황이나 터키라는 이름만큼이나 작센 지역에서 증오의 대상이 되었다.

다른 루터파 국가에서도 츠빙글리주의자와 칼빈주의자들은 어려움을 겪었다. 폴란드 개혁자이자 런던의 프로테스탄트 회중의 목회자였던 아 라스코(John a Lasco)는 피에 굶주린 메리(bloody Mary) 여왕의 박해를 피해 여자와 어린이를 포함한 추종자들을 데리고 도망나왔을 때, 코펜하겐, 로스톡, 뤼벡, 함부르크 등지 어느 곳에서도 은신처를 제공받지 못했다. 그것은 그가 루터파의 교리 중의 하나인 실제적 임재(real presence)를 받아들일 수 없었기 때문이었다. 추운 겨울에 이 불쌍한 피난민들은 이 항구 저 항구로 쫓겨다니다가, 엠덴(Emden)에서 간신히 일시적으로 머물 곳을 찾을 수 있었다(1553).

스칸디나비아에서는 루터파를 제외한 모든 종교는 금지되었으며, 불응하는 자들은 몰수와 추방을 각오하여야 했다. 그 법은 19세기 중반까지 효력을 발휘하였다. 크리스티나(Christina) 여왕이 스웨덴의 왕위를 상실했던 것도 아버지가 30년 전쟁을 통해 영웅적으로 지켜냈던 루터파 신앙으로부터 그녀가 이탈했기 때문이었다.

(b) 스위스 개혁자들은 비록 공화주의자이긴 하였어도 로마 가톨릭과 이단자들에 대해 독일이 취했던 것처럼 마찬가지로 관용하지 않았다.

츠빙글리는 루터에게는 믿음의 형제로서 손을 내밀고, 심지어는 고상한 이교도까지 천국에서 만나기를 희망했지만, 취리히에서 자신의 일을 전복하려는 재세례파에 대해서는 결코 관용을 베풀지 않았다. 몇 차례의 토론이 모두 실패로 돌아가고 나자, 츠빙글리의 영향 아래 있던 행정장관은 재세례파 지도자들을 (모두 6명) 취리히 호수 근처 림마트(Limmat)에서 익사시켜 처형했는데(1527-1532), 참으로 잔인한 아이러니였다.

츠빙글리는 자신의 생명의 위협을 무릅쓰고 가톨릭 삼림 주(칸톤) 지역에서 개혁파 신앙을 강제적으로 도입하려고 하였지만(1531), 그것은 칼로 일어선 자는 칼로 망한다는 베드로를 향한 그리스도의 경고를 잊어버린 것이었다.[1]

칼빈은 개혁자들에게 두드러진 불관용의 죄(guilt)보다는 불운(misfortune)이 돌아가는 그런 경우이다. 칼빈과 세르베투스(Servetus)는 16세기에 가장 부당하게 대접받은 사람이라 할 수 있다. 칼빈의 명성에 대한 평가 절하와 세르베투스의 오명에 대한 무죄 변론은 역사적 진실과 정당성의 한계를 훨씬 넘어선 것이다. 두 사람은 모두 19세기의 기준에서가 아니라 16세기의 관점에서 평가받아야 한다.

이 두 사람은 정통과 이단의 대변자로서, 같은 나이, 드문 천재성, 그리고 기독교의 회복을 위한 뜨거운 열정을 소유하고 있었다. 그러나 이 두 사람의 운명적 만남은 교리와 정신 그리고 목표에 있어 정반대되는 입장 때문에 종교개혁의 역사에 있어 가장 커다란 비극을 초래하였다. 두 사람의 차이는 마치 시몬 베드로와 마술사 시몬의 차이만큼 컸다. 1553년 10월 27일 샴펠(Champel) 광장에서 타올랐던 화형주의 불꽃은 19세기에도 여전히 그 붉은 불꽃을 날름거리며 타오르고 있다.

자세한 역사적 사실들과 교리적 측면은 다른 장에서 다루기로 하고 여기서는 관용의 문제를 다루어 본다. 공정한 역사라면 승리자의 관용성 부족과 희생자의 오류를 모두 지적하면서 동시에 당사자들 모두의 확신과 정열을 인정할 수 있어야 한다. 칼빈은 도피 중인 경쟁자 세르베투스를 제네바 지역에서 추방하거나, 그가 자신의 여정을 숙고하며 이탈리아로 조용히 나아갈 수 있도록 하는 것으로 만족했었어야 한다. 그랬더라면 세르베투스는 거기서 자신의 본업인 의학분야에서 탁월한 업적을 남기며 살 수도 있었을 것이다. 그런데 칼빈은 그렇게 하지 않았다. 그는 진리에 대한 잘못된 의무감과, 스위스에서와 자신의 추종자들이 이단자로 비난받고 박해받고 있던 사랑하는 조국 프랑스에서의 종교개혁의 명분과 진리라는 잘못된 의무감에 사로잡혀 자신의 미래의 명성을 희생시키고 말았다. 칼빈은 자신의 솔직한 고백과 세르베투스의 체포 및 재판에 대해 책임을 져야 한다. 그는 "신성모독과 이단이라는 이유로" 그를 정죄하고 사형에 처하는 것에 완전히 동의했다. 다만 칼빈은 법적 형벌을 경감하여 화형 대신 참수로 대체할 것을 행정장관에게 건의하였지만 받아들여지지 않았다.[2]

그러나 그 형벌은 중세의 법 그리고 가톨릭과 개신교 기독교 세계의 당시의

---

1) 취리히에는 1885년 8월 25일 그를 기념하기 위해 오른손에는 성경을, 왼손에는 칼을 들고 있는 모습의 동상이 세워졌다.

일반적 정서와 일치하는 것이었다. 네 명의 스위스 행정장관들(취리히, 베른, 바젤, 그리고 샤프하우젠)에 의해 집행되기 이전에 충분히 논의되었고 당시 생존했던 개혁자들, 불링거(Bullinger), 파렐(Farel), 베자(Beza), 순교자 페트루스(Peter Martyr), 그리고 (앞에서 보았듯이) 온건한 멜란히톤마저 포함해서 모두가 승인한 사항이었다. 이상하게 들릴지 모르지만, 세르베투스 자신도 적어도 부분적으로는 그런 이론을 가지고 있었다. 왜냐하면 분파와 이단은 단지 출교와 추방의 형벌이 주어져야 하지만, 아나니아와 삽비라의 경우를 거론하면서 돌이킬 수 없는 완고함과 악의는 죽음에 처해져야 한다는 것이 세르베투스의 입장이었기 때문이다.

그 사건이 특히 악화된 과정도 간과할 수 없는 부분이다. 당시 세르베투스의 주장에 대해 동조자였든, 아니면 반대자였든 그를 오해하고 있었던 것으로 보이기 때문에, 세르베투스의 신비적, 범신론적 또는 범그리스도적 일신론(Unitarianism)에 대해 당시의 평가보다 좀 더 긍정적 이해를 시도해 보려고 한다. 당시 교회의 의견으로는 그는 격렬한 광신자요, 급진적 이단자였고, 용서받을 수 없는 신성모독자요, 역사적 기독교를 파괴하려는 목적을 갖고 있는 자였다. 첫 번째 그의 책(1531)과 마지막 책(1553)을 근거로 그러한 평가가 내려졌으며, 그가 초기에 죽음을 면할 수 있었던 것은 가명을 사용하여 숨어서 지내면서 대주교의 보호 아래 의사로서 생업을 이어가고 있었기 때문이었다. 그는 삼위일체 하나님을 믿는 모든 기독교인들을 삼신론자와 무신론자로 비난하였다. 또한 정통적 삼위일체 교리를 아우구스티누스의 꿈이요, 교황제도의 허구이자, 악마의 발명거리이며, 머리 셋인 괴물 케르베로스(Cerberos)라고 비난하였다. 유아세례 역시 격렬히 비난하면서 지극히 혐오스럽고, 성령을 거스르는 일이요, 중생의 의미를 포기하는 것이고, 그리스도의 전체 왕국을 전복하는 것이며, 유아세례를 주는 모든 사람들은 결국 천국 문을 닫아 아무도 들어가지 못하게 하는 것과 마찬가지이기 때문에 저주를 받아 마땅하다고 하였다.

---

2) 세르베투스는 1553년 주일 아침, 제네바에 있는 한 교회에 출석했다가 그를 알아본 사람에 의해 칼빈에게 연락되었고 바로 붙들려 감옥에 투옥되었다. 칼빈은 파렐에게 쓰는 편지에서 사형 죄에 해당하지만 처형 방법은 더 온건한 방법을 추천하기도 했다. 동일한 편지에서 세르베투스의 주장을 범신론적이며 악마적인 가르침이라고 평가하였다.

제네바에서 발견된 그의 편지는 칼빈에게 보낸 것으로, 부분적으로는 그 편지가 근거가 되어 그는 이전에 벌써 로마 가톨릭 종교재판소에 의해 프랑스의 대주교 관구인 비엔(Vienne)에서 화형 선고를 받았었다. 그가 비엔을 탈출한 후, 당국은 그의 형상을 만들어 그의 마지막 책과 함께 불에 태워버렸다. 당황하는 사이에 자기도 모르게 칼빈의 수중에 붙들린 그는 재판 과정에서 칼빈을 거짓말쟁이, 위선자, 마술사 시몬이라고 공격하였다. 그는 명백하게 칼빈의 권력을 전복시키기 위한 목적으로, 칼빈의 적대자들이었던 당시 제네바 의회에서 다수를 차지하고 있던 자유사상가들과 연합을 시도하기도 하였다.

이 모든 상황을 고려할 때 칼빈의 행위는 설명가능하고 부분적으로 정당하다고도 말할 수 있다. 칼빈은 일반법과 그의 시대에 일반적인 정서와도 일치하여 행동하였으므로, 같은 입장이라면 동일한 행위를 하였을 당시의 사람들의 입장에서 칼빈의 행위의 비난 여부를 판단하여야 한다.

그러나 그 형벌의 잔인함에 인간으로서 놀랄 수밖에 없는 것도 사실이다. 죽기까지 자신의 신념에 충실했던 사람, 적대자들에게 자신을 맡겨 죽음을 맞이했던 불행했던 그는 타오르는 불길 속에서도 끊임없이 기도를 반복했다: "영원하신 하나님의 아들 예수여! 나를 불쌍히 여겨 주소서!"

칼빈의 적대자들은 익명과 가명으로 소책자를 만들어 한때는 모든 종교적 박해의 피난처로 자랑했던 제네바에서 새로운 교황제도 같은 그런 잔인한 종교재판이 벌어진 것을 비난하였다. 세르베투스의 화형은 반(反)삼위일체에 동조하는 사람들에 의해 비난받았으며, 특히 스위스에 머무는 이탈리아계 피난민과 바젤과 기타 다른 지역의 일부 정통주의 기독교인들도 그 결정을 비난하면서, 그것이 로마주의자들로 하여금 프로테스탄트들을 박해하는 데 강력한 근거가 될지도 모른다고 두려워하였다.

칼빈은 1554년 봄, 이단에 대한 사형 집행의 정당성에 대해 공개 변론의 필요성을 느끼게 되었다. 우상 숭배와 신성모독에 대한 모세의 율법과, 그리스도가 성전에서 악덕상인을 쫓아냈던 일에 호소하면서(마태복음 21:12) 칼빈은 가말리엘의 현명한 충고와(사도행전 5: 34), 가라지와 곡식 비유(마태복음 13:29), 그리고 칼을 뽑은 베드로를 비난하는 그리스도(마태복음 26:52) 등으로부터 도출된 관용론의 주장들을 반박하고자 하였다. 개인적 복수와 공적 형벌은 구별되어야 한다는 것이 그의 주장의 마지막 결론이었다.

베자 역시 특별 논문을 통해 평소처럼 자신의 능력을 발휘하여 이단자의 징벌을 옹호하였다. 국가는 종교를 보호하기 위해 법과 의무를 베풀 권리를 가지고 있으며, 세르베투스의 처형은 일차적으로 그러한 국가의 자기 방어의 한 형태라고 주장하였다. 그는 관용론은 회의주의 또는 불신앙으로부터 도출된 것이라고 여겼으며, 악마적 교리라고 불렀다.

세르베투스의 몸은 화형되었지만 그의 정신은 소멸시킬 수 없었다. 그의 피는 관용과 인내, 그리고 유니테리언 이단 교리의 씨앗이 되어 많은 열매를 맺고 소키누스 종파로 조직되어 후에는 제네바를 포함하여 많은 정통교회로 퍼지게 되었다.

비록 몇 년 뒤 반(反)삼위일체주의자인 발렌티네 젠틸레(Valentine Gentile)가 베른에서 다시 목이 베여 처형되었지만(1556), 다행히 1553년의 비극은 스위스에서 이단자 화형의 마지막 모습이었다.

(c) 프랑스에서 개혁교회는 소수였지만 로마 가톨릭 교회와 연합한 통치자들에 의해 격렬하고 체계적인 박해를 받았다. 비록 개혁교회는 복수할 기회를 얻지 못했지만 그러나 그것은 교회를 위해 오히려 다행이며 개혁교회는 분명히 순교자의 교회이다.

(d) 네덜란드에서의 개혁교회는 스페인 통치 하에서 극심한 시련과 박해를 경험하고 난 후 도르트(Dort) 총회(1619)에서 패배한 아르미니우스주의자들(Arminians)을 박해하였다. 목회자와 선생은 직위에서 해임되고 추방되었다. 그러나 아르미니우스 논쟁은 정치와 혼합된 것이었다. 칼빈주의자들은 모리스(Maurice) 제후의 군사적 지도 아래 국가적이며 대중적인 단체들로 구성되어 있었던 반면에, 아르미니우스주의에 동조하는 정치 지도자인 요한 반 올덴바르네벨트(John van Olden Barneveldt)와 휴고 그로티우스(Hugo Grotius)는 스페인과 휴전 협정을 맺은 것과 관련하여 국가에 충실하지 못한 혐의로(1609), 한 사람은 죽임을 당하고 다른 한 사람은 영구 추방을 당했다. 후에 정세의 변화로 아르미니우스주의자들이 돌아올 수 있도록 허락되었고(1625), 자유주의 신학과 함께 종교적 관용의 원칙들을 전파하게 되었다.


## 12. 잉글랜드와 아메리카에서의 종교적 관용과 자유

잉글랜드와 스코틀랜드에서의 종교개혁의 역사는 관용의 부족과 박해로 대륙의 경우보다 추한 모습을 보였지만 마침내 종교적 자유라는 더 큰 소득을 얻게 되었다. 시민적 또는 종교적 영역에서 잘 규제된 헌법적 자유라는 현대적 개념은 주로 영국적 토양에서 자란 것이다.

처음에는 박해와 단순한 관용 사이에서의 싸움이었지만 법률적으로 확보된 관용은 온전한 종교적 자유에로의 길을 준비할 수 있었다.

박해를 받는 경우에는 양심의 자유를 주창하다가 권력을 소유하게 되었을 때는 불관용으로 일관했던 것은 정도의 차이는 있어도 모두에게 해당되는 것이었다. 1689년 이전의 영국 국교도들은 메리 여왕 당시의 로마주의자들보다는 불관용의 정도가 약해졌고, 1660년 이전의 장로교인들은 영국 국교도들보다 더욱 관용적이었고, 독립교회들은 영국에서는 장로교보다 더 관용적이었지만 뉴잉글랜드에서는 덜 관용적이었다. 침례교, 퀘이커, 소키누스파, 그리고 유니테리언주의자들은 일관성 있게 양심의 자유를 가르쳤으며, 불관용의 유혹을 끝까지 멀리하였다. 마침내 1689년에 제정된 법률에 의해 모두 관용적인 입장을 취하게 되었다. 하지만 그것 역시도 무력화시키는 조항들로 인해 효력이 제한되었다. 로마주의자들이 불과 칼을 사용하였다면, 영국 국교도들은 벌금, 감옥, 형틀, 코 베기, 귀 자르기, 얼굴 태우기 등을, 장로교인들은 파면이나 무자격을, 그리고 뉴잉글랜드의 독립교회들은 침례교도인 로저 윌리엄스(Roger Williams)를 추방하고(1636), 보스턴에서는 네 명의 퀘이커 교도를(남자 두명과 여자 두명, 1659, 1660, 1661), 세일럼(Salem)에서는 19명의 마녀의 목을 매달았다(1692). 이러한 모든 억압수단은 결국 전부 실패로 끝나고, 그러한 비인간적 박해는 더욱 증오의 대상이 되어 마침내 불가능하게 되었다.

1. 헨리 8세 아래에서 시작된 영국의 종교개혁의 첫 막은 국외의 교황 제도와 폭정을 단지 국내 판으로 대체한 것에 불과했으며, 개악으로의 변화였다. 스스로를 "영국 교회의 최고 우두머리"(the supreme head of the Church of England)라고 선언한 전제 군주의 신앙 교리에 감히 반대하는 사람은 그 누구도 안전할 수 없었다. 그의 사망 시에도(1547) 6개의 유혈 조항들은 여전히 효력을 발생하고 있었다. 그러나 그 조항들은 교황에게 반역했음에도 불구하고 헨리 8세가 여전히 유지하고 있었던 로마주의의 중심 교리들을 일부 포함하고 있었다.

2. 에드워드 6세의 짧은 재위 기간 동안(1547-1553) 개혁은 결정적으로 진보

했지만 재세례파는 여전히 인정되지 못했다. 재세례파로서 성육신에 대해 약간 기괴한 견해를 갖고 있었던 두 사람, 일반적으로 켄트의 조앤(Joan of Kent)이라고 불리는 조앤 보처(Joan Bocher)가 1550년 5월 2일에, 네덜란드 사람인 조지 반 파레(George van Pare)가 1551년 4월 6일에 완고한 이단자로 화형에 처해졌다. 젊은 왕은 여인을 사형에 처하는 것에 서명하기를 거절하면서, 그러한 형벌은 교황주의자들에게서 보았던 잘못된 행위로 비난의 대상이었음을 바르게 지적했지만, 신성모독에 대한 모세의 율법을 근거로 주장하는 크랜머(Cranmer)의 권위에 굴복하고 눈물을 머금고 서명을 했다. 그리고 그러한 집행이 잘못된 것이라면 그 책임은 대주교에게 있음을 분명히 하기도 하였다.

3. 메리 여왕의 유혈 통치(1553-1558)는 프로테스탄트에 대한 공포의 보복이었으며, 교황이 내린 저주가 프로테스탄트 순교자들을 향해 쏟아졌고, 개혁자 크랜머, 래티머(Latimer), 리들리(Ridley) 등이 옥스퍼드의 시장에서 공개적으로 화형에 처해졌다.

4. 엘리자베스 여왕(1558-1603)은 "신앙의 수호자와 교회의 최고 통치자"(Defender of the Faith and supreme governor of the Church)로서의 직분에 힘입어, 재위 기간 동안 개혁 종교를 영구히 확립하였다. 그러나 비국교도(dissent)는 모두 배제한 것이었다. 여왕이 제정한 형벌에 관한 법규는 국내의 소요와 외부의 침입을 막기 위한 정치적 필요성에 의해 만들어진 것이겠지만, 한편으론 교황제도와 청교도들을 체계적으로 소멸시키기 위한 목적을 담고 있었다. 그 법으로 로마 가톨릭 성직자들이 가장 어려움을 겪었고 숨어 버리든가, 아니면 망명하는 것밖에는 살아남을 방법이 없었고, 「39개 조항」과 「공동 기도서」를 준수할 것이 엄격하게 요구되었다. 영국 성공회 예배에 참석할 것이 강력하게 요구되면서, 다른 예배나 미사는 심한 벌칙으로 금지시켰다. 교황 같은 여왕(queen-pope)의 명령에 대한 불충성의 혐의를 받는 귀족들은 가차 없이 고문을 받았다. 헨리 4세(1401) 때의 법령이 여전히 유효하여서 두 명의 재세례파가 여왕의 재위 당시 산 채로 화형에 처해졌고, 두 명의 아리우스주의자가 여왕의 후계자에 의해 역시 화형되었다. 그 법규는 1677년에 공식적으로 폐지되기까지 존재하였다. 아일랜드 지역은 교회적으로나 정치적으로 점령지역으로 취급되었다. 영국은 지금도 그 잔인한 정책으로 인해 프로테스탄트 지배자들에 대한 가톨릭 교인들의 증오심을 키워놓은 대가를 지불하는 고통을 받고 있는데, 아일랜드의 슬픔을

제거하는 것이 영국 정치의 가장 어려운 문제로 남아 있다.

교황제도는 영국적 토양에서는 잠시 동안 자취를 감추게 되고 스페인의 무적함대(Armada)는 완전히 격퇴되었다. 그러나 로마의 거대한 교황에 대항하여 최전선에서 싸웠던 청교도의 경우에는 국내의 작은 교황인 여왕에 의해 쉽게 격퇴되지 않았다. 마침내 스튜어트(Stuarts) 왕조의 폭정과, 최고 위원회와 최고 재판소의 잔인성에 저항하여 반란이 일어났다. 이 기관들은 스페인의 종교재판소와 크게 다르지 않은 것으로, 언론의 자유와 출판의 자유를 반(反)사회 죄로 규정하고 처벌하였다.

5. 청교도가 영국을 지배했던 것은 약 20년 간의 기간으로(1640-1660) 청교도 역사에서 가장 진지하고 흥미 있는 시기를 형성한다. 통치자의 억압대신 인권을 강조하였지만 한편으론 불관용의 태도는 완전히 버리지 못하고 주교 제도 대신 청교도적 믿음을 강요했던 것은 온건한 방법이긴 하였어도 결국 불관용에 불관용으로 대응하는 셈이 되었다. 의회의 결정에 따라 성공회의 위계제도와 예배를 폐지하였고(1642년 9월 10일), 2,000명의 성직자들을 그 직위에서 축출하였다. 그리고 로드(Laud) 대주교(1644)와, 왕 찰스 1세(1649)를 단두대에서 반역자로 처형함으로써 결국 순교자의 면류관을 씌워주는 결과가 되고, 후에 부활의 길을 마련해준 셈이 되었다. 그 결과로 성공회들은 이제 관용의 승리자가 되었고, 영국의 설교 강단의 셰익스피어라고 불리는 제레미 테일러(Jeremy Taylor)는 「예언의 자유」(1647)를 위한 웅변적인 목소리를 높일 수 있었다. 그러나 찰스 2세에 의해 주교로 임명되었을 때(1661)는 부분적으로 그 내용을 철회하였다.

웨스트민스터 성직자 총회(1643-1652)는 21명의 성직자와 소수의 평신도 대표로 구성되었는데, 여태까지 열렸던 가장 중요한 교회회의들 중의 하나였다. 총회는 의회로부터 세 왕국(잉글랜드, 스코틀랜드, 아일랜드 ─ 역주)을 위한 통일된 신조와 규율, 그리고 예배의식 제정이라는 불가능한 업무를 위임받았다. 당시는 종교적 격동기였기에 모든 종류의 종교적 의견이 가장 엄격한 정통주의에서부터 이신론, 무신론에 이르기까지 생겨났고, 관용이라는 주제에 대한 소책자가 범람하여 총회의 불일치의 씨가 되기도 하였다. 토머스 에드워드는 그의 작품 「강그뢰나」(Gangroena, 1645)에서 무비판적인 과장이기는 하지만, 교황제도와 이신론을 제외한 16개 이상의 분파와 176개의 여러 "오류, 이단, 신성모독" 등을 일일이 열거하였다.

당시 관용의 의미에 대한 3가지 서로 다른 입장이 있었으며 그 내용은 총회의 스코틀랜드 위원이었던 조지 길레스피(George Gillespie)에 의해 잘 표현되어 있다.

(a) 첫 번째 의견은 교황주의자들의 경우로서 교회와 가톨릭 종교에 반대하는 모든 대항자들을 불과 칼로 근절시키는 것은 죄가 아닐 뿐 아니라 오히려 더 나아가 하나님을 향한 충실한 섬김이라고 생각하는 입장이었다. 이러한 이론을 근거로 얀 후스와 프라하의 제롬(Jerome of Prague)이 콘스탄츠 공의회의 결정에 의해 화형에 처해졌다. 길레스피는 그의 저술에서 이러한 이론을 "우상 숭배와 폭정의 검은 악마"라고 불렀다.

(b) "첫 번째가 지나치다면, 두 번째 의견은 부족한 경우이다. 행정장관은 어떤 징벌도, 강제력도 행사할 수 없으며 대신 자유와 관용으로 대하여야 한다는 입장이다." 이 이론을 그는 "이단과 분리주의를 조장하는 하얀 악마"라고 이름 붙였고, 도나투스주의자, 소키누스파, 아르미니우스파, 독립교회들을 이 범주에 포함시켰다. 주요 주창자는 침례교도인 로저 윌리엄스로 로드 아일랜드(Rhode Island) 주의 창설자가 되었으며 논쟁의 핵심을 지적하여 종교와 정치의 완전한 분리를 주장하였다. 로저 윌리엄스 훨씬 이전에 청교도 후퍼(Hooper) 주교와 회중교회를 설립했다가 이탈한 로버트 브라운(Robert Browne)은 행정장관은 교회와 양심에는 행정적 권한을 행사할 수 없으며 단지 시민적 문제에만 그 권한 행사가 국한되어야 한다는 원시 기독교의 원칙을 가르쳤다. 루터 역시 같은 의견을 1523년에 표현하였다.

(c) "세 번째 의견으로는 행정장관은 강제력을 행사할 수 있고 또 하여야 하며, 오류, 분파, 완고함, 그리고 다른 사람들을 미혹케 하는 위험의 본질과 정도에 따라 적절하게 이단과 분리주의자들을 진압하고 벌하여야 한다는 입장이다." 이 이론의 범주에 속하는 사람으로 모세, 성 아우구스티누스, 칼빈, 베자, 불링거, 보에티우스(Voetius), 요한 게르하르트(Johann Gerhard), 그리고 칼빈주의와 루터교의 성직자들을 제시하였다. 영국과 스코틀랜드의 장로교도들과 총회에 참석한 스코틀랜드 위원들, 특히 세인트 앤드루스에서 신학부 교수로 있던 새뮤얼 러더퍼드(Samuel Rutherford)와 런던의 장로교 목회자인 토머스 에드워즈(Thomas Edwards)가 이 주장을 열렬히 지지하였다. 이 입장은 국가 전체적인 호응을 받아 웨스트민스터 총회에서도 절대적 지지를 얻었다. 그 점에서 이 입

장은 17세기의 장로교 이론이라고 부를 수 있을 것이다. 그러나 적어도 영국과 스코틀랜드에서는 이단과 분리주의자들에 대해 장로교가 신체적 폭력을 사용하여 이 이론을 실행한 적은 결코 없었다.

웨스트민스터 신앙고백은 한편으로는 그 본래적 형태에 있어서 종교적 자유라는 큰 원칙 하에서 "하나님만이 양심의 주인"임을 선언하고, 다른 한편으로는 위험한 이단들은 "교회의 견책과 **또한 행정장관의 권력에 의해** 합법적으로 고소하고 재판을 할 수 있다"는 것을 선언하고 있다. 시민 행정장관에게 교회의 통일성과 평화를 보존할 권한과 의무를 부여하고, 모든 신성모독과 이단들을 제지하여 예배와 훈련에 있어 가능한 모든 부패와 남용을 방지하고 개혁하도록 하고, 그 목적을 위해 지역교회회의(synod)를 소집하고 참석할 수 있도록 하였다.

6. 구드윈 박사(Dr. Goodwin)의 지도 아래 총회에 참석한 다섯 명의 독립 교회 구성원들은 시민 행정장관과 지역 회의에 권한이 부여되는 것에 반대하였다. 문제의 소지가 있는 고백 조항들은 "사보이 선언"(the Savoy Declaration: 1658)이라 불리는 회의에서 생략되거나 바뀌었다.

그러나 독립교회들 역시 특히 크롬웰의 보호 속에서 지위가 상승된 후에는 관용에 있어 장로교의 입장과 별반 차이가 없었다. 성공한 결과 오히려 오류를 범하게 된 것이다. 자신들의 제도에서 교황제, 성공회, 그리고 소키누스파를 배제시켜 버렸다. 독립교회의 가장 뛰어난 성직자였던 오웬 박사(Dr. Owen)는 찰스 1세의 처형이 있던 날 의회에서 "하나님의 보호에 의해 격려된 의로운 열정"(예레미야 15:19, 20)이라는 제목의 설교 연설을 하였으며, 그리스도의 교회(Church of Christ) 학장과 옥스퍼드 대학의 부총장직 임명을 받아들이고, 적어도 16개의 기본 원칙들을 관용의 조건으로 제시하기도 하였다. 그는 구드윈과 함께 43명으로 구성된 크롬웰의 보호 아래 있는 심판위원회에 소속되었고, 웨스트민스터 총회에 참석하였다. 크롬웰 자신은 국내에서는 영국 통치자들 중 가장 자유로운 입장을 갖고 있었고, 국외 개신교회의 가장 대담한 보호자였지만, 그 관용을 장로교회, 독립교회, 침례교회, 퀘이커 등 성서와 기독교의 기본 교리를 인정하는 부류에 국한하였다. 그는 로마주의자나 성공회의 군주 지지자 등 자신의 통치를 위협하거나 타 종파에 대해 관용을 베풀지 않는 혐의를 받은 단체들은 관용의 대상에서 제외시켰다. 크롬웰을 보좌했던 외무장관 존 밀턴(John Milton)은 자유의 고귀함을 가장 우아하고 탁월한 영어로 표현한 주창자였지만, 왕의 처형의 정당성을 변호하였으며, 교황제도와 주교제도에는 관용을 베풀지 않았다.

만일 크롬웰이 오래 통치하였더라면, 그가 마지못해 임명했던 심판위원회와 사보이 회의는 아마도 온 나라에 통일된 신조를 부과하고자 하던 웨스트민스터 총회의 헛된 노력을 반복했을 것이다. 이번에는 단지 (교황주의자들과 주교제주의자들을 제외하고는) 정통적인 이탈자들에 대해 약간 더 관용적인 입장을 가지고서 말이다. 뉴잉글랜드에서의 독립교회들은 완전한 지배력을 확보하여 회중적 신정정치를 세웠기에 침례교와 퀘이커 교도들마저도 받아들일 여지가 없었다.

7. 크롬웰의 통치는 짧은 시험으로 끝나고 말았다. 그의 아들은 그 일을 감당하여 지속할 능력이 없었다. 청교도주의는 영국의 마음을 얻지 못했고 과욕과 실수로 자신의 무덤을 준비한 셈이었다. 과거에 깊은 뿌리를 내리고 있던 군주주의자와 주교제주의자들은 장로교의 강력한 지원을 받아 다시 세력을 회복하였다. 그리고 이제 정치와 교회의 폭정과, 공적이고 사적인 도덕의 몰락이라는 환경에 힘입어, 일시적이기는 하지만 청교도주의가 이루었던 모든 선한 업적을 파괴시키고 말았다.

어리석은 말을 한 적도 없지만 현명한 일도 한 가지 한 적이 없다고 평가되던 찰스 2세는 자신의 엄숙한 맹세를 깨고 불관용과 방종의 포문을 열었다. 1662년 5월 19일 "일치령"(Act of Uniformity)이 다시 제정되었다. 그리고 거의 백년 전에 있었던 "성 바돌로매 대학살"로 인해 공포스런 날이 되어버린 성 바돌로매 축일인 동년 8월 24일에 발효되었다. 비국교도 중에서 매우 학식있고 경건하면서도 또한 매우 온건했던 백스터(Baxter)는 큰 재난의 격랑이 몰아닥쳐 수 천명의 신실한 기독교인들과 그 성직자들을 삼켜버렸다고 전하고 있다. 모든 청교도 사역자들은 삶의 터전에서 쫓겨나 굶주렸고, 회중들의 모임은 금지되었으며, 왕에의 절대적 복종과 주교정치에 순응할 것을 스코틀랜드에서마저도 강요되었다. 신실한 장로교도들(맹약도)이 왕이 지시한 박해명령에 의해 무자비하게 다루어졌다. 영국 역사가의 기록에 따르면, 마치 사냥을 하는 것처럼 산과 들로 찾아가 범죄인을 대하듯 귀를 찢고, 쇠로 담금질을 당하고, 손가락을 비틀고, 다리가 잘려 나가고, 여인들은 거리에서 공개적으로 고문을 받았으며, 다수는 바베이도스(Barbadoes) 섬으로 유배를 당했다. 잔인한 병사들은 마음대로 하도록 자유가 주어졌고, 그들을 고문하는데 천재적인 모든 방법을 다 동원하도록 격려를 받았다.

그 과거로의 복귀의 시기가 영국 역사상 가장 비도덕적이고 잔인했던 시기일 것이다. 그러나 그러한 시련은 마침내 교황제도와 유사한 반역적인 스튜어트 왕조의 종말을 가져왔고 종교의 자유에 있어 새로운 시대를 열게 되었다. 청교도 정신은 죽지 않고 밀턴의 「실낙원」, 번연의 「천로역정」으로 남아 지금까지 지속되는 최고의 작품을 그 가장 비극적인 고난의 시기에 만들어 내었다.

8. 윌리엄과 메리의 통치하에서 만들어진 관용법은(1689) 영국의 모든 격렬한 박해의 싸움에 종지부를 찍었지만 지금 우리가 이해하는 종교적 자유라는 의미에서는 아직 거리가 있었다. 관용이 소극적인 접근이라면 자유는 적극적인 태도이고, 관용이 은혜라면 자유는 권리이다. 관용은 그것을 지지하는 권력에 의해 철회될 수도 있지만, 자유는 양심 그 자체와 분리될 수 없는 것이다. 관용은 어쩔 수 없는 대상이나 반대할 수도 있는 것에 대한 인내의 확대라면, 자유는 창조주의 선물로서 가치를 측량할 수 없는 것이다.

1689년의 관용법은 제한된 종파들 즉 장로교, 독립교회, 침례교 그리고 퀘이커에 국한된 것으로, 영국교회의 "39개 조항들" 중에서 36가지 조항에 동의하는 조건으로 개별적인 교회기구를 유지하고 예배를 드릴 수 있도록 허락하고 있다. 그러나 로마 가톨릭과 유니테리안은 제외되어 19세기까지도 영국에서는 관용법의 대상이 되지 못하다가, 가톨릭은 1829년 4월 13일에야 법안이 통과되어 해방되었다. 지금도 영국에서는 비국교도들이 있는데, 정부가 국교회를 지지하는 한 여전히 자격박탈과 사회적 불이익 속에서 살아야 할 처지에 놓여있다. 그들은 자신이 속해 있는 종파를 지원하면서 동시에 국교회도 지원해야 하는 부담을 안고 있다. 그러나 실제적으로 대륙의 어느 나라보다도 영국에서는 미국에 버금가는 종교적 자유가 인정되고 있는 셈이다.

9. 종교적 자유의 발달과정에서 마지막이자 가장 중요한 단계는 미국의 1787년 연방헌법에서 모든 직책과 공직의 자격요건에서 종교적 검증을 삭제함으로써 완성되었다. 1789년 첫 수정안에서 의회는 특정 종교의 설립을 돕거나 자유로운 설립을 방해하는 어떤 법률도 제정할 수 없다고 정하고 있다.

따라서 미국정부는 자유로운 법률에 의해 국가교회를 설립하는 것이 완전히 금지되어 있고, 종교의 자유를 보장하되 단순히 의견에 그치는 것이 아니라 언론과 출판의 자유처럼 시민의 본질적 자유의 하나로서 실행하도록 되어 있다.

헌법 제정에 참여한 사람들은 박해는 무익하며 해로운 것으로, 종교와 정치의 세속적 야합에 그 뿌리가 있음을 역사적 교훈을 통해 배웠다. 미국이 모든 종교적 난민들의 피난처가 되었던 것은 하나님의 섭리였다. 미국은 청교도, 장로교, 위그노, 침례교, 퀘이커, 개혁파, 루터교, 로마 가톨릭 등의 피난처가 되어 시민적·종교적 자유와 함께 사회의 질서와 복지를 바탕으로 최고의 발전을 누릴 수 있도록 운명지워져 있었다. 각각의 개별적 식민지들이 성공적 독립투쟁을 거쳐 하나의 국가로 연합되기 위해서는 어느 하나의 종파에만 자유를 인정할 수는 없는 것이었다. 따라서 자연적으로 종교적 자유보장으로 나아갈 수밖에 없었던 것은 미국의 피할 수 없는 운명이었다. 어느 교파와 분파에게도 해를 끼치거나 불공평을 초래하지 않았다.

현대의 독일 제국은 어떤 면에서는 미국과 유사한 측면이 있다. 1870년, 20개 이상의 각 지역이 자유결정에 의해 연합할 때 각자의 종파를 유지한 채 연합하여 종교상의 또는 교회와 관련된 입법을 자제함으로써, 분리되어 있던 지역의 통합에 걸림돌이 되지 않도록 하였다.

미국의 헌법은 종교에 관한 한 관용과 자유에 있어 종교개혁의 최종 결과라고 할 수 있으며, 종교개혁자들이 예견하거나 바랐던 결과가 아니라, 교황의 압제에 항거하는 과정에서 야기된 불가피한 결말이라고 할 수 있다. 모든 종파와 분파들의 열정적인 지원을 받아 프로테스탄트적인 토양에서 자라난 결과이다. 국가와 교회를 분리하는 것을 통해, 교리상의 이단을 징벌하는 시민적 행위는 국가에 저항하는 죄로 간주되었다. 가이사의 것은 가이사에게, 하나님의 것은 하나님께 돌리게 된 셈이다. 법과 문명에 있어 새로운 역사적 시대의 획을 긋게 된 것이다. 이것은 교회 역사에 있어 교회에 대한 미국의 공헌이라고 말할 수 있다. 연방헌법의 어느 조항도 종교적 자유의 보장만큼 전폭적 지지를 받고 승인되고 받아들여진 것은 없었다. 종교적 자유 속에는 가장 신성하고 가장 중요한 자유의 핵심이 담겨있었다. 어떤 반론도 있을 수 없는 자명한 공리로 받아들여졌던 것이다.

그렇게 해서 종교적 자유는 완전히 정당화되어 효력을 발휘하였다. 이 종교적 자유는 자발적 원칙을 최고로 강조하고 발전시키는 기폭제가 되었으며, 여러 교회들이 서로 평화와 조화 속에서 존재할 수 있게 되었으며, 스스로 지원하고 또 외부적 권력의 도움 없이 스스로 규제할 수 있었다. 이러한 사실들은 일세기에 걸친 경험을 통해 증명되어 교회와 국가의 분리에 대한 가장 강력한 증거가 될 수 있게 되었다. 기독교는 국가교회 없이 가장 잘 꽃을 피운 것이다.

국가와 교회의 분리는 이제 평화스러운 것이 되었고, 이교국가가 교회를 핍박하던 니케아 시대 이전의 옛날의 그런 적대적인 분리가 아니었다. 국가를 기독교로부터 떼어내려는 것이 아니라, 다만 정부는 모든 종파의 기독교를 위해 기독교의 안식일, 교회, 교육과 자선기관들을 보호할 의무가 있을 뿐이었다. 무종교와 신앙 부인마저도 자기 보존의 규칙 내에서 관용되었다. 종교적 자유는 다른 자유처럼 물론 남용의 여지가 있는 것이다. 타인의 자유와 사회의 본질적 이익이라는 범위 내에서 그 제한이 필요한 자유이다. 미국 정부는 인간을 번제의 대상으로 삼는 야만적이고 극단적인 종교행사를 관용하거나 보호할 수는 없는 것이며, 방탕한 소란행위나 일부다처제 등 관습과 법규를 위반하는 제도와, 기독교 문화의 질서와 국가의 토대를 위협하는 행위 또한 마땅히 제한되어야 한다. 최근 금지된 일부다처제와 관련하여 모르몬교도에 의한 일부다처제를 금지하지 않는 주를 연방에 편입시키기를 주저하는 의회의 결정 등이 그런 예이다. 국민의 다수가 한 나라의 대표적 종교를 결정하는 것이며, 이 검증방법에 의해 미국 국민은 다른 나라 사람들과 같은 기독교인으로서 다만 더 넓은 의미에서의 모든 형태의 기독교를 인정하는 입장일 뿐이다. 유대인과 불신자들이 시민의 정치적 권리에서 종교적인 이유로 배제되지 않는 한, 국가의 기독교적 특성이나 관습 또는 제도를 바꾸라고 요구할 수는 없는 것이다.

공립학교에서의 교육, 결혼, 안식일로서의 일요일 등은 세 가지 중요한 제도로서 교회와 국가의 이익이 서로 충돌할 가능성이 있는 영역으로 그 사정은 미국에서도 마찬가지다. 가톨릭은 다른 종교와 타협을 원치 않는 자신의 종교를 가르칠 수 없다면 공립학교 교육에 반대하는 입장이고, 모르몬교는 국가의 법이며 기독교적 가정의 기초인 일부일처제에 반대하며, 유대인은 토요일을 안식일로 지키는 전통을 고수하려 하고, 무신앙자들은 오락과 유흥을 위해 안식일 자체를 원하지 않을 수도 있다. 이러한 모든 문제들은 야만적 박해라는 수단에 의존하지 않고도 평화스러운 해결과 공평한 조정을 통해 해결할 수 있다.

미국 연방의 법은 컬럼비아 구와 준주(準州)에서는 최고 법이지만 어느 주에게도 특정 교회를 설립하거나 지속하라고 명령할 수 없다. 여러 거주지들은 더 온건한 형태의 유럽식 국가교회주의로 시작하였지만 초기 거주자들의 선호에 따라 차이가 있었다. 침례교도 로저 윌리암스에 의해 세워진 로드 아일랜드는 예외이지만, 뉴잉글랜드 거주지에서는 정통 회중교회가 설립되어 거주하는 모든 주민들은 의무적으로 지원하도록 되어 있었다. 버지니아와 남부 주 그리고 뉴욕에서는 감독교회(성공회)가 법률적으로 설립되어 정부의 지원을 받았다. 그러한 주들도 종교적 관용의 원칙 위에 세워졌음을 고백하였지만, 메릴랜드와 펜실베이니아처럼 나중에는 로마 가톨릭, 유니테리언, 유대교, 불신자들에게 자격을 인정하지 않는 규칙들을 발효시키기도 했다. 윌리엄 펜의 퀘이커 거주지인 펜실베이니아에서는 1693년부터 1775년까지 삼위일체의 정통교리에 대한 믿음을 고백하고, 가톨릭 교리인 화체설과 미사가 우상 숭배임을 분명히 선언하지 않는 한 공직을 맡을 수 없는 시절이 있었다.

입법상의 큰 혁명은 1776년 버지니아 거류지에서 일어난 것으로 국교회 설립이 무효화되면서 다른 모든 교회가 자격을 되찾을 수 있었다. 그 변화는 토머스 제퍼슨(버지니아의 지도적 정치인이며 종교의 절대 자유에 대한 강한 신념을 철학적 중립을 근거로 견지하고 있었음)과 국가의 개입에 반대하는 모든 다른 종파들, 특히 장로교, 침례교, 그리고 퀘이커들의 연합된 노력의 결과였다. 다른 거류지와 주들은 점점 그 예를 따랐으며 지금은 종교적 자유가 모든 주에서 완전히 보호되고 보장되어 있다.

미국의 예는 소리 없이 그러나 강력하고 지속적인 영향력을 유럽에 미쳐 단순한 관용 대신 더 높은 차원의 자유로 나아갈 수 있도록 하여 정부의 통제로부터 종교를 해방시켜 초기 교회의 자치와 독립의 장점을 입증하였다.

박해 방지에 대한 최고의 법적 보호장치와 종교적 자유에 대한 최고의 보장은 국가와 교회의 분리이다. 자유로운 문화, 진리의 포괄적 다면적 이해, 양심에 근거한 확신의 고귀함에 대한 깊은 이해, 그리고 사도 바울이 말하듯 넓고 깊은 그리스도인의 사랑만이 최고의 도덕적 처방과 보장이 될 수 있는 것이다.


## 13. 연대적 한계


종교개혁의 기간은 1517년, 루터의 〈95개 논제〉에서부터 시작되어 1648년 베스트팔렌 화의로 끝나게 된다. 그 마지막 협정으로 참혹한 30년 전쟁을 종결하고 프로테스탄트 신앙(루터파와 개혁파)이 독일 전체에 합법적 지위를 얻게 되었다. 1648년은 또한 영국과 스코틀랜드의 역사에서 중요한 획을 긋는 시기로서 웨스트민스터 총회(1643-1652)의 교리 내용을 의회가 인준한 해이며, 그 내용은 지금도 영국, 스코틀랜드, 아일랜드, 그리고 미국의 장로교에서 사용되고 있다. 이 131년 간의 기간 동안에 여러 크고 작은 사건들이 여러 나라에서 있었다.

**독일** 종교개혁은 본질적으로 루터파와 관련되어 있으며 중요한 시기를 넷으로 나누어 볼 수 있다. 첫 번째 시기는 1517년부터 아우크스부르크(Augsburg) 의회와 아우크스부르크 신앙고백이 있었던 1530년까지이다. 두 번째 시기는 1530년부터 소위 아우크스부르크 화의라고 하는 1555년까지의 기간이며, 세 번째는 1555년부터 루터파의 교리인 〈일치신조〉(Formula of Concord)를 완성한 1577년까지 또는 「일치신조서」가 출판되고 발효된 1580년까지이다. 마지막으로 네 번째 시기는 1580년부터 1648년 30년 전쟁의 종결까지로 나눌 수 있다.

**스칸디나비아** 종교개혁은 독일의 루터파 종교개혁과 거의 비슷하게 진행되어 30년 전쟁 시기까지 이어졌고, 그 전쟁에서 스웨덴의 구스타부스 아돌푸스(Gustavus Adolphus)가 프로테스탄트의 수호자로 주도적 역할을 담당하였다. 종교개혁운동은 1527년 스웨덴에서, 그리고 덴마크와 노르웨이에서는 1537년에 승리를 거두었다.

**스위스** 종교개혁은 츠빙글리에 의해 시작되어 칼빈에 의해 완결되었으며 두 단계로 나누어진다. 첫 번째 단계는 독어권 스위스의 종교개혁으로 1517년부터 츠빙글리가 사망할 때까지인 1531년 사이이고, 두 번째 단계는 불어권 스위스의 종교개혁으로 칼빈의 사망 년도인 1564년 혹은 베자의 사망 년도인 1605년까지 잡을 수도 있다.

개혁교회가 독일 특히 팔츠에 소개된 것은 두 번째 시기에 해당한다.

**프랑스** 개신교의 격동기 속에서 특히 중요한 해는 1559년, 1598년, 그리고 1685년이다. 1559년에는 처음으로 범국가적 총회가 파리에서 열려 개혁교회가 갈리아 신앙고백(Gallican Confession)과 장로교 통치 형태를 채택하여 분명한 조직을 만들었다. 1598년에는 개혁교회가 법률적 자격과 제한된 범위에서의 자유를 낭트 칙령(Edict of Nantes)을 통해 확보할 수 있게 되었으며, 그 내용은 앙리 4세가 그 이전에 자신의 동료 신앙인들에게 허락했던 것이었다. 그러나 고집스럽고 완고했던 손자인 루이 14세는 1685년에 그 칙령을 철회하였다. 그때 이후로 프랑스 개혁교회는 광야에 타오르는 가시덤불 같은 신세가 되었고, 그 수천 명의 자녀들은 어쩔 수 없이 그들의 고향을 떠나 스위스, 네덜란드, 독일, 영국, 그리고 북아메리카에 흩어져 살면서 자신들의 기술과 부지런함과 경건함으로 그 나라의 번영에 기여하였다.

네덜란드에서의 종교개혁은 스페인의 속박으로부터의 해방을 위한 영웅적 전쟁을 감당해야 했고 순교의 피를 무수히 흘려야 했다. 카를 4세와 펠리페 2세 하에서 받은 말할 수 없는 박해를 이겨내며, 7개의 북부 지역으로 이루어진 위트레흐트 연합(Utrecht Union: 1579년 형성)을 1609년 스페인이 마지못해 인정하게 되어서야 독립을 찾을 수 있었다. 그 뒤에는 아르미니우스주의(Arminianism)와 칼빈주의 사이에서 내부적으로 신학적 전쟁이 이어졌고, 1619년 도르트(Dort) 전체 총회에서 후자의 승리로 마감되었다.

영국의 종교개혁은 점진적 단계를 밟아 통치자의 변화하는 정책에 따라 영국 특유의 과정을 밟아나갔다. 중요 단계로는 1527-1547년 동안의 헨리 8세, 1547-1553년 동안의 에드워드 6세, 1553-1558년 동안의 교황제도의 반격과 개신교 순교 시기인 메리 여왕 시기, 1558-1603년 동안의 엘리자베스 여왕의 프로테스탄티즘의 재건 등을 들 수 있다. 이어지는 두 번째 단계의 종교개혁은 통치자에 항거하는 시민들에 의해 주도되었으며, 청교도와 스튜어트 왕조의 유사 교황제도 사이에서의 투쟁이었다. 청교도는 일시적으로 승리를 거두어 찰스 1세와 로드(Laud) 대주교를 폐위하고 처형하였다. 그러나 국가적 정치 권력으로서의 청교도는 크롬웰과 더불어 죽었으며, 1660년에는 국교제도와 기도서가 찰스 2세에 의해 복원되어 지속되다가 1688년 윌리엄과 메리의 통치 아래서 일어난 또 다른 혁명으로 스튜어트 왕조의 위험한 통치는 마침내 막을 내렸다. 비국교도들에 대한 관용이 주어지고, 그들은 별도의 조직을 만들어 분리된 종파를 형성하고 영국 프로테스탄티즘의 왼쪽 날개를 대표하게 되었다.

스코틀랜드에서의 종교개혁은 "북부의 루터"(the Luther of North)라 불렸던 존 녹스(1505-1572)의 지도 아래 이루어졌다. 첫 번째 단계는 1567년 의회로부터의 법적 공인과 설립이었다. 두 번째 단계는 메리 여왕의 지도 아래 교황중심주의로 복귀하려 했던 움직임에 맞선 개신교의 싸움으로 1590년까지 이어졌다. 세 번째 단계는 주교제도에 대한 반대와 영국 청교도와의 연합의 시기로 부를 수 있는데 1690년 장로교주의의 최후 승리로 끝이 났다. 그때 이후로는 성직 수여권 그리고 교회와 국가간의 관계에 대한 문제가 스코틀랜드 교회에서 소란과 갈등의 원인이 되었고, 많은 탈퇴와 분리를 초래했다. 그러나 신앙과 기율에 있어서 웨스트민스터 표준에는 본질적인 변화가 없었다.

개혁신앙은 폴란드, 헝가리, 트랜실바니아, 보헤미아, 모라비아 등에서는 부분적 성공과 관용을 확보할 수 있었지만, 특히 보헤미아에서 예수회의 반격으로 고통을 받았다. 이탈리아와 스페인에서는 종교개혁이 완전히 진압되었으며 1871년 교황의 세속 통치가 폐지되고 난 후에야 로마에서는 비로소 프로테스탄트의 공식적인 예배가 가능했고 교회를 세울 수 있었다.

# 14. 종교개혁 전체 참고문헌

## SOURCES.

**I. On the Protestant side**: (1) The works of the REFORMERS, especially LUTHER, MELANCHTHON, ZWINGLI, CALVIN, CRANMER, KNOX. They will be quoted in the chapters relating to their history.

(2) Contemporary Historians: JOH. SLEIDAN (Prof. of law in Strassburg, d. 1556): *De Statu Religionis et Reipublicæ Carolo V. Cæsare commentarii. Libri XXVI.* Argentor. 1555 fol., best ed. by Am Ende, Francof. ad M. 1785–86, 3 vols. Engl. transl. by Bohun, London, 1689, 3 vols. fol. French transl. with the notes of Le Courayer, 1767. Embraces the German and Swiss Reformation.

The *Annales Reformationis* of SPALATIN, and the *Historia Reformationis* of FR. MYCONIUS, refer only to the Lutheran Reformation. So, also, LÖSCHER's valuable collection of documents, 3 vols. See below § 15.

**II.** Roman Catholic: (1) Official documents. *Leonis X. P. M. Regesta,* ed. by Cardinal HERGENRÖTHER under the auspices of Pope Leo XIII., from the Vatican archives. Freiburg i. B. 1884 sqq., 12 fascic. The first three parts contain 384 pages to A. D. 1514. — *Monumenta Reformationis Lutheranæ ex tabulariis secretioribus S. Sedis,* 1521–'25, ed. by PETRUS BALAN, Ratisbonæ, 1884 (589 pages). Contains the acts relating to the Diet of Worms, with the reports of Aleander, the papal legate, and the letters of Clement VII. from 1523–'25. It includes a document of 1513, heretofore unknown, which disproves the illegitimate birth of Clement VII. and represents him as the son of Giuliano de Medici and his wife, Floreta. *Monumenta Sæculi XVI. Historiam illustrantia,* ed. by BALAN, vol. I. Oeniponte, 1885 (489 pages).

(2) Controversial writings: JOH. ECK (d. 1563): *Contra Ludderum,* 1530. 2 Parts fol. Polemical treatises on the Primacy, Penance, the Mass, Purgatory, etc. Jo. COCHLÆUS (canon of Breslau, d. 1552): *Commentaria de*

*Actis et Scriptis Lutheri ab Anno Dom.* 1517 *ad A.* 1547 *fideliter conscripta.*
Mogunt. 1549 fol.; Par. 1565; Colon. 1568.—LAUR. SURIUS (a learned Car-
thusian, d. at Cologne, 1578): *Commentarius rerum in orbe gestarum ab a.* 1500–
1564. Colon. 1567. Against Sleidan.

## HISTORICAL REPRESENTATIONS.

**I. Protestant works.**

(1) The respective sections in the General Church Histories of SCHRÖCKH
(*Kirchengesch. seit der Reformation*, Leipzig, 1804–'12, 10 vols.), MOSHEIM,
GIESELER (Bd. III. Abth. I. and II., 1840 and 1852; Engl. transl. N. Y. vols.
IV. and V., 1862 and 1880), BAUR (Bd. IV. 1863), HAGENBACH (vol. III., also
separately publ. 4th ed. 1870; Engl. transl. by Miss Eveline Moore, Edinburgh,
1878, 2 vols.; especially good on the Zwinglian Reformation). More briefly
treated in the compends of GUERICKE, NIEDNER, HASE (11th ed. 1886),
EBRARD, HERZOG (vol. IIIrd), KURTZ (10th ed. 1887, vol. IInd).

All these works pay special attention to the Continental Reformation, but
very little to that of England and Scotland.

Neander comes down only to 1430; his lectures on modern church history
(which I heard in 1840) were never published. Gieseler's work is most valu-
able for its literature down to 1852, and extracts from the sources, but needs an
entire reconstruction, which is contemplated by Prof. Brieger at Leipzig.

(2) JEAN HENRI MERLE D'AUBIGNÉ (usually miscalled *D'Aubigné*, which
is simply an addition indicating the place of his ancestors, d. 1872): *Histoire
de la réformation du 16. siècle*, Paris, 1835–'53, 5 vols., 4th ed. 1861 sqq.; and
*Histoire de la réformation en Europe au temps du Calvin*, Par., 1863–'78, 8 vols.
(including a posthumous vol.). Also in German by Runkel (Stuttgart, 1848
sqq.), and especially in English (in several editions, some of them mutilated).
Best Engl. ed. by Longman, Green & Co., London, 1865 sqq.; best Am. ed. by
Carter, New York, 1870–'79, the first work in 5, the second in 8 vols. Merle's
*History*, owing to its evangelical fervor, intense Protestantism and dramatic elo-
quence, has had an enormous circulation in England and America through
means of the Tract Societies and private publishers.

H. STEBBING: *History of the Reformation.* London, 1836, 2 vols.

G. WADDINGTON (Anglican, d. 1869): *A History of the Reformation on the
Continent.* London, 1841, 3 vols. (Only to the death of Luther, 1546.)

F. A. HOLZHAUZEN: *Der Protestantismus nach seiner geschichtl. Entstehung,
Begründung und Fortbildung.* Leipzig, 1846–'59, 3 vols. Comes down to the
Westphalian Treaty. The author expresses his standpoint thus (III. XV.):
"*Die christliche Kirche ist ihrer Natur nach wensentlich Eine, und der kirchliche
Auflösungs-process, welcher durch die Reformation herbeigeführt worden ist,
kann keinen anderen Zweck haben, als ein neues höheres positives Kirchenthum
herzustellen.*"

B. TER HAAR (of Utrecht): *Die Reformationsgeschichte in Schilderungen.* Transl.
from the Dutch by *C. Gross.* Gotha, 5th ed. 1856, 2 vols.

Dan. Schenkel (d. 1885): *Die Reformatoren und die Reformation*. Wiesbaden, 1856. *Das Wesen des Protestantismus aus den Quellen des Ref. zeitalters.* Schaffhausen, 1862, 3 vols.

Charles Hardwick (Anglican, d. 1859): *A History of the Christian Church during the Reformation.* Cambridge and London, 1856. Third ed. revised by W. Stubbs (bishop of Chester), 1873.

J. Tulloch (Scotch Presbyt., d. 1886): *Leaders of the Reformation: Luther, Calvin, Latimer, Knox.* Edinb., 1859; 3d ed. 1883.

L. Häusser (d. 1867): *Geschichte des Zeitalters der Reformation, 1517–1648.* Ed. by Oncken, Berlin, 1868 (867 pages). Abridged Engl. transl. by Mrs. Sturge, N. Y., 1874.

E. L. Th. Henke (d. 1872): *Neuere Kirchengesch.* Ed. by Dr. Gass, Halle, 1874, 2 vols. The first vol. treats of the Reformation.

Fr. Seebohm: *The Era of the Protestant Revolution.* London and N. York, 1874.
J. A. Wylie: *History of Protestantism.* London, 1875–77, 3 vols.
George P. Fisher (Prof. of Church History in Yale College): *The Reformation.* New York, 1873. A comprehensive work, clear, calm, judicial, with a useful bibliographical Appendix (p. 567–591).

J. M. Lindsay (Presbyt.): *The Reformation.* Edinb., 1882. (A mere sketch.)
Charles Beard (Unitarian): *The Reformation in its relation to Modern Thought and Knowledge.* Hibbert Lectures. London, 1883; 2d ed., 1885. Very able. German translation by F. Halverscheid. Berlin, 1884.
John F. Hurst (Method. Bishop): *Short History of the Reformation.* New York, 1884 (125 pages).
Ludwig Keller: *Die Reformation und die älteren Reformparteien.* Leipz., 1885 (516 pages). In sympathy with the Waldenses and Anabaptists.

Two series of biographies of the Reformers, by a number of German scholars, the Lutheran series in 8 vols., Elberfeld, 1861–'75, and the Reformed (Calvinistic) series in 10 vols., Elberfeld, 1857–'63. The Lutheran series was introduced by Nitzsch, the Reformed by Hagenbach. The several biographies will be mentioned in the proper places.

(3) For the *general* history of the world and the church during and after the period of the Reformation, the works of Leopold von Ranke (d. 1886) are of great importance, namely: *Fürsten und Völker von Südeuropa im 16. und 17. Jahrh.* (Berlin 1827, 4th ed. enlarged 1877); *Geschichten der romanischen und germanischen Völker von 1494–1514* (3d ed. 1885); *Die römischen Päpste, ihre Kirche und ihr Staat im 16. und 17. Jahrh.* (Berlin, 8th ed. 1885, 3 vols. Engl. trans. by Sarah Austin, Lond. 4th ed. 1867, 3 vols.); *Französische Geschichte im 16. und 17. Jahrh.* (Stuttgart, 1852, 4th ed. 1877, 6 vols.); *Englische Geschichte vornehmlich im 16. u. 17. Jahrh.* (4th ed. 1877, 6 vols.; Engl. transl. publ. by the Clarendon Press); and especially his classical *Deutsche Geschichte im Zeitalter der Reformation* (Berlin, 1839–'43, 6th ed. 1880–'82, in 6 vols.; transl. in part by S. Austin, 1845–'47, 3 vols.). Ranke is a master of objective historiography from the sources in artistic grouping of the salient points, and is in religious and patriotic

sympathy with the German Reformation; while yet he does full justice to the
Catholic church and the papacy as a great power in the history of religion and
civilization.   In his 85th year he began to dictate in manly vigor a Universal
History down to the time of Emperor Henry IV. and Pope Gregory VII.,
1881–86; to which were added 2 posthumous vols. by Dove and Winter, 1888,
9 vols. in all.   His library was bought for the University in Syracuse, N.Y.

For the general literature see HENRY HALLAM: *Introduction to the Litera-
ture of Europe in the 15th, 16th, and 17th Centuries*.   London, 1842, etc.   N.
York ed., 1880, in 4 vols.

II. Roman Catholic works.

(1) The respective sections in the General Church Histories of MÖHLER
(d. 1838, ed. from lectures by Gams, Regensburg, 1867–1868, 3 vols.; the third
vol. treats of the Reformation), ALZOG (10th ed. 1882, 2 vols.; Engl. transl. by
Pabish and Byrne, Cincinnati, 1874 sqq., 3 vols.), KRAUS (2d ed. 1882), and
Cardinal HERGENRÖTHER (third ed. 1885).   Comp. also, in part, the Histories
of the Council of Trent by SARPI (d. 1623), and PALLAVICINI (d. 1667).

(2) THUANUS (DE THOU, a moderate Catholic, d. 1617): *Historiarum sui
Temporis libri* 138.   Orleans (Geneva), 1620 sqq., 5 vols. fol. and London,
1733, 7 vols. fol.; French transl. London, 1734, 16 vols. 4to.   Goes from
1546 to 1607.

LOUIS MAIMBOURG (Jesuit, d. at Paris, 1686): *Histoire du Lutheranisme*, Paris,
1680; *Histoire du Calvinisme*, 1682.   Controversial, and inspired by partisan
zeal; severely handled by R. Bayle in his *Critique générale de l'histoire du
Calvinisme de M.*, Amsterd., 1684.

Bp. BOSSUET (d. 1704): *Histoire des variations des églises protestantes*.   Paris,
1688, 2 vols. and later edd., also in his collected works, 1819 sqq. and
1836 sqq.   English transl., Dublin, 1829, 2 vols.   German ed. by Mayer,
Munich, 1825, 4 vols.   A work of great ability, but likewise polemical rather
than historical.   It converted Gibbon to Romanism, but left him at last a
skeptic, like Bayle, who was, also, first a Protestant, then a Romanist for a
short season.

KASPAR RIFFEL: *Kirchengesch. der neusten Zeit*.   Mainz, 1844–'47, 3 vols.

MARTIN JOHN SPALDING (since 1864 Archbishop of Baltimore, d. 1872):
*History of the Protest. Reformation in Germany and Switzerland, and in Eng-
land, Ireland, Scotland, the Netherlands, France, and Northern Europe*.   Louis-
ville, 1860; 8th ed., revised and enlarged.   Baltimore, 1875, 2 vols.   No
Index.   Against Merle d'Aubigné.   The Archbishop charges D'Aubigné
(as he calls him) with being a "bitter partisan, wholly unreliable as an
historian," and says of his work that it is "little better than a romance,"
as he "omits more than half the facts, and either perverts or draws on his
imagination for the remainder."   His own impartiality and reliableness
as an historian may be estimated from the following judgments of the Re-
formers: "Luther, while under the influence of the Catholic Church, was
probably a moderately good man; he was certainly a very bad one after

he left its communion" (I. 72).  *"Heu! quantum mutatus ab illo!"* (77).
"His violence often drove him to the very verge of insanity. . . .  He occasionally inflicted on Melanchthon personal chastisement" (87).  Spalding quotes from Audin, his chief authority (being apparently quite ignorant of German): "Luther was possessed not by one, but by a whole troop of devils" (89).  Zwingli (or Zuingle, as he calls him) he charges with "downright paganism" (I. 175), and makes fun of his marriage and the marriages of the other Reformers, especially Bucer, who "became the husband of no less than three ladies in succession: and one of them had been already married three times—all too, by a singular run of good luck, in the reformation line" (176).  And this is all that we learn of the Reformer of Strassburg.  For Calvin the author seems to draw chiefly on the calumnies of Audin, as Audin drew on those of Bolsec.  He describes him as "all head and no heart"; "he crushed the liberties of the people in the name of liberty;" "he combined the cruelty of Danton and Robespierre with the eloquence of Murat and Mirabeau, though he was much cooler, and therefore more successful than any one of them all;" "he was a very Nero."  Spalding gives credit to Bolsec's absurd stories of the monstrous crimes and horrible death of Calvin, so fully contradicted by his whole life and writings, and the testimonies of his nearest friends, as Beza, Knox, etc. (I. 375, 384, 386, 388, 391).  And such a work by a prelate of high character and position seems to be the principal source from which American Roman Catholics draw their information of the Reformation and of Protestantism!

The historico-polemical works of DÖLLINGER and JANSSEN belong to the history of the *German* Reformation and will be noticed in the next section.

# 제 2 장

# 종교개혁을 위한 루터의 훈련(1483-1517)

## 15. 독일 종교개혁 관련 문헌


SOURCES.

I. Protestant Sources:

(1) The Works of the Reformers, especially Luther and Melanchthon.
See §§ 17, 32.   The reformatory writings of Luther, from 1517–1524, are in vol.
XV. of Walch's ed., those from 1525–1537 in vol. XVI., those from 1538–1546
in vol. XVII.   See also the Erlangen ed., vols. 24–32 (issued separately in a
second ed. 1883 sqq.), and the Weimar ed., vol. I. sqq.

(2) Contemporary writers:

G. Spalatin (Chaplain of Frederick the Wise and Superintendent in Alten-
burg, d. 1545): *Annales Reformationis oder Jahrbücher von der Reform.
Lutheri* (to 1543).   Ed. by *Cyprian*, Leipz., 1718.

Frid. Myconius (or Mekum, Superintendent at Gotha, d. 1546): *Historia
Reformationis vom Jahr Christi* 1518–1542.   Ed. by *Cyprian*, Leipzig, 1718.

M. Ratzeberger (a physician, and friend of Luther, d. 1559): *Luther und seine
Zeit*.   Ed. from MS. in Gotha by *Neudecker*, Jena, 1850 (284 pp.).

(3) Documentary collections:

V. E. Löscher (d. 1749): *Vollständige Reformations = Acta und Documenta* (for
the years 1517–'19).   Leipzig, 1720–'29, 3 vols.

Ch. G. Neudecker: *Urkunden aus der Reformationszeit*, Cassel, 1836; *Acten-
stücke aus der Zeit der Reform.*, Nürnberg, 1838; *Neue Beiträge*, Leipzig
1841.

C. E. Förstemann: *Archiv. f. d. Gesch. der Reform.*, Halle, 1831 sqq.; *Neues
Urkundenbuch*, Hamburg, 1842.

Th. Brieger: *Quellen und Forschungen zur Geschichte der Reformation*
Gotha, 1884 sqq. (Part I. *Aleander und Luther, 1521.*)

II. Roman Catholic Sources. See § 14, p. 89.

HISTORIES.

I. Protestant historians:

Lud. a Seckendorf (a statesman of thorough education and exemplary integrity, d. 1692): *Commentarius historicus et apologeticus de Lutheranismo.*
Francof. et Lips., 1688; Lipsiæ, 1694, fol. Against the Jesuit Maimbourg.

Chr. A. Salig (d. 1738): *Vollständige Historie der Augsburger Confession*
(from 1517–1562). Halle, 1730–'35. 3 vols.

G. J. Planck (d. 1833): *Geschichte der Entstehung, der Veränderungen und
der Bildung unseres protest. Lehrbegriffs bis zur Einführung der Con-
cordienformel.* Leipzig, 2d ed., 1791–1800, 6 vols. Important for the doc-
trinal controversies in the Luth. Church. Followed by the *Geschichte
der protest. Theologie von der Konkordienformel an bis in die Mitte des
achtzehnten Jahrh.* Göttingen, 1831, 1 vol.

H. G. Kreussler: *D. Mart. Luthers Andenken in Münzen nebst Lebensbe-
schreibungen merkwürdiger Zeitgenossen desselben. Mit 47 Kupfern und
der Ansicht Wittenbergs und Eisenachs zu Luthers Zeit.* Leipzig, 1818.
Chiefly interesting for the numerous illustrations.

Phil. Marheinecke (d. 1846): *Geschichte der teutschen Reformation.*
Berlin, 2d ed., 1831, 4 vols. One of the best books, written in Luther-
like popularity of style.

K. Hagen: *Deutschlands literar. und relig. Verhältnisse im Reformationszeitalter.*
Erlangen, 1841–'44, sqq., 3 vols.

Ch. G. Neudecker: *Gesch. des evang. Protestantismus in Deutschland.* Leipzig,
1844, sq., 2 vols.

C. Hundeshagen (d. 1873): *Der deutsche Protestantismus.* Frankfurt, 1846, 3d
ed. 1850. Discusses the genius of the Reformation as well as modern
church questions.

H. Heppe (German Reformed, d. 1879): *Gesch. des deutschen Protestantismus in
den Jahren* 1555–'85. Marburg, 1852 sqq., 4 vols., 2d ed., 1865 sq. He
wrote, also, a number of other books on the Reformation, especially in
Hesse.

Merle d'Aubigné's *History of the Reformation,* see § 14. The first division
treats of the German Reformation and is translated into German by
*Runkel,* Stuttgart, 1848–1854, 5 vols., republ. by the American Tract So-
ciety. Several English editions; London and New York.

Wilh. Gass: *Geschichte der protestantischen Dogmatik.* Berlin, 1854–'67, 4 vols.

G. Plitt: *Geschichte der evang. Kirche bis* 1530. Erlangen, 1867.

Is. A. Dorner (d. 1884): *Geschichte der protestantischen Theologie, besonders in
Deutschland.* München, 1867. The first Book, pp. 1–420, treats of the
Reformation period of Germany and Switzerland. English translation,

Edinburgh, 1871, 2 vols.

CH. P. KRAUTH (d. 1882): *The Conservative Reformation.*  Philadelphia, 1872.
A dogmatico-historical vindication of Lutheranism.

K. F. A. KAHNIS (d. 1888): *Die deutsche Reformation.*  Leipzig, vol. I. 1872
(till 1520, unfinished).

G. WEBER: *Zur Geschichte des Reformationszeitalters.*  Leipzig, 1874.

FR. V. BEZOLD: *Gesch. der deutschen Reformation.*  Berlin, 1886.

The Elberfeld series of biographies of the Lutheran Reformers, with extracts
from their writings, 1861–1875.  It begins with C. SCHMIDT'S *Melanchthon,* and
ends with KÖSTLIN'S *Luther* (the large work in 2 vols., revised 1883).

*Schriften des Vereins für Reformationsgeschichte.*  Halle, 1883 sqq.  A series
of monographs on special topics in the Reformation history, especially that of
Germany, published by a Society formed in the year of the Luther celebration
for the literary defence of Protestantism against Romanism.  Kolde, Benrath,
Holdewey, Bossert, Walther, are among the contributors.  The series includes
also an essay on *Wiclif* by Buddensieg (1885), one on the Revocation of the
Edict of Nantes by Theod. Schott (1885), and one on Ignatius of Loyola by E.
Gothein (1885).

Of secular histories of Germany during the Reformation period, comp.
especially, LEOPOLD VON RANKE: *Deutsche Gesch. im Zeitalter der Reformation*
(6th ed., 1881, 6 vols.), a most important work, see § 14.  Also, KARL AD.
MENZEL (d. 1855): *Neuere Geschichte der Deutschen seit der Reformation.*  Berlin,
2d ed., 1854 sq., 6 vols.  WOLFGANG MENZEL (d. 1873): *Geschichte der Deutschen,*
6th ed., 1872 sq., 3 vols.  L. STACKE: *Deutsche Geschichte.*  Bielefeld u. Leip-
zig, 1881, 2 vols.  (Vol. II. by W. BOEHM, pp. 37–182.)  GOTTLOB EGELHAAF
(Dr. Phil., Prof. in the Karls-Gymnasium at Heilbronn): *Deutsche Geschichte
im Zeitalter der Reformation.  Gekrönte Preisschrift des Allgemeinen Vereins für
Deutsche Literatur.*  Berlin, 1885.  In the spirit of Ranke's great work on the
same topic, with polemic reference to Janssen.  It extends from 1517 to the
Peace of Augsburg, 1555.  (450 pages.)

II. Roman Catholic historians.  See the Lit. in § 14.

IGNATIUS DOELLINGER (Prof. of Ch. Hist. in Munich, since 1870 *Old* Catholic):
*Die Reformation, ihre innere Entwicklung und ihre Wirkung im Umfange der
Luther. Bekenntnisses.*  Regensburg, 1846–'48, 3 vols.; 2d ed., 1853.  A
learned collection of testimonies against the Reformation and its effects
from contemporary apostates, humanists, and the Reformers themselves
(Luther and Melanchthon), and those of their followers who complain
bitterly of the decay of morals and the dissensions in the Lutheran church.
The author has, nevertheless, after he seceded from the Roman communion,
passed a striking judgment in favor of Luther's greatness.

KARL WERNER: *Geschichte der kathol. Theologie in Deutschland.*  München, 1866.

JOH. JANSSEN: *Geschichte des deutschen Volkes seit dem Ausgang des Mittelalters.*
Freiburg, i. B. 1876–'88, 6 vols. (down to 1618).  This masterpiece of Ultra-

montane historiography is written with great learning and ability from a
variety of sources (especially the archives of Frankfurt, Mainz, Trier,
Zürich, and the Vatican), and soon passed through twelve editions. It
called out able defences of the Reformation by Kawerau (five articles in
Luthardt's "Zeitschrift für kirchliche Wissenschaft und kirchl. Leben,"
1882 and 1883), Köstlin, Lenz, Schweizer, Ebrard, Baumgarten, and others,
to whom Janssen calmly replied in *An meine Kritiker*, Freiburg, i. B., tenth
thousand, 1883 (227 pp.), and *Ein zweites Wort an meine Kritiker*, Freib.
i. B., twelfth thousand, 1883 (144 pp.). He disclaims all " tendency," and
professes to aim only at the historical truth. Admitted, but his *stand-
point* is false, because he views the main current of modern history as an
apostasy and failure; while it is an onward and progressive movement of
Christianity under the guidance of Divine providence and the ever present
spirit of its Founder. He reads history through the mirror of Vatican
Romanism, and we need not wonder that Pope Leo XIII. has praised
Janssen as "a light of historic science and a man of profound learning."

Janssen gives in each volume, in alphabetical order, very full lists of books
and pamphlets, Catholic and Protestant, on the different departments of the
history of Germany from the close of the fifteenth to the close of the sixteenth
century. See vol. I. xxvii.-xliv.; vol. II. xvii.-xxviii.; vol. III. xxv.-xxxix.;
vol. IV. xviii.-xxxi.; vol. V. xxv.-xliii.

For political history: FR. V. BUCHHOLZ: *Ferdinand I.* Wien, 1832 sqq.,
9 vols. HURTER: *Ferdinand II.* Schaffhausen, 1850 sqq.


# 16. 독일과 종교개혁


독일은 인쇄술을 개발하고 종교개혁을 이루어냈다. 이 두 가지는 현대의 문화
발전에 있어 가장 중요한 도구 역할을 감당하였다. 다른 나라들이 제국을 추구
하며 탐험대를 해외로 보내고 있었을 때, 독일은 그 탁월한 내적 성찰의 힘을 바
탕으로 인간 영혼의 깊이에 몰두하여 새로운 이상과 원칙을 찾아냈다. 프랑스가
땅을 지배하고, 영국이 바다를 지배하였다면, 독일은 하늘을 지배하였음은 하나
님의 섭리였다고 할 수 있다. 하늘은 성찰의 영역이지만, 동시에 땅과 바다의 삶
의 필요조건이기도 하다.

타키투스가 이방인 독일인들의 특징이라고 여겼던 것들은 이미 프로테스탄티
즘의 맹아를 그 안에 품고 있었다. 개인의 자유에 대한 독일인들의 사랑은 로마
가 권위를 사랑했던 것만큼 강했다. 그들은 신앙을 제한된 범위에 가두어 버리
는 것이나 이미지(형상)로 나타내는 것은 합당치 않은 것이라 생각했고, 형식과
의식을 통해 감각에 호소하는 외적 경배보다는 오히려 하나님과 직접적인 교제

를 나누는 내적인 영혼의 예배를 선호하였다. 그들은 유한자와 무한자 사이의 가시적 중개 수단을 내던져 버렸다. 이방인 로마의 압제에 저항하였으며, 샤를마뉴가 무력을 통해 기독교를 강요할 때 그들은 기독교 로마에 굴복하기를 거부하였다.

그러나 종교로서의 기독교는 그들의 본성에 잘 들어맞았다. 그들은 결국 기독교화 되었으며, 더 나아가 보니파키우스(Boniface)와 그의 제자들에 의해 철저하게 로마화 되었다. 하지만 그들은 교황의 통치 아래에서 결코 편안함을 느끼지 못하였다. 중세의 독일 황제와 로마 교황 사이의 갈등은 외부의 통치에 대한 적대감을 키워 놓았다. 13세기와 14세기의 신비주의 토양 속에서 형식보다는 경건을, 기계적 율법주의보다는 내면의 세계를 더 소중히 하게 되었다. 교황의 부당한 요구와 남용으로 인해 더욱 교황제도에 대해 불만이 증대되면서 마침내 작센의 수도사이자 성직자인 루터의 지도 아래 모든 국가적 역량이 결집되어 반(反)기독교적인 폭정에 항거하여 그 기반을 영구히 변화시켜 버렸다. 루터는 독일의 마음을 대변한 수도사였다. 로마의 잘못된 통치에 대한 100건 이상의 탄원서가 1522년 뉘른베르크 의회에 이미 제출되어 있었다. 루터가 자신의 논제를 발표하였을 때 에라스무스는 전 세계가 그를 격찬하고 있다고 말하기도 했다. 만일 개혁의 힘이 약해지지 않고 지속되고, 또 극단적 행위와 내부 분열로 인해 야기된 로마주의자들의 반격이 없었더라면, 독일 전체가 개혁을 받아들여 완성하는 것도 불가능한 일만은 아니었다.

독일 다음으로 스위스, 네덜란드, 스칸디나비아, 잉글랜드, 스코틀랜드 등 독일계 민족이 살고 있는 지역에서도 교황제도로부터 해방을 이루어 자유와 독립의 새로운 시대를 열어가려는 움직임이 적극적으로 일어났다.

국적은 해당 국가의 기독교의 형태와 밀접한 관련이 있다. 동방교회는 그리스와 슬라브 민족과 관련이 되고 16세기의 종교개혁의 영향을 받지 않았으며, 따라서 종교개혁에 대한 직접적 지원 또는 반대는 없었기에, 비록 그 교리, 교육, 예배 형식은 프로테스탄트보다는 로마 가톨릭과 유사하여도, 프로테스탄티즘에 대한 반감은 로마주의에 대한 적의보다 훨씬 덜하다. 로마 가톨릭은 라틴 민족을 기반으로 하고 있으며, 종교개혁 초기에 그들은 피상적이나마 영향을 받았다. 그러나 반격을 시작한 후로는 지금까지 교황제도와 불신앙 사이에서, 혹은 전제주의와 혁명 사이에서 시계추처럼 왔다 갔다 하고 있다. 프랑스의 경우도

앙리 4세의 통치 아래서 바야흐로 프로테스탄트로 변화하기 직전까지 나아간 적도 있지만, 국가 전체적으로 보자면 보쉬에(Bossuet)로부터 칼빈보다는 볼테르(불신자)로 나아가는 길을 택하였다. 물론 소수 지성적인 프로테스탄트에 대한 배려는 잊지 않았다. 켈트족은 나뉘어져서 웨일스 계와 스코트 계는 열렬한 프로테스탄트가 되었고, 아일랜드 계는 대부분 로마주의자가 되었다. 튜턴족 즉 독일계 민족이 종교개혁의 주역이었지만, 그들만의 작업은 아니었다. 프랑스인 칼빈은 개혁자 중에서도 타의 추종을 불허하는 신학적 기반을 마련하여, 독일 외부에서 프로테스탄트의 교리와 교육의 토대를 형성함에 있어 끼친 지속적 영향력을 그 누구도 능가할 수 없다.

# 17. 루터 관련 문헌

The Luther literature is immense and has received large additions since 1883. The richest collections are in the Royal Library at Berlin (including Dr. Knaake's); in the public libraries of Dresden, Weimar, Wittenberg, Wolfenbüttel, München; in America, in the Theol. Seminary at Hartford (Congregationalist), which purchased the Beck collection of over 1,200 works, and in the Union Theol. Sem., New York, which has the oldest editions.

For the Luther literature comp. J. A. FABRICIUS: *Centifolium Lutheranum*, Hamburg, 1728 and 1730, 2 Parts; VOGEL: *Bibliotheca biographica Lutherana*, Halle, 1851, 145 pages; JOHN EDMANDS: *Reading Notes on Luther*, Philada., 1883; BECK (publisher): *Bibliotheca Lutherana*, Nördlingen, 1883 (185 pages, with titles of 1236 books, now at Hartford), 1884: *Bibliographie der Luther-Literatur des J. 1883*, Frankf. a. M. 1884, enlarged ed. 1887 (52 and 24 pages, incomplete).

### LUTHER'S WORKS.

Oldest editions: Wittenberg, 12 German vols., 1539–'59, and 7 Latin, 1545–'58; Jena, 8 German and 4 Latin vols., 1555–'58, with 2 supplements by Aurifaber, 1564–'65; Altenburg, 10 vols., 1661–'64; Leipzig, 22 vols., 1729–'40, fol. — The three best editions are:

(1) The Halle edition by JOHANN GEORG WALCH, Halle, 1740–1750, in 24 vols., 4to. Republished with corrections and additions by DR. WALTHER, STÖCKHARDT, KÄHLER, etc., Concordia College, St. Louis, 1880 sqq., 25 vols.

(2) The Erlangen-Frankfurt ed. by PLOCHMANN, IRMISCHER, and ENDERS, etc., Erlangen, and Frankfurt a. M., 1827 sqq., 2d ed., 1862–1883, 101 vols. 8vo. (not yet finished). German writings, 67 vols.; *Opera Latina*, 25 vols.; *Com. in Ep. and Gal.*, 3 vols.; *Opera Latina varii argumenti ad reformationis hist. pertinentia*, 7 vols. The most important for our purpose are the *Reforma-*

*tions-historische Schriften* (9 vols., second ed., 1883–'85), and the *Briefwechsel* (of which the first vol. appeared in 1884; 6 vols. are promised).

(3) The Weimar edition (the fourth centennial memorial ed., patronized by the Emperor of Germany), by Drs. KNAAKE, KAWERAU, BERTHEAU, and other Luther scholars, Weimar, 1883 sqq. This, when completed, will be the critical standard edition, It gives the works in chronological order and strict reproduction of the first prints, with the variations of later edd., even the antiquated and inconsistent spelling, which greatly embarrasses the reader not thoroughly familiar with German. The first volume contains Luther's writings from 1512–1518; the second (1884), the writings from 1518–1519; vols. III. and IV. (1885–'6), the Commentaries on the Psalms; vol. VI. (1888), the continuation of the reformatory writings till 1520; several other vols. are in press.

I have usually indicated, from which of these three editions the quotations are made. The last was used most as far as it goes, and is quoted as the "Weimar ed."

The first collected ed. of Luther's German works appeared in 1539 with a preface, in which he expresses a wish that all his books might be forgotten and perish, and the Bible read more instead. (See Erl. Frkf. ed. I., pp. 1–6.)

*Selections* of Luther's *Works* by PFIZER (Frankf., 1837, sqq.); ZIMMERMANN (Frankf., 1846 sq.); OTTO VON GERLACH (Berlin, 1848, 10 vols., containing the *Reformatorische Schriften*).

The *Letters* of LUTHER were separately edited by DE WETTE, Berlin, 1825, sqq., 5 vols.; vol. VI. by J. C. SEIDEMANN, 1856 (716 pp., with an addition of *Lutherbriefe*, 1859); supplemented by C. A. H. BURKHARDT, Leipz., 1866 (524 pp.); a revised ed. with comments by Dr. E. L. ENDERS (pastor at Oberrad near Frankfurt a. M.), 1884 sqq. (in the Erl. Frankf. ed.). The first volume contains the letters from 1507 to March, 1519. For selection see C. ALFRED HASE: *Lutherbriefe in Auswahl und Uebersetzung*, Leipzig, 1867 (420 pages). TH. KOLDE: *Analecta Lutherana, Briefe und Actenstücke zur Geschichte Luther's.* Gotha, 1883. Contains letters of Luther and to Luther, gathered with great industry from German and Swiss archives and libraries.

Additional Works of Luther:

The *Table Talk* of Luther is best edited by AURIFABER, 1566, etc. (reprinted in Walch's ed. vol. xxii.); by FÖRSTEMANN and BINDSEIL, Leipzig, 1844–'48, 4 vols. (the German Table Talk); by BINDSEIL: *Martini Lutheri Colloquia, Latina, etc.,* Lemgoviæ et Detmoldæ, 1863–'66, 3 vols.; and in the Frankf. Erl. ed., vols. 57–62. Dr. CONR. CORDATUS: *Tagebuch über Dr. Luther geführt,* 1537, first edited by Dr. Wrampelmeyer, Halle, 1885, 521 pages. Last and best edition by HOPPE, St. Louis, 1887 (vol. xxii. of Am. ed. of Walch).

GEORG BUCHWALD: *Andreas Poach's handschriftl. Sammlung ungedruckter Predigten D. Martin Luthers aus den Jahren 1528 bis 1546. Aus dem Originale zum ersten Mal herausgegeben.* Leipzig, 1884, to embrace 3 vols. (Only the first half of the first vol., published 1884, and the first half of the third vol., 1885; very few copies sold.) The MS. collection of Andreas Poach in the public library at Zwickau embraces nine volumes of Luther's sermons from 1528–1546.  They are based on stenographic reports of Diaconus Georg Rörer of Wittenberg (ordained by Luther 1525, d. at Halle, 1557), who took full Latin notes of Luther's German sermons, retaining, however, in strange medley a number of German words and phrases.

P. TSCHACKERT: *Unbekannte Predigten u. Scholien Luthers,* Berlin, 1888.  MSS. of sermons from Oct. 23, 1519, to April 2, 1521, discovered in the University Library at Königsberg.  They will be publ. in the Weimar edition.

II. BIOGRAPHIES OF LUTHER:

(1) By contemporaries, who may be included in the sources.

MELANCHTHON wrote *Vita Lutheri,* a brief but weighty sketch, 1546, often reprinted, translated into German by Matthias Ritter, 1555, with Melanchthon's account of Luther's death to the students in the lecture room, the funeral orations of Bugenhagen and Cruciger (157 pages); a new transl. by Zimmermann, with preface by G. J. Planck, Göttingen, 1813; ed. of the original in *Vitæ quatuor Reformatorum, Lutheri a Melanchthone, Melanchthonis a Camerario, Zwinglii a Myconio, Calvini a Beza,* prefaced by Neander, Berlin, 1841.  JUSTUS JONAS gives an account of Luther's last sickness and death as an eye-witness, 1546.  MATHESIUS (Luther's pupil and friend, d. 1561) preached seventeen sermons on Luther's life, first published 1565, and very often since, though mostly abridged, *e. g.,* an illustrated popular ed. with preface by G. H. v. Schubert, Stuttgart, 1846; jubilee edition, St. Louis and Dresden, 1883.  JOH. COCHLÆUS, a Roman Cath. antagonist of Luther, wrote *Commentaria de actis et scriptis Martini Lutheri Saxonis, chronographica, ex ordine ab anno Dom.* 1517 *usque ad annum* 1546 (inclusive), *fideliter conscripta.*  Mayence, 1549 fol.

(2) Later Biographies till 1875 (the best marked *) by

*WALCH (in his ed. of L.'s Works, vol. XXIV. pp. 3–875); KEIL (4 parts in 1 vol., Leipz., 1764); SCHRŒCKH (Leipz., 1778); UKERT (Gotha, 2 vols., 1817); PFIZER (Stuttgart, 1836); STANG (with illustrations, Stuttg., 1836); JÆKEL (Leipz., 1841, new ed. Elberfeld, 1871); *MEURER (Dresden, 1843–'46, 3 vols. with illustrations, abridged in 1 vol., 1850, 3d ed., 1870, mostly in Luther's own words); *JUERGENS (Leipz., 1846–'47, 3 vols., reaching to 1517, very thorough, but unfinished); J. M. AUDIN (Rom. Cath., *Hist. de la vie, des ouvrages et des doctrines de M. Luth.,* Paris, 1839, 7th ed., *revue et corrigée,* 1856, 3 vols.—a storehouse of calumnies, also in German and English);[1] *M. MICHELET (*Mémoirs de L., écrits par lui-même, traduits et mis en ordre,* Paris, 1835, also Brussels, 1845, 2 vols.; the best biography in French; Eng. transl. by Hazlitt, London, 1846, and by G. H. Smith, London and N. Y., 1846);[1] LEDDERHOSE (Karlsruh, 3d ed., 1883; French transl. of the first ed., Strassburg, 1837); GENTHE (Leipz., 1842, with seventeen steel engravings); WESTERMANN (Halle, 1845); WEYDMANN (*Luther, ein Charakter—und Spiegelbild für unsere Zeit,* Hamburg, 1850); B. SEARS (English, publ. by the Am. Sunday School Union, Philada., 1850, with special reference to the youth of L.); JGN.

Dœllinger (R. C., *Luther, eine Skizze*, Freiburg i. B., 1851); Kœnig and Gelzer (with 48 fine illustrations, Hamb. u. Gotha, 1851; Engl. ed. with transl. of the text by Archdeacon Hare and Cath. Winkworth, Lond. and N. Y., 1856); * Jul. Hare (*Vindication of Luther against his English Assailants*, first publ. as a note in his *The Mission of the Comforter*, London, 1846, vol. II., 656–878, then separately, 2d ed., 1855, the best English appreciation of L.); H. Wœrsley (*Life of Luther*, London, 1856, 2 vols.); Wildenhahn (Leipz., 1861); Mueller (Nürnberg, 1867); Henke (*Luther u. Melanchthon*, Marburg, 1867); H. W. J. Thiersch (*Luther, Gustav Adolf und Maximilian I. von Bayern*, Nördlingen, 1869, pp. 3–66); Vilmar (*Luther, Melanchthon und Zwingli*, Frankf. a. M., 1869); H. Lang (Berlin, 1870, rationalistic); Ackermann (Jena, 1871); Gasparin (*Luther et la réforme au XVI^e. siècle*, Paris, 1873); Schaff (a sketch in Appleton's "Cyclopædia," 1858, revised 1874); Rietschel (*Martin Luther und Ignatius Loyola*, Wittenberg, 1879).

(3) Recent Biographies, published since 1875, by

* Jul. Kœstlin (Elberfeld, 1875, 2 vols., 2d ed. revised 1883; 3d ed. unchanged; upon the whole the best German biography; also an abridged ed. for popular use with 64 illustrations, 3d ed., 1883. English transl. of the small ed. by an anonymous writer with the author's sanction, Lond. and N. Y., 1883; another by Morris, Philad., 1883; comp. also Köstlin's art. *Luther* in Herzog, 2d ed., vol. IX.; his *Festschrift*, 1883, in several edd., transl. by Eliz. P. Weir: *Martin Luther the Reformer*, London, 1883; and his polemic tract: *Luther und Janssen, der Deutsche Reformator und ein ultramontaner Historiker*, Halle, 3d ed., 1883); V. Hasak (R. Cath., Regensb., 1881); Rein (Leipz., 1883, English transl. by Behringer, N. Y., 1883); Rogge (Leipz., 1883); * Plitt and Petersen (Leipzig, 1883); * Max Lenz (2d ed. Berlin, 1883); F. Kuhn (*Luther, sa vie et son œuvre*, Paris, 1883, 3 vols.); C. Burk (4th ed., Stuttg., 1884); * Th. Kolde (*M. Luther*, Gotha, 1884, 2 vols.); J. A. Froude (*Luther, a Short Biography*, Lond. and N. Y., 1883); John Rae (*M. Luth.*: Lond., 1884); Paul Martin, *i. e.*, M. Rade of Schönbach (*Dr. M. Luther's Leben*, etc., Neusalza, 1885–87, 3 vols.); Peter Bayne (*M. Luth.: his Life and Times*, Lond. and N. Y., 1887, 2 vols.).

On Luther's wife and his domestic life: W. Beste: *Die Gesch. Catherina's von Bora*. Halle, 1843 (131 pp.). G. Hofmann: *Katharina von Bora, oder M. L. als Gatte und Vater*. Leipzig, 1846. John G. Morris: *Life of Cath. von Bora*, Baltimore, 1856. Mor. Meurer: *Katherina Luther geborne von Bora*. Dresden, 1854; 2d ed., Leipzig, 1873.

### III. Luther's Theology.

W. Beste: *Dr. M. Luther's Glaubenslehre*. Halle, 1845 (286 pp.). Theodos. Harnack (senior): *L.'s Theologie*, Bd I. Erlang., 1862, Bd. II., 1886. * Jul. Kœstlin: *L.'s Theologie*. Stuttg., 1863, 2d ed., 1883, 2 vols. By the same: *Luther's Lehre von der Kirche*, 1853, new ed., Gotha, 1868. Ch. H. Weisse; *Die Christologie Luthers*, Leipz., 1852 (253 pp.). Luthardt: *Die Ethik Luthers*, Leipz., 1867, 2d ed., 1875. Lommatzsch:

Luther's Lehre vom ethisch-relig. Standpunkt aus, Berlin, 1879.  H. C.
MŒNCKEBERG: Luther's Lehre von der Kirche.  Hamburg, 1876.
HERING: Die Mystik Luther's.  Leipz., 1879.  KATTENBUSCH: Luther's
Stellung z. den ökumenischen Symbolen.  Giessen, 1883.

#### IV. LUTHER AS BIBLE TRANSLATOR.

G. W. PANZER: Entwurf einer vollständigen Gesch. der deutschen Bibelübers.  Dr.
M. Luther's von 1517–1581.  Nürnberg, 1783.  H. SCHOTT: Gesch. der
teutschen Bibelübers. Dr. M. Luther's.  Leipz., 1835.  BINDSEIL: Verzeich-
niss der Original-Ausgaben der Luther. Uebersetzung der Bibel.  Halle, 1841.
MŒNCKEBERG and FROMMANN: Vorschläge zur Revision von M. L.'s Bibel-
ubers.  Halle, 1861-62.  THEOD. SCHOTT: Martin Luther und die deutsche
Bibel.  Stuttgart, 1883.  E. RIEHM (Prof. in Halle and one of the Revisers
of the Luther-Bible): Luther als Bibelübersetzer.  Gotta. 1884.  Comp. the
Probebibel of 1883 (an official revision of Luther's version), and the numer-
ous pamphlets for and against it.

#### V. LUTHER AS A PREACHER.

E. JONAS: Die Kanzelberedtsamkeit Luther's.  Berlin, 1852 (515 pp.).  Best **ed.**
of his sermons by G. SCHLOSSER: Dr. Martin Luther's Evangelien-Predig-
ten auf alle Sonn—und Festage des Kirchenjahres aus seiner Haus—und
Kirchenpostille, Frankfurt a. M., 1883; 4th ed., 1885.

#### VI. LUTHER AS POET AND MUSICIAN.

A. J. RAMBACH: Luther's Verdienst um den Kirchengesang.  Hamburg, 1813
AUG. GEBAUER: Martin Luther und seine Zeitgenossen als Kirchenlieder-
dichter.  Leipzig, 1828. (212 pp.).  C. VON WINTERFELD: Dr. M. Luth.
deutsche geistliche Lieder nebst den wahrend seines Lebens dazu gebraüchlichen
Stimmweisen.  Leipzig, 1840 (132 pp., 4to).  B. PICK: Luther as a
Hymnist, Philad., 1875; Ein feste Burg (in 21 languages), Chicago, 1883.
BACON and ALLEN: The Hymns of Martin Luther with his original
Tunes.  Germ. and Eng., N. Y., 1883.  Dr. DANNEIL: Luther's Geistliche
Lieder nach seinen drei Gesangbüchern von 1524, 1529, 1545.  Frank-
furt a. M., 1883.  E. ACHELIS: Die Entstehungszeit v. Luther's geistl.
Liedern.  Marburg, 1884.

#### VII. SPECIAL POINTS IN LUTHER'S LIFE AND WORK.

JOHN G. MORRIS: Quaint Sayings and Doings concerning Luther.  Philadelphia,
1857.  TUZSCHMANN: Luther in Worms.  Darmstadt, 1860.  KŒHLER:
Luther's Reisen.  Eisenach, 1872.  W. J. MANN and C. P. KRAUTH: The
Great Reformation and the Ninety-five Theses.  Philad., 1873.  ZITZLAFF: L.
auf der Koburg.  Wittenberg, 1882.  KOLDE: L. auf dem Reichstag zu Worms.
Halle, 1883.  GLOCK: Grundriss der Pädagogik Luther's.  Karlsruh, 1883.

#### VIII. COMMEMORATIVE ADDRESSES OF 1883 AND 1884.

Festschriften zur 400 jährigen Jubelfeier der Geburt Dr. Martin Luther's, herausgege-
ben vom königl. Prediger-Seminar in Wittenberg.  Wittenberg, 1883.  (Ad-

dresses by Drs. SCHMIEDER, RIETSCHEL, and others.)  P. KLEINERT: *L. im Verhältniss zur Wissenschaft* (Academic oration).  Berlin, 1883 (35 pp.). ED. REUSS: *Akad. Festrede zur Lutherfeier.* Strassburg, 1883.  TH. BRIE-GER: *Neue Mittheilungen über Luther in Worms.*  Marburg, 1883, and *Luther und sein Werk.* Marb., 1883.  AD. HARNACK: *M. Luther in seiner Bedeutung für die Gesch. der Wissenschaft und der Bildung.*  Giessen, 1883 (30 pp.). *Vid Upsala Universitets Luthersfest, den 10 Nov.,* 1883, with an oration of K. H. GEZ. VON SCHEELE (Prof. of Theol. at Upsala, appointed Bishop of Visby in Gothland, 1885).  Upsala, 1883.  G. N. BONWETSCH: *Unser Reformator Martin Luther.*  Dorpat, 1883.  APPENZELLER, RUETSCHI, OET-TLI, and others: *Die Lutherfeier in Bern.*  Bern, 1883.  Prof. SALMOND (of Aberdeen): *Martin Luther.*  Edinburgh, 1883.  J. M. LINDSAY: *M. Luther,* in the 9th ed. of "Encyclop. Brit.," vol. XV. (1883), 71–84.  JEAN MONOD: *Luther j'usqu'en 1520.*  Montauban, 1883.  J. B. BITTINGER: *M. Luth.*  Cleveland, 1883.  E. J. WOLF, and others: *Addresses on the Reforma-tion.*  Gettysburg, 1884.  The *Luther Document* (No. XVII.) of the Ameri-can Evang. Alliance, with addresses of Rev. Drs. WM. M. TAYLOR and PHILLIPS BROOKS.  N. Y., 1883.  *Symposiac on Luther,* seven addresses of the seven Professors of the Union Theol. Seminary in New York, held Nov. 19, 1883.  JOS. A. SEISS: *Luther and the Reformation* (an eloquent commemorative oration delivered in Philad. and New York).  Philad. 1884. S. M. DEUTSCH: *Luther's These vom Jahr 1519 über die päpstliche Gewalt* Berlin, 1884.  H. CREMER: *Reformation und Wissenschaft.*  Gotha, 1883

IX. ROMAN CATHOLIC ATTACKS.

The Luther-celebration gave rise not only to innumerable Protestant glorifications, but also to many Roman Catholic defamations of Luther and the Reformation.  The ablest works of this kind are by JANSSEN (tracts in defence of his famous History of Germany, noticed in §15), G. G. EVERS, formerly a Lutheran pastor (*Katholisch oder protestantisch?* Hildesheim, 4th ed., 1883; *Martin Luther's Anfänge,* Osnabrück, 3d ed., 1884; *Martin Luther,* Mainz, 1883 sqq., in several vols.), WESTERMAYER (*Luther's Werk im Jahr* 1883), GER-MANUS, HERRMANN, RŒTTSCHER, DASBACH, RŒM, LEOGAST, etc.  See the "Historisch-politische Blätter" of Munich, and the "Germania" of Berlin, for 1883 and 1884 (the chief organs of Romanism in Germany), and the Protestant review of these writings by WILH. WALTHER: *Luther im neusten römischen Gericht.*  Halle, 1884 (166 pages).


# 18. 루터의 젊은 시절과 훈련


루터의 탁월함과 독일 종교개혁을 이해하기 위해서는 비텐베르크에서의 외로운 신학적 고민을 통해 전 세계를 흔들고 교황과 황제를 그의 말 한 마디에 떨게 했던 한 수도사의 개인적 경험의 과정을 통해 그 기원을 찾아갈 필요가 있다.

사도들과 복음 전도자들의 경우가 그랬듯이 모든 종교개혁자들은 낮은 신분의 출신들이었고, 택하신 도구들을 통해 일하시는 하나님의 영은 어떤 군대의 힘보다 강하다는 것을 보여주는 좋은 증거였다. 그들은 이루어야 할 일에 합당한 비범한 자질과 능력을 섭리에 의해 부여받았다. 또한 주위의 여러 우호적인 사람들과 환경을 통해 많은 도움을 얻어 결코 혼자서는 할 수 없는 일을 이루어 냈다. 그들이 종교개혁을 만들었지만, 또한 종교개혁이 그들을 만들었다.

모든 개혁자들 중에 단연 루터가 앞서 있다. 독일 종교개혁과 불가분의 관계가 있기에, 어느 한 쪽을 생각하지 않고는 의미가 없을 만큼 긴밀히 연결되어 있다. 그 자신의 개인사는 바로 교회의 역사이고 그의 이름을 따라 교회의 이름이 불려짐은 당연한 것이었으며, 루터 교회는 그의 천재성의 화육과 영구화라고 할 수 있다. 어느 개혁자도 자신이 개혁한 교회에 자신의 이름이 붙지는 못했으며, 역사상 루터와 같은 지배적 영향력을 행사하지 못했다. 여기서 그러한 특이한 차이점들을 다루려는 것은 아니며, 우리는 다만 역사적 사실에 관심을 가질 뿐이다.

마르틴 루터는 1483년 11월 10일 자정이 되기 한 시간 전에 프로이센 작센 지역의 아이슬레벤(Eisleben)에서 태어나, 1546년 2월 18일 그곳에서 사망하였다. 태어난 다음 날 세례를 받고, 그날의 성인의 이름을 세례명으로 받았다.

그의 부모는 그가 태어나기 얼마 전에 그 마을로 이주해 왔으며, 원래 살던 곳은 튀링겐 지역의 아이제나흐(Eisenach) 근교의 뫼라(Moehra)였다. 그곳은 보니파키우스가 독일인에게 처음으로 복음을 전했던 곳이었다. 루터가 태어난지 6개월이 지나서 가족은 만스펠트(Mansfeld)에 정착하였는데, 하르츠 산맥의 풍부한 탄광 지역의 중심지였다. 그리하여 하르츠 산맥은 튀링겐 삼림과 더불어 루터 가족의 고향이라는 영예를 함께 누리고 있다. 부모는 하급 신분의 교육받지 못한 계층 출신으로, 무척 가난했지만 정직하고 부지런하며 경건한 사람들이었다.

루터는 가난하고 촌스러운 자신의 배경을 결코 부끄러워하지 않았다. 그는 멜란히톤에게 자신이 농부의 아들임을, 아버지도 할아버지도 그리고 조상들 모두가 진정한 농부였음을 자랑스럽게 이야기하곤 했다. 루터의 어머니는 산에 가서 나무를 해 등에 지고 다녔고, 아버지와 어머니는 "살이 떨어져 나갈 정도로" 열심히 일을 하여 그를 포함한 7명의 아이들을 키워냈다(루터에게는 세 명의 남동생과 세 명의 자매가 있었다). 아버지가 죽을 때는 광부로서 약간의 재산을 모아

**LUTHER.**

(From a Portrait by Cranach in the Town Church at Weimar.)

1,250 길더(guilders)를 유산으로 남겼는데, 한 길더는 당시 16 마르크, 오늘날로 치자면 4 달라에 해당하는 금액이었다.

루터는 힘겨운 젊은 시절을 보냈고, 행복했던 기억 없이 엄격한 교육 속에서 자랐다. 하찮은 물건 하나를 훔쳐왔다는 이유로 어머니에게 피가 날 때까지 매를 맞은 적이 있었고, 아버지에게 혹독하게 벌을 받고 도망을 가서 아버지에 대한 일시적 원망을 품었던 적도 있었다. 하지만 루터는 부모의 선한 뜻을 이해했고 따뜻한 관계를 유지하였다. 루터가 말하듯 그의 부모는 교육을 통해 개발할 수 있는 그의 탁월함을 알아차리지는 못했다. 집에서 주로 받은 교육은 하나님과 성인에게 기도하고 교회와 성직자를 존경하는 것이었고, 악마와 마녀에 대한 무서운 이야기를 듣고 자랐기에 그것들은 오랜 세월 그의 상상의 세계를 따라다니며 괴롭혔다.

학교에서의 교육 역시 엄격하였고 친절한 훈육보다는 회초리가 먼저였다. 루터는 어느 날 아침에는 한 번에 15번 이상의 매를 맞은 것을 기억하고 있다. 그런 생활 중에도 요리문답을 배우고 사도신경, 주기도문, 십계명, 그리고 몇 개의 라틴어와 독일어 찬송을 배운 기억이 남아 있다. 그의 기억 속에 소중히 간직된 것 중에는 사람들의 입으로 전해져온 속담 형식의 지혜와 디트리히 폰 베른(Dietrich von Bern)이나, 오일렌슈피겔(Eulenspiegel)과 마르콜프(Markolf)의 민간 전승 이야기가 있다.

루터는 초등학교 교육을 만스펠트, 마크데부르크(Magdeburg), 그리고 아이제나흐 등지에서 받았다. 14살이 되었을 때부터는 이미 거리에서 노래를 부르는 생활을 통해 생활비를 벌어야 했다.

아이제나흐에서 가장 부유한 상인의 부인이었던 우르술라 코타(Ursula Cotta)는 이 가난한 학생에게 따뜻한 관심을 보여 그 이름이 후세에 남게 되었다. "가슴에서 우러나오는 노래와 기도 때문에" 루터는 그 집에 초대받은 적이 있었는데, 코타 부인으로부터 교육받고 세련된 여인이라는 깊은 인상을 받았다. 코타 부인은 1511년에 사망하였지만, 그녀의 아들들과는 교제가 계속되었고, 비텐베르크에서 공부를 하게 된 한 아들을 집에 맞아들이기도 하였다. 코타 부인으로부터 루터는 "여자의 사랑보다 더 소중한 것은 이 세상에는 없다"는 말을 배웠다.

루터의 젊은 시절의 시련과 수준 높은 고급 교육의 결핍은 그의 작품과 행동

속에 스며 있다. 그러한 결과로 인해 상류 계층의 교육받은 사람들에게는 그 영향력이 줄어들 수밖에 없었지만, 반대로 중산 계층과 하급 계층에는 오히려 더 큰 영향력을 발휘할 수 있었다. 루터는 평민에 속한 사람이었고 평민을 위한 사람이었다. 땅에 속한, 흙내 나는 투박한 사람이었지만, 그의 강인한 얼굴은 하늘을 향하고 있었다. 다듬어진 다이아몬드가 아니라 산에서 캔 화강암처럼 튼튼한 구조의 바탕이 되기에 적합한 사람이었다. 루터는 기초를 놓고 건물은 다른 이가 세운 셈이다.

## 19. 에르푸르트(Erfurt) 대학의 루터

1501년 18살의 나이에 "만스펠트 출신의 마르틴 루터"라는 이름으로 그는 에르푸르트 대학에 입학했다. 그 대학은 약 백년 전에(1392) 세워진 것으로, 독일에서 당시에는 최고에 속한 학교였다. 그때까지는 아버지의 도움이 있어 걱정 없이 약간의 책도 구비할 수 있었다. 그는 주로 스콜라 철학을 공부하였는데, 논리학, 수사학, 물리학, 형이상학 등이었다. 그가 좋아했던 교수는 "에르포르디엔시스 박사"(Doctor Erfordiensis)라고 불렸던 트루트페터(Truttvetter)였다. 스콜라주의는 교회의 전통적 신앙을 지지하며 감탄할 만한 사상적 구조를 형성하여 13세기에 이르러 그 전성기를 맞이하였지만, 그 뒤로 약화되어 실재론(Realism)과 유명론(Nominalism)에 대한 무익한 논쟁만 일삼고 있었다. 즉 보편 개념(universalia)이 객관적 실재가 있는 것인지, 아니면 단순한 이름으로서 주관적으로 마음속에만 존재하는 것인지에 대한 논쟁이었는데, 당시에는 유명론이 지배적인 입장이었다.

다른 한편으론 인문주의적 연구가 전 유럽에 걸쳐 부흥하여 지적 문화와 자유로운 사고를 위한 새로운 길을 열어가고 있었다. 헬라어로 된 헬라어 문법책이 처음으로 독일 에르푸르트에서 출판되었다. 요한 크로투스 루베아누스(John Crotus Rubeanus)는 1498년 이래 그곳에서 공부하여 1520년과 1521년에 그 대학의 학장을 맡았던 사람이다. 그는 인문주의의 지도자 중 한 사람으로, 수도사들을 비웃는 내용으로 1515년 출판된 「어리석은 자들의 편지」(*Epistolae obscurorum virorum*)라는 책의 첫 부분의 주요 집필자였다. 초창기에는 후텐과 루터의 친구로서 가까운 친분을 유지하였고, 루터가 보름스로 갈 때는(1521), "로마의 방탕함을 향해 감히 성서의 칼을 빼어든 역사상 보기 드문 사람이라"고 루터를 평가하였지만, 후에는 종교개혁으로부터 떠나(1531) 루터를 격렬히 비난하였다.

루터는 고대의 고전에 대한 연구를 소홀히 하지 않고, 특히 키케로, 베르길리우스, 플라우투스, 그리고 리비우스 등을 공부하였다. 라틴어 지식을 충분하게 습득하였기에 비록 우아하고 세련되게 사용할 수는 없었어도 분명하고 힘있게 표현할 수 있었다. 헬라어 지식은 비텐베르크에서 교수로 재직한 후에 얻었다. 고전 문화에 있어서는 에라스무스나 멜란히톤, 칼빈과 베자의 수준에 달하지는 못했지만, 사고의 독특성과 모국어의 탁월한 구사능력은 어느 누구에게도 뒤지지 않았다. 루터는 언제나 언어를 성령의 검을 보관하는 칼집으로 여겼다.

문헌적 탐구뿐만이 아니라 어린 시절 간직했던 음악에 대한 사랑도 발전시켰다. 즐겨 노래를 부르고 악기를 연주했다. 시인이었으며, 음악가였고, 신학자이기도 하였다. 음악은 하나님의 소중한 선물이라 생각했고, 슬픔과 악한 생각에 대한 좋은 처방이며, 악마의 공격을 방어하는 효과적인 무기라고 생각했다. 시적인 그의 자질은 그가 남긴 고전적 찬송을 통해 빛나고 있으며, 어머니에게서 이어받아 재치와 유머도 풍부하였다.

루터의 도덕적 행위는 흠이 없었다. 종교개혁에 의해 신학적 격정들이 일깨워진 후까지도 적들은 그의 도덕적 평판에 감히 흠집을 내고자 중상하지 못했다. 그는 미사에 정기적으로 참석하고 진실한 가톨릭 교도가 하는 매일의 헌신도 준수했다. 기도를 열심히 하는 것은 연구의 절반이나 다름없다는 것이 루터의 좌우명이었다. 그는 성모 마리아를 헌신적으로 경배했다.

20살이 되었을 때 대학 도서관에서 처음으로 라틴어 성서 전체를 볼 수 있게 되었고, 교회에서 듣고 배운 것보다 훨씬 많은 내용을 담고 있다는 사실에 놀라며 즐거워했다. 사무엘에 관한 이야기며 그 어머니에 관한 내용들을 기쁘게 읽었다. 하지만 수도원에 들어가기 전까지는 성서에 대한 체계적 연구를 시작했던 것은 아니었으며, 또한 성서에서 사랑과 자비의 하나님을 아직 찾지 못하고 공의와 진노의 하나님만을 알고 있던 때였다. 주로 개인적 구원에 관심이 있었고, 자신의 죄악에 힘든 고민을 거듭하던 우울한 시기이기도 했다. 한때 심각한 병으로 병상에 누워 낙망하고 있을 때, 한 늙은 사제는 루터를 위로하여 말하기를,

결코 병상에서 죽는 일은 없을 터이니 힘을 내라고 하며, 많은 사람들에게 위로를 주는 위대한 사람으로 하나님이 세우실 것이라고 이야기해 주었다.

1502년에는 인문학 학사 학위를 받고, 1505년에는 인문학 석사 학위를 받았다. 석사 학위는 현대의 독일의 철학박사 학위에 해당하는 것으로 엄격한 기준에 따라 수여되었다. 루터는 그 학위 수여식 때 횃불을 따라가던 그 순간은 정말로 장엄한 기억으로 남아 일시적인 세상의 어느 기쁨도 그에 견줄 만한 것은 없었다고 회상하였다.

아버지의 큰 기대에 따라 루터는 법률가가 되기 위해 준비하기 시작했고, 아버지는 법전도 보내주었다. 하지만 놀라운 섭리가 새로운 그의 인생의 길을 열어 놓으면서 루터는 신학으로 기울어졌다.

# 20. 루터의 회심

1505년 여름 루터는 에르푸르트에 위치한 아우구스티누스 수도회에 들어가 그가 마음먹었던 대로 평생 수도사가 되었다. 이러한 갑작스런 결정을 하게 되었던 상황에 대해서는 그의 남긴 말 중에서 단서가 될 만한 것을 바탕으로 전해 오는 이야기를 참고하여 추측해 볼 수 있을 뿐이다.

결투로 죽었거나 혹은 루터 옆에 같이 있다 벼락으로 인해 갑자기 사망한 친구(후에 알렉시우스라고 불려짐)의 죽음으로 루터는 큰 충격을 받았다. 잠시 뒤인 1505년 7월 2일 그의 중대한 결정이 있기 2주 전 루터는 에르푸르트 근처에서 부모를 방문하고 돌아오는 길에 격렬한 천둥 번개에 너무나 두려워 땅에 엎드린 채 무서움에 떨면서 이렇게 외쳤다: "도와 주소서! 성 안나여! 수도사가 되겠나이다!" 그의 친구 크로투스(Crotus)는 (후에 종교개혁의 반대자로 돌아서는데) 이 사건을 다메섹 도상에서의 바울의 회심과 비교하였지만 적절한 것은 아니었다. 루터는 수도사가 되기 이전에 이미 그리스도인이었다.

7월 16일 친구들과 함께 모여 친구들의 간곡한 만류에도 아랑곳없이 즐겨하던 노래를 같이 부르고 작별을 고했다. 다음 날 친구들은 루터를 눈물로 배웅하며 수도원 입구까지 동행하였다. 지참했던 유일한 책은 라틴계 시인인 베르길리우스와 플라우투스였다.

루터의 아버지는 그 소식을 듣고 실성한 상태가 되어 버렸다. 루터는 나중에 회고하기를, 자신의 수도사의 맹세는 아버지에게서 영향받은, 죽음과 다가올 심판에 대한 공포와 두려움 때문이었다고 하였다. 하지만 그 속에서 하나님의 손길을 의심하지 않았다. "나는 수도원을 떠날 생각은 한 번도 한 적이 없었으며, 하나님의 때가 오기까지는 세상에 대해서는 온전히 죽었었다."

이러한 큰 변화는 루터의 종교개혁과 아무런 관련이 없었다. 단순히 세속적 삶에서 종교적 삶으로 바뀐 것이며, 성 베르나르(Bernard) 등 수천 명의 가톨릭 수도사들이 이전에 통과했던 문이었다. 루터는 결코 불신자도 아니었고, 사악한 사람도 아니었으며, 단지 어린 시절부터 경건한 가톨릭 신자였다. 하지만 루터는 세상의 덧없음에 압도되어 자신의 영혼의 중요성에 몰두하게 되었고, 그의 시대적 상황 속에서 조용한 영적 휴양소인 수도원에 칩거함은 당연한 귀결이었다.

루터는 다시 한 번 회심의 단계를 거쳐 수도원의 율법적인 중세 가톨릭의 경건으로부터 자유롭고 복음적인 프로테스탄티즘의 경건으로 전환하게 된다. 그것은 오로지 믿음을 통해 거저 받은 은혜에 의해서만 의롭다함을 얻을 수 있다는 경험적 깨달음에 눈을 뜨게 되었기 때문이다.


## 21. 수도사 루터

에르푸르트에 있는 아우구스티누스 수도원은 루터의 종교개혁의 요람이 되었다. 종교개혁을 이룬 모든 영예는 수도원주의에 돌려져야 한다. 그것은 마치 이스라엘의 율법이 복음의 자유를 위한 훈련과 준비를 함에 있어서 유익한 학교가 된 것과 같다. 에라스무스는 본인의 의지와는 관계 없이 5년 간의 수도원 생활의 경험이 있었고, 수도원을 나온 뒤로는 그 경험을 바탕으로 수도원 제도의 모순을 풍자와 냉소로 신랄하게 비난하였다. 루터는 자신이 선택하고 확신한 수도사였고, 따라서 더 깊은 경험을 통해서 그 제도의 문제점을 바르게 지적할 자격을 갖춘 사람이었다. 루터는, 바리새인 중의 바리새인으로서 유대 율법주의에 가장 강력히 대항한 바울처럼 같은 과정을 거친 셈이다.

진지하고 정직하며 양심적인 수도사가 있었다면 바로 마르틴 루터이다. 그의 유일한 관심은 자신의 영혼의 구원이었고, 그 최고 목적을 위해서 삶의 모든 밝은 기대를 포기하였다. 영원한 삶에 대한 소망을 얻을 수만 있다면, 세상에 대해서는 죽고 사람들의 시야에서는 사라져 버린다 해도 개의치 않았다. 루터와 함께 수도원에서 생활했던 수도사들 중 나중에 루터의 종교개혁에 반대한 사람들도 루터의 자부심과 호전성을 제외하고는 그의 도덕적 결함을 비난한 사람은 없었다. 루터 자신도 자신의 화 잘 내는 성격과 시기심을 불평하기도 했다.

루터가 가입했던 아우구스티누스 수도회가 바울에 이어 최고의 존경을 받은 라틴 교부의 이름을 갖고 있어, 그 점에서 루터의 신학과 종교에 있어 중요한 스승의 역할을 했다고 하는 것은 중요하다. 하지만 이 수도회가 반(反) 펠라기우스주의와 북아프리카 교부의 복음적 입장을 대변하고 있다고 생각하는 것은 잘못이다. 오히려 그 교리에 있어 지극히 가톨릭의 성향을 갖고 있었고, 성모 마리아에 대한 숭배가 지나쳤으며, 수도회에 각종 특권을 부여하는 교황의 권위에 철저히 순종하는 분위기였다.

성 아우구스티누스는 회심한 후에 타가스테 근처 시골에서 조용히 친구들과 몇 주 동안 은거생활을 한 적이 있고 391년 히포에서 성직에 입문한 후에는 일종의 수도원과 유사한 건물을 세우고 거기서 비슷한 뜻을 가진 형제들과 학생들과 함께 기도, 명상, 성서 탐구 등의 절제된 삶을 살면서 동시에 설교자, 목회자로서의 공적 임무와 그리고 그 시대의 교회와 신학적 논쟁의 지도자 역할을 담당하였다.

그러한 그의 본보기는 13세기에 일어난 몇몇 수도원 모임에 통찰력과 일종의 권위를 제공하였다. 교황 알렉산더 4세에(1256) 의해 그러한 일련의 모임들은 성 아우구스티누스의 지도 아래 있는 수도회로 간주되었고, 도미니쿠스 수도회, 프란체스코 수도회, 카르멜 수도회와 함께 탁발 수도회에 속하였다. 그들은 설교에 큰 비중을 두었다. 그 이외에는 다른 수도원들과 크게 다름이 없었다. 16세기 초 독일에는 100개 이상의 시설이 세워졌다.

작센에는 아우구스티누스 수도원이 1493년에 설립되어, 1503년 이후에는 루터의 친구였던 요한 폰 슈타우피츠(John von Staupitz) 독일 총 교구장에 의해 운영되었다. 에르푸르트에 있는 그 수도원은 뉘른베르크에 있는 것 다음으로 가장 크고 중요한 것이었다. 소속된 수도사들은 설교의 열정, 목회, 신학적 연구 등에 있어 존경을 받았다. 구제헌금으로 생활을 하였고, 마을과 주변 지역으로 직접 탁발을 나갔다. 지원자들은 수련 수사로서 일년 동안 점검기간을 거치도록 되어 있었는데, 그 기간 동안에는 자신의 결정을 철회할 수 있었으며, 그 과정을 거치고 나면 독신, 가난, 그리고 위계제도에 대한 순종을 영원히 지킬 것을 서약하였다.

루터는 기쁨의 찬송과 기도로 형제들의 따뜻한 환영을 받았고 순결성을 상징하는 하얀색 양털 겉옷을 입고 검은 두건을 쓰고 성직복을 입은 후 가죽띠를 맸다. 자신에 대한 자부심을 포기해야 하는 가장 천한 직분을 맡아, 마루를 쓸고 거리에서 빵을 구걸하면서 금욕적 고난을 불평 없이 감내해야 했다. 정해진 7번의 기도 시간마다 아베 마리아와 함께 25번의 주기도문을 낭독하여야 했다. 성모 마리아에 헌신하였고 아우구스티누스회 수도사들과 프란체스코회 수도사들이 모두 그러하듯이 성모의 무흠 수태 즉 유전적 죄로부터 성모는 오염되지 않았음을 믿고 있었는데, 그 교리는 도미니쿠스 수도회는 인정하지 않는 것이었다. 이 교리는 1854년에야 비로소 신앙고백의 조항으로 정해지게 된다. 적어도 일주일에 한 번씩 성직자에게 자신의 죄를 정기적으로 고백하였으며, 슈타우피츠가 새로 도입한 규정에 따라 라틴어 성경 전서를 탐독해야 하는 의무도 주어졌다.

수습기간이 끝나고 나서 루터는 죽을 때까지 교부 아우구스티누스의 규칙에 따라 가난과 헌신의 삶을 살고 전능하신 하나님과 성모 마리아, 그리고 수도회의 수사에게 복종할 것을 엄숙히 선서하였다. 바닥에 십자가 모양으로 엎드리고 거룩한 성수로 뿌림을 받았다. 세례로 깨끗하게 된 흠 없는 어린아이로 인정을 받고 책상, 침대, 의자가 있는 분리된 독방에 배치되었다.[1]

이어지는 2년 기간 동안 한편으론 경건 실천과 한편으론 신학적 연구를 병행하였다. 성서를 부지런히 탐독하였고, 후기 학자들, 특히 가브리엘 비엘(Gabriel Biel)을 즐겨 읽었는데, 거의 암송할 정도였다. 또한 윌리엄 오컴(William Occam)의 저술들을 탐독하였는데, 루터는 그 정교함과 치밀함 때문에 성 토마스나 둔스 스코투스(Duns Scotus)보다 오컴을 더 높이 평가했다. 그러나 오컴의 회의주의적 경향에 영향을 받지는 않았다. 아리스토텔레스의 권위를 인정했지

---

1) 루터가 머물던 독방과 가구들은 1872년 3월 7일 화재로 불타버렸다. 그 방은 재건축되었고 수도원은 고아원으로 사용되고 있다.

만 후기에는 저주받을 이방인이라고 가치를 평가절하하고 비판하였다. 루터의 토론과 학문적 질문들은 같은 수도사 형제들의 감탄을 불러일으키기도 하였다.

하지만 루터의 마음은 머리만의 생각으로는 만족할 수 없었다. 그의 주요 관심은 성인이 되는 것이었고 천국에서 그 자리를 얻는 것이었다. 후에 고백하기를, 만일 수도사가 수도사의 생활로 천국에 가는 것이라면 자신도 천국에 들어갔을 것이라고 하였다. 수도사로서의 훈련과 교육 중 작은 것 어느 하나도 소홀히 하지 않았다. 아무도 기도와 금식과 철야, 그리고 금욕에 있어 루터를 능가하는 이는 없었다. 루터는 이미 수도원에서 경건과 고결함의 상징이었다.

하지만 루터는 안타깝게도 수도원의 벽 안에서도 죄와 유혹으로부터 벗어나고 싶은 소망에서 번번이 실패하는 자신의 모습에 실망하고 있었다. 자신의 경건한 모든 노력에도 불구하고 평화와 안식을 얻을 수 없었다. 외적으로는 더욱더 진보하고 거룩하게 보일수록 내적으로는 더 큰 죄의 무게를 느껴야만 했다. 분노, 시기, 미움, 자만심의 유혹과 끊임없이 싸우고 있었다. 모든 곳에서 아무리 사소한 것에서도 죄를 보았다. 성서의 말씀은 늘 거룩한 심판의 공포를 그에게 안겨주었다. 하나님은 화해하시는 아버지, 사랑과 자비의 하나님이 아니라, 루터에게는 분노의 하나님이요, 소멸하시는 불꽃이었기에 그 앞에 서면 두려움에 떨 수밖에 없는 그런 분이었다. 루터는 전능하신 하나님이 질투하는 분이라는 말씀을 극복할 수가 없었다. 루터의 고해 신부가 언젠가 루터에게 이렇게 말했다: "자네는 바보야. 하나님은 자네에게 화를 내지 않아. 자네가 하나님께 화를 내고 있을 뿐이지." 루터는 세월이 지난 후에 그 말이 "정말로 탁월하고 귀한 말씀"이었다고 회상하였지만, 당시에는 그에게 아무런 인상도 심어주지 못했다. 구체적으로 지적받을 만한 잘못을 범한 것도 아니었지만 모든 영역에 스며든 힘이자 오염시키는 성질로서의 죄, 본성의 타락에서 오는 죄, 하나님으로부터 멀어지고 하나님께 대적하는 죄가 루터의 마음을 악몽처럼 무겁게 하고 때로는 절망의 나락으로 몰고 가곤 했다.

루터는 하나님의 법과 죄의 법 사이에서의 갈등을 통과하고 있었다. 그것은 바울에게서도(로마서 7장) 볼 수 있는데, 그 마지막 부분에서 이렇게 절규하고 있다: "오호라! 나는 곤고한 사람이로다. 이 사망의 몸에서 누가 나를 건져 내랴?" 그때의 루터는 "우리 주 예수 그리스도로 말미암아 하나님께 감사하리로다. 이제 그리스도 안에 있는 자에게는 결코 정죄함이 없나니, 이는 그리스도 예수 안에 있는 생명의 성령의 법이 죄와 사망의 법에서 나를 해방하였음이라" 라고 이어지는 바울의 고백을 아직 배우지 못했던 것이다.


## 22. 루터와 슈타우피츠

JOHN VON STAUPITZ.
(From the portrait in St. Peter's Convent at Salzburg.)


그의 이러한 정신적 도덕적 고민과 방황 속에서 수도원의 한 노 수도사(수련 수사의 교사)가 사도신경의 죄의 용서 부분을 언급하고, 또 죄인은 믿음을 통한 은혜로 의롭게 된다는 바울의 말과, 또 우연히 같은 의미를 나타내는 성 베르나르의 말로(솔로몬의 아가서 설교에서) 루터를 위로하였다.

루터의 가장 좋은 친구이자 현명한 조언자는 아우구스티누스 수도회의 총 감독이자 신학박사인 요한 폰 슈타우피츠였다. 슈타우피츠는 작센의 귀족으로 고결한 생각과 관대한 성품, 상당한 성경적 학문적 지식, 그리고 깊은 경건을 소유하고 있어 누구에게나 존경을 받았으며, 작센의 선제후 프리드리히에게 중요한 임무를 부여받아 고용되어 있었다. 그는 타울러(Tauler)와 토마스 아 켐피스(Thomas a Kempis)에 의해 대표되는 실천적 신비주의 또는 가톨릭 경건주의에

속한 사람이었다. 외적인 형식과 규율의 준수보다는 내적 영성의 생활을 더 중
요하게 생각하였고, 위로와 평화의 기반으로 개인의 선한 행위보다는 그리스도
의 공로를 더 신뢰하였다. 하나님의 사랑과 그리스도를 본받음이 그의 신학과
경건의 주요 핵심이었다. 그가 남긴 유명한 책인 「하나님의 사랑에 대하여」(*On
the Love of God*)에서, 사랑은 하나님의 존재의 핵심인 바, 이 사랑이 모든 것을
사랑스럽게 만들며, 다른 그 무엇보다도 하나님 자신을 사랑하게 만든다고 그는
서술하고 있다. 그러나 이 사랑은 사람에게서는 배울 수 없고 죄를 알게 하는 율
법을 통해서도 배울 수 없으며, 다만 그리스도 안에서 우리의 마음에 하나님의
사랑을 보여주시는 성령, 감사와 성화의 거룩한 불길로 채우시는 그 성령으로부
터만 배울 수 있는 것이라고 하였다.

슈타우피츠는 사실상 이렇게 말하고 있다: "율법은 질병을 알게 할 뿐 치료할
수는 없다. 그러나 영은 문자 아래 숨어 있다. 옛 율법은 그리스도를 잉태하고
있으며, 그리스도는 어떤 무엇보다도 하나님을 사랑할 수 있는 은혜를 주신다.
그 영적 세계를 알고 율법에 따라 그리스도에게로 안내되는 사람에게 성서는 양
식이 되고 위로가 되는 것이다. 유대인들은 그리스도를 보고 듣고 다루었지만
마음에 담은 것이 아니었기에 이중으로 죄가 있다. 따라서 입술로만 그리스도를
시인하는 사람은 마찬가지 죄에 해당한다. 중요한 것은 그리스도를 가슴에 담는
것이며, 그리스도인으로서의 신앙과 하나님을 사랑하는 마음은 순수한 은혜의
선물이며, 우리의 능력과 기술, 행위와 공덕 모두를 넘어서는 것이다."

슈타우피츠는 루터의 정신적 아버지이자 처음으로 복음의 빛을 루터의 어두
운 가슴에 비추었던 사람이다. 루터로 하여금 자신의 죄에서 눈을 돌려 그리스
도의 공로를 바라보게 하였고, 율법에서 십자가로, 공로에서 믿음으로, 학문주
의에서 성서로, 그리고 아우구스티누스와 타울러를 연구할 수 있도록 인도하였
다. 루터는 그를 통해, 참된 회개는 자기가 부여한 고행과 징벌에 있지 않고, 변
화된 마음으로 그리스도의 희생에 대한 성찰로부터 얻어지는 것이어야 함을, 그
리고 거기에 하나님의 영원한 비밀이 나타나 있음을 배웠다. 또한 슈타우피츠는
하나님은 이 시련과 유혹을 뒤집어 엎으셔서 루터가 훗날 교회를 위해 귀하게
쓰임받게 될 것임을 예언적으로 그에게 확신시켜 주었다.

그는 루터를 격려하여 사제(1507)가 되도록 하였으며, 비텐베르크로 데려와
신학박사 학위를 얻도록 안내하고 설교의 기회도 제공하였다. 그는 루터에게 교

황제도에 맞설 힘을 불어넣어 주었고, 카예타누스(Cajetan) 추기경과의 협상에서도 그를 보호하였다. 쇼이얼(Scheurl)은 1518년 슈타우피츠를 가리켜 이스라엘 백성을 포로에서 해방시킬 사람이라고 하였다.

그러나 루터가 로마와 결별하고 로마가 루터를 버렸을 때 그 우정은 식기 시작했다. 슈타우피츠는 가톨릭 교회와의 연합을 강하게 주장하였으며, 지나친 종교개혁을 두려워하고 물러서게 되었다. 1524년 4월 1일 루터에게 보낸 편지에서 오랜 동안의 침묵에 대한 용서를 구하면서, 결론적으로 이렇게 의미심장하게 말하고 있다: "우리가 복음에 따라 **살도록** 그리스도께서 우리를 도와 주시기를 바라네. 이 복음이 이제 우리들의 귀에 들리고 있고, 많은 사람들이 입에 올리고 있지. 나는 수많은 사람들이 육체의 자유를 위하여 이 복음을 오용하는 것을 보고 있네. 거룩한 복음의 진리의 선구자로서 나는 나의 간절한 부탁이 자네에게 조금이라도 받아들여지기를 기대하네."

1522년 이후 잘츠부르크(Salzburg)에서 행한 설교들 역시 같은 분위기를 담고 있으며, 가톨릭의 정통주의와 복종을 요구하고 있다. 그의 사망 이후에 발행된 (1525) 마지막 저술인 「거룩하고 참된 기독교 신앙에 대하여」(*Of the holy true Christian Faith*)는 믿음만으로 의롭게 된다는 루터의 교리에 대한 실제적 비난이었으며, 선행을 통해 스스로를 드러내보이는 실천적 기독교에 대한 탄원이었다. 그는 다음과 같은 말로 이 두 가지 교리를 대조하고 있다: "그리스도를 믿는 사람들은 선행이 필요 없다고 바보들은 말한다. 그러나 진리는 누구든지 그리스도의 제자가 되기 위해서는 자신을 부인하고, 자기 십자가를 지고 매일매일 그리스도를 따라가야 한다고 말한다. 또한 그리스도를 사랑하는 자는 그리스도의 명령을 지키는 자라고 말한다. 사악한 영은 인간은 행위 없이 의로워진다는 교리를 육신에 속한 그리스도인에게 제시하며, 이를 위해 바울에 호소한다. 그러나 바울은 단지 공포와 이기심에서 나오는 율법의 행위를 배제하는 것뿐이며, 그의 모든 서신에서 믿음과 사랑 안에서 하나님의 명령에 순종하는 그러한 삶의 행위가 구원에 필요한 것임을 강조하고 있다. 그리스도는 율법을 완성하였는데, 어리석은 자들은 율법을 폐지하려고 한다. 바울은 율법을 거룩하고 선한 것이라고 하였는데, 어리석은 자들은 육체의 정욕에 따라 살면서 성령의 마음을 닮지 못하고 율법을 악으로 취급하여 비난하고 경멸하고 있다."

슈타우피츠는 이러한 분쟁에서 벗어나 자신의 직책을 사임하고 교황의 재가를 얻어 자신의 수도회를 떠나 잘츠부르크의 성 베드로 성당에 속한 베네딕투스회 수도원의 책임자로 있다가, 1524년 12월 28일 결코 자신이 떠나지 않았던 가톨릭 교회의 품안에서 숨을 거두었다. 그는 프로테스탄트가 아니면서도 충실한 복음주의자였다. 그는 로마주의에 대해서 관심이 없었고, 루터주의에 대해서는 더더욱 관심을 기울이지 않았으며, 오로지 실천적 기독교에 모든 관심을 쏟았다. 종교개혁과 관련하여 그의 입장은 에라스무스와 유사한데, 그가 훈련과 경건의 영역에서 그 길을 준비해 놓았던 사람이라면, 에라스무스는 학문과 계몽에 있어 그 길을 열어 놓았다고 말할 수 있다. 두 사람 모두 중도와 과도기의 인물로서 멀리서 약속의 땅을 바라볼 뿐 그곳으로 들어가지는 못했다.

## 23. 의롭게 하는 믿음의 승리

루터의 힘과 영향력의 비결은 그의 영웅적 믿음에 있었다. 그 믿음으로 금욕적 자기 절제와 자기 비난의 혼돈과 시련에서 벗어나 평화와 안식을 누리며, 주 안에서 자유로운 주님의 사람이자, 그리스도의 순종하는 종이 될 수 있었다. 이러한 신앙은 그의 모든 글에 배여 있으며, 그의 행동을 안내하였다. 또한 끝없는 갈등 속에서도 그를 지탱해 주며, 죽음의 순간까지 방패와 닻이 되어 주었다. 이 믿음은 에르푸르트의 수도원에서 잉태되어, 비텐베르크에서 공개적 행동으로 전개되었고, 그 믿음으로 교회의 개혁자가 되었다.

슈타우피츠와 그 노 수도사의 도움, 그리고 특히 바울 서신에 대한 지속적 연구를 바탕으로 루터는 율법의 행위로서가 아니라 믿음으로만 의롭게 된다는 것을 조금씩 확신하게 되었다. 루터는 이 진실을 모든 측면에서 전부 이해할 수 있게 되기 이미 오래 전에 자신의 마음속에서 경험했다. 수도원의 훈련을 통해 그렇게 헛되이 얻으려 했던 양심의 평화를 그는 이 진리 속에서 찾았다. 하나님의 의(로마서 1:17)를 밤과 낮을 가리지 않고 묵상하면서 죄인에 대한 의로운 심판으로 의로움의 의미를 이해하고 있었는데, 수도원 생활이 끝나갈 무렵 도달한 결론은 의는 하나님이 그리스도 안에서 그리스도를 믿는 자에게 거저 주시는 것이었다. 의는 사람의 노력과 공로에 의해 얻어지는 것이 아니라, 그리스도 안에서 완전하고 온전해지는 것이며, 모든 죄인이 해야 할 일은 그리스도가 거저 주는 선물을 받아들이는 일뿐이었다. 의롭다 함은 하나님의 사법적 행위로서 하나님이 죄인의 죄를 용서하고 그리스도의 의로 옷 입히는 것으로, 오로지 개인의 믿음에 달린 문제이며, 그 믿음으로 그리스도를 붙들고 따라가 마치 좋은 나무가 좋은 과실을 맺듯이 선한 삶으로 그 생명과 힘을 보여주는 것이다. 루터가 말하는 믿음은 교회의 권위에 단순히 동의하는 마음을 의미하는 것이 아니라 전적인 신뢰이며, 그리스도를 향한 전 인격의 온전한 복종을 의미하는 것이다. 그리스도와 함께 그의 부분으로 살고 움직이며, 그리스도의 의지에 늘 순종하고 그의 본보기를 따라가는 것이다. 이러한 깊은 이해를 바탕으로 한 관계 속에서만 루터의 칭의 교리를 바르게 이해할 수 있다. 이 관계가 단절되면 이 교리는 치명적인 오류를 범하는 결과를 낳게 된다.

칭의에 관한 바울의 교리는 로마서와 갈라디아서에 제시되어 있는데, 아우구스티누스와 베르나르마저도 그 해석에 있어 칭의와 성화를 혼합시킴으로써 분명한 이해에 어려움이 있었다.[2] 여기에 가톨릭과 프로테스탄트의 입장 차이가 있다. 가톨릭의 입장에서 의롭다 함(justification)은 신앙과 선행에 의해 결정되는 점진적 과정이지만, 프로테스탄트의 입장에서 그것은 하나님의 단독행위이며, 그 뒤에 성화가 이어지는 것으로 이해한다. 의롭다 함의 근거는 그리스도의 공로이며, 그 조건은 믿음이고, 선행은 그 표현인 것이다.

이러한 경험은 루터에게는 새로운 계시와도 같은 것이었다. 그러한 이해는 성경 전체를 다시 이해하는 빛을 비추어 주었고 성경은 생명과 위로가 가득한 책이었다. 루터는 무서운 죄책감을 덜고 거저 받은 은혜의 기쁨을 누렸다. 자기 스스로 부과한 고행의 어두운 감옥 같은 골방에서 나와, 하나님의 구속적 사랑이라는 빛과 신선한 공기를 누릴 수 있게 되었다. 칭의는 루터의 율법의 노예의 고리를 깨뜨려 버리고, 양자의 신분이 누리는 기쁨과 평화로 가득 채웠다. 천국의 문이 바로 그의 앞에 활짝 열린 것이다.

따라서 오직 믿음으로 인해 의롭게 된다(이신칭의)는 교리는 루터에게 있어 죽는 순간까지 복음의 총체이자 실체였으며, 신학의 진수이고, 기독교의 핵심 진리이며, 교회의 존폐를 가름하는 기준이었다. 이 척도에 의해 루터는 다른 모

---

2) 루터 자신도 이 교리에 있어 자신이 존경하는 아우구스티누스와 차이가 큼을 느끼고 있었다.

든 교리를 측정했으며, 성서에 수록된 모든 책의 가치를 결정하였다. 그 결과 루터는 바울을 열정적으로 따를 수 있었지만, 바울과 다른 입장에 섰던 야고보를 싫어하였다. "오직 믿음"(solifidianism)에 대한 지나친 강조로 때로는 절제되지 않은 표현을 사용하여 율법폐기론적인 결론을 정당화하는 듯 보이기도 했다. 그러나 그는 자신의 주장을 수정하면서 율법폐기론을 명백히 비난하였고, 선행과 거룩한 삶은 신앙의 표현에 있어 필요한 것임을 주장하였다. 율법폐기론을 옹호한다는 유사한 비난을 받았을 때, 바울도 명백히 그 사실을 부인하였음을 잊지 말아야 한다.

따라서 수도원에서의 금욕적 삶은 루터에게 있어 복음적 신앙을 배우는 학교가 된 셈이다. 모세의 율법과 같은 역할을 하여 죄와 죄책에 대한 지식을 가르쳐 주어 그리스도에 이르게 하는 몽학 선생이었던 셈이다(로마서 3:20; 갈라디아서 3:24). 율법은 루터를 고소하고, 정죄하고, 죽였다. 복음은 위로하고, 의롭다 하고, 그를 살게 만들었다. 율법은 그를 노예로 만들었지만, 복음은 자유롭게 하였다. 전에는 노예처럼 두려움에 떨었지만, 이제 루터는 아버지의 집에 머무는 아들로서 즐거워하였다. 율법적 훈련을 통해 율법을 향하여서는 죽고 하나님을 향해서는 살아나게 되었다(갈 2:19).

한 마디로 표현한다면 루터는 바울의 경험을 동일하게 통과한 것이다. 루터는 중세의 어느 학자나 고대 교부들보다 바울을 바르게 이해했다. 루터의 갈라디아서 주석이 지금도 훌륭한 주석서로 읽히고 있는 것은 율법과 복음의 차이, 영적 노예와 영적 자유의 차이를 설득력 있게 이해하고 표현하고 있기 때문이다.

루터는 자신의 확신이 교회의 전통적 경건과 신조와 충돌하리라고는 꿈에도 생각하지 못했다. 한 단계 한 단계 그 여정에 오르게 되는 과정에서 전통적 견해와 관습을 병행하면서, 신실하고 경건한 가톨릭 신자로서의 자세는 그 후로도 몇 년 동안은 지속되었다. 다름 아닌 테첼(Tetzel)과의 논쟁, 그리고 그 결과 때문에 그는 어쩔 수 없이 개혁자가 되었고, 오랜 전통의 속박으로부터 해방되게 되었던 것이다.


## 24. 사제로 서품받은 루터

수도원 생활 2년째, 여전히 혼돈에 머물고 있던 루터는 사제로 임명되고, 1507년 5월 2일 처음으로 미사를 올렸다. 그것은 사제로서 루터의 삶에 있어서 놀라운 경험이었다. 산 자와 죽은 자를 위해 드리는 그 놀라운 희생의 엄숙함에 압도되어 루터는 제단에서 거의 쓰러질 뻔하였다.

루터의 아버지는 몇몇의 친구들과 함께 참석하여 그 엄숙한 광경을 지켜보았으며 헌금 20길더를 루터에게 건네주었다. 아버지는 아직도 아들의 수도원 생활을 기뻐하지 않았다. 젊은 사제인 루터를 위해 베풀어진 연회에서 아버지는 곁에 있는 형제들에게 "아버지와 어머니를 경외해야 한다는 것을 성서에서 읽지 못했느냐?"고 반문하였다. 자신의 아들이 하늘의 부름을 따라 수도원에 들어온 것이라는 대답을 듣고서는 악마의 부름이 아니었으면 좋겠다고 답하였다. 루터의 아버지는 루터가 명성을 얻고 결혼 생활을 한 이후에야 비로소 아들과 완전한 화해를 하게 되었다.

루터는 맡은 임무를 양심에 충실하게 수행하였다. 매일 아침 미사를 올렸고, 주간 동안에는 자신의 보호자로 자신이 택한 21명의 특별 성인에게 하루에 3명씩 나누어 매일 간구를 드렸다.

하지만 머지 않아 루터는 더 큰 영향을 미칠 수 있는 터전으로 부름받게 된다.


## 25. 로마에서의 루터


종교개혁을 향해 한 걸음씩 나아가며 받은 여러 가지 훈련의 역사 중에 재미있는 에피소드가 루터의 로마 방문이다. 그 여행은 루터에게 깊은 인상을 남겼다. 즉각적인 것은 아니었지만, 몇 년이 지난 후 신실한 가톨릭 신자로서 처음으로 기독교 왕국의 수도에서 보고 들었던 것들을 회상하면서 그에게 영향을 끼치게 된 것이다.

1510년 가을 비텐베르크로 옮긴 후, 신학박사 과정을 졸업하기 전 루터는 수도회의 일로 슈타우피츠의 제의에 따라 로마로 파송되었다. 슈타우피츠는 교육의 개혁과 독일 아우구스티누스 수도회의 보다 긴밀한 상호 연합을 바랐지만 일부 사람들의 반대에 직면하였다.

루터는 관례대로 수도사 한 명과 평신도 형제 한 명이 같이 동행하여, 수도원에서 수도원으로 걸어서 여행하고 로마의 아우구스티누스 수도회 소속인 마리아 델 포폴로(Maria del popolo) 수도원에서 4주를 보내고, 다음 해 봄에 비텐베르크로 돌아왔다. 전체 여행기간은 몇 개월이 걸렸을 것이다. 루터가 했던 여행 중에 가장 긴 여행이었고, 동시에 거룩한 사도들의 유골을 보관한 성지 순례를 통해 자신의 모든 죄를 고백하며 가장 효력 있는 용서를 얻을 수 있는 기회였다.

루터가 로마 방문 임무를 완수하였는지, 또는 어느 길을 따라 여행을 했는지, 우리는 알지 못한다. 루터가 그에 대한 자료가 남겨놓지 않았기 때문이다. 스위스를 거쳐갔는지 아니면 티롤(Tyrol) 지방을 거쳐갔는지, 알프스의 장엄한 풍경과 이탈리아의 아름다운 경치를 보았는지도 알 수 없다. 그 자연의 아름다움은 개혁자 루터에게 아무런 영향을 미치지 못했고, 18세기가 끝날 때까지도 그 아름다움은 제대로 평가되지 못했다. 츠빙글리와 루터는 스위스 호숫가 지역에서 살면서 스위스 알프스의 풍경을 바라보았을 터인데, 한 번도 그것을 언급한 적이 없이 다만 신학과 종교에 몰입되어 있었을 뿐이었다.

루터의 후기 작품들과 「탁상 담화」(*Table Talk*)라는 글에서 자신의 여행에 대한 재미있는 회상을 남겼다. 이탈리아의 좋은 기후와 비옥한 토지를 언급하고, 무절제한 독일 사람들과는 대조적으로 로마 사람들의 절제와 민첩함, 발달된 기술을 언급하기도 했다. 또한 자신의 민족을 "바보 같은 독일인", "독일 야만인들"이라 부르면서 독일 사람을 야만인으로 간주하는 로마의 오만함에 대한 기록을 남기기도 했다. 피렌체에서는 병원과 자선기관들이 잘 갖추어져 있어서 칭찬하였다. 그러나 정작 로마의 기독교 상태에 대해서는 크게 실망했는데, 그가 기대했던 것과는 정반대라는 것을 발견했던 것이다.

당시의 로마는 고전문학과 예술을 중심으로 한 르네상스에 대한 열정으로 가득할 때였고 종교에 대해서는 관심이 없었다. 1503년부터 1513년까지 교황이었던 율리우스 2세는 경솔한 외교와 유혈 전쟁으로 자신의 에너지를 교황의 세속적 통치권의 확대에 쏟고 있었고, 바티칸 박물관을 세우고, 위대한 건축과 그림을 자유롭게 장려함으로 당대 최고의 예술 작품들을 만들게 했다. 거대한 돔을 가진 성 베드로 대성당의 새 건축이 브라만테(Bramante)의 감독 아래 시작되었다. 미켈란젤로의 붓끝은 바티칸 궁전과 붙어있는 시스티나(Sixtine) 성당을 예언자, 시빌레, 최후의 심판 등의 뛰어난 그림으로 장식하였다. 천재였던 젊은 라파엘로는 아기 그리스도를 안고 있는 독창적인 마돈나 모습을 만들어 내며 바티칸의 넓은 공간들을 불멸의 아름다움을 간직한 예술 전시장으로 변화시켰다. 이 모든 것들은 새롭고 놀라운 이탈리아의 예술을 보여주는 작품이었지만, 마치 고전 아테네의 신전과 조각들이 사도 바울에게는 아무런 관심의 대상이 아니었듯, 루터에게도 별로 놀라움의 대상이 되지 못했다.

영원한 도시 로마를 바라보았을 때 루터는 땅에 엎드려 손을 들고 외쳤다: "거룩한 로마여! 그대에게 영광이! 여기서 흘린 순교자들의 피 때문에 그대는 삼중으로 거룩하도다!" 그는 그 옛날 이교도 로마의 폐허의 잔재와 당시의 기독교 로마의 장려한 궁전을 오갔다. 그는 성인들의 유품과 기적과 관련하여 전해 내려오는 전통에 대해서도 추호의 의심 없이 흔들리지 않는 믿음을 가지고, "마치 정신나간 성인처럼" 모든 교회, 지하 교회의 터, 지하 무덤 등을 둘러보았다. "라테란의 성 요한 성당에서 토요 미사를 올리는 아들을 둔 어머니는 복이 있다"고 하는 전해오는 이야기에 따라, 자신의 부모가 이미 죽었더라면 이 거룩한 장소에서 미사를 올려 연옥에서 끌어올릴 수도 있었을 거라는 생각도 루터는 해 보았다. 그 유명한 스칼라 산타 28 계단(예루살렘에 있는 본디오 빌라도의 재판정으로부터 가져왔다고 전해짐)을 무릎을 꿇은 채 올라갔던 것은 그 행위를 통해 850년 교황 레오 4세 때부터 고행의 대가로 인정해 왔던 면죄부를 확실하게 확보하고 싶은 마음에서였을 것이다. 그러나 이상하게도 한 계단 한 계단 오를 때마다 루터의 귀에 거세게 들려 오는 성서의 말씀은 "오직 의인은 믿음으로 말미암아 살리라"는 말씀이었다(롬 1:17).

결국 중세의 경건을 추구하는 그 최고의 정점에서 오히려 루터는 번민하는 양심이 평화를 얻음에 있어서 그러한 방식의 효력에 대해 의심을 품게 되었다. 이러한 의심은 주위에서 보는 여러 가지 것들로 더욱 커져갔다. 교황청의 업무 행정과 질서 규제 능력의 탁월함에 사실상 놀라기도 하였지만, 성직자의 불신앙과 경솔함 그리고 부도덕성에 경악을 금치 못했다. 마침 한 지역에서 발생했던 소동을 직접 유혈 진압하고 돌아오는 교황 율리우스 2세의 궁전에서 루터가 본 것은 세속적인 화려함 이외에는 아무것도 없었다. 후에 루터는 그 교황을 많은 사람의 피를 흘리게 한 잔인한 사람이라고 맹렬히 공격하게 된다. 또한 루터가 로마에서 들어 알게 된 교황 알렉산더 6세와 그 가족들의 가공할 만한 죄악들은 독일에서는 결코 들어본 적도, 믿을 수도 없는 내용이었지만, 모든 로마 사람들에게는 부인할 수 없는 생생한 사실로서 기억되고 있었다. 루터가 미사 한 번을 올리고 있는 동안 한 로마 성직자는 7번의 미사를 끝내버렸다. 로마에서 올린 미사 때마다 늘 빨리 끝내달라는 재촉을 받기도 했다. 사제들이 빵과 포도주를 다룰 때에도 라틴어로 이렇게 말하는 것을 들었다: "그대는 떡이며, 떡으로 남아 있을 것이라. 그대는 포도주이며, 포도주로 남아 있을 것이라." "선한 그리스도인" 이라는 이름은 "바보"라는 말과 동일한 뜻이었다. "지옥이 있다면 로마는 그 위에 세워졌을 것"이라는 말을 듣기도 하고, 로마의 그런 사정은 오래가지 않아 결국 멸망으로 이어질 것이라는 이야기도 들었다.

루터가 로마 방문을 통해 받았던 인상은 로마가 한때는 가장 거룩한 도시였지만, 이제는 가장 악한 도시가 되었다는 것이었다. 그는 로마를 예언자가 묘사했던 예루살렘의 모습과 비교하였다. 이 모든 경험에도 불구하고 당시 루터는 로마 교회와 그 위계제도에 대한 믿음을 버리지 않았다. 그것들이 비록 그리스도 당시의 유대교의 위계제도처럼 무가치한 것이라 할지라도 말이다. 그러나 이것들은 후에 두 배의 충격을 가지고 그에게 찾아왔으며, 그가 교황제도를 "악마의 제도"라고 거침없이 비난하고 공격할 때, 그의 양심에 편안함과 위로를 제공해 주었다.

따라서 종종 루터는 아무리 비싼 대가를 치르는 한이 있었더라도 로마를 보러 가는 일은 포기하지 않기를 잘 했다고 하면서, 그렇지 않았다면 교황에 대해 혹시라도 지나친 비난을 하지 않았는가 염려했을지도 모르기 때문이라고 고백했다. "그러나 우리가 본 그대로 우리는 말하는 것이다."

면죄부 판매 수입으로 지어지는 성 베드로 대성당을 방문하고 난 후 6년 동안의 기간은 로마로부터 갈라져 돌이킬 수 없는 분리로 이어지게 되는 싸움의 씨앗을 키우게 되는 기간이었다.

피렌체에 있는 피티(Pitti) 화랑에는 조르조네(Giorgione)가 그린 유명한 그림이 하나 있다. 그것은 강한 게르만족의 특징과 빛나는 눈을 가진 한 무명의 수도사가 두 이탈리아 사람 사이에 앉아서 작은 오르간을 연주하며 꿈꾸는 것처럼 한쪽을 바라보는 그런 그림이다. 이 중앙에 있는 인물이 최근 전문 감정사에 의해 루터의 모습으로 확인되었는데, 조르조네가 1511년에 사망하기 몇 개월 전에 피렌체에서 그린 것이라고 한다. 실제로 루터인지의 여부는 논쟁의 여지가 남아있지만, 놀랍게 닮은 것은 사실이다.

프란체스의 루터, 1510년 (조르조네 그림)

# 26. 비텐베르크 대학

1502년 프리드리히 3세(1463년 출생, 1525년 사망)는 작센의 선제후이며, 현자(Wise)라는 이름이 앞에 붙어 있는 것이 말해주듯, 지식, 지혜, 경건 그리고 종교 개혁에 대한 조심스런 보호로 16세기의 제후들 중에서 탁월하게 뛰어난 인물인데, 자신의 한정된 재산을 털어 성모 마리아와 성 아우구스티누스의 보호 아래 비텐베르크에 새로운 대학을 세웠다. 신학부는 사도 바울에게 바쳐졌는데, 다메섹에서의 회심을 기념하는 기념일에 미사가 드려지고, 총장과 이사회의 참석 하에 설교 말씀이 베풀어졌다.

프리드리히는 경건한 가톨릭 신자였고, 성인들의 유품을 헌신적으로 모았으며, 교황의 면죄부를 믿었고, 거룩한 땅으로 순례를 다녀온 사람이었다. 동시에 자유로운 배움을 지지하였으며, 루터와 비텐베르크 대학의 새로운 신학에 대한 보호자가 되어, 그 신학을 자신의 딸이라 부르면서 능력이 미치는 모든 범위에서 후원하였다. 죽기 바로 전에 복음적 신앙을 받아들이는 표지로, 자신의 궁정 신부이자 상담자이고, 그의 전기 작가이며 그와 루터의 사이에 중재자였던 슈팔라틴(Spalatin)으로부터 떡과 포도주의 성찬 예식을 받았다. 결혼은 하지 않았기에 합법적인 상속자를 남기지 않았다. 그의 형제인 불변자 요한(John the Constant: 1525–1532), 사촌인 관대한 자 요한 프리드리히(John Frederick the Magnanimous: 1532–1547)는 모두 견실한 프로테스탄트로서 그의 뒤를 이어나갔지만, 사촌인 요한은 뮐베르크(Muehlberg) 전투(1547)에서 승리한 그의 사촌 작센의 모리츠(Moritz) 공작에게 선제후의 지위와 재산의 일부를 빼앗겼다. 모리츠의 계승자들은 — 아우구스투스 1세(1694–1733)가 폴란드 왕위를 얻기 위해 선조들의 신앙을 팔아넘기고 로마 가톨릭 신자가 되기 전까지 — 독일에서 루터파의 주요 보호자였다.

비텐베르크는 엘베 강둑에 위치한 메마르고 모래 많은 황폐한 지역으로 약 삼천 명의 주민이 살고 있던 가난하고 초라한 마을이었으며, 그 명성은 오직 종교 개혁 신학의 요람이라는 사실 하나에 기인한 것이다. 루터의 말에 의하면, 그 마을은 문화의 가장 변두리에 위치하고 있어, 야만적 삶에 오히려 가까울 만큼 문화와 예절 그리고 친절함에 있어 많이 부족한 곳이었다. 루터도 그 마을을 떠나고 싶었던 적이 여러 번 있었다. 멜란히톤은 기름진 팔츠(Palatinate) 출신이었기에 비텐베르크에서 먹는 음식은 하나도 맞는 것이 없다고 불평하기도 했다. 루터의 친구인 미코니우스(Myconius)는 그 주택들을 보고, 작고, 낡고, 추하고, 낮고, 나무로 되어 있다고 묘사하였다. 선제후가 머무는 성마저도 아주 조악한 형태의 볼품없는 모습이었다. 프리드리히는 폴리히(Pollich) 박사가 처음 그 마을을 새로운 대학의 자리로 거론하였을 때 실소를 터뜨렸다. 그러나 비텐베르크는 자신의 두 거주지(다른 하나는 토르가우) 중의 하나로서, 새로 지은 성 교회(castle-church)가 있어 일년에 1,000번의 미사를 올릴 수 있는 시설과 준비가 되어 있었고, 아우구스티누스 수도원이 있어 교수 일부를 확보할 수 있기에, 학교의 비용을 절감할 수 있었다.

비텐베르크 대학은 1502년 10월 18일 개교하였다. 폴리히가 첫 번째 총장으로 학교를 맡아 운영하였다. 그는 광범한 학문적 지식으로 알려져 있었으며, 선제후의 예루살렘 순례에 동행하기도 하였다(1493). 신학부는 슈타우피츠가 맡아 첫 학장이 되었고, 관심있게 주시해왔던 친구 루터를 신학부 교수로 불러들였다.

비텐베르크는 시설과 전통에 있어 더 나은 에르푸르트와 라이프치히 대학을 주변에 두고 있었지만, 새로운 신학으로 곧 앞서 나갔다. 주요 신학 교수들은 아우구스티누스 수도회 소속이었으며, 대부분이 튀빙겐과 에르푸르트 지역 출신이었다. 학생들의 수는 첫 학기에 416명이었고, 1505년에는 페스트 창궐로 55명으로 줄어들었다가, 1507년에는 다시 증가하였다. 루터와 멜란히톤이 그 명성이 최고조에 달했을 무렵에는 전 유럽에서 수천 명의 학생들이 모여들었다. 멜란히톤은 자신의 강의실에 모인 학생들이 11개의 서로 다른 언어로 대화하는 것을 듣는 때도 있었다.


## 27. 1517년까지의 교수 루터


슈타우피츠는 에르푸르트의 아우구스티누스 수도원에 있는 루터를 대학의 교수직을 맡기기 위해 갑자기 비텐베르크로 불러들였다. 1508년 10월에 도착한 루터는 1509년 가을에 다시 에르푸르트로 복귀하였다가, 자신의 수도회를 대표해 1510년 로마로 보내졌고, 1511년에 다시 비텐베르크로 돌아와 1546년 죽기 며칠

WITTENBERG.   From an old engraving.

전까지 그곳에 머물러 살았다.

　루터는 수도원에서 살았다. 심지어 결혼한 후에도 그러했다. 루터의 평범한 연구실, 침실, 그리고 강의실이 지금도 보존되어 있는데, 그가 머물던 작업실의 초라한 모습은 루터의 화려한 명성과는 미묘한 대조를 이룬다. 그 소박한 작업실에서 루터와 멜란히톤은 화려한 궁전에 머물던 당대의 교황과 왕들보다도 훨씬 더 강력한 영향력을 끼쳤던 것이다.

　루터는 수도사이자, 설교가로, 그리고 교수로 3가지 직책을 수행하였다. 자신의 수도회와 마을 교회에서도 설교하였고, 때로는 일주일 동안 매일 하기도 하고, 어떤 때는 하루에 세 번 하기도 했으며, 1517년 사순절 기간 동안에는 매일 두 차례씩 설교하였다. 그는 수도회의 지원을 받아 생활하였다. 교수로서는 학생들로부터 수업료를 받지 않고 100길더의 봉급만으로 생활했는데, 나중에 결혼한 뒤로는 요한 선제후가 200길더로 올려 주었다.

　처음에는 스콜라 철학을 강의하고, 아리스토텔레스의 변증학과 물리학을 가르쳤다. 그러나 곧 루터는 학사, 석사, 박사 과정을 통과하고 나서(1512년 10월 18일, 19일) 자신의 취향에 더 어울리는 신성한 학문에 전념하게 되었다. 슈타우피츠가 루터로 하여금 이러한 학위들을 하도록 강요했는데,[3] 루터의 설교에 매우 호의적인 인상을 받았던 선제후는 그의 박사 학위 취득을 위해 그 비용(50 길더)을 지불하겠다고 제의하였다. 세월이 지난 후에 많은 어려움에 봉착할 때마다 루터는 신학박사 학위를 마무리하고 온 힘을 다해 오류로부터 성서를 지켜내기로 굳은 맹세를 했던 것에 대해 위로를 얻곤 했다. 교황의 교서를 태워버렸던 것을 정당화한 것도 같은 맥락이었다. 그러나 한편 성직 선서와 신학박사 학위 수여는 곧 로마교회에 대한 복종을 의미하는 것이었고, 로마교회를 비난하는 모든 이단들로부터 교회를 방어하겠다는 의미이기도 했다.

　1512년 루터의 학문적 연구는 진지하게 시작되었고, 이것은 1546년까지 지속되었다. 처음에는 로마교회와 외부적으로는 조화를 이루며 나아갔지만 나중에는 결국 공개적으로 저항하는 처지에 서게 된다. 그의 나이를 고려하면 맡은 직

---

　3) 루터는 자신의 약한 몸으로 박사과정의 연구를 감당할 수 없기에 그 수고와 책임을 피하고 싶었지만 배나무 그늘 아래서 슈타우피츠의 설득과 격려에 자신의 생각을 굽혔던 것을 기억하고 있었다.

책에 잘 준비되어 있는 루터였지만, 전문 지식과 관련된 한 오늘날의 요구에 비추어 보면, 대단히 부족한 입장이었다.

신학박사이긴 하였지만, 루터는 몇 년 동안 주로 라틴어 성서에 매달렸다. 헬라어에 정통한 교수는 거의 없었으며, 히브리어는 더더욱 드물었다. 루터가 배운 히브리어 지식은 에르푸르트에서 로이힐린(Reuchlin)의 「히브리어 기초」(*Rudimenta Hebraica*)에서 배운 것이 전부였기에 피상적 수준에 머물러 있었다. 비텐베르크에서 배운 헬라어는 언제였는지는 알 수 없지만 대부분 책과, 동료인 요한 랑게(Johann Lange)와 멜란히톤에게서 배운 것이었다. 1518년 2월 18일, 루터는 랑게에게 헬라어에 관한 질문을 하면서, 헬라어 문자를 잘 쓰지 못하겠다고 고백하기도 했다. 놀라운 능력을 발휘하며 성서를 번역하는 힘든 과정을 통해 헬라어에 친숙해지기는 하였지만, 결코 자유자재로 다룰 수 있는 수준에는 오르지 못했다. 학자로서는 로이힐린이나 에라스무스, 멜란히톤보다 부족했지만 천재성에 있어 누구보다 탁월하였으며, 모국어인 독일어의 구사능력에 있어 누구도 필적할 만한 사람이 없었다. 게다가 자신의 지식을 가장 적절히 이용할 줄 알았고 논쟁에 있어서는 주도권을 잃지 않았다. 종종 먹고 자는 일마저 소홀

"루터 하우스"(전에 아우구스티누스회 수도원). 루터 박물관이 있다.

히 하면서 최선을 다해 연구를 했다.

루터는 다윗 시편과 바울 서신으로 신학 강의를 시작했다. 다윗과 바울은 루터 신학의 기둥이 되었다. 시편과 로마서 그리고 갈라디아서는 루터가 좋아했던 책이었고 주석가로서 루터의 학문적 노고는 1513년부터 1546년까지 33년을 넘게 지속되었지만, 개혁자로서의 그의 수고는 1517년부터 1546년까지 29년간의 기간이었다. 1513년 시편으로 시작하여 사망하기 석 달 전인 1545년 11월 17일, 창세기로 끝을 맺었다.

시편에 대한 그의 첫 강의는 여전히 남아 있어 그 사본을 바탕으로 최근에 볼펜뷔텔(Wolfenbüttel)에서 출판되었다. 그 시편 강의는 비록 주석으로서는 가치가 없지만, 보다 깊은 영적 의미를 시편에서 찾아내려 했던 루터의 첫 시도로서 신학적으로 중요한 가치가 있다. 루터는 제롬의 시편을 본문의 기초로 삼았다. 약간의 히브리어 어원은 모두 제롬, 아우구스티누스(히브리어를 몰랐음), 그리고 로이힐린의 사전에서 얻어진 것이었다. 루터는 중세의 해석 방법을 충실하게 따라 4가지 다른 의미를 구별하는 형식을 취했으며, 문법적 역사적 해석은 소홀히 하였다. 따라서 예루살렘은 문자적, 역사적으로는 팔레스타인의 도시를 의미하고, 풍유적으로는 선함을, 비유적으로는 덕성을, 영적 의미로는 보상을 의미한다고 해석했다. 또 바빌론은 문자적으로 도시 또는 바빌론 제국을 의미하고, 풍유적으로는 악함을, 비유적으로는 악덕을, 영적으로는 징벌을 의미한다고 하였다. 그리고 다시 한 단어는 문자적으로 또는 은유적으로 해석함에 따라 4가지 좋은 의미와 4가지 나쁜 의미를 표현할 수 있다고 하였다. 때로는 6가지로 의미를 구별하기도 했다. 시편의 예언적 특성을 강조하였고, 모든 곳에서 그리스도와 그리스도의 사역을 찾아내었다. 루터는 시편 기자의 시대로부터 시편을 이해하는 니콜라우스 리라(Nicolaus Lyra)의 접근 방법에는 관심을 기울이지 않았다. 나중에서야 그를 제대로 평가하게 되었다. 루터는 아우구스티누스, 「글로사 오르디나리아」(*Glossa ordinaria*), 그리고 특히 파베르 스타풀렌시스(Faber Stapulensis)의 「시편 주해」(*Quincuplex Psalterium*: 파리, 1508년과 1513년)를 따랐다. 루터의 후기 시편 주석이 초기의 주석을 훨씬 능가한다. 그가 전통적 주석에서 벗어난 것은 단지 정도 차이였을 뿐이며, 성서 전체적 안목에서 단어의 자연스런 의미, 기자의 상황, 그리고 가르침의 유비 등을 통해 문법적 · 역사적 성서해석을 이용해 접근하는 건전하고 안전한 방법만을 택하였다. 그는 교리적이고 실천적인 목적을 위해 스콜라주의적이고 풍유적인 방법으로 주석하는 것을 결코 전적으로 포기하지는 않았다. 다만 그런 주석 방법에 보조적 위치를 부여했을 뿐이다. "풍유(allegory)는 같은 내용을 여러 가지 다른 방법으로 전달할 필요가 있는 무지한 일반인들을 가르치기 위해 사용될 수 있다"고 루터는 말한다. 루터는 이신칭의라는 자신의 교리로 성서를 다루었으며, 그 결과 특히 야고보서나 요한 계시록 같은 중요한 책을 과소 평가하였다. 그러나 자신의 교리적 확신에 의해 필요할 때는 성찬에 관한 논쟁에서 드러나듯, 문자적 의미를 지나치게 강조하였다.

그는 시편에서 바울 서신으로 연구를 진행해 나갔다. 그러면서 루터는 죄와 은총, 문자와 영, 율법과 복음 등의 차이에 대한 자신의 이해를 상술하고, 또한 어떻게 죄인이 거룩하신 하나님 앞에서 의롭게 되어 용서와 평화를 얻을 수 있는가 하는 대단히 실제적 질문에 대답할 기회를 갖게 되었다. 루터는 먼저 로마서를 강의했는데, 믿음의 의와 행위의 의 사이의 차이를 설명하였다. 로마서 강의에 관한 것은 결코 출판한 적이 없는데, 다만 믿음을 탁월하게 설명한 서문이 있을 뿐이다. 갈라디아서에 대한 강의는 1516년 10월 27일 시작하였고, 후에 여러 번 반복되었다. 1519년 9월 라틴어로 처음 출판되었으며, 1523년에 멜란히톤

비텐베르크에 있는 루터의 방

의 서문과 함께 재판이 나왔다. 루터의 주석서 중에서는 가장 인기 있고 효과적인 것으로 여러 나라 언어로 발행되기도 했다. 존 번연은 루터의 갈라디아서 주석서에서 많은 도움을 받았다. 서신의 중심 개념인 그리스도 안에서의 복음적 자유를 바로 바울의 정신으로 재생산하고 적용하여, 우리로 하여금 그 중심 개념과 생생하게 만나도록 만드는 것이 이 주석서들의 주된 가치이다. 루터는 언제나 이러한 반(反) 유대주의적 서신들에 특별한 관심을 보였고, 자신이 사랑하는 연인, 아내라고 부르기도 했다.

이러한 주석 강의는 깊은 인상을 남겼다. 그것은 철저히 복음주의이면서도 반(反) 가톨릭적인 것은 아니었다. 머리뿐만이 아니라 가슴과 양심에 호소하는 것이었고, 스콜라주의의 뼈만 남은 신학이 아닌 뼈에 살을 입힌 살아있는 신학이었다. 그러한 강의가 강한 확신과 개인의 경험의 신선함 속에서 더욱 힘있게 전달되었다. 교수의 천재성은 깊게 패인 눈에서부터 빛을 발하고, 듣는 모든 학생들의 가슴을 붙들었을 것이다. 폴리히 박사는 "이 수도사가 모든 스콜라적 가르침에 전적인 변혁을 몰고 올 것"이라고 말하기도 하였다. 크리스토퍼 쇼이얼은 1517년 1월 에크 박사에게(나중에는 대적자가 됨) 루터를 좋은 친구로 추천하면서, "바울의 서신들을 놀라운 천재성으로 설명해 낸 성직자"라고 말하였다. 멜란히톤은 후에, 루터는 그리스도와 사도들을 감옥의 어둠과 불결함으로부터 다시 꺼내 놓았다고 전체적으로 평가하였다.


# 28. 루터와 신비주의. 독일 신학


1516년 루터는 슈트라스부르크의 신비주의적 부흥 설교가 타울러(1361년 사망)의 설교문을 읽고 「독일 신학」(*Germany Theology*)이라 불리는 탁월한 서적에 접하게 된다. 그는 이 책을 타울러의 저서로 서술하고 있지만, 사실은 좀 더 후기의 사람으로 프랑크포르트(Frankfort)의 〈독일-주님의 집〉(Deutsch-Herrn Haus)의 사제 겸 감독자이며, "하나님의 친구들"(Friends of God)이라는 결사체의 회원이기도 한 사람의 저작이다. 그 내용은 토마스 아 켐피스의 작품과 매우 유사하여, 그리스도인의 경건을 그리스도를 본받는 가난하고 겸비한 삶으로 표현하면서도, 그것을 넘어서 범신론의 경계에까지 접근해 자아 의지의 완전한 멸절과 하나님 안에 영혼의 흡수를 강한 어조로 가르치고 있다. 논쟁적이 아니면 서도 간결하고 힘있는 메시지를 담아내면서, 당시에 일반적으로 받아들여지는 종교적 행위를 기계적이고 단순 반복적인 외향적 껍질뿐이라고 명쾌하게 지적하면서 내적인 영성의 세계를 강인하게 대조시켜 서술하고 있다.

루터는 1516년 12월 완전하지 못한 사본으로부터 그 책의 일부를 출판하였다가, 1518년 자기 자신의 간결한 서문을 붙여 그 완성본을 출판하였다. 루터는 그 책을 언급하면서 비록 표현에 있어 다듬어지지 않고 수식어가 없지만, 하나님의 지혜와 인간의 지혜 모두의 영역에서 더할 나위 없이 풍성하고 값진 것이라고 평가하였다. 하나님과 그리스도, 그리고 사람과 다른 모든 것에 대한 가르침에 있어 성서와 성 아우구스티누스의 저술 다음으로 평가하여 그 중요성을 부여하면서 "독일 신학의 성직자는 의심할 여지 없이 최고의 성직자들"이라고 결론지었다.

신비주의에는 여러 가지 유형이 있어 정통과 이단, 사변적인 것과 실천적인 것 등 다양하다. 루터는 실천적이고 가톨릭적인 유형의 신비주의를 슈타우피츠, 성 아우구스티누스, 성 베르나르, 타울러 등을 통해 접하였다. 신비주의는 루터의 경건을 깊게 하고 영성화하였으며, 그의 신학에 항구적 자취를 남기고 있다. 루터파 교회는 언제나 가톨릭처럼 신비적 성향의 공간을 보유하고 있다. 하지만 신비주의만으로 루터는 만족할 수 없었고, 특히 종교개혁이 제 궤도에 오르기 시작했을 때는 더욱 그러하였다. 신비주의는 갈등과 투쟁에서 너무 수동적이고 감정적이며 위축되어 버리는 경향이 있었다. 그것은 행동보다는 감정의 신학이었다. 루터는 타고난 전사였고, 싸움 속에서 그러한 기질은 더욱 강해져 갔다. 루터의 신학은 성서적이다. 그렇기에 성서 그 자체가 포함하고 있는 신비적 요소들을 루터의 신학 역시 포함하고 있다.


## 29. 통회 시편. 종교개혁 전야


루터가 출판한 첫 번째 자신의 작품은 1517년 7편의 통회 시편의 독일어 해설이었다. 그것은 개혁적 논제들로 이어지기에 적합한 도입 부분으로, 진정한 복음적 회개를 요구하고 있다. 이 해설에서 루터는 죄와 은총의 교리와 복음의 위로를 보통 사람들이 이해할 수 있도록 제시하고 있다. 이 책은 많은 사람들에게 읽혔으며, 이 책으로 인해 루터는 비로소 대중적 저술가로 알려지게 되었다.

이제 루터는 인생의 최고 활동 시기에 달하였고, 아직은 설립 초창기의 대학의 환한 빛으로서 그의 명성은 독일 전역에 퍼지게 되었다. 하지만 혼자 서 있던 것은 아니었다. 수도원 부원장인 벤체슬라우스 린크(Wenzeslaus Link) 박사와 보기 드문 헬라어 지식을 보유한 요한 랑게와 같은 귀중한 친구이자 동역자들이 곁에 있었다. 루터보다 연배가 높은 동료인 칼슈타트(Carlstadt) 역시 그 당시에는 루터에 대해 전적으로 공감하고 있었다. 니콜라우스 폰 암스도르프(Nicolaus von Amsdorf)는 루터와 같은 나이로 가장 신실한 지지자 중의 한 사람으로서, 대학의 교단보다는 교회의 강단에서 더욱 영향력이 있었다. 크리스토퍼 쇼이얼은 법학 교수로서 역시 루터와 친밀한 관계를 유지하였다. 또한 게오르크 슈팔라틴도 잊어버릴 수 없다. 그는 비록 대학에 함께 속해 있지는 않았지만, 프리드리히 선제후의 비서이자 궁정 신부로서 학교에 큰 영향력을 가지고 루터와 프리드리히 사이에서 중재자 역할을 담당해 주었다. 그러나 이 개혁자가 가장 효과적인 도움을 받은 것은 다름 아닌 멜란히톤을 통해서였다(1518년).

이렇게 해서 종교개혁을 위해 필요한 역량들이 잘 모아져 준비되고 행동할 수 있는 기반이 마련되었다. 학문적 철학과 신학은 그 기반이 약해지고, 성경적 복음적 신학이 비텐베르크를 지배하게 되었다. 헬라어 성서가 에라스무스에 의해 종교개혁이 시작되기 1년 전인 1516년 처음으로 출판되었던 것은 중요한 우연의 일치였다.[4]

루터는 아직은 가톨릭 교회를 개혁하려고 생각했던 것은 아니었고, 가톨릭 교회로부터의 분리는 더더욱 생각하지 않았었다. 그의 삶과 경건의 모든 뿌리는 전통적 교회에 그 기반이 있었고, 1517년에도 여전히 자신은 신실한 가톨릭 신자라고 생각했으며, 실제에 있어서 그러했다. 여전히 제단에서 성모 마리아에게 헌신적으로 기도하였고, 땅의 죄인들을 위한 하늘의 성인들의 중보를 믿어 의심

---

4) 그의 주석을 루터는 잘 이용하였지만 에라스무스의 저작들에 대해서는 그다지 호감을 갖지 못했다. 헬라어와 히브리어에 탁월하다고 해서 선한 그리스도인은 아니라고 생각한다고 하였다. 수도사에 대한 에라스무스의 비평은 인간적인 측면을 강조했을 뿐 신적인 측면은 도외시하였다고 평가하였다.

치 않았다. 미사를 올릴 때에도 십자가의 희생을 되풀이하는 것이라는 강한 믿음을 견지하였고, 화체설의 기적을 확신하였다. 그는 위그노들을 교회의 일치와 교황으로부터 떨어져 나간 "죄악된 이단들"로 여겼는데, 교황은 루터에게 있어서 종파적 분열을 막아주는 보루와 같은 존재였다.

그러나 결국 하나님의 섭리에 이끌려 자신도 알지 못하는 채로 때로는 주저하면서 개혁자의 길을 걷게 된다. 일련의 사건들을 통해 한 단계 한 단계 거스를 수 없는 과정을 따라 자신이 처음 의도했던 것보다 훨씬 멀리 밀려가게 된다. 만일 분리를 예견하였더라면, 루터는 아마도 두려움에 포기했을지도 모른다. 루터는 그 시대의 아버지라기보다는 그 시대의 아들이었으며, 그가 시대를 형성하기 전에 시대가 먼저 그를 형성했다. 이것은 하나님의 섭리에 따라 사는 모든 사람에게 해당된다: 그들은 다른 사람들을 인도하는 동안 하나님의 손길에 의해 인도되고 있는 것이다.

# 제 3 장

## 독일의 종교개혁: 루터의 95개 조항에서 보름스 의회까지(1517-1521)

### 30. 면죄부 판매

성 베드로 대성당은 로마 교황의 영광인 동시에 수치이기도 하다. 면죄부 판매 수입으로 갈릴리 어부의 유골 위에 세워진 것이었지만, 서방 기독교 세계의 통일성을 해체해 버리는 결과를 낳았다. 교황 율리우스 2세 때인 1506년에 시작된 이 웅장한 건물은 4천 6백만 스쿠디를 들여 1626년에 완성되었고, 매년 그 유지 비용이 3만 스쿠디(달러)에 달한다.

예수는 성전 앞에서 장사하는 사람들을 쫓아내는 일로 그의 공생애 사역을 시작하였다. 종교개혁은 기독교를 세속화하고 타락시킨 면죄부 판매에 대한 저항에서 시작되었다.

복잡하고 어려운 면죄부 관련 교리는 로마 교회에 특이한 것으로, 헬라 교부나 라틴 교부들은 모르는 사항이다. 중세 신학자들이 그 이론을 발전시키고 트렌트 공의회가 인준했지만, 정확한 개념적 정의는 내리지 않은 채로, 다만 오용과 그로 인한 사악한 이득에 대해 명백히 경고하고 있을 뿐이다(1564년 12월 4일).

로마 법률 용어로서의 면죄부(indulgentia)는 사면이나, 형벌의 면제를 의미한다. 라틴 교회에서 쓰는 의미로는 참회와 교회 또는 자선 기관에의 기부에 근거하여 죄에 대한 (영원한 형벌이 아닌) 현세적 형벌을(죄 자체의 사면이 아니다) 면제해 주는 것을 가리켰다. 주교나 대주교는 해당 관할 구역 내에서, 그리고 교황은 모든 가톨릭 신자들에게 사면을 허여할 수 있었다. 면죄부 관습은 형벌을 대신하여 금전으로 배상하는 북부와 서부 야만족의 관습에서 유래했다. 교회는 이 관습을 피를 흘리는 것을 피하기 위한 방편으로 택했지만, **종교적** 범죄들에 적용하는 잘못을 범했다. 돈을 만지는 자는 오물을 만지는 것이기에 종교는 돈과 관계가 적을수록 좋다. 첫 번째 금전적 배상은 영국에서 캔터베리의 대주교인 테오도르(Theodore: 690년 사망) 아래서 이루어졌다. 이러한 행위는 대륙전체에 빠르게 퍼져 십자군 전쟁을 전후하여서 교황은 세력 확장을 위한 도구로 사용하였다. 면죄부 발행은 신학자들 특히 토마스 아퀴나스에 의해 고해성사 및 사제의 면죄 교리와 밀접한 연관 속에서 정당화되고 이론화되었다.

고해성사는 세 가지 요소를 포함한다. 마음으로부터의 **참회**(contrition), (사제에게) 입으로의 **고백**(confession), 그리고 기도, 금식, 자선, 순례 등 속죄의 효력이 있다고 여겨지는 선한 행위들에 의한 **보속**(satisfaction)이라는 요소를 포함한다. 하나님은 죄에 대한 영원한 형벌만을 용서하시고, 또 하나님만이 그렇게 하실 수 있다. 죄인은 이 세상에서든 연옥에서든 한시적 형벌은 감당해야만 한다. 이 한시적 형벌은 교회와 사제 특히 교회의 합법적 대표인 교황의 권한 아래 있다. 또한 그리스도와 성자들에 의한 여공(supererogation)의 행위들이 있으며, 이에 상응하는 초과 공로(extra-merits)와 초과 보상(extra-rewards)이 있다. 이런 것들이 여공의 보고(treasury)를 이루는데, 그 창고지기인 교황은 금전을 대가로 면죄를 시여할 수 있다는 것이다. 이 교황의 면죄는 죽어서 연옥에 있는 영혼에게도 미치며, 그 영혼의 연옥에서의 고통을 줄여 줄 수 있다고 하는 것이 당시 스콜라주의의 교리였다.

십자군 전쟁 이후에는 면죄부 발급이 광범위하게 이루어져 교회와 수도원의 재산 축적의 수단이 되어버렸다. 수익의 많은 부분이 교황의 관리 자금으로 유입되었다. 보니파키우스 8세는 로마의 성 베드로 대성당을 찾는 모든 방문객들에게 대사면 교서를 발행하였다(1300). 그 효력은 로마에만 제한되고, 단지 100년에 한 번 되풀이되는 것이었지만, 그 후로는 장소와 시간에 제한 없이 확장되었다.

형벌의 면죄와 연옥에서의 해방을 돈으로 사고 팔 수 있다는 생각은 무지하고 미신적인 사람들에게는 받아들여졌지만 건전한 도덕적 양심에는 분명 걸림돌이었다. 루터 이전 오래 전부터 이런 면죄부에 분개하는 사람들이 있었지만 큰 영향은 미치지 못했다. 영국에서의 위클리프, 보헤미아의 후스, 독일에서는 요한 폰 베젤(John von Wesel), 네덜란드에서는 요한 베셀(John Wessel), 스위스에서는 토마스 비텐바흐(Thomas Wyttenbach) 등이다.

1517년 라테란(Lateran) 공의회에서는 교황으로 하여금 모든 기독교 세계의 교회 재산에서 십일조를 거두어 들일 수 있도록 허락하였는데, 명목상으로는 터키와의 전쟁이 이유였다. 하지만 그 결정은 2-3 표 정도의 미소한 차이의 다수 의견이었고, 소수 의견은 전쟁의 위협이 긴박한 것이 아니라는 사실을 들어 반대하였다. 로마 교황청의 헌금 강요는 기독교 세계에 감당하기 힘든 짐이 되고, 결국은 교황권이 결정적인 타격을 받는 이유가 되었다.

# 31. 루터와 테첼

I. On the Indulgence controversy: LUTHER'S *Works*, WALCH'S ed., XV. 3–462; Weim. ed. I. 229–324. LÖSCHER: *Reformations-Acta.* Leipzig, 1720. Vol. I. 355–539. J. KAPP: *Schauplatz des Tetzelschen Ablasskrams.* Leipzig, 1720. JÜRGENS: *Luther,* Bd. III. 460–580. KAHNIS: *Die d. Ref.,* I.18 1 sqq. KÖSTLIN, I. 153 sqq. KOLDE, I. 126 sqq. On the Roman-Catholic side, JANSSEN: *Geschichte,* etc., II. 64 sqq.; 77 sqq.; and *An meine Kritiker,* Freiburg-i.-B., 1883, pp. 66–81. — On the editions of the Theses, compare KNAAKE, in the Weimar ed. I. 229 sqq.

EDW. BRATKE: *Luther's 95 Thesen und ihre dogmengesch. Voraussetzungen.* Göttingen, 1884 (pp. 333). Gives an account of the scholastic doctrine of indulgences from Bonaventura and Thomas Aquinas down to Prierias and Cajetan, an exposition of Luther's Theses, and a list of books on the subject. A. W. DIECKHOFF (of Rostock): *Der Ablassstreit. Dogmengeschichtlich dargestellt.* Gotha, 1886 (pp. 260).

II. On Tetzel in particular: (1) Protestant biographies and tracts, all very unfavorable. (a) Older works by G. HECHT: *Vita Joh. Tetzeli.* Wittenberg, 1717. JAC. VOGEL: *Leben des päpstlichen Gnadenpredigers und Ablasskrämers Tetzel.* Leipzig, 1717, 2d ed., 1727. (b) Modern works: F. G. HOFMANN: *Lebensbeschreibung des Ablasspredigers Tetzel.* Leipzig, 1844. Dr. KAYSER: *Geschichtsquellen über den Ablasspred. Tetzel kritisch beleuchtet.* Annaberg, 1877 (pp. 20). Dr. FERD. KÖRNER: *Tetzel, der Ablassprediger,* etc. Frankenberg-i.-S. 1880 (pp. 153; chiefly against Gröne). Compare also BRATKE and DIECKHOFF, quoted above.

(2)  Roman-Catholic vindications of Tetzel by VAL. GRÖNE (Dr. Th.): *Tetzel und Luther, oder Lebensgesch. und Rechtfertigung des Ablass-predigers und Inquisitors Dr. Joh. Tetzel aus dem Predigerorden.*  Soest und Olpe, 1853, 2d ed. 1860 (pp. 237).  E. KOLBE: *P. Joh. Tetzel. Ein Lebensbild dem kathol. Volke gewidmet.*  Steyl, 1882 (pp. 98, based on Gröne).  K. W. HERMANN: *Joh. Tetzel, der päpstl. Ablassprediger.* Frankf.-a.-M., 2te Aufl. 1883 (pp. 152).  JANSSEN: *An meine Kritiker,* p. 73 sq.  G. A. MEIJER, Ord. Præd. (Dominican): *Johann Tetzel, Aflaat-prediker en inquisiteur.  Eene geschiedkundige studie.*  Utrecht, 1885 (pp. 150).  A calm and moderate vindication of Tetzel, with the admission (p. 137) that the last word on the question has not yet been spoken, and that we must wait for the completion of the *Regesta* of Leo X. and other authentic publications now issuing from the Vatican archives by direction of Leo XIII.  But the main facts are well established.

로마의 성 베드로 대성당의 재건축으로 인해 교황은 주기적으로 면죄부 발행 권한을 행사하였다. 세속적이고, 탐욕적이며, 사치스런 두 교황 율리우스 2세와 레오 10세는 거리낌 없이 성당 건축 목적으로, 때로는 자신들의 세력 확장을 위해 면죄부 거래를 통해 많은 재원을 거두어 들였다. 두 사람 모두 그러한 취지의 교서를 여러 번 발행하였다.

스페인, 영국, 프랑스는 이러한 재정 목적의 교서를 무시하거나 저항하면서, 로마를 위해 징수되는 세금을 거절하였다. 하지만 독일은 막시밀리안 (Maximilian)의 나약한 통치 아래서 교황의 권세에 굴복하였다.

레오는 독일을 3 지역으로 나누어 그 중 한 지역에서의 면죄부 판매를 마인츠 (Mainz)와 마크데부르크(Magdeburg)의 대주교로서 브란덴부르크(Brandenburg) 의 선제후의 동생인 알브레히트(Albrecht)에게 위탁하였다.

이 고위 성직자(1490년 6월 28일 출생, 1545년 9월 24일 사망)는 당시 25세의 젊은 나이에도 불구하고 독일 성직자들의 최고 지도자이자 독일 제국의 대법관 (chancellor)이었다. 그는 또한 1518년에는 추기경이 되었다. 로마의 교황처럼 그 자신도 자유로운 학문, 궁정의 화려함, 세속적 사고에 묻혀 여러 영혼들을 돌보는 일에는 무관심하였다. 그는 독일에서 로마의 문학과 예술의 옹호자가 되고 싶어했다. 그 자신은 신학적 교육이 부족했지만 학자, 예술가, 시인, 자유 사상 가들을 자신의 처소로 초청하기도 하고, 에라스무스와 울리히 폰 후텐(Ulrich von Hutten)에게 선물과 연금을 주며 경의를 표하기도 했다. 교황권 지상주의자인 한 역사가의 말에 따르면, 그는 음악을 무척 좋아했고, 연회의 흥을 돋구기 위해 이탈리아에서 음악가들을 데려오고, 때로는 여인들도 참석시켰다. 아름답고 정교한 융단과 거울로 넓은 홀과 방을 화려하게 장식했다. 식탁은 값비싼 그릇들과 포도주로 채워졌다. 그는 한껏 뽐내며 대중 앞에서 나타나는 것을 즐겼다. 신변보호를 위해 150명의 무장한 기사들을 거느렸다. 외출 시에는 화려한 복장의 신하들을 거느렸다. 기사 수련을 하고 있는 많은 어린 시동들이 그를 수행하며 기사들의 세련된 모습을 배웠다고 기록하고 있다. 동일한 로마 가톨릭 역사가는 교황 레오 10세가 이러한 독일의 성직자들의 세속화와 사치의 본보기가 되었다고 비난하고 있다.

알브레히트는 아우크스부르크에 있는 부유한 은행 가문인 푸거(Fugger)에 많은 빚을 지고 있었는데, 교황의 영대(팔리움) 하사 비용으로 금화 3만 플로린을 이 푸거 가로부터 빌렸다. 교황의 동의 하에 그는 면죄부 판매 수입의 절반을 차지하도록 허락을 받았다. 이 푸거 가의 대리인들이 면죄부 설교자들의 배후에 있으면서 융자 금액을 회수하기 위해 일정한 몫을 떼어갔다.

대주교인 알브레히트는 도미니쿠스 수도회의 요한 테첼을 대리인으로 임명하고, 테첼은 다시 자신의 하급 대리인들을 고용하였다. 테첼은 1450년에서 1460년 사이에 라이프치히에서 태어나 1501년에 면죄부 설교자로 그의 경력을 시작하였다. 그는 인기 있는 대중 연설가이자 능력 있는 면죄부 판매자가 되었다. 그는 도미니쿠스 수도원의 부원장, 철학박사, 그리고 교황청의 이단 심문관이었다. 1517년 말에 프랑크푸르트(Frankfurt on the Oder) 대학에서 받은 석사 학위와 1518년 1월에 받은 신학박사 학위 논문을 통해 그는 루터의 입장에 반대하며 면죄부 교리를 옹호하였다. 1519년 7월, 루터와 에크 사이에 공개 토론이 한창일 때 그는 라이프치히에서 사망하였다. 개신교 저술가들은 그를 어리석고, 말이 많으며, 부도덕한 사기꾼이고, 심지어 자신의 면죄부 판매를 통해 베드로의 설교를 통해서보다 더 많은 영혼을 연옥에서 구해냈다고 뻔뻔스럽게 자랑하는 허풍쟁이였다고 혹평한다.

이와 반대로 로마 가톨릭 역사가들은 그를 학식 있고 열정적인 교회의 일꾼으로 옹호하였다. 그에 관한 좋지 않은 평판은 일시적인 것이기에, 그의 사람됨에 대한 평가로 인해 종교개혁의 성과에 대한 이해가 영향을 받을 필요는 없다. 우리는 테첼을 출판된 설교와 루터에 반대하는 논문들로부터 판단해야만 하는 것이다. 그 출판 자료들에 의하면 그의 주장은 교황의 권위에 대한 과도한 이론에 근거하여 면죄부에 관한 스콜라적 교리를 옹호하는 당시의 일반적 분위기 그 이상도 이하도 아니었다. 종종 언급되는 것처럼 그가 사죄의 조건으로서의 회개의 필요성을 무시했던 것은 아니었다. 다만 실제에 있어서 그 회개의 필요성을 강조하지 않았거나, 혹은 부적절한 표현으로 부정적인 결과를 초래하였을 것이다. 그의 개인적 성품이나 생활에 관해서 보자면, 가장 좋은 정보 수단을 가지고 있던 교황청 파견 대사인 카를 폰 밀티츠(Carl von Miltitz)가 그를 탐욕, 부정직, 성적 부도덕성 등으로 비난하는 것을 볼 때, 그의 생활이 깨끗하지 못했음을 짐작해 볼 수 있다.

테첼은 유럽 전역을 화려한 행렬을 대동하여 여행하면서 부끄러움 없는 태도로 미사여구를 동원한 설득력 있는 설교를 통해 그의 말을 들으러 모인 많은 청중들에게 교황의 면죄부를 추천하였다. 그러한 그의 모습은 천국의 사자인양 받아들여졌다. 성직자, 수도사, 행정장관, 남녀노소를 불문하고 모두 모여 노래부르며, 깃발과 촛대를 들고 종을 울리며 그와 그 수행자들을 따라 교회로 장엄하게 행진을 했다. 교황의 교서는 높은 제단에 놓인 벨벳 방석 위에 놓여져 있고, 교황의 군대를 나타내는 비단 깃발과 함께 빨간 십자가가 그 제단 앞에 세워져 있으며, 헌금을 모으기 위한 큰 상자가 쇠로 만들어져 그 십자가 앞에 놓여져 있었다. 그 상자들은 지금도 여러 곳에 보관되어 전해지고 있다. 설교자들은 설교, 찬송, 행진 등의 모든 기회를 통해 교황의 교서를 찬양하며 면죄부 판매를 독려하고 당사자뿐만이 아니라 더 나아가 동정심과 자비심을 자극하여 이미 사망한 친척과 친구들이 연보궤에 떨어지는 동전 소리와 함께 연옥의 고통에서 벗어날 수 있도록 그들을 위해서도 헌금할 것을 격려하였다.

보통 사람들은 형벌에서 구원받을 수 있는 이 드문 기회를 놓치지 않고 싶어했고, 죄책(guilt)과 죄의 형벌을 구별하지 못했다. 설교가 끝나고 나면 촛불을 들고 연보궤 앞에 나가 죄를 자백하고, 돈을 헌금하고, 그리고는 면죄부를 받아들고는 그것이 천국으로 가는 통행증으로 생각했다. 그러나 생각 있고 경건한 사람들은 그런 일을 보고 충격을 받아 하나님은 정말로 공의보다 돈을 더 사랑하시는가 하는 질문을 던질 수밖에 없었다. 또 교황은 왜 그 무한한 여공의 보고를 다스릴 수 있는 힘으로 성 베드로 성당의 재건축을 위해 연옥에 있는 모두를 단

번에 구원하든가, 아니면 왜 자신의 돈으로 건축하지 않는 것일까 하는 의문을
가질 수밖에 없었다.

테첼은 작센의 선제후가 관할하는 지역에도 다가오고 있었다. 그러나 성인들
의 유물을 경배하고 면죄부에 강한 신뢰를 갖고 있던 경건한 선제후였지만, 테
첼이 자신의 지역에서 너무 많은 헌금을 거두어 갈까 두려워 그를 받아들이려
하지 않았다. 그래서 테첼은 비텐베르크에서 불과 몇 시간 거리에 불과한 작센
의 경계지역, 위터보그(Jueterbog)에서 자신의 일을 계속하였다 그 일은 1516년
여름에 이미 면죄부에 대한 신뢰는 잘못된 것임을 설교를 통해 지적한 바 있던
개혁자 루터의 저항을 불러일으켰다. 선제후 역시 면죄부와 관련하여 중대한 문
제점을 인식하고 있었지만, 면죄부 제도 전체를 문제삼는 루터의 지적에는 심기
가 편치 않았다.

루터가 경험한 죄로부터의 해방은 거저 받은 은혜의 선물이며 살아있는 믿음
으로만 이해할 수 있는 것이었다. 이 경험은 돈으로 지불하고 받는 구원 방식과
는 정면으로 충돌하는 것이기에 피할 수 없는 갈등이었다. 그러한 거래가 자신
이 살고 있는 지역에까지 미치게 되었을 때 그는 침묵을 지킬 수만은 없었고, 설
교자, 목회자, 그리고 교수로서 잘못된 방식에 저항하는 것이 그의 임무라고 느
꼈다. 거기서 침묵은 그의 신학과 양심을 속이는 것이라고 생각했다.

루터가 속한 아우구스티누스 수도회와 테첼이 속한 도미니쿠스 수도회 사이
에서의 시기심이 영향을 주었으리라고 생각할 수도 있지만, 그다지 큰 역할을
하지 못한 것은 분명하다. 광산에서 생쥐 한 마리가 나올 수는 있어도, 생쥐 한
마리가 광산을 만들어 낼 수는 없는 것이다. 테첼과의 논쟁은 루터의 95개조 논
제에서도 언급되어 있지 않고, 또 두 사람 사이의 갈등은 종교개혁의 원인이라
기보다도 단순한 사건에 불과하다. 그것은 거대한 광산을 폭발시킨 작은 불꽃이
었다. 테첼이란 인물이 없었어도 여전히 종교개혁은 조만간 일어났을 터이다.
사실상 종교개혁은 면죄부 판매와는 관계 없는 다른 지역에서 일어나기 시작했
다. 독어권 스위스 지역에서는 베른하르딘(Bernhardin)이 테첼과 동일한 역할을
담당했지만, 츠빙글리가 이미 개혁을 시작한 후의 일이다.


## 32. 95개조 논제. 1517년 10월 31일

긴 고민과 숙고 끝에, 동료와 친구 어느 누구와도 상의하지 않고, 그리고 저항할 수 없는 충동을 따라 루터는 앞으로의 결과를 예측할 수 없는 공개적 행동을 하기로 결심했다. 그것은 마치 700년 전 성 보니파키우스가 이교도들이 숭배하던 거대한 상수리 나무를 찍어버리고, 독일의 이교 신앙을 무너뜨리기로 결심한 그 도끼질에 비교될 수 있다. 비록 루터 자신도 당시의 어려운 상황들을 전부 정확히 이해하지는 못했다고 고백하면서도, 양심의 평화과 영원한 구원과 밀접히 연관된 문제였기에, 루터는 면죄부라는 뜨거운 문제에서 진실을 찾기를 원했던 것이다. 이를 위해 그는 지각 있는 학문적 논쟁이라는 정상적이고 질서있는 방법을 택했다.

이에 따라 독일 개신교에 있어 종교개혁의 탄생일로 기념되어 오고 있는 1517년 10월 31일 12시, (직접 붙였는지 아니면 다른 사람을 시켰는지 모르지만) 루터는 비텐베르크 성 교회의 문에 라틴어로 된 〈95개조 논제〉를 게시하고, 공개 토론을 제안하였다. 동시에 그 사실을 마인츠의 알브레히트 대주교와 비텐베르크가 소속된 교구의 히에로니무스 스쿨테투스(Hieronymus Scultetus) 주교에게 통지하였다. 만성절(11월 1일) 전날을 택했던 것은 그날이 가장 방문객이 많은 축제일이고, 교수, 학생, 그리고 모든 계층의 사람들이 성인들의 소중한 유물을 많이 간직한 그 교회로 모이기 때문이었다.[1]

하지만 아무도 그 도전을 받아들이지 않았고, 아무런 토론도 없었다. 비텐베르크의 교수와 학생들은 그 문제에 대해 모두 같은 생각이었다. 그러나 역사 자체가 그 토론과 방어를 접수했다. 〈95개조 논제〉는 복사되고, 번역되어, 마치 천사의 날개를 빌린 것처럼, 몇 주만에 독일과 유럽 전역에 퍼져나갔다.

종교개혁 문헌들이 그렇게 빨리 전파될 수 있었던 것은 완전한 인쇄의 자유 때문이었다. 당시에는 검열도 없었고, 저작권도 없었고, 지금과 같은 책 매매도 없었고, 신문도 없었다. 다만 서적 보급자, 학생, 친구들이 이 집 저 집 다니며 책을 전달하는 것뿐이었다. 대부분의 사람들은 읽지 못하고, 대신 읽어 주는 내용을 주의 깊게 들을 수밖에 없었다. 종교개혁의 문제는 분명히 실제적인 문제였고, 모든 계층의 관심사였다. 루터는 그 가장 어려운 주제들을 가장 일반적이고

---

1) 나무문은 1760년 화재로 불타버렸고 1858년에 루터의 95개조 논제 원문이 새겨진 쇠문으로 대체되었다.

평범한 문체로 표현했다.

제목은 "면죄부의 공덕을 설명하기 위한 토론"(Disputation to explain the Virtue of Indulgences)으로 되어 있다. 현대 독자들의 귀에는 매우 이상하게 들리고, 제목만 보면 개신교 입장보다는 가톨릭의 입장을 나타내는 것처럼 보인다. 교황이나 로마교회, 또는 교회의 교리, 면죄부에 저항하는 내용이 아니라, 다만 그 남용을 경계하는 내용이었다. 면죄부에 반대하는 사람들을 공개적으로 비난하는 내용도 들어 있고(71조), 교황은 성도들의 피와 살로 지어진 성당을 짓는 것을 원하기보다 차라리 재가 되어버리는 것을 원해야 할 것이라는 의견도 들어 있다(50조). 연옥에 대한 믿음을 의미하는 내용도 있고, 어느 부분에서도 테첼에 대한 언급은 없으며, 루터 신학과 경건의 핵심을 이루는 믿음과 칭의에 대한 언급도 없다. 루터는 온건한 접근을 원했고, 어머니인 교회로부터 분리되는 것은 감히 생각지도 않았다. 〈95개조 논제〉가 그의 전체 저작집에 다시 수록되었을 때(1545), 서문에서 루터는 "내가 이 일을 처음 시작했을 때, 그 논제들은 내가 얼마나 약한 존재였는지, 얼마나 많은 정신적 방황이 있었는지를 말해준다. 그 당시에는 나는 수도사이자 정신나간 교황주의자로서, 교황의 명령에 순종치 않는 사람은 누구든지 죽일 수 있을 정도로 교황의 교리에 심취해 있었다"라고 말했다.

그러나 결국, 그 내용들 속에는 새로운 신학의 싹이 살아 있었고, 주장의 겉모습은 로마의 입장과 유사했지만 그 정신과 목적은 프로테스탄트였다. 그가 제시한 논제들은 행간을 통해서 읽어야 하며, 그 논제를 발표하기 이전 또는 이후에 쓰여졌던 그의 책들을 통해, 특히 자신에 대한 반대에 대답하고, 믿음과 칭의에 대해 많은 것을 말하고 있는 〈95개조 논제 해설〉(*Resolutiones*)에 비추어 읽어야만 한다. 〈95개조 논제〉는 여명에서 밝은 대낮으로의 변화를 나타내 주고 있다. 즉 진지한 생각과 양심을 소유한 한 선각자가 죄와 회개 그리고 용서의 문제와 씨름하면서 전통의 족쇄로부터의 해방을 갈구했던 힘겨운 작업이었음을 나타내 주고 있는 것이다. 따라서 그 제목을 내용에 적절하게 바꾸어 보면 "교황의 면죄부의 가치를 감소시키고, 완전하고 거저 주시는 은혜의 그리스도의 복음을 극대화하기 위한 토론"(a dispute to diminish the virtue of papal indulgences, and to magnify the full and free grace of the gospel of Christ)으로 바꿀 수 있다. 교회와 사제의 중재라는 외적 제도나 인간의 선행에 반대하면서 "믿음에 의한 칭의”라는 개인적 경험과 그리스도와 복음의 직접적 관계를 중심에 두고 있다. 교황 반대자들은 루터보다 훨씬 더 명백하게 논리적 흐름을 파악할 수 있었고, 가톨릭의 전체적인 관습 구조를 무너뜨리려는 시도를 그 안에서 발견할 수 있었다. 거스를 수 없는 종교개혁의 흐름 속에서 면죄부는 성경에 근거가 없는 중세의 인간의 전통에 불과한 것으로 곧 사라지게 된다.

전체 내용의 요지라 할 수 있는 첫 번째 논제는 “우리의 주님이요 스승이신 분이 ‘회개하라’ 고 말씀하셨을 때 이것은 신자의 모든 삶이 참회의 삶이 되기를 바라시는 것” 이라고 되어있어, 논제 전체의 핵심 내용을 담고 있다. 회개라는 용어에 해당하는 헬라어(메타노이아)는 마음의 변화를 의미하는 것으로, 진정한 통회와 슬픔으로 죄에서 돌아서는 것과 그리고 진실한 믿음 안에서 하나님께 향하는 것 모두를 함축하고 있다. 두 번째 조항에서 루터는 참된 회개를 성례전적 고해성사(성직자에 의해 요구되는 고백과 속죄)와 구별하여 다루면서, 분리된 외적 행위로서가 아니라 내적인 상태와 마음의 행위로 이해하고 있음을 말하고 있다. 한편 세 번째 조항에서는 그러한 회개는 여러 다양한 육체적 고행을 통해 외부적으로 표현되어야 함을 분명히 인정하고 있다. 회개란 믿음의 영혼과 죄의 육체 사이에서 일어나는 끊임없는 갈등이며, 매일매일 속사람이 새로워지는 것으로 이해한다. 죄가 계속되는 한 회개의 필요성이 있다는 것이다. 교황은 하나님의 용서를 선포하는 것 이외에는 어떤 죄도 용서할 수 없으며, 또한 교황이나 교회법이 부과한 벌이 아니라면 교황은 벌을 면제 감면할 수 없다(5, 6 번째 조항). 사죄는 진정한 회개를 전제로 하며 오직 그리스도의 공로 안에서만 가능하다. 더욱 중요한 내용을 담고 있는 조항(62 번째)을 살펴보면 “교회의 진정한 보고는 하나님의 영광과 은혜의 거룩한 복음” 이라고 하고 있다. 이것은 교회의 차고 넘치는 공로의 보고라는 중세의 사상과는 분명 다른 내용을 담고 있다. 중세의 교리는 이 공로의 보고는 초과 공로와 초과 보상으로 이루어져 있는데, 교황은 산 자와 죽은 자의 유익을 위해 이 보고로부터 자유롭게 사용할 수 있다는 것이었다.

이 선언서는 한편으로는 인간의 타락으로 요구되는 평생의 회개와, 다른 한편으로는 그리스도 안에서 거저 주신 완전한 하나님의 은혜는 살아있는 믿음으로만 소유할 수 있음을 제시하고 있다. 이것은 내용상 복음주의의 “이신칭의” 교리를 말하고 있는 셈이며(비록 명백한 용어로 표현되어 있지 않아도), 면죄부와 관련된 형식적 이론과 행위를 사실상 파괴하는 것이다. 면죄부의 남용을 공격함으로써 루터는 본인도 모르는 사이에 중세 가톨릭의 힘줄을 끊어버린 셈이 되었고, 믿음을 의미하는 더 깊은 회개를 통해, 그리고 참되고 유일한 용서의 원천으로서의 그리스도의 은혜의 세계로 죄인을 불러냄으로써 잠재되어 있던 복음주의적 개신교의 원칙들을 선포하였다. 그리고 루터는 작은 촛불을 켰는데, 그것은 그의 원래 의도를 훨씬 넘어서서 곧 퍼져나가게 되었다.

## 95개조 논제

진리에 대한 사랑과 관심으로부터 그리고 진리를 밝히 드러내려는 목적을 가지고 아래의 논제들은 문학석사이며 신학석사인 아우구스티누스 수도회 소속 수사 존경하는 마르틴 루터 신부의 주재 아래 비텐베르크에서 공개적으로 논의될 주제가 될 것이다. 마르틴 루터는 그곳에서 이 주제들에 대하여 강의를 하도록 공식적으로 임명받은 바 있다. 그는 직접 토론에 참여하여 이 문제를 토론할 수 없는 사람들은 서신으로 토론하기를 요청한다.

1. 우리의 주님이시며 스승이신 예수 그리스도께서 "회개하라"고 말씀하셨을 때, 그는 신자들의 삶 전체가 참회(penitence)의 삶이 되어야 할 것을 요구하셨다.

2. 이 "회개하라"는 말씀은 고해성사, 즉 사제에 의해 수행되는 고해(告解)와 보속(報贖)을 가리키는 것으로 이해되어서는 안된다.

3. 그러나 이 말씀의 의미는 마음속에서의 참회에 국한되지 않는다. 만약 그러한 참회가 육신의 여러 가지 정욕들을 죽이는 외적인 표지(標識)들을 낳지 않는다면 그 참회는 아무것도 아니다.

4. 자기 자신을 미워하는 것이 존재하는 한(즉, 진정한 내적 참회) 죄의 형벌은 존재하게 된다. 즉, 우리가 하늘나라에 들어갈 때까지 존재하게 된다.

5. 교황은 자신의 직권 또는 교회법에 의해 부과된 형벌들 이외에는 그 어떤 형벌도 사할 의지나 권세를 지니고 있지 않다.

6. 교황은 스스로 죄를 사할 수 없으며, 단지 죄가 하나님에 의해 사하여졌다는 것을 선언하거나 확증할 수 있을 따름이다. 기껏해야 그는 자신의 직권에 맡

겨진 경우들에 있어서 죄를 사할 수 있을 뿐이다. 이러한 경우들을 제외하고는 죄는 그대로 남는다.

7. 이와 아울러 하나님께서는 자신의 대리자인 사제에게 겸손하게 복종하지 않는 자의 죄를 결코 사하지 않으신다.

8. 참회(고해성사: 역주)에 관한 교회법은 오직 살아있는 사람들에게만 적용되는 것이며, 교회법 자체에 따르면 그 어떤 것도 죽은 자들에게는 적용되지 않는다.

9. 그러므로 교황을 통하여 역사하시는 성령께서는 교황의 규례들은 죽음 또는 어떤 어려운 상황에서는 언제나 적용하기를 멈춘다는 사실을 통해 우리에게 은혜를 베풀어 주신다.

10. 사제들이 죽은 자에 대한 연옥에서의 교회법상의 형벌들을 견지하고 있는 것은 무지에 기인한 그릇된 행위이다.

11. 교회법상의 형벌들이 전환되어 연옥에 적용되게 된 것은 주교들이 잠자고 있을 때 가라지들이 뿌려진 것임에 틀림없는 것으로 보인다.

12. 이전 시대에는 교회법상의 형벌은 진정한 통회의 시험으로서 사면의 선언 이후가 아니라 이전에 부과되었다.

13. 죽음은 교회의 모든 요구들에 종지부를 찍는다. 임종을 맞고 있는 사람들조차도 이미 교회법에 대하여 죽은 것이며 더이상 교회법에 의해 구속받지 않는다.

14. 임종을 맞고 있는 사람의 결함있는 경건과 사랑은 반드시 커다란 공포를 수반하게 되는데, 이 공포는 경건 또는 사랑이 최소일 때 최대가 된다.

15. 그밖의 다른 것은 말하지 않는다 하더라도 이 공포는 그 자체로 연옥의 고통을 이루기에 충분하다. 그 공포는 절망의 공포에 매우 가까이 근접하고 있기 때문이다.

16. 지옥과 연옥과 천국의 차이는 절망과 불확실과 확신의 차이와 같은 것으로 보인다.

17. 사실 연옥에 있는 영혼들의 고통은 경감되어야 하고 이에 비례하여 자비는 증가되어야 한다.

18. 더욱이 이 영혼들이 공덕의 상태 바깥에 있거나 은혜 속에서 자라갈 수 없다고 하는 것은 이성 또는 성경을 근거로 입증될 수 없는 것 같다.

19. 또한 우리는 스스로 구원을 확고하게 확신하고 있다고 할지라도 이 영혼들이 구원을 확신하고 있다는 것은 언제나 사실이라는 것은 입증될 수 없는 것 같다.

20. 그러므로 교황이 모든 형벌의 완전한 사면을 말할 때 그것은 엄격한 의미에 있어서의 "모든" 형벌을 의미하는 것이 아니라 단지 자신에 의해서 부과된 형벌들만을 의미하는 것이다.

21. 따라서 면죄부(indulgences)를 설교하는 자들이, 교황의 면죄부(免罪付)에 의해 인간은 모든 형벌로부터 사면되며 구원받는다고 말한다면 그것은 오류에 빠져 있는 것이다.

22. 실제로 교황은 연옥에 있는 영혼들에 대하여 교회법이 현세에서 치러야 한다고 선언하고 있는 그 어떠한 형벌도 사할 수 없다.

23. 만약 완전한 죄사함이 그 어떤 사람에게 허용될 수 있다고 한다면 그러한 사면은 단지 가장 완전한 사람, 즉 극소수의 경우에만 가능할 것이다.

24. 그러므로 대부분의 사람들은 형벌로부터 해방된다는 무차별적이고 어마어마한 약속에 의해 기만당하고 있다는 것은 사실임에 틀림없다.

25. 교황이 연옥에 대하여 전반적으로 행사하는 권세는 모든 주교와 교구 사제에 의해 자신의 주교구나 교구 안에서 제한적으로 행사되고 있다.

26. 교황이 열쇠의 권세(이 권세를 연옥에 있는 영혼들에게 행사할 수 없다)에 의해서가 아니라 그들을 위한 중보기도의 방법으로 연옥에 있는 영혼들에게 사면을 허락한다면 그것은 아주 잘하는 일이다.

27. 연보궤에 넣은 돈이 바닥에서 딸랑 소리를 내자마자 영혼은 연옥에서 빠져나온다고 설교하는 것은 하나님의 인정을 받은 것이 아니다.

28. 연보궤에 넣은 돈이 바닥에서 딸랑 소리를 낼 때 탐욕이 증가한다는 것은 확실히 그럴 듯하다. 그러나 교회가 중보기도를 올릴 때 모든 것은 하나님의 뜻에 달려 있다.

29. 마치 성 세베리누스(St. Severinus)와 성 파스칼리스(St. Paschalis)에 관한 전설에 비추어 볼 때 연옥에 있는 모든 영혼들이 그곳으로부터 구원받기를 원하는지 어떤지를 누가 알겠는가!

30. 그 누구도 자신의 통회의 진실성에 대해서 확신하지 못하는데 하물며 완전한 죄사함을 받은 것에 대해서 어떻게 확신할 수 있겠는가.

31. 진심으로(bona fide) 회개한 사람이 드문 것같이 진심으로(bona fide) 면죄부를 사는 사람은 드물다. 즉, 실제로 극히 드물다.

32. 면죄부에 의하여 자신의 구원이 확실하다고 스스로 믿는 모든 사람은 그렇게 가르치는 사람들과 함께 영원히 저주를 받을 것이다.

33. 교황의 면죄부는 측량할 수 없는 하나님의 선물이며 그 면죄부로 말미암아 인간은 하나님과 화해된다고 말하는 사람들을 우리는 각별히 경계하지 않으면 안 된다.

34. 왜냐하면 이 면죄부가 가져다주는 은혜는 단지 인간에 의하여 규정된 성례적인 "보속들"의 형벌들과만 관련되어 있기 때문이다.

35. 영혼들을 속량하거나 고해장(告解狀)을 사는 사람은 자기 자신의 죄들을 회개할 필요가 없다고 설교하고 가르치는 것은 그리스도의 가르침과 부합하지 않는다.

36. 진정으로 회개하는 그리스도인은 그 누구든지 형벌과 죄로부터 완전한 사함을 누리게 되는데, 이는 면죄부 없이 그에게 주어진다.

37. 참된 그리스도인은 누구나 죽은 자나 산 자를 막론하고 그리스도와 교회의 모든 유익들에 참여한다. 그리고 이 참여는 면죄부 없이 하나님에 의해 그에게 허락된다.

38. 그렇지만 교황의 면죄와 그의 특별사면을 결코 무시해서는 안 된다. 왜냐하면 이미 말한 대로 그것들은 하나님의 사면을 선포하는 것이기 때문이다.

39. 면죄부에 담겨진 커다란 유익을 사람들에게 칭송함과 동시에 하나의 미덕으로서 통회를 찬양하는 것은 아무리 박식한 신학자들에게라도 매우 어렵다.

40. 참으로 통회하는 죄인은 자신의 죄들에 대한 형벌을 구하며 이를 달게 받는다. 그러나 면죄부의 만연은 사람들의 양심을 무디게 하고 사람들로 하여금 형벌들을 미워하게 만드는 경향이 있다.

41. 교황의 면죄부는 사람들이 그것을 그릇되게 이해하여 다른 선한 행위들 곧 사랑의 행위들보다 더 중요한 것으로 생각하지 않도록 신중하게 설교하지 않으면 안 된다.

42. 면죄부의 구입이 자비의 행위들에 비견될 수 있는 것으로 이해되는 것은 교황의 의도가 아니라는 것을 그리스도인에게 가르쳐야 한다.

43. 가난한 사람을 도와주고 곤궁한 사람에게 꾸어주는 사람은 면죄부를 사는

것보다도 더 좋은 일을 행하고 있는 것이라는 것을 그리스도인들에게 가르쳐야 한다.

44. 왜냐하면 사랑의 행위들로 말미암아 사랑이 자라고 사람은 더 선한 사람이 되지만 면죄부에 의해서는 사람은 더 선하게 되지 못하고 단지 어떤 형벌들을 피할 수 있을 따름이기 때문이다.

45. 곤란에 빠진 사람을 보고도 그냥 지나쳐버리는 사람은 비록 면죄를 위해 돈을 바친다고 하더라도 교황의 면죄로 인하여 유익을 얻는 것이 아니라 도리어 하나님의 진노를 불러일으킨다는 것을 그리스도인들에게 가르쳐야 한다.

46. 자기들이 필요로 하는 것보다 더 많은 것을 갖고 있지 않은 경우에는 사람들은 자기 가족의 유지를 위하여 필요한 것을 지니고 있어야 하고 그것을 면죄를 위하여 낭비하여서는 결코 안 된다는 것을 그리스도인들에게 가르쳐야 한다.

47. 사람이 면죄부를 사는 것은 자발적으로 해야 하지 그렇게 하라고 강요된 것이 아니라는 것을 그리스도인들에게 가르쳐야 한다.

48. 교황은 면죄부를 허용함에 있어서 준비된 돈보다도 자기를 위한 경건한 기도를 더 필요로 하고 바란다는 것을 그리스도인들에게 가르쳐야 한다.

49. 교황의 면죄는 사람이 그것에 의존하지 않을 때에만 유용하고, 사람이 그것으로 인하여 하나님에 대한 경외를 잃어버리는 경우에는 아주 해로운 것이라는 것을 그리스도인들에게 가르쳐야 한다.

50. 만약 교황이 면죄부 설교자들의 강매 행위를 안다면 자기 양의 가죽과 살과 뼈로써 성 베드로 성당을 세우느니 차라리 그 성당을 불태워 재로 만드는 것을 좋아할 것이라는 것을 그리스도인들에게 가르쳐야 한다.

51. 면죄부의 상인들로부터 구슬림을 당하여 돈을 빼앗긴 많은 사람들에게 교황은 필요하다면 성 베드로 성당을 팔아서라도 자신의 재산으로 그 돈을 갚아주려고 한다는 것을 그리스도인들에게 가르쳐야 한다.

52. 비록 판매 대리인 또는 교황 자신이 면죄부의 유효성에 대하여 자기 영혼을 걸고 맹세한다고 할지라도 면죄부로 말미암아 구원받을 수 있다고 믿는 것은 헛된 것이다.

53. 면죄부를 어떤 교회들에서 설교하기 위하여 다른 교회들에서 하나님의 말씀을 설교하는 것을 금하는 사람들은 그리스도와 교황의 적(敵)이다.

54. 설교에 있어서, 면죄부에 관한 설교에 하나님의 말씀에 관한 설교와 동일

한 분량의 시간 또는 보다 더 긴 시간을 할애한다면 하나님의 말씀은 손상을 입게 된다.

55. 만약 면죄부(아주 작은 일)를 하나의 방울과 하나의 축하행렬과 하나의 의식으로 축하한다면, 복음(아주 중한 일)은 백 개의 방울과 백 가지 축하행렬과 백 가지 의식으로 설교되어야 한다는 생각을 교황은 갖고 있음에 틀림없다.

56. 교황이 면죄를 베푸는 토대가 되는 교회의 보화들은 그리스도의 백성들 가운데 충분히 말해지거나 알려져 있지 않다.

57. 이 보화들이 현세적이지 않다는 것은 많은 상인들이 이 보화들을 자유롭게 나누어주지 않고 도리어 모으고만 있다는 사실에서 분명히 알 수 있다.

58. 또한 그 보화들은 그리스도와 성자들의 공로도 아니다. 왜냐하면 이 공로들은 교황과는 전혀 상관 없이 언제나 속사람에게 은혜를 주고 겉사람에게는 십자가와 죽음과 지옥을 주고 있기 때문이다.

59. 성 라우렌티우스(St. Laurentius)는 가난한 사람들은 교회의 보화들이라고 말했지만, 그는 당시의 관례에 따라 이 용어를 사용했던 것이다.

60. 교회의 보화들은 교회의 열쇠들인데, 이것들은 그리스도의 공로로 말미암아 주어진 것이라고 말해도 무모하지는 않을 것이다.

61. 왜냐하면 형벌들의 면죄와 보유 사건(reserved case)들의 면죄를 위해서는 교황의 권능 자체로도 충분하다는 것은 분명하기 때문이다.

62. 교회의 참 보화는 하나님의 영광과 은혜의 거룩한 복음이다.

63. 이 보화는 먼저 된 것을 나중 된 것으로 하기 때문에 매우 증오를 받는 것은 당연하다.

64. 반면에 면죄라는 보화는 나중 된 것을 먼저 된 것으로 만들기 때문에 매우 애호를 받는다.

65. 그러므로 복음이라는 보화는 이전 시대에 부자들을 낚던 그물이었다.

66. 면죄라는 보화는 오늘날에도 부자를 낚는 데 사용되고 있는 그물이다.

67. 상인들이 가장 큰 은총이라고 칭송하는 면죄부는 사실 돈을 긁어모으는 좋은 수단인 것으로 보인다.

68. 그럼에도 불구하고 면죄부는 하나님의 은혜와 십자가에서 보여진 자비에 비할 바가 아니다.

69. 주교들과 본당 사제들은 직무상 교황의 면죄의 대리자들을 전적인 경의를

가지고 받들어야 한다.

70. 그러나 이들이 교황이 위임한 것 대신에 자기들의 꾸며낸 말들을 설교하지 않도록 눈을 크게 뜨고 지켜보고 주의 깊게 경청해야 하는 한층 큰 의무 아래 그들은 놓여 있다.

71. 사도적 사죄의 진리를 부인하는 자는 저주를 받을지어다.

72. 반면에 면죄부 상인들의 설교의 뻔뻔스러움과 방종에 대항하는 자는 복이 있을지어다.

73. 마찬가지로 면죄부 판매를 방해하고자 하는 사람을 교황이 파문하는 것은 당연하다.

74. 면죄를 구실로 거룩한 사랑과 진리를 방해하려고 시도하는 사람을 파문하는 것은 교황의 뜻에 훨씬 더 부합한다.

75. 교황의 면죄는 아주 큰 능력이 있어서 불가능한 말이기는 하지만 하나님의 어머니를 능욕한 인간까지라도 면죄할 수 있다고 생각하는 것은 어리석다.

76. 우리는 그 정반대를 단언하는 바, 교황의 사면은 그 죄책에 관한 한 가장 작은 죄라 할지라도 그 죄를 없이할 수 없다고 말한다.

77. 성 베드로가 지금 교황이라 하더라도 면죄부보다 더 큰 은혜를 나누어줄 수 없다고 말하는 것은 성 베드로와 교황에 대한 모독이다.

78. 우리는 그 정반대를 단언하는 바, 베드로 그리고 그 밖의 교황들은 면죄보다 더 큰 은혜, 즉 고린도전서 12장에서 선언되고 있는 복음과 영적인 능력들, 병 고치는 은사 등등을 지니고 있다고 말한다.

79. 교황의 문장(紋章)으로 장식된 십자가상이 그리스도가 매달려 죽으신 바 있는 그 십자가와 똑같은 가치를 지닌다고 말하는 것은 신성모독이다.

80. 이런 유의 가르침들이 사람들 가운데 선포되는 것을 묵인하는 주교들과 본당 사제들과 신학자들은 이에 대한 책임을 져야 할 것이다.

81. 이와 같은 뻔뻔스런 면죄부 설교는 아무리 박식한 사람이라 할지라도 그릇된 비방들 또는 평신도들의 날카로운 비판으로부터 교황에 대한 적절한 존경을 수호하는 것을 어렵게 만든다.

82. 그들은 예를 들면 다음과 같이 묻는다: 왜 교황은 사랑(가장 거룩한 것)과 그 영혼들의 최고의 필요를 위해서 연옥에서 모든 영혼들을 해방하지 않는가? 이것은 도덕적으로 모든 이유들 가운데 최고의 이유일 것이다. 그러면서도 교황

은 성 베드로 성당을 건축한다는 아주 사소한 목적으로 인하여 가장 썩어지기 쉬운 것인 돈을 받고 헤아릴 수 없이 많은 영혼들을 구원하고 있다.

83. 또 이렇게 묻는다: 왜 죽은 자를 위한 장례와 기년(忌年) 미사는 계속하라고 하는가? 그리고 왜 교황은 이제 구원받은 영혼들을 위해 기도하는 것은 잘못된 것이라는 이유로 이러한 목적으로 교회에 바친 기부금을 돌려주지 않으며 또 그것의 반환을 허용하지 않는가?

84. 또 이렇게 묻는다: 불경건한 자와 하나님의 원수로 하여금 하나님의 벗인 경건한 영혼을 돈을 지불하여 연옥으로부터 구하도록 허용하면서, 하나님의 사랑을 받는 그 경건한 영혼이 구원의 필요성과 사랑을 위하여 돈의 지불 없이 연옥에서 구원받는 것을 허용하지 않는 것은 정녕 하나님과 교황의 새로운 유의 자비인가?

85. 또 이렇게 묻는다: 참회(고해성사: 역주)에 관한 교회법은 사실상 오랫동안 사용치 않아 사문화되어 왔는데 왜 마치 그 모든 것들이 완전히 효력을 발생하고 있는 것처럼 오늘날 그 교회법이 면죄의 부여에 대한 그 대가로 돈을 걷는데 여전히 사용되고 있는가?

86. 또 이렇게 묻는다: 오늘날 교황의 수입은 세상에서 제일 부유한 부자의 수입보다도 더 많은데 왜 교황은 가난한 신자들의 돈이 아니라 자신의 돈으로 성 베드로 성당 같은 성당 하나를 세우지 않는가?

87. 또 이렇게 묻는다: 교황은 완전한 고해성사로 완전한 면죄 또는 특별사면을 받을 권리를 가지고 있는 사람들에게 무엇을 사하여 주거나 베풀어 주고 있는가?

88. 또 이렇게 묻는다: 교황이 이러한 면죄와 특별사면을 해당 신자의 유익을 위하여 지금처럼 하루에 한 번이 아니라 백 번 준다고 한다면 교회에 더 큰 유익이 될 것이 분명하다.

89. 교황이 면죄부를 통해 구하는 것은 돈이 아니라 영혼의 구원이라고 한다면, 왜 교황은 이전에 인정되었고 여전히 이전처럼 효력을 발휘하는 증서들과 면죄부들의 효력을 중지하지 않는가?

90. 이러한 질문들은 평신도들의 양심을 괴롭히는 중대한 문제들이다. 이 질문들에 대하여 정당한 이유들을 들어 반박하지 않고 다만 힘으로만 억압하는 것은 교회와 교황을 그들의 원수의 조롱거리가 되게 만들고 그리스도의 백성들을

불행하게 만드는 것이다.

91. 그러므로 만약 면죄가 교황의 취지와 생각에 따라 설교된다면(루터는 교황의 취지에 동의하고 있음 — 역주) 이 모든 난제들은 쉽사리 해결될 것이고, 아니 실제로 더 이상 존재하지 않을 것이다.

92. 따라서 평안이 없는 그리스도의 백성들을 향하여 "평안, 평안" 하고 말하는 선지자들은 물러가라.

93. 십자가 없는 그리스도의 백성들을 향하여 "십자가, 십자가" 하고 말하는 선지자들이여 만세, 만세.

94. 형벌이나 죽음이나 지옥을 통하여, 머리 되신 그리스도를 따르는 데 열심을 내도록 그리스도인에게 권면하여야 한다.

95. 이같이 하여 그리스도인으로 하여금 평안에 대한 그릇된 확신이 아니라 많은 고난을 통하여 하늘에 들어간다는 확신을 더 확고하게 가질 수 있도록 해 주어라.

## 33. 95개조 논제 논쟁: 1518

LUTHER's *Sermon vom Ablass und Gnade*, printed in February, 1518 (Weimar ed. I. 239–246; and in Latin, 317–324); *Kurze Erklärung der Zehn Gebote*, 1518 (I. 248–256, in Latin under the title *Instructio pro Confessione peccatorum*, p. 257–265); *Asterisci adversus Obeliscos Eckii*, March, 1518 (I. 278–316); *Freiheit des Sermons päpstlichen Ablass und Gnade belangend*, June, 1518, against Tetzel (I. 380–393); *Resolutiones disputationum de indulgentiarum virtute*, August, 1518, dedicated to the Pope (I. 522–628).   Letters of LUTHER to Archbishop Albrecht, Spalatin, and others, in De Wette, I. 67 sqq.

TETZEL's *Anti-Theses*, 2 series, one of 106, the other of 50 sentences, are printed in LÖSCHER's *Ref. Acta*, I. 505–514, and 518–523.   ECK's *Obelisci*, *ibid*. III. 333.

On the details of the controversy, see JÜRGENS (III. 479 sqq.), KÖSTLIN (I. 175 sqq.), KOLDE (I. 126 sqq.), BRATKE, and DIECKHOFF, as quoted in § 31.

루터의 〈95개조 논제〉는 그 시대를 향한 외침이었다. 그것은 종교개혁의 트럼펫을 울렸다. 자유로운 사고를 원하던 학자들과 수도원의 반계몽주의에 반감을 갖고 있던 사람들은 이탈리아의 통제에서 벗어나고 싶어했던 독일 애국자들과 함께, 그리고 면죄부의 지나친 남용에 염증을 느끼고 누군가 하나님의 사람이 있어 자신들의 마음을 대변해 주고 순수하고 성경적이며 영성의 종교를 향한 갈구를 채워줄 것을 고대하던 많은 평범한 사람들과 더불어 열광적으로 논제를 환영하였다. 플렉(Fleck) 박사는 마침내 그 일을 이룰 사람이 왔다고 환호했고, 로이힐린은 수도사들이 이제서야 제 본분을 다할 수 있도록 해줄 사람을 찾았으니 이제는 남은 여생을 평안 속에서 보낼 수 있게 되었다고 하나님께 감사했다.

그러나 다른 한편으로 그 논제는 주교 및 사제의 성직자 계급 그리고 수도회들 특히 도미니쿠스 수도회 그리고 대학으로부터 강한 비난과 공격을 받음으로써, 사실상 스콜라 신학과 전통적 정통주의의 옹호 세력 모두에 의해 강력한 공격과 정죄를 받았다. 루터 자신도 그때는 가난하고 쇠약한 수도사로서 예견하지 못한 반응에 처음에는 공포에 질렸고, 그의 친구들 역시 두려워하여 떨었다. 친구들 중의 한 사람은 "친구여, 자네는 진실을 말했지만 이룰 수 있는 것은 아무것도 없을 걸세. 골방에 들어가 하나님의 자비를 구하게나"라고 조언하였다.

루터의 논제에 대한 중요 반대자들을 보면 라이프치히의 테첼, 프랑크푸르트(Frankfurt on the Oder)의 콘라트 빔피나(Conrad Wimpina) 등이 있었고, 더 학식 있고 강력한 사람은 한때 루터의 친구였지만 이제는 돌이킬 수 없는 적이 되어버린 잉골슈타트(Ingolstadt)의 요한 에크가 있다. 이들은 세 대학들과, 당시 지배적인 스콜라 신학이었던 천사 박사 토마스 아퀴나스의 신학 전통을 대변하는 사람들이었다. 그러나 공개적 평가에서 자신들의 주장의 약점을 변호하지 못하면서 그 입지가 약화되었다. 그들은 성서는 물론 헬라 교부와 라틴 교부들에게서도 그 면죄부의 타당성을 뒷받침할 근거를 찾아내지 못하고, 결국 교황의 권위에 관한 지나친 주장에 의존할 수밖에 없었다. 그들은 심지어 교황의 무오성도 언급하였지만, 이것은 당시에는 로마 교회에서도 논쟁 중인 문제였으며, 1870년 바티칸 교령에 의해서야 비로소 교리가 된 사항이다.

루터는 더욱 용기를 얻었다. 자신의 약함 속에서 오히려 강해진 것이다. 이 일은 하나님의 이름과 영광을 위해 시작한 것이기에 자신의 생명을 걸고 정직한 확신을 지켜낼 준비가 되어 있었다. 그는 가말리엘의 회의에서 위로를 얻었다. 이 기간 중 보낸 몇 통의 편지에는 자신을 "자유인 루터"(Martinus Eleutherios)라고 서명한 후에 "더더욱 종된 자"(vielmehr Knecht)라고 덧붙이고 있다. 그는 사람으로부터는 자유로웠지만 그리스도에게는 붙들린 자였다. 사람들이 감당하지 못할 거라고 그의 친구 슈르프(Schurf)가 말했을 때 루터는 "그러나 감당하지 않을 수 없다면?"라고 대답하였다.

루터는 반대하는 모든 사람들에게 직접 또는 간접으로, 라틴어와 독일어로, 그리고 교회의 강단과 대학의 교단, 인쇄 활동을 통해 답변해 나갔다. 그는 이제 강력하고 논쟁적인 힘을, 특별히 독일어로 쓰여진 글들에서 발전시키기 시작했다. 상식, 재치, 아이러니, 욕설, 거친 표현 등 모든 표현을 자유롭게 담아내며 구사할 수 있었다. 그러나 불행히도 지나치게 거칠고 험한 표현들은 당시의 반(半)야만적 사회 분위기에서조차도 양식과 교양 있는 사람들에게 걸림돌이 되어, 루터 교회 내에서의 치열한 신학적 논쟁에서 그의 추종자들에게 좋지 않은 본보기가 되기도 하였다.

이 논쟁이 루터를 교황의 권위와의 갈등으로 몰고 갈 수밖에 없었던 것은 면죄부 판매의 이론적 근거의 보루는 결국 교황의 권위이기 때문이었다. 논쟁의 핵심은 교황의 권위가 무오하고 최종적인지, 아니면 성서와 공의회에 의해 수정될 수 있는 것인지의 여부였다. 루터는 후자의 입장을 취하였다. 그러면서도 자신은 이단이 아니라는 것과 자신의 가르침이 성서와 교부들 그리고 공의회들 및 교황의 교령들에 전혀 어긋나지 않는다고 주장하였다. 루터는 개인적으로 존경하고 있던 교황 레오 10세로부터 긍정적인 대답을 듣고 싶어했다. 자신의 논제 변론인 〈95개조 논제 해설〉(*Resolutiones* 1518년 5월 30일)을 무모하게 교황에게 직접 보내면서, 겸비한 자세로 교황의 말씀을 그리스도 자신의 말씀으로 받겠다고 약속까지 하였다. 그러한 변칙적이고 모순된 입장은 오래 지탱될 수 없었다.

1518년 4월, 이러한 논쟁의 와중에서 루터는 하이델베르크(Heidelberg)에 있는 아우구스티누스 수도사들의 총회에 대표자로 보내져, 공개적 논쟁에서 "40개조의 결론들" 혹은 "신학적 역설들"(theological paradoxes)을 방어할 기회를 얻게 되었다. 이것들은 바울과 아우구스티누스로부터 도출한 논제들로서, 자연적 타락, 의지의 노예, 중생의 은혜, 믿음, 선한 행위 등에 관한 것이었다. 여기서 루터는 "영광의 신학"(theologia gloriae)에 반대하여 "십자가 신학"(theologia crucis)을 옹호하면서, 율법과 복음을 대조하고 있다. 율법은 이것을 하라고 말하지만 결코 그것을 이루지 못한다. 복음은 그리스도를 믿으라고 말할 뿐이며 그것으로 모든 것이 이루어진다고 주장하였다. 마지막 12개 논제들은 아리스토텔레스의 철학에 반대하는 내용이다.

루터는 큰 반응을 얻었고, 팔츠 지역에 종교개혁의 씨앗을 뿌렸다. 젊은 청중 중에는 부처(Bucer 또는 Butzer)와 브렌츠(Brentz)가 있어 후에 탁월한 종교개혁 자들로 변신하게 되는데, 한 사람은 슈트라스부르크와 영국에서, 그리고 또 한 사람은 뷔르템베르크(Würtemberg)에서 활동하게 된다.


## 34. 로마의 중재: 루터와 프리에리아스(1518)

교황 레오 10세는 비텐베르크에서의 움직임들을 비난받아 마땅한 수도사들의 다툼정도로 무시하려 했으나, 사태가 심각해지기 시작하자 독일 수도사인 루터를 자신의 권세를 사용하여 무해한 존재로 만들어 버리고자 했다. 그는 처음에는 "마르틴 형제는 탁월한 재능이 있는 사람인데, 이 소동은 단지 시기심 많은 수도사들의 언쟁에서 비롯된 것"이라고 말했다가, 나중에는 "이 논제를 쓴 사람은 술취한 독일인이다. 제정신이 들면 생각을 바꾸게 될 것"이라고 말했다.

〈95개조 논제〉가 제시된 후 3개월이 지나면서 교황은 아우구스티누스 수도회의 총장으로 하여금 이 시끄러운 수도사의 소란을 조용히 해결하도록 지시했다. 1518년 3월에 교황은 "조사 위원회"가 필요함을 인식하고, 출생지 이름을 따라 프리에리오(Prierio) 또는 프리에리아스(Prierias)라고도 불렸던 도미니쿠스 수도회 소속의 학식 있는 신학교수인 실베스터 마촐리니(Silvester Mazzolini)를 책임자로 임명하여 조사에 착수하도록 하였다.

프리에리아스는 루터가 무지하고 신성모독적인 이단의 괴수라는 결론에 도달했다. 그는 서둘러 루터의 논제에 대한 라틴어 반박문을 썼는데, 난해한 스콜라 철학 상의 차이들과 교황의 권위의 무게를 가지고 그를 해치워버리고자 했다(1518년 6월). 그는 교황을 로마 교회와, 로마 교회를 전체교회와 동일시하면서, 이것을 부정하는 모든 행위는 이단으로 정죄하였다. 루터의 주장을 마치 개처럼 그 내용은 사람을 물어뜯는다고 표현하였다.

루터는 그 반박문에 답변을 제시하면서, "그 내용이 지나치게 거만하고 철저하게 이탈리아적이고 토마스적"이라고 평가하였다(1518년 8월).

프리에리아스는 이에 「답변」(*Replica*)으로 응답하였다(1518년 11월). 루터는 마찬가지로 간단한 서문을 추가하여 프리에리아스에게 보내면서 그런 식의 글을 써서 어리석은 사람이 되는 것은 이젠 그만하라고 충고하였다. 이 논쟁의 결과 간격은 더욱 벌어지고 말았다.

그런 동안 루터의 운명은 이미 결정되어 버렸다. 마치 유대 성직자 계급이 그리스도와 사도들을 더 이상 그대로 내버려 둘 수 없었던 것처럼, 로마 성직자 계급은 더 이상 그렇게 위험한 사람을 인내해 줄 수 없었다. 1518년 8월 7일, 루터는 60일 내에 로마에 출석하여 그 이단 주장을 철회하도록 요구받았다. 같은 달 23일에는 교황이 프리드리히 선제후에게 그 "사탄의 자식"을 교황의 특사에게 넘길 것을 요구하였다.

하지만 독일에서 매우 강력하고 존경받는 군주였던 프리드리히는 자신이 아끼는 대학의 빛나는 광채를 희생시키고 싶지 않았다. 그리하여 프리드리히는 아우크스부르크 의회에서 친절한 대우와 안전한 귀환을 보장하는 교황 특사와의 평화로운 만남을 주선하였다.

## 35. 루터와 카예타누스: 1518년 10월

이에 따라 루터는 남루한 옷차림으로 걸어서 아우크스부르크로 출발했다. 그러나 거의 그곳에 도착하여서는 병에 걸려 더 이상 걸을 수 없어 마차에 실려 아우크스부르크에 도착했다. 젊은 수도사이자 학생이었던 레오나드 바이어(Leonard Baier)와 루터의 친구였던 링크(Link)가 동행하였다. 1518년 10월 7일 도착하여, 콘라트 포이팅거(Conrad Peutinger) 박사와 선제후가 보낸 두 명의 조언자들의 친절한 환대를 받았다. 그들은 루터에게 사려 깊게 행동할 것과 관습상의 예의를 잘 지킬 것을 충고하였다. 많은 사람들은 마치 두 번째 헤로스트라투스(Herostratus)인양 그렇게 격렬한 논쟁을 불러일으킨 장본인을 보고 싶어했다.

10월 11일 안전 통행증을 발급받고 다음 날 교황 특사 카예타누스 추기경 앞에 섰다. 그는 독일 의회에서 교황을 대표했으며, 터키와의 전쟁을 위해 중과세를 부과하는 데 의회의 동의를 얻을 임무를 띠고 있었다.

카예타누스는 프리에리아스와 마찬가지로 도미니쿠스 수도회 소속이고, 열성적인 토마스주의자였으며, 많은 학식과 도덕적 성실성을 보유했으나, 자기과시와 자만심이 강한 사람이었다. 토마스 아퀴나스의 「신학 대전」에 대한 표준적인 해석서를 저술했지만, 후기에는 1534년 사망할 때까지 성경 연구에 헌신하고 친구들에게도 그렇게 권했던 것은 아마도 루터와의 면담의 결과로 받은 영향이었을 것이다. 그는 많은 공을 들여 히브리어와 헬라어 학자들과 함께 더 신뢰할 수 있는 라틴어 성경 불가타(Vulgate) 수정판을 발행하였고, 가톨릭의 전통 원칙을 포기하지 않으면서도, 제롬의 성경 비평과 정경에 대한 자유스런 견해를 옹호하였고, 또한 자의적인 풍유적 해석 대신 정확한 문법적 주석을 강조하였다.

이탈리아 사람인 추기경과 독일 사람인 수도사, 한 사람은 빈틈없는 외교관이고 다른 한 사람은 솔직한 학자로서 두 사람은 서로 현저히 대조적인 모습이었다. 한 사람은 중세 스콜라주의의 해설자요 옹호자라면, 다른 한 사람은 당대의 성서 신학에 탁월한 사람이었다. 한 사람이 교회의 권위를 강조한다면, 다른 한 사람은 개인적 자유의 옹호자였다.

세 번에 걸친 면담이 있었다(10월 12, 13, 14일). 카예타누스는 루터를 아들처럼 부드럽게 대하면서 신뢰감을 심어 주었다. 그러나 루터에게 자신의 주장을 철회하고, 교황에게 절대적으로 순종할 것을 요구하였다. 하지만 루터는 단호하게 거절하고 양심에 어긋나는 일을 할 수 없다고 선언하였다. 사람이 아니라 하나님께 순종하여야 하고, 자신의 입장은 성경에 근거한 것이며, 베드로조차도 바울로부터 그 잘못을 질책받은 적이 있다는 것과(갈라디아서 2:11), 그 계승자는 결코 무오할 수 없다는 것을 주장하였다. 하지만 루터는 여전히 추기경에게 교황 레오 10세로부터 자신이 지나친 질책을 받지 않도록 중재 역할을 부탁하였다. 카예타누스는 루터가 파문을 당할 수도 있음을 강조하면서 이미 교황의 명령을 가지고 있다는 위협과 함께, 여전히 주장을 철회하지 않으려면 다시는 자신의 앞에 나타나지 말라는 말로 루터를 돌려보냈다. 카예타누스는 슈타우피츠에게 최선을 다해 루터의 마음을 바꾸도록 해보라고 요청하면서, 자신은 "눈이 푹 들어간 얼굴에 이상한 생각으로 가득한 독일 짐승"과는 더 이상 마주하고 싶지 않다고 하였다.

이 상황에서 그를 보호했던 친구들의 도움을 받아 10월 20일 밤 도시 성벽의 작은 문을 통해 바지도 신발도 챙기지 못하고 마차를 타고 아우크스부르크를 탈출하였다. 첫째 날 내내 쉬지 않고 말을 타고 달려 멀리 몬하임(Monheim)까지

도착하고는 완전히 지쳐 마구간 짚더미 위에 쓰러졌다.

루터는 95개조 논제를 발표한지 일 주년 되던 날에 비교적 양호한 상태로 비텐베르크에 도착하였다. 그는 즉시 회담 내용 보고서를 출판하여 자신의 행위의 정당성을 알렸다. 또한 선제후에게 길고도 잘 다듬어진 편지를 써서(11월 19일) 카예타누스가 문제를 처리하는 과정에서의 잘못과, 또한 그가 선제후에게 자신을 로마로 보내거나 작센에서 추방하도록 요구하는 것은 불공평한 것임을 지적하였다.

아우크스부르크를 떠나기 전에 루터는 카예타누스의 잘못된 보고를 통해 사태를 잘못 알고 있을 교황이 진상을 분명히 알 수 있도록 교황에게로 탄원서를 제출하였다. 그리고 난 직후 곧 11월 28일에 공식적이고 단호하게 공의회로 탄원서를 제출하였기에, 루터는 교황의 파문 선언을 예상하고 있었다. 매일매일 로마로부터 쏟아지는 악의 가득한 중상을 예상했으며, 추방이나 또는 다른 어떤 운명에 대해 마음의 준비를 하고 있었다. 이미 루터는 데살로니가후서에서 바울이 언급했던 적(敵)그리스도가 교황일 수도 있다는 생각에 고통받고 있었고, 친구 링크에게 이 문제에 대한 의견을 묻기도 하였다(12월 11일). 결국 루터는 공의회에 대한 믿음도 상실하고 오직 성경과 자신의 양심에 의존할 수밖에 없었다. 선제후는 슈팔라틴을 통해 루터에게 온건한 입장을 촉구했으나, 루터는 단호하게 선언했다: "로마의 귀족 고관들이 분노하면 할수록, 힘으로 누르려 하면 할수록, 나는 그들을 덜 두려워하게 될 것이며, 로마의 뱀들과 싸우는 것에 대해 더욱더 구애받지 않게 될 것이다. 나는 모든 것을 받아들일 각오가 되어 있고, 하나님의 심판을 기다리고 있다."


# 36. 루터와 밀티츠: 1519년 1월


최종 결정이 내려지기 전에 다시 한 번 루터를 설득하여 그의 이단적인 내용들을 철회하도록 회유하여 침묵시키도록 하는 시도가 이루어졌다. 외교적 방법은 때로는 원칙의 자연스런 발전과 사건의 순리적 귀결을 잠시 중단시킬 수는 있어도 잠시 뿐, 보통은 양쪽 당사자가 모두 만족하지 못하는 터라 결국 부결되기 마련이다. 원칙은 그 스스로의 길을 헤쳐 나가는 법이다.

교황 레오는 시종이자 교황 대사이며, 작센계 귀족 출신으로서 언변 좋고 쾌활한 신사인 카를 폰 밀티츠(Karl von Miltitz)를 프리드리히 선제후에게 희귀한 선물인 금 장미와 함께 보내면서, 루터와 협상할 권한을 부여하였다. 교황은 밀티츠를 정부 고관들과 고위 성직자들에게 최고의 추천장으로 추천하였다.

밀티츠는 자신의 여행 중에 지역마다 루터에 대한 동정이 많이 퍼져가고 있음을 볼 수 있었다. 그는 독일 특히 북부에서는 4명 중에 3명 꼴로 루터를 지지하고, 한 명이 반대한다는 것을 알게 되었다. 테첼에 대한 여러 나쁜 보고들을 접하고 그를 불렀지만 테첼은 소환에 응하기를 두려워 하였다. 아마도 교황 특사의 가차없는 질책 때문에 그는 몇 개월 뒤에 사망하고 말았다(1519년 8월 7일). 루터는 한때 자신의 적이었던 그에게 위로의 서신을 보냈지만 그 편지는 남아있지 않다. 비록 개인적으로 감당해야 했던 고통은 헤아릴 수 없이 많았지만, 루터는 악의나 복수심을 마음에 간직하지 않았다.

밀티츠는 1519년 1월 6일, 알텐부르크(Altenburg)에 있는 슈팔라틴의 집에서 루터와 함께 회합을 가졌다. 밀티츠는 지극히 겸손하고 친근한 태도로 임했다. 그는 95개조 논제의 잘못된 점과 그로 야기된 소란들에 대해 유감을 표명하고 그 일의 많은 책임이 테첼에게 있음을 지적하였다. 밀티츠는 자신에게 주어진 모둔 권한을 통해 루터를 설득하고 거룩한 교회를 더 이상 분열시키지 말 것을 눈물로 호소하였다. 그 결과 로마로 가지 않고 대신 독일인 주교를 통해 이 문제를 해결하기로 서로 간의 동의를 이루어 냈다. 루터는 교황의 용서를 요청하기로 하고, 교회에서 분리되지 않도록 루터가 사람들에게 경고할 것을 약속하였다. 이 동의가 이루어지고 나서 두 사람은 사교 만찬에 함께 참석하고, 입맞춤을 나누고 헤어졌다. 밀티츠는 자신의 교회적 외교의 최고 성과를 대단히 자랑스러워 했을 것이다.

루터는 약속대로 문서를 작성하였지만, 이것은 그의 정직한 확신과 또한 그 이후의 행동과는 일치할 수 없는 내용일 수밖에 없었다. 하지만 이것은 그가 겪는 고뇌와 갈등, 자신이 하는 일에 대한 깊은 책임감, 그리고 당시의 상황의 어려움을 대변해 주는 것이다. 어쩌면 루터는 선조 대대로 지금까지 내려온 교회와 그리고 자신의 일생을 두고 머물렀던 친숙한 모든 종교적 삶뿐만 아니라, 1500년 전통의 기독교 역사와의 분리라는 생각에 잠시 위축되었을지도 모르는 일이다. 이제는 많은 이가 걸어가는 쉬운 길이지만, 당시 루터로서는 새로운 개척자의 길을 찾아야만 했다. 그의 정직한 생각과 양심에 경의를 표하지 않을 수 없다.

1519년 3월 3일, 교황에게 보내는 편지에서 루터는 가장 깊은 개인적 겸손을 표현하면서, 로마 교회를 훼손시킬 어떤 의도도 없었음을 분명히 했다. 로마 교회는 단지 만유의 주인이신 예수 그리스도를 제외하고는 하늘과 땅에 속한 모든 권세 위에 위치해 있다고 고백하고 있다. 그럼에도 불구하고 루터는 자신의 양심적 확신을 철회할 의사가 없음을 분명히 했다.

사람들에게는 면죄부의 가치를 허락했지만 죄인의 속죄에 대한 보상으로서만 그 가치를 인정할 것을 주장했고 비록 로마교회에 잘못과 죄악이 있을지라도 베드로, 바울, 교황들, 그리고 수많은 사람들이 순교의 피를 흘린 거룩한 로마 교회에 충실해야 할 의무를 강조하였다.

동시에 루터는 주의 깊은 교회사 연구를 계속하면서, 니케아 공의회 이전에는 교황제와 그 절대 권력에 대한 어떤 흔적도 찾아볼 수 없다는 것을 발견했다. 교황의 교서들과 콘스탄티누스의 증여는 위조였음을 발견했다. 1519년 3월 13일 루터는 슈팔라틴에게 보낸 편지에서 "나는 교황이 적그리스도 자신인지 아니면 그 사도인지는 알 수 없다. 그러나 그의 교서들에서 진리이신 그리스도는 그렇게나 비참하게 더럽혀지고 못 박혔다는 것은 안다"라고 썼다.

## 37. 라이프치히 논쟁: 1519년 6월 27일 – 7월 15일

I. Löscher, III. 203–819. Luther's *Works*, Walch, XV. 954 sqq.; Weim. ed. II. 153–435 (see the literary notices of Knaake, p. 156). Luther's letters to Spalatin and the Elector, in De Wette, I. 284–324.

II. Joh. K. Seidemann: *Die Leipziger Disputation im Jahre 1519*. Dresden and Leipzig, 1843 (pp. 161). With important documents (pp. 93 sqq.) The best book on the subject. Monographs on *Carlstadt* by Jäger (Stuttgart, 1856), on *Eck* by Wiedemann (Regensburg, 1865), and the relevant sections in Marheineke, Kahnis (I. 251–285), Köstlin, Kolde, and the general histories of the Reformation. The account by Ranke (I. 277–285) is very good. On the Roman side, see Janssen, II. 83-88 (incomplete).

밀티츠와 루터 사이의 동의는 오래가지 못했다. 종교개혁은 교회 정치인들의 외교에 의해 진압되기에는 동시대 사람들의 소망 속에 너무나 깊은 뿌리를 갖고 있었다. 비록 한 곳에서 이 운동이 진압된다 하더라도, 또 다른 곳에서 터져나올 것이었다. 사실상 스위스에서는 종교개혁이 독립적으로 이미 시작되어 있었다. 루터는 더 이상 자신의 주인이 아니라, 더 높은 힘의 통로였다. 일은 사람이 계획하지만 성패의 여부는 하늘에 달린 것이다.

이 논쟁이 약속대로 독일 주교에 의해 해결되기 전에, 양측 모두 약속을 깨뜨린 것이 아닌데도 논쟁은 라이프치히 플라이센부르크(Pleissenburg) 성의 넓은 홀에서 다시 되살아났다. 작센의 게오르크 공작의 재가 하에 교황 수위권, 자유 의지, 선행, 연옥, 그리고 면죄부 등의 교리에 관해 에크, 칼슈타트(Carlstadt), 그리고 루터 사이에 일어난 논쟁이었다. 이 논쟁은 대단한 지적 전쟁들 중의 하나였다. 거의 3주 정도 계속되었으며, 대단히 종교적이고 신학적인 그 시대에 많은 사람들의 관심을 끌었다. 구원과 관련된 핵심 교리들이 걸린 사안이었다. 토론은 라틴어로 진행되었지만, 루터는 때때로 강력한 독일어를 사용해 자기 의사를 표현하였다.

토론은 미사 의식, 행진, 페터 모젤라누스(Peter Mosellanus)의 "토론자의 이성"(De ratione disputandi)이라는 제목의 연설, 그리고 "창조주 성령이여, 오소서!"(Veni, Creator Spiritus)라는 찬송으로 시작해서 라이프치히 교수인 요한 랑게의 논찬 연설과 "테 데움"(Te deum) 찬양으로 끝을 맺었다.

첫 번째 논쟁은 에크와 칼슈타트사이의 토론으로 인간의 자유 의지에 관한 것이었다. 에크는 자유 의지를 옹호하고, 칼슈타트는 부정하는 입장이었다. 더 중요한 두 번째 논쟁은 7월 4일에 시작된 에크와 루터 간의 토론으로 주로 교황권에 관한 주제였다.

에크 박사(Johann Mair)는 바이에른에 있는 잉골슈타트의 신학교수이며 로마주의의 열렬한 옹호자로서, 많은 지식과 좋은 기억력, 변론 능력, 머뭇거림 없는 언변, 우렁찬 목소리를 갖고 있었지만, 지나치게 자신감과 자부심이 강하고, 거친 사람이었다. 신학자이기보다 도살업자나 군인에 어울리는 모습이었다. 많은 사람들은 에크를 단순한 협잡꾼 정도로 여겼으며, 그에게 "케크"(Keck: 주제넘은 사람)와 "게크"(Geck: 겉멋만 부리는 사람)라는 별명을 붙여주었는데, 이 논쟁에서 비롯된 이름들이다.

루터의 대학 동료이자 친구로서 충동적이고 균형 감각이 없는 칼슈타트(Andreas von Bodenstein)는 토론자로서는 불운한 사람이었다. 기억력도 나쁜데다가, 준비한 원고에만 의지했으며, 당황하며 혼동한 탓에 에크에게 쉽게 토론의 승리를 넘겨주어 버렸다. 토론 참석을 위해 라이프치히에 들어오다가 마차가 주저앉아 진흙탕 물에 빠져 버렸는데, 불운의 징조였다.

루터는 역사적 지식이나 라틴어의 유창함에 있어서는 에크에게 뒤졌지만, 성경적 지식, 독립적 판단, 독창성, 사고의 깊이에 있어서는 그를 능가했으며, 역사 발전의 법칙이 그의 편을 들어주었다. 에크가 교부들(fathers)을 언급할 때 루터는 그 이전의 대교부들(grandfathers)에게로, 교회사의 강줄기로부터 하나님의 말씀이라는 원천으로 거슬러 올라갔다. 그럼에도 불구하고 사도 시대의 그 규범적 시초로부터 미래를 소망으로 내다보았다. 비록 창백하고 쇠약해 보였지만, 루터는 밝은 모습이었고, 손가락에는 작은 은색 반지를 낀 채, 손에는 한 다발의 꽃을 들고 있었다. 그 토론을 주재했던 유명한 라틴 문학 대가인 모젤라누스는 당시 루터의 개인적인 외양에 대해 이렇게 묘사하고 있다.

"루터는 키는 중간이고, 연구와 정진으로 소모된 모습은 뼈를 전부 셀 수 있을 정도이다. 그는 인생의 전성기에 위치해 있다. 그의 목소리는 분명하고 듣기 좋다. 그의 학식과 성경 지식은 비상하게 탁월하여, 거의 모든 것들을 자유자재로 구사할 수 있다. 헬라어와 히브리어 구사 능력 역시 해석상의 판단을 내리기에 충분하다. 대화를 위해서 그는 다양한 주제들을 마음대로 다룰 수 있다. 사고와 언어에 있어서 광대한 삼림을 보유하고 있는 것과 같다. 겸손하고 현명하며, 현학적이거나 거만한 모습 없이, 때와 상대에 맞추어 자신을 적응할 줄 아는 사람이다. 사교 모임에서는 생동감 있고 호감이 가는 사람이다. 언제나 신선하고, 유쾌하며, 느긋하고, 즐거운 표정을 하고 있다. 그의 대적들이 아무리 그를 협박하더라도 말이다. 그리하여 자신의 양심적 행위 속에서 그가 하늘의 평화를 누리고 있음을 누구나 인정할 수밖에 없다. 그러나 대부분의 사람들은 그가 신학자와 개혁자에 어울리기보다는 논쟁에서 절제가 부족하고, 상당히 경솔하고, 언사가 지나치게 통렬하다고 비난한다."

논쟁의 주요 관심사는 교황의 권위와 교회의 무오성이었다. 에크는 교황이 베드로의 계승자이며, 신적 권리에 의해 그리스도의 대리자임을 주장하였다. 루터는 그러한 주장은 성경에도, 초대 교회에도, 모든 공의회 중에서도 가장 거룩한 니케아 공의회에도 반대되는 것이며, 단지 로마 교황들의 형식적 교서들에 근거한 것일 뿐이라고 주장하였다.

그러나 토론이 진행되면서 루터는 공의회의 권위에 대한 자신의 견해를 수정하였고, 이는 루터에 대한 청중의 판단에 불리한 요인을 제공한 셈이 되었다. 후스와 같은 이단이라는 에크의 공격을 받자, 루터는 처음에는 후스와 모든 분파적 경향들을 비난하였다. 그러나 충분히 숙고한 후에는 후스의 주장에는 성서적 진리가 일부분 담겨 있으며 콘스탄츠 공의회가 후스를 정죄하고 화형시킨 것은 잘못된 것이었다고 선언했다. 교황과 마찬가지로 공의회도 잘못을 범할 수 있기에, 성경에 근거하지 않은 어떤 신앙 조항도 강요할 권리가 없다고 주장하였다. 가톨릭 신조의 강한 옹호자였던 게오르크 공작은 루터가 보헤미아 이단자에게 공감을 표현하는 것을 듣자, 머리를 흔들면서 두 손을 옆에 낀 채 큰 소리로 "저주가 그 위에!"라고 외쳤는데, 홀 안에 있던 사람들이 모두 들을 수 있었다.

이때부터 루터는 그 보헤미아 형제들과의 관련을 갖게 되었다. 토론을 마치고 루터는 자신의 토론을 이렇게 정리하였다: "마치 물거미가 발만 물에 적시고 있는 것처럼, 이 학식있는 박사는 성경에 발만 담그고 있다. 아니, 사탄이 십자가로부터 도망치듯, 그는 성경으로부터 도망치고 있는 것으로 보인다. 나는 교부들에 대한 존경과 더불어 성경의 권위를 택하겠으며, 모든 중재자들도 그렇게 하기를 바란다."

양쪽 당사자들은 일반적으로 그러한 것처럼, 서로 토론에서 승리했다고 주장했다. 에크는 게오르크 공작에게서 존경과 찬사를 받으면서, 루터를 파멸시키고 추기경의 자리를 얻으려는 자신의 환상적 승리의 길을 계속 걸어갔다. 그러나 그 역시 유명한 인문주의자이자 뉘른베르크의 귀족인 빌리발트 피르크하이머(Willibald Pirkheimer)의 「광택나는 모퉁이」(*The Polished Corner*)라는 신랄한 풍자를 통해 혹독한 비난과 조소를 받기도 했다. 쾰른, 루뱅, 그리고 후에는 또한 파리의 신학부도(1521) 개혁자 루터를 정죄하였다.

루터 자신은 이 논쟁에 대단히 실망했으며, 단순한 시간의 낭비로 여겼다. 그러나 그는 젊은 사람들에게 깊은 인상을 남겨 주었고, 많은 학생들이 라이프치히를 떠나 비텐베르크로 갔다. 결국 루터는 이 논쟁과 또 이로부터 비롯되는 토론들을 통해 자신의 대적자들보다 더 많은 이익을 얻은 셈이다.

이 신학적 논쟁의 중요성을 정리해 보면 우선 루터가 교황 제도로부터 점점 벗어나고 있음을 보여주고 있다. 그 논쟁에서 그는 처음으로 교황제의 신적 기원과 권리, 그리고 공의회의 무오성을 부정하였다. 이제 이후로 그가 의지할 수 있는 것이라곤 성서와 자신의 판단, 그리고 하나님께 대한 자신의 믿음뿐이었다. 하나님은 인간의 오류로 말미암는 모든 장애물들을 넘어서 자신의 영으로 역사의 진로를 영광스런 최종 목적지까지 이끌어 가시는 분이시라는 믿음이었다. 종교개혁이란 배는 이제 정박지에서 떨어져 나와 넓은 바다의 바람과 파도와 싸우지 않으면 안 되었다.

이때부터 루터는 로마교회에 대항하는 혁명적인 십자군 전쟁에 돌입하였으며, 그의 진영 내부의 무질서와 불일치로 다시 보수적이고 심지어는 역행적인 입장을 취하기 전까지 개혁의 걸음을 계속하였다.

종교개혁의 발전 과정을 계속 더듬어 가기 전에 멜란히톤이라는 인물을 알고 넘어갈 필요가 있다. 그는 루터를 동행하여 라이프치히 논쟁에 청중으로 참석하여 루터와 칼슈타트에게 논거를 제공하기도 했던 사람으로, 그때부터 루터 곁에서 그의 신실한 동료이자 친구가 된다.

## 38. 필립 멜란히톤. 문헌

멜란히톤과 관련된 모음집은 베를린의 왕립 박물관에 가장 잘 소장되어 있으며 아래의 목록은 그곳에서 얻은 자료이다 (1886년 7월).

I. **Works of Melanchthon.** The first ed. appeared at Basel, 1541, 5 vols. fol.; another by PEUCER (his son-in-law), Wittenberg, 1562–64, 4 vols. fol.; again 1601. Selection of his German works by KÖTHE. Leipzig, 1829–30, 6 vols. *Best ed. of *Opera omnia* (in the " Corpus Reformatorum ") by BRETSCHNEIDER and BINDSEIL. Halle, 1834–60, 28 vols. 4°. The most important vols. for church history are vols. i.–xi. and xxi.–xxviii. The last vol. (second part) contains *Annales Vitæ* (pp. 1–143), and very ample *Indices* (145–378).

**Add** to these: *Epistolæ, Judicia, Consilia, Testimonia,* etc., ed. H. E. BINDSEIL. Halle, 1874. 8°. A supplement to the " Corpus Reform." Compare also BINDSEIL's *Bibliotheca Melanthoniana.* Halis, 1868 (pp. 28). CARL KRAUSE: *Melanthoniana, Regesten und Briefe über die Beziehungen Philipp Mel. zu Anhalt und dessen Fürsten.* Zerbst, 1885.

MELANCHTHON.   (From a portrait by Dürer.)

pp. 185.

II. Biographies of Mel.   An account of his last days by the Wittenberg professors: *Brevis narratio exponens quo fine vitam in terris suam clauserit D. Phil. Mel. conscripta a professoribus academiæ Vitebergensis, qui omnibus quæ exponuntur interfuerunt.*   Viteb. 1560.  4°.  The same in German.  A funeral oration by HEERBRAND: *Oratio in obitum Mel. habita in Academia Tubingensi die decima quinta Maji.*   Vitebergæ,

1560. *JOACHIM CAMERARIUS: *Vita Mel.* Lips. 1566; and other edd., one with notes by Strobel. Halle, 1777; one with preface by Neander in the *Vitæ quatuor Reformatorum.* Berlin, 1841.

STROBEL: *Melanchthoniana.* Altdorf, 1771; *Die Ehre Mel. gerettet,* 1773; and other works. A. H. NIEMEYER: *Phil. Mel. als Præceptor Germaniæ.* Halle, 1817. FR. AUG. COX: *Life of Mel., comprising an account of the Reform.* Lond. 1815, 2d ed. 1817. G. L. FR. DELBRÜCK: *Ph. Mel. der Glaubenslehrer.* Bonn, 1826. HEYD: *Mel. und Tübingen, 1512-18.* Tüb. 1839. *FR. GALLE: *Characteristik Melanchth. als Theol. und Entw. seines Lehrbegr.* Halle, 1840. *FR. MATTHES: *Ph. Mel. Sein Leben u. Wirken aus den Quellen.* Altenb. 1841. 2d ed. 1846. LEDDERHOSE: *Phil. Mel. nach seinem aüsseren u. inneren Leben dargestellt.* Heidelberg, 1847 (English translation by Dr. KROTEL. Phila. 1855). By the same: *Das Leben des Phil. Mel. für das Volk.* Barmen, 1858. *MOR. MEURER: *Phil. Mel.'s Leben.* Leipzig u. Dresden, 1860. 2d ed. 1869. HEPPE: *Phil. Mel. der Lehrer Deutschlands.* Marburg, 1860. *CARL SCHMIDT: *Philipp Melanchthons Leben und ausgewählte Schriften.* Elberfeld, 1861 (in the "Reformatoren der Luth. Kirche"). *HERRLINGER: *Die Theologie Mel.'s in ihrer geschichtl. Entwicklung.* Gotha, 1879.

III. Brief sketches, by NEANDER, in Piper's "Evang.-Kalender" for 1851. By NITZSCH, in the "Deutsche Zeitschrift für christl. Wissenschaft," 1855. Is. AUG. DORNER: *Zum dreihundertjährigen Gedächtniss des Todes Melanchthons,* 1860. VOLBEDING: *Mel. wie er liebte und lebte* (Leipz. 1860). KAHNIS: *Rede zum Gedächtniss Mel.'s* (Leipz. 1860). WOHLFAHRT: *Phil. Mel.* (Leipzig, 1860). W. THILO: *Mel. im Dienste der heil. Schrift* (Berlin, 1860). PAUL PRESSEL: *Phil. Mel. Ein evang. Lebensbild* (Stuttg. 1860). *Festreden zur Erinnerung an den 300 jährigen Todestag Phil. Mel.'s und bei der Grundsteinlegung zu dessen Denkmal zu Wittenberg, herausgeg. von* LOMMATZCH (Wittenb. 1860). HENKE: *Das Verhältniss Luthers und Mel. zu einander* (Marburg, 1860), and *Memoria B. Phil. Mel.* (Marburg, 1860). AD. PLANCK: *Mel. Præceptor Germ.* (Nördlingen, 1860). TOLLIN: *Ph. Mel. und Mich. Servet. Eine Quellenstudie* (Berlin, 1876). LANDERER: *Mel.,* in Herzog[1] and Herzog[2] ix. 471-525, revised by HERRLINGER. THIERSCH: *Mel.* (Augsburg, 1877, and New York, Am. Tract Soc. 1880). LUTHARDT: *Melanchthon's Arbeiten im Gebiete der Moral* (Leipz. 1884). WAGENMANN: *Ph. Mel.* (in the "Allgem. Deutsche Biographie"). PAULSEN in "Gesch. des gelehrten Unterrichts" (Leipz. 1885. pp. 34 sqq.). SCHAFF in *St. Augustin, Melanchthon, Neander* (New York and London, 1886. pp. 107-127).

IV. On Mel.'s *Loci,* see STROBEL: *Literärgesch. von Ph. Mel.'s locis theologicis.* Altdorf and Nürnberg, 1776. PLITT: *Melanchthons Loci in ihrer Urgestalt.* Erlangen, 1864.

# 39. 멜란히톤의 교육

1518년 8월 25일 〈95개조 논제〉가 발표된 후 10개월 뒤이며 교황으로부터 파문을 당하기 2년 전, 루터가 자신의 사역을 도와줄 학식 있는 조력자가 절실히 필요함을 절감하고 있을 때, 비텐베르크에 온건한 그러나 탁월한 재능을 소유한 젊은 사람이 철학과 헬라 문학 교수로 부임하였다. 그는 루터파 종교개혁의 두 번째 지도자, 그리고 "독일의 선생"이 되도록 운명지워진 사람이었다.

필립 멜란히톤(Philip Melanchthon) 또는 멜란톤(Melanthon)은 1497년 2월 16일 팔츠의 브레텐(Bretten)에서 정직하고 경건한 부모에게서 출생했다. 루터보다 14년 늦게, 칼빈보다는 12년 먼저였다. 신학에 있어서 멜란히톤은, 나이에서 그런 것처럼, 루터와 칼빈 두 사람의 중간에서 중재자 역할을 했다. 그의 아버지는 선제후 필립과 막시밀리안 1세 황제를 위해 일하는 무기 생산 기술자였고, 어머니는 히브리어 대가인 유명한 로이힐린의 조카딸로서, 그에게 성경을 사주기도 하고, 그가 포르츠하임(Pfortzheim), 하이델베르크, 그리고 튀빙겐에서 공부할 수 있도록 이끌어 주었다.

그는 일찍 성숙하였으면서도 노년이 될 때까지 식지 않는 열정으로 연구를 지속한 드문 학자였다. 특히 고전 철학을 포함하여 지식의 모든 분야를 섭렵하였으며, 불과 나이 17살인 1514년 1월 25일 튀빙겐에서 인문학 석사 학위를 수여받았다. 헬라어와 라틴어를 자신의 언어인 독일어보다 더 잘 구사하였으며, 그 언어로 시를 쓸 수 있었다. 멜란히톤은 고대 문학을 강의하고, 테렌티우스(Terence)의 희극을 편집하고(1516), 아라투스(Aratus)와 플루타르크(Plutarch)를 번역하면서(1518) 튀빙겐 대학에서 자신의 공식적 경력을 시작하였다. 또한 그는 "사지가 절단되고, 조악하게 번역되고, 시빌레 신탁보다 더 어두어져버린" 아리스토텔레스의 교정판을 준비하기도 했는데, 실제로 시행에 옮기지는 못했다. 1518년에 발행한 헬라어 문법책은 그 뒤로도 판을 거듭하였다.

그 시대의 으뜸가는 학자이자 문학적 소양에 대한 최고의 평가자였던 에라스무스는 일찌감치 이 조숙한 젊은이가 미래에 얼마나 중요한 인물이 될 것인가를 예견하고, 박학한 고전 지식, 총명한 논증, 순수하고 우아한 스타일, 드문 학식과 넓은 범위의 독서, 그리고 부드러움과 세련됨을 극찬하는 빛나는 존경의 찬사를 1516년 그에게 보냈다. 멜란히톤은 1516년 9월 헬라어로 에라스무스에게 찬사를 써서 보냈으며, 고전과 성경 연구에 있어 그의 탁월한 업적을 결코 잊지 않았다.

현대의 어떤 가톨릭 역사가는 멜란히톤의 신학에는 동의하지 않음에도 불구하고, 그를 에라스무스 학파에서 탄생한 가장 뛰어난 인물이며 많은 점에서 그의 스승과 견줄 수 있고 다른 면에서는 스승보다 뛰어나다고 평가하면서, 풍부한 지식, 최고의 고전 문화, 표현 능력, 작문의 다양성, 수사학적 완전성과 즉흥성, 지치지 않는 근면함 등 보기 드문 좋은 자질이 함께 어울려 강한 학문적 지도력에서 누구도 따를 수 없는 탁월함을 소유한 인물이라고 평가하였다.

멜란히톤은 성직자가 되기 위해서가 아니라, 자신의 광범위한 학문적 탐구의 한 부분으로 신학을 하였지만, 당시 튀빙겐에서 우세했던 건조한 스콜라주의의 학풍에 거부감을 느꼈다. 루터와는 달리 격렬한 자기 변호나 갈등을 겪지 않고 조용히 자연스럽게 자신의 신학적 입장을 형성하여 갔다. 그의 경험은 바울보다는 요한과 유사했다. 가정에서 경건한 훈련을 받으며 자랐고, 공적인 예배와 성인들의 삶에서 기쁨을 얻었으며, 성경은 그가 산보할 때도 늘 지니고 다녔던 책이었기에, 그는 교회의 잘못과 개혁의 필요성에 눈을 뜨고 있었다. 자신의 고전적 취향과, 또한 수도사의 무지와 맹목성을 반대한 탁월하고 고결한 히브리어 학자 로이힐린과의 친밀한 교제 속에서 이미 멜란히톤은 튀빙겐을 떠나기 몇 개월 전에 비텐베르크에서 발생한 복음주의 운동에 마음이 기울어 있었다.

그의 명성은 빠르게 퍼져 나가 잉골슈타트, 라이프치히, 비텐베르크에서 초청을 받았지만, 비텐베르크로 결정하고 적절한 봉급을 약속받고 헬라어 교수직을 받아들였다. 이 봉급은 1526년에 두 배가 되었지만, 그가 사양하는 탓에 루터와 선제후는 그가 받아들이도록 하는데 어려움을 겪었다.

로이힐린은 프리드리히 선제후에게 멜란히톤을 추천하면서 이렇게 말했다. "나는 독일에서 그만한 사람을 찾을 수가 없습니다. 멜란히톤(마스터 필립 슈바르체르드(Master Philip Schwarzerd))은 네덜란드 사람인 에라스무스를 제외하고는 모든 이보다 탁월하며, 라틴어에 있어서 우리 모두를 능가합니다." 그는 예언적 통찰력에 근거하여 아브라함에게 주어진 하나님의 약속인 창세기 12장 1-3절 말씀을 자신의 조카인 멜란히톤에게 적용하며 기대를 걸었다.

여기까지는 나이 많은 학자인 로이힐린은 종교개혁에 크게 기여한 셈이다. 하지만 교회가 분리되는 고비에 처하게 되었을 때, 에라스무스와 슈타피우츠와 마찬가지로 그는 뒤로 물러섰다. 이단자로 몰리는 것이 두려웠던 것이다. 그는 1519년 슈투트가르트에서 잉골슈타트로 옮기고, 잠시 에크의 집에서 거주하였다. 멜란히톤을 보호하려고 비텐베르크에서 잉골슈타트로 불러내려 했지만 헛수고가 되고, 결국 자신의 소중한 도서들을 멜란히톤에게 주겠다는 약속도 취소하고 자신이 태어난 곳인 포르츠하임에 헌납하였다. 로이힐린은 페스트의 유행으로 바이에른에서 다시 뷔르템베르크로 돌아오게 되었고, 1521년 헬라어와 히브리어를 튀빙겐에서 가르치다가, 1522년 6월 30일 슈투트가르트에서 로마 교회의 성찬을 받으며 자신의 삶을 마감하였다.

## 40. 멜란히톤의 초기 사역

비록 21살의 아직 젊은 나이였지만 멜란히톤은 비텐베르크에서 곧 그의 동료와 학생들로부터 존경과 경탄을 받게 되었다. 작은 키에 특별한 외모 없이 내성적이고 소심한 모습이었지만, 그의 높고 고결한 앞이마와 파랗고 깨끗한 정열적인 눈빛, 외모에서 풍기는 지적 분위기, 그리고 그의 예절바르고 겸손한 행동은 그의 내적인 힘과 아름다움을 보여주었다. 그의 학식은 의심할 여지가 없었고, 그의 도덕적 종교적 성격 역시 의문의 여지가 없었다. 도착한지 나흘만인 8월 29일에 행한 첫 번째 연설은 젊은이들의 학문적 성취에 관한 것으로 모든 우려들을 일거에 해소해 버렸다. 그가 가르칠 내용을 담고 있었던 그의 연설은 독일 자유주의 교육 역사에서 한 시대의 획을 긋는 일이었다. 젊은이들을 지식의 일차 자료로 안내하고, 언어의 충실한 습득을 통해 성서의 바른 이해의 도구를 획득할 수 있도록 하여, 그리스도의 살아있는 구성원으로 하늘의 지혜의 열매를 누릴 수 있도록 하였다. 그 자신이 신학을 공부하고 가르친 것은 단순히 사고의 풍성함만이 아니라 덕과 경건을 증진시키기 위함이었다.

처음에는 언어학적 추구에 전념하였고, 당대의 어느 누구보다도 헬라어 연구를 다시 일으켜, 성경적 지식과 종교개혁의 기초를 다졌다. 그는 고대어를 아기 그리스도의 요람이라 생각하였고, 루터는 성령의 검을 담는 칼집으로 비유했다. 멜란히톤이 고대 언어의 대가라면, 루터는 독일어의 대가였다. 고대어가 독일어 성경에 정확성을 확보한다면, 독일어는 관용어의 힘과 시적 아름다움을 제공했다.

1519년에 멜란히톤은 신학학사를 마쳤고, 박사 학위는 정중히 사양하였다. 그 때부터 그는 신학부의 일원으로서 신학강의 특히 주석 관련 강의를 시작하였다. 매일 2-3시간 정도 여러 주제에 관해 강의하면서, 윤리학, 논리학, 헬라어, 히브리어 등을 강의하였다. 호메로스, 플라톤, 플루타르크, 디도서, 마태복음, 로마서, 시편 등을 다루었다. 그의 인생의 후반기에는 전적으로 성서 연구에 몰두하였다. 결코 성직 임명을 받지 않았으며, 교회 강단에도 서지 않았지만, 독일어를 모르는 외국 학생들을 위해 매 주일마다 그의 강의실에서 사복음서를 중심으로 라틴어 설교를 하였다. 그는 시작 때부터 계속해서 비텐베르크의 가장 유명하고 인기 있는 선생이었다. 그가 만든 대학의 정관은 전형적인 모델로서 간주되었다. 그의 충고와 본보기로 독일 고등교육의 틀이 형성되었다.

그의 명성으로 인해 기독교 세계 각처에서 왕자, 백작, 남작들을 포함하여 학생들이 몰려들었다. 그의 강의실은 언제나 가득 메워 넘쳤고, 검소하고 편안한 강의 단상에서는 각 나라 학생들이 구사하는 11개 언어나 되는 다른 나라 말을 들을 수 있었다. 그는 튀빙겐, 뉘른베르크, 하이델베르크 등에서 초청을 받았고, 덴마크, 프랑스, 영국 등에서도 부름을 받았지만, 사망할 때까지 비텐베르크에 머물기를 선호했다.

루터는 멜란히톤을 강하게 붙들고 싶었던 마음도 있었고, 건강을 지켜주고 안정을 찾을 수 있도록 하고 싶어 독신주의 서약을 한 적이 없는 그였기에, 강하게 결혼을 권유하고 성사시켰다. 멜란히톤은 1520년 8월 비텐베르크 시장의 귀한 딸 카타리나 크랍(Catharina Krapp)과 결혼하였는데, 그녀는 가정의 기쁨과 어려움을 신실하게 그와 함께 나누었다. 4명의 아이를 갖게 되었고, 한 손으로는 요람을 흔들면서 한 손엔 책을 쥐고 있는 모습은 자주 보는 풍경이었다. 하루에 세 번씩 사도신경을 집에서 가족과 함께 반복하곤 했고, 자신보다 자기 아내를 더 높이 평가하였다. 1557년 멜란히톤이 보름스에서의 회의 차 여행 중일 때, 카타리나가 죽었다. 하이델베르크에서 그 슬픈 소식을 들었을 때, 그는 하늘을 올려다보며, "잘 가시오! 나도 곧 당신의 뒤를 따르리이다"라고 외쳤다.

루터의 집과 루터 박물관 다음으로 가장 관심을 끄는 집은 엘베 강 언덕에 자리하고 예스러운 정취가 있는 비텐베르크 지역, 콜레기엔 거리(Collegienstrasse)에 있는 멜란히톤의 집이다. 삼층 건물로서 프로이센 정부 관할 소유인데 왕 프리드리히 빌헬름 4세가 전 주인에게서 구입한 것이다. 멜란히톤의 서재는 삼층에 있고 그곳에서 사망했다. 집 뒤로는 작은 정원이 있고 루터의 정원으로 이어져 있다. 그곳에서 나무그늘 아래에서 그 두 종교개혁자들은 함께 자신들의 생각을 나누면서 격동하던 시대의 어려움을 나누고, 서로를 격려하며 힘든 고비를 극복했을 것이다. 집 바깥으로 벽 쪽에는 독일어로 새겨진 문구가 있다: "필립 멜란히톤 여기서 살고, 가르치고, 잠들다."

## 41. 루터와 멜란히톤

교회 역사에 있어 위대하고 창조적인 시대마다 하나님께서는 뜻이 맞는 지도자들을 서로에게 도움과 위로가 되도록 연결시켜 주셨다. 16세기 종교개혁 시대에 하나님의 섭리는 멜란히톤과 루터를 독일에서, 츠빙글리와 오이콜람파디우스(Oecolampadius), 파렐, 비레(Viret), 칼빈, 베자 등을 스위스에서, 크랜머(Cranmer), 래티머(Latimer), 리들리를 영국에서, 녹스와 멜빌(Melville)을 스코틀랜드에서 각자 다른 은사를 가지고, 그러나 같은 정신과 같은 목적을 가지고 서로 동역할 수 있도록 길을 인도하였다. 18세기 감리교 부흥기에는 웨슬리와 휫필드(Whitefield)가 동역했고, 19세기 앵글로 가톨릭 운동에는 퓨지(Pusey), 뉴먼(Newman), 케블(Keble)이 함께 있었다.

엘베의 작센 대학에 도착하자마자 멜란히톤은 루터와 친근한 관계를 유지하였고, 루터에게 가장 큰 도움이 되고 또 영향력 있는 협력자였다. 연장자이자 동료인 루터를 멜란히톤은 아버지를 대하듯 존경하였고, 이 프로테스탄트 엘리야의 불 같은 천재성에 의해 (때로는 자신의 더 나은 판단에 어긋나게) 이끌려가고 조정을 받았다. 루터는 멜란히톤이 비록 어려도 배움에 있어 자신보다 탁월하다고 인정하였으며, 겸손하게 그의 발 앞에 앉는 것을 부끄러워하지 않았다. 루터는 멜란히톤의 주석 강의를 경청하였고, 저자의 바람이나 허가 없이 교회의 유익을 위해 그 내용을 출판하기도 했다. 멜란히톤은 1520년 4월 루터와 헤어지느니 차라리 죽음이 낫다고 고백하면서, 같은 해 11월에는 루터의 안위가 자신의 삶보다 더 소중하다고 말하였다. 루터는 멜란히톤의 첫 번째 강의에 매료되어 그의 학문성에 경탄하고 그의 사람됨을 사랑하여, 슈팔라틴, 로이힐린, 랑게, 쇼이얼을 포함한 많은 사람들에게 개인적인 편지를 통해 그의 불세출의 학문성과 경건을 소개하였다.

이 두 명의 위대하고 훌륭한 사람의 우정은 16세기 종교 드라마에서 가장 기쁨이 넘치는 장면 중의 하나일 것이다. 그것은 서로에 대한 인격적 존경, 가슴에서 우러나오는 독일인의 사랑, 그러나 무엇보다도 그들의 협력 사역에 맡겨진 섭리적 사명에 대한 공감대 위에 근거한 것이었다. 비록 후기에 교리상의 차이와 서운한 감정으로 약간의 어려움은 있었지만 끝까지 그 우정은 지속되었다. 같은 목적을 위해 일했던 것처럼 이제는 루터가 〈95개조 논제〉를 내걸고 종교개혁의 큰 싸움을 시작했던 그 비텐베르크 교회의 한 지붕 아래에서 함께 잠들어 있다.

멜란히톤은 남부 독일 태생이고 루터는 북부 독일 출신이며, 멜란히톤은 부유한 중산 계급의 시민 가정 출신이고 루터는 거칠지만 끈기 있는 시골 출신이었다. 멜란히톤은 조용히 문학적 훈련을 통해 그의 사역을 준비했다면, 루터는 많은 고통과 심각한 도덕적 번민을 경험한 사람이었다. 한 사람이 고전 연구라는 문을 통해 프로테스탄트 정신을 확신하게 되었다면, 다른 한 사람은 수도원의 금욕주의라는 문을 통과해서 얻은 결론이었다. 한 사람은 교수의 직책으로 운명지워졌다면, 다른 한 사람은 정복 군대의 지도자로 운명지워진 사람이었다.

루터는 기질과 성품의 차이를 잘 이해하고 표현하였다. 그러한 차이가 자신보다 어린 친구이자 동료에 대한 존경과 감탄을 가로막도록 허락하지 않은 것은 루터의 고귀한 자질이었다고 할 수 있겠다. 1529년 기록을 보면 루터는 자기 책보다 멜란히톤의 책을 더 좋아한다고 적고 있다. "나는 거칠고, 자만하고, 격렬하며, 매우 호전적이다. 나는 수많은 괴물과 악마를 대적해 싸우라고 태어난 사람이다. 그렇기에 거친 숲을 헤치고, 그루터기와 바위를 치우고, 넝쿨과 가시를 잘라버려 숲을 깨끗하게 하는 것이 나의 임무라면, 멜란히톤은 부드럽고 친절하게 다가와 씨를 뿌리고, 물을 주며, 기쁨으로 키우며 섬기는 은사를 하나님께로부터 풍성히 받았다."

루터는 말할 것 없이 멜란히톤보다 더 강한 사람이었다. 험한 산에서 떨어지는 폭포수가 초원의 조용한 강물과는 다른 것처럼 또한 돌풍이 부드럽게 불어오는 바람과 다른 것처럼, 성서의 비유를 들어 비교해 보면, 루터는 격렬한 바울이었고 멜란히톤은 묵상의 사람 요한이었다. 루터가 전쟁의 사람이었다면, 멜란히톤은 평화의 사람이었다. 루터의 저작들이 화약냄새가 배어있고, 그의 말은 싸움이었기에 상대편과의 논쟁에서 대포같이 쏘아대는 주장과 정열과 유창함, 그리고 때로는 지나친 말로 상대를 압도했다면, 멜란히톤은 절제와 온유함에 있어 탁월하였고 그의 동료의 지나친 격렬함에 기꺼이 물러설 줄 아는 사람이었다. 한 번은 루터가 천둥처럼 화를 내고 있었을 때 멜란히톤은 한 마디 말로 그의 분노를 잠재웠던 적도 있다.

루터가 창의력 풍부한 천재성으로 새로운 길을 찾아가는 개척자였다면, 멜란히톤은 지치지 않고 심오한 학문적 성찰을 지속했던 사람이다. 한 사람이 분명히 일상의 보통사람들을 향해서 강하고 분명한 메시지와 대중적인 표현, 자연스런 유머와 재치, 대담한 용기와 직선적인 솔직함으로 준비된 사람이었다면, 다른 한 사람은 조용하고, 사려 깊으며, 체계적이고 절제와 고상함을 갖춘 학계의 덕망 있는 사상가로서, 개신교 신학의 주요 주춧돌을 세운 사람인 동시에, 루터 교회의 대표적 신조인 "아우크스부르크 신앙고백"(Augsburg Confession)의 작성자이기도 하다. 멜란히톤이 아우크스부르크, 슈파이어, 보름스, 프랑크포르트, 라티스본(Ratisbon) 등 여러 지역에서 복음주의적 주장을 탁월하게 대변했던 반면, 루터는 참석할 때마다 논쟁을 격화시키고 갈등을 더 증폭시키곤 하였다. 루터는 로마주의와 츠빙글리주의에 대해서는 전혀 양보하거나 타협하려고 하지 않았다.

루터와는 달리 멜란히톤은 그의 정직한 양심이 허락하는 한 협상과 평화를 위해 언제나 준비되어 있었고, 교회의 깨뜨려진 일치를 회복하는데 늘 최선을 다했다. 슈말칼덴 조항들에 대한 그의 조건부 동의에서 보듯, 교황이 복음의 자유로운 선포를 인정하는 한, 심지어는 교황의 수위권을 어떤 의미에서는 기꺼이 인정할 용의가 있었다. 하지만 교황제와 복음주의적 자유는 결코 양립할 수 없는 것이었다.

루터가 과감하고 영웅적이며 지도자적인 개혁자였다면, 멜란히톤은 부드럽고 경건하며 양심적인 개혁자였다. 멜란히톤은 예민하고 쉽게 초조해하면서도 잘 절제하였지만 용기가 부족했다. 자신이 감당하고 있는 개혁의 임무에 대한 책임성을 누구보다도 깊이 있게 통감하고 있었기에, 혼동과 분열을 피할 수만 있다면 자신이 지불하게 될 개인적 희생은 언제든지 감당하려 했을 것이다. 비록 분명히 여러 경우에 소심함과 약함을 보이곤 했지만, 논쟁자들에게 대한 그의 많은 양보를 통해 이루려 했던 평화와 연합은 늘 순수하고 사려 깊은 동기에서였음은 의심할 여지 없다.

이 두 사람의 비텐베르크 개혁자들은 하나님의 섭리 속에서 함께 서로 붙들어 주고 도와주면서 각자의 재능과 열정을 모아 독일 종교개혁이라는 한 방향을 향해 같이 나아갔다. 만일 어느 한 쪽에만 맡겨진 임무였다면 전혀 다른 모습으로 전개되었을지도 모르는 일이다.

루터가 없었다면 개혁은 결코 일반인들의 마음을 붙들지 못했을 것이고, 멜란히톤이 없었다면 독일 학자들 사이에서 호응을 얻지 못했을 것이다. 루터가 없는 멜란히톤은 또 다른 에라스무스가 되어 종교에 대한 깊은 관심은 표현했을지 몰라도, 결국 종교개혁을 향한 그의 노력은 한낱 자유스런 신학 학파로 귀결되고 말았을 것이다. 비록 그의 겸손함과 절제 있는 많은 성품이 영웅적 루터의 격렬하고 탁월한 행위로 가려졌더라도, 그러한 그의 모습은 그 자체로 없어서는 안 될 소중한 것이었다. 침착하고 차분한 목소리는 때때로 지진이나 천둥이 만들어내는 공포와 진동보다도 더 많은 사람들을 더 종교개혁의 대열에 모을 수 있었다.

루터가 개혁자로서 참으로 위대하고, 멜란히톤은 그리스도인 학자로서 참으로 탁월하다. 성경 신학과 경건을 휴머니즘의 문화와 조화시킬 줄 아는 보기 드문 재능의 소유자로서, 그런 점에서 당시의 모든 학자들, 더 나아가 에라스무스와 로이힐린보다도 탁월하였다. 서로 극한으로 대치하는 교회들 사이에서의 연결고리로서 기독교 세계의 분열과 갈등을 궁극적으로 치료할 화해와 일치의 선두 주자였던 그는 "화평케 하는 자는 복이 있나니, 그는 하나님이 아들이라 불릴 것"이라는 산상수훈의 말씀에 합당한 사람이었다.

루터와 멜란히톤의 우정은 그 매력적인 써클 안에 비텐베르크 지역의 명망 있고 소중한 사람들을 또한 받아들이게 되었다: 화가인 루카스 크라나흐(Lucas Cranach)는 자신의 예술로 종교개혁을 섬겼고, 비텐베르크에 1521년에 교수이자 주임사제로 부임한 유스투스 요나스(Justus Jonas)는 멜란히톤과 루터의 문헌을 독일어로 번역하였고, 루터의 보름스 여행에(1521) 그리고 마지막 여행지인 아이슬레벤 여행에(1546) 동행하였다. 포메라누스(Pomeranus) 박사라고 불렸던 요한 부겐하겐(Johann Bugenhagen)은 1521년에 교수이자 설교자로 포메라니아에서 비텐베르크로 옮겨왔는데, 성경을 번역하는데 참으로 효과적인 도움을 주었고, 북부 독일과 덴마크의 여러 도시들에서 종교개혁 운동을 조직했다.

## 42. 후텐과 루터

루터에게 있어 멜란히톤이 인문주의자의 기독교 신앙과 신학의 축을 담당한 최고의 일꾼으로서 일생동안 함께 했던 무한히 소중한 동역자였다면, 울리히 폰 후텐은 짧은 기간이었지만 이교적이고 정치적 계열에 속한 인문주의 그룹들의 협력과 도움을 이끌어 내었던 그 분야의 최고의 능력 있는 지도자였다.

인문학자 겸 기사이자 독일의 애국자이기도 한 후텐은 퇴락한 옛 귀족 가문인 프랑코니아(Franconia) 출신이었다. 1488년 4월 21일 출생인 그는 에라스무스처럼 본인의 의사와는 관계 없이 수도자 생활로 삶을 시작했다. 하지만 그는 16살에 풀다를 탈출하여 에르푸르트, 쾰른, (오데르 강변의) 프랑크푸르트 등지에서 인문학을 공부하고, 파비아와 볼로냐에서 법률을 공부하고, 여러 지역을 돌아다니면서 당대의 뛰어난 인문학자들과 폭넓게 편지를 주고 받으며 교제를 나누었다. 그러다가 1517년 아우크스부르크에서 막시밀리안 황제로부터 시인으로서의 왕관을 받았으며, 당시 독일 지역에서 면죄부 판매의 책임을 맡고 있던 대주교인 마인츠의 알브레히트의 궁정에서 영향력있는 지위를 얻게 되었다(1517-1520).

로이힐린이 쾰른의 도미니쿠스회 수도사들의 반계몽주의에 대항하여 논쟁을 벌일 때에 그는 적극적인 역할을 담당하였다. 그의 친구인 에르푸르트의 크로투스(Crotus)와 함께 야만성에 대한 야만적인 조소인 「어리석은 사람들의 편지」(*Epistulae obscurorum Virorum*)의 공동 저자였다. 이 책에서 저자들은 수도사들의 무지, 어리석음, 편협, 그리고 저속성을 수도사들이 쓰는 형편없는 라틴어로 쓰여진 날조된 편지들을 통해 폭로했는데, 대단한 반향을 불러일으켜, 수도사들은 처음에는 이 편지들을 진짜로 받아들여서 다수의 책들을 구입해 배포할 정도였다. 그는 교회의 횡포와 부패를 라틴어와 독일어로 소책자를 만들어 시와 산문의 형식으로 모든 학식과 상식, 재치, 풍자를 동원해 비판하였다. 그는 루터에 버금가는 과감함과 설득력 있는 문체를 구사하는 그 시대의 탁월한 저술가였다. 로마를 향한 신랄한 비판 때문에 그는 독일의 데모스테네스(Demosthenes)라고 불렀다. 그의 라틴어는 루터보다 나았지만, 독일어는 훨씬 뒤졌다. 재치와 조소의 탁월한 구사력이 루키아노스를 닮았고, 때로는 볼테르와 하이네를 연상시켰다. 그는 독일의 자유와 독립을 열렬히 갈망하는 사람이었다. 그것이 로마를 공격하는 주요 이유였다. 그는 폭정의 나무 뿌리를 향해 도끼를 내리쳤다. "주사위는 던져졌다. 나는 모든 것을 걸었다" — 이것이 그의 좌우명이었다.[2]

1518년 그는 "콘스탄티누스의 증여"(Donation of Constantine)에 관한 라우렌티우스 발라(Laurentius Valla)의 소책자를 다시 발간해 당혹스러운 헌사와 함께 교황 레오 10세에게 바쳤다. 그는 이 책자를 통해 전 기독교 유럽을 지배하고 있는 교황의 세속적 권력의 발판이 되는 거대한 사기극을 독일 땅에 폭로했다. 그러나 가장 격렬하게 로마를 공격한 주된 문헌은 「바디스쿠스 혹은 로마의 삼위일체」(*Vadiscus or the Roman Trinity*)라는 제목으로 1520년 4월 발행한 책자였다. 이 책자는 그 해 7월 루터의 「독일 기독교인 귀족에게 고함」이나 10월의 「교회의 바빌론 유수」보다 몇 개월 전에 나온 것이었다. 이 책자에서 그는 로마에서의 자신의 경험을 여러 개의 3부작으로 정리하여, 로마에 풍성한 것, 로마에 부족한 것, 로마에서 금지된 것, 그리고 로마에서 집으로 가져오는 것 등으로 표현하였다. 이것들을 로마 집정관인 바디스쿠스의 입을 빌려 다양하게 변형시켜 표현했다. 그 몇 가지 예를 들어보자:

"로마의 권력을 지탱해 주는 것 세 가지: 교황의 권위, 성인의 유골, 면죄부 판매."

"로마에 무수히 많은 것 세 가지: 매춘부, 사제, 작가."

"로마에 풍성한 것 세 가지: 골동품, 독, 폐허의 흔적."

"로마에서 사라진 것 세 가지: 단순성, 절제, 경건." (다른 곳에서는 검소함, 고대의 훈육제도, 진실한 설교라고 되어 있다).

"로마의 주요 장사 수단 세 가지: 그리스도, 교회 성직, 여자."

"로마 사람 누구나 갈망하는 것 세 가지: 짧은 미사, 화려한 금, 사치스런 생활."

"로마가 싫어하는 세 가지: 총 공의회, 성직자의 개혁, 독일이 눈을 뜨기 시

---

2) 루비콘 강을 건너 로마로 행진하던 카이사르가 남겼던 유명한 표현에 빗대어 표현한 말.

작했다는 사실."

"로마인들이 제일 불쾌하게 여기는 것 세 가지: 기독교 제후들의 일치, 대중의 교육, 자신들의 사기극이 탄로나는 것."

"로마에서 가장 귀하게 여겨지는 것 세 가지: 아름다운 여인, 멋진 말, 교황의 교서."

"로마에서 널리 쓰이는 것 세 가지: 육신의 사치, 화려한 옷, 마음의 교만."

"로마가 아무리 많이 가져도 부족한 것 세 가지: 주교의 영대를 사기 위한 돈, 비어있는 성직에서 나오는 매달의 수입, 연간 수입."

"로마에서 가장 찬양되지만, 가장 보기 드문 세 가지: 헌신, 신앙, 순수."

"로마에서 아무 짝에도 쓸모없는 세 가지: 선한 양심, 헌신, 맹세."

"로마에서 소송에 이기기 위해서 필요한 세 가지: 돈, 추천서, 거짓말."

"순례자들이 보통 로마에서 다시 가져가는 것 세 가지: 더럽혀진 양심, 병든 위장, 빈 지갑."

"독일이 지혜로워지는 것을 막고 있는 세 가지: 제후들의 어리석음, 학문의 쇠락, 대중의 미신."

"로마에서 가장 무서워하는 세 가지: 제후들이 연합하는 것, 사람들이 눈을 뜨기 시작하는 것, 로마의 사기극이 발각되는 것."

"로마를 유일하게 바로잡을 수 있는 세 가지: 제후들의 결단, 사람들의 급한 분노, 목전에 있는 터키의 군대."


이 간결한 풍자 형태의 이야기는 큰 인기를 얻으면서 효과적으로 전달되었다. 루터도 「교회의 바빌론 유수」에서 그의 글의 형식을 따라 교황주의자들의 3가지 장벽과 3가지 막대기를 풍자하였다. 후텐은 로마의 법정을 부정 부패의 온상이라 하면서, 지난 세기들 동안 베드로의 참된 계승자는 없고, 오직 시몬 마구스, 네로, 도미티아누스, 헬리오가발루스의 계승자나 모방자가 있었을 뿐이었다고 주장했다.

이러한 악에 대한 해결책으로 후텐은 교황제의 폐기가 아니라, 독일로부터의 모든 재정적 지원 단절, 사제의 권한 축소, 사제들의 결혼 허가 등을 권하면서, 이러한 수단들을 통해 사치와 부도덕성을 최소한 제지할 수는 있을 것이라고 주장하였다.

후텐이 로마를 향해 그와 같은 격렬한 비난을 하고 있을 때에도 독일의 최고 성직자들과는 친밀한 관계를 유지하고 있었고 또 여전히 봉급도 받고 나중에는 연금을 받는데 아무런 문제가 없었다는 것은 당시 교회의 특별한 상황에서만 가능한 일이었다. 후텐은 알브레히트를 대단히 높이 평가하면서, 자유로운 학문을 격려하는 그를 칭찬하였다. 교리적인 차이에 대해서는 알지도 못하고 관심도 없었던 후텐의 주요 관심사는 독일의 작은 교황의 힘을 빌어 로마의 큰 교황과 싸우는 일이었고, 독일의 황제, 제후, 귀족 그리고 그의 동료들과 함께 로마의 지나친 간섭의 굴레에서 벗어나는 것이었다. 아마도 알브레히트는 독립된 독일 교회의 최고위 대주교가 되는 꿈에 푹 빠져 있었을 것이다.

불행히도 후텐은 도덕적 순수성이 그 깊이와 무게에 있어 부족했다. 솔직하고 용감하며 과감한 면은 있었지만, 자부심과 지칠 줄 모르는 모험심, 그리고 저돌적인 태도로, 무엇을 파괴할 수는 있어도 건축할 수는 없었다. 20세 때 치명적이고 부끄러운 병에 걸려 건강이 많이 악화되어 버렸고, 그것이 로마의 대적자들로부터 도덕적인 비난의 화살을 받는 이유가 되었다. 그 병 때문에 10년간 많은 고생을 하고 엉터리 진료도 많이 받았고 치유된 후에 다시 병이 재발하면서도 여전히 그의 정신은 정열과 생기를 잃지 않았다.

후텐은 비텐베르크에서의 개혁 운동에 환호를 보냈지만, 처음에는 논쟁을 좋아하는 두 수도사가 서로 악을 쓰며 소리지르는 말싸움에 불과하기에 곧 서로 지치고 말 것이라고 생각했었다. 하지만 라이프치히 논쟁 후에, 그는 루터에게 (처음에는 멜란히톤을 통해) 자신의 펜과 칼로 도움을 제공하였고, 자신의 귀족 친구인 프란츠 폰 지킹겐(Franz von Sickingen)의 이름으로 크로이츠나흐(Kreuznach) 근교의 에번부르크(Ebernburg)에 안전한 피신처를 제공하기도 하였다. 그곳은 마르틴 부처, 요한 오이콜람파디우스, 수도원에서 도망나온 사람들, 그리고 개혁에 공감하는 사람들이 머물 수 있는 안전한 곳이었다. 그는 루터에게 자신의 책도 보내 주면서, 임의로 재발행할 수 있도록 허락하였다.

하지만 루터는 조심스러웠다. 문학적 또는 정치적 도움에 의존하는 것도 자신의 신학적·종교적 입장이 허락하는 선까지 한계를 두었다. 루터는 로이힐린, 에라스무스, 크로투스, 무티아누스, 피르크하이머, 후텐 등 여러 인문주의자들의 학식을 존경하고, 수도사 제도와 성직위계제도에 반대하는 그 입장도 지지하며, 로마의 압제에 대항하는 애국주의적 정열에 완전히 공감했지만, 도덕적 진지성과 종교적 깊이 그리고 자신의 주된 관심사인 복음의 순수성을 향한 정열이 그들에게는 결여되어 있음을 아쉬워했다. 루터는 종교개혁을 지향하고 있었고, 그들은 계몽을 지향하고 있었다. 그는 「어리석은 사람들의 편지」와 같은 신랄한 풍자를 좋아하지 않았다. 그는 그 책을 실없는 것이라고 여겼고, 저자를 "소시지 잭"(Hans Wurst)이라고 불렀다. 루터는 비록 크로투스와 후텐의 풍자에는 많은 관심을 보였지만, 수도사의 반계몽주의나 은밀하고 악한 행위에는 웃음보다는 분노하고 눈물을 흘렸다. 영적 싸움에서 물리적 힘을 행사하는 것에 대해서는 더더욱 비난하였고, 교회를 세우신 하나님의 말씀에 의지할 것을 주장하면서, 그것으로 교회 개혁이 이루어져야 한다고 루터는 주장했다.

후텐에게 보낸 편지는 분실되어 남아있지 않지만, 슈팔라틴에게 보내는 편지에서(1521년 1월 16) 후텐이 원하는 것을 슈팔라틴이 알고 있듯, 자신은 복음을 지키기 위해 폭력과 살인에 의존하는 것에 반대함을 분명히 후텐에게 전했다고 쓰고 있다. 말씀에 의해서만 세상은 정복될 수 있고, 말씀에 의해서만 교회는 보존되며, 말씀에 의해서만 교회는 회복될 수 있고, 말씀에 의해서만 폭력을 사용하지 않고 적그리스도를 이기고 승리할 수 있다고 그는 쓰고 있다.

후텐은 참을성이 없었다. 그는 문제를 위기로 몰고 갔다. 지킹겐은 자신의 지역에 종교개혁을 강요하기 위하여 대주교이자 트리어의 선제후를 공격했다. 그러나 전투에서 패배했고, 적들의 손에 의해 입은 상처로 말미암아 결국 1522년 5월 7일 사망하고 말았다. 한 달만에 그의 성들은 상대편 제후들의 손에 넘어가 대부분 불타버렸으며, 두 아들은 추방되었고, 셋째 아들은 감옥에 갇혀 버렸다. 루터는 이 참상 속에서 하나님의 심판을 보고 폭력 사용은 피해야 함을 거듭 확신하였다.

처량하고 병든 몸으로 도망길에 나선 후텐은 독일에서 바젤로 가서 피난처를 찾기 위해 친구이자 존경하던 에라스무스의 도움을 요청했지만, 조심스러운 학자인 그에게서 냉정하게 거절당하고는 신랄한 비난과 인격적 모독으로 복수를 했다. 그리고 난 뒤 취리히로 가서 츠빙글리에게 친절하고 융숭한 대접을 받았다. 츠빙글리는 책과 돈을 제공하며 여정의 피로를 씻어내고 편히 쉴 수 있도록 처음에는 페퍼스(Pfeffers)의 온천으로 보냈다가, 다시 취리히 호수 안에 위치한 우프나우(Ufnau) 섬에서 치료를 받으며 요양할 수 있도록 배려하였다. 하지만 후텐은 곧 그곳에서 1523년 8월 젊은 시절에 얻은 치료 불가능한 질병으로 인생 최고의 활동기인 35세 4개월의 나이로 사망하고 말았다. 그가 남긴 것은 자신의 펜과 칼, 그리고 "만군의 여호와께서 말씀하시되 이는 힘으로 되지 아니하며, 능으로 되지 아니하고, 오직 나의 신으로 되느니라"(슥 4:6) 하는 교훈뿐이었다.

물리적 힘과 종교개혁의 수단을 이용해 독일을 정치적으로 다시 세우려 했던 희망은 후텐과 지킹겐의 죽음과 함께 사라지고 말았다. 그 두 사람이 이루지 못했던 것이 2년 뒤 폭력을 사용하는 농민들의 반란을 통해 다시 재현되었다. 이 모든 장애들에도 불구하고 종교개혁은 영적인 무기들로 성공하지 않을 수 없었다.

## 43. 교황권에 도전하는 루터의 십자군(1520)

라이프치히 논쟁 후 루터는 로마로부터의 개혁은 이룰 수 없는 것을 알고 소망을 포기하였고, 로마는 로마대로 파문 교서를 준비하고 있었다. 여기서 그의 질풍노도 같은 저항의 시기가 시작된다. 이 저항은 교황의 교서를 불태우는 것과 보름스 의회에서의 항의에서 정점에 달한다. 격렬한 정신적 갈등 속에서 루터는 자기 시대의 교황 제도는 결국 반기독교적(anti-christian) 권력의 상징이고, 교회의 모든 권력 남용의 가장 주된 이유이자 지지대임을 확신하게 된다. 프리에리아스, 에크, 엠저(Emser), 그리고 알벨트(Alveld)는 교황제의 타당성을 그 많은 학식으로 장황하게 설명하였지만, 결국 실상과 허상을 구별하지 못하고 있었다.

루터는 후텐이 재발행한 라우렌티우스 발라의 책으로부터 콘스탄티누스 황제가 실베스터 교황과 그 후계자에게 라테란 궁전뿐만 아니라 로마, 이탈리아 그리고 서방 세계 모두에 대한 세속적 통치권을 수여했다는 「콘스탄티누스의 증여」는 암흑 시대의 근거 없는 날조에 불과하다는 것을 알게 되었다. 루터는 교회법과 위 이시도루스 교령집(pseudo-Isidorian Decretals)에서 "악마적인 거짓말들"(루터는 그렇게 불렀다)을 꿰뚫어 보았다. (「독일 그리스도인 귀족에게 고함」에서) 루터는 "그렇게 많은 사람들이 술에 취한 사람의 이야기만도 못한 그러한 엉터리 거짓말들을 받아들인 것을 보면, 하나님이 보내신 역병이었음에 틀림없다"고 하였다. 후대의 진정한 가톨릭 학자들은 역사에 대한 중세 교회의 이러한 위조를 반박할 수 없을 만큼 분명히 폭로하고 있다. 루터의 교회관은 교황제의 한계를 넘어서서 확장되었으며, 동방 교회까지도 포함하고, 심지어는 바울과 아우구스티누스로부터 도출한 가르침 때문에 공의회에서 화형당한 후스와 같은 사람까지도 포함하기에 이르렀다. 로마주의자들과 같이 교회를 교황의 지배 아래 있는 외적이고 가시적인 단체(communion)로 보는 것이 아니라, 루터는 이제 유일한 머리이신 그리스도의 지배 아래 있는 모든 신자들의 영적 단체로 이해하게 되었다. 로마의 강압과 부패에 염증과 혐오감을 갖고 있던 모든 세력이 루터의 가슴으로 모여들었다. 1520년 2월 23일 슈팔라틴에게 보내는 편지에서 루터는 자신은 교황이 적그리스도(Antichrist)라는 사실을 거의 의심하지 않는다고 말하였다. 같은 해 10월 11일에 레오 10세에게 보내는 편지에서 루터는 교황의 위엄이라는 것은 하나님께 버림받은 가룟 유다와 같은 배반자에게나 어울리는 것이라고 말하기까지 하였다.

루터는 멜란히톤이 차분한 연구를 통해 자신과 같은 결론에 도달했음을 보고 더욱 확신을 얻었다. 1519년 8월 에크와의 논쟁에서 멜란히톤은 아주 중요하고 의미 깊은 원칙을 제시하는데, 그것은 성서가 신앙의 최고 규범이며, 교부들이 성서를 해석하는 것이 아니라, 성서가 교부들을 해석하고 판단한다는 신앙의 근본 원칙이었다. 멜란히톤은 계속해서 암브로시우스, 제롬, 아우구스티누스도 그 해석에 있어 모두 잘못이 있었음을 지적하였다. 이어서 1519년 9월, 멜란히톤은 같은 결론을 공의회에도 적용하고, 모든 그리스도인은 성서에서 지지하지 않는 것을 받아들이도록 강요될 수 없다고 주장하였다. 그는 화체설과 미사의 모든 공교한 이론들에 대해 명백한 의구심을 표명하였다. 바울 서신을 중심으로 성경의 최고 가치를 더욱 높이 주장하면서, 중세의 전통과 점점 더 강하고 담대하게 대립하게 되었던 것이다.

멜란히톤의 이러한 학문적 후원에 강화되고, 또 후텐과 지킹겐의 애국적 정열에 힘입고, 적대자들의 비난에 오히려 자극받아, 그리고 일종의 초자연적 충동에 이끌려, 루터는 교황의 권력을 다름아닌 사탄의 요새(stronghold of Satan)라고 맹공하였다. 아무에게도 개인적 원한 없이, 제도에 맞서 분노를 불태우며, 모든 타협을 거부하고 투쟁하였다. 예언자의 통찰력으로 언제 어느 때든지 확신을 가지고 순교할 각오를 하고 있었다.

1520년 7월부터 10월까지 루터는 매우 효과적인 세 편의 개혁 논문을 신속하게 잇달아 발표하였다: 「독일 그리스도인 귀족에게 고함」, 「교회의 바빌론 유수」, 그리고 「그리스도인의 자유」 세 논문이었다. 첫 번째 것과 두 번째 것이 전쟁을 알리는 나팔 소리로 교황제에 펜을 사용해 역사상 가장 치명적 타격을 입힌 문헌이라면, 세 번째 것은 천둥과 먹구름 사이로 평화스럽게 빛나는 무지개였다. 참으로 극명한 대조다. 루터야말로 급진주의자 중에 가장 보수적이고, 보수주의자 중에 가장 급진적인 사람이었다. 루터는 혁명적 선동가의 격렬함과 동시에 묵상적 신비가의 경건한 영을 동시에 보유한 사람이었다.

16세기는 실천적 구원론의 시대였다. 하나님과 인간의 관계를 다시 정립해 신앙인을 그리스도와의 직접적 교제로 안내하고, 복음의 구원을 전인적으로 누릴 수 있도록 하여야 했다. 당시에 사제들만의 배타적 특권으로 간주된 것이 이제는 모든 그리스도인이 누리는 보편적 특권이 되어야 했다. 그러기 위해서는 평신도와 성직자를 구별하고 그리하여 평신도들이 하나님께로 직접 나아가는 것을 가로막고 있던 벽을 허물어야 했다. 이 작업을 가장 효과적으로 이루어낸 것이 바로 반(反) 교황적인 루터의 개혁 논문들이었다. 사람과 사람의 관계는 사람과 하나님의 관계 위에 세워져 있다 — 이것이 19세기의 거대한 과제들 중의 하나를 형성하고 있는 사회학적 문제이다.

## 44. 독일 그리스도인 귀족에게 고함

*An den christlichen Adel deutscher Nation: von des christlichen Standes Besserung.* In Walch's ed., X. 296 sqq.; Erl. ed., XXI. 274–360; Weimar ed., VI. 404. Köstlin (in his shorter biography of Luther, p. 197 New-York ed.) gives a facsimile of the title-page of the second edition. Dr. Karl Benrath of Bonn published a separate ed., with introduction and notes, as No. 4 of the "Schriften des Vereins für Reformationsgeschichte," Halle, 1886 (114 pages).

"침묵할 때가 지나고, 말할 때가 왔다." 이 말로(전도서 3:7에 근거하여) 암스도르프에게 바치는 헌사를 시작하면서 루터는 "기독교 국가의 종교개혁을 존중하는 황제 폐하와 독일의 그리스도인 귀족들에게" 전하는 자신의 메시지를 기록하였다. 서문은 세례 요한 기념일(6월 23일) 전날인 1520년 6월 22일 쓰여졌고. 책은 서둘러 7월 20일에 완성되었다. 그리고 즉시 출판에 들어가 8월 18일 이전에 이미 4천부, 당시로는 엄청난 부수가 발행되고, 다시 재판되어 라이프치히와 슈트라스부르크까지 순식간에 퍼져갔다.

이 책은 얼마 전 후텐과 지킹겐을 통해 루터에게 군사적 도움을 주려고 했었던 독일 귀족들에게 강력한 호소력이 있었다. 루터는 더더욱 절실한 교회의 개혁의 우선적 필요성을 그들에게 호소했고, 군사적 힘이 아니라 합법적 수단을 통해 하나님을 두려워하는 마음으로, 그리고 하나님의 도우심에 의지하여 개혁을 이루어야 함을 역설하였다. 주교와 사제들은 자신들이 담당해야 할 임무를 거절하였기에 평신도들이 교회의 순수성과 자유를 위해 싸움의 최전선에 서야만 했다. 루터는 철저하게 교황의 폭정을 폭로하였고, 교황의 통치는 사탄과 그리스도가 함께 할 수 없고, 지옥과 천국이, 밤과 낮이 다른 것처럼 차이가 있다고 주장하면서, 그럼에도 교황은 자신을 그리스도의 대리인이며 베드로의 계승자라 부르고 있다고 비난하였다.

그 책은 3 부분으로 되어 있다.

1. 첫 번째 부분에서 루터는 3 중의 여리고 성벽이라고 부르는, 교황이 교회 개혁을 막기 위한 자기 방어의 구실로 삼고 있는 것들을 지적하였는데, 즉 평신도의 모든 참여 배척, 성경 해석에 있어서의 교황의 배타적 권한, 공의회를 소집할 독점적 권한 등 세 가지를 들었다.

첫 번째 항목에서 루터는 성직위계제도에 분명하고도 철저하게 반대하면서, 프로테스탄트 기본 원칙인 모든 세례받은 그리스도인들의 사제직, 즉 만인 제사장 원칙을 강조하였다. 두 계층의 신분 구별, 즉 한 계층은 영적인 신분으로 교황, 주교, 사제, 수도사들로 이루어져 있고, 다른 한 계층은 세속적인 신분으로 왕자, 귀족, 기술자, 농부들로 이루어져 있다는 두 신분상의 구별을 루터는 공격하였다. 오직 한 몸, 그리스도를 머리로 하는 한 몸이 있을 뿐이며, 모든 그리스도인은 영적인 신분에 속한 사람들이고, 세례와 복음 그리고 신앙만이 사람을 영적 신분으로 그리고 그리스도인으로 만든다고 주장하였다. 우리는 모두 세례에 의해 거룩하게 구별된 사제들이며, 모두 하나님 앞에서 제사장이요, 왕이요, 사제들이다(베드로전서 2:9; 요한계시록 5:10). 사제와 평신도의 차이는 직책과 기능의 문제이지 결코 신분이 아니라는 것이다.

루터는 여기서 성직자의 직책을 교회의 성도들에 의해 만들어지는 것으로 보고 있다. 하지만 후기에는 민주 제도가 과도하게 나아가는 것에 경각심을 갖게 되고, 또 당시의 대부분의 회중의 상태가 선한 통치 기구를 구성하기에는 적합하지 못하였기에, 목회직을 그리스도께서 세우셨다는 것을 더 강조하게 되었다. 만인 제사장이란 이념은 필연적으로 평신도들이 성직자 계급의 통제에서 벗어날 수 있게 하였고, 교회 문제에 직접 참여할 기회를 열어 놓았다. 비록 프로테스탄트 국가 교회들에서 이러한 이념이 단지 매우 불완전하게만 구현되기는 했지만 말이다. 이러한 사고 방식은 도덕성의 높고(사제와 수도사) 낮음의 구별을 허물었다. 또한 자연적 관계, 의무, 미덕에 신성함을 부여하게 되었으며, 가족의 존엄성을 독신의 순결성만큼이나 높이 평가하고, 일반적 지성의 중요성을 인정하고, 교회에 대한 개인의 책임감을 더 중요시하게 되었다. 동시에 왕, 제후, 행정장관들이 교회 일에 부적절한 간섭을 하게 되고, 설립되는 프로테스탄트 조직들이 세속 권력에 의존하게 되는 문제들도 동일한 원인에서 파생되는 것들이다. 왕권과 사제권은 두 극단적으로 대조되는 힘이지만, 모두 다 기독교 정신에는 어긋나는 것이었다. 루터는 특히 멜란히톤은 후기에 행정장관들에 의한 감독권의 지나친 남용과 제후들의 탐욕으로 교회의 재산이 잘못 이용되는 것을 강하게 비난했다.

평신도의 만인 제사장 원칙은 정치적·사회적 유사 원칙인 미국의 만인의 왕권(general kingship of men)으로 표현되어 "모든 사람은 태어날 때부터 자유롭고 평등하다"라는 독립 선언서에서 보듯 미국의 기본 원칙이 되었다.

2. 두 번째 부분에서는 루터는 교황과 추기경의 세속적 허영심, 만족할 줄 모르는 탐욕, 거짓된 이유에 근거한 부당한 요구 등을 비난하고 있다.

3. 세 번째 부분에서는 실제적 제안들을 다룬다. 27개 조항들에 있어서 철저한 개혁을 요구하고, 이 개혁이 일반 행정 장관에 의해서나, 또는 목회자와 평신도의 총회를 통해 실행될 것을 주장했다.

성직자의 첫 수입을 교황에게 상납하는 성직 취임세의 폐지를 주장하고, 교황의 발에 입맞추는 것과 같은 극히 세속적이고 과시욕에 찬 그런 우상 숭배 같은 충성 맹세는 폐지되어야 하며, 다만 교황은 마치 주교가 왕에게 왕관을 씌워주고 사무엘이 사울과 다윗에게 왕관을 씌워 주듯, 황제에게 기름을 부어 왕위에 앉히는 것 이외에는 황제를 지배하는 권한 없이 이제는 영적인 지도자로 머물러야 한다고 주장하였다.

성직자의 독신제도를 강요하는 것은 폐지되어야 하며, 그 제도는 순결을 장려하는 것이 아니라 오히려 숨겨진 죄악의 원인이라고 하였다. 사제들은 그들의 은사와 의무감에 따라 결혼 여부를 선택할 수 있어야 한다고 하였다.

죽은 자를 위한 미사는 폐지되어야 한다. 그 이유는 이 제도가 돈을 거두는 도구로 쓰이는 거짓 행위가 되고 결국 하나님의 분노를 야기시키기 때문이다. 행렬, 성인의 날, 그리고 (주일을 제외한) 대부분의 공적 축제가 폐지되어야 하는 것은 거룩한 날들이 술과 도박과 게으름으로 거룩하지 못한 날이 되기 때문이라고 하였다.

수도원은 들어오고 나가는 것을 자유롭게 하고, 맹세의 속박 제도를 폐지하여 그 수를 줄이고 건물은 학교로 사용하도록 하여야 한다.

교회법이 규정한 일부 형벌은 중지되어야 하며, 특히 하나님의 말씀과 예배를 금지하는 "성사 금지령" 같은 형벌은 교황 20명을 한 번에 죽이는 것보다 더 큰 죄악이다.

금식은 자발적인 선택이어야 한다. 로마에서는 금식을 비웃으면서, 자신들의 가죽 신발에 바르기에도 적합하지 않다고 하는 기름을 다른 나라 사람들에게 먹게 하고, 그리고는 우리에게 버터와 다른 것들을 먹을 자유를 팔고 있다. 그런데 성서는 그런 모든 문제들에 있어서 우리에게 자유를 주었다고 사도가 말씀하고 있다(고전 10: 25 이하).

기독교 세계에서는 모든 구걸을 금지해야 한다. 각 마을은 자신의 가난한 자들을 돌보고, 낯선 거지를 순례자이든 탁발 수도사이든 동네 안으로 들어오게 하지 말아야 한다. 한 사람은 일하고 다른 사람은 노는 것도 옳지 않고, 한 사람이 어렵게 사는 대가로 다른 사람이 잘 사는 것도 옳지 않고, 다만 일하지 않으면 먹지도 말아야 한다(살후 3:10).

사제들의 권한을 축소하여야 하며, 성직 겸임도 금지하여야 하고, 공제조합, 면죄부 판매, 면죄부, 관면장, 미사 등 모든 것들이 폐지되어야 한다.

루터는 24번째 항목에서 주장하기를 보헤미아인들과 화해를 해야 하며, 후스와 프라하의 제롬을 화형한 것은 오류였으며, 교황과 황제가 약속한 안전통행 약속을 위반한 것이다. 이단은 책으로 극복되어야지 화형으로 극복되어서는 안 된다고 주장하면서, 그렇지 않다면 사형 집행인이 세상에서 가장 현명한 자이며 지식의 필요성은 없어지는 셈이라고 하였다.

25번째 항목에서 루터는 대학의 건전한 개혁을 강조하면서, 그리스 모습의 학교와 이교적 관습들(마카베오 하 4:12, 13) 그리고 방종한 생활로 가득 찬 학교의 개혁을 주장하였다. 아리스토텔레스에 대해서는 지나치게 불공평한 평가를 내리면서 생명이 없는, 눈먼, 저주받은, 오만한, 악한 이교도 선생이라고 평가하면서, 그의 논리, 수사, 시는 유지해도 되지만 그의 물리학, 형이상학, 윤리학 그리고 「영혼에 관하여」라는 책은 영혼이 육체와 같이 죽는다고 하고 있으므로 금지되어야 한다. 어학, 수학, 역사, 특히 성서연구가 장려되어야 한다. 개혁되지 않는 대학만큼 더 악마적인 재난은 없다고 하였다. 교회법 역시 폐기되어야 하며, 선한 것은 아무것도 없고 이름뿐이므로 휴지나 다름없다고 하였다.

국민들의 악덕도 비판하였다. 의상과 일용품의 사치, 그리고 먹고 마시는 일에 있어 무절제를 신랄하게 책망하면서, 독일 국민의 부도덕함으로 인해 외국에서 좋지 않은 평가를 받고 있는데, 그러한 부도덕은 너무 일반화되고 상류층은 더욱 부도덕한 탓에 설교가 아무런 도움이 되지 않는다고 하였다. (독일인들의 "고주망태"를 빈번하게 비난했지만, 술 마시기를 좋아하는 독일인들로부터는 여전히 큰 관심을 얻지 못하고 있다. 술의 절제에 있어 유럽의 남부 지방은 북부 지방보다 훨씬 앞서 있다.)

결론적으로, 루터는 자신은 땅에서는 정죄받을 각오를 하고 있다고 밝혔다. "나의 가장 큰 관심과 두려움은 사람들에 의해 나의 대의명분이 정죄를 당하지 않는 것이다. 그것이 하나님을 기쁘시게 하지 못한다는 것을 나는 분명히 안다. 따라서 교황, 주교, 사제, 수도사, 박사, 모두 자기 길을 그대로 가게 내버려 두라. 그들은 늘 그래왔듯 진리를 박해하는 바로 그 사람들이다. 하나님이 우리에게 그리스도인다운 바른 이해력을 주셔서, 특히 독일의 그리스도인 귀족들에게 참된 영적 용기를 주셔서, 이 불행한 교회를 위해 최선의 것을 행할 수 있도록 허락하소서! 아멘."

이 책은 교황 교회의 사령부를 향해 던진 횃불이었다. 이 책은 교황의 파문 교서에 대한 대답을 이미 예기하고 있고, 군중의 마음도 이 교서에 준비시키는 것이었다. 그것은 정확하게 독일 국민의 심장부를 향해 던져진, 그 전에 결코 찾아볼 수 없었던 강력한 힘을 가지고 독일인 바로 자신들의 언어로 던져진 메시지였다. 또한 로마에 대한 독일인들의 오랜 저항의 신음에 크게 무게를 더해준 것이었다. 하지만 루터의 몇몇 친구들에게는 충격이었다. 그들은 루터의 글이 지나치게 신랄하고 가차없다고 비난하거나, 유감을 표하였다. 슈타우피츠는 마지막까지 그 출판을 막으려고 노력하였고, 그 바로 후에(1520년 8월 23일) 아우구스티누스 수도회의 총 대리자의 자리를 사임하고 은퇴하여 잘츠부르크로 돌아갔다. 이 싸움을 자신은 도저히 감당할 수 없다고 여겼던 것이다. 요한 랑게는 그 책을 흉악하고 잔인한 비판이라고 평가하였으며, 일부는 종교 전쟁을 불러일으킬 우려가 있다고 하였다. 멜란히톤은 폭력을 인정할 수는 없었지만, 감히 그 새로운 엘리야의 영성을 저지하려 하지는 않았다. 루터는 자신의 입장을 바울과 예언자의 예를 언급하며 변호했고, 사람들로 하여금 귀를 기울이게 하고 전하는 말을 듣게 하기 위해서는 잔혹한 표현을 사용할 수밖에 없다는 것과, 자신은 영광과 돈과 쾌락에 의해 움직이는 것이 아니며, 폭력과 전쟁을 선동하는 것이 아님을 분명히 했다. 자신은 자유로운 공의회를 위한 길을 열어 놓으려 하는 것뿐이라고 주장하였다. 루터는 엘리야의 모범을 따라 아합과 바알 선지자들과 싸움에 있어서(왕상 18), 필립 멜란히톤의 선구자였다 .


## 45. 교회의 바빌론 유수(1520년 10월)


*De Captivitate Babylonica Ecclesiæ Præludium D. Martini Lutheri.* Wittenb. 1520. Erl. ed. *Opera Lat.,* vol. V. 13–118; German translation (*Von der Babylonischen Gefängniss,* etc.) by an unknown author, 1520, reprinted in WALCH, XIX. 5–153, and in O. v. GERLACH, IV. 65–199; the Lat. original again in the Weimar ed., vol. V. An English translation by BUCHHEIM in *First Principles of the Reformation* (London, 1883), pp. 141–245.


「독일 그리스도인 귀족에게 고함」을 마무리하면서 루터는 이렇게 말하고 있다: "나는 로마를 향해 부를 노래가 또 하나 있다. 그들이 그 노래를 듣기 원한다면, 온 힘을 다하여 그들에게 이 노래를 불러주겠다. 내 친구 로마여! 내 말의 의미를 알겠는가?"

이 새로운 노래 즉 두 번째 전쟁 나팔 소리가 1520년 10월 출판된 「교회의 바빌론 유수」라는 책이다. 루터는 그 책을 서곡에 불과하다고 하면서 진짜 싸움은 아직 남아 있다고 하였다. 그 책은 학자와 성직자를 대상으로 하였기에 라틴어로 되어있었다. 그 책은 훨씬 깊고 큰 영향을 미친 논쟁적이고 신학적인 글로, 로마주의의 한 뿌리를 잘라 버리면서 새로운 형태의 기독교적 삶과 예배를 내다보고 있다. 로마 교회의 성례 제도를 비판하면서, 성례 제도는 그리스도인의 삶을 요람에서 무덤까지 교회가 동행하며 통제하는 수단으로서, 모든 중요한 행동과 사건을 사제의 권위 아래 두는 제도라고 공격하고 있다. 루터는 이 제도를 감금(captivity)으로, 로마를 현대적 바빌론으로 기술하고 있다. 그렇다고 성례의 소중함을 과소 평가하거나 그 유익을 무시한 것은 결코 아니었다. 세례와 성찬의 교리에 관한 한, 그는 츠빙글리의 의견보다는 가톨릭에 더 가까운 입장이었다.

루터는 자신의 신학적 훈련을 증진시켜 준 로마의 대적자들에게 감사하는 것으로 이 책을 시작한다. "2년 전 내가 면죄부에 대한 글을 썼을 당시 나는 여전히 폭압적인 로마에 대해 미신적인 존경심을 품고 있었다. 하지만 이제는 프리에리아스와 그 수도사들의 도움으로 면죄부는 다름 아닌 로마에 아첨하는 자들의 사악한 제도에 지나지 않음을 배웠다. 그 후에는 에크와 엠저가 교황의 수위권에 대해 내게 가르쳐 주었다. 당시 나는 교황의 신적 권위는 부정했지만, 인간적 권위는 인정하고 있었다. 그러나 자신들의 우상인 교황을 변호하는 그 광대들의 극에 달한 공교한 글들을 읽고 난 다음에는, 교황제는 바빌론 왕국이며, 장대한 사냥꾼 니므롯(Nimrod)의 권세라는 것을 확신한다. 이제 라이프치히의 한 학식 있는 교수가 이종배찬(성찬에서 평신도에게 빵과 포도주를 다 분배하는 것: 역주)에 관해 나를 공격하는 글을 쓰고 있는데, 그는 훨씬 더 놀라운 기적을 행하게 될 것이다. 그는 그리스도도 사도들도 이종배찬이 평신도들에게 베풀어져야 한다고 누구하나 명령하거나 가르치지 않았다고 말하고 있다."

1. 루터는 우선 **성찬**(Holy Communion) 예식을 다룬다. 그러면서 삼중의 속박으로서 세 오류들에 대해 반대하고 있는데, 이는 평신도에게서 잔을 가져가 버린 것, 화체설의 교리, 그리고 미사의 희생(sacrifice) 교리이다.

(1) 평신도에게서 잔을 가져가 버린 것에 대하여서는 우선 알벨트의 천박한 주장을 비평하면서 마태, 마가, 누가 그리고 바울의 설명을 근거로 전 성례는 사제를 포함한 모든 평신도를 위한 것이라는 사실을 "너희 **모두** 이 잔을 마시라"(Drink ye *all* of this)는 말씀으로부터 입증하고 있다. 마치 성령께서 보헤미아의 분파(후스파–이종배찬을 주장함: 역주)를 예견이나 하신 것처럼, 각 저자들은

빵은 아니지만 잔에는 전체성을 인정하였다. 그리스도의 피는 죄 씻음을 위해 모두를 위해 흘리신 것이었다. 평신도가 그 보혈을 받을 수 있다면, 왜 그 보혈을 상징하는 것에 불과한 잔은 가져가 버리고 주려 하지 않는가 반문하면서, 루터는 교회가 빵을 가져갈 수 없는 것처럼 더 이상 잔을 가져갈 권리도 없다고 하였다. 이 경우에는 로마주의자들이 이단자이고 분리주의자들이지, 말씀에 근거해 자신의 입장을 분명히 했던 보헤미아 사람들이나 헬라 사람들이 이단이나 분리주의자가 아닌 것이다.

"그렇다면 두 가지 모두 평신도에게 주어져야 함을 부정하는 것은 불경과 폭압의 행위일 뿐이며, 천사의 권한에 속한 것도 아니고 따라서 교황이나 공의회의 권한은 더더욱 아니다." "성례는 사제에게 속한 것이 아니라 모두에게 속한 것이다. 또한 사제들은 주가 아니라 종이며, 잔과 빵을 찾는 모든 사람들에게 언제든지 주어 섬기는 것이 그들의 의무이다." "로마의 주교가 주교이기를 포기하고 폭군이 되었으므로, 나는 그의 어떤 교서도 조금도 두려워하지 않는다. 왜냐하면 그나 또 심지어는 공의회라 할지라도 새로운 믿음의 조항을 만들어 낼 어떤 권한도 없다는 것을 나는 알고 있기 때문이다."

(2) 화체설 문제는 크게 문제되는 것은 아니며, 성찬 시에 주님의 실제적 임재(real presence)를 말하면서도 빵과 포도주의 실체 변화를 상정하지 않는 좀 더 자연스런 견해가 화체설과 병행 가능하다고 루터는 주장하였다. 루터가 생애 말기에 가서 주님의 실제적 임재에 대한 강한 확신을 갖고 있었으며, 합당한 자나 합당치 않은 자(물론 이런 사람에게는 정반대 효과가 나타나게 되겠지만)나 성찬에 참여하는 자는 그리스도의 바로 그 몸과 피를 먹고 마시는 것이라고 확신했다는 것은 잘 알려져 있다. 빵과 포도주의 실체가 기적적으로 변화하는 것은 부정했지만, 몸과 피가 실제로 빵과 포도주와 함께(with), 그 안에(in), 그 아래에(under) 함께 존재하는 것이며, 모두 실제적(real)인 것이지만, 하나는 불가시적인 반면, 다른 하나는 가시적인 것이라고 주장했다.[3]

자신의 책에서 루터는 두 가지 이론 모두 다 용인할 수 있지만 개인적으로는 후자를 더 선호한다고 하였다. 그리스도인은 구원을 상실할 위험 없이 자유롭게 어느 쪽으로도 상상하고 생각하거나 믿을 수 있으며 이것은 신앙의 문제가 아니

---

3) 이 견해는 일반적으로 공재설이라고 불림.

기 때문이라고 하였다. 그는 이 교리가 위클리프파나 후스파의 주장이라거나, 또는 교회의 결정에 위배되는 것이라는 등의 잘못된 주장은 귀담아 들을 필요가 없으며 일고의 가치 없는 이야기라고 말했다. 성서는 실체의 변화를 말씀하고 있는 것이 아니다. 바울은 잔이 실제적인 것처럼, 빵과 포도주가 실제적이라고 말하고 있다. 뿐만 아니라 그리스도께서는 (은유적으로) 잔에 담긴 자신의 피를 의미하면서 "이 잔은 내 피로 세우는 새 언약"이라고 말씀하셨다. 화체설은 지나치게 학문적이고 아리스토텔레스적인 산물로서, 12세기에 만들어진 허상에 지나지 않는다. 그리스도가 자신의 몸을 떡 안에 담을 수 있다는 것은 어떤 사건 속에 함께하시는 그리스도처럼 당연하다면서, 불과 쇠는 서로 다른 물체이지만, 불이 뜨거운 쇳덩어리 속에서는 함께 존재하면서 모든 부분이 불이면서 쇠가 되는 것을 예로 설명했다. 그리스도의 영광의 몸이 떡이라는 실체의 모든 부분에 존재할 수 있는 것이 왜 합당하지 않느냐고 반문하였다. 보통 사람들은 실체와 사건 사이의 차이를 구별하지 않을 뿐더러, 주장하지도 않고, 다만 그리스도의 몸과 피는 빵과 포도주에 진실로 함께 포함되어 있다고 단순히 믿음으로 받아들이고 있는 것이다. 마찬가지로 성육신은 인간 본질의 실체적 변화를 필요로 하지 않으며 신성은 인간 본성의 요소들 안에 포함되어 있지만, "각 본성은 완전하며, 이분은 하나님이시다, 그리고 이 하나님은 인간이시다 라고 우리는 바르게 말할 수 있다."

(3) 미사의 희생: 사제가 성찬 제정의 말씀을 선언할 때, 사제의 손으로 그리스도의 바로 그 몸과 피를 하나님께 바쳐드린다는 교리이다. 다시 말해 십자가에서의 속죄의 희생을 피만 흘리지 않는 형식으로 실제로 반복하는 것이다. 이 제도는 로마 가톨릭(과 그리스 가톨릭) 예배의 핵심을 이루고 있다. 루터는 그 제도를 세 번째 속박이며, 다른 것보다 더 사악한 것이라고 주장하였다. 루터는 공적인 예배의 형태를 전적으로 바꾸는 일은 어렵고 또 불가능에 가까운 것이라고 느끼고 있었다. "오늘날 성찬이 선행이고 희생이라고 하는 가르침만큼 교회 안에 일반적으로 받아들여지고 굳게 믿어지고 있는 것도 없다. 이 잘못된 가르침은 교회 안에 수많은 다른 잘못된 가르침을 불러들였다. 결국 성례에 대한 신앙은 완전히 상실되고, 이 거룩한 성례가 단순한 거래, 강제매매, 돈벌이 계약 등으로 전락해 버렸다. 사제들과 수도사들을 전적으로 뒷바침해 주는 것은 바로 이런 것들이다."

루터는 초대 교회의 성찬 제도의 단순함으로 돌아가서, 그리스도의 속죄의 죽음을 감사로 기념하며, 그 성찬과 함께 축복 즉 믿음에 의해 죄의 용서를 받는 것이라고 생각했다. 이 성례의 실체는 약속과 믿음이며, 하나님이 사람에게 주시는 선물이지, 사람이 하나님께 드리는 선물이 아니라고 하였다. 세례처럼 받는 것이지, 드리는 것이 아니라는 것이다. 로마주의자들은 그것을 사람의 선행과 행위(opus operatum)로 바꾸었고, 그것이 하나님을 기쁘게 해드리는 것이라고 잘못 생각하고 있다. 그래서 그렇게 많은 기도와 징표와, 의복과 몸짓, 의식 등 원래의 의미를 알 수 없는 것들로 가득 둘러싸여 있다. "그들은 거룩하신 하나님을 더 이상 좋은 것을 우리에게 주시는 이가 아니라, 우리의 것을 받는 이로 만들어 버렸다. 슬프다. 이런 불경함이여!" 고대 교회에서 근거를 찾아 루터는 성찬을 드리는 것은, 그 이름이 의미하듯(성찬을 뜻하는 헬라어 eucharist는 원래 thanksgiving의 의미이다: 역주), 원래는 가난한 자들의 유익을 위해 참여자들이 드리는 감사의 제사(thank-offering)임을 밝히고 있다. 우리가 하나님께 드려야 하는 진정한 희생은 우리의 감사, 소유, 우리의 전 인격이다. 루터는 또 예배와 성찬 때에 라틴어를 쓰는 것에 반대하며, 자국어를 사용해야 한다고 주장하고 있다.

2. 세례의 성례. 루터는 이 성례가 손상 없이, "탐욕과 미신의 추하고 불경한 괴악함들"로부터 보존되어 올 수 있었던 것에 대해 하나님께 감사했다. 루터는 본질적으로는 세례가 중생의 수단이라는 점을 인정하는 로마 가톨릭에 동의하였으며, 츠빙글리와 칼빈은 중생의 상징과 수세자가 교회에 소속되어 있음을 나타내는 단순한 상징과 표지로 이해했다. 루터는 로마 가톨릭의 입장보다 더 나아가서 고해가 세상에서 난파된 죄인의 두 번째 의지 수단이라는 당시 우세하던 성 제롬의 입장을 부정하면서, 사제의 용서에 의지하기보다는 세례에 의해 주어지는 죄의 용서가 더 낫다는 입장을 갖고 있다. "우리들의 죄에서 벗어나서 참회를 할 때에는 세례의 효력과 세례에 담긴 신앙에 의지해야 하며, 타락에 빠지면 언제든지 죄로 인해 상실한 약속에 다시 돌아가 의지하여야 한다. 한번 우리에게 주어진 약속은 언제든지 우리와 함께하며 손을 내밀어 받아주시기에 돌아갈 수 있는 것이다."

세례의 방식에 대해서는 루터는 이곳에서 뿐만이 아니라 다른 곳에서도 완전한 침례를 선호한다는 것을 표명하고 있다. 침례는 그 당시 영국이나 대륙 일부 지역에서도 일반적인 것이었는데, 로마 가톨릭과 프로테스탄트 또는 프로테스탄트와 재세례파 사이에서 논쟁의 쟁점이 된 것은 아니었다. 그러나 유아 세례에 대해서 재세례파는 가톨릭이나 프로테스탄트와 견해를 달리했다. 루터는 세례는 물 속에 잠기는 것에서 그 이름이 유래된 것임을 지적하면서, 헬라어로 세례의 의미는 잠긴다는 것이고 세례는 두 가지 의미, 죽음과 부활의 의미가 있으며 완전하고 전체적인 의롭다함을 의미한다고 말하고 있다. 목사가 아이를 물에 잠기게 할 때에는 죽음을, 물에서 꺼낼 때에는 생명을 의미하는 것이다. 바울은 세례를 그렇게 설명하고 있다(롬 6:4). 그렇기에 루터는 세례받는 자는 완전히 잠기는 것이 좋으며, 꼭 그래야 하는 것은 아닐지라도 세례의 의미나 그 신비함의 중요성이라는 관점에서 완전하고 전체적으로 물에 잠기는 것이 세례에 담긴 의미를 완전하고 전체적으로 표현하는 것이라고 생각했다.

세례에 의한 중생이라는 루터적 관점은 오로지 믿음에 의한 칭의라는 그의 입장과 일치하지 않는 것처럼 보인다. "사람을 의롭게 하는 것, 또는 유익을 끼치는 것은 세례가 아니다. 약속의 말씀에 대한 믿음이다. 세례는 그 말씀에 단지 덧붙여져 있을 뿐이다. 이 믿음이 세례의 의미를 정당화하고 완성시키는 것이다. 왜냐하면 믿음이란 옛 사람이 잠기고, 새 사람이 나오는 것이기 때문이다." 그렇다면 유아 세례는 루터의 입장에서 어떻게 그 타당성을 설명할 수 있을 것인가? 유아들은 비록 의심할 여지 없이 믿음의 능력이 있다 할지라도, 그 올바른 의미에서 믿음을 갖고 있다고 말하기는 어렵기 때문이다. 루터는 여기서 부모나 교회의 대리적 믿음을 들고 나온다. 또한 루터는 유아들의 종교적 수용력에 근거하여 세례를 통해 믿음이 생성된다고 설명한다.

3. 마지막으로, 루터는 성례의 수에 대해 전통적 입장을 비판하였다. 루터는 교회에서는 두 가지 성례, 세례와 성찬만을 인정하였고 그 두 가지만이 신적으로 제정된 죄의 용서에 대한 약속이라고 하였다. 어떤 의미에서는 고해성사도 세례로 돌아가는 수단의 하나로서 인정하였다.

루터는 가톨릭의 나머지 성례들, 신품성사, 견진성사, 혼배성사, 그리고 임종시의 종부성사 등은 부정하였다. 그것들은 성서에 근거가 없고, 그리스도가 명하신 것도 아니라고 하였다.

결혼 제도는 세상의 시작부터 존재해온 것이고 온 인류에게 속한 것인데, 그것이 성례라고 불릴 이유가 없다. 바울은 그것을 "신비"(mystery)라고 하였지,

라틴어 성경 불가타에서 번역되듯(엡 5:32) 성례라고 한 적이 없다. 한편으론 그리스도와 교회의 연합을 결혼 제도를 이용해 은유적으로 설명한 것이기도 하다. 그러나 교황은 영적 유사성과 법률적 제정으로부터 엄격한 장애물들을 통해 이 보편적인 인간 제도를 제한해 버렸다. 교황은 성직자의 결혼을 금하였고, 합법적 결혼이라 할지라도 당사자의 의지와 관계 없이 취소할 수 있는 권한을 주장하고 있다. 결혼 제도와 관련하여 많은 혼돈과 불행, 장애, 분란, 위험이 교회 안에서 일어나고 있으며, 경건하지 못하고 유해한 인간적 전통에 의해 초래되고 있음을 알아야 한다. 사람이 만든 규칙을 없애고, 자유의 복음을 다시 불러 그에 따라서만 모든 것을 판단하고 규제하는 것 이외에는 다른 처방이 있을 수 없다고 루터는 말하고 있다.

루터는 마지막 내용에서 자신을 향한 교황의 교서와 저주가 준비되고 있다고 듣고 있으며, 따라서 자신은 자신의 주장을 포기하느냐 아니면 이단으로 정죄되느냐의 기로에 서 있다고 말한다. 자신을 출교시키려는 모함이 사실이라면, 자신이 지은 그 작은 소책자가 훗날 또 다른 개혁의 한 부분이 되어 그들의 오만한 폭정이 헛된 것이었다고 고백할 날이 도래할 것이라고 하였다. 루터는 그리스도의 도움으로 로마가 본 적도 들은 적도 없는 개혁을 이어갈 것이며, 그렇게 함으로써 그리스도 우리 주 예수 그리스도를 향한 자신의 순종을 온전히 증거할 것이라고 하였다.

## 46. 그리스도인의 자유 – 교황에게 보내는 루터의 마지막 편지 (1520년 10월)

*Von der Freiheit eines Christenmenschen*, Wittenberg, 1520; often reprinted separately, and in the collected works of Luther. See WALCH, XIX. 1206 sqq.; Erl. ed., XXVII. 173–200 (from the first ed.); Gerlach's ed. V. 5–46. The Latin edition, *De Libertate Christiana*, was finished a little later, and has some additions; see Erl. ed. *Opera Lat.*, IV. 206–255. Luther's letter to the Pope in Latin and German is printed also in DE WETTE, I. 497–515. English version of the tract and the letter by BUCH-HEIM, *l. c.* 95–137.

비록 로마는 루터를 이미 정죄하였지만, 교황의 특사 밀티츠는 여전히 평화스러운 타협을 할 수 있다는 소망을 갖고 있었다. 그는 교황에게 편지를 쓰겠다는 약속을 루터에게서 받아냈다. 그는 또한 1520년 10월 11일 리히텐베르크(Lichtenberg: 토르가우 지역의 지금의 Lichtenburg) 성 안토니우스 수도원에서 멜란히톤과 루터를 만나 마지막 회담을 가졌다. 그것은 루터가 교황의 파문 교서를 본지 며칠 뒤의 일이었다. 루터는 책과 편지를 라틴어와 독일어로 작성하여 레오 10세에게 제출하고, 교황을 공격한 적이 없다는 것을 분명히하며, 모든 문제는 에크 박사 때문임을 교황에게 확신시킬 것에 동의하였다. 그 책은 12일 만에 완성되었으며 날짜가 9월 6일로 되어 있는 것은 교황의 교서 때문이란 인식을 피하기 위해서였다.

이것이 루터의 가장 탁월한 두 작품인 「그리스도인의 자유」라는 소책자와 레오 10세에게 헌정하는 편지의 기원이 된다.

그리스도인의 자유에 대한 이 탁월한 소논문은 루터의 저작들 중에서 최고 걸작이다. 이 작품은 로마에 대항하며 교황의 폭정을 분쇄하려는 그의 논쟁적 논문들과는 놀라울 만큼 대조적인 것으로, 이 소논문은 그러한 주장들을 보충하면서도 루터의 입장을 완전히 이해하는데 꼭 필요한 내용을 담고있다. 교황의 폭정에 대항하면서도 루터는 방종이라는 극한적 반대를 옹호하는 것과는 아주 거리가 멀었다. 루터는 갈라디아서의 정신에 철저하게 감화되어 있어서, 극한 대립의 양끝 모두를 거부하는 것이 루터의 소논문의 중심이었다. 루터는 진정한 자유가 어디에 있는지를 말하면서, 복음서에서 보듯 자유는 그리스도 안의(in) 자유이지, 그리스도로부터의(from) 자유가 아니라고 주장한다. 그리고 이것을 화해의 기초로 제공하고 있다. 여기서 루터는 그리스도인의 삶의 일반적 요약을 제시하고, 모든 논쟁으로부터 벗어나 실천적 신비주의의 최고의 정신 속에서 이 책자를 작성하였으며, 이 점에서 그는 슈타피우츠와 타울러와 연결된다.

주요 내용을 정리하면, 그리스도인은 믿음으로 모든 것의 주인이 되며, 어느 것에도 매이지 않는다. 또 그리스도인은 사랑으로 모든 것의 종이며, 모든 것을 섬기는 사람이다. 믿음과 사랑이 그리스도인 됨의 요소이다. 하나는 하나님께 이어지는 끈이고, 다른 하나는 형제 자매와의 끈이다. 그 생각은 바울에게서 나온 것으로, 바울은 고린도전서 9장 19절에서 "내가 모든 사람에게 자유하였으나, 스스로 모든 사람에게 종이 된 것은 더 많은 사람을 얻고자 함이라"고 말하고, 또 로마서 13장 8절에서는 피차 사랑의 빚 이외에는 아무에게든지 아무 빚도 지지 말라고 하고 있다. 그것은 바로 그리스도 자신이 모든 것의 주인이면서 여자에게서 나시고 율법 아래 나신 것은 율법 아래 있는 자들을 속량하시려 함이며(갈 4:4), 또 그는 근본 하나님의 본체이시나 오히려 자기를 비어 종의 형체를 가진 것임을(빌 2:6,7) 말하였다. 그리스도인의 삶은 그리스도의 삶을 본받는 것이라는 생각은 중세 신비주의자가 선호했던 정신이었다.

사람은 믿음으로만 자유롭게 되며, 믿음으로만 의롭게 된다. 그 믿음은 사랑과 모든 선행 안에서 자신을 드러낸다. 사람은 선행을 이루기 전에 선해야 하며, 선행은 선한 사람에게서 나오는 것이다. 그리스도가 말씀하듯 좋은 나무가 나쁜 열매를 맺을 수 없고 못된 나무가 아름다운 열매를 맺을 수 없다(마 7:18). 열매가 나무를 맺는 것이 아니고, 열매가 나무를 자라게 하는 것도 아니다. 나무가 열매를 맺는 것이고 열매는 나무에서 열리듯, 모든 기술도 마찬가지라서 좋은 집이나 나쁜 집이 좋은 건축가나 나쁜 건축가를 만드는 것이 아니라, 좋고 나쁜 건축가가 좋은 집과 나쁜 집을 각각 만드는 것이다. 사람이 하는 일이 그렇다면 신앙과 불신앙의 경우에도 마찬가지인 것은 그것은 여전히 각자의 행위이기 때문이며 믿음으로 되어진 일은 선한 것이고, 믿음 없이 하는 일은 악한 것이다. 믿음이 사람을 신앙인으로 만드는 것처럼 또한 그 행위를 선하게 만드는 것이다. 그러나 행위는 사람을 신앙인으로 만드는 것이 아니며, 사람을 의롭게 하지도 않는다. 행위에 반대하는 것이 아니다. 오히려 우리는 선한 행위를 칭찬하며, 최고의 선한 삶을 가르친다. 문제는 그 선한 행위가 잘못되었다는 것이 아니라, 선한 행위에 의해 의롭게 되려는 것이 잘못된 생각이다. "믿음으로부터 주 안에서 사랑과 기쁨이 흘러나오고, 사랑으로부터 밝고 자유롭게 기꺼이 이웃을 섬기는 자세가 가능하며, 감사나 배은망덕에 개의치 않고, 칭찬을 받건 비난을 당하건, 얻건 잃어버리건, 어떠한 상황에도 구애받지 않고 섬길 수 있는 것이다. 그 목적은 평신도에게 굴레를 씌우려는 것이 아니며, 친구와 적을 구별하려는 것도 아니고, 또는 감사나 은혜를 모르는 것에 마음쓰려는 것도 아니다. 자유롭게 기꺼이 베푸는 자기 희생 속에서, 은혜를 몰라주어도 선한 뜻을 얻지 못해도, 마음쓰지 않는 것이다. 왜냐하면 하나님 아버지는 모든 것을 모든 사람에게 풍성하게 거저 베푸시고, 햇빛도 선한 이나 악한 이나 모두에게 비치게 하시는 분이기 때문이다. 따라서 그 자녀들도 하나님 안에서 그렇게 큰 선물을 주시는 그리스도를 통한 기쁨과 자유함으로 행하며 나아가야 한다고 루터는 말하고 있다" …

"그렇다면 그리스도인은 자기 안에서 자신을 위해 사는 존재가 아니라, 그리스도 안에서 이웃을 위해 사는 존재라고 우리는 결론짓는다. 그렇지 않으면 그리스도인이라 할 수 없다. 그리스도 안에서 믿음으로, 이웃 안에서 사랑으로 사는 존재인 것이다. 믿음으로 신앙인은 자신을 넘어서 하나님께 이르게 되고, 사랑으로 자신을 비워 이웃에게 내려가지만, 여전히 언제나 하나님과 그의 사랑 안에 머무는 것이다. 그것이 '진실로 너희에게 이르노니 하늘이 열리고 하나님이 사자들이 인자 위에 오르락내리락 하는 것을 보리라' (요 1:51) 하신 그리스도의 말씀의 의미인 것이다."

라틴 본문에서 루터는 영적 자유를 오해하고 왜곡하는 사람들에게 탁월한 해명을 덧붙이고 있다. 그들은 자유를 육체의 방종을 위한 기회로 삼고, 예식, 전통, 인간의 법들을 무시하는 것으로 그 자유를 나타내 보이는 사람들이다. 바울의 가르침은 어느 한 쪽으로 치우치는 것을 나무라고 중도를 걸어가야 한다는 것이며, "먹는 자는 먹지 않는 자를 업신여기지 말고, 먹지 못하는 자는 먹는 자를 판단하지 말라"(롬 14:3)고 말씀한다. 바울이 디도를 강제로 할례받게 하려는 유대화주의자들(Judaizers)에 대항해 싸운 것처럼, 우리도 완고하고 고집스런 의식주의자들(ceremonialists)에 대항해 싸워야 한다. 우리는 또한 믿음의 자유를 아직 이해할 능력이 없는 약한 자들을 아끼고 고려해야 한다. 늑대와 맞서 싸워야 하는 것은 양들을 대신함이지 양들에 반대하기 위함이 아니라고 루터는 말하고 있다.

이러한 종교적 평화 제의는 가톨릭이든 프로테스탄트이든 모든 진실한 그리스도인들의 동의를 얻어야 한다. 그것은 바울의 진정한 제자도의 정신을 드러내고 있다. 또한 영웅적 믿음과 어린아이 같은 단순성으로 가득 차 있다. 그 내용은 루터의 최고의 저작들과 같은 수준이며, 당대의 격한 논쟁보다 차원 높은 것이며, 기독교의 긍정적인 진실과 평화로 가득 차 있다.

루터는 그 책을 교황 레오 10세에게 보냈지만, 교황은 너무나 세속적인 경향의 사람이었기에 그 의미를 음미할 수 없었다. 루터는 또한 책과 함께 편지를 보냈는데, 그 편지는 타협을 거부하는 결연하고 힘있는 논증의 편지였기에 혹시 교황이 읽었다면 분노와 혐오감을 느끼기에 충분한 내용이었다. 교황에게 보내는 첫 번째 편지(1518)에서는 루터는 자신을 내던져 그리스도의 대리인인 교황의 발 앞에 순종하는 아들로서 엎드렸지만, 그의 두 번째 편지(1519)에서는 비록 여전히 겸손한 종의 모습으로 서지만 양심의 확신에서 내린 결정을 바꾸는 것에 대해서는 분명하게 거절하고 있다. 세 번째이자 마지막 편지에서는 교황과 대등한 위치에서, 교황의 인격에 대해 과분한 정도의 예를 갖추면서도 동시에 로마 교구를 신랄하게 비판하고, 교황을 늑대들 사이의 어린양으로, 사자 굴에 갇힌 다니엘로 비교하고 있다. 루터는 교황이 그리스도의 대리자가 될 수 있는 한 가지 이유가 있다면, 그것은 그리스도가 로마에 없기 때문이라고 말했다. 레오에게 사과의 편지를 쓰라고 루터를 재촉했던 밀티츠와 아우구스티누스 수도회 형제들은 크게 실망했을 것임에 틀림없다. 왜냐하면 그 편지는 혹시 남아 있을지도 모를 화해의 가능성에 대한 모든 소망을 완전히 파괴해 버리는 것이었기 때문이다.

레오에 대한 찬사의 인사를 먼저 언급하고, 이어서 레오의 인격을 모독하는 내용을 말한 적이 없다는 것을 밝히면서 써 내려간 그의 편지는 다음과 같이 서술하고 있다:

"전에는 모든 교회 중 가장 거룩한 교회였던 로마 교회가 이제는 법도 없는 도둑들의 소굴이 되었으며, 부끄러움을 모르는 가장 지저분한 곳이며, 죄와 죽음과 지옥의 왕국이 되고 말았습니다. 그리하여 심지어는 적그리스도라도 로마 교회의 사악함에 더 이상 보탤 것이 없을 것입니다.

그러는 가운데 당신 레오는 늑대들 가운데 어린양처럼, 사자굴 가운데 다니엘처럼, 그리고 전갈들 가운데 사는 에스겔처럼 그 자리에 앉아 있습니다. 이 괴물 같은 사악함들에 대해 당신 홀로 어떤 반대를 할 수 있겠습니까? 추기경들 가운데 가장 학식있고 선량한 사람 서넛을 당신의 편으로 만드십시요. 그렇게 많은 사람들 중에서 이 사람들이 무엇이겠습니까? 어떤 치유책을 시도해 보려고 하기도 전에 아마도 당신들 모두가 독살을 당하고 말 것입니다. 모든 것이 로마의 능력을 벗어나 있습니다. 하나님의 극렬한 진노가 임박해 있습니다. 로마는 공의회를 미워하고, 개혁을 싫어하고, 불경스런 미친 짓들을 도무지 주체할 수가 없습니다. 로마는 그 어미에게 내렸던 판결을 채우고 있습니다. 이에 대해 '우리는 바빌론을 치유하고자 했지만, 바빌론은 치유되지 않았다. 이제 바빌론을 포기하도록 하자' 고 기록된 대로 말입니다. 이러한 악들을 치유하는 것이 당신의 그리고 추기경들의 의무입니다. 그러나 이 질병은 의사의 손을 비웃습니다. 그리고 당신의 병거는 고삐에 순종하지 않습니다. 이러한 감정들 때문에 나는 더 나은 시대에 어울리는 탁월한 레오 당신이 로마의 주교가 된 것에 대해 항상 슬퍼해 왔습니다. 로마 교구는 당신이나 또는 당신과 같은 사람에게는 어울리지가 않습니다. 사탄에게나 어울릴 뿐입니다. 진실을 말하자면 그곳 바빌론을 통치하고 있는 것은 당신이라기보다는 사탄인 것입니다.

당신의 저주받을 적들이 당신의 것이라고 선언한 그 영광을 내려놓고, 차라리 조용한 사제의 방에서 살거나, 아니면 아버지로부터 물려받은 유산으로 살아가는 것이 더 나을 것입니다. 그 영광은 멸망의 자식인 가룟의 족속들 외에는 아무에게도 어울리지 않는 것입니다. 레오여! 당신의 궁정에서는 사람이 사악하고 저주스러울수록, 그가 다른 사람들의 재산과 영혼을 파괴시키는 일에, 죄악을 증폭시키는 일에, 믿음과 진리 그리고 하나님의 전 교회를 짓밟는 일에 그만큼 더 잘 당신의 이름과 권위를 사용하게 되는 것 외에는 아무 일도 일어나지 않고 있습니다. 오, 레오여! 실상은 가장 불행하고, 가장 위험한 왕좌에 앉아 있는 분이여! 당신이 잘 되기를 원하기 때문에, 나는 참으로 진리를 말씀드리는 것입니다. 그때도 몹시 타락했지만 그래도 로마 교구가 지금보다는 더 나은 소망을 가지고 지배하고 있을 때, 로마를 방문한 베르나르가 교황 아나스타시우스(Anastasius)를 불쌍히 여겼다면, 300년이 지나 훨씬 더 많은 부패와 타락이 가해진 지금에 와서 어찌 우리가 통탄하지 않을 수 있겠습니까?

이 광대한 하늘 아래 로마 교구보다 더 타락하고, 더 유해하고, 더 가증스러운 것이 없다는 것이 사실이 아닙니까? 로마는 그 불경함에 있어서 터키인들(Turks)을 훨씬 능가하여, 바로 진실을 말하자면, 전에는 천국의 문이었던 곳이 이제는 지옥의 열린 입이 되었는데, 하나님의 임박한 진노 때문에 도저히 닫아버릴 수 없는 그런 입이 되고 말았습니다. 불쌍한 우리들에게는 단지 하나의 방법만이 남아 있을 뿐입니다. 할 수 있다면, 이 로마의 심연으로부터 몇 사람을 불러내 구원하는 것입니다.

나의 아버지 레오여, 보소서! 내가 이 역병의 근거지를 향해 폭풍을 일으킨 것은 무슨 목적과 원칙을 가지고서 이겠습니까? 나는 개인적으로 당신을 공격할 만한 어떤 분노도 갖고 있지 않습니다. 도리어 당신의 호의를 힘입기 원하고, 당신의 복지를 위하여 도움이 되고자 합니다. 활동적으로, 격정적으로 당신의 그 감옥, 아니 당신의 지옥을 때려부숨으로써 말입니다. 모든 지식인들이 이 불경스럽고 혼돈에 빠진 로마를 향해 쏟아붓는 모든 노력은 당신과 당신의 복지, 그리고 당신과 함께 있는 많은 사람들에게 궁극적으로 유익이 될 것이기 때문입니다. 로마에 해를 끼치는 사람들은 당신의 일을 하고 있습니다. 모든 방법으로 로마를 미워하는 사람들은 그리스도를 영화롭게 하고 있습니다. 간단히 말하면, 로마 사람이 아닌 사람들이 그리스도인입니다 …

요컨대 성하(聖下)에게 빈손으로 나아가지 않기 위하여, 평화와 선한 소망을 세우고자 하는 좋은 징조로서, 당신의 이름으로 출판된 이 책을 함께 보내드립니다. 이 책을 읽으시면, 내가 무슨 목적을 추구하는지, 무슨 일에 마음을 쏟고 있는지를 잘 이해하시게 될 것입니다. 당신의 불경스런 아첨꾼들이 내 책이 읽히도록 허락해 준다면 말입니다. 종이를 보면 이 책은 작은 책입니다. 그러나 내가 잘못 생각한 것이 아니라면, 작은 분량으로 그리스도인의 삶을 요약한 것이라는 것을 당신을 이해하게 될 것입니다. 가난한 수도사인 나는 당신에게 드릴 다른 선물이 없습니다. 그리고 당신은 영적인 선물로 부유해지는 것 외에 다른 어떤 것도 부족함이 없으십니다. 성하에게 나 자신을 맡깁니다. 주님 예수께서 당신을 영원토록 보존하옵소서! 아멘.”

## 47. 파문 교서(1520년 6월 15일)

The Bull "*Exurge, Domine*," in the *Bullarium Romanum*, ed. CAR. COCQUE-LINES, Tom. III., Pars III. (ab anno 1431 ad 1521), pp. 487–493, and in RAYNALDUS (continuator of Baronius): *Annal. Eccl.*, ad ann. 1520, no. 51 (Tom. XX. fol. 303–306). Raynaldus calls Luther "*apostatam nefandissimum*," and takes the bull from Cochlæus, who, besides Eck and Ulemberg (a Protestant apostate), is the chief authority for his meager and distorted account of the German Reformation. A copy of the original edition of the bull is in the Astor Library, New York. See NOTES.

U. v. HUTTEN published the bull with biting glosses: *Bulla Decimi Leonis contra errores Lutheri et sequacium*, or *Die glossirte Bulle* (in Hutten's *Opera*, ed. Böcking, V. 301–333; in the Erl. ed. of Luther's *Op. Lat.*, IV. 261–304; also in German in WALCH, XV. 1691 sqq.; comp. STRAUSS: *U. v. Hutten*, p. 338 sqq.). The glosses in smaller type interrupt the text, or are put on the margin. LUTHER: *Von den neuen Eckischen Bullen und Lügen* (Sept. 1520); *Adv. execrabilem Antichristi bullam* (Nov. 1520); *Wider die Bullen des Endchrists* (Nov. 1520; the same book as the preceding Latin work, but sharper and stronger); *Warum des Papsts und seiner Jünger Bücher verbrannt sind* (Lat. and Germ., Dec. 1520); all in WALCH, XV. fol. 1674–1917; Erl. ed., XXIV. 14–164, and *Op. Lat.* V. 132–238; 251–271. LUTHER's letters to Spalatin and others on the bull of excommunication, in De Wette, I. 518–532. RANKE: I. 294–301. MERLE D'AUBIGNÉ, Bk. VI. ch. III. sqq. HAGENBACH, III. 100–102. KAHNIS: I. 306–341. KÖSTLIN: I. 379–382. KOLDE: I. 280 sqq. JANSSEN: II. 108 sqq.

라이프치히 협상을 끝내고 에크는 로마로 돌아가서 루터와 그 동조자들을 비난하기 위해 모든 노력을 경주하였다. 캄페기(Campeggi), 카예타누스, 프리에리아스, 알레안더(Aleander) 등의 추기경들이 그 일을 도왔다. 카예타누스는 병이 들었지만 들것에 실려 추기경 회의에 참석하기까지 하였다. 많은 난항이 있었지만, 파문 교서가 5월에 만들어지고 수정을 거쳐 1520년 6월 15일에 완성되었다.

루터의 〈95조개 논제〉가 발표된 이후 거의 3년 가까이 흘렀다. 그동안 한편 루터는 로마 교회의 기초 그 자체를 향해 격렬하게 공격을 하였고, 교황 제도를 적그리스도라 비난하면서 교황에게서 공의회로 과감히 그 호소의 대상을 바꾸어 버렸다. 그것은 그런 호소는 이단이라고 선언한 피우스 2세와 율리우스 2세의 결정에 어긋나는 것이었다. 교서의 완성과 반포 사이의 기간 동안에 루터는 「독일 그리스도인 귀족에게 고함」과 「교회의 바빌론 유수」라는 소책자를 통해 더 나아갔으며, 완전한 항복이 아니고서는 화해가 불가능한 상태가 되어 버렸다. 그러나 그것은 루터에게는 도덕적으로 불가능한 일이었다. 로마는 루터주의를 더 이상 방치할 수 없었다. 그것을 방치한다는 것은 로마이기를 포기하는 것이었다. 로마는 정치적이고 신중한 고려 속에서 마지막 행동을 미루고 있을 뿐이었으며, 특히 새 독일 황제의 선택과 황제 지위를 제시했지만 거절한 선제후 프리드리히의 영향력 있는 목소리를 고려하고 있는 것뿐이었다.

파문 교서는 루터의 〈95개조 논제〉에 대항하는 선언이며, 루터와 관련된 모든 프로테스탄트 종교개혁을 비난하는 것이었다. 거기에 그 역사적 중요성이 있다. 분열되기 전 라틴 기독교 세계를 향해 제시된 마지막 교서이며, 그렇게 많은 사람들에게 거부당한 첫 번째 교서였다. 루터와 그의 친구들을 화형시키는 결과를 낳기 전에 그 교서는 루터에 의해 태워져 버렸다. 그 교서는 교황청에 의해 통상적인 교서의 무겁고, 과장되고, 지루한 스타일로 쓰여졌지만, 매우 정교하고, 세밀하게 준비된 서류였다. 교황 중심의 위계제도를 잘 표현하고, 사제직의 오만한 모습과 진리가 함께 혼합되어 이단과 분파주의를 비난하면서, 아버지로서의 슬픔과 심각한 징벌 내용을 담고 있다. 교황 자신을 진리의 인격적 발현인 양 표현하고 있고, 신앙에 관한 모든 문제의 심판관이며 영원한 보상과 벌을 내리는 자로 묘사되어 있다.

교서는 시편 74편 22절로 시작한다: "하나님이여! 일어나사 주의 원통을 푸시고 우매한 자가 종일 주를 비방하는 것을 기억하소서. 주의 대적의 소리를 잊지 마소서. 일어나 주를 항거하는 자의 훤화가 항상 상달하나이다." 교황은 베드로와 바울 그리고 모든 성인들을 언급하며 "숲 속의 멧돼지" 그리고 "들짐승"(시 80:13)이 주의 포도원에 들어와 파괴하고 있다고 고발하고 있다. 교황은 교황으로부터 제국을 받은 고귀한 독일에서, 그리고 이단에 대항하여 그렇게 많은 피를 흘린 독일에서 보헤미안과 다른 이단들이 다시 발호하는 것에 대해 깊은 슬픔을 나타내고 있다. 그리고는 루터의 책에서 발췌한 41가지 주장들을 이단으로, 혹은 경건한 귀에는 거슬리는 것들로 지적하면서, 루터의 모든 책을 불태울 것을 요구하였다. 잘못된 주장들이라고 지적하는 내용들 중에는 성례와 교회의 위계제도, 그리고 교황과 로마교회의 권위와 관련된 것들이 포함되어 있다. 타락 후의 자유의지(liberum arbitrium)의 부정 역시 분명히 아우구스티누스의 가르침이었지만 비난받았다. 루터의 핵심 교리인 믿음에 의한 칭의는 명시적으로 언급하지 않았다. 문장들은 전체적인 맥락에서 분리되어 취급되었고, 가톨릭 교리에 대한 단순한 부정으로 취급될 수 있는 형태로 다루어졌으며, 개혁자들의 긍정적 견해는 진술되지 않거나 왜곡되었다.

루터 개인에 대해서는 교황은 아버지로서의 사랑과 인내를 표현하고, 루터에게 하나님의 자비와 그리스도의 피로 간절히 권면하여 회개하고, 교서가 브란덴부르크, 마이쎈(Meissen), 메르제부르크(Merseburg) 교구에서 발표된 지 60일 이내에 자신의 주장을 철회하면, 다시 돌아온 아들로 관대히 받아들일 것을 약속하고 있다. 그러나 회개하지 않으면 루터와 그 추종자들은 시들어 버린 가지처럼 그리스도의 포도나무에서 잘려져 버릴 것이며, 완고한 이단자로 정죄될 것임을 분명히 선언하고 있다. 이것은 화형될 것임을 의미하는 것인데, 이단자의 화형은 성령의 의지에 반한다는 루터의 주장을 명백히 부정하고 있기 때문이다.

모든 군주들과 행정장관 및 시민들에게 파문과 보상의 약속을 걸고 루터와 그 추종자들을 잡아들여 교황에게 보낼 것을 요구하면서, 루터와 그 동료들을 숨겨 주는 것을 금한다고 선언하고 있다. 그리스도인은 루터의 서적들을 읽지도, 인쇄나 출판도 하지 말고 태워버릴 것을 명령하고 있다.

이러한 주장으로부터 미루어 생각해 보면 만일 교황의 힘이 개혁운동을 분쇄하였더라면 지금의 기독교 세계는 지적인 노예 상태로 머물러 있을 것임을 쉽게 짐작할 수 있다. 그런 점에서 자유와 진보라는 측면에서 루터에게 지고 있는 빚은 측량하기 어려울 만큼 크다 하겠다.

교서의 반포와 실행은 두 명의 고위 성직자와, 알레안더, 카라치올리(Caraccioli), 그리고 에크가 맡았다. 루터의 개인적 앙숙이자 교서 작성 시 특히 적극적으로 관여했던 에크는 승리감으로 교황의 특사라는 위엄을 가지고, 심지어는 루터의 추종자였던 사람들 중에서 칼슈타트, 비텐베르크의 돌치히(Dolzig), 아우크스부르크의 아델만(Adelmann), 츠비카우의 에그라누스(Egranus of Zwickau), 그리고 인문주의자인 피르크하이머와 뉘른베르크의 슈펭글러(Spengler) 등을 자기 편에 거느리고 돌아왔다. 독일에서 가장 좋지 않은 평가를 받고 있던 에크를 선택했던 것은 교황의 큰 실수였다는 것은 로마 가톨릭의 역사가들도 인정하는 바이며, 그로 인해 종교개혁에 더 힘을 보태게 된 셈이 되었다.

교서는 메이엔스(Mayence), 쾰른, 루뱅 등에서는 큰 어려움 없이 발행되고 실행되었다. 루터의 책은 불태워지도록 황제의 허가를 받았다. 하지만 북부 독일에서는 갈등의 본거지로서 강력한 저항을 받았고 결국 실패했다. 에크는 교서를 복사해 마이센과 잉골슈타트(9월 21일), 메르제부르크(9월 25일), 브란덴부르크(9월 29일) 등의 지역에 내걸었다. 그러나 일년 전 에크가 공개 토론에서 루터에 대해 자랑스런 승리를 거두었던 라이프치히에서는 학생들(150명은 비텐베르크에서 왔음)에 의해 모욕을 당하고, 수도원으로 피신하지 않으면 안 되었다. 교서는 더럽혀졌고 갈기갈기 찢겨져 버렸다. 에르푸르트에서는 상황이 더욱 나빴다. 에크는 *Eccius dedolatus*라는 풍자(1520년 3월 에르푸르트에서 인쇄됨)에 나오는 호흐슈트라텐(Hochstraten)으로 간주되어 심한 모욕과 조롱을 받았다. 신학부는 교서를 공포하기를 거부하였다. 학생들은 복사본을 쓰레기통에 던져버리면서, "이것은 단지 물거품에 불과하니 물에서나 떠다니라"고 조소하였다.

Bulla contra errores
Martini Lutheri
z sequacium.

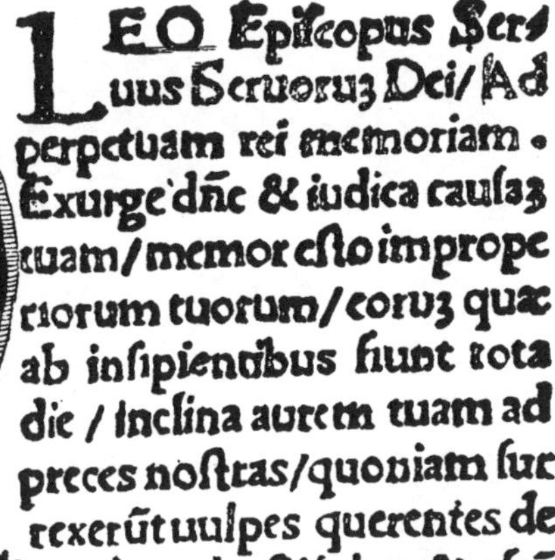

LEO Episcopus Ser/
uus Seruoru3 Dei/ Ad
perpetuam rei memoriam .
Exurge dñe & iudica causa3
tuam/ memor esto imprope
riorum tuorum/ eoru3 quæ
ab insipientibus fiunt tota
die / Inclina aurem tuam ad
preces nostras/ quoniam sur
rexerût uulpes querentes de

moliri uineam/ cuius tu Torcular calcasti solus/ & ascê
surus ad patrem/ eius curam/ regimen / & administra/
tionem Petro tanquá capiti/ et tuo Vicario/ eiusq3 suc/
cessoribus instar triumphantis Ecclesie côisisti/ exter
minare nititur eam, Aper de silua/ & singularis fetus de
pasci eam. Exurge Petre/ & pro pastorali cura prefata ti
bi( ut prefertur )diuinitus demandata/ intende in causa3
sanctæ Romañ. Ecclesiæ/ Matris omnium ecclesiaru3/
ac fidei Magistre/ quam tu/ iubente Deo/ tuo sanguine
consecrasti/ contra quam sicut tu premonere dignatus
es/ insurgunt Mogistri mendaces introducentes sectas
perditionis sibi celerem interitum superducentes/ quoq3
lingua ignis est/ itû, sectum malum/ plena ueneno mor
tifero/ qui Zelum amarum habentes/ & contentiones
in cordibus suis/ gloriantur/ & mendaces sunt aduersus
ueritatem. Exurge tu quoq3 quesumus Paule/ qui eam
tua doctrina/ ac pari martyrio illuminasti/ atq3 illustra/
sti. Iam eni surgit nouus Porphirius/ qui sicut ille olim
sanctos Apostolos iniuste momordit, Ita hic sanctos
Pontifices predecessores nostros côtra tuam doctriná

1520년 10월 3일 에크는 교서를 비텐베르크 대학 총장에게 보냈다. 그는 루터의 잘못된 주장들을 금지할 것을 요구하면서, 복종하지 않을 시에는 교황이 대학의 자유와 특권을 취소할 것이라고 위협하였다. 학교의 교수들과 선제후의 고문들은 여러 가지 이유를 들어 그 교서의 공포를 거부하였다.

프리드리히 선제후는 카를 5세의 대관식을 위해 아헨으로 오는 중이었으며, 통풍으로 쾰른에 체류 중이었다. 거기서 미사가 끝난 후인 11월 4일 알레안더로부터 교서를 받았고, 그대로 시행하라는 정중한 말과 함께 루터를 벌하거나 로마로 보내도록 요구받았다. 그러나 그는 조심스럽게 대답을 보류했으며, 슈팔라틴 앞에서 에라스무스의 충고를 구했다. 에라스무스는 루터의 죄가 있다면 그것은 교황의 삼중관과 수도사들의 배를 건드린 것이라고 대답하였다. 면담을 마치고 에라스무스는 슈팔라틴에게 편지를 써서, 교황의 교서는 무자비하게 모든 사람들의 분명한 권리를 위반했으며, 그리스도의 온유한 대리자에게 합당치 않은 것이라고 말하였다. 그리하여 선제후는 루터에 대한 자신의 호의적 견해가 옳다는 것을 다시금 확인하게 되었다. 그는 슈팔라틴을 비텐베르크에 보냈는데, 일부 학생들은 교서 때문에 학교를 떠난 상태였다. 슈팔라틴은 멜란히톤이 6백 명의 청중을, 루터는 400명의 청중을 확보하고 있고, 루터가 설교할 때마다 교회가 사람으로 가득 차는 것을 보고 매우 고무되었다. 몇 주 뒤에 교황의 교서는 불태워졌다.


## 48. 교황의 교서를 태워버린 루터는 로마와 완전히 갈라서다 (1520년 12월 10일)


루터는 파문 교서를 각오하고 있었다. 그는 파문을 하나님을 모독하는 경건치 못한 위선에 불과하다고 여겼다. 처음에 루터는 파문 교서를 에크의 날조로 여기는 것처럼 보였다. 그러다가 곧 라틴어와 독일어로 「적그리스도의 교서에 대항하여」라는 소책자를 썼다. 이 책자에서 루터는 그것을 "저주받은, 뻔뻔스럽고 악마적인 교서"라고 부르면서, 여러 가지 점에 있어서 그 이단성을 지적하였고, 성서의 기준으로 볼 때 도리어 교황이 이단이라고 주장하였다. 후텐은 문학적·애국적 관점에서 냉소적인 주석과 질문을 던지면서 교서를 조롱하였다. 루터는 격렬한 분노 속에서 그 내용을 비난하였다. 그는 마지막 날인 적그리스도의 날이 도래했다고 생각했다. 심지어 루터는 교서에 매달리는 사람은 누구든지 구원을 얻지 못할 것이라고까지 극언하였다.

친구들의 조언을 존중하여 루터는 헛된 줄 알면서도 교황이 아닌 이제 자유로운 공의회에 새로운 탄원을 작성하여 올렸다(1520년 11월 17일). 그 내용은 2년 전에 만들었던(1518년 11월 28일) 것이었다. 이 공의회에 제출한 탄원서에는 교황을 완고한 이단자, 성경을 억압하는 반(反) 기독교적 존재, 그리고 거룩한 교회와 합법적 공의회를 경멸하는 신성모독자라고 비난하고 있다.

동시에 루터는 결코 물러서지 않을 것임을 분명히 했다. 교황은 루터의 모든 저작을 태워 버릴 것을 명령했고, 몇몇 곳에서는 실제로 태워졌으며, 쾰른에서는 황제 앞에서 직접 태워졌다. 라이프치히에서도 역시 루터의 책을 태웠다. 루터는 사도행전에서 보는 오랜 관습처럼(행 19:19), 자신도 대항해서 책을 태워 버릴 수 있다는 것을 보여주길 원했고, 그것은 쉬운 일이었다. 불에는 불로, 저주에는 저주로 맞섰다. 교황이 오류가 없는 루터의 책을 태워버리라고 한 것처럼, 교황의 서적들도 옳고 그름의 구별 없이 태워버리기로 결정하고, 그의 생각을 일반에게 알렸다. 1520년 12월 10일 오전 9시 지켜보는 많은 교수들과 학생들 앞에서 교황의 파문 교서, 교황의 선언문, 교회법, 그리고 에크와 엠저의 저작들을 불에 던져 버리면서 인용했던 구절은 아간의 죄를 나무라는 여호수아의 말에서(수 7:25) 얻어 이렇게 선언했다: "너가(교황이) 주님의 거룩한 자를 괴롭게 한 것처럼, 영원한 불이 너를 괴롭게 하기를 원하노라."

이 사건이 일어났던 자리는 여전히 지금도 비텐베르크 엘스터(Elster) 문 바깥에 큰 나무 아래 쇠로 된 난간으로 둘러싸여져 있다.

수백 명의 학생들이 대학 측의 한 교수에 의해 점화되어 불타는 현장에 모여 있었고, 테 데움 성가를 부르는 이들도 있었고, 교황이 내린 교회법에 대해 장송곡을 부르기도 했다. 그리고는 마을을 돌며 행진을 하고 로마에서 제시된 많은 문서와 책들을 소각 현장에 가지고 나와 불에 던져 버렸다.

루터는 멜란히톤, 칼슈타트, 그리고 다른 학교 교수들과 함께 그 사건 후 바로 집으로 돌아갔다. 처음에는 루터 자신이 자신의 일에 대해 두려워하는 마음에 빛을 찾는 간구의 기도를 하였지만, 소각시키고 나서는 전보다 훨씬 환한 모습이 되어 있었다. 루터는 자신의 파문이 교황과 모든 수도사 제도의 속박으로부터의 해방으로 간주했다. 같은 날 침착하게 슈팔라틴에게 그 사건을 뉴스의 하나로 알렸으며, 다음 날 루터는 강의실에서 학생들에게 로마의 적그리스도를 조심하라고 가르치면서, 교황의 모든 혐오스런 가르침들을 태워버릴 최고의 때가 되었다고 하였다. 루터는 자신의 행위를 라틴어와 독일어로 쓰여진 소논문 "왜 마르틴 루터는 교황과 그 제자들의 책을 불태워버렸는가?"를 통해 공개적으로 발표했다. 루터는 그것이 세례받은 그리스도인으로서, 신학교 교수로서, 그리고 설교자로서, 그리스도인답지 않은 모든 교리들을 제거해야 할 책임이 있는 것으로 답변했다. 교황의 법률책에서 교황을 영화롭게 하려는 30개 항의 잘못된 규정들을 인용하면서 그것이 태워져야 할 이유라고 밝혔다. 그 가르침을 종합하면, 결국 교황은 땅에 있는 신이요, 하늘과 땅, 영혼과 육체 모든 것 위에 있다고 하는 점과 모든 것은 교황에게 속한 것이며 어느 누구도 감히 교황이 하는 일에 도전할 수 없다는 것을 말하고 있기 때문에, 루터는 교회법 전체가 멸망의 가증한 것이요(마 24:15), 적그리스도(살후 2:4)라고 주장하였다. 이 소논문과 동시에 루터는 자신의 모든 주장을 변호하면서 자신에 대한 교황의 비난을 반박했고, 성경 안에서 제시된 하나님의 계시의 반석 위에 자신의 모든 것을 내려놓았다.

파문 교서에 허락된 120일간의 은혜 기간이 끝나자 교황은 마지막 단계로 1521년 1월 3일 루터와 그 추종자들에게 모든 공민권을 박탈하고, 그들이 은신할 수 있는 장소들에 대한 금지령을 선포하였다. 그러나 루터는 그 새로운 교서로부터 효력을 제거해 버렸다.

교황의 교서를 태워버린 것은 가장 과감하고 효과적인 행동이었다. 그 자체만을 두고 본다면 광신과 어리석음의 표본처럼 간주될 수도 있겠지만, 그 행위가 결국은 묵은 교회를 헐고 새 교회를 세우는 영웅적 신앙 행위로 이어졌다. 교서를 태운 것은 지상의 가장 거대한 권력에 대한 도전이었다. 전에는 그 앞에 황제, 왕, 제후, 그리고 유럽 모든 국가가 존경과 경외로 엎드렸던 그런 권력이었다. 그것은 로마로부터의 절대적 최종적 분리를 말하는 격렬한 신호가 되었고, 교황의 교서의 효력을 서방 기독교 세계의 절반으로 축소해 버렸다. 그것은 루터와 전체 개신교 세계를 권위로부터 해방시켰고, 신생국가들의 학문발전을 지성과 양심에 대한 두렵고 강압적인 폭정으로부터 자유롭게 하였다.

루터가 자신의 신학을 공개적으로 발전시켰다면, 칼빈은 후기에 마치 그리스 신화의 제우스의 머리에서 나온 아테나처럼 완전히 성숙한 모습으로 나오게 된다. 루터는 자신은 성 아우구스티누스가 스스로를 저작과 가르침을 통해 단계적으로 자신의 입장을 발전시켰다고 평가한 것처럼 자신도 그런 사람들 중의 하나이지, 아무것도 없는 속에서 갑자기 한 번에 도약해 나온 그런 부류의 사람이 아니라고 말하였다.

그는 교황을 기독교 세계에서 가장 거룩하며 동시에 가장 흉악한 아버지라고 불렀다. 루터는 1517년 경건한 교황주의자이며 수도사로서 로마 교회와 또 하나님이 세우신 교황에 대한 확고한 믿음을 가지고 다만 몇 가지 남용만을 지적하고자 시작했었다. 1519년 라이프치히 논쟁에서 교황의 신적 권리를 부정했고, 곧 이어서 인간적 권리도 부정했다. 일년 뒤에 교황제도는 성경에서 말하는 적그리스도임이 분명하다고 확신했으며, 인간의 구원을 위해 반드시 제거해야 할 것이라고 확신했다.

이 모든 과정에서 루터가 항상 진지하고, 정직하고, 양심을 지켜왔다는 것은 의심의 여지가 없다.

루터는 1520년 12월에 취한 입장에 흔들리지 않고 매달렸다. 한 번도 후회함 없이 결국 배수진을 친 셈이며 물러서고 싶지도, 물러설 수도 없는 처지였다. 자신의 삶의 종착역을 맞이하면서 로마의 교황과 그 권력을 적그리스도로 확신하였고, 곧 그리스도의 재림과 함께 영적인 권세 앞에 파멸될 것이라고 기대하였다. 1537년 슈말칼덴(Schmalkalden)에서는 모든 프로테스탄트들의 마음에 교황에 대한 증오가 가득하기를 하나님께 간구하였다. 그가 남긴 저술 중에 가장 격렬한 것은 1545년 비텐베르크에서 발행한 것으로 「사탄이 세운 로마의 교황제도에 반대하여」라고 되어 있다. 바울 3세를 "가장 저주받을 아버지"라고 하면서, "성하"(Your Holiness)라는 칭호 대신 "악하"(Your Hellishness)라고 불렀다. 마지막 부분에서는 다음 책에서 더 분명히 그 실체를 밝히겠다고 하면서 자신이 죽을 경우에는 하나님은 다른 이를 세우셔서 천 배나 더 혹독하게 지상에서 최대 최후의 사탄인 교황제도를 심판하실 것이라고 하였다. 따라서 그의 저술들은 로마의 역사가들이 말하듯 술에 취하고 광기 어린 자의 영감에서 나온 것이 아니라, 분명한 진실성을 가지고 썼음을 알 수 있다. 담당 의사인 라체부르거(Ratzeburger)에 의하면 그가 임종시에 남긴 말은 교황 제도의 죽음이 임박했다는 내용이었다.

루터의 시대적 관점에서 보면 교황과 이슬람 술탄(군주)은 그리스도와 그 교회의 대표적인 적이며, 그 내용은 유명한 하이델베르크 요리문답의 80번째 항목처럼 미사가 저주받을 우상 숭배라는 것으로 교황중심 미사를 비난하는 내용이며, 일부 지역에서는 로마 가톨릭 행정장관에 의해 금지되기도 했다. 현대판 독일어 찬송가는 교황이나 이슬람 술탄대신 "모든 적" 또는 "그리스도의 적"으로 적절히 바꾸어 표현하고 있다.

교황제도에 대한 루터의 견해를 공정히 평가하기 위해서는 그것이 격렬한 논쟁의 한가운데서 나온 이야기라는 것과 그의 과격한 성격에서 나온 것임을 고려해야 한다. 루터가 아리스토텔레스나 토마스 아퀴나스를 비난하는 것과 같은 맥락으로 이해하여야 한다.

# 49. 종교개혁과 교황권

여기서 잠시 사건의 전개 과정을 쉬고 교황권에 대한 루터와 종교개혁자들의 자세의 옳고 그름의 여부를 생각해보자. 개혁자들의 주장에 의하면, 교황제는 적그리스도적 제도이며, 일부 프로테스탄트 신앙고백들은 이런 주장을 상징적으로 재가해 주고 있다. 물론 모든 교황이 모두 적그리스도라는 것을 의미하는 것은 아니며(루터는 레오 10세에 대한 존경을 표하였다), 또한 교황제도 자체를 적그리스도라고 하는 것도 아니다. 멜란히톤은 교회의 질서와 통일을 보전하기 위해 기독교 교황제도(Christian papacy) 또는 교회의 총감독(general superintendence) 가능성을 최소한 생각은 하고 있었다.

개혁자들은 단순히 자신들의 시대에 마주하고 있던 교황제를 염두에 두고 있었던 것이다. 당시 그들은 이 제도가 그리스도의 복음의 진리와 그 자유로운 설교에 공개적이고 치명적으로 저항하고 있다고 여겼다. 개혁자들의 이론은 종교개혁 이전과 이후의 교황 제도에 대한 자유롭고 공평한 평가를 반드시 배제해 버리는 것은 아니었다.

이런 점에서 주석의 발전과 교회사에 대한 지식의 증가와 더불어 개신교 신학자들 사이에는 커다란 변화가 일어났다.

1. 개혁자들과 초기 개신교 신학자들이 교황제도에 대한 자신들의 이론을 뒷받침하기 위해 사용한 성서의 예언적 말씀들은 성서 기자와 그 대상 독자들의

상황과 조건의 맥락에서 이해되어야 한다. 물론 이 기록은 먼 훗날 일어날 사건과 성향에도 적용될 수 있는 가능성을 배제할 수는 없다. 왜냐하면 역사란 예언이 성장하고 확장하여 성취되는 것이기 때문이다. 그렇지만 그 적용은 본문의 원래의 의도와 자연스런 의미에 가까워야 한다. 현재의 주석가들 중에서 다니엘이 안티오쿠스 에피파네스(Antiochus Epiphanes)를 염두에 두었음을 고려할 때, 로마의 교황을 다니엘서의 "작은 뿔"(7:8, 20, 21)에 해당한다고 생각하는 사람은 거의 없다. 또한 바다에서 나온 종말적 짐승이나(계 13:1) 가증한 것들의 어머니(17:5) 등은 당시에 이교도인 로마의 네로 황제, 그리고 그 계승자에게 분명히 적용되고 있었음을 고려할 때, 그러한 표현이 교황을 말한다고 이해하는 주석가는 거의 없다.

요한은 "적그리스도"(Antichrist)라는 용어를 사용하는 유일한 성서 기자이지만, 일차적으로 이 용어를 통해 그는 성육신을 부정하는 당대의 영지주의 이단을 가리켰던 것이다. 성육신의 부정은 적그리스도의 표지이며, 이미 이 세상에 존재하고 있다고 말하고 있다. 또한 많은 적그리스도들이 소아시아 지역에서의 교회를 떠나버렸다고 말하고 있다. 그러나 교황은 성육신을 결코 부정하지 않았으며, 교황이면서 동시에 성육신을 부정할 수는 없는 것이다.

그리스도와 그 가르침에 대항하는 사람들이나 그런 성향을 적그리스도라는 용어로 넓은 의미에서 다루는 것은 타당하지만, 그 용어를 교황과 로마교회에 국한하여 사용하는 것은 합당치 않다. "많은 사람이 내 이름으로 와서 이르되 나는 그리스도라 하여 많은 사람을 미혹케 하리라"(마 24:4, 11, 23, 24).

배교에 대한 사도 바울의 예측, 그리고 "저 불법의 사람 곧 멸망의 아들이 나타나기 전에는 이르지 아니하리니, 저는 대적할 자라. 범사에 일컫는 하나님이나 숭배함을 받는 자 위에 뛰어나 자존하여 하나님의 성전에 앉아 자기를 보여 하나님이라 하느니라"(살후 2:3-4) 하는 말씀은 다른 어떤 구절보다도 교황제도에 대한 묘사로 들린다. 놀랍게도 하나님의 교회에 대한 보편적이고 무오적인 권위를 주장하는 것을 보면 더욱 그렇다. 그러나 사도 바울이 "불법의 신비"로서의 이 적그리스도의 배교 행위가, 비록 어떤 보수적인 세력 때문에 공개적으로 표현하지는 못해도, 자신의 시대에 이미 일어나고 있는 것으로 제시하고 있다는 점을 생각해 보면 이러한 적용은 매우 의심스러운 것이 될 수밖에 없다. 교황제는 당시에는 존재하지 않았고, 그 빠지기 쉬운 죄는 불법의 자유가 아니라 정반대이기 때문이다.

교황제도의 죄와 잘못을 지적하는 성경적 근거를 찾는다면, 실제로는 하나님의 말씀을 제쳐 두었던 장로들의 전통에 대해 확고한 반대 입장을 취했던 주님의 행동에 근거하여야 한다. 또한 바울이 갈라디아 사람들과 로마 사람들에게 보내는 편지에서 율법적 속박에 대항하는 그리스도인의 자유를 옹호하면서, 로마가 잊어버리고 종교개혁자들에 의해 다시 살아난 죄와 은총의 위대한 교리를 가르치는 바울의 입장에서 찾아야 한다. 또한 위계제도와 자만심에 도전하는 베드로에게서 그 성경적 근거를 찾아야 한다.

초대 교회에서 일반적으로 갖고 있던 기대는 그리스도의 재림 이전에 명확한 의미에서 반(反)기독교적 원칙들의 화신, 지옥의 사이비 그리스도, 세상을 속이는 자(새로 발견된 "사도들의 서신"에서 언급되듯)가 나타나 많은 그리스도인들을 그릇된 곳으로 인도할 것이라는 것이었다. 개혁자들은 교황에게서 이 적그리스도를 찾았고, 급박한 파멸을 기대했지만, 종교개혁 후 350년 이상의 세월이 지난 후 현재 돌아보면 그들의 생각이 잘못된 것이었고 최후의 적그리스도는 아직 여전히 미래의 문제임을 알 수 있다.

2. 교회사는 종교개혁 당시에는 아직 미개척의 분야였다. 하지만 개혁 그 자체는 탐구, 독립, 공평한 연구의 정신을 일깨워 주었다. 중세의 문헌 자료들은 최근에 들어 *Monumenta Germaniae*와 같은 방대한 규모의 전집을 통해 접근할 수 있게 되었다. 이 전집의 개신교 편집자인 페르츠 박사는 "베드로의 열쇠는 여전히 중세의 열쇠"라고 말하였다. 교회 내부와 외부에서 가장 탁월한 개신교 역사가들 중 두 사람만 언급해 본다면 네안더(Neander)와 랑케(Ranke)를 들 수 있는데, 이들은 모두 교황권에 대한 좀 더 자유로운 견해를 지지한다.

로마 제국의 몰락 후에 교황제도는 비록 남용과 폐해가 있었지만, 야만적인 서방과 북부 유럽 국가들을 훈련시키는 학교로서 건강하고 꼭 필요한 역할을 감당하면서, 이교의 야만성에서 그들을 끌어내어 종교개혁 당시에 도달했던 기독교 문명으로 교육시켰다. 거친 폭력의 횡포를 방지하고, 교회의 외부적 통일성을 기하고, 국가간 관계를 원활히 하고, 제후들의 탐욕에서 결혼의 신성함을 방어하고, 노예제를 완화하고, 예절을 고양하고, 개척정신을 기르며, 기독교의 확장을 증진하고, 배움을 격려하고, 평화의 예술들을 키웠다.

심지어 지금도 교황제의 임무가 아직 끝난 것은 아니다. 어떤 국가에서는, 특히 문명도가 낮은 국가에서는 여전히 그 역할이 필요한 듯 보인다. 파멸된 잔해로서 남아있는 것이 아니라, 여전히 웅장한 모습으로 피라미드 구조의 최상층부를 형성하고 있는 것이다. 로마교회는 마치 상처 입은 거인인양 종교개혁의 싸움으로부터 다시 일어서서, 트렌트 공의회에서 일부 악한 남용들을 과감히 폐지하고, 유럽에서 잃어버린 영향력을 상당히 회복하였으며, 아메리카 대륙의 절반을 그 영향권 안에 새로이 확보하였고, 바티칸 공의회의 교령을 통해 교리와 교회 통치 제도를 완성하였다. 교황은 1870년 큰 사건으로 인해 그 세속 권력을 상실하였지만, 레오 13세가 레오 10세의 자리를 대신하도록 요청받았던 1878년 이래 그 영적인 영향력은 더욱더 확고해지는 듯 보인다. 바티칸에 머무른 채 노년의 이탈리아 수도사가 거의 기독교 세계의 절반에 해당하는 2억 가량의 사람들의 의식을 신앙과 직책에 있어 오류가 없다는 주장으로 지배하고 있는 것이다. 중요한 사실은 19세기의 위대한 정치가이자 개신교 제국의 창시자였던 비스마르크는 문화투쟁 (Kulturkampf)이 시작될 즈음 자신은 결코 카노사(Canossa: 황제가 교황에게 무릎을 꿇은 곳: 역주)에 가지 않겠다고 하였지만(1872), 10년 간의 갈등 후에 자신의 신앙적 확신을 바꾸거나 국가의 주권을 희생시키지 않는 범위에서 1873년 반(反)교황적 법률의 내용을 결정적으로 수정하는 것이 최선의 방책이라는 것을 알았다. 또한 그는 독일과 스페인의 분쟁에서(1885) 교황을 국제 분쟁의 중재자로 내세우면서 교황의 위치에 커다란 의미를 부여하였다. 더욱 놀라운 것은 레오 13세는 독일의 정치적 루터라 부를 수 있는 비스마르크에게 답례로 그리스도 훈장(Christ Order)을 수여하였는 바, 이는 프로테스탄트에게는 처음으로 주어진 것이었으며, 1887년 선거에서는 그를 지원하기도 하였다.

3. 과거의 역사와 현재의 교황권의 생명력을 고려할 때 종교개혁의 정당성은 어디에 있는가?

유대교회의 역사는 기독교의 한 형태로서 적절한 예와 결정적 답을 제공하여 준다. 레위 지파의 계급제도는 대제사장에서 최고 정점을 이루는데, 그 제도는 신적인 임명제도이며 신의 통치를 확보하기 위해 필요한 제도였다. 하나님이 의도하신 축복은 사람의 죄에 의해 저주로 바뀌었고, 아론의 직계 후손인 가야바는 메시야를 거짓 예언자, 신성모독자라 비난하였고, 주님의 제자들은 저주를 받으며 회당에서 쫓겨나 버렸다.

오래 전에 있었던 그와 같은 일이 기독교 역사를 통해 더 광대한 폭과 깊이를 가지고 반복되었다. 반(反)기독교적인 요소가 처음부터 교황제도에 들어 있었고, 그것이 종교개혁 시기에는 부패와 함께 커져 있었다. 부여된 권세가 크면 클수록 남용의 위험과 유혹도 크다. 가장 훌륭했던 교황 중의 하나인 대 그레고리우스는 콘스탄티노플의 총대주교가 "보편적 주교"(universal bishop)라는 칭호를 사용하자, 이를 반(反)기독교적 교만으로 여겨 강하게 항의하였다. 그리스 교회는 종교개혁 훨씬 이전부터 로마 주교의 반(反)기독교적인 권력 찬탈을 비난해 왔고, 지금도 그 입장을 유지하고 있다. 많은 교황들, 세르기우스 3세, 요한 7세, 베네딕트투스 9세, 요한 23세, 알렉산더 6세 등은 타락한 인간 본성에서 오는 어둡고 큰 죄악의 책임이 있으며, 그럼에도 스스로를 베드로의 계승자, 그리스도의 대리자라고 불렀다. 알비파와 발도파를 대항한 교황의 십자군 전쟁, 종교 재판의 공포, 성 바돌로매 대학살에 대한 교황의 환희, 그리고 다름 아닌 로마의 폭정과 교회 전통에 맞섰다는 이유로 무죄한 자들에게 자행된 피로 얼룩진 박해들에 대해 누가 교황을 옹호할 것인가? 자유주의적이고 인간적인 가톨릭 신자들이라면 누구나 이단과 분파주의자들을 벌하기 위한 지하 감옥과 장작더미를 되살리는 것에 반대하겠지만, 로마 교회는 결코 그러한 행위들을 정당화하는 박해의 원칙들을 포기하지 않았다. 오히려 교황 그레고리우스 16세는 양심과 예배의 자유를 정신나간 행위(deliramentum)로 간주하였으며, 피우스 9세는 1864년 그의 "오류 목록"(Syllabus) 교서에서 그러한 것을 현대의 사악하고 치명적인 오류라고 비난하였다.

15세기의 교황들의 분열은 어떻게 이해해야 하는가? 둘 셋의 교황들이 서로 경쟁하면서 기독교 세계를 파문의 저주 아래 몰아 넣었던 경우들은 스스로 비난했던 분열 그 자체가 아니면 무엇이란 말인가? 또한 종교개혁 바로 전의 교황권의 전적인 세속화, 정치적 음모와 전쟁 및 확장에의 몰두, 탐욕, 부끄러움을 상실한 면죄부 판매 등 그 모든 권력 남용으로 인해 견디다 못해 제출된 독일의 101가지 탄원장들은 어떻게 설명할 것인가? 누가 루터에게 파문을 선포하고, 화형으로 위협하고, 그의 책을 태우는 일에 찬성하며, 그 추종자들을 보호하는 집이나 마을에 대한 징계에 동조할 수 있단 말인가? 만일 그 교서가 기독교적인 것이라고 간주한다면, 우리는 복음서의 그리스도 예수의 분명한 가르침에는 눈을 감아야 할 것이다.

비록 로마 주교가 자신이 주장하듯 베드로의 합법적 계승자라 하더라도 역사의 판결을 피할 수는 없다. 육체적 시몬은 자꾸만 다시 살아나 영적인 베드로 안에서 자신을 주장한다. 그리스도께서 "반석"으로 그 위에 교회가 세워질 것이라고 칭찬받았던 그 동일한 제자가 고난의 길로 향하는 주님의 길을 막아서려 할 때, "사탄"이라고 책망을 받았다. 말고(Malchus)에 대항해 검을 빼들었던 그 동일한 베드로가 책망을 받았다. 그 동일한 베드로가 충성의 허풍에도 불구하고 자신의 주님이자 구세주를 부인하였다. 그 동일한 베드로가 이방인 회심자의 권리를 사실상 거부하고 교회에서 배제시키려 할 때, 안디옥에서 바울에게 격렬한 비난을 받았다. 로마의 전설에 의하면, 사도 중의 대표인 그는 그 뒤에도 지속적인 불일치를 보였으며, 순교하기 전날에도 간수에게 뇌물을 주고 살려고 도망가다가 "도미네 쿠오 바디스"(Dominie quo vadis)라는 기념 성당이 있는 그곳에서 십자가를 지고 나타나신 주님과 마주친다. 교황도 베드로를 따라 그리스도를 부인하는 일을 반복하고 통한의 회개를 따라 하려는 것일까?

사도적 교회가 기독교 전 역사를 전형적으로 보여주는 것이라면, 베드로와 바울에서 보는 일시적 충돌은 로마주의와 프로테스탄티즘의 충돌로 바라볼 수 있다. 종교개혁은 율법적 속박에 대한 항거이고, 복음적 자유를 주장하는 것이다. 베드로에 대항하는 바울의 주장을 새롭게 하였고, 그리고 성공했다. 종교개혁은 종교에서의 자유를 획득하였고, 당연한 결과로서 학문적, 정치적, 그리고 시민의 자유를 또한 획득하였다. 종교개혁은 하나님의 말씀의 가르침과 위로를 모든 이에게 누릴 수 있도록 하였다. 이것이 그 승리의 증거이다. 빌헬름 1세의 지배 아래서의 프로테스탄트 독일과 막시밀리안 1세가 다스렸던 로마 가톨릭 독일을 비교해 보라! 빅토리아 여왕 지배 하의 영국과 헨리 7세 지배 하의 영국을 비교해 보라! 19세기의 칼빈주의 스코틀랜드와 루터주의 스칸디나비아를 15세기의 로마주의 스코틀랜드와 스칸디나비아와 비교해 보라. 자유로운 네덜란드와 자유로운 북아메리카의 기원과 성장을 보라. 현재의 영국과 스페인을, 프로이센과 오스트리아를, 네덜란드와 포르투갈을, 미국·캐나다를 멕시코·페루·브라질과 비교해 보라. 프로테스탄트 문헌들의 풍성함을 모든 분야의 지식, 과학, 예술 분야에서 볼 수 있으며, 수많은 개신교 교회, 학교, 단과대학, 종합대학교, 자선단체, 선교사 훈련소가 전세계에 흩어져 있다. 종교개혁은 분명히 시험을 통과한 것이다. "열매로 그들을 알지니 …"

I. JOH. SLEIDAN (d. 1556): *De Statu Religionis et Reipublicæ Carlo V. Cæsare Commentarii*, Argentor. 1555 fol. (best ed. by Am Ende, Frf.-a.-M., 1785). LUDW. V. SECKENDORF: *Com. hist. et apol. de Lutheranismo sive de Reformatione Religionis*, Leipzig, 1694. Goes to the year 1546. — The English *Calendars of State-Papers*, — *Spanish*, published by the Master of the Rolls. — DE THOU: *Historia sui Temporis* (from the death of Francis I.). — The Histories of Spain by MARIANA (Madrid, 1817–22, 20 vols. 8vo); ZURITA (Çaragoça, 1669–1710, 6 vols. fol.); FER-

CHARLES V. From an engraving by B. Beham, in 1531.

RERAS (French trans., Amsterdam, 1751, 10 vols. 4to); SALAZAR DE
MENDOZA (Madrid, 1770–71, 3 vols. fol.); MODESTO LAFUENTE (vols.
XI. and XII., 1853), etc.

II. Biographies.  Charles dictated to his secretary, William van Male, while
leisurely sailing on the Rhine, from Cologne to Mayence, in June, 1550,
and afterwards at Augsburg, under the refreshing shade of the Fugger
gardens, a fragmentary autobiography, in Spanish or French, which was
known to exist, but disáppeared, until Baron KERVYN DE LETTENHOVE,
member of the Royal Academy of Belgium, discovered in the National
Library at Paris, in 1861, a Portuguese translation of it, and published
a French translation from the same, with an introduction, under the
title: *Commentaires de Charles-Quint*, Brussels, 1862.  An English trans-
lation by LEONARD FRANCIS SIMPSON : *The Autobiography of the Em-
peror Charles V.*, London, 1862 (161 and xlviii. pp.].  It is a summary
of the Emperor's journeys and expeditions ("*Summario das Viages e
Jornadas*"), from 1516 to 1548.  It dwells upon the secular events; but
incidentally reveals, also, his feelings against the Protestants, whom he
charges with heresy, obstinacy, and insolence, and against Pope Paul
III., whom he hated for his arrogance, dissimulation, and breach of
promise.  Comp. on this work, the introduction of Lettenhove (trans-
lated by Simpson), and the acute criticism of Ranke, vol. vi. 75 sqq.

ALFONSO ULLOA: *Vita di Carlo V.*, Venet., 1560.  SANDOVAL: *Historia
de la Vida y Hechos del Emperadòr Carlos Quinto*, Valladolid, 1606
(Pampelona, 1618; Antwerp, 1681, 2 vols.).  SEPULVEDA (whom the
Emperor selected as his biographer): *De Rebus Gestis Caroli V. Impera-
toris*, Madrid, 1780 (and older editions).  G. LETI: *Vita del Imperatore
Carlo V.*, 1700, 4 vols.  A. DE MUSICA (in Menckenius, *Scriptores Rerum
Germanicarum*, vol. I., Leipzig, 1728).  WILLIAM ROBERTSON (d.
1793): *The History of the Reign of the Emperor Charles V.*, London,
1769, 3 vols.; 6th ed., 1787, 4 vols.; new ed. of his *Works*, London,
1840, 8 vols. (vols. III., IV., V.); best ed., Phila. (Lippincott) 1857,
3 vols., with a valuable supplement by W. H. PRESCOTT on the Empe-
ror's life after his abdication, from the archives of Simancas (III., 327–
510).  HERMANN BAUMGARTEN: *Geschichte Karls V.*, Stuttgart, 1885
sqq. (to embrace 4 vols.; chiefly based on the English Calendars and the
manuscript diaries of the Venetian historian Marino Sanuto).

III. Documents and Treatises on special parts of his history.  G. CAMPOSI:
*Carlo V. in Modena* (in *Archivio Storico Italiano*, Florence, 1842–53,
25 vols., App.).  D. G. VAN MALE: *Lettres sur la vie intérieure de
l'Empéreur Charles-Quint*, Brussels, 1843.  K. LANZ: *Correspondenz des
Kaisers Karl V. aus dem kaiserlichen Archiv und der Bibliothèque de
Burgogne in Brussel*, Leipzig, 1844–46, 3 vols.; *Staatspapiere zur Ge-
schichte des Kaisers Karl V.*, Stuttgart, 1845; and *Actenstücke und
Briefe zur Geschichte Karls V.*, Wien, 1853–57.  G. HEINE: *Briefe an*

*Kaiser Karl V., geschrieben von seinem Beichtvater* (Garcia de Loaysa) *in den Jahren 1530-32*, Berlin, 1848 (from the Simancas archives).   Sir W. MAXWELL STIRLING: *The Cloister-Life of Charles V.*, London, 1852. F. A. A. MIGNET: *Charles-Quint ; son abdication, son séjour et sa mort au monastère de Yuste*, Paris, 1854; and *Rivalité de François I. et de Charles-Quint*, 1875, 2 vols.   AMÉDÉE PICHOT: *Charles-Quint, Chronique de sa vie intérieure et de sa vie politique, de son abdication et de sa retraite dans le cloître de Yuste*, Paris, 1854.   GACHART (keeper of the Belgic archives): *Retraite et mort de Charles-Quint au monastère de Yuste* (the original documents of Simancas), Brussels. 1854-55, 2 vols.; *Correspondance de Charles-Quint et de Adrien VI.*, Brussels, 1859. HENNE: *Histoire du règne de Charles V. en Belgique*, Brussels, 1858 sqq., 10 vols.   TH. JUSTE: *Les Pays-bas sous Charles V.*, 1861.   GIUSEPPE DE LEVA: *Storia documentata di Carlo V. in correlazione all' Italia*, Venice, 1863.   RÖSLER: *Die Kaiserwahl Karls V.*, Wien, 1868. W. MAURENBRECHER: *Karl V. und die deutschen Protestanten, 1545-1555*, Düsseldorf, 1865; *Studien und Skizzen zur Geschichte der Reformationszeit*, Leipzig, 1874, pp. 99-133.   A. v. DRUFFEL : *Kaiser Karl V. und die röm. Curie 1544-1546.*   3 Abth.   München, 1877 sqq.

IV. Comp. also RANKE: *Deutsche Geschichte*, I. 240 sqq., 311 sqq.; and on Charles's later history in vols. II., III., IV., V., VI.   JANSSEN: *Geschichte des deutschen Volkes*, II. 131 sqq., and vol. III.   WEBER: *Allgemeine Weltgeschichte*, vol. X. (1880), 1 sqq.   PRESCOTT's *Philip II.*, Bk. 1, chaps. 1 and 9 (vol. I. 1-26; 296-359).   MOTLEY'S *Rise of the Dutch Republic*, vol. I., Introduction.

보름스 의회를 다루기 전에 카를 5세에 대해 알아둘 필요가 있다. 그는 루터 다음으로 그 시대에 분명한 두각을 나타낸 강력한 성격의 소유자였다. 그의 통치 역사는 그 세기의 3분의 1을 넘는 기간 동안 이어졌다(1520-1556).

개혁의 초기 갈등이 한창일 때 황제 막시밀리안 1세가 1519년 1월 12일 웰즈(Wels)에서 사망하였다. 독일의 왕으로 26년을 통치하였으며 "마지막 기사"로 불려졌다. 그의 죽음과 함께 중세 시대도 묻혀버리고, 근대가 유럽에서 동터오게 된다.

제국에게는 대단히 중요한 시기였다. 이슬람교는 기독교를 위협하고 있었고, 개신교는 가톨릭을 위협하고 있었다. 동쪽으로는 터키족이 정복을 통해 빈(비엔나) 장벽까지 밀고 들어와 700년 전 상황과 마찬가지가 되었고, 서쪽에서는 아랍족이 피레네를 건너 기독교 유럽을 공격하였다. 내부에서는 종교개혁이 저항할 수 없는 힘으로 퍼져나가면서, 로마교회의 기초를 흔들고 있었다. 어느 탁월한 영도자가 있어 기독교와 종교개혁을 살려내고, 제국의 통일성과 교회의 연합을 이루어 낼 수 있을 것인가? 가장 어렵고 불가능한 임무였다.

제국의 왕관은 막시밀리안의 손자이자 스페인의 젊은 왕에게 자연스럽게 물려졌으며, 그는 샤를마뉴 이래 가장 강력한 군주가 되었다. 그는 모계적 혈연 유대에 의해 연합된 네 왕가의 혈통의 상속자였다.

어느 왕도 카를 5세만큼 풍부한 유산과 중대한 책임을 동시에 지니고 공적 임무를 시작한 이가 없다. 스페인, 부르고뉴, 그리고 독일의 피가 혈관 속에 섞여 있었고, 그의 조상들의 장단점들이 그를 형성하고 있었다. 격동의 세기라 할 수 있는 시대에 플랑드르(Flanders)의 헨트(Ghent)에서 태어나(1500년 2월 24일), 쉬에브르(Chievres)의 군주의 후견 아래 엄격한 도미니쿠스회 정통주의자이자 철저한 경건성을 강조했던 신학 교수인 위트레흐트의 하드리아누스에게서 교육을 받았다. 하드리아누스는 카를의 영향력으로 나중에 레오 10세를 이어 교황의 자리에 앉게 된다. 카를의 아버지 펠리페 1세는 막시밀리안과 부르고뉴의 마리(Charles the Bold의 딸) 사이에서 태어난 유일한 아들로, 스페인의 군주들 중에는 작은 체구에 "미남자 펠리페"(Philip the Handsome)로 불려졌지만, 경솔하고, 게으르며, 능력 없는 왕자였다. 카를의 어머니의 이름은 조안나(Joanna)였고 "정신나간 제인"(Crazy Jane)이라고 불려졌다. 그의 어머니는 페르난도와 이사벨라의 사이에서 태어난 두 번째 딸로서, 비극적 운명과 정신병, 오랜 동안의 감금 생활, 그리고 성실치 못한 남편이었지만 그 죽은 시체에 병적인 헌신을 보인 것으로 유명하였다. 그녀는 남편이 살아 있는 동안 남편을 향한 정열적 사랑과 격렬한 질투를 번갈아가며 표출하였었다. 어머니가 죽은 뒤에(1504년 11월 26일)는 이름뿐인 스페인 여왕이 되어 76세의 나이로 사망할 때까지(1555년 4월 11일) 힘겨운 삶을 끌어갔다.

카를은 페르난도의 빈틈없는 기민함과 이사벨라의 경건성, 그리고 그의 어머니를 정신병으로 몰고 갔던 우울한 기질을 물려받았는데, 이것이 그로 하여금 제국의 왕위를 수도사의 독방과 바꾸도록 만들었다. 그와 같은 기질은 우울한 고집불통의 아들 펠리페 2세에게서도 보이는데, 아들은 자신의 은둔처이자 궁전인 에스코리알(Escorial)에서 폭군이자 수도사로 살았다. 이사벨라의 손녀이자 스페인의 펠리페의 부인이며 잔인한 박해로 유명한 잉글랜드의 메리 여왕의 성격도 마찬가지로 우울하고 의존적 기질이었다.

카를은 그의 조상들로부터 그 영토 안에서는 결코 태양이 지지 않는 제국을 물려받았다. 그의 아버지의 죽음과 함께(1505년 9월 25일) 정당한 계승에 의해 부르고뉴와 네덜란드의 왕이 되었고, 페르난도의 죽음으로(1516년 1월 23일) 스페인과 그 이탈리아 종속령(나폴리, 시칠리아, 사르디니아), 그리고 새롭게 획득한 아메리카 소유지(후에 멕시코와 페루의 정복으로 추가됨)를 상속받았고, 막시밀리안의 죽음으로 상속 지역인 합스부르크(Habsburg)와 뒤이어 독일 제국까지 상속받았다. 1530년에는 또한 롬바르디아의 왕이 되었으며, 교황에 의해 신성로마제국의 황제의 관을 받았다.

독일 제국의 황제 자리를 놓고 그와 프랑수아 1세 사이에서 치열한 경쟁이 있었다. 선택 과정에서 양측 모두 모든 외교술과 자금을 동원하여 쏟아 부었다. 그 자세한 내역들을 보면 당시의 정치 도덕이 얼마나 부패한 상태에 있었는가를 알 수 있다. 교황 레오는 처음에는 프랑수아의 주장에 우호적이었다. 프랑수아는 오스트리아와 부르고뉴의 권력과는 자연스런 경쟁자였지만, 독일의 언어와 양식에는 생소한 문외한이었다. 7명의 선제후가 프랑크푸르트에 모여 구성원 중 최고 지혜자인 작센의 프리드리히에게 그 존엄한 자리를 제시하였다. 그러나 그는 겸손하고 현명하게 가시로 둘러싸인 화려한 부담에 지나지 않는 그 역할을 거절하였다. 그가 황제가 된다면 종교개혁의 대의를 보호할 수도 있었을 것이다. 그러나 그는 안팎에서 위협을 받고 있는 제국을 이끌어나가기에는 너무 약하고 나이가 많았다. 그는 카를을 지명하였다. 이렇게 해서 이 프로테스탄트 제후의 자기 부정의 처신으로 1520년 6월 28일 황제 선택이 결정되었다. 스페인의 대사들이 그에게 그의 관대함에 많은 보상을 제공하였지만, 그는 즉시 그것을 거절했으며, 뇌물을 받는 어떤 신하도 면직시키겠다고 선언하였다.

카를은 독일 제국의 창시자가 묻혀 있는 아헨에서 10월 23일 화려하게 즉위하였다. 그의 선서에서 가톨릭의 신앙, 로마 교회, 그리고 그 머리로서의 교황을 보호할 것임을 서약하였다.

새 황제는 이제 불과 20살의 나이로 어떤 위대함의 징조도 보여주지 않았다. "아직은 아니다"(nondum)라는 것이 2년 전 발라돌리드(Valladolid)에서 있었던 운동 시합에서 자신의 첫 방패에 쓴 좌우명이었다. 후에 그는 그것을 "최고를 넘어서"(Plus Ultra)라는 좌우명으로 바꾸었다. 그는 말을 능숙하게 탈 수 있었고, 능숙한 군사 기술을 보유하고 있었다. 어느 기사와 겨루어도 그 창을 꺾을 수 있었다. 익숙한 투우사처럼 황소와 싸워도 이길 수 있었다. 그러나 그는 건강이 약하고, 창백하고, 수염이 없고, 우울한 얼굴을 하고 있었다. 또한 공적인 일들에는 별로 관심이 없었다. 독일에 대해서는 별로 마음이 가지 않았고, 독일어도 몰랐다. 하지만 권력의 고삐를 자신의 손에 쥐자마자 그는 정치적·군사적 통치력에 있어 보기 드문 천재성을 발휘하기 시작했다. 수염도 자랐고, 그에 속한 나라의 국민들의 언어들에 대해서도 어느 정도 지식을 갖게 되었다. 카를은 평상시에는 불어와 스페인어로 말하고 썼다.

## 황제 카를 5세

진실로 위대한 사람은 아니었지만, 그는 보통사람과는 달랐으며 독일 황제들 중 샤를마뉴와 오토 1세 다음으로 탁월했다고 말할 수 있다. 그는 합스부르크 가문의 이기적 보수주의와 스페인의 종교적 정열과 부르고뉴 공작의 호전적 기질을 모두 갖고 있었다. 유럽에서 가장 빈틈없는 군주 중에 한 사람으로 지칠 줄 모르는 사람이었다. 하루에 4시간 자는 것이 보통이었고, 결정을 내리는 데는 늦었지만 일단 내려진 결정에 대해서는 흔들리지 않고 추진했고, 그 방법에서 부도덕한 수단을 택하는데 주저하지 않았다. 많이 생각하고 적게 말하였으며, 충고에 귀기울였고, 자신의 판단을 따랐다. 자신을 도와줄 각료, 군대, 외교관들을 구성함에 능력 있는 사람들을 선택하고 관리하는 총명함이 있었다. 자신이 능력 있는 군인이었으며 금식 이외에는 모든 어려움과 고난을 인내할 수 있었다. 그는 당대의 가장 탁월한 지휘관 세 사람 중의 첫째였다. 둘째가 알바 공작(Duke of Alva)이고, 셋째가 컨스터블 몽모렌시(Constable Montmorency)였다.

그의 채워지지 않는 야심으로 프랑스와 몇 번의 전쟁을 초래했고 그 전쟁에서 과감하면서도 사려 깊지 못한 프랑수아 1세와 맞서 전체적으로 볼 때 승리를 거두었고 이탈리아에서와 유럽에서 주도권을 향한 다툼에서 승리해 파리를 두 번이나 행진하였다.

철도도 증기선도 없는 시대에 땅과 바다로 40회에 걸친 원정에 나섰다. 그의 광범한 통치가 미치지 않는 지역이 없었다. 술레이만 대제의 군대를 격파하여 콘스탄티노플까지 퇴각시킨 일(1532)과, 당시 유명한 바르바로사(Barbarossa)의 지휘 아래 지중해 연안에 공포를 확산시키고 있던 해적 세력들인 아프리카 해적 선들로부터 2만 명에 달하는 기독교인 노예들과 죄수들을 구출한 일(1535)이 카를이 기독교 세계를 위해 이루어 내었던 가장 위대한 업적이었다. 이 일로 인해 그는 유럽에서 가장 강력한 권력을 행사할 수 있게 되었다.

그러나 그는 독일 내부 문제를 소홀히 하였고 대부분을 자신의 형제 페르디난트에게 맡겼다. 독일 사람들에 대해서는 "몽상가, 술 주정꾼, 술수를 쓸 줄 모르는 사람들"로 여겼다. 자신의 수입의 가장 큰 부분을 제공해 주었던 풍요한 네덜란드를 자신의 고향처럼 편안해했다. 하지만 무엇보다도 스페인은 자신의 왕조의 기초이고 주된 관심사였다. 그의 통치 아래에서 아메리카는 유럽의 역사에서 금과 은의 제공처로 그 역할을 감당하게 되었다.

그는 종교에서의 통일성으로 절대 군주제를 지향하고 있었지만, 그것은 불가능한 목표였다. 프랑스는 그의 정치적 야망을 견제하고, 독일은 그의 종교적 야망을 견제하고 있었다.


## 성품

카를은 개인적 성품에 있어 프랑수아 1세, 헨리 8세, 그리고 대부분의 당시의 군주들보다 월등하였지만, 악덕이 없었던 것은 결코 아니었다. 많은 사람들에게 호감을 얻을 수 있는 그런 개인적인 매력은 그에게 없었다. 냉정하고 차가운 외모 속에 격렬한 열정을 보유하고 있었다. 언제나 계산하고, 복수심이 강하고, 깊이 맺힌 응어리가 있어 상처를 받으면 결코 용서하지 않았다. 그는 슈말칼덴 전쟁에서 프랑수아 1세와 독일 개신교 제후들을 무자비하게, 가혹하게 다루었다. 탐욕스럽고 인색하며 식도락을 즐겼다. 소화하기 힘든 온갖 음식들, 안초비(지중해산 멸치), 개구리 다리, 장어 등을 즐겼고, 차가운 맥주와 라인강 지역의 와인을 폭음하였다. 주치의나 주위 사람들의 권유에도 아랑곳없이 오히려 소화불량과 통증을 견디면서도 절제를 하려 하지는 않았으며, 한 번 식사에 20가지 요리가 올라오곤 했다. 그의 자서전에서 14번째로 찾아온 통증을 언급하면서, 이것이 1548년 봄까지 지속되었다고 기록하고 있다.

그는 음악과 그림을 좋아했다. 문학적 재능도 있어 카이사르의 간결하고 객관적 문체로 자서전을 쓰거나 구술시켰는데, 프로테스탄트 동맹을 격파시키는 것으로 끝나고 있다(1548). 그러나 문체는 건조하고 냉정하여 위대한 생각이나 소중한 정서를 담아내지는 못하였다.

그의 사촌인 포르투갈의 돈나 이사벨라(Donna Isabella)와 1526년 세비야 (Seville)에서 결혼하여 1539년 그녀가 갑작스럽게 사망할 때까지 행복한 관계였 다. 하지만 아내가 머무는 스페인을 자주 떠나 있었을 뿐만 아니라, 결혼하기 전 에도 그리고 아내의 죽음 후에도 덧없는 부도덕한 탐욕에 빠져들곤 했다. 적어 도 두 명의 혼외의 자녀가 있었는데, 그 이름은 파르마(Parma)의 공작부인인 유 명한 마가레트(Margaret)와 레판토의 영웅인 오스트리아의 돈 후앙(Don Huan:1547-1578)으로, 그는 에스코리알에 카를과 함께 나란히 묻혀있다.

카를은 그가 존경한 화가 티치아노(Titian)로 하여금 자주 자신의 그림을 그리 게 했다. 중간 체구에 넓은 어깨, 깊은 가슴, 높은 이마, 매부리코, 창백하고 어둡 고 우울한 모습이었다. 파랗고 날카로운 눈, 금발의 붉은 빛나는 머릿결, 고운 피부는 독일과 관계가 있다는 표지이고, 낮게 튀어나온 턱과 두껍고 단단한 입 술은 합스부르크 군주들의 특징이었지만, 다른 점들에서는 그가 마음에 담고 있 는 스페인 사람의 모습이었다.

쉼 없이 일하고, 신경을 쓰며, 과식을 하여 그 결과 통풍은 그의 건강을 악화 시켰고, 50의 나이에 비해 너무 쇠약해져 불구자처럼 들것에 실려 다녀야 했다. 그의 많은 승리와 성공에도 불구하고 말기에는 불행하고 낙심한 사람이 되어 자 신의 조상들의 종교에서 마지막 위안을 찾아야 했다.


## 51. 카를 5세의 교회 정책


비록 교황권 지상주의자(Ultramontane)는 아니지만, 카를의 교회 정책은 로마 가톨릭적인 것이었다. 그는 자신의 대관식 때의 선서를 지켰다. 그 앞서 모든 전 임자들은 전통적 신앙에 속한 사람들이었다. 그는 성직자와 수도사로 둘러싸여 있었다. 그는 스페인 양식의 경건성으로 철저히 감화되어 있었고, 그의 할머니 가 가장 고결하고 순수한 대표적인 신자였다. 그의 할머니 이사벨라 가톨릭 (Isabella the Catholic)은 가장 위대한 스페인 군주이자, "여왕들 중의 여왕" 으로 불렸던 인물로, 무어인을 정복하고, 아메리카 대륙의 발견을 후원했으며, 유대 인을 추방하고, 종교재판소(Inquisition)를 설립했는데, 이것들은 모두 성모 마리 아와 가톨릭 교회를 위해 한 일이었다. 오비에도의 곤잘로(Gonzalo of Oviedo)

와 더불어 진정한 스페인 사람들은 "이교도를 향한 화약은 주님께 드리는 향"이라고 믿었다. 그에게 있어서는 무어인들의 표현과는 정반대로 불관용은 확신의 증거이고, 박해는 열심의 증거였다. 이교도들을 화형시키는 것은 종교재판이 있는 땅에서는 성스러운 축제이며, "믿음의 행위"가 되었다. 그러한 공포의 광경은 펠리페 2세의 통치 하에 벌어졌던 일이었고, 지금도 스페인에서는 인기 있는 황소 싸움만큼이나 일반적이었으며, 피를 원하는 야만성을 채워주었다.

카를은 매일 미사를 드렸으며, 주일과 성일에는 설교를 들었고, 일년에 네 번 성찬을 받고, 때로는 한밤중에 자신의 텐트에서 십자가 앞에 무릎꿇고 앉아 있는 모습을 볼 수 있었다. 그는 로마 가톨릭 이외에는 다른 기독교를 생각한 적이 없으며, 신학적 질문을 깊이 있게 던져 본 적도 없었다.

루터를 향한 교황의 교서를 그는 완전히 인정하였고, 네덜란드에서 그대로 시행하라고 명령하였다. 유스트(Yuste)에 물러나 있을 때 카를은 루터에게 안전통행증을 발급했었던 것을 후회하면서, 지기스문트가 콘스탄츠에서 후스를 화형시켰던 것처럼, 자신도 그 이단자를 보름스에서 화형시켰어야 했다고 후회를 표명하였다. 그는 그 시대의 자유주의 경향에 대해 조금도 공감하지 않았으며, 프로테스탄티즘을 교회와 국가에 대한 반역으로 간주했다. 힘이 있었다면 나서서 분쇄하고도 남았을 그였지만, 그에게는 너무 벅찬 일이었고, 프랑스와의 전쟁에서 또는 터키와의 전쟁에서 프로테스탄트의 도움이 필요한 상황이었다.

카를은 네덜란드에서 무서운 박해를 시작하였고, 그 작업은 더 편협한 아들인 펠리페 2세에 의해 실행되었다. 그러나 그것은 결국 반란을 초래하게 되었고, 네덜란드 공화국을 세우는 것으로 끝이 났다. 슈말칼덴 전쟁에서 루터의 동맹을 진압하는데 성공하였다. 죽은 사람처럼 창백한 모습이었지만, 카를은 하나님을 신뢰하면서 뮐베르크에서의 가장 치열한 격전에 뛰어들어, 1547년 결정적인 승리를 거두면서 이렇게 외쳤다: "왔노라! 보았노라! 그리고 하나님께서 승리하셨노라!" 그러나 그의 권력의 최고 정점이 그의 쇠퇴의 시작이었다. 같은 작센계 선제후인 모리츠(Moritz)는 프로테스탄트 제후들과 맞서는 그의 협력자였지만, 1552년 등을 돌리고, 파사우(Passau) 협정에서 독일의 루터파를 위해 처음으로 어느 정도의 법적 관용을 확보하는 일을 했다.

비록 카를이 처음부터 죽을 때까지 철저한 로마 가톨릭 신자였지만, 그럼에도 불구하고 그는 맹목적이고 노예적인 교황주의자는 결코 아니었다. 독일 왕위를 계승해 온 전임자들과 마찬가지로 국가의 존엄성과 주권을 유지하면서, 교황의 위계제도의 수위권에 저항하였다. 그는 프랑스와 중립주의자 그리고 교황청의 정책을 혐오하였다. 그의 군대는 로마를 정복하고, 프랑수아 1세를 도와 그에게 대항했다는 이유로 교황 클레멘트 7세를 감옥에 가두기도 했다(1527). 독일에서의 프로테스탄트들에 대한 처리를 머뭇거리며 방조하고 있다고 자신을 비난하였던 바울 3세와 논쟁을 하기도 하였다. 카를은 그의 자서전에서 교황의 밀사들과 몇몇 선제후들이 프로테스탄트들을 진압하라고 끊임없이 자신에게 요구하였지만, 자신은 그 일이 너무 크고 어려운 일이라 망설였다고 기록하고 있다.

더욱이 카를은 가톨릭 교리와 교황적 위계제도 내에서 제한된 개혁의 필요성을 느끼고 있었다. 카를은 반복해서 교황의 정책의 지연에 반대하여 공의회 소집을 요구하였고, 프로테스탄트와 가톨릭 모두에게 권고하여 최종 결정에 승복하도록 설득하기도 하였다. 1530년 아우크스부르크 의회에서 그는 교황에게 공의회를 소집할 것을 요청하면서, 그것은 중요하고 필요한 수단이며, 독일에서 현재 벌어지고 있는 것을 해결하고 기독교 세계에 만연된 잘못들을 해결하기 위한 중요하고 필요한 절차라고 역설하였다. 이것은 스페인의 전통과도 맥락이 일치하는 것으로 이사벨라와 히메네스(Ximenes) 추기경은 스페인의 성직자와 수도사를 개혁하려고 시도한 적이 있었다.

이 로마 가톨릭 개혁은 트렌트 공의회에 의해 이루어지게 되었지만, 교황의 반동 종교개혁(counter-reformation)으로 판명되었으며, 스페인의 예수회(Jesuits)의 수중에 들어가면서 프로테스탄트에 대항하는 무기로 사용되었다.

### 황제와 개혁자

카를과 루터는 보름스 의회에서 한 번 만난 적이 있을 뿐이었다. 카를 황제는 그 수도사가 자신이 개인적 판단과 양심을 내세워 기독교 세계의 오랜 전통의 신조들을 부정하는 것에 혐오감을 느끼고, 자신은 결코 그를 이단자로 만들지 않겠다고 선언했다. 그러나 루터는 그에게 자신의 안전통행을 허락한 것에 대해 감사의 편지를 써 보냈다.

20년 뒤인 1547년 4월 24일 엘베강의 뮐베르크에서 작센의 요한 프리드리히와의 싸움에서 승리를 거둔 후에 카를은 비텐베르크의 성(城) 교회에 안장된 루터의 무덤 위에 섰다. 그때 피에 굶주린 알바 공작은 이 이단의 수괴를 다시 파내어 그 뼈를 불사르고 그 재를 하늘의 바람에 날려버리라고 권고하였다. 하지만 카를은 다음과 같은 기품있는 대답으로 그 권고를 거절하였다: "나는 살아 있는 자와는 싸우지만, 죽은 자와는 싸우지 않는다." 이것이 그의 종교에 대한 관용의 한계였다. 그러나 이 흥미 있는 이야기의 진위 여부는 확실하지 않다.[4]

26년 동안 황제와 개혁자는 독일의 최고 정점에서 서로 마주보고 서 있었다. 한 사람은 정치적 지도자로, 한 사람은 종교적 지도자로, 서로 반대 방향으로 걸어가고 있었다. 한 사람은 전통을 보존하는 방향으로, 다른 한 사람은 새 것을 창조하고 새 질서를 세우는 방향으로, 한 사람은 군대와 제국의 보물을 지휘할 수 있었고, 다른 한 사람은 아무것도 없이 믿음 하나와 펜 하나로 그러나 훨씬 더 깊이 있고 지속적인 영향을 그의 시대와 그 이후의 시대에 남겼다. 루터는 자신의 출생지에서 그리스도의 공로를 신뢰하고 자신의 영혼을 자신을 구속하신 하나님께 맡기고 편안히 잠들었다. 10년 뒤 카를은 스페인에서 수도사로 자신의 삶을 마쳤고, 불타는 촛대를 오른손에 들고 왼손으로는 십자가를 입술에 놓은 채 톨레도 대주교가 시편 130편을 읽는 가운데 사망하였다. 숨을 거두는 황제의 마지막 말 한 마디는 "예수"였다.

## 52. 카를의 황제직 양위와 수도원의 삶

카를의 황제직 양위와 함께 이어지는 수도원의 삶은 교회사나 일반 역사에 있어 중요한 관심사이기에 여기서 간략하게 언급해 보기로 한다.

305년 로마 제국의 마지막 기독교 박해자는 노예로 태어나 군사적 성취로 권력의 자리에 올랐던 인물로, 자발적으로 로마 황제직에서 물러나, 남은 8년 동안의 삶을 자신의 고향 달마티아(Dalmatia)의 살로나(Salona)에서 채소를 재배하면서 여생을 보냈다. 1555년 10월 25일, 카를 5세는 세 왕국의 계승자로 태어나 정치와 외교 그리고 전쟁으로 지치고, 또한 모리츠의 반역으로 패배하였으며, 통풍으로 고통을 받으며 지내왔던 자신의 황제 재위 기간을 정리하고, 자신의 왕

---

4) 카를은 자신의 자서전에서 비텐베르크를 포위했던 것은 기록하고 있지만 루터의 묘지를 방문했다는 기록은 없으며 루터의 이름조차도 언급하지 않았다.

관을 물려주고 초라한 수도사로 살다 죽었다.

카를의 양위는 브뤼셀(Brussels)의 왕궁에서 이루어졌으며, 그곳은 40년 전 카를이 자신의 성년식을 갖고 브라반트(Brabant)를 통치할 것을 위임받았던 바로 그 자리였다. 그는 불행했던 어머니를 애도하는 마음에서 의복을 갖추어 입고 장식품으로는 금빛 어깨띠 하나만 둘렀다. 우울하고, 진지하고, 창백하고, 지친 모습이었지만, 한 손은 수행종자에게 의지하고, 한 손은 오렌지의 윌리암 공에게 의지하고 들어섰다. 그의 뒤에는 그의 아들이자 계승자인 펠리페 2세가 왜소하고 약하지만 화려하게 옷을 입고 있었으며, 훗날 스페인의 폭정과 완고함의 고통에서 네덜란드를 해방시키기 위해 죽음의 싸움을 하게 될 운명의 젊은 두 왕자가 함께하고 있는 중요한 순간이었다.

황제는 왕좌에서 일어서서 오른손을 오렌지 공의 어깨에 올리고 ― 그는 훗날 황제 가문의 가장 강력한 적이 될 운명이었다 ― 다른 손에는 종이를 들고 프랑스어로 왕족, 네덜란드 귀족, 기사들, 왕의 고문들, 가문의 중요 책임자들에게 작별 인사를 낭독하였다. 자신은 자신이 맡은 임무를 최선을 다해 수행하였으며, 그가 태어난 땅에 대한 애정을 표현하였고, 특히 이교도와 배교자들에 대항하여 싸우면서 지켜온 기독교에 대한 관심을 강하게 드러내 보였다. 어떠한 어려움 속에서도 위축되지 않았던 그도 병으로 인해 쇠약해진 몸으로는 제국을 통치할 수 없었다. 그것이 오랜 숙원이었던 왕위 이양의 유일한 동기였다. 무엇보다도 그는 신앙의 순수성을 지켜나가도록 권고하였다. 많은 실수도 하였지만 알지 못해 한 일이었고, 사람에게 잘못을 했으면 용서를 구한다고 말했다.

네덜란드의 왕위를 아들 펠리페에게 양위하면서 하였던 권고는, 하나님을 두려워하고 정의롭게 살며 법을 존중하고 무엇보다도 종교를 소중히 하라는 말이었다.

지치고 죽은 이처럼 창백한 모습으로 회중들의 눈물과 흐느낌 속에 자신의 자리로 돌아갔다.

1556년 1월 16일 그는 카스티야(Castile)와 아라곤(Aragon), 그리고 그 부속 지역들에 대한 통치권을 모두 펠리페에게 양도하였다. 독일의 왕위를 형제 페르디난트에게 넘기는 것이 그의 마지막 처리였지만, 일이 매우 더디게 진행되어, 1558년 2월 28일 프랑크푸르트의 의회에서 비로소 최종 실행되었다.

## 유스트로의 은퇴

9월 17일 카를은 플러싱(Flushing) 항구를 떠나 스페인으로 향했는데, 56척의 배 안에는 자신의 두 누이(헝가리의 전 왕비이자 플랑드르의 섭정 여왕이었던 마리아와 프랑스의 프랑수아 왕을 여의고 혼자된 엘레아노르)와 150명의 왕실 소속 사람들이 타고 있었다.

바다에서의 거친 항해와 땅에서의 길고 지루한 여정 끝에 1557년 2월 3일 유스트에 있는 성 제롬 수도원에 도착했다. 그곳은 자신이 은퇴하면 머물 곳으로 이전에 정해 놓았던 곳이었다.

세상의 화려함을 버리고 수도원의 은둔을 택하는 것은 스페인의 통치자와 귀족들에게는 낯선 일이 아니었다. 몽세라(Montserrat)와 포블레(Poblet: 지금은 폐허만 남아 있다)의 부유한 수도원들은 왕과 제후들 같은 손님들을 위한 특별한 거처가 마련되어 있었다. 카를은 이사벨라 여왕이 살아있을 당시 그 시설을 만들면서 자신들의 삶의 여생을 이웃한 수도회에서 함께 보내고 같은 제단 아래 함께 묻히기로 서로 약속하였었다. 1542년 그는 프란치스코 데 보르하(Francisco de Borgia)에게 자신의 생각을 알렸다. 그러나 당시의 정세는 신성로마제국의 화려한 권력을 다시 한 번 회복해 보고자 하는 새로운 그러나 헛된 시도에 그를 끌어들였다. 이제는 자신의 역할이 다 끝났고 안식을 찾고 싶었다. 그런 그의 결심은 아내가 사망한 뒤로 이어왔던 갖가지 부도덕한 생활에 대한 속죄의 마음 때문에 더욱 굳어지게 되었다.

유스트는 산이 많은 에스트레마두라(Estremadura) 지역에 위치하고 있는 곳으로, 플라센시아(Plasencia)로부터는 24마일 정도, 그리고 발라돌리드(Valladolid: 당시 스페인의 수도)로부터는 150마일 떨어져 있는데, 물이 풍부한 계곡과 기후가 좋아 황제의 바람에 잘 맞는 곳이었다.

거기서 18개월 동안 머물다가 카를은 그곳에서 사망했다. 오랜 속담이 정확히 표현하듯, 세상의 영광은 속히 사라지는 것이다.


## 은둔 생활

두 대륙에 걸쳐 무제한의 권력을 행사하고 큰 사건이 많았던 세기에 가장 큰 일들의 선봉에 서 있던 한 왕의 자발적인 은퇴는 슬프고 엄숙한 것뿐만 아니라, 기품있고 낭만적인 무엇인가가 담겨져 있다. 또한 시골 생활의 순수한 기쁨과 경건의 실천이 함께 엮어진 그 속에는 전원적 매력이 담겨 있다.

수도원의 은둔 생활은 공적인 삶보다 그의 인간적 종교적 삶의 모습을 더욱 잘 나타내 주는 것이었다. 이전의 역사가는 그 모습을 경건과 성찰의 칩거 생활로 묘사하면서, 세상에 대해서는 죽고, 마지막 심판의 날에 대해서는 준비하는 모습이었다고 서술하고 있다. 그러나 1844년 이후 알려진 권위있는 시만카스 (Simancas)의 자료는 그러한 견해를 수정하고 보충해 준다.

카를은 수도사들과 함께 수도원에서 생활한 것이 아니라, 도착하기 3년 전에 그를 위해 특별히 지어진 방 8개짜리 집에서 머물렀다. 그 집은 넓고 아름다운 정원이 있어 각종 향기로운 나무와 꽃들로 가득하고, 오렌지, 레몬, 무화과 나무가 자라고 있고, 주위에는 높은 담으로 둘러싸여 있어 외부인의 침입을 막고 있다. 그의 침실의 창문으로는 예배당을 바라볼 수 있어, 예배에 참석할 수 없을 때에는, 수도사들의 음악과 기도를 들을 수 있도록 되어 있었다. 50명이 넘는 하인들이 그를 돌보았는데, 대부분 플랑드르 출신 사람들이었고, 스페인 사람인 집사장, 분배관리인, 물품관리인, 보석관리인, 비서, 의사, 고해신부, 시계공, 요리사, 과자 제조자, 빵 굽는 사람, 양조자, 사냥터지기, 그리고 많은 시종들이 있었다. 그들 중의 일부는 인근 마을에 살며 일을 했는데, 단조로운 고독의 처소보다는 쾌활한 마을 브뤼셀을 훨씬 좋아했으리라는 것은 짐작하기 어렵지 않다. 그곳에는 덮개, 터키 양탄자, 비단이 둘러쳐진 팔걸이 의자, 통풍으로 고생하는 수족을 위한 6개의 방석과 발판, 25개의 벽걸이 또는 장식용 비단, 모피와 오리털 그리고 비단과 벨벳으로 지어진 겉옷 16벌, 12벌의 최고급 검은색 천이 걸려 있고, 4개의 정교하게 제작된 우아한 시계와 그리고 여러 개의 주머니용 작은 시계들이 있었다. 식탁과 부엌에 놓인 물건들은 은으로 되어 있어, 그 무게가 900파운드 가량이나 되었다. 그의 방의 벽은 이곳저곳 그림으로 장식되어 있었으며, 9개는 티치아노의 작품이었다(자신을 그린 그림 4점과 여왕의 그림 한 점 포함). 작은 도서관도 구비하고 있었는데, 대부분 신앙 수양 서적이었다.

정원에서 운동을 하고 들것에 실려 움직였다. 기술 있는 예능인들의 도움을 받아 밀을 가는 맷돌도 만들어 보고, 인형 병사도 만들고, 시계도 여러 개 만들어 똑같이 갈 수 있도록 하려고 애를 쓰기도 했다. 맑고 시원한 산의 공기, 그리고 알맞는 운동으로 인해 은거 생활을 하던 1557년이 그의 인생에서 가장 편안하고 행복했던 기간이었다.

그는 공적인 일과 세상일에 대해 여전히 큰 관심을 갖고 있었다. 생캉탱(St. Quentin)의 승리를 대단히 기뻐하였고, 교황과의 화해 결정에는 약간의 실망을 표현하기도 하였으며(자신은 훨씬 더 혹독하게 다루었을 것인데), 칼레(Calais)를 상실했을 때에는 몹시 유감스러워하고, 터키 함대의 스페인 침입과 루터파 이단의 발전에는 놀라기도 했다. 속보와 전달자가 규칙적으로 새로운 소식을 전했으며, 아들에게 늘 조언을 했고, 프랑스와의 새로운 문제와 재정 문제에 있어서도 조언을 아끼지 않았다. 두 누이들, 헝가리와 프랑스의 황태후들로 스페인까지 그를 동행했던 적이 있던 두 누이들의 방문을 받기도 하고, 주변 지역의 귀족들로부터도 방문을 받았다. 카스티야의 섭정인 딸 조안나(Joanna)와, 포르투갈의 섭정인 자신의 누이와도 늘 연락을 주고 받았다.

그는 위엄 있는 전통적 식사 예절을 지키며 혼자 식사를 하였다. 물론 의사, 비서, 고해신부가 곁에 시중을 들며 역사와 기타 관심사에 대한 이야기로 즐겁게 해 주었다. 수사들과 검소한 식사를 함께 했던 것은 한 번뿐이었다. 말기에도 닭 요리, 절인 소시지, 장어 요리 등 소화를 감당하지 못해 고통을 받으면서도, 자신의 식사 습관을 절제하지 못하였다. 그는 늘 빠지기 쉬운 그러한 죄의 유혹을 속죄하고 싶어 자신의 몸을 학대하였고, 사순절 기간에는 심한 자기학대로 인해 그 상처자국이 피로 물들었다. 펠리페는 아버지 카를의 경건성을 그렇게 배우고 가슴에 간직해, 자신의 아들에게 물려주었다.

은퇴생활 초기부터 특히 두 번째 해에 자신의 건강이 허락하는 한 자신의 종교적 의무에 세심한 배려를 하였다. 성당에서의 미사에 참석하고, 기도를 하고, 설교를 들었으며, 교부(제롬, 아우구스티누스, 베르나르), 시편, 바울 서신 등을 읽었다. 수사들이 엄격한 훈련을 받는 것을 좋아했고, 여인들의 접근을 막아 문에서 약 600미터 정도 이내까지 감히 접근하는 경우에는 100대의 매를 맞게 하는 명령을 내리기도 하였다. 카를은 간디아 공작인 프란치스코 보르하의 방문을 즐거워하였다. 그것은 화려한 직위를 버리고 예수회에 들어온 사람이었던 그가 세상을 멀리하고 이곳에 들어온 카를의 결정이 잘한 것이었다는 확신을 주었기 때문이다. 자신은 이제 더 이상 황제도 왕도 아니므로, 자신의 세례명으로 기도 받기를 원했다. 매주 목요일은 그에게 영성체가 수여되는 날이었다.

카를은 그의 부모, 아내, 그리고 죽은 누이의 장례식을 반복해서 기념했다.

하지만 믿을 만한 당시의 증언에 의하면 자신이 죽음이 가까워지면서 어두운 예배실에 세워진 커다란 영구대 주위에서 자신의 장례식을 기념했다고도 한다. 촛불을 들고 가족들과 수도사들과 함께 이미 볼 수 없는 세계로 떠나버린 고인들을 위해 기도를 올리고 촛불을 사제에게 건네주는 것으로 생명을 주신 이에게 자신의 영혼을 맡기는 징표로 삼으며 쓸쓸한 기념식을 마쳤다.

장례 기념식에 대한 그의 관심은 그의 경건성에 담겨있는 병적인 기질을 보여주는 부분이다. 그것은 죽은 남편의 몸을 자신이 가는 곳이면 어디든지 함께 운구해 갔던 그의 어머니의 병적인 집착을 생각나게 만든다.


## 불관용

그의 괴팍스런 고집이 삶의 종반부에 들어 더욱 강해진 것은 당연한 일이었다. 그는 관용의 교훈을 배울 만한 철학적 사고를 하는 사람이 아니었다(로버트슨 박사가 상상하는 것처럼). 반대로, 루터와 독일 프로테스탄트에 대해 보였던 그의 적은 관용마저도 나중에는 후회하였고, 5년 전에 자신의 계획을 실패로 만들었던 그들을 그는 더욱 증오하게 되었다.

카를이 더욱 놀랐던 것은 그 같은 이단적 의견들이 발라돌리드와 세비야(Sevilla)에서, 스페인 왕궁과 그 주변에서 생겨나고 있다는 사실이었다. 아우구스티누스 카잘라(Augustin Cazalla)는 슈말칼덴 전쟁에 카를을 수행하여 참여했던 군종신부였고, 유스트에서는 카를 앞에서 말씀을 전했던 사람인데, 그 사람마저 루터의 입장에 동의한다고 고백하는 상황이었다. 카를은 스페인이 위기에 처했다고 생각하고 모든 수단을 동원해서 불과 칼로 이단 세력을 없애야 한다고 역설하였다. 그는 섭정인 딸 조안나에게 보내는 1558년 5월 3일자 편지에서 종교재판관에게 그 책임을 다하여 악의 무리를 근절시켜 더 이상 확대되는 것을 막도록 자신의 말을 전하라고 하면서, 딸의 열심을 믿고 있으니 그 죄의 무리들은 반드시 그에 상응하는 대가를 치르도록 혹독히 징벌하라고 권고하였다. 카를은 자신의 마지막 유언 내용을 추가하면서, 자신의 아들 펠리페에게 종교재판소가 통치 영역 안에 있는 모든 이단자들을 진압할 가장 훌륭한 수단임을 잊지 말 것을 당부하면서, 자신의 축복을 아들에게 내리며 아들이 하는 모든 일에 주님이 함께하여 성취를 도울 것이라는 이야기로 매듭을 짓고 있다.

펠리페 2세는 아버지의 나쁜 점은 모두 물려받았지만 좋은 점은 하나도 물려받지 못한 사람이었다. 그는 다만 아버지의 유언을 따라 무자비한 박해를 통해 스페인에서 일어나는 모든 복음주의적 프로테스탄티즘의 흔적들을 소멸시켜 버렸고, 그 아름다운 지역들은 어둠침침한 성당이 늘어선 묘지로, 그리고 투우장으로 변해 버렸다.

## 카를의 죽음

황제의 건강은 통풍이 재발되어 빠르게 악화되어 갔고, 여름의 뜨거운 태양의 강한 열기로 그를 수행하던 사람들이 희생이 되기도 했다. 1558년 9월 21일 카를은 변함없는 가톨릭 신자로서 살아 온 삶에 종지부를 찍었다. 몇 명의 영적 친구들과 일반 지인들이 그의 곁에서 임종을 지켜보았다. 그는 자신의 죄를 깊은 회한 속에서 고백하였고, 교회의 연합을 위해 반복하여 기도하였다. 자신의 침대에서 무릎을 꿇은 채, 성찬과 종부성사를 받았다. 자신의 소망을 십자가에 달린 구속자에게 맡겼다. 톨레도의 대주교인 카란자(Carranza)의 바돌로매(Bartolome)는 십자가를 들고 시편 130편을 낭독하면서 이렇게 선언했다: "모든 사람에게 응답하시는 그분을 바라보라! 더 이상 죄는 없다. 모든 죄가 용서되었다!" 또 곁에 있던 다른 설교자는 카를을 성 마태와 성 마티아스의 중재에 위탁하였는데, 전자의 기념일에 카를이 이 세상에 태어났고, 후자의 기념일에 조금 후면 카를이 이 세상을 떠나게 될 것이었다. "그리하여 카를 5세 시대에 세상을 둘로 나누었던 두 가지 교리가 다시 한 번 그의 죽음의 침상으로 찾아 왔다"고 미녜(Mignet)는 말한다.

재미있는 사실은 메리 여왕 통치 시절 영국의 프로테스탄트를 박해하는데 중요한 역할을 하고, 죽어가는 황제에게 마지막 진실로 복음적인 위로를 내렸던 그 대주교가 훗날 박해의 희생자가 되어 버리고, 위로했던 그 말이 그 황제의 고해신부에 의해 스페인 이단 심판에서 이단성의 증거의 하나로 채택되었다는 것이다. 카란자의 바돌로매는 스페인에서 7년간 투옥되었고, 그리고 로마로 보내져서 성 안젤로(St. Angelo) 성에 유폐되었고, 오래 지연되던 끝에 결국 16가지 항목에 해당하는 루터의 주장 내용이 그의 저작에서 발견되는 것으로 선고받고, 대주교의 직책을 빼앗기고, 자신의 수도원에서 5년간 갇혀 있도록 판결을 받았다. 그 판결이 있은 후 16일 만인 1576년 5월 2일 소프라 미네르바(Sopra Minerva) 수도원에서 자신의 결백을 눈물로 호소하면서도 동시에 자신의 판결의 정당함을 받아들이는 모순을 보이면서 사망하였다.

황제가 죽은 뒤 채 두 달이 되기 전에 그의 사촌이며, 또한 아들의 부인인 메리 여왕이 1558년 11월 17일 사망하고 웨스트민스터 대수도원에 묻혔다. 그녀의 죽음과 함께 영국에서 로마의 성직위계제도는 붕괴하였다. 5년 간의 유혈 탄압 후에 개혁된 종교는 왕위와 영국 교회를 회복하게 된다. 이러한 우연의 일치 속에서 느끼는 것은 랑케의 표현대로 "하나님의 섭리는 사람의 생각과 목적을 얼마나 멀리 뛰어넘는가!" 하는 것이다.

## 카를의 묘지

한때는 권력을 한 몸에 간직했던 황제의 유품들이 1574년 마지막 안식처인 에스코리알 성당의 제단 아래로 전부 옮겨졌다. 마드리드 북쪽으로 30마일 떨어진 황량한 산에 위치한 음울한 분위기의 그 건물은 그의 명령에 따라 왕실의 묘지로 지어졌던 곳으로(1563년에서 1584년 사이), 궁전, 수도원, 성당, 그리고 묘지(판테온으로 불림)를 갖추고 있었다. 펠리페 2세는 14년을 그곳에서 보냈고, 반은 왕으로 반은 수도사로 산에서 살면서, 문서만으로 구세계와 신세계를 다스렸다고 자랑하곤 했다. 오랜 지병으로 이어진 고통 끝에 1598년 9월 13일 교회의 제단과 마주한 어두운 방에서 사망하였다.

아버지와 아들이 서로 마주보고 무릎을 꿇고 있는 자세로 높은 제단을 바라보는 동상으로 함께 서 있다. 카를 5세는 그의 부인 이사벨라, 딸 마리아, 누이 엘레아노르와 마리아와 함께, 그리고 펠리페 2세는 그의 세 부인들과 마음 약하고 불행했던 그의 아들 돈 카를로스와 함께 있다.

그 에스코리알은 스페인의 모습처럼 단지 과거의 그림자를 보여주면서, 그것을 설립한 사람의 유령이 깃들어 있는 곳이다. 그리고 그 사람은 바로 자신의 어둡고 우울한 성격을 그곳에 묻고 있는 것이다.


# 53. 보름스 의회(1521)


I. **Sources.** *Acta et res gestæ D. M. Luth. in Comitiis Principum Wormatiæ.* Anno 1521. 4°. *Acta Lutheri in Comitiis Wormatiæ ed. Pollicarius,* Viteb. 1546. These and other contemporary documents are reprinted in the Jena ed. of Luther's *Opera* (1557), vol. II.; in WALCH'S

German ed., vols. XV., 2018–2325, and XXII., 2026 sqq.; and the Erlangen-Frankf. ed. of the *Opera Lat.*, vol. VI. (1872); *Vermischte deutsche Schriften*, vol. XII. (or *Sämmtl. Werke*, vol. LXIV., pub. 1855), pp. 363–383. FÖRSTEMANN: *Neues Urkundenbuch*, 1842, vol. I. LUTHER's Letters to Spalatin, Cuspinianus, Lucas Cranach, Charles V., etc., see in DE WETTE, I. 586 sqq. SPALATIN: *Ann.* Spalatin is also, according to Köstlin, the author of the contemporary pamphlet: *Etliche wunderliche fleissige Handlung in D. M. Luther's Sachen durch geistliche und weltliche Fürsten des Reich's;* but Brieger (in his "Zeitschrift für Kirchengesch.," Gotha, 1886, p. 482 sqq.) ascribes it to Rudolph von Watzdorf.

On the Roman-Cath. side, COCHLÄUS (who was present at Worms): PALLAVICINI (who used the letters of Aleander); and especially the letters and dispatches of ALEANDER, now published as follows: JOHANN FRIEDRICH: *Der Reichstag zu Worms im Jahr 1521. Nach den Briefen des päpstlichen Nuntius Hieronymus Aleander.* In the "Abhandlungen der Bayer. Akad.," vol. XI. München, 1870. PIETRO BALAN (R. Cath.): *Monumenta Reform. Lutheranœ ex tabulariis S. Sedis secretis.* 1521–1525. Ratisb. Fasc. I., 1883. Contains Aleander's reports from the papal archives, and is one of the first fruits of the liberal policy of Leo XIII. in opening the literary treasures of the Vatican. THEOD. BRIEGER (Prof. of Ch. Hist. in Leipzig): *Aleander und Luther, 1521. Die vervollständigten Aleander-Depeschen nebst Untersuchungen über den Wormser Reichstag.* 1 Abth. Gotha, 1884 (315 pages). Gives the Aleander dispatches in Italian and Latin from a MS. in the library of Trent, and supplements and partly corrects, in the chronology, the edition of Balan.

II. Special Treatises. BOYE: *Luther zu Worms.* Halle, 1817, 1824. ZIMMER: *Luther zu Worms.* Heidelb. 1521. TUZSCHMANN: *Luther in Worms.* Darmstadt, 1860. SOLDAN: *Der Reichstag zu Worms.* Worms, 1863. STEITZ: *Die Melanchthon- und Luther-Herbergen zu Frankfurt-a.-M.* Frankf., 1861. Contains the reports of the Frankfurt delegate Fürstenberg, and other documents. HENNES (R. Cath.): *M. Luther's Aufenthalt in Worms.* Mainz, 1868. WALTZ: *Der Wormser Reichstag und seine Beziehungen zur reformator. Bewegung,* in the "Forschungen zur deutschen Gesch." Göttingen, 1868, VIII. pp. 21–44. DAN. SCHENKEL: *Luther in Worms.* Elberfeld, 1870. JUL. KÖSTLIN: *Luther's Rede in Worms am 18. April, 1521.* Halle, 1874 (the best on Luther's famous declaration). MAURENBRECHER: *Der Wormser Reichstag von 1521,* in his "Studien und Skizzen zur Gesch. der Reform. Zeit," Leipzig, 1874 (pp. 241–275); also in his *Gesch. der kathol. Reformation,* Nördlingen, 1880, vol. I., pp. 181–201. KARL JANSEN (not to be confounded with the Rom.-Cath. Janssen): *Aleander am Reichstage zu Worms, 1521.* Kiel, 1883 (72 pages). Corrects Friedrich's text of Aleander's letters. TH. KOLDE: *Luther und der Reichstag zu Worms.* 2d

ed. Halle, 1883. BRIEGER: *Neue Mittheilungen über L. in Worms.* Program to the Luther jubilee, Marburg, 1883 (a critique of Balan's *Monumenta*). KALKOFF: Germ. transl. of the Aleander Dispatches, Halle, 1886. ELTER: *Luther u. der Wormser Reichstag.* Bonn, 1886.
III. RANKE, I. 311–343. GIESELER, IV. 56–58 (Am. ed.). MERLE D'AUB., Bk. VII. chs. I.–XI. HAGENBACH, III. 103–109. G. P. FISHER, pp. 108–111. KÖSTLIN, chs. XVII. and XVIII. (I. 411–466). KOLDE, I. 325 sqq. JANSSEN (R. Cath.), II. 131–166. G. WEBER: *Das Zeitalter der Reformation* (vol. X. of his *Weltgeschichte*), Leipzig, 1886, pp. 162–178. BAUMGARTEN: *Gesch. Karls V.* Leipzig, 1885, vol. I. 379–460.

1521년 1월 28일 카를 5세는 보름스에서 첫 번째 회의를 열었다. 이 도시는 라인강 서안에 자리잡은 제국의 자유 도시로, 지금의 헤센 대공국에 위치하고 있다.[5] 보름스는 보름스의 왕인 귄터(Günther)와, 그 우아함과 아름다움 때문에 경이의 대상이었던 그 누이 크림힐트(Chriemhild)와 더불어 시작하는 독일의 서사시 「니벨룽겐의 노래」(*Niebelungenlied*) 배경이 되는 곳으로 유명하다. 그곳은 또한 교회사에 있어 황제와 교황 간의 서임권 문제로 야기된 오랜 갈등에 종지부를 찍은 "보름스 협약"(Concordat of Worms)으로도 유명하다(1122년 9월 23일). 그러나 무엇보다도 그곳이 유명해졌던 것은 하나님의 말씀과 양심 위에 섰던 루터 때문이었고, 1521년 보름스 제국 의회는 독일 의회 역사상 가장 유명한 것 중의 하나로 기억되게 되었다. 그 회의 후에 종교개혁으로 인해 갈라진 상처를 회복하려고 프로테스탄트와 가톨릭 지도자들의 회합이 보름스에서 개최되었다. 한 번은 1541년에, 또 한 번은 1557년에 열렸지만 두 번 다 합의에 실패하였다. 1868년 6월 25일 루터와 그 동역자들을 위해 장엄한 기념비가 리첼(Rietschel)에 의해 국민적 열망 속에서 보름스에 세워지게 되었다.

보름스 의회에서 종교적 문제는 다른 정치적·재정적 문제들을 뒤로 물리치고, 모든 사람들의 마음을 흡수해 버렸다. 회의가 시작되자마자 새 교황은 훈령을 보내 황제의 명령을 통해 1월 3일의 교서에 법률적 효력을 발효하도록 하여, 루터의 최종적 파문을 실행하고, 그의 책은 모두 불태우도록 할 것을 지시하였

---

5) 보름스는 인구 2만 정도의 작은 도시로 그 반 정도는 프로테스탄트이다. 17세기 초에는 7만 정도가 살고 있었지만 루이 14세에 의해 철저하게 파괴되어 버렸었다. (1683). 유명한 독일산 와인이 그 근교에서 재배되고 있다.

다. 교황은 교회의 통일성을 위한 황제의 열심을 증명해 보일 것을 촉구하였다. 하나님은 황제에게 지상 최고의 권력을 주셨으니, 이교도들보다 더 악한 그 이단자들을 처단할 수 있다는 것이었다. 3월 28일 부활절 한 주 전 세족 목요일에 교황은 공포의 교서 「인 카이나 도미니」(*In Caena Domini*)를 발표하면서, 루터의 이름을 직접 거명하며 그 추종자들 모두를 강력하게 비난하였다. 이것은 세번째 혹은 네 번째 파문이었지만, 여전히 별다른 효력을 발휘하지 못하였다.

　교황을 대표했던 유능한 특사 두 사람은 후에 추기경 직책을 맡게 되는데, 한 사람은 정치적인 문제를 담당했던 마리노 카라치올로(Marino Caracciolo: 1459–1538)이고, 또 한 사람은 교회의 관심사를 맡은 제롬 알레안더(Jerome Aleander: 1480–1542)였다. 알레안더는 당시 바티칸의 사서로서 일하면서, 헬라어 학자로서 큰 명성을 누리고 있었다. 파리에서는 2,000명이 넘는 사람들 앞에서 강의를 하기도 하였다. 에라스무스와도 친밀한 관계를 유지하였지만, 에라스무스가 개혁에 동정적 태도를 취하게 되자, 루터파 이단의 주요 설립자로 그를 비난하였다. 알레안더는 열렬한 교황주의자이며, 외교술에 있어 탁월한 재능을 보유한 사람이었다. 그의 종교적 갈구는 그리 절박한 것이 아니었다. 보름스 회의 기간 동안 알레안더는 그리스도와 자신의 양심에 마음을 기울일 여유를 갖지 못했다. 그의 유일한 관심사는 교황의 권력을 유지하는 것이었으며, 새로운 이단 세력을 무효화시키는 일이었다. 그는 자신의 편지에서 루터를 바보, 개, 괴악한 뱀(basilisk), 추잡한 인간 등의 이름으로 표현하였다. 루터의 책이라면 모두 태워버릴 것을 어디가나 주장하였으며, 설득, 주장, 약속, 위협, 뇌물, 첩자 등 할 수 있는 모든 수단을 동원하였다. 탐욕스런 관리들 때문에 로마가 충분한 돈을 보내 주지 않는다고 불평을 늘어놓기도 하였다. 밤낮을 가리지 않고 황제와 고해 신부와 추밀원의 관계자들과 이 문제를 논의하면서, 민란과 소요에 대한 그들의 두려움을 자극하여 과거 가장 악하고 문제 많았던 보헤미아 이단들의 예를 상기시켰다. 교황의 권위에 도전하는 사람들을 독일 스스로 방치하는 경우에는, 서로가 서로를 죽이는 처참한 싸움으로 강산이 피로 물들 것이라는 공포의 협박도 서슴지 않았다. 2월 13일 회의에서 알레안더는 3시간의 연설을 통해 이단자 루터의 주장을 더 이상 고려할 여지가 없으며, 황제, 성직자, 귀족, 평민 모두는 의무를 준수하여 교황의 교서의 요구 사항을 실행해야 한다고 주장하였다.

　황제는 비록 공의회를 통한 교회의 개혁에 대한 바람은 있었어도 로마 가톨릭을 따르는 헌신된 신자로서 자신의 종교적 충동과, 다른 한편으로는 주의와 관용이 필요한 정치적 고려 사이에서 망설일 수밖에 없었다. 그는 당시의 통치자들에게 필수적으로 요구되던 덕목인 감정을 드러내지 않는 기술을 이미 배워 알고 있었다. 여러 계층의 사람들의 바람을 존중해야 했기에, 그들의 동의 없이는 섣불리 행동할 수 없었다. 일반 사람들의 정서는 나뉘어 있었고, 로마에 대한 불만을 잘 활용하면 자신의 이익을 챙길 수도 있었다. 카를은 교황 레오가 독일 황제로 프랑수아를 선임하기를 더 좋아한다는 것과 스페인의 종교재판소의 권한을 축소하려 하는데 불만을 갖고 있었지만, 프랑스와의 임박한 싸움에서 교황의 지지를 얻어야 할 필요성도 느끼고 있었으며, 교황이 종교재판소에 대한 입장을 얼마쯤 양보하고 있는 상황이었다. 카를은 프리드리히 선제후에게 많은 도움을 받고 있었으므로, 1520년 11월 28일, 루터를 보름스로 보내 학식 있는 많은 사람들 앞에서 의견을 들어볼 수 있도록 하는 것이 좋겠다는 요지의 편지를 그에게 썼다. 그러나 선제후는 예상되는 결과를 두려워하여 이를 거절하였다. 12월 17일 카를 황제는 선제후에게 루터가 이미 로마에서 정죄되었으므로 비텐베르크에서 머물도록 하는 것이 좋겠다고 조언하였다.

황제는 처음에는 혹독한 수단을 사용할 생각이었다. 그리하여 파문 교서가 독일 전역에서 효력을 가지고 시행될 수 있도록 보름스 회의 전에 이미 포고의 초안을 만들어 놓았었다. 그러나 이는 여러 계층의 사람들로부터의 저항에 부딪혔고, 다른 영향력들도 그로 하여금 루터를 인내하도록 만들었다. 그러자 황제는 간접적이고 개인적인 방법으로 자신의 고해 사제인 프란체스코회 소속 수도사인 요한 글라피오(John Glapio)를 통해 협상을 시도하였다. 글라피오는 개혁의 필요성과 루터의 재능과 열심에 우호적인 입장을 갖고 있었다. 그는 프리드리히 선제후의 종교법 고문인 브뤽(Brück: 폰타누스)과도 여러 번 만남을 가졌다. 글라피오는 브뤽에게 대단한 우정을 확신시키면서, 루터가 지은 혐오스런 책자 「교회의 바빌론 유수」를 루터 자신이 포기하거나 취소하도록 설득할 것을 요구하였다. 그런 경우 루터의 다른 저작들은 좋은 내용이 많기 때문에, 교회를 위해 유익이 될 수 있고, 황제를 도와 교회의 횡포에 대한 진정한 개혁 즉 스페인 식의 개혁에 공헌할 수 있다는 점도 언급하였다. 그러한 그의 말의 신실성 여부는 카를을 가르친 하드리아누스 6세의 그와 유사한 조언과 마찬가지로 의심할 이유는 없는 것이다. 하지만 프리드리히 선제후는 그 제안에 동의하지 않았고, 글라피오와의 개인적인 접견을 거절하였다. 글라피오가 에번부르크에서 가졌던 후 텐과 지킹겐과의 회담도 마찬가지로 실패로 돌아갔다.

여러 계층의 사람들이 종교개혁에 부분적으로 동정적이었던 것은 교리적·종 교적 이유에서보다는 정치적·애국적 동기에서였다. 그들은 과거에 교황청의 폭정과 금품 강요에 항거하며 제출했던 101개 조항의 진정서를 반복해 제시하면 서(루터의 「독일 그리스도인 귀족에게 고함」의 연설에서 제기된 지적들과 유사 함), 자신을 변호할 기회를 주지 않은 채 루터를 비난하는 것에 동의하지 않고 저항했다. 루터의 가장 큰 적이었던 작센의 게오르크 공마저도 교회가 성직자의 부도덕성으로 인해 큰 고통을 받아왔으며, 전체적인 개혁이 필요하다는 것을 말 하면서, 그것은 공의회를 통해서 해결하는 것이 최선책이라고 선언하였다.

보름스 회의 기간 동안 후텐은 자신의 모든 권한을 동원해서 교황에 반대하고 루터를 지지하였다. 그는 에번부르크에서 머물렀는데, 보름스에서는 얼마 떨어 져 있지 않는 곳이며 용기 있는 친구였던 지킹겐의 프란시스와 함께 있었다. 알 레안더의 연설에 경멸과 조소를 쏟아 부었고, 심지어는 그와 카라치올로를 강제 로 잡아들이려고 하였다. 그러나 그와 지킹겐은 당시에는 그 젊은 황제의 주장 을 선호하였고, 그를 통해 일을 이루기를 원하고, 그의 도움을 받아 교황에 항거 하는 혁명을 이루기를 바랐다. 후텐은 황제에게 고문 성직자들을 해임하고, 스 스로의 존엄성에 서서 루터의 주장을 직접 들을 수 있도록 하여 자유 독일을 세 워나갈 것을 요청하였다. 자유의 바람은 벌써 불고 있었고, 모든 양식있는 사람 들은 새롭고 보다 나은 질서를 갈망하고 있었다.

알레안더는 자신의 2월 13일 연설 이후부터 거리를 함부로 나다닐 수 없을 만 큼 위협을 느끼고 있었다. 알레안더는 자신의 주인에게 보고하기를, 열 명 중에 아홉 명에게 루터의 이름은 곧 전쟁 선동 구호나 마찬가지이고, 나머지 한 명은 로마 교황청에 죽음을 외치는 형국이라고 하였다. 트리어의 대주교의 신학 자문 관으로서 보름스에 머무르고 있던 코클라이우스(Cochlaeus)는 민중 폭동이 일어 날 것을 두려워했다.

루터는 그 시대의 영웅이었고, 새로운 제2의 모세이자, 두 번째 바울이라고 불 렸으며, 그의 소논문과 영광스런 후광이 둘려 있는 그림들이 보름스 지역에서 유행하고 있었다.

마침내 카를은 교황의 요구를 무시하는 것이 현명하다는 결정을 내렸다. 3월 6

일자의 공식 편지에서 루터에게 안전 통행을 확고히 보증하겠다는 확인과 함께 21일 안에 회의에 참석할 것을 지시하였다. 프리드리히 선제후와 작센의 게오르크 공, 헤센의 영주도 모두 자신의 영토를 지나는 동안 안전 통행을 보증한다는 편지를 첨부했다.

알레안더는 최선을 다해 루터의 안전을 보증하는 듯 보이도록 애를 썼고, 루터와의 논쟁도 가능한 한 피하였다. 그 이단자는 어차피 자신의 주장을 철회할 수밖에 없을 것이고, 거절할 경우에는 파문의 형벌이 내려질 것이었다.

## 54. 루터가 보름스로 향하다

루터는 황제로부터 호출 통지를 처음 받았을 때부터 그것을 하나님의 부르심으로 간주했고, 병으로 들것에 실려 가는 경우가 생기더라도, 설령 죽음의 위협이 기다리더라도 보름스로 가겠다는 자신의 뜻을 밝혔다. 자신의 야망을 만족시키기 위함이 아니라 진실을 증거하려 함이 그의 동기였다. 그 이전에도 비록 안전 통행을 보장받았던 후스가 콘스탄츠에서 결국 비참한 죽음을 맞이했던 적이 있었지만, 그는 두려움을 용기 있게 믿음으로 극복했다. 슈팔라틴에게 보낸 편지에서 그는 자신은 두렵지 않으며, 더욱이 철회는 절대 있을 수 없으므로 모든 각오가 되어있다고 말하면서 주 예수께서 자신에게 힘을 주실 것을 기도하였다.

루터는, 젊은 황제가 공평한 기회를 그에게 주고 독일과 로마의 오랜 갈등을 새롭게 풀어갈 것이라는 소망을 후텐과 지킹겐과 함께 잠시 나누었지만, 이내 실망으로 바뀌고 만다.

보름스에서의 협상이 진행되는 동안 루터는 말과 글로, 그리고 기도로, 때로는 논쟁을 통해 쉬지 않고 자신의 주장을 이어나갔다. 하루에 두 번 설교한 적도 여러 번 있었고, 창세기, 시편, 성모 마리아 찬가 등에 대한 주석서를 썼으며, 사복음서와 서신서에 관한 설교 중 전반부와, 로마의 비판에 대한 자신의 주장 변론, 그리고 히에로니무스 엠저(Hieronymus Emser), 암브로스 카타리누스(Ambrose Catharinus), 그리고 다른 교황주의자들에 대한 반론을 격렬하게 전개하였다.

작센의 게오르크 공작의 비서이자 학식 있는 로마주의자인 엠저가 루터를 격렬하게 비난하기 시작한 것은 라이프치히 토론에 참석한 후였다. 극심한 논쟁이 이어지면서 둘 다 자신들의 품위도, 상대에 대한 관용도 모두 상실해버렸다. 루터는 엠저를 "라이프치히의 염소"라고 불렀고(그의 가문의 문장의 모습을 따라), 엠저는 루터를 "비텐베르크의 염소"라 불렀다. 루터의 「염소 엠저의 너무 기독교적인, 너무 영적인, 너무 작위적인 책에 대한 답변」(*Antwort auf das überchristliche, übergeistliche, und überkünstliche Buch Bock Emser's*)이란 저작은 1521년 3월에 발행되었으며, 자신의 만인 제사장설을 변호하고 있다. 엠저는 나중에 루터의 성경 번역을 신랄하게 비난하였으며, 자신의 신약 번역본을 자신이 죽기 바로 전에 발행하였다(1527).

로마의 저명한 도미니쿠스 수도회의 카타리누스는 1520년 12월 말경에 루터를 향하여 공격의 포문을 열었다. 루터는 그의 라틴어로 된 답변에서 다니엘 8:25 이하; 데살로니가후서 2:3 이하; 디모데후서 4:3 이하; 베드로후서 2:1 이하; 그리고 유다서의 내용을 통해 교황제도는 성서에서 예언하고 있는 적그리스도이며, 본인이 믿고 있는 그리스도의 임박한 재림을 통해 교황 제도는 사라질 것이라는 자신의 주장을 변호하였다.

놀라운 것은 그 신학적 싸움과 논쟁 속에서 신앙과 구체적인 위로가 가득한 신앙고백 형식의 주석서와 설교집을 준비할 수 있었다는 것이다. 루터는 성서 속에서 살고 성서 속에서 움직였기에 그것이 그의 힘과 성공의 비결이었다.

4월 2일 루터는 친구이자 동료인 암스도르프(Amsdorf), 네덜란드 학생인 페터 슈바벤(Peter Swaven), 아우구스티누스 수도회의 수도사인 요한 페첸슈타이너(Johann Pezensteiner)와 함께 비텐베르크를 떠나 여정에 올랐다. 그렇게 해서 함께 동행한 사람들은 교수, 학생, 수도회를 대표하였다. 그들은 지역 행정장관이 제공한 덮개 없는 마차에 타고, 황제의 사자는 문장이 박힌 겉옷을 두른 채 말을 타고 앞서서 갔다. 멜란히톤도 그의 친구를 동행하기 원했지만, 머물러 남아서 해야 할 일들은 그의 몫이었다. 멜란히톤과 헤어지면서 루터는 살아 돌아오지 못하더라도 진리를 가르치는 일을 계속해 달라고 당부하면서, 자신이 자리를 비우는 동안 자신의 일을 해달라고 부탁하였다. 멜란히톤이 자신보다 더 훌륭하게 해낼 수 있을 것이기에, 혼자 떠나는 자신의 마음도 한결 편하다고 하면서, 주님은 자신보다 학식이 많은 멜란히톤을 사용해 많은 일을 할 것임을 믿고 의탁하였다. 바이마르에서 유스투스 요나스가 일행에 합류하였다. 그는 당시에 교수이자 수도회 참사회원이었다. 같은 해 6월에 그는 비텐베르크로 옮겨 교회법 교수와 수도원장을 맡아 루터의 가장 절친한 친구이자 동역자의 한 사람이 되었다. 루터의 마지막 여정지인 아이슬레벤에 동행하였던 사람이고, 루터의 마지막 이야기에 대한 기록을 남기기도 하였으며, 루터와 멜란히톤의 저작들을 번역하기도 했다.

보름스로의 여정은 승리의 행진의 모습이었지만, 동시에 지지자들의 염려와 대적자들의 위협이 늘 따라다녔다. 라이프치히에서는 그 지역 대학의 대적자들의 반격에도 불구하고 지역 행정장관의 따뜻한 대접을 받았으며, 튀링겐에서는 사람들이 몰려들어 감히 교황과 온 세상에 도전한 그 수도사를 보려고 했다.

에르푸르트는 루터가 법학을 공부하고 3년간의 수도원 생활을 했던 곳으로, 루터를 열렬히 환호하였으며 복음의 영웅으로 대접하였다. 도시에 도착하기 전에 루터의 모교의 교수들과 학생들의 행렬이 루터의 친구였던 신학교 교장 크로투스(Crotus)와 라틴어 시인인 에오반(Eoban)의 안내를 따라 루터 일행을 맞이했다. 그 행렬을 구경하려고 모두들 모여들어 거리며, 벽이며, 지붕이 사람들로 가득 차, 루터를 마치 기적을 일으키는 성인인양 추앙하는 분위기마저 연출되었다. 그 지역 행정장관은 루터를 위해 성대한 연회를 베풀어 융숭히 환대하였다. 아우구스티누스 수도원에서 자신의 친구인 랑게와 함께 숙박을 하고, 4월 7일 주일날, 자신이 늘 주장했던 그리스도 안에서 믿음을 통한 구원과 교황 제도의 멍에의 부당성을 설교하였다. 그 설교를 들었던 에오반은 봄의 햇살이 잔설을 녹이듯 루터의 설교는 청중의 가슴을 녹여 주었다고 하면서, 바울이나, 키케로, 데모스테네스, 어느 누구도 루터의 설교만큼 그 지역 사람들의 마음을 그렇게 흔들어 놓지는 못했을 것이라고 말하였다.

설교 중에 루터는, 사람으로 가득 찬 교회의 2층 좌석에서 망가지는 소란이 있어 문 쪽으로 달려가는 청중들을 향해 손을 들어 두려움을 가라앉히고, 그런 일은 사탄의 악한 방해 행위일 뿐이라고 사람들을 안심시켰다.

고타(Gotha)와 아이제나흐에서도 마찬가지로 많은 청중에게 설교를 하였다. 아이제나흐에서는 병이 들어 피를 흘리기도 했지만, 충분한 수면과 휴식으로 다음 날부터 계속할 수 있었다. 몸이 아픈 것은 사탄의 탓이라고 했고, 회복은 하나님의 도우심이라고 했다. 머무는 숙소에서는 악기를 연주하기도 하면서 새롭게 힘을 충전하기도 했다.

4월 14일 일요일, 루터는 완전히 지쳐 프랑크푸르트에 도착하였다. 월요일에는 빌헬름 네세(William Nesse)의 중고등학교를 방문하고, 학생들을 축복하면서, "성경을 읽는 일과 진리를 탐구하는 일에 정진할 것"을 격려하였다. 그곳에서 폰 홀츠하우젠(von Holzhausen)이라는 귀족과 교제를 나누게 되는데, 그는 후에 그 지역에서 종교개혁의 도입에 큰 역할을 하게 된다.

여행을 계속해 나가는 중에 점점 위협도 커지고 용기도 더욱 생겨났다. 루터가 비텐베르크를 떠나기 전에, 황제는 포고령을 통해 루터의 모든 책을 거두어들이고 판매를 금지하였다. 바이마르(Weimar)에 머물 때 루터는 이미 그 소식을 전해 들었다. 그 소식을 전해 준 사람이 "박사님! 여전히 가시겠습니까?" 하고 물었을 때, 루터는 "가겠습니다"라고 대답했다. 그 포고령은 모든 도시에 공시되었고, 위기 상황을 알았던 슈팔라틴은 루터의 옹호자인 선제후의 이름으로 특별 사자를 보내, 후스와 같은 운명을 피하기 위해서는 보름스에 가지 말 것을 요청하였다.

루터는 두려워하는 친구들에게 비록 후스는 화형되었지만 진실은 타버리지 않았고, 그리스도는 여전히 살아 계신다고 위로하였다. 프랑크푸르트에서 루터는 친구 슈팔라틴에게 편지를 보내 아이제나흐를 떠난 후로는 줄곧 몸이 좋지 않았고 황제의 포고령도 들어 알고 있지만, 모든 지옥의 문과 공중의 악한 영들에도 불구하고 자신은 기필코 보름스로 가고야 말겠다는 의지를 분명히 피력하였다. 다음 날 루터는 오펜하임(Oppenheim: 마인츠와 보름스 사이)에서 슈팔라틴에게 "지붕 위의 기왓장들만큼이나 많은 악마들이 기다리고 있다 하여도, 나는 보름스로 가고야 말겠네"라는 유명한 말을 전한다.

아이슬레벤에서 사망하기 며칠 전 루터는 그 위기의 순간을 이렇게 회상하였다: "나는 두려움이 없었고, 아무것도 무서워하지 않았다. 하나님은 인간을 그렇게나 담대하게 만드실 수 있으시다. 지금도 그때만큼이나 기뻐할 수 있을 것 같지 않다." 마테지우스(Mathesius)는 그러한 루터의 용기에 대해 이렇게 언급했다: "목적이 선한 것이면, 우리는 담대해지고, 그것은 복음의 용사들에게 용기와 힘을 주는 것이다."

지킹겐은 마르틴 부처를 통해 루터를 개인적으로 자신의 성인 에번부르크로 초대하였는데, 루터가 원하기만 하면 그곳에서 친구들의 보호 아래 절대적인 안전을 누릴 수도 있었다. 글라피오는 지킹겐의 계획에 동의하고, 좀 더 온건한 형태의 개혁 속에서 가능한 협상과 협력 방안에 관해 논의하기 위해 루터와 개인적 회담을 갖기 원했다. 그러나 루터는 자신의 길로부터 조금도 이탈하고자 하지 않았으며, 만일 그가 원한다면 보름스에서 만나겠다고 전갈을 보내 왔다.

1521년 4월 16일 화요일 아침 10시, 황제의 사자가 앞장서고, 말을 탄 다수의 신사들이 뒤따르는 가운데, 루터와 비텐베르크의 동료들은 덮개 없는 마차를 타고 보름스에 도착하였다. 이른 점심을 먹기에 조금 빠른 시간이었다. 루터는 수도사 옷을 입고 있었다. 성당 탑에서 지켜보던 경비원이 나팔소리로 행렬의 도착을 알리자, 수천 명의 사람들이 그 이단자를 보러 몰려들었다.

마차에서 내리면서 루터는 "하나님이 나와 함께 하실 것이다"고 말했다. 교황의 특사는 이 사실을 로마에 보고하면서 루터가 악마의 눈빛으로 주위를 돌아보았다고 전하였다. 카예타누스 추기경 역시 아우크스부르크에서 그 독일 수도사의 "심오한 눈빛"에서 타오르는 신비한 불꽃과 "경이로운 통찰력"을 보고 충격을 받았던 터였다.

루터는 선제후의 두 고문과 함께 성 요한 기사회(the Knights of St. John)의 숙소에 여장을 풀었다. 그는 밤늦게까지 손님들을 맞아들였다. 도시는 흥분과 기대로 열광의 분위기였다.


## 55. 보름스 의회에서 증언하는 루터(1521년 4월 17일, 18일)


도착한 다음 날 오후 4시, 루터는 제국의 의전관인 울리히 폰 파펜하임(Ulrich von Pappenheim)과 황제의 사자인 카스파르 슈투름(Caspar Sturm)을 따라 군중으로 막힌 도로를 피해 옆길로 우회하여 궁전 회의실로 갔다. 궁전에는 황제와 황제의 형제인 페르디난트가 머물고 있었다. 루터는 6시 경에 회의실로 들어섰다. 촌스런 가난한 수도사의 모습이었지만 진실한 영웅이자 고백자로, 그는 전에 한 번도 본 적이 없는 장엄한 회의장에 들어섰다. 그의 눈에는 천재와 정열의 불꽃이 불타고 있었고, 그의 얼굴은 강렬한 진지함과 사려깊음을 발산하고 있었다. 젊은 황제와 6명의 선제후(루터의 선제후도 포함), 교황의 특사들, 대주교, 주교, 공작, 후작, 제후, 백작, 제국 각 도시의 대리인, 외국 법정의 대사, 각 계층의 고관 등, 한 마디로 표현해서 교회와 국가의 최고 권력을 잘 대표하는 사람들이었다. 몇천 명의 구경꾼들이 건물 주변과 거리를 메우고서 사태의 추이를 지켜보고 있었다.

트리어의 대주교인 요한 폰 에크(Johann von Eck) 박사는 황제의 이름으로 라틴어와 독일어로 된 2가지 질문을 하였다. 첫째는 루터 앞에 놓여 있는 약 25권의 책이 루터의 것이 맞는지의 여부와, 두 번째는 그 저술들을 취소하겠는지의 여부였다. 루터의 곁에 서 있던 동료이자 지지자인 슈르프(Schurf) 박사는 그 책들의 제목을 읽어 줄 것을 요청했다. 읽혀진 제목들 속에는 시편이나 주기도문에 대한 내용으로, 공격적인 것들이 아닌 신앙 수양서인 것들도 포함되어 있었다. 분명 루터는 그 장엄한 회의 분위기에 압도되어 있었고, 긴장과 흥분이 된데다가 아무런 검토 없이 간결한 정죄 판결이 주어지리라고는 미처 예상하지 못했기 때문에, 거의 들리지 않는 낮은 목소리로 대답하였다. 많은 사람들은 루터가 곧 쓰러질 거라고 생각했다. 루터는 두 가지 언어로 그 책들의 저자가 자신임을 인정했지만, 철회할 것인지의 여부는, 그 책들이 영혼의 구원과 하나님의 말씀의 진리를 담고 있어 하늘과 땅 어디에 있는 것보다도 더 소중한 것이기에, 생각할 시간적 여유를 달라고 겸손히 요청하였다.

루터의 그러한 신중한 답변은 용기의 부족에서 온 것이 아니라 깊은 책임감에서 온 것임을 생각할 때 더욱 그를 존경하지 않으면 안 된다. 황제는 잠깐 조언을 들은 뒤 루터에게 "그의 자비심에서" 하루 연장을 허락하였다. 같은 날 알레안더는 이 어리석은 이단자는 의기양양해 들어왔지만 낙담하고 떠났으며, 그 동조자들마저도 이제는 루터를 바보나 아니면 사탄에 붙들린 자로 생각하게 되었다고 로마에 보고했다. 많은 사람들은 여전히 루터를 성령으로 충만한 사람이라고 여겼지만, 그러나 어떤 경우이든 그는 상당한 평판을 잃어버렸다.

하지만 그 약삭빠른 사람의 섣부른 판단은 빗나가 버렸다. 같은 날 저녁, 루터는 자신을 돌아보면서 친구에게 편지를 써서 일 점 일획도 철회하지 않겠다고 하였고, 그리스도가 자신을 도와 줄 것을 기도한다고 하였다.

4월 18일 목요일, 루터는 두 번째로 회의에 참석하였다. 그날은 그의 삶에서 가장 중요한 날이었다. 그날은 그의 삶에 있어서 가장 영웅적이고 숭고한 날이었다. 전 기독교 세계에 루터가 이보다 더 결정적이고 중요한 원칙을 대변한 일은 결코 없었다.

회의장으로 가는 루터에게 전쟁터의 오랜 장수였던 게오르크 폰 프룬즈베르크(Georg von Frundsberg)는 루터의 어깨를 두드리며 이러한 격려의 말을 했다고 한다: "불쌍한 수도사여! 불쌍한 수도사여! 자네는 지금 나나 나의 동료들이 한 번도 마주쳐 본 적이 없는 가장 치열한 격전장으로 가고 있다네. 자네가 정당함을 확신한다면, 하나님의 이름으로 앞으로 나아가게. 용기있게 나아가게. 하나님은 결코 자네를 버리지 않으실 것이야."

루터는 다시 홀 바깥에서 2시간을 기다렸고 많은 군중들 틈에 있었지만 전날보다 훨씬 밝고 자신 있어 보였다. 기도와 묵상으로 자신을 강하게 다시 세우고, 자신의 정직한 믿음과 진리에 대한 확신을 위해 목숨을 버릴 각오가 되어 있었다. 횃불이 켜지고 루터는 회의장에 들어섰다.

에크는 연기를 신청한 루터를 나무라면서, 다시 라틴어와 독일어로 전날 던졌던 두 번째 질문을 약간 수정하여 이렇게 물었다: "당신의 것이라고 인정한 **모든** 책들을 방어하겠는가? 아니면 일부분을 철회하겠는가?"

루터는 충분히 숙고하고 준비된 연설을 통해 온건하고 힘있게 홀에 모인 사람들이 모두 들을 수 있는 큰 목소리로 답변하였다.

자신은 수도원의 단순한 삶을 영위해온 수도사라 법정의 예절을 잘 모른다는 것을 사과하면서, 자신의 책을 3가지로 나누어 설명하였다. 첫 번째 부류는 복음의 진리를 단순히 전달하는 책들로 자신의 동료이든 적대자이든 모두 동의하는 내용인 바, 이 책들은 철회할 수 없다고 말하였다. 두 번째 부류는 교황권의 부패와 남용으로 양심을 왜곡하고 손상시키며 독일 국가의 재산을 삼켜버리는 잘못을 지적하고 있는 책들로, 폭정과 사악함을 멈추지 않는 한 포기할 수 없다고 말하였다. 세 번째 부류의 책들은 자신의 적대자들을 향한 것으로 비록 필요 이상으로 과격한 표현들을 담고 있음을 인정하지만, 자신의 주장을 철회하는 경우 대적자들이 더욱 승리감에 도취되어 사태를 더욱 악화시킬 것이 분명함으로 역시 철회할 수 없다고 답변하였다. 루터는 자신의 책을 변호하면서, 자신이 한 말이 악한 것이었다면 그 악한 것을 지적하고, 선한 것이라면 따라야 하지 않겠느냐는 그리스도의 말씀을 인용하였다. 만일 자신의 대적자들이 성서의 예언과 복음적 메시지에 근거해 자신의 잘못을 확신시킨다면, 자신이 나서서 그 책들을 비난하고 태워버릴 것이라고 하였다. 루터는 결론에서 젊은 황제에게 하나님의 말씀을 정죄하는 일로 황제의 임무를 시작하지 않도록 당부하면서, 바로와 바빌론의 왕, 그리고 이스라엘의 경건하지 못한 왕들에게 임한 하나님의 심판을 지적하였다.

답변 내용을 라틴어로 다시 하도록 요청받은 루터는 전과 동일한 흔들림 없는 모습으로 하늘의 소망을 바라보면서 답변하였다.

제후들이 간략히 협의를 한 후, 황제의 이름으로 에크는 루터의 답변이 질문의 요지를 벗어났다고 날카롭게 비난하였다. 루터의 주장들은 이미 후스, 위클리프 등 여러 이단적 가르침에서 확인하듯, 이미 콘스탄츠 공의회에서 교황과 황제와 성직자들이 다 모인 자리에서 충분한 근거에 의거하여 정죄되었던 것이기에 다시 논의할 필요가 없다고 하면서, 반박하지 말고 분명한 대답을 제시하라고 요구하였다. 이 말이 위기를 초래했다.

루터는 이에 공격도 저항도 아닌 답변을 하겠다고 대답하였다. 루터는 하나님의 말씀으로 훈련받은 자신의 가장 깊은 내면의 양심으로부터 라틴어와 독일어로 종교적 자유의 역사에 있어서 신기원을 이루는 불후의 위대한 선언을 하였다: "성경의 증언에 의해 또는 명백한 논증에 의해 (교황이나 공의회도 그 자체만으로 나는 믿지 않기 때문이다. 그들도 오류를 범하고 서로 모순이 있다는 것은 명백한 일이다) 논박되거나 정죄되지 않는 한, 나는 내가 인용한 성경 말씀에 정복당해 있고, 나의 양심은 하나님의 말씀에 속박당해 있습니다. 나는 어떤 것도 철회할 수 없고, 철회하지도 않을 것입니다. 양심에 어긋나게 이런 일을 한다는 것은 안전하지 않고 위험한 일이기 때문입니다."

여기까지는 분명하고 잘 조화되어 있지만 그 다음에 이어지는 내용들은 불확실하며 내용상 중요성도 적다. 에크는 루터와 몇 마디 더 주고받은 뒤에 공의회의 결정이 잘못되었거나 잘못이 있을 수도 있다는 루터의 주장을 반박하면서 증명할 수 있는 것이 아니라고 주장하였다. 루터는 자신의 주장을 반복하면서 그것을 증명하겠다고 말했다. 그러나 청중의 흥분과 혼돈의 와중에서 사실상 눌리고 위협받는 처지에 놓여 있던 루터는 독일어로 사람들의 인상에 가장 깊숙히 각인된 결론적인 고백을 토로했다: "여기 내가 서 있습니다. (나는 달리 어떻게 할 도리가 없습니다.) 하나님, 나를 도우소서! 아멘."

그 문장은 비록 엄밀한 역사적 사실이 아닐 수도 있지만, 당시의 루터의 상황과 정신적 상태를 가장 잘 표현해 주고 있다 — 그의 확신의 힘, 그리고 하나님의 도움을 향한 기도를 가장 사실적으로 표현해 주고 있는 것이다. 그리고 그 기도는 넘치도록 응답을 받았다. 그 고백은 마치 갈릴레오의 유명하지만 사실 여부를 확인하기 어려운 그 고백, "그래도 지구는 돌고 있다"라는 표현을 생각나게 한다.

황제는 더 이상 들으려 하지 않고, 청중의 전체적인 동요 속에서 갑자기 저녁 8시에 회의를 중단하였다.

숙소에 도착한 루터는 두 팔을 들어 올려 기쁨으로 외쳤다: "나는 해냈다. 나는 해냈다!" 그는 여러 사람들 앞에서 슈팔라틴에게, 자신이 목이 천 개 붙어 있어 하나씩 전부 내어 주어 잘릴지라도 어느 것 하나 철회하지 않겠다고 말하였다.

청중들에게 끼친 인상은 그들의 확신과 국적에 따라 다른 반응이었다. 어떤 이에게는 믿음의 열정과 강한 확신으로 비추어진 것들이 다른 이에게는 이단의 완고함과 광신으로 여겨졌다.

독일 방식의 말과 생각에 생소한 황제는 첫 번째 심문 후에 이렇게 선언했다: "이 사람은 결코 나를 이단으로 만들지는 못할 것이다." 그는 유명한 책들이 루터의 저작이라는 것을 믿지 않았다. 두 번째 심문 후에는 공의회를 업신여기는 자세와 마치 독일 수도사 하나가 가톨릭 전체 교회보다 현명한 듯 말하는 태도에 경악했다. 스페인 사람들과 이탈리아 사람들이 모두가 같은 의견이었음은 의심할 여지가 없다. 초라한 모습과 세련되지 못한 태도에 모두들 돌아선 것일지도 모른다. 일부 스페인 사람들은 루터가 회의장을 떠날 때에 경멸적인 언사를 보이기도 했다. 교황의 특사들은 보고서에서 루터가 마치 독일 병사가 공격에 승리하고 기뻐하는 모습처럼 손을 들어 보였으며, 좋은 포도주나 마시기 좋아하는 저속한 사람임을 나타냈다고 적고 있다. 그 보고서에서 그들은 황제야말로 진정한 기독교인이며 가톨릭 왕자로서 루터를 이단자로 다룰 것임을 둘째 날에 분명히 하였다고 격찬하고 있다. 공평한 입장을 취하고자 했던 베네치아의 대사는 루터는 학식을 보여주지도 못했고, 사려 깊게 행동하지도 않았으며, 그의 삶 또한 흠이 없는 것이 아니라면서, 그는 청중의 기대를 실망시켰다고 평가했다.

그러나 독일 특사들은 다른 인상을 받았다. 루터가 주교의 관저를 지친 몸과 마음으로 떠날 때, 브라운슈바이크의 늙은 에릭 공작은 은잔 가득히 아임베크(Eimbeck)의 맥주를 따라 본인 자신이 먼저 마시고 루터에게 주어 아무런 의심 없이 먹을 수 있도록 배려하여 보냈다. 루터는 에릭 공작이 오늘 자신을 기억해 주었으므로 주 예수께서 그의 마지막 날에 기억해 주실 것을 원한다고 말하였다. 공작은 그 말이 자신의 죽음에 대한 이야기라고 받아들이고 누구든지 이 소자에게 물 한 모금이라도 주면 결단코 상을 잃지 않으리라는 복음서의 말씀을 생각하며 위로를 얻었다. 같은 날 저녁 프리드리히 선제후는 슈팔라틴에게 루터의 행위에 만족을 나타내면서, 루터가 라틴어와 독일어로 황제와 모든 대표자 앞에서 아주 잘 말하였으며 굴하지 않고 용기 있게 행동하였다고 기뻐하였다. 사려 깊은 선제후는 다만 루터가 좀 더 온건하게 행동하고 공의회를 공격하지 않았더라면 더 기뻐했을 것이다. 많은 고위 직책의 사람들이 밤늦게까지 루터가 머무는 숙소에 찾아와 격려하였으며, 헤센의 젊은 영주 필립 백작도 그 중의 한 사람으로, 나중에 종교개혁을 위해 힘과 정열을 쏟기도 했지만 그의 이중 결혼으로 인해 폐해도 많이 끼쳤다. 그의 시시한 농담을 루터가 웃음으로 나무라자, 그는 루터에게 하나님의 축복을 빌어주었다.

루터에 가장 큰 힘이 되는 지지자들은 회의장 바깥에 있던 사람들, 즉 서민, 애국적인 귀족들, 에라스무스 학파의 학자들, 그리고 자유를 추구하는 새로운 세대들이었다. 회의장에서 숙소로 돌아오자, 군중 속에서 어떤 사람은 "이 아들을 낳은 태가 복이 있도다!" 외치기도 했다. 영국 대사 턴스톨(Tonstal)은 보름스에서 보낸 기록에서 "독일 사람들의 루터에 대한 집착은 어디서나 너무나 강해서, 교황의 권위 아래 루터가 굴복하기보다는 오히려 수천 명이 루터를 위해 기꺼이 자신의 목숨을 버릴 준비가 되어 있다"고 기록하고 있다. 황제의 궁정에는 "왕이 어린 이 나라에 화가 있도다"(전 10:6)라는 글귀가 발견되기도 했다. 400명의 독일 기사들과 8,000명의 독일 병사들이 반란을 일으킬 것이라는 위협의 글이 성벽에 붙기도 하였지만, 강풍이 불어 날려 버리기도 했다. 후텐과 지킹겐은 황제를 섬기고 있었다. "후텐은 짖어댈 뿐 결코 물지 못한다"는 말이 보름스 지역에서 유행하기도 했다.

교황 측은 승리감에 젖어 있었다. 라틴 교회와 신성 독일 로마 제국의 역사적 연속성만 지속될 수 있다면 다른 아무것도 기대할 필요가 없었다. 루터가 만일 초창기 자신의 주장처럼 공의회의 결정에 자신에 대한 판단을 일임하였다면 아마 그 결과는 달라졌을 것이고, 로마 교황의 지도 아래 온건한 개혁이 이루어졌을 것이지만 이젠 더 이상 그럴 수 없게 되었다. 공의회의 무오성을 부정하면서 루터는 공개적으로 자신을 이단자의 위치에 놓아 버렸고, 전체적 의견에 반대되는 입장에 서게 되었다. 325년 니케아 공의회 이래 공의회는 신학적 논쟁의 마지막 심판정으로 보편적으로 여겨지고 있었기 때문이다. 교황의 무류성 문제는 당시에는 아직 논의 중이었고 1870년에 이르러서야 비로소 확립되었지만, 공의회의 무오성은 이미 당시에 확고하게 정립된 사항이었다. 공의회의 무오성에 도전한다는 것은 그 어떤 것도 아닌 오직 섭리적 사명과 그 실제적 성취를 통해서만 정당화될 수 있었다.

루터를 도구로 사용하여 독립적인 교회 조직과, 하나님의 말씀과 사상의 자유 위에 세워진 새로운 형태의 기독교를 위한 길을 마련하려 했던 것은 바로 하나님의 섭리였다.

## 56. 보름스에서 루터의 증언의 의미

보름스 의회는 그 중요성과 영향력에 있어 세계 역사의 중요한 사건이었다. 그 사건은 문명 사회에서 지금도 이어지고 있는 지적 투쟁의 문을 열어 놓았다. 루터는 인간이 만든 전통을 하나님의 말씀으로 극복하고, 권위를 앞세운 억압을 양심의 자유로 대항한 용감한 사람이었다.

이러한 자유를 모든 개신교인들이 누리게 된 것은 루터의 용기 있는 행동의 덕분이다. 루터가 순교했거나, 또는 루터가 자신의 주장을 철회하였다 할지라도 개혁의 흐름을 돌려 세워 놓지는 못했을 것이다. 다만 교황의 억압적 통치 속에서 개혁이 지연되었을 터이다.

전통이 자유를 막는 담이 되고 권위가 억압의 수단으로 전락하게 되면 결국 축복은 저주가 되어버리고 역사는 정체와 죽음으로 위협받게 된다. 그러한 중요한 시점에 하나님의 섭리는 목숨을 내어놓고 그러한 억압을 깨뜨릴 수 있는 지적·도덕적 용기를 가진 진보의 선구자들을 일으켜 세워, 새로운 길을 개척하고 역사의 새 장을 열어 가는 것이다. 이러한 성찰은 루터가 역사적 위기 상황에서 그렇게 강인하게 섰던 그 자리의 의미를 바르게 이해할 수 있는 열쇠가 된다.

양심은 사람에게 주신 하나님의 음성이다. 양심은 사람이 소유한 가장 신성한 것이다. 어떤 힘도 그 양심이라는 선물과 그 선물을 주신 분 사이에 들어설 수 없다. 죄에 빠진 양심도 분명 소중히 다루어야 하며, 결코 강요할 수 없는 것이다. 양심의 자유는 이론적으로 실제적으로 니케아 이전에 이미 유대인과 이방인의 탄압에 저항한 그리스도인들에 의해 주장된 것이다. 그러나 그러한 자유는 콘스탄티누스 대제 이후 교회와 국가의 연합에 의해 탄압되었고, 그 후계자들에 의해 제국의 정통교회가 제정한 신조에서 벗어나는 모든 주장들은 철저하게 법으로 통제되었다. 이 법은 로마에서 독일제국으로 전달되고 루터가 저항을 시작할 당시에는 모든 유럽에 그 효력을 발휘하고 있었다. 반대자라 하더라도 존중해야 할 권리가 있음에도 가톨릭은 그렇지 하지 못했다. 그 권리가 비록 이단자에게 주어진 약속이라 할지라도 그 약속은 지켜야 하는 것이거늘, 후스의 예에서 보듯 지기스문트 황제는 자신이 한 약속마저도 스스로 위반해 버렸다.

이러한 억압은 루터의 물러서지 않는 용기에 의해 그 종말을 고하게 된다.

양심의 자유는 다른 모든 자유가 그러하듯 남용되어 이단이나 방종함으로 타락하기 쉽다. 개인의 양심이나 사적 판단에는 자주 실수가 있고, 지역 교회회의 (Synod)나 공의회의 경우처럼 여러 사람의 지혜를 모아 내리는 결정보다 잘못의 가능성이 많다. 루터는 스스로 그러한 사실을 인정했고, 성경과 분명한 논증에 의해 자신의 잘못을 정정하고 확신하는 것에 게을리 하지 않았다. 루터는 진심으로 고대에 열린 4번의 공의회에 의한 교리 결정을 존중했고, 사도신경에 매우 깊은 신뢰를 갖고 그것을 근거로 자신의 요리문답을 작성하였다. 그러나 루터는 후스의 주장을 비난한 콘스탄츠 공의회의 결정에 대해서는 후스의 주장이 성경에 일치한다고 생각하였기에, 공의회의 결정이 잘못 되었음을 주장하였다. 교황의 무류성에 대한 바티칸의 교령이 성립하려면, 로마 교회는 공의회의 오류 가능성을 인정하여야 한다. 왜냐하면 공의회가 적어도 한 번 이상은 호노리우스 (Honorius) 교황을 이단자로 정죄한 적이 있고, 심지어는 교황들 스스로도 선임자들의 정죄를 확인하였기 때문이다. 서로 다른 두 무류성의 주체가 상충되고 있는 것이다.

루터는 자신의 양심에만 호소한 것이 아니라, 처음부터 마지막까지 철저한 연구 후에 자신이 이해한 성경 말씀에 호소했다. 그가 주장하는 것처럼, 루터의 양심은 오류를 범할 수 없는 하나님의 말씀에 매여 있었다. 거기서, 바로 거기서만 루터는 무류성을 확인할 수 있었다. 자신의 주장을 철회한다면 그것은 오히려 중대한 죄를 범하는 것이었다.

진리의 편에 선 한 사람이 오류를 범하는 많은 사람들보다 더 강하고 마지막에 승리할 수 있다. 그리스도는 유대인의 위계제도에 대항해서 진리의 편에 섰

고, 헤롯과 빌라도의 비난과 모함의 십자가에 맞서 진리의 편에 섰다. 사도 바울
은 유대교와 여러 혼합된 이방 종교에 맞서 진리의 편에 섰고, 갈릴레오는 종교
재판과 지구의 움직임에 대한 상식적 이해에 맞서 진리의 편에 섰다. 될링거
(Döllinger)는 "그리스도인으로서, 신학자로서, 역사가로서, 그리고 시민으로서"
바티칸 공의회에 맞서 교황의 무류성에 대한 새로운 교리에 항거하며 진리의 편
에 섰다. 철회하지 않겠다는 루터의 결정과 하나님의 말씀의 절대성과 양심의
자유를 증거함에 있어 하나님의 섭리를 설파한 루터가 옳았음은 역사의 판결을
통해 분명히 드러났다.


## 57. 루터와의 개인적 회담. 황제의 행동


    루터가 자신의 믿음을 고백한 아침에, 황제는 일종의 개인적 믿음을 고백한
메시지를 프랑스어로 자신이 직접 작성하여 모든 계급의 대표자들에게 보냈다.
이 메시지에서 황제는 그동안 로마 교회에 충실했던 모든 독일 황제와 스페인의
왕들을 계승한 가톨릭 신자로서 자신의 의무를 다하기 위해, 안전 통행증을 보
유한 루터를 비록 고향으로 돌려보내지만, 이제 그를 완고하고 정죄받은 이단자
로 다룰 것이며, 모든 힘을 다해 선대왕들과 공의회 특히 콘스탄츠 공의회의 신
앙을 보호할 것임을 분명히 하였다.
    이 결정에 일부 특사들은 창백한 표정으로 변했지만, 로마주의자들은 환호했
다. 그러나 의회의 여러 다른 사람들의 생각은 평화적 해결을 위해 루터와 사적
인 협상을 벌이는 것이 타당하며, 루터가 자신의 주장을 철회하거나 최소한 공
의회로부터의 이탈을 완화할 수 있도록 중재를 모색해 보자는 것이었다. 알레안
더의 항의에도 불구하고 황제는 그러한 견해에 승복하였다.
    협상은 주로 선제후이자 트리어의 대주교인 리하르트 폰 그라이펜클라우
(Richard von Greiffenklau)에 의해 그의 저택에서 이루어졌다. 그는 자비롭고 온
유한 사람으로, 프리드리히 선제후와 밀티츠 남작(Baron Miltitz)으로부터 한때
그 논쟁의 해결을 위탁받았던 사람이었다. 브란덴부르크의 선제후, 작센의 게오
르크 공작, (바덴의 마르그레이브의 고문인) 베후스 박사(Dr. Vehus), 트리어의
에크 박사, 프랑크포르트의 코클라이우스, 그리고 슈트라스부르크와 아우크스

부르크의 특사들도 함께 그 모임에 참석하였다.

그들 모두는 루터만큼 정직한 사람들이었지만 중세 교회의 관점에서 생각하고 있었으므로, 그동안 이어온 긴 전통에서 벗어나려는 루터의 입장을 이해할 수는 없었다. 대주교는 루터에게 매우 친절하고 따뜻하게 대했으며, 루터도 그것을 인정하였다. 그는 그리스도인으로서 겸손하게 루터에게 콘스탄츠 공의회의 결정에 반대하는 루터의 입장을 철회하고, 그 문제를 당분간 황제와 의회에 맡겨두고 기다리면서, 교황의 이전 결정에 구애받지 않는 새로운 공의회를 앞으로 다시 열게 되면 그 마지막 결정에 따를 것을 약속하도록 요청하였다. 그러한 공의회에서 15세기의 개혁 공의회들이 그러했듯이 교황의 권위에 대해 공의회의 우위성을 다시 주장할 수도 있을 것이다.

그러나 루터는 그러한 양보가 파생할 결과를 두려워할 이유가 있었기에 바위처럼 요지부동이었다. 루터는 모든 공의회보다 우위에 있는 하나님의 말씀의 절대성과 자신의 양심에 따라 스스로 판단할 권리가 있음을 강조하였다. 마침내 루터는 성경 말씀에 의해 또는 "명확하고 분명한 이성에 의해" 확신되지 않는다면, 어떤 일이 닥칠지라도 자신은 결코 굴복할 수 없다고 선언했다. 그리고 자신은 기꺼이 가마리엘의 테스트를 따르겠다고 말하였다: "이 사상과 소행이 사람에게로서 났으면 무너질 것이요, 만일 하나님께로서 났으면 너희가 저희를 무너뜨릴 수 없겠고"(행 5:38, 39)

4월 25일 루터는 대주교에게 집에 돌아갈 수 있도록 황제의 허락을 받아달라고 하였다. 숙소로 돌아오는 길에 루터는 한 독일 기사를 방문하고 나오면서 "내일이면 떠날 것"이라고 말하였다.

마지막 회의가 끝난 세 시간 뒤, 황제는 21일 동안의 안전 통행증을 발급하면서 여행하는 동안 어떤 저술과 설교도 금지하였다. 루터는 감사를 전하고, 자신의 유일한 목적은 성서를 통해서 교회의 개혁을 이루는 것이며, 그것을 위해서 하나님의 말씀을 고백하고 가르치는 것이 허락된다면, 황제와 제국을 위해 어떤 고난도 감수할 각오가 되어 있다고 선언하였다. 이것이 황제의 특사들에게 남긴 마지막 말이었고, 악수를 나누고 헤어져 다시는 이 땅에서는 서로 대면하지 않게 된다.

상반되는 조언들에도 불구하고, 또 자신의 스승이자 고해신부였던 하드리아누스 추기경이 루터를 벌하기 위해 교황에게 보내야 한다고 충고했음에도 불구하고, 카를 황제 자신은 이단자는 어떤 믿음도 가질 수 없다는 악명 높은 격언보다는 진실과 존엄의 영원한 법칙을 더 존중했는데, 이것은 분명 카를이 인정받아야 할 점이다. 카를은 지기스문트의 선례를 따르기를 거부했다. 지기스문트는 후스가 콘스탄츠 공의회에서 이단으로 정죄되자, 안전 통행증을 발급했던 자신의 결정을 위반하면서까지 후스를 붙들어 화형시킨 사람이다. 루터를 보호했던 당시의 결정은 카를이 종교개혁에 공헌한 유일한 행위였으며, 그가 한 일 중에 도덕적으로 온당한 최고의 행위였다. 불행하게도 카를은 나중에 유스트에 머물 때 자신의 행위를 후회하여 그의 행위에 대한 역사적 평가를 하락시켰다. 카를은 이단자 루터를 분쇄해 버릴 기회를 놓치고는 다시 잡지 못했다. 카를이 1547년 비텐베르크에 도착했을 때에는 루터는 이미 무덤에 누워 있었고, 종교개혁의 뿌리는 이미 너무 깊이 퍼져 있어서 몇몇 프로테스탄트 제후들을 진압하였다고 해서 그 흐름을 역전시킬 수 있는 것이 아니었기 때문이다.

루터가 떠난 뒤에 루터의 의도에 관한 알레안더의 성찰을 살펴보는 것도 재미있는 일이다. 1521년 4월 29일, 알레안더는 로마에 보고서를 보내 그 이단자가 보헤미아의 후스파에게서 피난처를 찾을 것이며, 4가지의 "짐승 같은 일들"을 행할 것인데, 첫째, 폭동을 일으키도록 사람들을 선동하기 위해 「보름스 사건」 (*Acta Wormaciensia*)이라는 거짓 책을 쓸 것이며, 둘째, 고해 제도를 폐지하고, 셋째, 성찬에서 실제적 임재를 부정하며, 넷째, 그리스도의 신성을 부정할 것이라고 예측하였다. 루터는 두 번째 것만을 제외하고는 어떤 것도 하지 않았다. 두 번째 것도 부분적으로만 했을 뿐이다. 루터가 보헤미아에 들어가는 것을 막기 위해, 로마는 루터를 도중에서 잡아들일 수 있도록 준비하였다.


# 58. 제국의 포고령. 1521년 5월 8일(26일)


루터가 출발한 뒤(4월 26일) 루터의 대적자들은 압도적으로 우세한 입장이었다. 작센의 프리드리히는 5월 4일 편지에서 "마르틴의 상황이 좋지 않다. 그는 박해를 받게 될 것이다. 안나스와 가야바뿐만이 아니라, 빌라도와 헤롯까지 루터를 반대하고 있다"고 쓰고 있다. 알레안더는 5월 5일 로마에 보고하면서, 루터는 그의 나쁜 습관과 완고함, 그리고 공의회에 대한 그의 "짐승 같은" 언사 때문에 사람들의 신임을 많이 잃어버렸지만, 여전히 많은 사람들이 그를 따라 교황에 불순종하기를 좋아하고 교회의 재산을 탈취하려는 욕심에 사로잡혀 있다고 전하였다.

황제는 알레안더에게 루터를 정죄하는 포고령을 라틴어로 작성하도록 명령하였다. 이 포고령은 5월 8일 날짜로 완성되었다(그러나 5월 26일까지 황제는 서명하지 않았다). 같은 날 황제는 프랑스를 공격하기 위해 교황과 연대하기로 결정하였다. 그들은 "같은 친구와 같은 적을 가지기로" 그리고 같이 공격하고 같이 방어하기로 맹약하였다.

그 포고령은 프리드리히 선제후와 팔츠 선제후, 그리고 의회의 많은 참석자들이 각자의 지역으로 돌아갈 때까지 공개하지 않았다. 이 포고령은 통상적 절차와는 달리, 의회에 제출되거나, 토의되거나, 투표에 붙여지지도 않았고, 고문의 서명을 받지도 않은 채, 놀랍게도 은밀하게 감추어져 있었다. 5월 26일 삼위일체 주일, 알레안더는 독일어와 라틴어로 된 사본을 교회로 가져가 미사가 끝난 후에 황제에게 "그 경건한 손으로" 서명하도록 권유하였다. 황제는 프랑스어로 "이제 만족하느냐?"고 물었고 알레안더 역시 프랑스어로 "그렇습니다"라고 대답했다. "그러나 거룩한 교구(로마)와 모든 기독교 세계가 훨씬 더 만족할 것이며, 선하고, 거룩하고, 경건한 황제를 주신 것에 대해 하나님께 감사할 것입니다"라고 알레안더는 말했다.

그 포고령은 긴 문장은 아니었지만, 교황의 파문 교서만큼이나 과장되고, 불관용적이고, 격렬하고, 잔인하였다. 독일제국 내에서 교황의 교서에 법률적 효력을 부여하는 내용이었다. 루터를 수도사의 옷을 입은 악마라고 비난하면서, 이전과 지금의 이단자들을 전부 한 웅덩이에 불러모았다며, 추방에 재추방을 선언하였다. 루터의 모든 책을 태워버릴 것을 명령하고, 인쇄, 출판, 판매를 금지하고, 루터와 그 추종자들에게 도피처를 제공하는 것을 금지하였고, 행정장관들은 어디서 발견되든지 루터를 잡아 황제에게 넘겨 이단자에 합당한 형벌을 받게 하라고 하였다. 동시에 제국 내에서의 모든 출판 행위는 엄격한 검열을 받도록 하였다.

이것은 중세시대 세속 권력과 교황이 공식적으로 연합하여 교황의 교서를 독일 황제가 시행하는 마지막 사례가 되었다. 국가 전체에 쌓인 불만은 전혀 고려되지 않았다. 후텐은 자신의 조국이 부끄러웠다고 기록하고 있다.

루터는 교회와 국가로부터 위법자로 정죄되고, 그리고 교황과 황제, 대학들로
부터도 사회의 이단자로 낙인이 찍혀 혹독한 죽음을 눈앞에 두게 되었다.

하지만 섭리와 미래는 루터 편이었다. 의회의 판결은 다수 국민의 판결이 아
니었다.

황제가 네덜란드를 통과해 스페인으로 떠나고 거기서 위험한 난동을 진압하
고, 뒤이어 이탈리아에서 프랑수아와의 전쟁, 헝가리에서의 터키족의 승리와 진
출, 프리드리히 선제후의 루터 보호, 프로테스탄트 교리의 빠른 전파 등등 당시
의 상황은 연합하여 교황의 교서뿐만이 아니라 황제의 포고령도 독일 대부분의
지역에서 그 효력을 상실한 죽은 편지로 만들어 버렸다. 제국은 중앙집권적인
군주 국가가 아니라 7개로 나누어진 선제후의 개별적인 관할 영토와, 더 세분화
된 각 지역으로 나뉘고, 자유도시와 각각의 교회 구조를 유지하고 있었다. 각 경
쟁 지역과 도시들은 각자의 개별적 독립을 국가 전체적 연합보다 훨씬 바라고
있는 상황이었다. 따라서 의회의 결정이라 하더라도 소수 반대파나 반항하는 사
람들에게 강제할 힘이 없었다. 작센 같은 선제후 관할지역이나 자유도시 등에서
포고령 시행을 위해 군사력을 동원해 강제하는 것은 내란을 촉발시킬 우려가 높
았으므로, 현명하고 온건한 통치자라면 누구도 어쩔 수 없는 상황이 아니라면
감히 시도하기 어려운 것이었다. 카를은 진지한 로마 가톨릭 신자였지만 민첩하
고 영민한 정치가였기에, 정치적 이익을 고려하지 않을 수 없었다. 심지어는 마
인츠의 알브레히트 선제후마저도 마인츠, 마크데부르크, 할버슈타트 등의 교구
들에서 포고령과 교서가 시행되는 것을 힘을 다해 막지 않으면 안 되었다. 그는
황제의 고문으로서 포고령에 서명하지 않았다. 알브레히트의 교구사제이자 개
인 고문인 카피토(Capito)는 츠빙글리에게 보내는 1521년 8월 4일 편지에서 알브
레히트를 가리켜 "복음"의 촉진자라 부르면서, 그는 결코 강단에서 루터를 공격
하는 일을 허락하지 않을 것이라고 쓰고 있다. 그는 교황에 의해 면죄부 판매의
임무를 맡은 고위 성직자였다. 그것은 4년간의 짧은 과정 속에서 일반 대중의 정
서로 인해 야기된 변화였다.

그 종교적인 문제의 해결은 결국 몇 개 지역들의 행정장관들의 개인적 성향과
종교적 선호에 달려있었다. 작센, 헤센, 브란덴부르크, 북부 독일의 더 넓은 지
역, 또한 팔츠, 뷔르템베르크, 뉘른베르크, 프랑크푸르트, 슈트라스부르크, 울름
등의 지역들이 전체적으로 또는 부분적으로 프로테스탄티즘을 받아들였고, 한

편 남부와 서부 독일, 특히 바이에른, 오스트리아는 전체적으로 로마 가톨릭에 머물렀다. 그러나 개신교가 로마 가톨릭과 동등한 권리를 확보하기까지는 긴 유혈 투쟁을 이겨내야 했으며, 오늘날까지도 교황은 신·구교 상호 간의 동등한 권리를 인정한 베스트팔렌(Westphalia) 조약을 인정하지 않으려 한다.

## 59. 일반 대중의 의견. 널리 읽혔던 문헌들

제국의 포고령을 무효화시키고 프로테스탄트 운동을 성공으로 이끌었던 여러 중요한 원인들 중의 하나는, 규모가 작아 지속적이지는 못했어도 1521년부터 1524년 사이에 출판된 문헌들이다. 이 문헌들은 오늘날의 정기간행물들이 하는 일들을 그 혼란과 흥분의 소용돌이 속에서 담당했다. 보름스 의회의 판결에 의해 검열받지 않은 자료는 발행할 수 없음에도 불구하고 독일은 책과 소책자, 안내장들이 자유라는 이름으로 범람하고 있었다. 그 문헌들로 인해 법의 집행을 막을 수 있는 여론을 형성할 수 있었다.

루터는 〈95개조 논제〉를 통해 유명한 문헌상의 싸움을 시작했었다. 루터는 누구도 모방할 수 없는 독창적이고 풍부하며 효과적인 논쟁자이며, 당대의 격문의 필자였다. 천재성, 학식, 용기, 교양, 재치, 유머, 풍자, 조롱 등을 자유롭게 구사할 수 있었으며, 신체적 연약함에도 불구하고 놀라운 정열로 일을 추진하였다. 심오한 깊이가 있는 생각을 가장 분명하고 강한 언어로 표현할 줄 알았고, 재미있고 강력한 수식어구를 구사할 줄 알았다. 루터의 적대자들조차 대중에게 핵심을 전달하는 호소력 있는 연설을 하기 위해서는 루터의 독일어 표현을 흉내내야 했다. 그는 부드러운 마음을 가진 사람이었지만, 또한 격렬한 기질을 갖고 있어서, 대중적 효과를 위해 그것을 적절히 사용하였다. 자신은 그루터기나 자갈을 치우고, 가시와 덤불을 헤쳐내며, 야생숲을 깨끗이 치우는 거친 일을 하도록 부름받은 사람이라고 생각하고 있었다. 루터는 예언자들의 거친 언어 속에서 도움과 위로를 받았다. 루터는 자신의 말대로 산을 엎고 바위를 부스러뜨리는 강력한 영적 힘을 말하는 엘리야의 바람, 지진, 불 3가지 모두를 가지고 있었다. 루터는 자신이 속한 사회의 보통 사람들, 우아함보다는 힘을 선호하는 그들이 무엇을 원하고 무엇을 좋아하는지 누구보다 잘 알고 있었다. 루터의 라틴어 저술을 통해서만 루터를 이해했던 이방인들은 루터의 영향력을 이해할 수 없었다.

루터의 많은 논쟁들을 평가절하하는 로마 역사가들은 교황의 교서, 보름스 의회의 판결, 그리고 대학들의 비난 등이 얼마나 혹독한 것이었는지 쉽게 잊어버린다.

루터의 펜은 현자 프리드리히의 궁정 화가인 루카스 크라나흐의 붓에 의해 강력한 도움을 받았다.

멜란히톤은 대중적 인기를 끄는 재능을 소유한 사람은 아니었지만, 자신의 학문적 재능으로 「파리의 엉터리 신학자들의 과격한 발언에 부쳐」라는 라틴어 변증문을 통해 루터를 도왔다. 소르본 대학은 당시 가장 유명한 신학대학으로서, 과거 여러 개혁 공의회에서는 개혁의 명분을 지지하는 입장이었지만, 이번에는 루뱅 대학과 쾰른 대학의 예를 따라 1521년 4월 15일 보름스 의회 기간 중에 루터의 주장을 반박하였다. 그리고 더 나아가 루터는 마니교, 후스파, 베가르회(Beghards), 카타리파, 발도파, 에비온주의자, 아리우스주의자 등, 여러 이단이 범했던 신성모독적인 주장들을 새롭게 하여 더 강하게 주장하는 이단의 우두머리로서, 논증에 의해 설득할 것이 아니라, 화형에 처해야 한다고 주장하였다. 에크는 그 결정 내용을 재빨리 독일어로 번역했다. 멜란히톤은 파리대학의 결정 내용은 그리스도에게서 아리스토텔레스로, 성서 신학에서 학문적 궤변으로 변질해 버린 배교에 해당한다고 용기 있게 비판하였다. 루터는 멜란히톤의 라틴어 해명서를 바르트부르크에서 독일어로 번역하였고, 그 표현이 너무 약하다고 생각하고, "농부의 도끼" 같은 약간의 신랄한 표현을 삽입하였다.

울리히 폰 후텐은 문학적 표현 능력에서 루터에 버금가는 힘, 우아함, 재치, 냉소, 용기를 표현할 수 있는 재능이 있어, 에번부르크에서부터 보름스의 판결까지 전력을 다해 루터를 도왔다. 하지만 그의 글에는 원칙이 결여되어 있어, 글의 힘을 약화시켰다. 후텐은 전에 교황의 파문 교서를 재발행하면서 비판한 적이 있었는데, 이제는 보름스 의회의 칙령을 맹비난하였다. 그 포고문의 저자들, 교황의 특사들, 그 지지자들, 그리고 주교들에게 욕설을 퍼부었다. 그들이 루터에게 행한 폭력과 몰염치한 행동은 시대의 정신에 어긋나는 어리석은 짓이고, 복수의 날이 곧 올 것이며, 독일인은 그들이 생각하듯 무지하고 무관심한 사람들이 절대 아니라는 것, 그리고 젊은 황제는 곧 진실이 무엇인지를 알게 될 것이라고 공격의 포화를 쏟아 부었다. 알레안더에게는 그가 사적으로 토로한 이야기들을 상기시키고 부끄러움을 알라고 격렬하게 비난하였고(그 내용은 또한 슈팔라틴을 통해 루터에게 전달되었다), 만일 독일인이 교황의 멍에를 벗어버리면, 아마도 로마는 자신들의 혼동 속에 파묻혀 서로를 잡아먹을 거라고 하였다. 대주교와 고위 성직자들을 향해서도, 설득보다는 힘을 사용하고 그리스도의 말씀보다는 세속적 권력을 이용해 루터에게 대항했다고 비난하였다. 그런 그들은 진실한 사제들이 아니다. 그들은 자신들의 존엄성을 팔아치워 버렸다. 그들은 일반적인 도덕을 위반하였다. 세속적이고, 육체적이며, 탐욕적인 자들이다. 자신들의 그러한 행동을 비난하는 복음을 설교하기에는 합당하지 않거나 부끄러운 자들이며, 만일 하나님이 루터 같은 설교자를 세우시면 그들은 핍박하려들 것이라고 혹독하게 비난하였다.

"더러운 돼지들은 깨끗한 샘물에서 떠나가라! 사악한 불법 장사치들은 거룩한 성소에서 떠나가라! 더 이상 세속에 물든 당신들의 더러운 손으로 제단을 만지지 말라! 도대체 무슨 권리로 당신들은 조상들의 거룩한 선행들을 사치와 음행과 헛된 자만으로 허비해 버리는 것인가? 많은 정직하고 경건한 사람들은 굶어 죽어가고 있는데 말이다. 자유의 바람이 힘차게 불어와, 현재의 상태에 구토를 느끼며 개선을 요구하는 사람들이 휘젓고 있는 것을 당신들은 보지 못하는가? 루터와 나는 당신들의 손에 죽을 수도 있다. 그러나 그 결과가 어떻게 될 것인가? 더 많은 루터와 후텐이 나타나 복수를 하고, 새롭고 더 강력한 개혁을 이루고야 말 것이다!"

하지만 개정판에서 그는 독일 대주교들의 대표이자 자신의 친구이고 후원자인 알브레히트에게 일종의 사과 편지를 보내어 변함없는 우정을 확인시키고, 진보와 자유의 주장을 변호하는 일에서 거리를 두었어야 했는데 그렇게 하지 못했음을 후회한다고 쓰고 있어, 일관성 없는 모습을 보여주고 있다.

뉘른베르크의 시인이자 구두 수선공인 한스 작스(Hans Sachs)는 후텐과는 다른 정신으로 루터와 종교개혁을 위해 시와 산문으로 많은 글들을 썼다. 대부분은 잊혀지고 없는 것들이다. 그는 1518년 아우크스부르크에서 루터를 만났고, 1522년까지 루터를 지지하며 40권의 책을 모았으며, 1523년에는 「어디서나 듣는 비텐베르크의 나이팅게일」(*Die Wittenbergisch Nachtigall, Die man jetzt hört überall*)이라는 제목을 가진 700행의 시를 썼는데, 결론은 이렇다: "Christus amator, Papa peccator"(그리스도는 친구, 교황은 죄인). 얼마 후에는 산문 형식으로 된 4가지 논쟁적인 대화집을 발행하였다.

프로테스탄트 측의 대표적인 소책자 발행자들 중에 가장 유명한 이는 슈트라스부르크와 바젤 사이의 라인 지역에서 농사를 지으며 살던 카르스탄스(Karsthans)라는 농부와 그의 모방자인 "새 카르스탄스"(Neukarsthans)라는 사람이다. 당시에는 많은 소책자들이 무명이나 가명으로 만들어졌다.

종교개혁을 매우 많은 평신도들이 보호하고 나섰다는 사실은 중요하다. 독일의 모든 고전주의 작가들(클롭슈톡, 레싱, 헤르더, 괴테, 실러, 울란트, 뤼케르트)과 철학자들(라이프니츠, 칸트, 피히테, 셸링, 헤겔, 헤르바르트, 로체)이 명목상이더라도 모두 프로테스탄트였으며, 그런 예술적 철학적 발전은 교황제도의 토양 위에서는 찾아볼 수 없는 것이었다.

종교개혁 특히 보름스 의회의 결과 초래된 이러한 일시적인 대중 문학의 새로움과 신선함은 종교개혁을 더욱 효과적인 것으로 만들었다. 사람들은 지적·영적 음식에 굶주려 있었고, 공급이 주어지자 식욕은 더욱 왕성해졌다.

당시에 만들어진 논쟁 형식의 저작들은 간결하고 날카로우며 대중의 상식에 호소하는 글이 주류를 이루었다. 강한 주장, 예의 없는 재치, 거친 표현 등이 풍부하게 사용되었다. 억압에 대항하는 자유의 의미를, 성직자와 수도사 계급에 대항하는 평신도의 의미를 강조했다. 대화 형식의 문체가 가장 인기를 끌며 사용되었고, 농부나 노동자가 대화에서 교회의 성직자를 이기는 장면이 자주 등장한다.

사탄과 교황을 한 팀으로 묶어 묘사하고, 때로는 종으로 때로는 주인으로 서로를 묘사했다. 교황을 그리스도에 대적하는 자로 묘사하기도 하고, 거룩한 성례를 기념하는 날에 루터와 다른 사람들을 이단자로 정죄하는 교황의 파문 교서는 하나님의 자비를 인간의 저주로 바꾸었고, 형제의 사랑을 학대하는 증오로, 소중한 축복을 저주로 바꾸어버렸다고 비난하고 있다.

베드로도 그러한 대중 문학 속에 인물로 등장하여, 천국의 문에 서서 교황들, 사제, 수도사들을 검사하며 천국에 합당한지 보고 대부분 돌려보내는 내용으로 묘사되고 있다. 예를 하나 들어보면, 뚱뚱하고 술 취한 수도사가 천국의 문 앞에서 두드리고 있다가 즉시 문을 열어 주지 않는 것에 화를 내는데, 베드로는 먼저 술부터 깨고 오라고 하면서 그의 바보 같은 옷차림에 웃음을 터트린다. 그리고 나서 요리문답을 시행하는데, 수도사는 자신의 금식, 금욕, 경건 행위 등을 열거한다. 들고 있던 베드로는 그 배를 갈라보라고 명령한다. 그런데 보라! 닭, 야생 동물, 물고기, 오믈렛, 포도주 등 모든 것들이 쏟아져 나오면서 그의 위선을 폭로한다. 결국 수도사는 형벌의 장소로 보내진다.

「마르틴 루터 박사의 수난」(*Doctor Martin Luther's Passion*)이라는 제목이 붙어있는 소책자의 저자는 의회에서 루터를 다루는 것과 십자가에서 그리스도를 다루는 것을 무리하게 비교하기까지 했다. 루터가 보름스에 도착하는 것은 그리스도가 예루살렘에 도착한 것으로, 의회를 산헤드린 공회로, 알브레히트 대주교를 가야바로, 교황의 특사들을 바리새인으로, 작센의 선제후를 베드로로, 에크와 코클라이우스를 거짓 증인으로, 트리어의 대주교를 빌라도로, 독일을 빌라도의 아내로 묘사하면서, 루터의 책과 초상들이 불에 던져지는데, 초상은 타버리지 않고 구경꾼들 중의 하나가 "진실로 그는 그리스도인이다"라고 고백하는 장면으로 되어 있다.

비슷한 싸움이 독어권 스위스에서도 일어나고 있었다. 니콜라스 마누엘 (Nicholas Manuel)은 시인이자 화가(1530년 사망)로 1522년 베른에서 있었던 축제 연극에서 처음으로 그 부조리를 적나라하게 묘사하였다. 그 내용에 보면 전 성직 계급이 자기들의 죄를 하나하나 서로 고백하면서, 많은 사람들의 저항으로 더 이상 자기들의 체제가 유지될 수 없다는 것에 유감을 표명한다. 그리고 나서 여러 계층의 평신도 일반 사람들이 성직자를 공격하고, 그들의 악덕을 폭로하고, 그들의 궤변을 거부하며 맞선다. 마침내 베드로와 바울이 평신도의 편에 서기로 결정하고, 성직자들을 향해 그리스도와 사도의 가르침에 명백하게 어긋난다는 것을 책망한다는 내용이다.

이러한 소책자나 일시적인 격문들은 거친 목판화나 우스꽝스러운 사람의 모습을 풍자한 그림이 곁들여 있어 대중적인 인기를 더했다. 교황, 추기경, 주교들이 성직 예복들을 걸치고 있지만 여우나 늑대의 모습을 하고 있고, 주위에는 거위들이 주기도문이나 성모송을 기도하고 있는 식이었다. 「그리스도의 수난과 적그리스도」(*Passion of Christ and Antichrist*)라는 책에는 26편의 목판화가 들어있는데, 루카스 크라나흐나 또는 그의 학파에서 나온 것으로, 그리스도와 그의 거짓된 대리자를 나란히 비교한 그림들이다. 그리스도가 세상의 왕관을 거절하는 장면과, 교황이 황제에게 (카노사) 문을 열어 주기를 거절하는 장면이 대비된다. 그리스도가 가시 면류관을 쓰고 있는 장면과 교황이 금과 보석으로 삼중으로 장식된 황금 면류관을 쓰고 있는 장면이 대조된다. 제자들의 발을 씻는 그리스도의 모습과 황제와 왕들로 하여금 자신의 발에 입 맞추도록 강요하는 교황의 모습이 대조된다. 가난한 자에게 기쁜 소식을 전하는 그리스도와 추기경들과 함께 축제를 벌이고 있는 교황의 모습이, 세속적인 장사치들을 쫓아내는 그리스도와 하나님의 성전에 앉아 있는 교황의 모습이, 당나귀를 타고 겸손히 예루살렘으로 들어가는 그리스도와 교황과 추기경들이 사나운 말을 타고 지옥으로 들어가는 모습이 대조되고 있다.

그런 풍자 형식의 논쟁을 일으키는 문헌들은 로마 가톨릭에서도 발행되었지만 능력과 풍부함에 있어 프로테스탄트를 따라가지는 못했다. 그 중 가장 인기 있고 효과적인 글을 썼던 로마측 작가는 프란체스코 수도회의 수도사이자 최고 시인이었던 토마스 무르너(Thomas Murner)였다. 그는 알자스 사람으로 슈트라스부르크에 살았으며, 후에는 루체른에서 지내다가 하이델베르크에서 사망하였다(1537). 초기에는 자신의 작품(1512) 및 여러 글을 통해 성직자와 수도사를 포함하여 모든 계층의 잘못을 가차없이 비난하고, 도미니쿠스 수도회와의 논쟁에서 로이힐린의 편을 들기도 하였는데, 1520년에 그는 루터에게 대항하여 돌아섰다. 그는 「무르너 박사가 부르는 대로 참으로 바보인 루터에 관하여, 1522」(*Vom grossen lutherischen Narren wie ihn Doctor Murner beschworen hat*, 1522)라는 시적인 풍자를 통해 루터를 공격하였다.

# 제 4 장

# 독일의 종교개혁 : 보름스 의회부터 농민전쟁까지 (1521-1525)

## 60. 종교개혁사의 새로운 국면

보름스에서 루터는 로마에 대한 항거의 절정에 섰다. 그가 펼쳐온 사역의 부정적인 면이 보름스에서 완성되었다. 이곳에서 서방 기독교 세계를 지배해 온 교황청의 독재가 타파되었고, 양심이 해방되었으며, 교회가 신약 성경에 기초하여 재건될 수 있는 길이 열렸다. 이후에 루터가 로마를 겨냥하여 쓴 글들은 주로 보름스에서의 항거를 반복하고 재확인한 것이다.

루터가 비텐베르크로 돌아왔을 때 그의 앞에는 더 어려운 과제가 기다리고 있었다. 이제는 신앙과 권징, 예배와 의식들을 긍정적이고 건설적인 방향으로 개혁해야 했던 것이다. 혁명은 파괴하고 해방시킬 뿐이지만, 개혁은 건설하고 긍정한다. 개혁은 부패와 남용을 척결하되 토대는 남겨두고 그 위에 새로운 구조물을 건설한다.

루터는 외국의 적대 세력과 전쟁을 벌일 때는 교회와 무관한 듯이 급진적인 태도를 취했으나, 국내에서 사역을 펼칠 때는 건설적이고 교회 중심적인 태도를 취했다. 그에게 이 두 시기를 연결해 준 고리는 그리스도에 대한 믿음과 하나님의 항상 살아 있는 말씀이었다. 루터는 믿음과 말씀, 이 두 가지를 가지고 공적 사역을 시작하고 마쳤다.

보름스 사건 이후에 루터는 자기 진영에서 자유가 남용되고 있는 현실을 비판하고 나섰다. 체로 거르는 작업이 필요했다. 그의 동료들과 추종자들 사이에 분열과 혼란이 발생했다. 다수가 지혜와 중용의 한계선을 넘어서고 있었다. 그런가 하면 종교개혁의 과도함에 놀라 모(母) 교회의 울타리로 다시 들어가는 사람들도 있었다. 독일 민족이 구교와 신교 문제를 놓고 양분되었으며, 교회 조직에서는 오늘날까지도 양분된 채로 남아 있다. 하지만 독일 제국이 과거의 신성로마-가톨릭의 황제 대신에 개신교 수장을 중심으로 정치적 통일과 재건을 이룩한 사건은 종교개혁으로 뿌려진 씨앗이 오랜 후에 이룬 결실로 간주할 수 있다. 종교개혁이 없었다면 개신교 수장이 독일을 다스리는 일이 발생할 수가 없었던 것이다. 1870년에 이루어진 이 큰 사건을 중심에 놓고 이전과 이후를 바라보면, 이전에는 바티칸 공의회가 개최되고 교황 무류설이 공포되었고, 이후에는 교황이 세속 권력을 상실하고 이탈리아가 로마를 수도로 정치적 통일을 이룬 사건들이 펼쳐졌는데, 사건의 흐름에서 기이한 섭리를 감지하지 않을 수 없다.

루터는 새로운 국면의 사역에 들어서기 전에 자신이 '밧모 섬'(계 1:9)과 '광야'라고 부른 곳에 잠시 머물렀다. 그의 파란만장한 생애에서 보름스가 가장 영웅적인 무대였다고 한다면, 이제 새로 맞이하게 된 이 기간은 가장 낭만적인 무대였다고 할 수 있다.

# 61. 바르트부르크에서의 루터(1521-1522)

I. LUTHER's Letters, from April 28, 1521, to March 7, 1522, in DE WETTE, vol. I. 588–605; II. 1-141.   Very full and very characteristic.   WALCH, XV. 2324-2402.

II. C. KÖHLER: *Luther auf der Wartburg.* Eisenach, 1798.   A. WITZSCHELL: *Luthers Aufenthalt auf der Wartburg.* Wien, 1876.   J. G. MORRIS: *Luther at Wartburg and Coburg.*   Philadelphia, 1882.

III. MARHEINEKE, Chap. X. (I. 276 sqq.).   MERLE D'AUBIGNÉ, Bk. IX., chs. I. and II.   HAGENBACH, III. 105 sqq.   FISHER, p. 112.   KÖSTLIN, I. 468–525.


보름스에서 열흘을 머문 루터는 1521년 4월 26일 오전 10시에 시민들의 큰 환호와 기대를 한 몸에 받으며 그 도시에 입성할 때 함께한 일행과 더불어 조용히 그 도시를 빠져나갔다. 그의 친구 슈르프(Schurf)가 내내 그와 동행했다. 황제가 보낸 전령은 이목을 끌지 않을 목적으로 오펜하임에서 루터를 만났다.

루터는 그 해 4월 28일에 프랑크푸르트에서 친구 크라나흐(Cranach)에게 쓴 편지에서 보름스 제국의회에서 있었던 일을 간단히 적는다. "'그대가 이 책들을 썼는가?' '그렇습니다.' '철회할 의사가 있는가?' '없습니다.' '그렇다면 당장 나가라!' '아, 우리 답답한 독일인들이여, 언제까지나 이렇게 어리석게도 로마 진영에게 처참하게 조롱을 당하고만 있어야 합니까!'"[1] 같은 편지에서, 루터는 비텐베르크 친구들에게 작별을 고하면서, 자신도 어딘지 잘 모르는 곳에서 잠시 은신하게 될 것 같다고 적는다. 자신이 전제군주들, 특히 "흉악한 공작 게오르크"에게 죽음을 당하는 일은 얼마든지 당할 각오가 되어 있었지만, 선량한 백성들의 기대를 저버릴 수는 없었다고 밝힌다. "'조금 있으면 너희가 나를 보지 못하겠고 또 조금 있으면 나를 보리라'(요 16:16). 이 말씀처럼 나도 되기를 소망합니다. 하지만 어떻게 되든 만유의 최고선인 하나님의 뜻이 하늘과 땅에서 이루어지면 그것으로 족합니다."

프리트베르크에서 루터는 황제의 전령과 작별하면서, 황제에게 쓴 라틴어 편지와, 같은 취지로 제후들에게 쓴 독일어 편지를 그에게 건네주었다. 황제에게는 안전 통행권을 발행해 준 것과, 보름스에서 자신을 보호해 준 것에 감사를 표시했다. 루터는 하나님의 말씀과 영원한 운명이 걸려 있을 때는 개인이나 집단의 결정을 신뢰할 수 없었으나, 성경을 근거로 논박을 당한다면 얼마든지 자기 노선을 수정할 용의가 있었다.[2]

헤르스펠트에서 루터는 베네딕투스회 수도원의 대수도원장 크라토(Crato)에게 따뜻한 환대를 받았으며, 그의 강권으로 설교를 했다. 황제가 설교를 금지했으나, 사람보다 하나님께 순종하는 것이 마땅하다고 여겨 그렇게 한 것이다. "나는 하나님의 말씀을 봉합하기로 동의한 적이 없다. 이것은 내 권한 밖의 일이다"하고 그는 말했다.[3] 루터는 아이제나흐에 갔을 때도 설교했으나, 그곳에서는 소교구를 맡은 사제에게 항의를 받았다. 루터는 그 도시에서 여러 동료들과 작별하고서 고타와 비텐베르크 쪽으로 방향을 잡고서 길을 나섰다.

---

1) De Wette, I. 588.
2) Ibid, I. 589, 600.
3) 참조. 그가 Spalatin에게 보낸 편지(5월 14일), in *De Wette*, II. 6.

아이제나흐를 나선 루터는 친척들을 만나기 위해서 암스도르프(Amsdorf)와 페첸슈타이너(Petzensteiner)와 함께 뫼라로 갔다. 그 도시에서 삼촌 하인츠(Heinz)와 하룻밤을 지내고, 다음 주일 아침에 설교했다. 그곳에서 친척 몇을 데리고 알텐슈타인과 발테르스하우젠을 향해 다시 길을 나섰다. 5월 4일에 마차를 타고 가는데 일단의 무장 기병대가 숲에서 갑자기 나타나 가로막고는 욕과 저주를 퍼부으면서 그를 끌어내 말에 태우고 전속력으로 도주했다. 그들은 한밤중이 되어서야 바르트부르크에 당도하여 루터를 내려주었으며, 루터는 그 도시의 시장 카프타인 폰 베를렙슈(Captain von Berlepsch)의 보호 아래 귀한 정치범으로 연금을 당하게 되었다.

이 사건은 알레안더(Aleander)가 '작센의 여우' 라 부른 선제후 프리드리히가 보름스에서 꾸민 치밀한 각본대로 된 것이었다. 구교에 대한 미련과 신교에 대한 매력 중간에서 흔들리고 있던 프리드리히는, 황제가 루터에게 발행해 준 안전 통행증의 시효가 만료되는 3주가 지나면 그의 안전을 장담할 수 없다는 판단을 내렸다. 그는 황제를 거역할 마음도 없었지만, 자신의 백성 가운데 한 사람이자 자기 대학교의 자랑인 개혁자를 희생시킬 마음은 더욱 없었다. 그러므로 루터를 잠시 대중의 눈에서 빼돌리는 것이 최선의 방책이라고 판단했다. 이러한 프리드리히에 대해서 멜란히톤은 다음과 같이 정확하게 평가한다. "그는 선천적으로 변화를 억누르는 사람이 아니었다. 그는 하나님의 뜻에 복종했다. 발행된 책들을 읽었으며, 어떠한 세력이라도 자신이 옳다고 믿는 바를 짓밟는 것을 허용하지 않았다."

비밀은 엄격히 유지되었다. 여러 달이 지나도록 선제후의 친형제인 요한조차 루터의 소재를 파악하지 못했으며, 그가 지킹겐(Sickingen)이 다스리는 성들 가운데 한 곳에 있으려니 생각했다. 최근 소식을 듣기 위해 공공 장소에 몰려든 군중들 사이에서 서로 엇갈리는 소문들이 나돌았다. 더러는 루터가 죽었다고 했고, 더러는 감옥에 갇힌 채 가혹한 취급을 당하고 있다고 했다. 당시에 앤트워프에서 활동하던 유명한 화가 알브레히트 뒤러(Albrecht Dürer)는 루터를 "성령에 의해 조명을 받은 인물이요 참된 기독교 신앙의 고백자"로 평가한 인물인데, 그가 1521년 성령강림절에 쓴 일기에는 루터 대신에 다른 개혁자를 일으키시어 그를 성령으로 충만케 하시고 교회의 상처를 치유하게 해달라고 하나님께 구하는 기도가 적혀 있다.

바르트부르크는 아이제나흐에 솟아오른 산에 세워진 웅장한 성으로서, 일대를 뒤덮고 있는 튀링겐 숲 가운데서 가장 경관이 빼어나다. 성의 자태가 중세의 시(詩)와 경건의 추억에다 종교개혁의 시와 경건을 겸비하고 있다. 1073년부터 1440년까지 튀링겐의 백작이 이 성에 거주했다. 이 성에서 유명한 음유시인들인 발터 폰 데어 포겔바이데(Walter von der Vogelweide)와 볼프람 폰 에쉔바흐(Wolfram von Eschenbach)가 헤르만 1세(Herman I, 1190-1217)의 궁정에 우아하고 세련된 분위기를 선사했다. 또한 이 성에서는 백작 루트비히의 부인 성 엘리자베트(Elizabeth, 1207-1231)가 숭고한 겸손과 자애심을 발휘하면서, 냉혹하고 야만적인 고해신부 마르부르크의 콘라트(Conrad)가 부과하는 금욕적 고행을 묵묵히 실천했다. 하지만 바르트부르크 성의 유물 가운데 가장 흥미로운 것은 '루터의 의자'(Lutherstube)와 그 옆에 있는 '종교개혁의 방'(Reformations-zimmer)이다. 식탁과 의자, 침대, 작은 책꽂이, 손잡이가 달린 큰 잔, '융커 게오르크'(Junker Georg)라는 그의 가명으로 된 기사 문장(紋章) 등, 종교개혁자가 묵었던 방의 소박한 가구와 물품들이 여전히 보관되어 있다. 유명한 잉크 얼룩은 지금은 남아 있지 않으며, 그 이야기 자체가 별로 신빙성이 없다.[4] 1817년 10월에 독일의 학생들이 바르트부르크에 모여 종교개혁 제3차 희년을 기념했다. 또한 제네바의 메를르 도비녜 박사(Dr. Merle d'Aubigné)가 바르트 부르크에 왔다가 영감을 얻어 감동적인 종교개혁사를 쓰게 되었는데, 이 책은 적어도 영어 번역본으로도 다른 교회사 저서보다 널리 유포되었다. 그리고 바르트부르크에서는 독일의 다양한 루터교 교단들이 「루터 성경」 개정 같은 공동 관심사를 논의하기 위한 정기 회의를 개회한다. 이 성은 1847년에 중세 스타일로 단아하게 복원되고 장식되었다.

루터는 이 성에서 거의 11개월 동안 낭만적인 은거 생활을 하면서 휴식과 연구, 건강과 쇠약, 큰 포부와 깊은 절망을 오락가락했다. 그가 이곳에서 신약 성

---

4) 필자가 1886년 7월 31일에 바르트부르크 성을 마지막으로 방문했을 때 잉크 자국이 있었던 곳이라고 하는 벽의 지점에서 긁어 변형된 자국들만 보았다. Köstlin은 이렇게 말한다(I. 472 이하): "과거의 어느 기록자도 벽에 있었다고 하는 잉크 자국에 관해서 알지 못한다. 아마도 그 이야기는 다른 종류의 자국에서 유래한 듯하다." Semler는 코부르크에서 잉크 자국을 보았다. 하지만 그 전설은 진실한 생각을 구체화한다.

경을 번역한 것을 고려할 때, 이곳 생활은 그의 인생에서 지극히 유익했다. 루터는 비텐베르크의 벗들, 특히 슈팔라틴과 멜란히톤에게 은밀한 경로로 보낸 편지들에서 바르트부르크에서의 생활을 상세히 설명하는데, 발신지를 '밧모 섬' 혹은 '광야', '공기 좋은 곳' 혹은 '새들의 낙원'으로 표기한다.

바르트부르크 성에 체류하던 시기에 루터는 백작 게오르크로 통했다. 이곳에서 루터는 수사복을 신사복으로 갈아입었고, 머리와 수염을 길렀고, 그물 갑옷과 칼과 금 사슬을 착용했으며, 궁정 예법을 배웠다. 시종 둘이 그를 섬기면서 하루에 두 번 그의 방에 식사를 날랐다. 식사는 수사 시절에 늘 들던 것보다 훨씬 좋았으며, 좋은 음식을 많이 들다보니 소화불량과 불면증으로 고생하기도 했다. 새들이 지저귀는 소리를 "밤낮 온 힘을 다해 하나님께 즐거이 드리는 찬송"으로 여겨 무척 즐겼다. 시종을 데리고 산책을 했다. 때로는 책을 들고 산책을 나서다가, 기사는 학자와 달라야 한다는 지적을 받기도 했다. 산책길에서 수사들과 사제들과 더불어 교회의 현실과 루터 자신의 관점을 놓고 토론을 벌였으며, 한참을 그렇게 길에 서서 토론에 몰입하다가 산책을 계속하자는 요청을 받고서야 비로소 그쳤다. 사냥에도 따라다녔으나, 사냥꾼들과 짐승들을 물끄러미 바라보면서 신학적 상념에 빠져들곤 했다. "우리는 산토끼와 자고새 몇 마리를 잡았는데, 무료한 사람들에게는 좋은 소일거리였다"고 그는 말했다. 그물과 사냥개를 보면서, 마귀가 가련한 인간 영혼들 앞에 덫을 놓고 추격하는 기교들을 떠올렸다. 한번은 쫓기던 산토끼를 숨겨주었는데, 사냥개들이 와서 찢어 죽였다. 이 일을 겪으면서 자신이 살리려 하는 사람들을 끝까지 멸망시키려고 하는 마귀와 교황의 맹렬하고도 잔인한 모습을 생각했다. 산토끼와 산새보다는 차라리 곰과 늑대를 사냥하는 것이 더 낫다고 그는 생각했다.

루터는 마귀와 여러 번 직접 대면했다. 그런 순간에는 마귀의 존재가 자신의 존재만큼 분명했다. 한 번 이상 마귀를 향해 잉크병을 던졌는데, 물론 정말로 그랬다기보다 영적으로 그랬을 것이다. 루터가 그 불구대천의 원수에게 가한 가장 통렬한 타격은 잉크병을 던진 것이 아니라, 신약 성경을 번역한 것이었다. 루터 자신의 속에서 수없이 일어나는 의심, 육체적인 시험, 악한 생각, 원수들의 끊임없는 협박이 흑암의 임금의 환영(幻影)으로 투영되었다. 밤에 장롱에 보관해 둔 땅콩 자루에서 들려오는 소음을 들었고, 계단에서 "마치 수백 개의 통이 위층에서 아래층으로 굴러 떨어지는 것 같은" 굉음을 들었다. 한번은 마귀가 큰 검정

개의 형상으로 자기 침대에 누워 있는 것을 보고서 창문 밖으로 집어던졌다. 하지만 개는 짖지 않고 사라졌다.[5] 가끔은 마귀에게 농담을 던졌다. 마귀는 이 세상에서 경멸과 비웃음을 당하는 것을 가장 싫어한다고 그는 말했다.

루터는 귀신들과 혼령들과 마녀들과 마법사들에 관련된 중세의 미신들 속에서 자랐다. 그런 터에서 그의 풍부한 상상력이 상념들에 구체적이고도 육중한 형태를 입혔다. 그에게 마귀는 세상의 모든 악과 불행의 화신이었다. 루터의 신학과 신앙 체험에 마귀가 그렇게 크게 부각되는 것도 다 그런 이유 때문이다.[6] 마귀는 하나님의 대적이며, 그리스도와 인간들의 원수이다. 하나님께서는 순수한 사랑이시지만, 마귀는 이기심과 미움과 시기이다. 악인들이 사리판단과 이해력에서 선한 사람들을 능가하는 경우가 많듯이, 마귀의 지적 수준은 대단히 높다. 그는 원래 천사장이었으나, 하나님의 아들에 대해 교만과 시기를 품었고, 그의 성육신과 구원 사역을 미리 내다보고는 그 계획에 대해 반란을 일으켰다. 마귀는 타락한 천사들과 악한 인간들로 지휘 체계를 갖춘 군대를 지휘하면서 하나님과 선한 천사들에 대해 끊임없이 전쟁을 벌인다. 그는 이 세상의 신이며, 세상을 다스리는 방법을 알고 있다. 그는 자연을 주관할 능력이 있고, 천둥과 번개, 우박과 지진, 벼룩과 이를 부릴 수 있다. 그는 하나님을 흉내낸다. 그리스도를 모방할 수 있으며, 광명의 천사의 옷을 입고 나타날 때 가장 위험하다. 그가 가장 바쁜 시간은 하나님의 말씀이 전파될 때이다. 그는 지극히 겸손한 척할 수도 있지만, 본래 교만하고 건방지다. 처음부터 거짓말쟁이며 살인자이다. 수천 가지 술책을 갖고 있다. 인간들이 하나님의 피조물이라는 이유로 그들을 미워한다. 인간이 사는 곳은 어디든지 찾아가 해치고 유혹한다. 다툼과 증오를 부추기고 불씨를 놓는다. 모든 이단들과 박해들을 배후에서 조종한다. 진정한 하나님 나

---

5) 괴테의 *Faust*에서는 메피스토펠레스가 지옥의 개인 애완견으로 가장하고서 나타나며, 십자가 성호를 그으면 사라진다.

6) 루터의 독일어 총서 에를랑겐-프랑크푸르트 판에 실린 알파벳 색인에서는 *Teufel*이라는 칭호가 지면의 열 쪽 미만에 한 번은 나온다(vol. LXVII. 243-253). 루터의 「탁상담화」에서도 마귀에 관한 내용이 59권과 60권에서 150쪽 가량 차지한다. 내용을 끝까지 읽어보면 재미도 있고 얻는 것도 많다. Michelet은 한 장 전부를 이 주제에 할애한다(pp. 219-234). 체계적인 관점은 Köstlin의 *Luther's Theologie*, vol. II. 313 sq., 351 sqq.를 참조하라.

라를 모방하여 대적하도록 교황제를 고안한 장본인이다. 개인들에게 시련과 질병과 죽음을 가한다. 개인들에게 십계명을 범하게 하고, 하나님 말씀을 의심하게 하며, 하나님에 대해 불손한 생각을 품게 한다. 불륜과 절망에 빠뜨린다. 혼인과 밝고 즐거운 분위기와 음악을 혐오한다. 노래를 참고 듣지 못하며, 특히 찬송을 싫어한다. 인간의 의지를 노예처럼 장악하고, 노새 부리듯 그것을 부린다. 성경을 많이 알고 인용하기도 하지만, 자기 목적에 맞게 재단한다.

그리스도인은 마귀가 자신이 입고 있는 겉옷이나 속옷보다, 심지어 자기 살가죽보다 더 가까이 있다는 사실을 알아야 한다. 루터는 밤에 마귀와 자신의 영혼의 상태에 관해서 자주 설전을 벌였다고 전한다. 설전이 워낙 치열했던 까닭에 흠뻑 땀에 젖고 오한이 날 정도였다고 한다. 한번은 마귀가 루터에게 "너는 큰 죄인이지, 그렇지!" 하고 단도직입적으로 비판을 가했다. 루터는 이렇게 대답했다. "그건 나도 진작부터 잘 알고 있다. 말하려면 좀 더 새로운 것을 말하라. 그리스도께서 이미 오래 전에 내 모든 죄를 다 짊어지시고 용서해 주셨다. 너는 이제 이를 갈고 살 수밖에 없다." 또 어떤 때는 공세로 전환하여 "거룩한 사탄이여, 나를 위해 기도해다오"라고 하거나 "의원이여, 너 자신을 고치라"고 하고 비아냥거리기도 했다. 마귀는 보이는 형체로 나타나되, 개나 돼지, 염소, 불꽃 혹은 별, 뿔 달린 사람으로 나타난다. 그는 몹시 시끄럽고 난폭한 자이다. 모든 마술과 영매 행위의 저변에는 그가 도사리고 있다. 그는 어린아이들을 유괴하고 대신에 다른 아이들로 바꿔치기 하는데, 그가 데려다 놓은 아이들은 그저 몸뚱아리일 뿐 부모에게 고통만 끼치다가 어려서 죽는다. 루터는 중세 로마 가톨릭교회가 주장해 온 많은 기적들의 근원을 사탄의 사주로 진단했다. 그는 인쿠부스(잠자는 여자와 정을 통한다고 하는 남자 귀신)와 수쿠부스(잠자는 남자와 정을 통한다고 하는 여자 귀신)를 믿었다.

그러나 무엇보다도 루터는 마귀가 신자들에게 아무런 실제적인 힘도 발휘할 수 없다고 믿었다. 마귀는 기도를 싫어하며, 훨훨 타오르는 불길을 무서워하듯이 십자가와 하나님의 말씀 앞에서 도망친다. 만약 성경 본문을 가지고 마귀를 쫓아낼 수 없다면, 조롱하고 모욕하는 것이 상책이다. 그리스도를 믿는 간호사는 "우리는 그리스도인들이다"(Christiana sum) 하고 말만 해도 마귀를 쫓을 수 있다. 그리스도께서 이미 그에게 치명적인 상처를 입히셨고, 장차 지옥 불에 그를 던져 넣으실 것이다. 따라서 루터는 마귀와 벌이는 전투를 주제로 다음과 같은 찬송을 지었다.

"죄악의 왕이 아무리 흉악해도
우리를 조금도 해치지 못하도다.
왜인가? 그의 멸망이 결정되었으니
한 마디 주의 말씀으로도 쓰러뜨릴 수 있도다."

루터는 가끔 깊은 절망의 나락으로 가라앉곤 했다. 7월 13일에 멜란히톤에게 쓴 편지는 소화불량 탓인지 구구절절 어두운 색채 일색이다. "선생은 나를 너무 추켜세우고, 마치 내가 하나님의 일에 전심전력하고 있는 것처럼 나를 지나치게 높게 평가하는 중대한 잘못을 범하고 있군요. 선생의 과찬이 내게 혼동과 괴로움을 줍니다. 나 자신을 돌아볼 때 나는 지각이 없고 마음이 강퍅하고 한없이 게으르고, 무엇보다도 기도를 잘 드리지 않고, 하나님의 교회를 위해 탄식하며 간구하지도 않는 자이기 때문입니다. 굴복하지 않은 내 육체의 정욕이 나를 집어삼킬 듯이 달아오르게 합니다. 한 마디로, 영에 의해 죽어야 할 육신이 오히려 정욕과 사치와 나태와 방종과 나른함에 장악되어 있는 겁니다. 선생이 나를 위해 더 이상 기도하지 않음으로 하나님께서 나를 멀리하시는 결과가 아닙니까? 선생이 오히려 나의 자리에 서야 마땅합니다. 선생이 나보다 하나님의 은사를 훨씬 더 풍성하게 받았고, 하나님 앞에서 받으실 만한 사람입니다. 논문을 쓰려고 펜을 든 뒤로, 기도하고 연구를 시작한 뒤로, 육체적인 염려나 그 밖의 시험에 휘둘려 한 주간이 덧없이 흘러가 버렸습니다. 상황이 개선되지 않는다면 숨길 것 없이 에르푸르트로 갈 생각입니다. 그곳에서 선생이 내게 찾아와도 좋겠고 내가 선생을 찾아가도 좋겠습니다. 내과의사나 외과의사를 만나 꼭 진단을 받아야 할 것 같기 때문입니다. 주님께서 내게 이처럼 많은 고통을 주시는 것은 아마도 나를 이 광야에서 이끌어내 대중 앞에 세우시려는 뜻인 것 같습니다."

질병과 좌절, 악령의 공격으로 인해 탄식을 토해내면서도, 루터는 시대의 사건들에 깊은 관심을 기울였고, 어떻게든 투쟁의 장으로 내려가고 싶어했다. 시간이 나는 대로 편지와 책과 소책자를 써서 세상으로 보냈다. 불과 몇 달 되지 않는 이 기간에 써낸 글의 분량이 놀랄 만큼 많아서, 밧모 섬에 한가로이 앉아 있게 되었다는 거듭된 탄식을 무색하게 만들며, 생산해 낸 글의 양만 보더라도 그곳에서 썩었다고 하기보다 하나님을 뜨겁게 섬겼다고 생각하게 된다.

바르트부르크 성에는 공부할 책이 별로 없었다. 그곳에서 루터는 헬라어 성경과 히브리어 성경을 부지런히 공부했으며, 세상 돌아가는 소식은 비텐베르크의 친구들이 보내온 편지들을 통해서 접했다. 저술할 때는 주로 기억에 저장된 자료들에 의존했다.

방대한 라틴어 시편 주석을 꾸준히 저술했고, 특히 시편 22편을 그리스도의 십자가 수난에 초점을 두고 진지하게 다루었으며, 시편 68편과 37편에 대해서는 따로 강해했다. 또한 이곳에서 마리아의 수태고지에 관한 책을 완성했는데, 이 책에서는 여전히 마리아의 무죄와 심지어 무원죄 잉태에 대한 확고한 믿음을 표시했다. 당시에 개신교 서적들을 읽지 못하게 하는 강력한 수단으로 활용되던 고해성사 제도를 비판했으며, 그런 내용을 다룬 논문을 지킹겐에게 헌정했다(6월 1일). 그 외에도 교회력에 따른 복음서와 서신서 설교(*Kirchenpostille*: 교회 설교집)를 다시 시작했는데, 훗날 그의 친구들이 완성한 이 설교집은 독일에서 가장 인기 있는 신앙 서적의 한 권이 되었다. 루터 자신이 이 설교집을 자신의 대표작으로 평가했으며, 심지어 교황 진영 사람들도 이 책을 좋아했다.[7] 루터는 바르트부르크에서 루뱅의 신학자 라토무스(Latomus)가 보내온 편지에 라틴어로 답장을 썼다. 로마 가톨릭 예배의 핵심인 미사 교리와 수도원 제도의 토대인 수도 서약을 비판하는 글을 라틴어와 독일어로 썼다. 수도 서약을 비판한 이 책을 루터는 옛적에 자신이 수사가 되는 것에 반대했던 아버지에게 헌정했다.

루터는 마인츠의 추기경 알브레히트(Albrecht)가 할레에서 9천 점이나 되는 경이로운 성유물들을 순례자들에게 전시하면서(그 가운데는 광야에 내린 만나와 모세가 본 불 붙은 떨기나무, 가나 혼인 잔치에 있었던 포도주 항아리들이 포함되어 있었다), 대성당의 미사에 참석하거나 연보를 하면 '효력이 큰' 면죄부를 주겠다고 약속한 행위를 효과적이고도 강력하게 비판한 글도 썼다. 자신의 경건한 선제후도 불과 몇 년 전에 비텐베르크에서 비슷한 전시를 했던 사실을 무시한 채, '면죄부 우상'을 격렬하게 비판하는 글을 썼다(1521년 10월). 슈팔라틴과 선제후는 그 글을 출판하는 데 반대했으나, 루터는 슈팔라틴에게 이렇게 썼다. "나는 그렇게 할 수 없습니다. 차라리 당신과 선제후와 살아 있는 모든 것

---

7) 참조. the St. Louis ed. of Walsh, XI (1882), p. 1 sqq., and Köstlin, I. 486-489.

을 잃는 편을 택하겠습니다. 교황을 비판하고 나선 이 몸이 교황의 심복에게 어
치 무릎을 꿇겠습니까?" 동시에 대주교에게 신랄한 편지를 보내어(12월 1일),
이제는 면죄부가 사기와 농간에 지나지 않음을 알아야 한다는 점과, 루터가 여
전히 살아 있다는 점, 그리고 주교들이 결혼한 사제들을 처벌하기 전에 자신들
의 집에서 정부(情婦)를 내보내야 한다는 점을 상기시켰다. 그리고 자신이 '할레
의 우상'을 비판한 글을 출판하겠다고 경고했다. 결국 대주교는 굴복하고서 12
월 21일자로 사과의 편지를 보냈는데, 이 편지는 루터가 얼마만한 위세로 대주
교를 압박했는지 여실히 보여준다.[8]

# 62. 루터의 성경 번역

I. DR. MARTIN LUTHER'S *Bibelübersetzung nach der letzten Original-Aus-
gabe, kritisch bearbeitet von* H. E. BINDSEIL *und* H. A. NIEMEYER.
Halle, 1845–55, in 7 vols. 8°. The N. T. in vols. 6 and 7. A critical
reprint of the last edition of Luther (1545). Niemeyer died after the
publication of the first volume. Comp. the *Probebibel* (the revised
Luther-Version), Halle, 1883. LUTHER'S *Sendbrief vom Dolmetschen
und Fürbitte der Heiligen* (with a letter to Wenceslaus Link, Sept. 12,
1530), in WALCH, XXI. 310 sqq., and the Erl. Frkf. ed., vol. LXV. 102–
123. (Not in De Wette's collection, because of its polemical char-
acter.) A defense of his version against the attacks of the Romanists.
MATHESIUS, in his thirteenth sermon on the Life of Luther.

II. On the merits and history of Luther's version. The best works are by
PALM (1772). PANZER (*Vollständ. Gesch. der deutschen Bibelübers.
Luthers*, Nürnb. 1783, 2d ed. 1791), WEIDEMANN (1834), H. SCHOTT
(1835), BINDSEIL (1847), HOPF (1847), MÖNCKEBERG (1855 and 1861),
KARL FROMMANN (1862), DORNER (1868), W. GRIMM (1874 and 1884),
DÜSTERDIECK (1882), KLEINERT (1883), TH. SCHOTT (1883), and the
introduction to the *Probebibel* (1883). See Lit. in § 17, p. 103.

III. On the pre-Lutheran German Bible, and Luther's relation to it. ED.

---

8) 두 편지는 Walch, XIX. 656 sqq.에 수록되어 있고, 루터의 편지는 De Wette, II.
112–115에 수록되어 있다. 알브레히트가 할레에서 면죄부 판매를 되살아나게 했다는
일반적인 견해는 의심스러워 보이며, Albrecht Wolters의 부활절 프로그램인 *Hat
Cardinal Albrecht von Mainz im J. 1521 den Tetzel'schen Ablasshandel erneuert?*,
Bonn, 1877, pp. 24에서 논박된다.

Reuss: *Die deutsche Historienbibel vor der Erfindung des Bücherdrucks.* Jena, 1855.   Jos. Kehrein (Rom. Cath.): *Zur Geschichte der deutschen Bibelübersetzung vor Luther.* Stuttgart, 1851.   O. F. Fritzsche in Herzog, 2d ed., Bd. III. (1876), pp. 543 sqq.   Dr. W. Krafft: *Die deutsche Bibel vor Luther, sein Verhältniss zu derselben und seine Verdienste um die deutsche Bibelübersetzung.*   Bonn, 1883 (25 pages.   4°.) Also the recent discussions (1885–1887) of Keller, Haupt, Jostes, Rachel, Kawerau, Kolde, K. Müller, on the alleged Waldensian origin of the pre-Lutheran German version.

루터가 바르트부르크에서 여가를 갖게 되면서 거둔 가장 비옥한 결실이자, 그가 전 생애를 통틀어 남긴 가장 중요하고 유용한 사역은 신약 성경 번역이었다. 이 작업으로써 그리스도와 사도들의 교훈과 본을 독일인들에게 생생하게 일깨워 주었다. 한 마디로 복음을 다시 반포한 것이다. 그는 성경을 일반 신자들이 교회와 학교와 가정에서 쉽게 읽을 수 있는 책으로 만들어 놓았다. 신약 성경 번역 하나만으로도 루터는 독일어권 사람들에게 위대한 시혜자가 되고도 남았을 것이다.

루터의 번역 성경이 발행된 뒤로 다른 언어들, 특히 프랑스어, 네덜란드어, 영어로도 성경이 번역되었다. 성경이 외국말로 된 낯선 책이기를 그치고 아주 친숙한 책이 되었으며, 일반인들에게는 훨씬 더 분명하고 귀중한 책이 되었다. 성경이 자국어들로 번역되면서부터 종교개혁이 더 이상 개혁자들의 저서들에 의존하지 않고, 누구나 일상 생활의 지침서로 삼을 수 있게 된 하나님의 말씀을 중심으로 전개되어 나갔다. 성경을 교황의 허가나 간섭 없이 누구나 펼쳐서 읽을 수 있게 되면서 임한 큰 복이 교회사에서 장족의 발전이 이루어지게 했고, 이 발전은 무엇으로도 원점으로 돌려놓을 수 없었다.

## 초기의 성경 번역본들

루터는 최초의 독일어 성경 번역자가 아니라 가장 위대한 번역자였으며, 제롬이 라틴어 성경인 「불가타」와 맺고 있는 것과 흡사한 관계를 독일어 성경과 맺고 있다. 그는 과거의 독일어 번역 성경을 사장(死藏)시켰고, 후에도 누구에게도 능가되거나 심지어 필적되지 않았다. 학자들을 위한 좀 더 정확한 번역본들이 있긴 하지만(예. De Wette와 Weizsäcker의 번역본), 루터의 번역본만큼 대중에게 권위를 인정받고 널리 사용되는 것이 없다.

암흑 시대에 야만족들은 기독교가 소개되고 성경에서 공예배에 필요한 부분이 번역되면서 개화되기 시작했다.

4세기에 고트족의 주교 울필라(Wulfila) 혹은 뵐플라인(Wölflein, '작은 늑대'라는 뜻)이 성경의 거의 모든 책을 헬라어에서 고트족 방언으로 번역한 바 있다. 이 번역 성경이 튜턴[게르만] 문학의 최초의 기념비이며, 튜턴 비교 언어학의 토대를 이룬다.

14세기에는 이름이 알려지지 않은 일단의 학자들이 성경전서를 중부 및 고지 독일어로 번역했다. 이 번역본은 위클리프의 영어 번역본과 마찬가지로 라틴어 불가타를 거의 그대로 옮긴 것인데, 이렇게 할 수밖에 없었던 원인은 당시 유럽에 히브리어와 헬라어 성경을 직접 옮길 만한 역량이 전혀 없었기 때문이다. 이 번역본의 신약 성경 사본이 최근에 보헤미아 테플의 프레몽트레회 수도원에 소장된 필사본을 토대로 출판되었다. 또 한 권의 사본은 작센 프라이베르크의 대학 도서관에 소장되어 있다. 두 권 다 14세기에 작성되었고, 최초로 인쇄된 독일어 성경과 자구 하나까지 일치하지만, 이 사본들에는 신약 성경 외에도 사도 바울이 라오디게아인들에게 보냈다고 하는 외경 서신도 수록되어 있다. 이 외경 서신은 사도의 서신들에서 몇몇 문장들을 짜깁기한 것이다.

인쇄술이 발명된 뒤부터 종교개혁이 일어나기 전까지는 이 중세 독일어 성경이 라틴어 불가타를 제외하고는 가장 많이 보급되었다.[9] 1462-1522년에 슈트라스부르크, 아우크스부르크, 뉘른베르크, 쾰른, 뤼벡, 할버슈타트에서 무려 17-18종이 인쇄되었다(이 중 14종은 독일 고지대 방언, 4종은 저지대 방언으로 됨). 대다수가 대형 판형에 두 권으로 인쇄되었으며, 목판화 삽화들이 수록되었다. 이 판본들은, 클레멘스의 개정판(1592)이 발행되기 전까지 매우 혼잡한 상태로 존재해온 불가타 사본들의 본문상의 변형들을 교정하고 방언을 수정한 동일 역본이었다(혹은 고지 독일어와 저지 독일어로 된 두 개의 역본이었다고 하는 것이 옳을 수도 있다). 불가타 사본들을 개정한 사람들과 독일어로 번역한 사람들 모

---

9) 불가타는 1450-1500년에 97종이 인쇄되었다. 그 중 이탈리아에서 28종(거의 모두가 베네치아에서), 독일에서 16종, 바젤에서 10종, 프랑스에서 9종이 인쇄되었다. 참조. Fritzsche in Herzog[ii], vol. VIII. 450.

두 알려지지 않는다.

독일어 성경이 불완전한 상태로나마 널리 보급되었다는 사실은 독일인들이 하나님의 순수한 말씀을 얼마나 간절히 사모했는지 넉넉히 입증하며, 자국어 성경이 널리 보급됨으로써 조성된 환경이 종교개혁의 길을 예비했다. 이 현상에 로마 교회의 성직자 집단은 크게 놀라며 경계했다. 마인츠 대주교 베르톨트(Berthold)는 학식이 깊고 생각이 깨인 고위성직자였는데도 1486년 1월 4일에 자신의 교구 안에서 종교 서적과 학술 서적, 특히 독일어 성경을 교회의 인가 없이 출판하는 행위를 금했다. 그 이유는 독일어로는 헬라어와 라틴어 저작들의 심오한 의미를 정확하게 옮기는 것이 불가능하며, 평신도와 여성은 성경을 이해할 수 없다는 것이었다. 세상의 우매와 교회의 부패를 신랄하게 비판한 카이저베르크의 가일러(Geiler)조차 "성경을 독일어로 인쇄한다는 것은 악한 행위"라고 생각했다.

성경전서 외에도 복음서들과 서신서들(*Plenaria*), 시편의 독일어 역본들이 있었는데, 모두 불가타를 옮긴 것들이다.[10]

루터가 중세의 이 번역 성경을 몰랐을 리 없다. 그는 기존의 독일어와 라틴어 찬송들을 활용했듯이 이 성경도 잘 가려서 사용했다. 이 성경의 도움을 받지 않았다면 석 달이라는 짧은 시간에 신약 성경을 완역할 수가 없었을 것이다.[11] 그러나 이 사실 때문에 그의 공로가 조금도 줄어드는 것은 아니다. 그는 히브리어와 헬라어 성경을 직접 번역했기 때문이고, 그의 번역 성경이 나온 뒤에 완전히 자취를 감춰 버린 기존의 번역본보다 모든 점에서 비교할 수 없이 탁월했기 때문이다. 루터의 독일어 성경은 철저히 새로운 작품이다.

### 루터의 자질

루터는 성경 번역자로서 아주 보기 드문 은사들을 두루 갖추고 있었다. 히브

---

10) 뮌헨의 왕립 도서관에는 복음서들과 서신서들의 독일어 역본들의 사본 21종이 소장되어 있다. 교회력을 위한 복음서들은 1518년 이전에 25쇄 가량 인쇄되었다. 시편은 1513년 이전에 13쇄 가량 인쇄되었다.

11) 루터가 기존의 독일어 역본을 활용했다는 점이 과거에는 무시되거나 부인되었으나, 본 대학교 교수 Kraft가 그 점을 사실로 입증했다(1883).

리어와 헬라어를 친숙히 알았고, 독일어를 완벽하게 구사했고, 하나님의 계시된 말씀을 믿었고, 복음에 뜨거운 열정이 있었으며, 성령의 감동이 있었다. 좋은 번역이란 참되면서도 자유롭고, 원문에 충실하면서도 자국어의 관용 어법을 능숙하게 사용하여 마치 자국어로 읽는 듯한 느낌을 주는 것이어야 한다. 루터의 번역이 그러하다. 그 외에도, 루터는 이미 폭넓은 명성과 권위를 얻은 터였던 까닭에 그의 번역본은 즉각 전 유럽의 이목을 사로잡았다.

루터가 지니고 있던 히브리어와 헬라어 지식은 해박할 정도는 못 되고 적당한 수준이었으나, 독립적인 판단을 하기에는 충분했다. 그는 학문성에서 모자라는 부분을 특유의 직관력과 멜란히톤의 도움으로 채워 나갔다. 독일어 실력에서는 그와 경쟁할 사람이 없었다. 그가 사실상 근대 고지 독일어를 창제했거나 혹은 형태를 부여했다. 본인의 말대로, 그는 뜻이 가장 잘 통하는 표현들을 찾아내기 위해서 집에서는 어머니의 말씀에 귀 기울였고, 길에서는 아이들의 말을 귀담아 들었고, 장터에서는 남녀들의 말을, 상점들에서는 정육점 주인들과 그 밖의 여러 상인들의 말을 주의 깊게 들으면서 "그들의 입 모양"을 관찰했다. 시와 음악에 재능이 있었기에 히브리 시와 산문의 운율과 가락, 대구와 대칭을 재현해 낼 수 있었다. 그의 가장 탁월한 자질은 성경의 내용에 대한 직관적 통찰력과 영적 교감이었다.

그는 좋은 번역을 하려면 "경건하고, 신실하고, 부지런하고, 기독교 정신에 투철하고, 학문 훈련이 되어 있고, 세상 경험이 있고, 연단된 마음이 있어야 한다"고 말한다.

## 루터의 성경 번역 과정

루터는 이 작업을 위해 점진적인 준비를 갖추었다. 처음에는 에르푸르트 대학교에서 라틴어 성경전서 사본을 발견하고서 큰 기쁨과 기대를 안고 사본을 연구했다. 이 성경 사본에서 신학과 영적 자양을 취했다. 비텐베르크 대학교에서 교편을 잡고 있는 동안 날마다 이 성경 사본에 대해 강의와 설교를 했다. 히브리어와 헬라어를 배운 것도 이 성경 사본을 더 잘 이해하기 위함이었다. 그는 자신을 "성경 박사"라 부르기를 좋아했다.

루터가 번역가로서 처음 시도한 작품은 시편 가운데 일곱 편의 회개 시로서, 그는 종교개혁이 개시되기 여섯 달 전인 1517년 3월에 이 번역시들을 출판했다.

곧이어 구약과 신약 성경의 여러 부분 — 십계명·주기도문·므낫세 왕의 기도·마리아의 수태고지 찬송 등 — 을 평신도를 위한 주석을 붙여 출판했다. 결국 그는 멜란히톤을 비롯한 여러 친구들의 강권과 본인의 강한 의무감에 힘입어 성경전서를 번역하기에 이르렀다.

신약 성경은 1521년 11월 내지 12월에 번역을 시작하여, 바르트부르크를 떠나기 전인 이듬해 3월에 완성했다. 비텐베르크로 돌아와 원고를 철저히 다듬었는데, 그 과정에서 자신보다 훨씬 탁월한 헬라어 학자인 멜란히톤의 적절한 도움을 받았다. 신약 성경에 등장하는 주화들과 도량형에 대해서는 에르푸르트의 슈투르츠(Sturz)에게, 새 예루살렘의 귀금속들(계 21장)에 대해서는 선제후가 소장한 보석들을 잘 알고 있던 슈팔라틴에게 자문을 구했다. 그 뒤에 세 인쇄소를 통해 출판을 서둘러 1522년 9월 21일에는 이미 독일어 신약 성경이 배포되었으나, 그의 이름이 실리지는 않았다.[12]

12월에는 여러 곳을 수정하고 다듬어 재판을 펴냈다.[13]

그 뒤 루터는 구약성경을 번역하는 좀 더 어려운 과제에 착수하여, 준비되는 대로 부분적으로 펴냈다. 그리하여 1523년에 모세오경, 1524년에 시편을 출판했다.

---

12) 그 제목은 이러했다: 「독일어 신약 성경. 비텐베르크」(*Das Newe Testament Deutsch. Wittemberg*). 이 판본에는 루카스 크라나흐가 제작한 목판화 삽화가 각 권의 서두와 계시록 21장에 수록되었다. Hugo a St. Caro가 시작한 것으로 간주되는 라틴어 성경의 장 구분을 그대로 유지하되 몇몇 문단들을 구분했다. 절 구분은 아직 알려지지 않았다(이 방법은 Robert Stephanus가 1548년에 펴낸 자신의 라틴어 판본과 1551년에 펴낸 자신의 헬라어 성경에 처음 도입했다). 서신서들의 순서를 변경했으며, 변경된 순서를 이후의 모든 판본들에 그대로 유지했다. 여백에 몇몇 병행절과 간단한 주해를 첨가했다. 이 판본에는 인쇄상의 오류가 많은데, 갈라디아서 5:6에 아주 기묘한 오류가 있다: "Der Glaube, der durch die Liebe thätig ist"라고 해야 할 부분에 "Die Liebe, die durch den Glauben thätig ist"라고 인쇄됨.

이 희귀한 판본의 사본 - 계시록의 삽화들은 빠졌으나, 앞서 언급한 오류는 남아 있는 - 은 뉴욕 유니온 신학교 도서관에 소장되어 있다. 이 사본에는 훗날 삭제되거나 수정된, 야고보서를 폄하한 유명한 머리말이 실려 있다.

13) 목판화들도 변경되었다. 계시록 17장에 나오는 바빌론 여인의 삼중 교황관이 평범한 면류관으로 바뀌었다.

번역 과정에서, 루터는 콜레기움 비블리쿰(Collegium Biblicum) 곧 성경 클럽을 설립했는데, 이 클럽에는 멜란히톤·부겐하겐(포메르)·크루치거·유스투스 요나스·아우로갈루스 같은 동료들이 참여했다. 이들은 일주일에 한 번 루터의 집에 모여서 저녁 식사 전에 여러 시간을 함께 연구했다. 루터가 임명한 최초의 성직자이자 그의 번역을 검토해준 부제(deacon) 게오르크 뢰러(Georg Rörer, 로라리우스)도 그 모임에 참석했다. 가끔 외국의 학자들에게도 참석을 허락했으며, 유대인 랍비들에게도 자유롭게 자문을 구했다. 클럽의 회원 한 사람 한 사람이 각별한 지식과 준비로써 루터의 구약성경 번역에 이바지했다. 멜란히톤은 헬라어 성경을, 크루치거는 히브리어와 갈대아어 성경을, 부겐하겐은 불가타를, 나머지 사람들은 기존의 주석들을 담당했으며, 루터는 항상 히브리어 성경 외에도 라틴어 역본들과 독일어 역본들을 담당했다. 이들은 욥기의 3행을 번역하는 데 나흘이나 걸리기도 했고, 단어 하나를 놓고서 두서너 주를 보내기도 했다. 이 탁월한 모임이 벌인 토론 기록이 전혀 남아 있지 않지만, 마테지우스(Mathesius)는 그들의 모임에서 "대단히 아름답고 교훈적인 발제가 이루어졌다"고 말한다.

마침내 성경전서에다 "성경과는 동등하지 않지만 읽기에 유익하고 선한 책들"인 외경을 첨부한 책이 1534년에 완성되었고, 여러 목판화 삽화들이 수록된 채 출판되었다.

그러는 동안 신약 성경이 16–17판 발행되었고, 50쇄가 넘게 인쇄되었다.

루터는 무책임하게 인쇄된 이 판본들이 오류투성이라고 불평했다.

루터는 자신의 번역을 끊임없이 수정했다. 오류를 바로잡는 것 외에도 투박하고 모호한 철자법을 개선하고, 어형 변화를 확정하고, 천하고 저급한 어휘들을 제거하고, 문장 전체에 균형과 운율을 넣어 다듬었다.

자신의 성경전서 번역본에 대해 모두 다섯 번의 개정판을 펴냈는데, 마지막 개정판을 펴낸 것은 세상을 떠나기 일년 전인 1545년의 일이다. 이 마지막 개정판이 모든 비평적 판본들의 토대가 된다.[14]

1546년 판은 그의 친구 뢰러가 펴낸 것으로서 대폭 수정이 가해졌는데, 뢰러는 루터가 직접 수정한 것이라고 밝혔다. 그 중 일부는 명실상부한 개선이다. 고린도전서 13:8("사랑은 언제까지나 떨어지지 아니하되")의 "Die Liebe wird

---

14) Bindsell & Niemeyer가 세심한 공을 들여 재발행함.

nicht müde"(사랑은 언제까지나 지치지 아니하되)를 "Die Liebe höret nimmer auf"(사랑은 언제까지나 떠나지 아니하되)로 고친 것이 일례이다. 뢰러가 필립(멜란히톤)의 관점에서 루터의 번역에 수정을 가했다는 비판은 근거가 없어 보인다.

## 판본들과 개정판들

루터의 인쇄본은 고대 이탈라(Itala)와 제롬의 불가타의 필사본과 똑같은 운명을 겪었다. 후대에 의해 수없이 개선과 개악이 가해진 것이다. 철자법과 어형 변화가 현실에 맞게 손질되었고, 시대가 흘러 쓰이지 않는 단어들이 정리되었고, 절 구분이 도입되었고(1568년의 하이델베르크 중쇄본에서 처음 도입됨), 요한일서 5:7에 세 증인에 관한 확실하지 않은 구절이 삽입되었고(1574년에 프랑크푸르트의 인쇄업자가 최초로 삽입함), 에스라 3서와 4서, 마카베오 3서가 외경에 추가되었으며, 그 밖에도 필요한 변화와 불필요한 변화, 개선과 개악이 가해졌다. 작센의 선제후 아우구스트(August)는 엄격한 루터교 정통신앙의 관점에서 본문을 통제하려고 노력했으며, 표준판 제작을 지시했다(1581). 하지만 작센 이외의 지역에서는 이러한 태도가 무시되었다.

세월이 흐르고 난 뒤에는 11개 내지 12개의 개정판이 사용되기에 이르렀는데, 더러는 1545년 판에, 나머지는 1546년 판에 근거했다. 가장 공을 많이 들인 개정판은 칸슈타인 성경협회(the Canstein Bible Institute)가 펴낸 것으로서, 이 성경협회는 경건한 귀족 카를 힐데스브란트 폰 칸슈타인(1667-1719)이 프랑케(Francke)가 할레에서 운영하던 고아원과 연관하여 설립한 기관이었다. 이 개정판이 가장 널리 보급되었으며, 독일어 성경의 공인 본문(textus receptus)이 되었다.

19세기에 접어들면서 성서학의 비약적인 발전과 더불어 루터의 역본을 시대에 맞게 개정해야 한다는 요구가 더욱 커졌다. 이런 요구에 부응하여 프랑크푸르트의 귀족 프리드리히 폰 마이어(Joh. Friedrich von Meyer, 1772-1849)와 루돌프 슈티어 박사(Dr. Rudolf Stier, 1800-1862)가 개정판을 내놓았으나 공적인 권위를 얻지는 못했다.

마침내 1863년에 독일의 교단들이 기존의 모든 판본들을 대체하여 공식적으로 쓸 수 있는 개정판을 펴내기로 뜻을 모음으로써 보수적이면서도 공식적인 루터 성경 개정판이 나오게 되었다(참조. 특주).

## 성공

루터의 독일어 성경은 상당한 반향을 일으켰으며, 종교개혁에 가장 강력한 도움을 주었다. 작센의 공작 게오르크, 바이에른의 공작 빌헬름, 오스트리아의 대공 페르디난트는 자기들의 영지에서 루터 성경을 판매하지 못하도록 엄히 금했으나, 그들의 능력으로는 도도히 흐르는 물길을 막을 수가 없었다. 비텐베르크의 한스 루프트(Hans Lufft)는 40년간(1534-1574) 약 십만 부를 인쇄하여 판매했으며 — 이 판매 부수는 당시로서는 엄청난 규모였다 — 수백 만의 인구가 그것을 읽었다. 재쇄(再刷) 부수는 너무 많아 추산하기도 힘들다.

로마교의 옹호자 코클라이우스(Cochlaeus)는 다음과 같이 푸념하는 가운데서도 루터의 번역을 극찬했다. "인쇄업자들이 루터의 신약 성경을 마구잡이로 찍어 보급하는 바람에 재단사들과 구두장이들, 심지어 여자들과 무식한 자들까지도 독일어를 조금만 읽을 줄을 알면 이 성경을 구하여 모든 진리의 샘을 대하듯이 열정적으로 공부했다. 어떤 자들은 통째로 외우고, 가슴에 품고 다녔다. 몇 달만 그렇게 공부하고 나면 저마다 학식이 생긴 줄로 여겨 신앙과 복음에 관하여 가톨릭 평신도들뿐 아니라 사제들과 수사들, 신학박사들과도 논쟁하기를 주저하지 않았다."[15]

로마교도들은 스스로를 방어하기 위해서 경쟁이 될 만한 번역 성경들을 펴내지 않을 수 없었다. 그러한 목적으로 엠저(Emser, 1527), 디텐베르거(Dietenberger, 1534), 에크(Eck, 1537)가 주해를 붙여 독일어 번역 성경들을 내놓았다. 이 성경들은 절(節) 표기에서는 좀 더 정확했지만, 불가타를 굴종적으로 옮겨서 딱딱하고 무거웠고, 루터가 사용한 용어를 적지 않게 차용함으로써 루터로부터 "교황파가 전에 알지 못했던 내 독일어를 도용하면서도 감사할 줄 모르고 오히려 그것을 사용하여 나를 비판한다"는 비판을 받았다. 이 역본들은 로마 교회에서조차 이미 오래 전에 폐기되었으나, 루터의 성경은 오늘날도 왕성하게 사용된다.[16]

---

15) *De Actis et Scriptis M. Lutheri ad ann. 1522.* Gieseler (IV. 65 sq.)는 그 단락 전부를 라틴어로 인용한다.

# 루터 이전의 독일어 성경

최근의 조사 결과에 따르면, 루터의 성경이 발행되기 전에 중부와 고지 독일어로 된 성경전서의 인쇄본 14종과 저지 독일어로 된 인쇄본 3종이 있음이 확인되었다.

처음 4종의 인쇄본은 대형 판본으로서, 발행 장소와 연도가 표기되지 않은 채 인쇄되었으나, 다음과 같이 추측해 볼 수 있다: 1. 슈트라스부르크에서 하인리히 에게슈타인이 1466년경이나 그 이전에 펴냄(1462년의 *Mainzer Bibel*이라고 잘못 불림); 2. 슈트라스부르크, 요한 멘텔린, 1466년(?); 3. 아우크스부르크, 요도쿠스 플란츠만 혹은 티너, 1470년(?); 4. 뉘른베르크, 젠젠슈미트와 프리스너, 2권(408쪽과 104쪽), 1470–73년(?). 나머지 인쇄본들은 발행 장소가 표기되어 있으며, 7권부터는 발행 연도까지 표기되어 있음; 5. 아우크스부르크, 귄터 차이너, 2권, 1473–1475년경; 6. 아우크스부르크, 귄터 차이너, 1477년(스티븐스는 1475년이라 주장함); 7. 아우크스부르크 제3판, 귄터 차이너 혹은 안톤 조르크, 1477년, 두 권(321쪽과 332쪽), 2절판 2단 편집. 발행 연도가 표기된 최초의 독일어 성경; 8. 아우크스부르크 제4판, 안톤 조르크, 1480년, 2절판; 9. 뉘른베르크, 안톤 코부르거(혹은 코베르거), 1483년; 10. 슈트라스부르크, 요한 그루닝거, 1485년; 11, 12. 아우크스부르크 제5, 6판, 축소판, 한스 쉔스페르거, 1487년과 1490년; 13. 아우크스부르크 제7판, 한스 오트마르, 1507년, 축소판; 14. 아우크스부르크 제8판, 실반 오트마르, 1518년, 축소판.

저지 네덜란드어 성경들의 발행 장소와 연도는 다음과 같다: 1. 쾰른, 대형판, 2단 편집, 1480년경. 익명의 편집자는 과거의 편집본들과 자신이 가한 수정들에 관해서 말한다. 스티븐스(Nos. 653, 654)는 1477년에 델프에서 2절판 2권으로 인쇄된 네덜란드어 구약성경의 두 판본에 관해서 말한다. 2. 뤼벡, 1491년(1494년이 아님), 2권, 2절판, 대형 목판화 삽화들. 3. 할버슈타트, 1522.

참조. Kehrein(*l.c.*), Kraft(*l.c.*, pp. 4, 5), Henry Stevens, *The Bibles in the*

---

16) 에크 박사의 성경 마지막 개정판은 1558년에 바이에른 잉골슈타트에서 인쇄되었다.

*Caxton Exhibition*, London, 1878. Stevens는 제목과 자세한 설명을 제시한다. pp. 45 sqq., nos. 620sqq.

이 성경들 가운데 코부르거 판본과 쾰른 및 할버슈타트 판본들을 포함한 여러 판본들이 뉴욕 유니온 신학교에 소장되어 있다. 필자는 그 판본들을 직접 살펴보았다. 저마다 목판화로 장식되었는데, 첫 삽화는 하나님께서 천지를 창조하시는 장면이고, 다음은 낙원에서 하와를 아담의 갈빗대로 지으시는 장면이다. 여러 판본들은 제롬의 서문(*De omnibus divinae historiae libris, Ep. ad Paulinum*)을 싣고 있다.

Krafft 박사는 루터가 이전의 역본에 의존했음을 여러 사례를 들어가며 설명한다(pp. 13–18).

중세 독일어 성경의 정확한 기원은 아직까지 알려지지 않는다. 뮌스터의 Ludwig Keller 박사는 *Die Reformation und die älteren Reformparteien* (Leipzig, 1885, pp. 257–260)에서 발도파가 최초로 성경을 독일어로 번역했을 것이라는 가설을 처음으로 제시했다. 뷔르츠부르크의 Hermann Haupt 박사도 같은 견해를 주장했다. 반면에 로마 가톨릭 학자인 Franz Jostes 박사는 발도파 이론을 부정하면서 가톨릭 교회의 번역설을 주장했다.

발도파 기원설을 지지하는 주장들은 Teplensis 사본에 일정한 내용이 첨가된 점과, 불가타 본문에서 벗어난 점을 근거로 삼는다. 그러나 첨가된 내용은 반(反) 가톨릭적 성격을 띠지 않으며, 동일 계통의 Freiberger 사본에는 발견되지 않는다. 그리고 본문상의 일탈도 반드시 분파적 성향에서 기인했다고 보기 어렵다. 중세에는 불가타 본문이 제롬 당시의 이탈라 본문보다 훨씬 더 혼란이 심했으며, 1592년에 클레멘스의 개정판이 발행되기 전까지는 불가타의 공인 본문이 없었다. Keller 박사가 제시한 유일한 그럴듯한 논증은 Emser가 *Annotation to the New Testament*(1523)에서 루터가 "위클리프나 후스의 예"를 따라 신약 성경을 번역했다고 비판한 사실이다. 그러나 이것은 라틴어 불가타 사본들을 가리킨다. 그리고 Keller가 인용한 예들에서는 루터가 Teplensis 사본과 일치하지 않는다.

여러 교황들과 공의회들이 자국어 성경 번역에 적대적인 태도를 취한 사실은 그런 번역 성경들이 존재했음을 암시하며, 그들의 적대적 태도가 성경 번역을 막지 못했다는 것은 무수히 인쇄된 독일어 역본들이 입증한다. 네덜란드어와 프랑스어, 이탈리아어 성경 역본들도 인쇄술 발명 초기에 발행되었다. 참조. Stevens, Nos. 687, 688 (p. 59 sq.). 1877년에 런던에서 전시된 이탈리아어 역본에는 *La*

*Biblia en lingua Volgare (per Nicolo di Mallermi)*라는 제목이 붙었다. Bonif. Ferrer가 번역한 스페인어 성경은 1478년에 발렌시아에서 인쇄되었다.

성경은 모든 기독교 교회들의 공동 자산이자 가장 값진 보물이다. 인쇄술은 가톨릭 교회가 지배하던 시대에 발명되었으며, 그 역사는 성경의 역사와 나란히 전개된다. Henry Stevens는 이렇게 말한다(*The Bibles in the Caxton Exibition*, p. 25): "성경의 세속사는 인쇄술의 종교사이다. 성경은 최초로 인쇄된 책이었으며 마지막으로 인쇄된 책이다. 1450년부터 1877년까지 4세기 반이 흐른 기간 동안 성경은 다른 어떤 서적도 능가할 수 없는 방식으로 인쇄술의 진보와 발전을 가능하게 했다. 그리고 성경의 판본 목록은 적어도 처음 40년 동안 성경이 발행 부수에서 다른 모든 서적들을 합친 것보다 능가했음을 입증한다. 하지만 번역의 질과 문체, 다양성은 발행 부수를 따라가지 못했다."

## 63. 루터의 번역 성경에 대한 비평적 평가

루터의 번역 성경은 천재성과 학식과 경건이 어우러진 훌륭한 기념비이며, 이차적으로 영감된 책으로 간주할 수 있다. 그의 역본은 처음부터 끝까지 사랑과 열정으로 이루어진 역작(力作)이었다. 그의 역본 덕분에 출판사들과 인쇄소들은 큰 돈을 벌었으나, 정작 루터 자신은 자기 생애에서 가장 위대한 이 역작에 대해서 동전 한 닢조차 받거나 요구한 적이 없다.

루터의 역본은 그 시대의 상황에 비추어 평가해야 한다. 변변한 문법책이나 어휘사전, 성구사전도 없고, 헬라어와 히브리어와 독일어의 연구 수준도 몹시 일천하던 16세기의 정황을 감안할 때, 그런 정황에서 헬라어와 히브리어 성경을 독일어로 번역했다는 것은 이만저만한 업적이 아니다. 1522년 1월 13일에 루터는 암스도르프(Amsdorf, 1483-1565)에게 쓴 편지에서, 자신이 분수를 모르고 엄청난 과업에 덤벼들었고, 왜 과거에 이름을 걸고 번역을 시도한 사람이 없었는지 이제야 이해하게 되었으며, 구약성경 번역 작업은 친구들의 도움 없이는 절대로 혼자 시작하지 않을 것이라고 털어놓았다. 특히 욥기와 구약의 선지서들을 미개한 독일어로 옮기는 것이 얼마나 어려운 일인지 절감했다.[17] 우스갯소리로, 욥이 흠투성이인 자신의 번역을 읽는다면 자신을 위로하려고 온 친구들의 길고

안쓰러운 연설을 듣던 때보다 더 답답해하고 화를 냈을 것이라고 말했다.

본문만 하더라도 당시에는 확정되지 않은 상태에 있었다. 아직 본문 비평학이 태어나지도 않았고, 사본들과 고대의 역본들과 교부들의 저작에서 본문 비평을 위한 자료들이 아직 수집되지도 않았던 것이다. 루터는 초판 인쇄본들을 사용해야 했다. 사본들을 접할 수 없었는데, 그도 그럴 것이 가장 중요한 사본들이 발견조차 되지 않았거나, 19세기 중반 이전에는 사용할 수 없었던 것이다. 성경 지리학과 고고학도 유아기에 있었으며, 많은 이름들과 표현들을 당시에는 이해할 수 없었다.

이러한 척박했던 상황을 감안할 때, 루터의 역본에 착오와 오역과 모순이 많다고 해서 놀랄 일이 아니다. 욥기와 선지서들이 가장 심한데, 하지만 이 책들은 오늘날의 대표적인 히브리어 학자들에게조차 본문과 해석에 관하여 풀리지 않은 많은 문제들을 던져주고 있다. 1611년의 영역본은 3세대에 걸친 번역가들과 개정자들의 노고에 큰 혜택을 입었으며, 그렇기 때문에 좀 더 정확하면서도 그 나라의 현실에 좀 더 잘 맞춰져 있다.

## 성경의 원 본문

루터의 구약성경 역본의 토대는 1494년에 게르손 벤 모세(Gerson Ben Mosheh)가 브레시아에서 펴낸 마소라 본문(the Massoretic text)이었다.[18] 루터는 칠십인역, 제롬의 불가타(비록 수도원적 성향 때문에 제롬을 몹시 혐오했지만), 루카의 도미니쿠스회 수사 상테스 파니니(Sanctes Pagnini)와 프란체스코회 수사 세바스티안 뮌스터(Sebastian Münster)의 라틴어 역본들(각각 1527, 1534), 「어휘 사전」(*Glossa ordinaria*, 9세기부터 발라프리트 스트라보가 애용하던 해석학 참고서), 중세의 대표적 주석가의 한 사람으로서 교부들뿐 아니라 유대 랍비들의 글도 참고한 니콜라우스 리라(Nicolaus Lyra, 1340년 죽음)의 라틴어 역본도 사

---

17) Walch, XVI. 508. 참조. 그가 Spalatin에게 욥기 번역의 어려움을 털어놓은 편지, 1523년 2월 23일, in De Wette, II. 486.

18) 루터가 사용한 히브리어 성경 사본이 베를린 왕립 도서관에 소장되어 있다. 히브리어 성경전서의 초판(editio princeps)은 1488년에 발행되었다(Soncino: Abraham ben Chayin de' Tintori). 잉글랜드의 Ginsburg 박사가 초판 사본을 한 부 소장하고 있다. 히브리어 성경 낱권들은 진작부터 출판되어 있었다.

용했다.[19]

신약 성경 번역의 토대는 1519년에 스위스 바젤에서 출판된 에라스무스의 헬라어 신약 성경 제2판이었다.[20] 에라스무스의 헬라어 신약 성경 초판은 종교개혁이 일어나기 바로 전 해인 1516년에 출판되었다. 에라스무스는 중세의 몇몇 사본들에서 그 본문을 얻었다.[21] 제2판은 초판에 비해 좀 더 정확하긴 하지만, 인쇄상의 많은 오류 때문에 빛이 바랜다. 에라스무스는 '공인 본문'(Textus Receptus)의 토대를 닦았으며 — 그 토대 위에 스티븐(R. Stephen)의 1550년 '왕실 판본'(영국의 공인 본문의 기초)과 엘제비어 형제들(The Elzevirs)의 1624년과 1633년 판본들(대륙의 공인 본문의 기초)이 완숙한 형태를 띠고 세워졌다 — 훗날 라흐만(Lacmann)이 좀 더 오래된 본문의 토대를 채택할 때까지 수위(首位)를 지켰다.

루터는 에라스무스의 헬라어 성경을 굴종적으로 따르지 않았으며, 여러 곳에

---

19) 리라는 *Postillae perpetuae in V. et N. Test.* (1472년에 로마에서 최초로 출판, 1472, 5권, 2절판, 1540년에 베네치아에서 재출판)라는 저서를 인정받아 "명료하고 유익한 박사"(Doctor planus et utilis)라는 칭호를 얻었다. 그가 루터에게 끼친 영향은 다음과 같은 유명한 시구에 잘 나타나 있다:

"Si Lyra non lyrasset,　　　　(리라가 연주하지 않았더라면,
Lutherus non saltasset."　　　루터가 춤추지 못했을 것이다.)

20) 헬라어와 라틴어, 2권, 2절판. 첫 부분에는 머리말과 교황 레오 10세에게 바치는 헌사, 그리고 *Ratio Compendium verae Theologiae per Erasmum Roterodamum*(120쪽)이 수록되어 있다. 둘째 부분에는 헬라어 본문과 라틴어 번역이 2단으로 편집되어 있고, 여러 책들에 대한 간단한 서론들이 수록되어 있다(565쪽). 권말에는 출판업자 프로베니우스가 라틴어로 쓴 편지 "Nonis Febr. Anno M.D.XIX"가 수록되어 있다. 뉴욕 유니온 신학교에 한 부가 소장되어 있다. 어떤 이들은 루터가 Gerbel의 에라스무스의 헬라어 성경 제2판(1521)을 사용했다고 말한다. 그러나 헬라어 성경에 대한 가장 방대한 자료와 지식을 지닌 슈트라스부르크의 Reuss 박사는 그 주장을 부정한다. *Gesch. der h. Schriften des N. T.*, 5th ed., II. 211, note.

21) 참조. Schaff, *Companion to the Greek Testament*, etc., New York, 3d ed., 1888, pp. 229 sqq., 그리고 에라스무스 성경의 복사본, ed. on p. 532 sq. 틴들의 영역본도 에라스무스의 헬라어 성경을 토대로 삼았다.

서 더 오래된 본문에 토대를 둔 라틴 불가타를 따랐다. 또한 그는 에라스무스가 자신의 좀 더 현명한 판단을 거슬러 제3판(1522)에 삽입한 요한일서 5:7의 천상의 증인들에 관한 구절을 자신의 최종판에서 삭제했다.[22]

## 독일어 번역

독일어는 부족들과 공국(公國)들만큼 여러 방언들로 갈라져 있었으며, 그 중 어떠한 방언도 여러 방언들을 문학적으로 하나로 잇는 역할을 하지 못했다. 작센 사람들과 바이에른 사람들, 하노버 사람들과 슈바벤 사람들은 서로의 사투리를 이해하지 못했다. 저자마다 자기 지역의 방언으로 글을 썼다. 일례로, 츠빙글리는 자신이 살고 있는 지역의 방언인 슈비처뒤취(Schwyzerdütsch)를 사용했다. 루터는 모세오경 번역본(1523) 머리글에서 이렇게 말한다. "지금까지 독일어를 제대로 구사한 책이나 편지를 본 적이 없다. 독일어에 깊은 관심을 기울이는 사람이 아무도 없는 듯하다. 설교자들은 저마다 자신이 독일어를 내키는 대로 바꾸어 새로운 용어들을 창안할 권리가 있는 듯이 생각한다."

학자들은 독일어를 놔두고 라틴어로 글을 쓰기 좋아했으며, 굳이 모국어를 써야 할 때는 로이힐린과 멜란히톤이 가끔 그랬듯이 쉽고 아름다운 표현과는 거리가 먼 표현들을 사용했다.

루터는 이러한 무질서와 혼란에서 질서를 이끌어내어 근대 고지 독일어를 누구나 사용하는 문어(文語)로 만들어 놓았다. 그가 기본 언어로 채택한 것은 작센 방언이었다. 이 언어는 작센 궁정과 황제와 영주들의 외교 관계에 사용되었으나, 지나치게 관료적이고 딱딱하고 무겁고 함축적이고 질질 끌고 비대했다. 이러한 방언을 루터는 민중이 사용하기 쉽게 만들고, 신학과 신앙에 맞게 다듬었다. 독일의 신비주의자들과 연대기 저자들, 시인들의 어휘들을 동원하여 이 언

---

22) 그 구절은 프랑크푸르트판 루터 성경(1574)에 처음으로 실렸다. 1833년의 개정판 루터 성경은 이상하게도 그 구절을 그대로 두었으나 작은 글자로 괄호에 넣었으며, 루터의 판본들에는 이 구절이 없다는 난외주를 실었다. *Probebibel*은 루터가 따른 에라스무스 본문의 몇 대목에서만 다르다: 예. 사도행전 12:25; 히브리서 10:34; 요한일서 2:23; 계시록 11:2. 이 점에서 독일어 개정판은 1881년의 영미(英美) 개정판보다 훨씬 못하다. 영미 개정판은 공인 본문을 수천 군데나 수정한 것이다.

어를 풍부하게 만들었다. 이 언어에 날개를 달아 줌으로써 독일 각지의 민중이 쉽게 알아들을 수 있게 해놓았다.

루터는 가끔 정확도를 훼손해가면서까지 단어들을 독일인들의 이해 수준에 맞춰 정했다. 형식보다 실질에 중점을 두었다. 예를 들어, 히브리어의 ‘세겔’을 ‘실링’으로, 헬라어의 ‘드라크마’와 라틴어의 ‘데나리우스’를 독일어 ‘그로센’으로, ‘쿼드란스’를 ‘헬러’로, 히브리 성경의 도량형 단위들을 ‘쉐펠’, ‘말터’, ‘토네’, ‘켄트너’로, 로마 백부장을 ‘하웁트만’으로 옮겼다. 심지어 고린도전서 14:11의 ‘외국인’(혹은 ‘야만인’)을 ‘비독일인’(undeutsch)으로 옮겼다. 외경은 훨씬 더 자유롭게 번역함으로써 좀 더 쉽고 즐겁게 읽을 수 있도록 했다.[23] 민중에게 친숙한 두운체(頭韻體) 관용구들을 사용했다(예. Geld und Gut, Land und Leute, Rath und That, Stecken und Stab, Dornen und Disteln, matt und müde, gäng und gäbe). 학문 부흥과 더불어 홍수처럼 쏟아져 들어오던 외국어 표현들, 특히 인명을 외국식으로 표기하는 방식을 피했다. (예를 들어, 당시에는 슈바르체르트 대신 멜란히톤, 골트슈미트 대신 아우리파버, 하우스샤인 대신 오이콜람파디우스, 카메르마이스터 대신 카메라리우스로 표기하는 경향이 있었다.) 루터는 ‘holdelig’, ‘Gottseligkeit’ 같은 아름다운 단어들로 독일어 어휘를 풍부하게 만들었다.

루터와 동시대 사람인 에라스무스 알베르(Erasmus Alber)는 루터를 독일의 키케로라고 불렀다. 그는 신앙뿐 아니라 독일어까지도 개혁했다.

루터의 역본은 다름 아닌 성경의 정신으로 자국어 성경을 재생해낸 역작이다. 독일어에 내재된 풍부함과 역동성과 아름다움을 잘 이끌어냈다. 제임스 왕 역본(King James's version, 흠정역)이 영국 최초의 고전이듯이, 루터의 역본은 독일 최초의 고전이다. 이 역본은 클롭슈톡(Klopstock)·레싱(Lessing)·헤르더(Herder)·괴테(Goethe)·실러(Schiller) — 이들은 모두 개신교 신자들이었고, 문체에서 저마다 루터의 성경에 크고 작은 영향을 받았다 — 가 이끈 독일 문학의

---

23) 참조. Grimm, *Luther's Uebersetzung der Apocryphen*, in the "Studien und Kritiken" for 1883, pp. 376–400. 그는 루터의 집회서 번역이 결코 충실한 번역이 아니고, 헬라어와 라틴어 본문들을 한데 놓고 자유롭고 읽기 쉽게 풀어낸 글이라고 평가한다.

황금기를 예기했다. 독일 언어학의 최고 권위자는 루터의 언어가 순수성과 영향력에 힘입어 새로운 고지 독일어의 토대가 되었고, 심지어 로마 가톨릭 저자들까지 압도하는 자유로움에 힘입어 개신교 언어의 토대가 되었다고 평가한다.

## 루터의 성경에 흐르는 개신교 정신

종교개혁을 비판하는 대표적인 지식인 가운데 한 사람인 엠저 박사(Dr. Emser)는 루터의 신약 성경에서 수백 가지 언어학적 오류들과 이단적 곡해 사례들을 끄집어낸다.[24] 그 오류들 가운데 상당수가 후기의 판본들에서 조용히 수정되었다. 엠저는 작센의 공작 게오르크의 지시를 받아 "루터와 그 밖의 이단들"의 오류를 바로잡을 목적으로 새로운 번역본을 출판했다.[25]

---

24) *Annotation des hochgel. und christl. doctors Hieronymi Emsers über Luthers neuw Testament*, 1523. 나는 Freiburg-i.-B.판(1535, 도합 140쪽)을 앞에 두고 있다. 엠저는 루터가 천 가지 문법적 오류와 천사백 가지 이단적 오류를 범했다고 비판한다. 루터가 혹시 "위클리프나 후스의 역본"을 앞에 놓고 번역한 게 아닌가 의심한다(p. 14). 루터가 라틴 불가타나 기존의 독일어 역본을 주 텍스트로 삼았을 것이라고 말하지 않는다. 엠저는 루터의 주기도문 번역에서 네 가지 오류를 지적한다(p. 17): 1. 독일인들이 천 년 동안 유지해온 관행을 깨어 Vater unser를 Unser Vater로 바꿔놓았다(하지만 루터는 '소요리 문답'에서는 기존의 형태를 유지하며, 루터교도들은 오늘날까지도 그 형태를 고수한다); 2. der du bist를 빠뜨렸다; 3. panis supersubstantialis(überselbständig Brot!)를 panis quotidianus(täglich Brot)으로 바꿔놓았다; 4. 불가타에는 없는 송영을 추가했다. 하지만 우리 시대에는 영어 개정판이 비판을 받는 중요한 이유의 하나가 송영을 빠뜨린 것이다.

25) *Das gantz New Testament*, Leipzig, 1528. 초판은 엠저가 죽기 전인 1527년 11월 8일에 출판되었다. 필자는 유니온 신학교에서 8절판으로 된 그의 신약 성경 판본 네 권을 발견했는데, 출판 연도와 장소가 각각 다음과 같다: Cöln, 1528(355 pp.), Leipzig, 1529(416 pp.), Freiburg-i.-B. 1535(406 pp.), Cöln, 1568(879 pp.). 그 외에도 2절판도 발견했다(Cologne, 1529, 227 pp.). 이 판본들은 삽화들과 루터를 비판하는 난외주들을 싣고 있다. 결론부에서, 엠저는 루터의 607가지 오류를 설명하고 바로잡았다고 진술한다. 1529년의 쾰른 판은 속표지에 루터가 후스의 판본에 의거하여 본문을 마음대로 변경했다고 지적한다. 엠저의 판본들에는 대부분 작센의 공작 게오르크의 머리말이 실려 있는데, 이 글에서 공작은 루터가 교회와 국가의 모든 권위에 반기를 들었다고 비판하며, 루터를 가리켜 계시록에 나오는 짐승(13장)이라고 한다.

루터가 자신의 신학적 견해에 맞춰서 번역했다는 비판이 로마 교회에서는 전통적인 견해가 되었으며, 그 교회의 논객들과 사가들은 그 견해를 거듭 반복한다.

영어 흠정역도 동일한 비판을 받아왔다.[26]

두 성경에 대한 비판은 어느 정도 근거가 없지 않으나, 그보다는 로마 가톨릭 역본들에게 역으로 가할 수 있는 비판의 근거들이 더 많다.

루터의 역본에서 교의에 영향을 받은 가장 중요한 예는 로마서 3:28("그러므로 사람이 의롭다 하심을 얻는 것은 율법의 행위에 있지 않고 믿음으로 되는 줄 우리가 인정하노라")에 '오직'이란 단어가 삽입된 유명한 경우이다(*allein durch den Glauben*, 오직 믿음으로). 루터가 '오직'이란 단어를 삽입한 의도는 독일어의 특성상 뜻을 명확히 하려면 삽입이 불가피하다는 이유로 자신의 이신칭의(以信稱義) 교리를 강조하기 위함이었다.[27] 그러나 루터는 이로써 사도 바울을 사도 야고보와 언어적 갈등 관계에 놓는다. 야고보는 "이로 보건대 사람이 행함으로 의롭다 하심을 받고 믿음으로만 아니니라"(2:24, *nicht durch den*

---

26) 기존의 로마 교회 학자들과 Ward 같은 비교적 최근의 학자들이 흠정역에 그런 비판을 가한다(*Errata of the Protestant Bible*, Dublin, 1810). Trench는 *Authorized Version and Revision*, pp. 165 sqq. (in the Harper ed. of 1873)에서 주요 비판들을 다룬다. 로마 교회 학자들이 가장 문제삼는 구절은 다음과 같다: 히브리서 13:4 – 흠정역은 "*Let* marriage *be* honorable among all"(모든 사람은 혼인을 귀하게 여기라) 대신에 "Marriage is honorable in all"(혼인은 모든 사람에게 귀하다)로 번역한다; 고린도전서 11:27 – "주의 떡이나 잔" 대신에 "주의 떡과 잔"으로 번역한 것; 갈라디아서 5:6 – "사랑으로써 역사하는 믿음." '역사하는'이란 번역이 그 단어에 해당하는 헬라어 에네르게이스타이의 주된 의미로 볼 때도 옳으며, 불가타의 operatur에도 부합한다. 로마 교회 학자들은 로마 교회의 fides formata 교리에 입각하여 수동태의 의미로 "사랑에 의해 행해지는"(*wrought* by love)이라고 번역한다. 로마 교회 학자들이 문제삼는 또 한 가지는 에이돌론을 '우상' 대신에 '형상'(image)으로 번역한 것이다. 흠정역은 베자의 헬라어 본문과 라틴어 주해를 참고함으로써 번역을 칼빈주의의 관점에서 곡해했다는 비판도 받아왔다.

27) 그러나 루터는 allein이란 단어를 얼마든지 넣어도 괜찮을 만한 갈라디아서 2:16에서는 그 단어를 빠뜨린다. 루터 이전의 독일어 역본에는 "nur durch den Glauben"으로 되어 있다. 그러나 루터의 삽입이 내용을 아무리 명쾌하게 해준다 하더라도 본문 번역과는 무관한 일이다.

*Glauben allein*)고 말하기 때문이다. 잘 알려진 대로, 루터는 초기에 이 항목을 놓고 두 사도를 조화시킬 수 없다고 판단했고, 그 결과 야고보서가 복음적 성격을 전혀 갖고 있지 않다는 이유로 이 서신을 '지푸라기 서신' 이라고 평가했다.

그러므로 루터는 온갖 비판에도 불구하고 이 삽입을 끝까지 고수했다. 그가 내세운 반론은 매우 독특하다. "만약 교황파가 '오직' (*sola, allein*)이란 단어에 대해 쓸데없이 떠든다면, 당장 그들에게 가서, 마르틴 루터 박사는 지금뿐 아니라 앞으로도 교황파와 당나귀는 하나라고 말할 것이라고 알리라. 우리는 교황파의 학생과 추종자가 되기를 원치 않고 오히려 그들의 스승과 판사가 되고자 하는 것이다."[28] 그리고는 사도 바울이 자신을 비판한 유대주의자들에게 해준 말(고후 11:22 이하)을 흉내내어 교황파를 냉소하는 어조로 말을 계속 이어간다: "저희가 박사인가? 나도 그러하며, 저희가 학식이 많은가? 나도 그러하며, 저희가 설교자들인가? 나도 그러하며, 저희가 신학자들인가? 나도 그러하며, 저희가 논객들인가? 나도 그러하며, 저희가 철학자들인가? 나도 그러하며, 저희가 저자들인가? 나도 그러하다. 게다가 나는 자랑할 것이 더 있다. 나는 시편과 선지서들을 해설할 수 있으나, 저희는 그렇지 못하다. 나는 번역할 수 있으나, 저희는 그렇지 못하다 …… 그러므로 '오직' 이라는 단어는 나의 신약 성경에 남아 있을 것이며, 교황을 추종하는 당나귀들(Papstesel)이 아무리 미련한 말을 지껄이더라도 그것을 뒤엎지 못할 것이다."[29]

루터의 신약 성경이 지니는 개신교적이고 반(反)로마적 특성은 그의 서문들에 명백하게 나타날 뿐 아니라, 성경 가운데 더 중요한 책들과 덜 중요한 책들을 구

---

28) 루터의 *Sendbrief vom Dolmetschen*, in the Erl.–Frkf. ed., vol. LXV., p. 107 sqq. 루터는 이 책을 1530년 9월에 특히 엠저를 겨냥하여 출판했다. 비록 엠저의 이름을 밝히지 않지만, 그를 가리켜 "드레스덴의 엉터리 저자" 라고 한다.

29) *Probebibel*의 개정자들은 로마서 3:28의 allein과 4:15의 nur, 그리고 3:25, 26의 부정확한 번역을 그대로 남겨두었다. 이것은 루터가 독일의 철저한 비평적 학자들에게까지 압도적인 영향을 끼쳐왔다는 현저한 증거이다. 성구 사전 집필자인 Dr. Grimm은 Meyer와 Stier가 allein을 삭제했다는 이유로 부당한 비판을 가한다. 지금 내 앞에는 루터 성경의 오래된 판이 놓여 있는데, 이 성경에는 allein이라는 단어가 다른 단어들보다 큰 활자로 표기되어 있고, 옆의 여백에 그 단어를 가리키는 손가락이 그려져 있다.

분하는 점, 전통적인 성경의 순서를 변경하는 점, 야고보서와 히브리서, 계시록에 대해 덜 우호적인 평가를 하는 점에서도 부인할 수 없도록 나타난다.[30] 난외주들에는 그러한 특성이 더욱 두드러지는데, 특히 바울 서신들에 남긴 난외주들은 시종일관 율법과 복음의 차이, 오직 믿음으로 의롭다 함을 얻는 교리를 강조한다. 계시록 난외주들은 무저갱에서 올라온 짐승(13장)과 바빌론의 음녀(17장)를 교황제와 동일시한다. 계시록을 교황제와 대척점에 놓고 주해하는 이러한 관점이 향후 오랫동안 개신교 주석들에 거의 전통이 되었다.

반대로, 로마 교회 주석가들도 난외주와 삽화를 통해서 자기들의 교리와 관행을 자유롭게 옹호했다. 엠저(Emser)의 신약 성경은 루터의 견해를 비판하는 주해들로 가득하다. 로마서 3:28의 난외주에서, 그는 루터의 '오직' (*allein*)을 비판하면서, "바울은 '율법의 행위에 있지 않고' 라는 구절로써 사람이 선행 없이 오직 믿음으로만 구원을 받는다는 뜻을 전한 게 아니라, 오직 율법의 행위 없이, 즉 할례를 비롯한 유대교의 의식 없이도 구원을 받는다는 뜻을 전한 것이다" 하고 말한다. 따라서 이 구절의 '율법' 을 의식법으로, '행위' 를 유대인들로서의 행위로 한정하는 셈이다. 반면에, 현대의 대표적인 주석가들에 따르면, 바울이 가리킨 것이 의식법과 도덕법을 망라한 모든 율법이며, 율법이 명하는 모든 행위라고 한다. 엠저는 로마서 3장과 로마서 전체에서 루터의 역본을 적지 않게 사용하면서도 표현을 적당히 바꾸기 때문에 대체로 번역의 품격이 떨어진다.

이러한 평가는 종교개혁 시대에 로마 교회가 발행한 다른 두 권의 독일어 성경에도 적용할 수 있다. 이 번역본들은 불가타의 울타리 안에서 루터의 용어를 거의 사용하면서도 난외주에서는 그를 매도한다. 디텐베르거 박사(Dr. Dietenberger)는 각 장 뒤에 작은 활자체로 자신의 주석을 첨부하며, 엠저의 로마서 3:28 해석에 동의한다.[31] 에크 박사(Dr. Eck)의 독일어 성경은 주해는 별로 없으나 개신교를 강하게 반대하는 서문이 실려 있다.

공정하게 말하자면, 성경 역본들이 지니는 분파적인 한계들에 대해서는 우리

---

30) 거의 서문들은 Bindseil 루터 성경 편집본 제7권과, Erlangen판 루터 총서 제63권에 취합되어 있다. 그의 서문들 가운데 가장 중요한 것은 로마서 서문이며, 가장 비판의 대상이 되는 것은 야고보서 서문이다.

31) *Biblia beider Allt unnd Newen Testamenten*, Meynz, 1534, fol. 유니온 신학교 Van Ess 도서관 소장.

가 인정해야 한다. 그런 한계는 지식이 부족해서 생긴 것이기도 하고, 뿌리깊은 편견에서 생긴 것이기도 하다. 번역은 '해석을 끼어 넣는 행위'(interpretation)이다. 어느 책이든 100% 재현은 불가능하다.[32] 유대인이라면 구약성경을 그리스도인과 다르게 번역할 것이다. 왜냐하면 구약성경을 바라보는 관점이 서로 다르기 때문이다. 한 사람은 얼굴을 뒤로 향하는데, 다른 사람은 앞으로 향하는 것이다. 유대인은 그리스도인이 되기 전에는 구약성경을 이해하거나, 그 안에서 기독교의 예언과 예표를 바라볼 수가 없다. 어떠한 회당도 기독교 역본을 사용하려 하지 않으며, 교회도 마찬가지로 유대교 역본을 사용하지 않는다. 마찬가지로 신약 성경도 그리스 교회, 라틴 교회, 개신교 교회의 학자들에 의해 각기 다르게 해석된다. 학자들이 같은 단어를 사용하는 경우조차 그것을 사용하는 정신은 사뭇 다르다. 사실상 해석이 서로 다른 방향으로 흐르는 것이다.

로마 가톨릭 역본이라면 트렌트 공의회가 성경 원본과 동등한 권위로 인정한 라틴 불가타를 철저히 따르는 것이 당연하다. 개신교 역본이라면 원어 성경을 존중해야 할 뿐 아니라, 전통적인 제약에 얽매이지 않는 자유로운 분위기도 숨쉬어야 한다. 로마 교회는 루터의 역본이나 제임스 왕 역본을 사용하지 않을 것이며, 자체의 신조를 위태롭게 하는 모험을 감수하지 않는 한 그렇게 할 리가 없다. 반대로, 독일의 개신교 교회들도 엠저와 에크의 역본을 사용하지 않을 것이며, 영국의 개신교 교회들도 두에 역본(Douay Version)을 사용하는 일이 없을 것이다. 로마 교회가 신약 성경에 계시된 복음의 자유로운 정신을 충분히 이해할 수 있으려면 먼저 복음에 합당한 자리에 서야 한다.

하지만 번역에는 점진적인 진보가 있게 마련이며, 번역의 진보는 성경 이해의 진보와 나란히 진행한다. 제롬의 불가타는 정확도와 라틴적 성격에서 이탈라(Itala)를 딛고 섰고, 16세기의 개신교 번역성경들은 정신과 자국어 적용에서 불가타를 딛고 섰다. 그런가 하면 19세기의 개정본들은 언어학적·역사학적 정확성과 일관성에서 16세기의 역본들을 딛고 섰다. 아마도 미래의 어느 세대는 순수성과 정확성에서 성경 원본에 훨씬 더 가까이 접근하게 될 것이다. 만약 하나

---

32) 이탈리아의 속담에 번역자들은 반역자들이라는 말이 있다(Traduttori traditori). 제롬은 역본(*versiones*)을 파괴(*eversiones*)라고 말한다. 트렌치의 말대로, 모든 번역에는 "작업의 본질 면에서, 다른 언어와의 관계 면에서, 두 언어의 부정확한 상관 관계 면에서, 두 언어의 구조 차이 면에서 불가피한 손실이 따르게 되어 있다."

님의 성령께서 교회를 더욱 높은 믿음과 사랑의 지평에 세우시고 인간의 신조들의 대립과 반목을 녹여 하나로 통일된 그리스도의 신조로 만들어 주신다면, 그때에는, 그리고 오직 그때가 되어서야 비로소 하나님의 계시에 관한 완전한 역본들을 기대할 수 있을 것이다.

## 특주

# 루터 성경의 공식 개정판과 영미권 흠정역 개정판

루터 성경의 공식 개정판은 오랜 난립과 논쟁 끝에 1863년의 '아이제나흐 독일 복음주의 교회 협의회'가 작업에 착수하여 다음과 같은 제목으로 발행했다: *Die Bibel oder die ganze Heilige schrift des Alten und Neuen Testaments nach der deutschen Uebersetzung D. Martin Luthers*, Halle(Buchhandlung des Waisenhauses), 1883. 이 성경을 가리켜 '개정 루터 성경'(*Probebibel*)이라고 한다. 신약 성경 개정판은 협의회가 개최되기 오래 전에 이미 출판되었으며, Dr. O. von Gebhardt가 헬라어 본문과 함께 *Novum Testamentum Graece et Germanice*, Leipzig, 1881에 수록했다.

개정판 작업은 독일 정부의 교회 당국자들이 선정한 여러 저명한 성경학자들이 매우 신중하게 진행했으나, 지나치게 보수적인 방향으로 이루어졌다. 성경학자들 가운데 11명은 신약 성경을 맡았고(Nitzsch, Twesten, Beyschlag, Riehm, Ahlfeld, Brückner, Meyer, Niemann, Fronmüller, Schröder, Köstlin), 20명이 넘는 학자들은 구약성경을 담당했는데, 그 중 더러는 신약 분과에도 참여했다(Tholuck, Schlottmann, Riehm, Dillmann, Kleinert, Delizsch, Bertheau, Düsterdieck, Kamphausen, Baur of Leipzig, Ahlfeld, Thenius, Kübel, Kapff, Schröder, Diestel, Grimm, Kühn, Hoffmann, Clausen, Grill). Dorner와 Mönckeberg, Karl Frommann은 자문위원과 홍보위원으로 적극 참여했으며, 그 중에서 Frommann(탁월한 독일어 학자이자 루터교 학자이지만 고풍적인 취향이 강함)은 언어학 분야에 기여했다.

이렇게 해서 발행된 공식 개정판은 지나치게 많이 변경했거나 지나치게 덜 변경했다는 이유로 반대파들에게 신랄한 비판을 받았으며, 1886년 아이제나흐 협의회에 다시 회부되어 최종 승인을 얻었다. 이 개정판의 역사는 개정 루터 성경 (*Probebibel*)의 머리말과 서론에, 그리고 Grimm의 *Geschichte der luth. Bibelübersetzung*, Jena, 1884, pp. 48-76에 소개되어 있다.

영미권의 흠정역(1611) 개정판은 캔터베리 주교회의가 결의한 뒤 15년(1870-1885) 동안 두 위원회가 맡아 진행했다. 한 위원회는 영국에, 다른 위원회는 미국에 거점을 두고 활동했으며, 각 위원회는 다시 두 분과로 구약과 신약을 담당했는데, 다양한 개신교 교단들이 위촉한 학자들이 위원들로 활동했다. 도너 박사(Dr. Dorner)는 1873년에 미국을 방문했을 때 두 위원회의 정기적인 협력을 희망했지만 실행하기 어렵다는 판단이 내려짐으로써 개인적인 의사 교환에 국한되었다.

루터 성경의 개정판과 흠정역 개정판은 정신과 목표가 동일하다. 개정한 내용들도 대부분 일치한다. 두 개정판 모두 구역(舊譯)을 공적으로 사적으로 사용하기에 적합하도록 수정하는 데 목표를 두었으나, 둘 다 궁극적으로는 각자의 교회들로부터 승인을 받는 데 의존했다. 두 개정판 모두 보수 진영과 진보 진영으로부터 똑같은 적대적 비판을 받았다. 두 개정판은 성서학을 크게 발전시켰으며, 개정을 위해 쏟아 부어진 엄청난 노력이 헛되게 무산될 수가 없다. 두 개정판의 차이는 각각 작업의 토대로 삼은 두 원 번역본의 차이와 각 원 번역본들이 각자의 교회들과 맺은 관계에서 비롯된다.

공인 독일어 역본과 공인 영어 역본은 똑같이 자국어 중심적이고 고전적이고 민중 중심적이다. 하지만 독일어 성경은 루터라는 한 개인의 영향이 압도적으로 배여 있어서 근본적인 변화가 거의 불가능하다. 반면에 영어 성경은 한 개인의 작품이 아니고 틴들부터 제임스 왕의 47인 개정자들에 이르는 3세대에 걸친 성경학자들의 작품이어서, 동일 노선으로 새로운 변혁을 꾀하기에 유리하다. 독일에서는 신학이 한 계층을 위한 학문으로 발전한 까닭에, 성경 개정에 대한 관심도 학자들 계층에 국한되어 있다. 그리고 독일 학자들은 이론적인 문제들에는 매우 독립적이고 대범한 면이 있다 할지라도 실제적인 문제들에는 매우 보수적이고 소심하다. 하지만 신학이 교회들의 삶과 밀접히 연관되어 진행되는 영국과 미국에서는 성경 개정 작업이 신학적 진보의 결실에 참여해온 평신도들의 관심을 사로잡는다.

따라서 영국과 미국의 성경 개정 작업은 독일에 비해 훨씬 더 철저하고 완벽하다. 최근의 비평학과 해석학 지식의 결실들을 구현한다. 성경의 원 본문을 재구성하는 작업까지 포함한다. 이에 비해 독일어 개정판은 그러한 작업을 거의 손도 대지 못한 채 방치한다. 마치 벵겔과 그리스바흐의 시대부터 라흐만과 티셴도르프의 시대까지 이어진 비평가들의 모든 힘겨운 노력이 헛수고였던 것처럼 말이다.

번역 면에서, 영어 개정판은 오류들을 제거할 뿐 아니라, 그보다 훨씬 더 가짓수가 많은 사소한 문법과 어휘상의 부정확과 모순을 바로잡는다. 반면에, 독일어 개정판은 이미 알려진 오역들을 바로잡는 데 국한된다. 독일어 개정판의 신약 성경은 수정된 항목이 2백 개에 지나지 않는 데 반해, 영미권의 개정판은 무려 3만6천 개나 된다. 독일어 개정판 신약 성경은 널리 보급되었으나, 신구약 성경을 다 수록한 과도적 성격을 띤 '개정 루터 성경'(*Probebibel*)은 불과 5천 부만 인쇄되었고, 할레의 칸슈타인 성경협회(Canstein Bibelanstalt)에 의해 판매되었다(나는 1886년 7월에 할레에서 크라머 박사에게 그 사실을 전해 들었다). 개정판 영어 신약 성경의 경우에는 출판되기도 전에 옥스퍼드 대학교 출판부에 백만 부나 주문이 답지했으며, 일년도 채 되지 않아 3백만 부나 팔렸다(1881). 책이 도착하기 전에 본문이 전보를 통해 뉴욕에서 시카고로 전달되었다. 영어 개정판은 미국에서 30쇄 이상 발행되었다. 개정판 영어 구약 성경은 신약 성경만큼 큰 관심을 끌지 못했으나, 그래도 출판 당일에 수만 부가 판매되었으며(1885), 미국에서만 여러 쇄를 거듭했다. 어쨌든 성경은 세계에서 가장 인기 있는 책이며, 특히 영어권 나라들에서는 갈수록 힘과 영향력이 증가하고 있다. (영어 개정판의 자세한 내력에 관해서는 다음을 참조하라. Schaff, *Companion to the Greek Testament and the English Versions*, New York, 3d ed., 1888, pp. 404 sqq.)

## 64. 멜란히톤의 신학

루터가 바르트부르크에서 신약 성경을 번역하고 있는 동안, 멜란히톤은 비텐베르크에서 최초의 개신교 신학 체계를 다듬고 있었다. 두 사람은 동일한 원천에서 힘을 얻고 동일한 목표를 위해 활동했으나, 방법은 서로 달랐다. 루터는 독일어권 사람들 사이에서 종교개혁을 건설한 반면에, 멜란히톤은 라틴어 저술들을 통해서 종교개혁에 학자들을 위한 방법적 형태를 부여했다. 전자가 채석장에서 일하면서 화강암의 원석을 잘라냈다면, 후자는 전자가 잘라낸 원석들을 활용하여 사람이 살 수 있는 건물을 지었다. 루터는 자신에 대해서는 낮추어 평가하고 동료 멜란히톤에 대해서는 높이 평가하면서, 자신의 우월한 점은 '수사학적 표현법'인 데 반해, 멜란히톤은 '자신보다 훌륭한 논리학자이자 사유자'라고 했다.

멜란히톤은 1521년 4월에 「신학총론」(신학의 근본 개념들: *Loci Communes*, 혹은 *Loci Theologici*)을 완성하고서 바르트부르크에 있던 루터에게 교정지를 보냈다. 이 책은 그 해가 다 가기 전에 처음으로 출판되었다.[33]

이 책은 신학 역사에 새로운 획을 그었다. 복음적 체계의 '마그나 카르타'인 로마서에 대한 해석학 강의들을 취합한 이 책은 죄와 은혜, 회개와 구원 같은 중요한 교리들을 해명한다. 명쾌하고 새롭고 철저히 성경적이고 실제적인 책이다. 이 책의 주된 목적은 인간이 율법의 행위로나 자신의 공로로는 구원을 받을 수 없고, 복음에 계시된 대로 하나님께서 그리스도 안에서 값 없이 베푸신 은혜로써만 구원을 받을 수 있음을 보여주려는 것이다. 이 책은 신학의 살아 있는 영혼을 제시한다. 끝없는 명제와 반명제, 정의와 구분과 세분으로 이어지는 퇴화한 스콜라주의의 마른 뼈들과 극명하게 대조되는 책이다.

초판은 학문적 신학보다 현실 기독교를 위해 집필했다. 주제들의 범위가 넓지 못하며, 호소력이 약하다. 인간론과 구원론에 한정되며, 삼위일체와 성육신 같은 형이상학적 교리들은 거의 언급하지 않는다. 초월적 신비는 호기심 차원에서 논하기보다 흠모하고 숭앙해야 한다고 여긴 것이다. 이 책은 얼마 전에 소르본 대학교 신학부가 루터를 단죄한 사실을 적시하고서, 로마주의자들을 논박하는 색채를 띤다. 다소 조야하고 극단적인 견해들도 실려 있으며, 이런 내용들을 저자는 훗날 철회했다. 멜란히톤의 이 저서는 초판의 형태만 놓고 보자면 저작 당시 저자의 연소함을 감안할 때 — 당시 그는 스물네 살의 청년이었다 — 상당히 괄목할 만하지만 아직 설익은 작품이었다.

멜란히톤은 초기에는 스콜라 신학을 비판한 루터의 견해를 공유했다. 하지만 세월이 흐르면서 순수하고 합리적인 스콜라주의와 팍팍한 형식주의(formalism)를 구분하는 법을 터득했으며, 그것과 더불어 아리스토텔레스 철학 자체와 당대의 대학교들이 우상처럼 숭배하던, 잔형만 남고 내용이 변경된 그 철학을 구분하게 되었다. 멜란히톤은 특히 아리스토텔레스의 윤리학의 가치를 이해했고, 그

---

33) 그 책의 제목은 다음과 같다. *Loci communes rerum theologicarum seu hypotyposes theologicae*, Wittenberg, 1521.

책에 대해 주석을 썼으며(1529), 「도덕 철학 개요」(*Philosophiae Moralis Epitome*, 1535)로써 기독교 윤리학에 독창적으로 기여했다.

멜란히톤은 「신학총론」(*Loci Theologici*)을 계속 손질하여 풍성하고 완숙하고 균형 잡힌 개정판들을 내놓았는데, 개정판들은 어조가 차분하고 명쾌하고 품격을 갖추고 있으며, 초판과 달리 소르본 신학부를 공격하고 스콜라 학자들과 교부들을 폄하하는 태도에서 벗어나 있다. 스물네 장에 걸쳐서 하나님과 창조로부터 육체의 부활에 이르는 모든 주제들을 총괄해서 다루며, 결론 장은 그리스도인의 자유에 할애한다. 스콜라주의의 방법론에 다가서며, 심지어 삼위일체론 반대자들을 겨냥하여 심리학적 유추들을 동원해가며 성 삼위일체에 대해 새로운 사변적 증거를 제시한다. 성경적 토대를 버리지 않지만, 교부들의 교훈이 복음적 교리와 일치한다는 것을 입증하기 위해서 간혹 교부들을 인용한다.

멜란히톤의 신학은 루터의 신학과 마찬가지로 열띤 논쟁 속에서 한 단계씩 발전했다. 이와 대조적으로, 칼빈의 「기독교 강요」는 마치 아테나가 제우스의 머리에 나왔듯이 칼빈의 두뇌에서 완성된 형태로 나왔다.

「신학총론」은 훗날 멜란히톤 자신이 주요 교리들에 공식적 틀을 입히고 루터교에 신조의 권위를 부여한 아우크스부르크 신앙고백(the Augsburg Confession)의 길을 닦았다. 그러나 멜란히톤은 거기서 멈추지 않고 여러 번 수정을 가했는데, 그 저서를 제대로 평가하려면 그 경위를 살펴보는 것이 중요하다.

멜란히톤의 신학 지침서인 「신학총론」의 개정판들은 세 부류로 구분된다. 1. 1521–1535년에 나온 개정판들; 2. 1535–1544년에 나온 개정판들; 3. 1544–1559년에 나온 개정판들. 1535년 판(잉글랜드 왕 헨리 8세에게 헌정되었고, 유스투스 요나스가 독일어로 번역함)은 전면적 개정판이었다. 이 판본과 이후에 나온 개정판들은 증보(增補)와 문체 개선 외에도, 예정과 자유 의지, 실제적 임재, 이신칭의에 관한 수정된 중요한 견해들을 수록한다. 이 개정판들에서, 멜란히톤은 필연론(necessitarianism, 신단세설)을 포기하고 신인협력설(synergism)을, 성찬의 성물들에 대한 육체적 임재설을 포기하고 영적·실제적 임재설을, 오직 신앙주의(solafidianism, solifidianism, 믿음 만능주의)를 포기하고 선행이 필요하다는 견해를 채택했다. 첫 번째와 세 번째 항목에서는 로마 가톨릭 체계에, 두 번째 항목에서는 칼빈주의에 접근한 셈이다.

이러한 변화는 성경과 교부들을 끊임없이 연구한 결과이기도 했고, 아우크스부르크 교회 회의와 프랑크푸르트·하게나우·보름스·라티스본에서 열린 회의에 참석하여 로마 교회 신학자들과 개혁파 신학자들을 직접 만나 대화한 결과이기도 했다. 멜란히톤은 자신이 겪은 이런 변화들이 모호한 것들을 설명하고, 극단적인 견해들을 온건하게 다듬고, 차분하게 재고한 것이라 불렀다.

1. 멜란히톤은 처음에는 루터와 아우구스티누스와 마찬가지로 영적인 문제들에 인간의 자유 의지를 일체 부정했다.[34] 심지어 현실로 나타난 모든 행위는 바울의 회심에서부터 다윗의 간음과 유다의 배반에 이르기까지 선하든 악하든 필연적 결과라는 스토아적 견해를 주장하기까지 했다.[35]

그러나 면밀한 검토 끝에, 그리고 부분적으로는 에라스무스에게 영향을 받아, 멜란히톤은 이러한 스토아적 숙명론을 기독교 신앙과 윤리에 어긋나는 위험한 오류로 규정하고서 버렸다. 그 대신 회심은 신적 의지와 인간 의지가 협력한 결과로 가르쳤다. 이렇게 해서 아르미니우스주의를 예기하고 기존의 반(半)펠라기우스주의에 다가선 셈인데, 그럴지라도 무게 중심은 하나님의 은혜에 두었다. 그는 1535년에 이렇게 말했다. "하나님께서는 죄의 원인이 아니시며 죄를 뜻하지 않으신다. 그러나 마귀의 의지와 인간의 의지는 죄의 원인들이다." 인간 본성은 근본적으로, 하지만 절대적이거나 절망적이지는 않게 부패해 있다. 인간 본성은 성령의 도우심이 없이는 하나님을 경외하고 사랑하며 참되게 순종하는 영적 정서를 내놓을 수는 없지만, 하나님의 은혜를 받아들이거나 거절할 수는 있다. 하나님께서 먼저 나서서 우리를 부르시고 우리 마음을 움직이게 하시고 뒷받침해주시지만, 우리가 거역하지 않고 순응해야 한다. 사람이 회심하게 되는 데에는 세 가지 원인이 함께 작용한다. 첫째는 하나님의 말씀이고, 둘째는 성령이고, 셋째는 인간의 의지이다. 멜란히톤은 인간의 자유를 크게 강조한 그리스 교부들의 글을 인용하며, "하나님께서는 자원하는 자들을 이끄신다"는 크리소스토무스의 문장을 받아들인다.

멜란히톤은 수정된 아우크스부르크 신앙고백 제18조와 독일어판 아우크스부르크 신앙고백 변증서에서 이러한 신인협력설을 암시했다. 하지만 선행이 구원의 공로가 된다는 견해는 일관되게 부정했으며, 1557년의 보름스 회의에서는 인

---

34) *Loc. Theol.*, 1521, A. 7.

35) *Com. in Ep. ad Roman.*, 1524, cap. 8.

간 의지가 노예 상태에 있다는 교리를 단죄하기를 거부했는데, 이는 루터가 끝까지 그 교리를 견지했기 때문이다. 멜란히톤 자신은 그 교리를 이미 배척했지만, 한 가지 신학적 견해로 관용할 용의가 있었던 것이다.

2. 성찬에 관하여, 멜란히톤은 처음에는 루터의 견해가 초기 교회의 뒷받침을 받는다는 인상을 가지고 그의 견해를 지지했다. 그러나 이러한 초기의 입장은 오이콜람파디우스(Oecolampadius)의 견해를 접하고서 흔들렸다. (오이콜람파디우스는 교부들이 서로 다른 견해를 주장했다는 점과, 아우구스티누스가 '입에 의한 씹음'〈oral manducation〉을 가르치지 않았다는 점을 증명했다.) 1534년 이후에 멜란히톤은 (성찬 때 그리스도의) 육체적 임재설과 그리스도의 살과 피를 입으로 먹는다는 견해를 비록 단죄하거나 배격하지는 않았지만 개인적으로는 완전히 버렸다. 그리고는 영적이면서도 실제적인 임재와 그리스도와의 사귐을 주로 강조했다.

1540년에 멜란히톤은 아우크스부르크 신앙고백의 제10조를 수정하면서 츠빙글리를 비판해놓은 조항을 삭제함으로써 개혁파 신학자들이 채택할 수 있는 길을 열어 놓았다. 그러나 성찬을 단순한 기념으로 본 츠빙글리의 이론을 한 번도 채택한 적은 없었다. 멜란히톤이 후기에 취한 성찬관은 칼빈의 견해와 매우 가깝다. 하지만 예정과 자유 의지의 주제에 대해서는 칼빈과 달랐다. 「신학총론」(*Loci Theologici*)의 프랑스어 번역본 머리말을 쓴 바 있던 칼빈은 사적인 편지에서, 그렇게 걸출한 신학자가 영원한 예정에 관한 성경의 교훈을 배격하다니 놀랍다고 썼다. 하지만 멜란히톤과 칼빈 두 사람은 끝까지 우정을 나누었으며, 그로써 신학적으로 다르다고 해서 신앙적 조화와 우정을 저버릴 필요가 없음을 입증했다.

3. 멜란히톤은 이신칭의 교리를 버린 적이 없었다. 하지만 말년에 들어서는 이신칭의를 내세운 반(反)율법주의에 반대하여 믿음으로 선행을 내놓을 필요를 크게 강조했다. 물론 선행을 구원의 조건으로 보거나 공로를 쌓는다는 의미로 이해한 것은 아니고, 하나님의 뜻에 순종해야 할 의무를 받은 신자가 반드시 나타내야 할 증거로 이해한 것이다.

이러한 교리적 변화들은 루터가 세상을 떠난 뒤에 격렬한 논쟁을 불러일으켰고, 결국 일치신조(the Formula of Concord, 1577)에서 배제되었으나, 후대에 다시 인정을 받았다. 루터 자신은 멜란히톤의 변화된 견해들을 받아들인 적도 없고 공개적으로 비판한 적도 없다.

멜란히톤의 「신학총론」은 출판되던 순간부터 뜨거운 호응을 받았다. 저자의 생시에 비텐베르크에서 여러 번의 개정판이 나왔고, 마지막 판은 1559년에 저자가 직접 펴냈으며, 그 외에도 같은 시기에 바젤·하게나우·슈트라스부르크·프랑크푸르트·라이프치히·할레에서 여러 판이 인쇄되었으며, 그의 사후에도 여러 판이 인쇄되었다.

루터는 그 책에 대해서 극찬을 아끼지 않았으며, 심지어 정경의 지위에 올려놓아도 손색이 없을 것이라고 평가했다.[36] 자신의 번역 성경과 멜란히톤의 「신학총론」이 신학자가 내놓을 수 있는 최선의 열매이며, 다른 모든 저서들을 대체할 만하다고 생각했다.[37]

「신학총론」은 여러 대학교들에서 루터교 신학의 교과서가 되었고, 페트루스 롬바르두스의 「신학명제집」(*Sentences*)이 누려온 자리를 차지했다. 슈트리겔(Strigel)과 켐니츠(Chemnitz)는 그 책의 주석을 집필했다. 레온하르트 후터(Leonhard Hutter)도 그 책을 따르다가, 마침내 좀 더 정통신학의 입장에서 개론서를 펴냈는데(1610), 이 개론서가 「신학총론」을 곁길로 나앉게 했고, 심지어 17세기 내내 사용되는 일이 없도록 만들었다.

멜란히톤의 신학 지침서는 종교개혁에 크게 이바지했다. 로마 교회의 신학자들도 그 영향력을 감지했다. 엠저(Emser)는 이 책을 새로운 코란과 흑사병이라고 불렀다. 그와 에크(Eck)는 이 책을 논박할 목적으로 「가톨릭 신학의 근본 개념들」(*Loci Catholici*)을 집필했다.[38]

멜란히톤의 「신학총론」은 16세기 루터교가 내놓은 가장 역량 있는 신학 저서이다. 칼빈의 「기독교 강요」(1536)는 참신함과 열정에서 이 책과 비슷하고, 철저함과 논리적 질서, 철학적 이해, 고전으로서의 완성도 면에서 이 책을 능가한다.

주목할 만한 점은, 종교개혁의 처음이자 가장 위대한 교의 체계가 인간의 손에 안수를 받은 적이 없고 다만 높은 곳에서 내리시는 기름부음을 받은 두 평신

---

36) 에라스무스를 비판한 *De Servo Arbitrio* (1525) 서두에서.

37) *Tischreden*, Erl. ed., LIX. 278 sq.

38) Eck의 *Loci Communes adversus Lutheranos*, Landshut, 1525는 여러 번에 걸쳐 개정되었다.

도 신학자들의 손에서 나왔다는 사실이다.[39] 열두 사도도 그리스도에게 물로 세례를 받은 적이 없고, 다만 오순절에 성령으로 세례를 받았다.

## 65. 개신교 급진주의. 에르푸르트에서 발생한 소요 사태

루터와 멜란히톤이 개신교 교회와 복음적 신학을 위해 견고한 토대를 놓는 동안, 그들이 일궈놓은 사역은 종교개혁을 혁명으로 비화시키려고 하던 친구들의 파괴적 열정으로 무산될 위기에 놓였다. 아무리 좋은 일도 지나치면 아니함만 못한 법이다. 자유란 양날 선 칼이어서 가장 잘 쓰일 수도 있지만 가장 악하게 쓰일 수도 있다. 무릇 밀밭에는 가라지가 자라게 마련이며, 가라지가 오히려 밀을 질식시키곤 한다. 그러나 파괴 행위가 결국은 종교개혁을 공고히 해준 면도 있었다. 새 건물을 짓기 위해서는 낡고 썩은 건물들을 철거해야 했던 것이다.

종교개혁은 처음 발생한지 5년 동안은 말의 전투였을 뿐, 행동의 전투는 아니었다. 그렇게 말을 통하여 독일 전역에 새로운 질서와 체제의 씨앗을 뿌렸으나, 옛 형식과 관습이 여전히 건재했다. 새 술이 아직은 낡은 가죽부대를 터뜨리지 못하고 있었다. 개신교의 영혼이 가톨릭의 육체에 거하고 있었다. 사도들도 오순절 이후에도 온 이스라엘이 그리스도에게로 돌아오기를 기대하면서 유대인 관원들에게 쫓겨나기 전까지 여전히 성전과 회당을 찾아갔고, 할례를 시행했고, 안식일을 비롯한 조상들의 관습을 지킨 바 있다. 마찬가지로 종교개혁에 가담한 개신교 신자들도 처음 5년 동안은 외형적으로는 모(母)교회에 남아 있으면서 라틴어 미사에 참석하고, 제단의 성체 앞에 절하고, 아베 마리아 기도문으로 기도를 올리고, 성인들과 화상들과 수난상들을 숭배하고, 성소들을 찾아 순례하고, 로마 교회력에 따른 축일들을 지키고, 요람에서 무덤까지 생의 모든 단계마다 따라붙던 일곱 가지 성사를 받았다. 주교들이 여전히 그들이 사는 교구를 감독했고, 결혼하지 않은 사제들과 부제들이 교회의 모든 기능을 도맡았다. 수도원

---

39) 멜란히톤은 성직자가 아닌 교수였다. 처음에는 헬라어를 가르쳤고, 나중에 신학을 가르쳤다. 칼빈은 아버지의 주선으로 성직자가 되기 위한 과정을 밟았고 체발식까지 받았으나, 사제 서품을 받았다는 기록은 아무데도 없다.

들에는 여전히 수사들과 수녀들이 기거하면서 성무일과와 금욕을 실천하고 있었다. 사회가 외견상으로는 전과 다름없이 서 있었으나, 내면적으로는 근본적인 변화가 진행되고 있었다.

이러한 상태는 새로운 질서의 요람이었던 작센과 비텐베르크에서도 마찬가지였다. 루터 자신도 처음에는 외형적인 변화를 도모하지 않았다. 다만 가톨릭 교회 내부에서 주교들의 주관하에 아무런 분열도 없이 신앙과 교리의 개혁이 일어나기를 기대하고 그것을 위해 노력했을 뿐이다. 그러나 이제는 국가와 교회의 최고 권력자들에게 내쳐진 상태에서, 자신이 여러 저술들과 신약 성경 번역으로 닦은 새로운 터전에 새로운 건물을 세워야 할 당위를 갈수록 절실하게 느끼게 되었다.

이러한 변화들 가운데 부정적인 면, 특히 미사와 수도원 제도를 폐지한 것은 루터의 제자들 가운데 급진적인 사람들이 주도한 것이었다. 이들은 분별력보다 열정을 앞세웠고, 자유를 남용하여 방종으로 치달았다.

루터가 바르트부르크 성에 연금되어 있는 동안, 그의 추종자들은 학교를 잃은 어린이들, 대장을 잃은 병사들과 같았다. 더러는 루터가 도중에 개혁을 멈추었다고 생각하고는 자신들이 나머지 과업을 완수해야 한다고 생각했다. 그리하여 경험도 기술도 없으면서 파괴와 재건의 과업에 손을 대기 시작했다. 질서가 혼란에 자리를 내주었고, 이로써 종교개혁은 참담한 실패로 끝날 위기에 봉착하게 되었다.

최초의 혼란은 1521년 6월, 그러니까 루터가 보름스로 가던 길에 군중의 열렬한 환호를 받으며 에르푸르트를 지나간 직후에 그 도시에서 발생했다. 두 젊은 사제가 루터를 연호하던 군중에 가담했다는 이유로 파문을 당했다. 교회 당국의 이 조치가 에르푸르트 주민들을 크게 자극했다. 1천2백 명의 학생들과 노동자들, 부랑자들이 불과 며칠만에 사제들의 거처를 습격하여 60채의 가옥을 무너뜨렸고, 사제들은 도주하여 가까스로 목숨을 건졌다.[40]

치안 당국은 마치 폭동 세력과 연계한 듯이 사태를 관망했다. 여름에도 비슷한 폭력 사태가 재발되었다. 아우구스티누스회 수사들을 필두로, 여러 수도회의 수사들이 서약을 잊은 채 수도원을 나와서 수사복을 벗어 던지고는 주민들 틈에

---

40) Kampschulte, *l. c.*, II. 117 sqq.

섞여 살면서 직접 일하여 밥벌이를 하거나 다른 이들에게 얹혀 살거나 새로운 믿음의 도리를 전파했다.

루터는 이러한 사태 전개에서 복음에 수치와 모욕을 끼치려고 안간힘을 쓰고 있는 사탄의 활동을 바라보았다.[41] 그는 많은 수사들이 수도원에 들어갈 때와 똑같은 동기로, 즉 생계의 보장을 찾고 육체의 자유를 얻기 위해서 수도원을 떠나지 않을까 우려했다.[42]

이러한 혼란의 와중에서 루터의 열정적인 지지자였던 크로투스(Crotus)가 그 도시 대학교의 총장직을 사임하고서 에르푸르트를 떠났고, 훗날 로마 교회로 돌아갔다. 1525년에 발생한 농민전쟁은 또 다른 타격이었다. 루터가 에르푸르트에 입성할 때 그에게 인사했던 라틴 시인 에오바누스(Eobanus)는 이런 사태를 겪던 도중에 뉘른베르크 대학교로부터 초빙을 받자 수락하고 에르푸르트를 떠났다. 유명인사들이 하나둘씩 도시를 떠나거나 비탄 속에서 지내거나 가난에 시달리다가 죽었다.

한때 인문주의와 애국적 열망이 크게 번성했던 에르푸르트 대학교는 이때를 기점으로 내리막길을 걷게 되었고, 이후에 다시는 예전의 명성을 되찾지 못했다.

## 66. 비텐베르크에서 일어난 혁명. 칼슈타트와 신흥 예언자들

비텐베르크에서도 과거 루터의 동료였던 안드레아스 칼슈타트(Andreas Carlstadt)의 주도로 폭력적 분위기가 무르익어 가고 있었다. 칼슈타트는 라이프치히 논쟁에서 별 성과를 거두지 못한 일로 우리에게 알려진 인물이다. 그는 독창성과 학식과 웅변과 열정과 용기가 뛰어났으나, 괴팍하고 분별력이 약하고 균형 감각이 모자라고 쉽게 들뜨고 앞장서기를 좋아했다.

그는 초기에 대학교에서 중세 스콜라 신학을 가르치다가, 루터의 영향을 받고는 확고한 아우구스티누스주의자가 되었으며, 인간 의지의 자유를 철저히 부정

---

41) 참조. 루터가 멜란히톤과 슈팔라틴에게 보낸 편지. De Wette, II. 7 sq., 31.
42) 참조. 랑게에게 보낸 편지(1522년 3월 28일). De Wette, II. 175.

했다.

그는 초기에는 성경 정경에 관한 비평적 글을 썼으며, 그로써 근대 성경 비평학을 예기했다. 역사적 증거에 비중을 두었고, 성경의 책들에 1등급, 2등급, 3등급의 차서를 매겼고, 그 가운데 구약성경의 성문서들과 신약 성경의 '안티레고메나' 일곱 권을 3등급으로 분류했으며, 모세오경의 모세 저작설에 회의적인 견해를 표시했다. '안티레고메나'를 비판하게 된 근거를 루터처럼 교의적 토대에 두지 않고, 역사적 증거의 결핍에 두었다. 그가 전통적으로 받아들여온 정경을 비판한 것은 그것 자체가 전통적인 견해였다. 니케아 이후의 전통을 무시하고 니케아 이전의 전통을 채택한 것이기 때문이다. 하지만 그가 정경을 다룬 이 책은 조야하고 미숙했으며, 곧 세간의 관심 밖으로 밀려났다.[43]

칼슈타트는 특이하고 부조리한 성경 해석들을 더러 제시했다. 성찬 제정의 말씀에 대한 해석이 한 가지 예다. 그는 '이것'이란 단어를 떡이 아닌 그리스도의 몸으로 이해했으며, 그로써 구절 전체를 "내가 이제 이것[몸]을 죽음에 내주어 제물로 바칠 준비가 되었다"는 뜻으로 해석했다. 하지만 이 견해를 1524년 이후에야 발표했으며, 이후에 츠빙글리의 해석에 동조했다.

칼슈타트는 루터가 떠나고 없는 동안 설교와 집필을 통해서 독신제도와 수사 서약, 미사를 비판했다. 1521년 성탄절에는 미사경본 가운데 자신이 받아들일 수 없었던 부분과 성체 거양 의식을 생략했고, 수많은 회중에게 포도주와 떡을 다 나누어주었다. 동시에 자신이 사제 의복과 그 밖의 의식들을 버리겠다고 공언했다. 이틀 뒤에 그는 비텐베르크 대학교의 유명 교수들이 참석한 가운데 가난한 귀족의 딸과 약혼식을 가졌고, 1522년 1월 20일에 결혼했다. 결혼식에 대학교 교수들과 행정관들 전부를 초대하고, 자신의 결혼을 정당화하는 책을 발행함으로써 불필요하게 빈축을 사는 일을 자초했다.

하지만 성직자 독신제도의 사슬을 공식적으로 끊어버린 최초의 장본인은 칼슈타트가 아니었다. 비텐베르크 대학교를 졸업하고 켐베르크의 수석사제(Probst)로 임명된 펠트키르헨의 바르톨로메우스 베른하르디(Bartholomäus Bernhardi)와 평판이 좋지 못한 다른 두 사제가 그보다 먼저 1521년에 결혼한 사례가 있었다. 유스투스 요나스(Justus Jonas)가 칼슈타트에 이어 불륜의 유혹을

---

43) *Libellus de Canonicis Scripturis*, Wittenb. 1520.

떨쳐버리기 위함이라는 명분으로(참조. 고전 7:12) 1522년 2월 10일에 아내를 취했다. 루터는 이들의 결혼을 인정했으나, 당시에는 그들의 행동을 본받을 의도가 없었다.

칼슈타트는 한 걸음 더 나가, 아내와 자녀가 없는 사제는 직분을 받을 수 없고(디모데전서 3:2의 '한 아내의 남편이 되며'를 그렇게 해석했다), 포도주 없이 성찬을 거행하는 것은 죄이고, 수사의 독신 서약은 적어도 예순 살 이전에는 구속력이 없으며, 독신은 하나님의 선물이지 사람의 뜻대로 되는 게 아니라고 주장했다. 이것은 복음적 자유와 사랑의 원리를 어기고, 옛 율법주의 대신에 새 율법주의를 도입한 것이었다.

칼슈타트는 화상들이 말 못하는 우상들로서, 제2계명이 분명히 금지한 것이므로 하나님의 집에 그대로 놔둬서는 안 되고 불태워야 한다고 주장했다. 화상들을 소교구 교회에서 철거하기 위해서 시 위원회를 설치했다. 하지만 민중은 질서정연한 철거를 기다리지 못하고서 교회로 몰려가 화상들을 철거하고 분쇄하고 태워버렸다. 칼슈타트는 금식을 비판하면서, 사람들에게 금식일에도 고기와 계란을 먹으라고 명령했다. 그리스도께서만 우리의 주인이시라는 이유로(마 23:8) 모든 직함들과 직위들을 배격했다. 하나님께서 젖먹이들에게 진리를 계시하셨다는 이유로(마 11:25) 신학과 모든 인간 학문들에 경멸을 표시했으며, 학생들에게 농사를 지어 이마에 땀을 흘림으로써 생계를 유지하라고 조언했다(창 3:19). 사제복과 교수 가운을 벗어버리고 평민의 옷(후에는 농민의 옷)을 입고 다녔으며, 자신을 형제 안드레라고 소개했다. 그는 공산주의에 가깝게 치달았다. 또한 유아세례에도 반대했다. 혼란스런 신비주의와 영성주의의 안개에 싸여 길을 잃었으며, 츠비카우 예언자들(the Zwickau Prophets)처럼 직접 성령의 영감을 받았다고 주장했다.

1521년 11월 초에 비텐베르크의 아우구스티누스회 수도원 소속 수사 40명 가운데 30명이 다소 무질서하게 수도원을 떠났다. 그 중 한 사람은 가구 만드는 일에 종사하면서 결혼을 하기를 원했다. 아우구스티누스회 수사들은 1522년 1월에 비텐베르크에서 회의를 열고, 루터의 조언에 따라 수사들에게 수도원을 떠나거나 남을 자유를 부여하기로 결의하였으나, 어느 경우든 정신 노동이나 육체 노동을 통해 사회에 유익을 끼치는 생활에 힘써야 한다는 단서를 붙였다.

이들 전임 수사들 가운데 가장 유명한 사람은 가브리엘 츠빌링(Gabriel

Zwilling) 혹은 디디무스(Didymus)였다. 그는 루터의 부재중에 소교구 교회에서 설교자로 사역했으며, 일부 사람들에게 제2의 루터라는 평가를 받았다. 미사와 성체 숭배, 수도원 제도 자체를 구원에 위험한 것들로 규정하고 격렬하게 비판했다.

1521년 성탄절 무렵에 츠비카우 출신의 두 광신자에 의해 종교개혁 운동이 강도 높게 재개되었다. 직조공 니콜라우스 스토치(Nicolaus Storch)와 마르쿠스 토메 슈튀브너(Marcus Thomä Stübner)가 그들이었다.[44] 후자는 과거에 멜란히톤과 함께 공부한 사이였던 까닭에 멜란히톤에게 환대를 받았다. 몇 주 뒤에 광적인 천년왕국론자이자 대중 선동가로서 농민 전쟁에서 주도적인 역할을 수행한 토마스 뮌처(Thomas Münzer)가 비텐베르크에 나타나 잠시 체류했다. 그는 비텐베르크에 오기 전에 작센의 보헤미아 접경 지대 츠비카우의 직조공들 사이에 종교 열정을 타오르게 했고 ― 이들은 아마도 후스파나 보헤미아 형제회와 다소 관련된 집단이었던 듯하다 ― 열두 사도와 칠십 문도를 선출함으로써 새 시대의 군대를 조직했다. 그러나 행정 당국이 개입하는 바람에 지도자들이 그 지역을 떠나야 했다.

츠비카우 예언자들이라 불린 이들은 내면의 신비주의와 실천적 급진주의를 결합한 칼슈타트의 노선에 동조했다. 이들은 환상과 꿈을 통해 하나님과 천사 가브리엘과 직접 대화한다고 자랑하고, 기록된 말씀과 정규적 목회 사역을 경시하고, 유아세례를 배격하고, 기존 사회 질서가 전복될 것이라고 예언하고, 민주적인 천년왕국이 다가오고 있다고 외쳤다.

칼슈타트와 츠비카우 예언자들은 크롬웰 치하의 잉글랜드 공화국 시절에 등장한 제5왕국파(the Fifth Monarchy Men)와 비교할 수 있다. 제5왕국파도 광적인 천년왕국주의자들이었으며, 크롬웰의 노선에 반대하여 '예수의 왕국' 혹은 다니엘이 예언한 제5왕국을 수립하려고 했다.

비텐베르크는 대단히 심각한 상황에 처하게 되었다. 행정 당국이 서로 손발이 맞지 않아 힘을 쓰지를 못했다. 암스도르프(Amsdorf)는 사태를 수수방관했다. 멜란히톤은 당혹스러워하면서도 너무나 유약하고 비겁하여 지도력을 발휘하지

---

44) 마르쿠스(마르크스) 토메와 슈튀브너는 별개의 두 사람이 아니라 동일 인물이다. 참조. Köstlin의 주해, vol. I, 804 sq.

못했다. 그는 환상과 꿈의 주장에 대해서는 확고히 반박할 수 있었으나, 유아세례를 폐지해야 한다는 주장에는 만족스러운 답변을 제시하지 못했다. (츠비카우의 예언자들은 부모나 후견인의 낯선 신앙이 아기를 구원할 수 없기 때문에 유아세례가 필요 없다고 주장했다.) 루터는 성령께서 아기 속에 믿음을 일으키신다고 주장함으로써 이 난제를 해결했다.

선제후는 개입해달라는 요청을 받았으나, 평신도 신분으로서 신학적 · 교회적 문제들을 감히 결정하려 들지 못했다. 그는 사태를 그냥 내버려두고, 만사를 주관하시는 하나님의 섭리에 맡기자고 말했다. 가말리엘의 권고가 새 운동의 예비적 · 실험적 단계에서는 현명하다고 믿었다. 그의 힘은 지혜롭고 신중하고 평화로운 외교에 있었다. 하지만 이번에는 용기가 지혜의 더 나은 부분이었다.

혁명의 거친 정신을 저지하고서 종교개혁의 배를 구조할 수 있는 사람은 루터밖에 없었다.


## 67. 비텐베르크로 돌아온 루터


바르트부르크에서 루터는 사태의 전모를 보고 받았다. 그는 몇 분야에서는 변화의 필요성을 자각하고 있었으나, 공식적인 견해가 표명되기 전에 폭력으로 변화가 시도된 것을 안타까워했고, 어떤 상황에서나 그렇듯이 급진주의로 인해 대대적인 반동의 바람이 불어닥칠 것을 우려했다. 제사로서의 라틴어 미사, 성체 숭배, 수도원 제도, 성인과 화상과 성유물 숭배, 종교 행렬과 순례, 그 밖의 무수한 미신적 의식들은 개신교 교리들과 양립할 수 없는 것들이었다. 조만간 예배를 자국어인 독일어로 드려야 했고, 미사 제사도 주의 죽으심을 기념하는 성찬으로 돌려놔야 했고, 평신도들에게도 성찬의 잔을 주어야 했으며, 성직자들에게 결혼할 수 있는 자격을 부여해야 했다. 루터도 이러한 변화들에는 수긍했다. 하지만 성직자 의복과 수난상과 외형적 의식들은 어떻게 되든 관심이 없었다. 화상 사용의 경우도 만약 예배의 대상이 아니라면 굳이 반대하지 않았다. 이러한 문제들에는 강제로 부과하거나 규제하기보다 기독교적 자유에 맡겨야 한다고 주장했다. 루터는 신흥 예언자들이 받았다고 주장하던 계시들을 일축했으며, 진정으로 성령의 영감을 받은 예언자라면 교회 당국에 의해 정식으로 청빙을 받거나, 그렇지 않으면 기적을 통해서 자신의 소명을 입증해야 한다고 주장했다.

1521년 12월에 루터는 변장을 한 채 비텐베르크로 가서 사흘 동안 그곳에 머물렀다. 암스도르프의 집에 유숙하면서, 감히 수도원이나 거리에 모습을 드러내지 못했다.

하지만 소요 사태가 갈수록 심각한 양상으로 전개되자, 루터는 자신이 투쟁의 장에 공개적으로 나서는 게 도리라고 느꼈다. 바르트부르크에서 자기 고향이 불타는 것을 보고서 불을 끄기 위해 황급히 달려온 몸이었다. 선제후는 루터의 안전이 염려되었다. 보름스 의회의 칙령이 여전히 유효한 상태였고, 뉘른베르크 의회 소집이 다가오고 있었기 때문이다. 선제후는 루터에게 은신처에서 나오지 말도록 당부했다. 루터는 여태껏 살아오는 동안 위정자들의 권한에 속한 문제에 대해서는 엄격히 복종해야 한다는 주의였으나, 이 상황에서는 이것저것을 따지지 않고 더 높은 하나님의 법과 자기 양심에 복종했다. 그가 (한 번도 직접 대면한 적이 없는) 선제후에게 보낸 편지에는 만사를 주관하시는 하나님의 섭리에 대한 그의 숭고한 믿음이 고결하게 표현되어 있다. 편지 발신일은 재의 수요일(1522년 3월 5일)로 되어 있고, 발신 장소는 라이프치히 남부에 자리잡은 보른으로 되어 있다. 편지 내용은 대략 다음과 같다.[45]

> "하나님 우리 아버지와 우리 주 예수 그리스도께서 은혜와 평강을 내리시기를 비오며, 저의 지극히 겸비한 봉사를 바칩니다.
>
> "지극히 저명하시고 혈통이 고귀하시며 지극히 관대하신 선제후시여! 저는 출발하기 [3월 1일] 전 금요일 저녁[2월 26일]에 당신에게 편지와 경고를 받았습니다. 선제후께서 지극히 훌륭한 뜻을 품고 편지와 경고를 주셨다는 것을 저는 조금도 의심하지 않습니다. 선제후 님에 대한 저의 마음도 다를 바 없습니다만, 이것은 중요하지 않습니다 … 만약 우리가 순수한 복음을 갖고 있다고 확신하지 못한다면 저는 좌절할 것입니다 … 제가 지닌 복음이 사람들에게서 나온 것이 아니라 우리 주 예수 그리스도를 통해서 하늘로부터 내려온 것인 줄을 선제후께서도 잘 아시리라 믿습니다 … 제가 이 편지를 쓰는 목적은 제가 선제후 님의 보호보다 훨씬 더 높은 보호 아래 비텐베르크로 가고 있음을 알려드리기 위함입니다. 저는 선제후 님의 지원을 요청할 의

---

45) De Wette, II. 137–141.

도가 조금도 없습니다. 오히려 저는 선제후께서 저에게 베풀어주실 수 있는 보호보다 더 **훌륭한 보호**를 제가 선제후께 제공해 드릴 수 있다고 믿습니다. 만약 제가 선제후께 의탁해야 한다고 생각했다면 아예 오지도 않았을 것입니다. 이곳에서는 칼이 무기력합니다. 인간의 간섭 없이 오직 하나님께서만 일하셔야 하는 상황입니다. 확고한 믿음을 가진 사람이라야 강력한 보호자가 될 것입니다. 제가 느끼는 바로는 선제후께서는 아직 믿음이 약하시기 때문에, 저를 보호하고 구해 줄 수 있는 분으로 인정해드리기가 쉽지 않습니다. 선제후께서는 이런 상황에서 무슨 일을 해 줄 수 있겠느냐고 물으셨습니까? 지극히 겸손하게 복종하는 마음으로 대답을 드리건대, 아무 일도 하지 마시고 오직 하나님만 의지하십시오 … 믿음을 가지시면 하나님의 영광을 보시게 될 것입니다. 하지만 아직까지 믿지 않으시므로 그 영광을 보지 못하신 것입니다. 우리 함께 하나님을 사랑하고 하나님께 영원히 영광을 돌립시다. 아멘."

왜 비텐베르크로 돌아가야 하느냐고 물은 선제후의 질문에, 루터는 3월 7일에 비텐베르크에서 쓴 편지에서 세 가지 이유를 제시했다. 첫째는, 비텐베르크 교회가 다급히 도움을 청하는 편지를 보내왔기 때문이라는 것이었고, 둘째는, 자신의 양들이 큰 혼란에 빠져 있기 때문이라는 것이었으며, 셋째는 언제 터질지 모르는 폭동을 막기 위함이라는 것이었다. 그는 이렇게 썼다. "제가 비텐베르크로 돌아온 두 번째 이유는, 제가 떠나 있는 동안 사탄이 저의 양들 사이로 들어와 마구 늑탈을 자행하고 있는데, 편지로는 도저히 피해를 복구할 수 없고 다만 직접 와서 살아 있는 말씀을 전해야만 하게 되었기 때문입니다. 양심이 더 이상 지체하는 것을 허락지 않았습니다. 저는 무시와 냉대에 떠밀려 있습니다. 저의 행보를 탐탁지 않게 여기시는 선제후 님의 태도도 그렇거니와, 온 세상의 분노도 그렇습니다. 이들은 하나님께서 저에게 맡기신 저의 양들입니다. 그리스도 안에서 저의 자녀들입니다. 한시도 지체할 수 없었습니다. 저는 그들을 위해서 죽음이라도 당해야 할 의무가 있는 몸이며, 하나님께서 은혜를 베푸시면 그리스도께서 명하신 대로(요 10:12) 그들을 위해 저의 목숨을 즐겁게 내놓을 용의가 있습니다."

루터는 당시에 루터와 비텐베르크 주민들을 철저히 응징하라고 선제후를 다그치고 있던 사나운 원수 작센의 공작 게오르크의 영토를 말을 타고 대범하게 지나갔다. 선제후에게 보낸 편지에서, 일전에 보름스로 향해 갈 때와 마찬가지로 라이프치히를 통과해 갈 것이며, 설혹 공작 게오르크 같은 대적들이 9일을 계속해서 비처럼 쏟아지되 드레스텐에서 만났던 것보다 더 세차게 쏟아지더라도 굴하지 않겠다고 통보했다.

루터는 3월 6일 목요일 저녁에 믿음과 소망이 충만한 채 비텐베르크에 안전히 도착하여 자신의 거짓 친구들과 일전을 치를 준비를 했다.

이번 여행에서 루터는 3월 3일 혹은 4일에 예나의 흑맥주 집에서 스위스의 두 학생 케슬러(Kessler)와 슈펭글러(Spengler)와 흥미로운 대담을 나누었다. 훗날 그 도시의 개혁자가 된 장크트 갈렌(생갈)의 요한 케슬러가 대담을 정리하여 글로 남겼다.[46] 그는 훗날 루터가 스위스인들, 특히 츠빙글리와 만나 나눈 대담도 글로 남겼는데, 편견에 눌려 있고 불관용 정신이 살벌하게 나타나는 점에서 루터와 나눈 대담과 사뭇 대조를 이룬다. 이 일화는 순전히 사적인 것으로서 사건의 추이에 아무런 영향도 끼치지 않았다. 하지만 루터의 전형적인 특성이 잘 나타나 있는데, 그토록 긴장되고 절박한 순간에도 특유의 여유와 유머 감각을 잃지 않았던 것이다. 훗날 루터가 코부르크에서 아우크스부르크 제국의회의 추이를 지켜보면서 어린 한스에게 천진스럽게 쓴 편지에도 대단히 강직하면서도 여유와 유머를 잃지 않는 그의 인품이 잘 나타난다. 이러한 순진한 유머는 먹구름을 뚫고 찬란하게 비치는 햇살과 같다.

그 두 스위스 학생들은 바젤에서 공부하다가 루터와 멜란히톤의 명성에 이끌려 그들의 강의를 듣기 위해 걸어서 비텐베르크로 가고 있던 중이었다. 천둥 번개를 동반한 세찬 비바람을 맞으며 종일 걷느라 몹시 피곤하고 흠뻑 젖은 몸으로 예나에 도착한 두 사람은 객실 문 옆의 벤치에 쪼그리고 앉아 숨을 돌리다가, 탁자에 앉아 있는 기사를 보게 되었다. 그는 칼을 쥐고 있었고, 앞에는 시편이 펼쳐져 있었다. 루터는 두 사람이 주고받는 말을 듣고는 그들이 스위스 사람들인 줄을 알고는 따뜻한 말로 자기 옆자리에 와서 앉도록 권한 뒤 잔을 건넸다. 그리고는 두 사람에게 에라스무스가 아직도 바젤에서 살고 있는지, 그곳에서 무슨 활동을 하고 있는지, 스위스 사람들이 마르틴 루터에 관해서 어떻게 생각하고 있는지를 물었다. 학생들은 스위스 사람들이 더러는 루터를 위대한 종교개혁자로 크게 숭앙하고 있고, 사제들을 비롯한 일부 사람들은 살려두어서는 안 될

---

46) Bernet, *Joh. Kessler genannant Athenarius*, St. Gallen, 1826.

이단으로 낙인찍어 놓고 있다고 대답했다.

한참 대화를 나누고 있는데 상인 두 사람이 들어왔다. 그 중 한 사람이 주머니에서 루터의 복음서와 서신서 설교집(교회 설교집)을 꺼내더니 이 책의 저자는 틀림없이 하늘에서 내려온 천사이거나 지옥에서 올라온 마귀이거나 둘 중 하나일 것이라고 말했다. 저녁 식사 때 루터는 그들에게 논리 정연하면서도 매우 감동적인 연설을 했다. 크게 놀란 학생들이 이 베일에 싸인 기사가 울리히 폰 후텐이 아니냐고 수근거리자, 루터는 주인에게 고개를 돌리며 말했다. "주인장, 내가 하루 저녁에 귀족이 되었소. 이 스위스 학생들이 나를 후텐으로 생각하는 거요. 주인장은 나를 루터로 알고 계시지요. 다음 번엔 아마 마르콜푸스(Marcolfus)가 될지도 몰라요."

그는 젊은 친구들에게 비텐베르크에 가게 되면 멜란히톤과 함께 성경 원어들을 공부하라고 자상하게 조언해 주고는 밥값을 대신 지불한 다음, 맥주를 권했다가 스위스 사람들이 맥주에 익숙지 않은 것을 생각하고서 잔에 포도주를 부어 청했다. 그리고는 그들에게 악수를 청하면서, 비텐베르크에 사는 그들의 동향 사람 제롬 슈르프 박사에게 안부를 전해달라고 부탁했다. 학생들이 안부 전하는 분의 존함을 알고 싶다고 하자, 루터는 "지금 오고 있는 사람이 안부를 전하더라고만 말하면 알아들을 겁니다" 하고 대답했다.

며칠 뒤에 학생들이 비텐베르크에 도착하여 "지금 오고 계신 분"의 메시지를 전하려고 슈르프 박사를 찾아갔을 때, 그곳에 루터가 멜란히톤과 요나스, 암스도르프와 함께 있는 것을 보고 깜짝 놀랐다. 루터는 그들을 따뜻하게 맞이하면서, 그들을 예나에서 말했던 멜란히톤에게 소개해 주었다.

루터와의 대담을 글로 남긴 학생은 그때에 루터가 나타났던 일도 상세히 글로 남겼다. 그 글에 비친 루터는 더 이상 3년 전 라이프치히 논쟁 때의 비쩍 마르고 수척한 수사가 아니라, "다소 살이 붙었으나 다부지고, 등이 굽기보다 뒤로 젖혀져 있고, 얼굴은 하늘을 향해 우러르고, 눈썹이 짙고 눈은 검고 깊고 안광이 있어서 똑바로 오래 쳐다보기 힘들었다." 이상한 기운으로 이글거린 이 깊고 검은 눈이 아우크스부르크에서 추기경 카예타누스에게, 보름스에서 추기경 알레안더에게 마귀의 눈으로 비쳤던 것이다. 루터의 눈은 훗날 쿨름과 에르멜란트의 주교가 된 요한 단티스쿠스(John Dantiscus)에게도 같은 인상을 주었다. 단티스쿠스는 1523년에 스페인에서 폴란드로 가는 길에 비텐베르크를 들러 루터를 보았는데, 그의 인상을 "눈이 날카롭고 간혹 귀신들에게서 보았다고 하는 섬뜩한 안광이 있었다"고 전하면서, "그의 외모는 그의 서적들과 다를 바 없었고" "그의 연설은 격렬하고 냉소로 꽉 차 있었다"고 덧붙인다. 그러나 친구들의 평가는 달랐다. 루터가 바르트부르크에서 돌아온 뒤 그를 만난 또 다른 학생 알베르트 부러(Albert Burrer)는 그의 온화하고 따뜻한 용모와 밝고 낭랑한 음성, 마음을 사로잡는 언변, 말과 행동에 묻어나는 경건, 청중을 감동시켜 다시 듣고 싶은 마음을 일으키는 웅변 능력을 칭송한다.[47]

## 68. 루터가 비텐베르크의 질서를 회복하다. 칼슈타트의 종말

비텐베르크에 돌아온 뒤 맞이한 첫 주일에, 루터는 자신의 옛 강단에 올라가 교회에 모인 시민들과 학생들 앞에 다시 모습을 드러냈다. 비텐베르크는 작은 읍이었으나, 루터가 그곳에서 말하고 행한 것과 칼빈이 훗날 제네바에서 말하고 행한 것은 세계사적인 중요성을 띠며, 당시에는 로마에서 발행하는 회칙보다 훨씬 영향력이 컸다.

이 무렵 개신교는 매우 중대한 기로에 봉착해 있었다. 루터인가 칼슈타트인가, 종교개혁인가 혁명인가, 기록된 하나님의 말씀인가 마음을 현혹시키는 영감인가, 질서인가 혼란인가 — 그것이 문제였다. 루터의 상태는 최상이었다. 자신의 대의에 대해 믿음이 확고했고, 대적들에 대한 아량도 가득했고, 사태의 본질에 대해서는 강경하되 태도는 유순했으며, 시종 여유가 넘쳤다. 이전이든 이후든 이때만큼 관용과 아량을 나타낸 적이 없었다.

루터는 8일 동안 계속해서 하나님의 말씀을 여덟 번 전했으며, 가는 곳마다 청중이 따라다녔다. 이때 전한 설교들은 효과적인 대중 연설의 전형으로서, 그가 행한 설교들 가운데서도 최상으로 꼽힌다. 그는 목회자의 관점에서 세련된 기지와 실제적 지혜를 발휘해 가며 주제를 다루었다. 이때 전한 설교들은 그의 여러 논쟁서들을 얼룩지게 한 거칠고 상스러운 인신 공격들로부터 초연히 비껴서 있었다. 불친절한 단어 한 마디, 불쾌한 표현 하나도 그의 입술에서 새어나오지 않

---

47) Köstlin, I. 536.

았다. 그는 평이하고 명쾌하고 힘있는 성경적 용어를 구사해 가며, 상대를 거명하지 않은 채 상대의 오류를 논박했다. 이렇게 사랑으로 진리를 적극 진술하는 것이야말로 오류를 가장 훌륭하게 논박하는 비결이다(참조. 엡 4:15).

여덟 편의 설교를 일관되게 흐르는 사상을 간단히 정리하자면, 첫째는 기독교적 자유와 기독교적 자비이고, 둘째는 양심을 형식과 규율에 예속하도록 강요하는 교황제와 정반대로 양심을 형식과 규율에 무조건 반대하도록 강요하는 급진주의의 독재를 뿌리쳐야 한다는 것이고, 셋째는 연약한 사람들에게 긍휼을 베풀어 그들이 실족하지 않도록 어린이 가르치듯 온유하게 대해야 한다는 것이다. 긍휼을 베풀 줄 모른 채 믿음만 내세워봐야 말짱 헛것이다. 자유롭게 선택해도 무관한 문제들을 가지고 형제를 다그칠 권리가 아무에게도 없다. 이런 문제들 가운데는 결혼과 수도원 생활, 비밀 고해, 금식과 식사, 교회들의 화상들이 있다. 사적 미사 같이 하나님의 말씀을 거스르는 남용과 부패는 폐지해야 하지만, 질서 있게 정당한 권위에 의해서 폐지해야 한다. 하나님의 말씀과 도덕적 권면으로 그 일을 해야 한다. 사도 바울은 아테네에서 우상들을 비판하는 설교를 할 때 그 중 어느 하나도 건드리지 않았다. 그럴지라도 그의 설교의 영향으로 결국 우상들은 타파되고 말았다.

루터는 이렇게 말했다. "결론적으로, 나는 설교하고 연설하고 글을 쓰되 아무에게도 강요는 하지 않을 것입니다. 믿음은 자발적인 것이어야 하기 때문입니다. 이 점에서는 나를 본으로 삼으십시오. 나는 교황과 면죄부와 모든 교황파에 맞서서 분연히 일어섰으나 폭력이나 소란을 일으킨 적이 없습니다. 다만 하나님의 말씀으로 설득하고 권하고 선포했을 뿐입니다. 그런데도 내가 잠을 자거나 필립 멜란히톤과 암스도르프와 함께 비텐베르크 맥주를 마시고 있는 동안에 하나님의 말씀이 교황 세력에 큰 타격을 가했는데, 그것은 여느 제후나 황제가 교황에게 가한 타격보다 컸습니다. 나는 아무것도 한 일이 없고, 하나님의 말씀이 모든 것을 다 했습니다. 만약 내가 무력에 의존했다면 독일 전역에 피가 강처럼 흘렀을 것입니다. 실제로 그랬습니다. 나는 보름스에서 투쟁에 불을 지필 수도 있었습니다. 만약 그랬다면 황제도 안전하지 못했을 것입니다. 하지만 그랬다면 어떤 결과가 빚어졌을까요? 무수히 많은 사람들의 몸과 영혼이 찢기고 상했을 것입니다. 그러므로 나는 입을 다물고, 오직 하나님의 말씀이 온 세계에 자유롭게 울려 퍼지도록 했습니다. 사람들이 복음을 선포하려는 목적으로 폭력을 사용할 때 마귀가 어떻게 생각하는지 여러분은 아십니까? 마귀는 지옥 불 뒤에 팔짱을 끼고 앉아 추악한 미소를 지으면서, '이 정신나간 자들이 나의 계략대로 잘 놀아나는구나! 계속 그렇게 하거라. 나는 앉아서 열매만 거두면 된다. 만족스럽다' 하고 말합니다. 그러나 하나님의 말씀이 내달아 전장에서 홀로 싸우는 것을 보면, 마귀는 무서워서 덜덜 떱니다. 하나님의 말씀은 전능하여 듣는 이들의 마음을 사로잡는 것입니다."[48]

루터의 경우처럼 웅변이 완벽하고도 명예로운 승리를 거둔 예는 찾아보기 힘들다. 그의 웅변은 격앙된 감정과 거친 언어가 아닌 지혜와 사랑에서 우러나왔다. 사람의 속에서 야수성을 흔들어 깨우는 것은 쉬워도 그것을 길들여 복종시키기란 쉽지 않은 법이다. 멜란히톤과 교수들, 행정 당국자들과 선량한 시민들은 루터의 웅변을 듣고서 흡족해했다. 슈르프 박사는 여섯 번째 설교를 듣고는 선제후에게 이렇게 편지했다. "마르틴 박사가 돌아온 일이 우리에게 얼마나 큰 기쁨을 주는지 모릅니다! 거짓 지도자들을 따라갔던 주민들이 하나님의 자비로 날마다 그의 설교를 듣고 진리의 길로 돌아오고 있습니다. 하나님의 성령께서 마르틴 박사 안에 계신다는 것과, 그가 하나님의 특별한 섭리에 힘입어 비텐베르크로 돌아왔다는 것이 태양을 보는 것만큼 분명합니다."

비텐베르크는 기존의 상태를 거의 회복했다. 적어도 한 계절 동안은 그랬고, 그러는 동안 주민들의 정서도 변화를 받아들일 만한 준비가 되어 갔다. 루터 자신은 수도원으로 돌아가 수사복을 입고 금식을 실행했으나, 2년 뒤에 선제후가 새 옷을 보내오자 수사복을 벗고 그 옷으로 갈아입었다. 그러나 피 없는 제사의 반복과 성찬 성물들의 기적적 변화를 언급한 미사경본의 구절은 일단 삭제된 상태에서 다시 복원되지 않았고, 떡과 포도주를 모두 사용하는 성찬이 성행했으며, 그것이 곧 보편적 관습이 되었다. 선제후 자신도 죽기 직전(1525년 5월 5일)에 성찬의 잔을 받았다.

디디무스는 자신의 오류를 공개적으로 인정하고서, 루터의 설교가 마치 하나님의 사자가 전하는 말씀과 같았다고 찬사를 아끼지 않았다. 그러나 츠비카우의 예언자들은 영구히 비텐베르크를 떠난 뒤 그 개혁자를 새로운 유형의 교황이자 신령한 종교의 원수라고 비난했다. 뮌처는 농민전쟁을 일으켰다가 비참한 최후

---

48) Erl. ed., XXVIII. 219, 260 (두 번째 설교).

를 마쳤다.

칼슈타트는 조용히 승복했으나 달가워하지는 않았다. 좌절과 실망에 눌려지 내면서 루터에게 보복의 감정을 쌓아갔다. 랑케는 칼슈타트를 평가하기를, "독일인들 가운데 쉽게 만날 수 있는 유형의 사람으로서, 타고난 내성적 성향으로 모든 기존 질서를 배격하고 다른 사람들이 배척하는 모든 것을 변호하는 용기를 갖추었으나, 뚜렷한 견해와 확고한 신념을 제시하지는 못했다"고 한다. 칼슈타트는 한동안 비텐베르크 대학교에서 다시 교편을 잡았다. 그러나 1523년에 인근의 농장으로 은퇴하여 '이웃 안드레' 로서 가난한 농민들과 함께 살았으나, 교수 연금은 꼬박 챙겼다. 은퇴한 뒤로는 신비주의적인 사색과 공상적인 사고에 훨씬 더 몰두했다. 뮌처가 벌이던 정치 운동에 충분히 동의하지 않으면서도 그와 은밀히 편지를 주고받았다. 예나에 인쇄소를 세우고는 그곳에서 신학박사의 직함 대신에 '새로운 평신도' 라는 이름으로 경건 서적들을 여러 권 펴냈다. 오를라뮌데의 회중을 설득하여 자신을 비텐베르크의 학문 평의회의 승인 없이 그 교회의 목사로 선출하도록 했으며(그 교회의 목사 임명권은 비텐베르크 학문 평의회가 갖고 있었다), 그 교회에서 제단과 화상들을 철거함으로써 예배에 개혁을 단행했다. 1524년에는 루터의 성찬관에 반대하여 진기한 성찬관을 가르쳤으며, 그로써 종교개혁자들의 평화와 조화를 심각하게 훼손한 불행한 성찬 논쟁에 불을 붙였다. 칼슈타트는 재세례파의 견해에도 동조했다.[49]

그를 오래 참고 지켜보던 루터는 마침내 그를 교정 불가능한 자로 판단하고는 관계를 단절했다.[50] 루터의 동의하에 칼슈타트는 작센에서 추방당했으나(1524), 사상을 철회하고 침묵을 지키겠다는 조건으로 귀환을 허락받았다(1525). 또 한 번 추방당할 상황에 처했을 때는 피신하여서 추방을 면했다(1528). 그는 매우 궁핍한 상태로 독일 전역을 배회했고, 츠빙글리파와 손을 잡았고, 과도한 견해 몇

---

49) 그럴지라도 1526년에 그는 루터와 그의 아내, 멜란히톤과 요나스를 비텐베르크 근처 세르겐 마을에서 태어난 아기의 세례식에 후견인들로 초대했다. 그는 유배지에서 돌아온 뒤에는 매우 비천한 환경에서 살았으며, 빵과 맥주를 팔아 근근이 생계를 유지했다.

50) 루터가 칼슈타트를 비판한 저서들은 다음 문헌에 실려 있다. Walch, X., XV., XX., Erl. ed., LXIV. 384-408. *Wider die himmlischen Propheten* (1525)은 주로 칼슈타트를 겨냥해서 쓴 책이다. 「탁상담화」에서 루터는 칼슈타트와 뮌처를 화육한 귀신

가지를 포기한 채 근실히 살았고, 취리히에서 처음에는 목사로서 안식처를 찾았다가, 바젤로 가서 신학교수가 되었으며(1534-1541), 바젤에 전염병이 창궐할 때 산만하고 괴팍한 인생을 마감했다.

## 69. 뉘른베르크 제국의회(1522-1524). 교황 하드리아누스 6세

이제는 정치 상황에 눈을 돌려, 독일 제국의회가 교회 문제에 어떻게 대처했는가 살펴볼 차례이다.

독일 민족이 갈수록 종교개혁에 동조하고 정치적 혼란도 가라앉지 않자, 루터를 단죄한 교황의 대칙서와 보름스 칙령을 집행하는 것이 점점 더 불가능해졌다. 황제는 독일을 떠나 스페인에 가 있으면서 반란 진압과 코르테스의 멕시코 정복, 프랑스와의 전쟁에 여념이 없었다. 독일은 터키의 진출로 인해 위협을 당하고 있었다. 터키는 이미 베오그라드와 헝가리의 상당 부분을 정복한 상태였다. 이러한 나라의 위기가 개신교의 약진에 이바지했다.

교황청에도 중요한 변화가 발생했다. 1521년 12월 1일에 레오 10세가 죽고, 아무도 예상치 못하게 하드리아누스 6세(1459-1523)가 부재중에 후임 교황으로 선출되었다. 아마도 과거에 그의 제자였던 황제가 막후에서 영향력을 행사한 듯하다.

하드리아누스는 도덕적으로 근실하고 수사의 경건을 지닌 인물이었던 까닭에 전임 교황들의 경박하고 세속적인 모습과 큰 대조를 보여주었다. 그는 네덜란드인으로서 위트레흐트에서 태어났고, 루뱅 대학교에서 신학교수로 재직하다가 스페인로 가서 행정관과 종교재판관을 역임했으며, 인격에 흠결이 없는 사람이었다. 그는 교황 무류설을 공식적으로 부정했으나, 그 점을 제외하고는 정통 도미니쿠스회 수사였으며, 교리 개혁에 반대했다. 루뱅 대학교 재직 시절에 동료 교수들과 함께 연대하여 루터를 단죄했으며, 황제 카를에게 보름스 제국의회에서 루터를 엄격히 다스리라고 조언했다. 그는 교황에 선출되자 맨발로 일체의 허세도 없이 로마로 들어갔다. 매일 새벽에 미사를 드리고, 소박한 식사로 만족

---

들이라고 부른다(Erl. ed., LXI. 91).

하고, 소파 겸 침대에서 잠을 자고, 평상시에는 수사처럼 생활했다. 교황청 재정에 긴축 정책을 시행했고, 성직자들의 부패와 권한 남용을 혹독히 비판했다. 에라스무스와 츠빙글리를 자기 진영으로 끌어들이려고 노력했다. 하지만 그는 가는 곳마다 반대에 부닥쳤다.

이런 상황에서 1522년 3월 23일에, 그리고 다시 11월 17일에 뉘른베르크에서 제국의회가 열렸다. 의장은 황제의 동생인 페르디난트(Ferdinand)였다. 그는 터키의 공세를 막기 위해서 종교 행렬과 공적 기도를 지시했고, 세금을 부과했다. 하지만 군대를 일으키지는 않았다.

하드리아누스는 보름스 칙령을 단행할 것을 요구했고, 루터를 마호메트에 비교했다. 하지만 로마 교황청의 타락상을 놀라울 만큼 솔직하게 털어놓음으로써, 머리에서 발끝까지 철저한 도덕적 개혁을 큰 소리로 요구해온 자신의 발언의 예봉을 무디게 만들었다. 지금까지 교황청이 내부 상황을 그렇게 솔직하게 털어놓은 경우란 없었다.

교황은 자신의 특사 프란체스코 치에레가티(Francesco Chieregati)에게 내린 훈령에서 다음과 같이 썼다. "한동안 교황청에서 가증한 행위들과 권한 남용과 부패가 무수히 있어 왔다는 것을 우리는 알고 있습니다. 한 마디로 모든 것이 악하게 변질되어 있습니다. 부패가 머리에서부터 발끝까지, 교황으로부터 고위성직자들에게까지 두루 퍼져 있습니다. 우리 모두가 바른 길에서 벗어났습니다. 선을 행하는 사람이 한 사람도 없습니다." 그는 개신교의 등장을 고위성직자들의 죄악에 내린 공의로운 심판으로 간주했다. 그러면서 자신에게 주어진 모든 권한을 사용하여 악을 고치고, 교황청을 처음 상태에서 다시 시작하겠다고 약속했다.[51]

황제는 하드리아누스가 자신의 대 프랑스 전쟁과 교회 재산 몰수 계획을 지지해 주지 않았다는 이유로 불만이 많았으나, 교황의 도덕 개혁에는 찬성했다.

교리는 건드리지 않은 채 도덕 면에서만 교회를 개혁하려는 시도는 15세기의

---

51) 참조. Raynaldus, *ad ann*. 1522, Tom. XI. 363에 실린 훈령. 루터는 이 문서에 풍자를 실어 펴냈다. Pallavicino는 하드리아누스가 과장이 심하고 사태를 지혜롭게 파악하지 못했다고 비판한다. 그는 정확한 사태 파악 능력이 "개인의 경건보다 공공의 선에 더 중요한 경우가 많다"고 생각했다. 참조. Hergenröther, III. 43.

대규모 공의회들이 다 해보았다가 실패한 바였다. 하드리아누스는 로마에서 동조 세력을 얻지 못했으며, 자신의 뜻을 성취하기에는 재위 기간이 너무나 짧았다(1522년 1월 9일부터 1523년 9월 14일까지). 그가 독살되었다는 소문이 나돌았으나 소문을 뒷받침할 만한 증거는 없다. 로마는 그의 죽음을 크게 기뻐했으며, 후임 교황 클레멘스 7세(1523-1534)는 취임 즉시 자신의 사촌 레오 10세의 정책을 채택했다.

뉘른베르크에서 열린 제국의회에서는 선제후 프리드리히가 집중 성토를 당했다. 이유는, 그가 비텐베르크에서 루터를 관용했다는 것과, 떡과 포도주를 모두 사용하는 성찬과 사제들의 결혼을 허용했다는 것, 수도원들을 방치했다는 것이었는데, 하지만 프리드리히의 영향력이 워낙 만만치 않았던 까닭에 그에게 불리한 조치를 취하지 못했다. 마침 비텐베르크에서 급진적인 운동들이 진압되었다는 소식이 그의 인상을 좋게 만들었다. 루터의 책들은 뉘른베르크에서 자유롭게 인쇄되고 판매되었다. 그 도시에서 오지안더(Osiander)는 공개적인 설교를 통해서 로마의 적그리스도를 비판했다.

제국의회는 교황에게 보내는 답장에서(2월 8일에 작성되고, 1523년 3월 6일에 칙령으로 출판됨) 보름스 칙령을 단행하기를 거부하고, 일년 안에 독일에서 자유로운 총 공의회를 소집해달라고 요청했다. 루터에 대해서는 침묵을 명했고, 설교자들에게는 기독교 교회의 승인된 책들에 따라 복음을 전하도록 명령했다. 동시에 독일 민족이 교황에게 진정하는 수백 가지 요구 사항을 열거했다.

이 칙령은 절충안이었으며, 교회 문제를 결의하지 않았다. 하지만 종교개혁 진영에 위험을 안기는 일을 피했으며, 그런 점에서는 보름스 칙령과 비교할 때 호의적인 변화였다. 뉘른베르크 제국의회와 칙령을 기점으로 독일은 교황청의 정치적 통제로부터 벗어나기 시작했다. 루터는 회의 결과에 다소 만족을 표시했으나, 설교와 저술을 금지한 조치에 대해서는 불만을 표시하고 복종하지도 않았다.

하지만 칙령의 영향력은 곧이어 발생한 여러 사건들로 인해서 약화되었다.

1524년 1월에 뉘른베르크에서 새로운 제국의회가 열렸다. 교활한 교황 클레멘스 7세를 대리하여 추기경 캄페조(Campeggio)가 참석한 이 의회에서는 보름스 칙령을 단행한다는 결의안이 통과되었다. 비록 "가능한 한"이라는 단서가 붙긴 했지만.

1524년 7월 6일에 교황 대사의 간절한 요청에 따라 오스트리아 대공 페르디난트와 바이에른의 공작들인 빌헬름과 루이스가 독일 남부의 주교 12인과 함께 종교개혁에 대항하여 로마 교회의 신앙을 수호하기 위한 동맹을 결성했다. 다만 교리에 저촉되지 않는 명백한 폐습들은 폐지하기로 결의했다. 황제는 때를 같이 하여 엄격한 칙령을 발행함으로써 그 동맹에 힘을 실어주었다(1524년 7월 27일). 종교개혁 진영으로서는 매우 불길한 사건이 아닐 수 없었다. 이에 1526년 6월에 토르가우에서 헤세의 필립과 작센의 요한이 로마의 동맹을 견제하려는 목적으로 개신교 동맹을 결성했다. 이것은 비텐베르크의 종교개혁자들의 권고를 한 귀로 흘려듣고 체결한 동맹이었다. 개혁자들은 정치 세력이 종교와 결탁하는 것이 선한 효과보다 악한 효과를 낼 것을 크게 우려했으며, 세속 권력을 바라보지 않은 채 오직 하나님의 말씀의 능력만을 의지했던 것이다.

이로써 독일 민족은 두 개의 적대적 진영으로 양분되었다. 이 불행한 분열은 제국의 세력을 약하게 만들었으며, 슈말칼덴 동맹과 삼십년 전쟁의 참혹한 재앙에 원인(遠因)이 되었다. 1525년에 농민전쟁이 일어나 반동 운동에 새로운 힘을 보탰으나 그 효과는 오래가지 못했다.


# 70. 루터와 헨리 8세


루터는 비록 교회와 국가 안에서 발생한 급진적 개신교를 철저히 반대하고 견제했으나, 그렇다고 해서 로마파에게 한 치도 양보할 의사가 없었다. 루터의 이러한 태도는 당시의 혼란한 상황에서 벌어진 두 차례의 매우 사적인 논쟁에서 잘 나타난다. 하나는 성례 문제를 놓고 잉글랜드 왕 헨리 8세와 벌인 논쟁이었고, 다른 하나는 예정과 자유 의지를 놓고 에라스무스와 벌인 논쟁이었다. 두 경우 모두 루터는 비텐베르크의 강단에서 훌륭하게 보여주었던 절제와 중용의 태도를 망각한 채 헤라클레스의 곤봉을 다시 사용했다.

헨리 8세는 카를 5세에게 루터교 이단을 군대의 힘으로 뿌리뽑으라고 촉구했고, 1521년에는 (아마도 자신의 전속사제 에드워드 리의 도움을 받아) 루터의 「바빌론 유수」(*Babylonish Captivity*)를 논박할 목적으로 칠성사(七聖事)를 변호하는 학술적인 글을 썼다. 그는 이 책을 교황 레오 10세에게 헌정했다. 그는 그 종교개혁자를 신성모독자와 사탄의 종으로 불러가며 극단적인 경멸을 퍼부었다. 교권(敎權)으로 자유를 억압하던 과거의 무기를 동원했다. 그는 로마 교회와 갈라선 뒤에도 화체설 교의를 옹호했다. 교황 클레멘스 7세는 이 책이 성령의 도움으로 집필되었으며, 이 책을 읽는 모든 자들에게 면죄가 부여될 것이라고 약속했다. 동시에 헨리에게 '신앙의 수호자'라는 칭호를 수여함으로써 그의 강한 허영심을 채워주었다. 하지만 이 칭호는 이미 전대에 이미 레오가 그에게 수여한 적이 있었다.

헨리 8세를 계승한 영국의 개신교 국왕들은 오늘날까지 이 칭호를 유지하고 있다. 물론 그 의미에 대해서는 사뭇 다른 견해를 지니고 있겠지만. 영국의 군주들은 영국 국교회의 수호자들이자 스코틀랜드 장로교회의 수호자들이며, 이 두 가지 지위에서 로마 교회의 원수들이다.

루터는 잉글랜드 왕을 정식으로 훈계했다(라틴어와 독일어로). 여느 국왕도 들어보지 못한 그런 훈계였다. 그를 "잉글랜드 왕으로서 하나님의 수치(혹은 진노)인 헨리 왕"이라 불렀고, 그에게 심한 독설이 담긴 표현들을 사용했다.[52] 그는 "왕 헨리는 왕들과 제후들보다 더 어리석은 자들이 없다는 속담을 입증하는 데 일조하고 있다"고 말함으로써 은근히 다른 군주들도 폄하한다. 이런 식의 논쟁은 시대의 미숙함이나 분노의 정도 가지고는 정당화할 수 없으며, 헨리보다 루터 본인에게 더 큰 손해를 입혔다. 루터를 아끼던 친구들도 이 점에서만큼은 그를 옳게 여기지 않았다. 하지만 세월이 많이 흐른 뒤에 루터가 브라운슈바이크의 공작 하인리히에게 퍼부은 심한 욕설은 이때 헨리에게 퍼부은 비난보다 더 심했다.

---

52) 특히 그의 독일어 답장에서는 헨리를 '왕관 쓴 당나귀'와 '가련한 바보'라고 불렀을 뿐 아니라, 심지어 '흉악무도한 악당', '뻔뻔스런 거짓말쟁이', '신성모독자' 같은 표현까지 사용했다. "나는 온 세상 앞에 천명하건대, 잉글랜드 왕은 거짓말쟁이이고 신사가 아니다." '신앙의 수호자'라는 헨리의 칭호를 빗대어 놀리기도 했다. 그리스도를 부인하는 교황파라면 그런 수호자가 필요할는지 모르지만, "참된 교회는 인간 수호자를 둘 생각을 하지 않으며, '주를 찾는 자들을 버리지 아니하심이니이다'(시 9:8), '여호와께 피함이 방백들을 신뢰함보다 낫도다'(시 118:8,9)라고 노래한다." 결론부에 가서는 자신의 거친 언사에 대해서 사과하면서, 그 이유를 "이성이 없는 야수들"을 다루어야 하기 때문이라고 밝힌다.

헨리 8세를 종교개혁 진영으로 끌어들일 가능성이 없지 않던 상황에서, 루터는 이해하기 힘든 일관성 없는 태도로 사태를 악화시켰다. 1525년 9월 1일에는 헨리에게 지극히 겸손한 표현을 써가며 자신의 인신 공격을 철회하면서 용서를 구했고(하지만 교리에 대해서는 사과하지 않았다), 그의 명예를 공식적으로 회복해 주겠다고 제의했다. 헨리는 답장에서 왕의 긍지와 조소로써 루터의 제의를 거부하면서, 과거에는 그가 이단이기 때문에 혐오했으나, 이제는 비겁하기 때문에 정말로 경멸한다고 말했다. 헨리는 더 나아가 그가 하나님께 헌신한 수녀를 범했고, 다른 수사들로 하여금 서약을 깨뜨리고 영원한 멸망에 떨어지게 했다고 비난했다. 엠저(Emser)는 루터의 편지와 왕의 답장을 독일어로 펴내면서(헨리의 답장은 작센의 공작 게오르크를 통해 전달됨), 새로운 욕설들과 비방들을 첨부했다(1527). 로마주의자들은 이 논쟁과 공작 게오르크와 주고받은 유사한 서신을 종교개혁에 대한 큰 타격으로 간주했다.

헨리의 답장을 받은 후 루터는 종전의 비판적 어조를 다시 사용했으나 이제는 그것이 쉽지 않았으며, 사태 개선에도 도움이 되지 않았다. 그는 답장을 혹시 에라스무스가 쓰지 않았는지 의심하면서, 에라스무스는 "왕과 그의 모든 어용학자들보다 식견과 글재주가 탁월한 사람"이라고 말했다. 루터는 자신이 헨리에게 자신의 교리 중 어떤 것에 대해서도 철회하겠다고 제의한 적이 없다고 힘주어 부인했다. "내 몸에 숨이 붙어 있는 한, 나는 그런 적이 없다고 분명히 말한다. 나의 이 말이 왕이나 황제나 제후나 마귀의 감정을 해칠지라도 상관없다 …… 간단히 말해서, 나의 교리는 내가 제후들과 왕들뿐 아니라 모든 귀신들에게도 자랑하는 가장 주된 것이다. 그 다음 것인 내 생명과 인격은 죄로 물들어서 자랑할 것이 없음을 나도 넉넉히 안다. 나는 가련한 죄인이며, 나의 모든 원수들이 성인이나 천사라 해도 나는 개의치 않는다. 나는 사도 바울처럼 자랑할 것이 있기도 하고 마음이 겸손하기도 하다(빌 2:3)."

같은 해 12월에, 루터는 왕 헨리를 비판한 첫 저서를 쓰는 것을 기점으로 「세속 권력에 관하여; 세속 권력에 어디까지 복종해야 하는가」라는 중요한 논문을 쓰기 시작했다. 이 논문에서 마태복음 5:39과 로마서 13:1을 근거로 세속 군주가 하늘로부터 받은 권리와 권위를 변호하고, 백성은 그에게 겸손히 복종해야 한다고 주장하면서, 다만 세속적 문제들에만 그리해야 한다고 덧붙인다. 루터는 군주에게 무력으로 저항하는 행위를 금한 반면에, 심지어 자신의 군주에 대해서도 위축되지 않고 진리를 아주 분명하게 말했다. 그는 종교개혁을 진전시키고 정치 혁명을 막는 일에 언론과 출판의 자유를 충분히 행사했다. 결국 종교개혁은 교회의 자유를 위축시켜가면서까지 국가의 지위를 격상시킨 반면에, 로마주의는 국가의 지위를 성직자들의 종의 위치로 전락시켰다.

한 가지 잘못이 다른 잘못을 정당화할 수는 없는 법이다. 그럴지라도 이 종교개혁자가 보인 이런 비굴한 행동을 침소봉대하는 로마 가톨릭 사가들이 반드시 기억해야 할 사실이 있다. 그들이 당대의 가장 위대하고 순수한 인물의 한 사람으로 추앙하는 추기경 폴(Pole)이 교회의 일치에 관한 책에서 잉글랜드 왕 헨리를 루터 못지않게, 아니 그보다 더욱 신랄하게 비판했던 것이다. 루터와 달리 폴은 헨리가 자신의 주군이었고 자신에게 성직을 임명해 준 장본인이었을 뿐 아니라 자신에게 어떠한 비난이나 해를 끼친 적이 없었는데도 그랬다. 반면에 루터는 다만 자신을 변호할 목적으로 헨리를 비판하는 글을 썼으며, 비록 성격이 불같은 점이 있긴 했지만 그래도 마음이 온순하고 관대한 사람이었다.

멜란히톤은 루터가 왕 헨리를 신랄하게 비판한 일에 유감을 표시했다. 그리고 헨리가 종교개혁에 호의를 표시하기 시작했을 때, 그에게 자신의 「신학총론」을 헌정했다(1535). 그는 두 번이나 잉글랜드를 방문해달라는 초대를 받았으나 모두 고사했다.


# 71. 에라스무스


I. ERASMUS: *Opera omnia*, ed. by *Beatus Rhenanus*, Basil. 1540–41; 8 vols. fol.; best ed. by *Clericus* (Le Clerk), Lugd. Bat. 1703–06; 10 tom. in 11 vols. fol. There are several English translations of his *Enchiridion, Encomium, Adagia, Colloquia*, and smaller tracts. His most important theological works are his editions of the Greek Test. (1516, '19, '22, '27, '35, exclusive of more than thirty reprints), his Annotations and Paraphrases, his *Enchiridion Militis Christiani*, his editions of Laur. Valla, Jerome, Augustin, Ambrose, Origen, and other Fathers. His *Moriæ Encomium*, or *Panegyric of Folly* (composed 1509), was often edited. His letters are very important for the literary history of his age. His most popular book is his *Colloquies*, which contain the wittiest exposures of the follies and abuses of monkery, fasting, pilgrimages, etc. English transl. by *N. Bailey*, Lond. 1724; new ed. with notes by

Rev. *E. Johnson*, 1878, 2 vols.   After 1514 all his works were published by his friend John Froben in Basel.

Comp. ADALB. HORAWITZ: *Erasmus v. Rotterdam und Martinus Lipsius*, Wien, 1882; *Erasmiana*, several numbers, Wien, 1882–85 (reprinted from the *Sitzungsberichte* of the Imperial Academy of Vienna; contains extracts from the correspondence of Er., discovered in a Codex at Louvain, and in the Codex Rehdigeranus, 254 of the city library at Breslau, founded by Rehdiger).   HORAWITZ and HARTFELDER: *Briefwechsel des Beatus Rhenanus*, Leipzig, 1886.

II. Biographies of Erasmus by himself and by Beatus Rhenanus, in vol. I. of the ed. of Clericus; by PIERRE BAYLE, in his "Dictionnaire" (1696); KNIGHT, Cambr. 1726; JORTIN, Lond. 1748, 2 vols.; 1808, 3 vols. (chiefly a summary of the letters of Erasmus with critical comments); BURIGNY, Paris, 1757, 2 vols.; HENKE, Halle, 1782, 2 vols.; HESS, Zürich, 1789, 2 vols.; BUTLER, London, 1825; AD. MÜLLER, Hamburg, 1828 (*Leben des E. v. Rotterdam . . . Eine gekrönte Preisschrift;* comp. the excellent review of ULLMANN in the "Studien und Kritiken," 1829, No. I.); GLASIUS (prize essay in Dutch), The Hague, 1850; STICHART (*Er. v. Rotterd., seine Stellung zur Kirche und zu den kirchl. Bewegungen seiner Zeit*), Leipz. 1870; DURAND DE LAUR (*Erasme, précurseur et initiateur de l'esprit moderne*), Par. 1873, 2 vols.; R. B. DRUMMOND (*Erasmus, his Life and Character*), Lond. 1873, 2 vols.; G. FEUGÈRE (*Er., étude sur sa vie et ses ouvrages*), Par. 1874; PENNINGTON, Lond. 1875; MILMAN (in *Savonarola, Erasmus, and other Essays*), Lond. 1870; NISARD, *Rénaissance et réforme, Paris*, 1877. — Also WOKER: *De Erasmi Rotterodami studiis irenicis.* Paderborn, 1872.   W. VISCHER: *Erasmiana.  Programm zur Rectoratsfeier der Univers. Basel.* Basel, 1876. " Erasmus " in Ersch and Gruber, vol. XXXVI. (by ERHARD); in the " Allg. Deutsche Biogr." VI. 160–180 (by KÄMMEL); in Herzog,[1] IV. 114–121 (by HAGENBACH), and in Herzog,[2] IV. 278–290 (by R. STÄHELIN); in the " Encycl. Brit.," 9th ed., VIII. 512–518.   SCHLOTTMANN: *Erasmus redivivus*, Hal. 1883.   Comp. Lit. in § 72.

잉글랜드 왕 헨리 8세와 루터가 벌인 논쟁은 에라스무스와 종교개혁 사이에 그보다 훨씬 더 심각한 논쟁과 공개적인 분열이 생기는 원인이 되었다. 이것은 인문주의가 개신교에서 이탈하는 것을 뜻했다.


## 에라스무스의 위상

로테르담의 데시데리우스 에라스무스(Desiderius Erasmus, 1466–1536)는 16세기 초반의 학자들 사이에 왕과 같은 존재였다.[53] 천부적인 재능과 고전과 성경

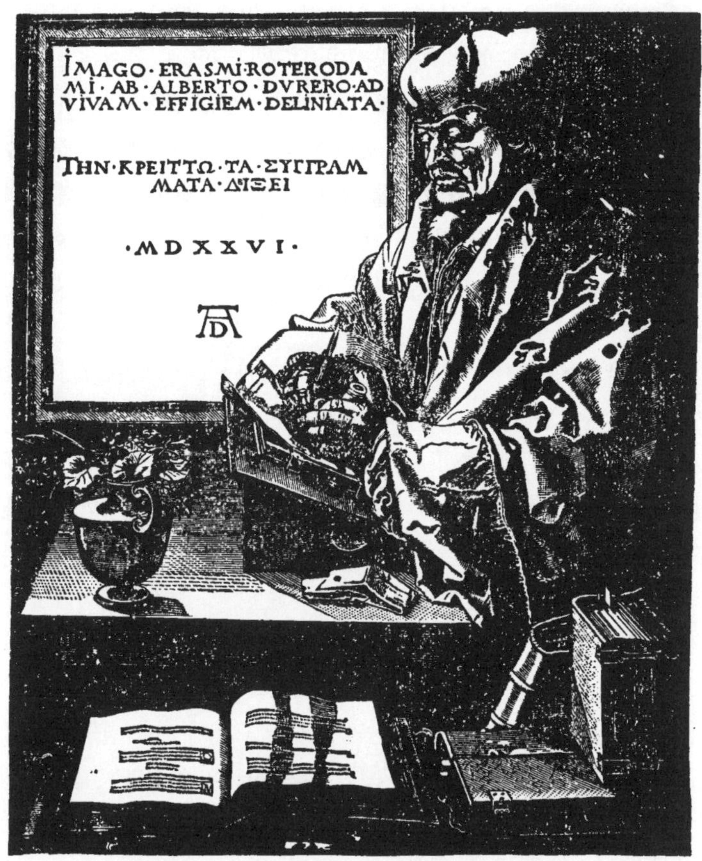


ERASMUS.    From the Portrait by A. Dürer.

을 아우르는 해박한 지식, 살아 있는 상상력, 예리한 기지, 세련된 취향을 겸비

---

53) 중복된 단어로 된 그의 이름은 아버지의 신앙명 헤라르드(Gerard〈Roger〉) 혹은
헤르하르드(Gerhard = Gernhaber 혹은 Liebhaber), 즉 '사랑받은 자'라는 이름을 같
은 뜻의 중세 라틴어 데시데리우스와 '사랑스러운'이란 뜻의 헬라어 에라스미오스에
서 파생된 에라스무스(혹은 그보다는 에라스미우스)로 번역한 것이다. 에라스무스는
커서 헬라어를 익힌 뒤에 에라스무스라는 이름이 잘못 표기된 것임을 알고는, 자신의
대자(代子)인 출판업자 프로벤(Froben)의 아들에게는 요한 에라스미우스(에라스미올
루스)라는 이름을 지어주었다. 그에게 자신의 「대화록」(Colloquy) 개정판(1524) 헌사
에서, 이 책을 "에라스미온, 거룩한 것들을 지키는 뮤즈들의 기쁨"이라고 부른다.

한 인물이었다. 당대 최고의 교양인이었으며, 독일에서부터 이탈리아와 스페인 까지, 잉글랜드에서 헝가리까지 유럽 전역의 학자들로부터 존경을 받는 학계의 지도자였다. 가톨릭 교회가 외적인 통일을 이루고 있던 상황과, 하나의 학문 언어를 매개로 사상을 쉽게 교류할 수 있던 상황이 그가 차지했던 독특한 지위를 다소나마 설명해 준다. 이전과 이후를 통틀어 학문 세계에서 그만큼 이의 없이 권위를 인정받은 사람은 없었다. 저명한 학자들이 훨씬 더 많고, 교회가 적대적 진영들로 분열되어 있는 오늘날은 그가 누린 것과 같은 권위를 누린다는 것이 불가능하다.[54]

에라스무스는 중세에서 근세로 이행하는 시점에 인문주의자들과 종교개혁의 선구자들의 선두에 찬란히 빛을 발하며 서 있다. 그가 맡은 대 과업은 고전과 기독교 고대의 정신을 되살리고, 그것이 교회 안에서 개혁의 원동력이 되게 하는 것이었다. 그는 자기보다 더 강한 손을 요구하는 원대한 건설 사역을 위해 길을 닦았다. 그에게는 새로운 질서를 창의적으로 일궈내고 조직해내는 능력이 없었다. 그의 생애는 1524년까지 해당하는 제1기에는 진보적이고 개혁적이었고, 생을 마감한 1536년까지 해당하는 제2기에는 보수적이고 반동적이었다.

에라스무스는 당대의 누구보다도 교회가 종교개혁을 준비하는 데 크게 이바지했는데, 그 방법은 한편으로는 고전과 성경과 교부에 대한 연구를 자극한 것이고, 다른 한편으로는 성직자들의 부패상과 수사들의 무지와 편협성을 풍자적으로 폭로한 것이었다. 그러나 그는 중도에 멈췄고, 한동안 주저한 끝에 루터에 대해 공식적으로 선전포고를 함으로써 자신의 명성과 학자들 사이에 진행되고 있던 운동에 큰 손상을 입혔다. 그는 개혁에 반대한 개혁자였으며, 로마와 손을 잡았다. 이로써 양 진영으로부터 존경과 신망을 잃었다. 만약 그가 헬라어 신약 성경만 발행해 놓고서 종교개혁이 일어나기 전 해인 1516년에 세상을 떠났다면 그의 명예에 차라리 도움이 되었을 것이다. 에라스무스를 정당하게 평가하려면 그가 걸었던 생애를 되짚어 봐야 한다. 슈타우피츠나 로이힐린이나 에라스무스 같이 전환 시대를 살았던 사람들은 새 시대를 개척한 대범한 지도자들 못지않게

---

54) 드러먼드 1세(II. 337)는 에라스무스를 "그 시대 최고의 등불이자 만대의 가장 위대한 학자"라 부른다. 그러나 그의 학문은 헬라어와 라틴어로 된 문헌들만 포함했다.

긴요한 존재들이다. 그들은 세례 요한을 최고의 표상으로 두고 있는 부류에 속한다. 개신교 신자들은 최초의 헬라어 신약 성경 편집자인 에라스무스에게 이루 말할 수 없이 큰 빚을 지고 있다는 사실을 망각해서는 안 된다. 그 성경이 발행되었기에 루터와 틴들이 생명의 말씀을 원어를 토대로 번역하고, 종교개혁에서 가장 귀중하고 항구적인 그 만물의 근원으로 사람들을 이끌 수가 있었던 것이다. 에라스무스의 판본은 본문 비평학이 태어나기 전에 서둘러 제작되었으나, 심사숙고 끝에 발행된 콤플루툼 학파 대역성경(the Complutensian Polyglot)의 발행을 예기했고, 널리 받아들여진 본문의 토대가 되었다. 에라스무스의 해석학 견해들은 오늘날도 주석가들의 주목을 받으며, 실제로 그 만한 가치가 있다. 우리가 그에게 빚진 것이 또 하나 있는데, 그것은 교부들, 특히 그가 가장 동질성을 느낀 제롬의 글들을 학문적 역량을 발휘하여 최초로 편집해낸 것이다. 그가 펴낸 이 판본들을 무기로 삼아, 종교개혁자들은 사도 시대의 교부들보다 니케아 시대의 교부들에 항상 근거를 두고 주장을 펴온 로마주의자들과 교부학 논쟁을 벌일 수 있었다.

에라스무스는 로이힐린과 울리히 폰 후텐과 손잡고 활동했으나, 두 사람보다 훨씬 더 크고 광범위한 영향을 끼쳤다. 세 사람 모두 수도원 제도와 반계몽주의(obscurantism)를 혐오했다. 로이힐린은 히브리어 연구를, 에라스무스는 헬라어 연구를 되살려 놓았다. 두 언어에 대한 연구는 성서학 발전에 너무나 필수적인 것이었다. 로이힐린은 조카 멜란히톤을 비텐베르크로 보냈으나, 자신은 선량한 가톨릭 신자로 생을 마쳤다. 후텐은 급진적이고 과격한 종교개혁자가 되었고, 그 이유로 에라스무스와 절교하게 되었으며 — 에라스무스는 후텐에게 친구가 몹시 절실할 때 그를 버렸다 — 최후를 수치스럽게 마쳤다. 에라스무스는 두 사람이 죽은 뒤까지 살아남아 개신교에 대항했다.

그럴지라도 에라스무스가 배교를 했다거나 심지어 표리부동했다고 비판할 수는 없다. 그는 개신교 신자인 적이 없었고, 그렇게 될 생각을 품은 적도 없었다. 분열과 불화가 그의 프로그램에는 들어 있지 않았다. 처음부터 끝까지 그는 교회 내에서, 교황제의 울타리 안에서 개혁을 하려고 노력했다. 그러나 새 술이 발효하면서 낡은 부대를 터뜨렸다. 그가 시작시켜 놓은 개혁이 그를 추월하여 결국 그를 뒤에 남겨 놓았다. 하지만 그는 몇 가지 사상에서 시대를 선도했으며, 개신교의 좀 더 근대적인 단계를 예기했다. 그는 종교개혁의 선구자였던 것 못지않게 합리주의의 선구자이기도 했다.

## 에라스무스의 생애 개략

에라스무스는 네덜란드의 사제 헤라르드(Gerard)와 의사의 딸 마가렛이 동거하며 낳은 자녀였다. 그는 두 사람이 마지막으로 낳은 자녀였으나, 그들의 외아들은 아니었다.[55] 그는 1466년 혹은 1467년 10월 27일에 로테르담에서 태어났다. 어릴 적에 위트레흐트 주교좌성당 학교에서 교육을 받은 뒤 고전학으로 명성을 떨치던 데벤테르 아카데미에서 공부했으며, 대학 시절부터 암기력을 비롯한 여러 가지 탁월한 재능을 보이기 시작했다. 독서가 그에게 가장 큰 낙이었다. 열두 살에 벌써 호라티우스와 테렌티우스를 암기할 정도였다.

어머니를 여읜 뒤에 후견인들에게 유산을 강탈당한 그는 원치도 않는 헤르조겐부쉬 수도원에 들어갔다가, 후에 로테르담에서 몇 km 떨어지지 않은 구다 근처 스테인(에마우스) 수도원으로 거처를 옮겼다.

이렇게 강제로 들어가게 된 수도원에서 5년을 외롭게 보내면서(1486–1491) 수사들의 생활에 심한 혐오감을 갖게 되었다. 울리히 폰 후텐도 비슷한 경험을 통해 수도원주의에 대해 부정적인 견해를 지녔다. 루터에게는 수도원 생활이 자발적인 선택이었고, 새로운 신앙 생활의 요람이 되었던 것과 사뭇 대조적이다. 에라스무스는 고전 공부에서 큰 위안을 얻고서 스승 없이 은밀한 본능의 충동에 이끌려 공부를 해나갔다. 수도원에서 지내던 이 시절부터 그는 시와 산문, 그리스도와 성모에게 바치는 송가, 웅변을 경멸하는 자들에게 퍼부은 독설을 많이 남겼는데, 이런 글들을 통해서 부패한 세상과 수사들의 악을 자세히 기록한다.

에라스무스는 1491년에 자신의 인색한 성직록 수여권자(patron)인 캉브레의 주교에 의해 감옥 같은 수도원 생활에서 풀려나 1492년에 사제 서품을 받았다. 그 뒤 성직을 유지하여 독신으로 남았으나, 소교구를 맡아 목회하지는 않았다.

이후로는 파리 대학교와 오를레앙에서 연구에만 전념했다. 그가 좋아한 저자들은 고전 저자들 중에서 키케로 · 테렌티우스 · 플루타르크 · 루키아노스, 교부

---

55) 그의 아버지는 에라스무스가 태어난 뒤에 사제 서품을 받았다. 에라스무스에 따르면 그의 아버지는 마가렛과 함께 살다가, 두 사람의 결혼에 반대하던 부모에게 사랑하는 마가렛이 죽었다는 거짓 소식을 전해듣고는 사제가 되었다고 한다.

들 중에서 제롬, 주석가 라우렌티우스 발라였다. 이때부터는 정규 급여에 의존하지 않고 학생들을 가르치고 부유한 친구들에게 지원을 받아 독자적으로 연구와 집필 활동을 해나갔다. 가난하던 시절에는 자기 비하와 자찬이 섞인 편지로 도움을 청했고, 유명해진 다음에는 고위성직자들과 군주들에게 후한 선물과 연금을 받았으며, 그래서 죽을 때 7천 다카트를 유산으로 남겼다. 1516년 이후에는 스페인 왕(카를 5세)의 고문이라는 지위로 4백 길더의 연봉을 받았다. 그 밖에도 소소한 연금을 부정기적으로 받았으며, 시대가 워낙 빈곤했던 까닭에 연금을 받지 못하는 때도 가끔 있었다. 당시에는 저자들이 출판사나 인쇄소로부터 인세나 원고료를 받는 경우는 거의 없었고, 학문 후원자들과 원고 청탁자들이 알아서 주는 기부금을 받아 생활했다. 하지만 에라스무스의 주된 출판업자 프로벤(Froben)은 에라스무스를 매우 후하게 대했다. 덕분에 에라스무스는 제롬처럼 광범위한 지역을 두루 여행하면서 교회와 국가의 주요 인사들을 만나 교제를 나누었다.

에라스무스는 잉글랜드를 두 번 방문했다. 1498-1500년에 그를 각별히 존경하여 후하게 지원해준 제자 마운트조이(Mountjoy) 경의 초대를 받아 방문한 것이 첫 번째이고, 그 뒤 1510년에도 다시 방문했다. 그 나라에 갔을 때 마음이 통하는 토머스 모어 경(Sir Thomas More), 세인트 폴 주교좌성당 수석사제 콜릿(Dean Colet), 대주교 워럼(Warham), 추기경 울지(Wolsey), 주교 피셔(Fisher)와 교제를 시작하게 되었고, 국왕 헨리 7세와 훗날 헨리 8세가 된 왕세자 헨리를 알현했다. 콜릿은 그를 만난 자리에서, 신학이 스콜라주의에서 성경으로, 메마른 교의에서 실제적인 지혜로 돌아가야 한다고 당부했다.[56] 그는 이 목적으로 옥스퍼드 대학교에서 헬라어를 익히는 데 더욱 치중했으나, 라틴어처럼 능숙하게 구사할 정도까지는 되지 못했다. 에라스무스는 잉글랜드를 두 번째 방문했을 때 레이디 마가렛 대학의 신학교수와 케임브리지 대학교의 헬라어 강사로 임명받았다. 케임브리지 퀸스 칼리지는 그가 기거하던 방을 여전히 전시하고 있다. 그의 강의를 수강하던 학생 수는 얼마 되지 않았고, 따라서 강의 수당도 보잘것없었다. 하지만 당시에 런던에 사는 친구에게 쓴 편지에서 "나는 여전히 최선을 다

---

56) J. H. Lupton, *A Life of John Colet, D.D., Dean of St. Paul's and Founder of St. Paul's School*, London, 1887.

해 학문의 내실을 기하기 위해 노력하고 있다”는 말로 자신의 심경을 토로했다. 그는 자신에게 그토록 친절을 베풀어 준 잉글랜드를 기회가 생길 때마다 칭송했으나, 맥주와 포도주 맛이 형편없고, 도버에서 강탈을 당했다고 불평했다. 국외로 나가는 자는 일정한 소액권 이상을 소지할 수 없다는 법률에 따라 도버의 세관에서 돈을 모두 압수당했던 것이다.

잉글랜드를 두 번째 방문하기 전 3년 동안(1506–1509)은 이탈리아에서 지내면서 르네상스의 샘에 흠뻑 몸과 마음을 적셨다. 토리노 대학교에서 신학박사 학위를 받았고, 베네치아·파두아·볼로냐·로마에서 한동안 머물렀다. 그리스와 로마 고전 작품들을 편집하고 일부는 직접 번역했으며, 베네치아의 마누티우스 알두스 출판사를 감독했다. 고대의 지식 세계로 깊이 들어가 고향처럼 편히 지냈다. 그는 베네치아를 세계에서 가장 웅장한 도시라고 불렀다. 그러나 이탈리아의 아름다운 풍광과 알프스 산맥의 위용 앞에서 루터만큼 깊은 인상을 받은 것 같지 않다. 에라스무스는 적어도 그 점에 관해서는 아무 말도 하지 않는다.

잉글랜드를 마지막으로 방문하고 돌아온 뒤에, 에라스무스는 브뤼셀과 앤트워프, 루뱅에서 차례로 지냈다(1515–1521). 바젤을 자주 방문했으며, 1521년에는 프랑스와 독일의 국경 지대에 자리잡은 스위스의 이 유서 깊은 도시를 항구적인 고향으로 삼았다. 이 도시에서 여러 해를 지내면서 유럽 최고의 출판사를 일궈낸 친구 겸 출판업자인 요한 프로벤의 편집자와 고문으로 활동했다. 바젤은 종교개혁이 단행된 이래로 1529년까지 중립을 지켰다. 바젤의 이러한 정치적 입장이 에라스무스의 위치와 취향에 잘 맞았다. 그곳 기후와 사회도 마음에 들었다. 바젤의 주교와 시장은 그를 깍듯이 대했다. 그 도시의 대학교는 전성기를 구가하고 있었다. 에라스무스는 그 대학교에서 그저 공립 교수들 가운데 하나로 있지 않고, 비텐바흐(Wyttenbach)·카피토(Capito)·글라레아누스(Glarean)·펠리칸(Pellican)·아머바흐(Amerbach)와 폭넓은 교제를 나누었다. 그는 친구에게 쓴 편지에서 이렇게 말했다. “이곳 생활은 마치 매우 탁월한 학자들을 많이 소장해 놓은 최상의 박물관에 와 있는 것 같은 인상을 준다. 교수들이 다 라틴어와 헬라어를 알고, 대부분이 히브리어도 알고 있다. 어떤 교수는 역사에, 다른 교수는 신학에 정통하고, 각각 수학과 고전과 법학에 정통한 교수들이 포진하고 있다. 이런 균형과 조화를 이룬다는 것이 얼마나 어려운 일인지 자네도 잘 알 것이다. 적어도 나는 이러한 대학교를 만나본 적이 없다. 학문 풍토만 훌륭한 게 아니라, 사람들이 다 솔직하고 따뜻하고 서로를 배려해 준다! 모두가 하나의 마음과 하나의 영혼만 가지고 있는 것 같은 느낌이다."

에라스무스는 널리 알려진 명성에 힘입어 여러 나라의 지인들과 편지를 주고받았다. 그리고 그의 편지글들과 저서들은 매우 광범위한 지역에서 읽혔다. 「우신예찬」(*Praise of Folly*)은 불과 몇 달만에 7판을 발행했으며, 그의 생시에 적어도 27판을 기록했다. 그의 「대화록」(*Colloquies*)은 파리의 서적상이 2만4천 부를 발행했다. 에라스무스는 가는 곳마다 개선 영웅의 대접을 받았다. 여러 대도시들은 그가 방문할 때 사절단을 내보내 의전을 갖추어 그를 영접했다. 한 마디로 왕자와 같은 대우를 받았다. 학자들과 주교들과 추기경들과 왕들과 교황들이 그에게 존경을 표시하고 선물을 보냈으며, 더러는 연금을 주기도 했다. 시온의 추기경 자리를 로마에 거주하는 것을 조건으로 산해진미와 연봉 5백 다카트의 파격적인 대우로 제의받기도 했다. 교황들인 율리우스 2세와 레오 10세에게 총애를 받아, 학문 활동에 풍성한 후원을 받았다. 율리우스 2세는 에라스무스를 수사 서약에서 풀어주었고, 레오 10세는 그를 로마로 초대하여 만약 그곳에 남아 주기만 한다면 원하는 것을 다 해주겠다고 말했다. 교황 하드리아누스 6세는 루터 이단에 대처하는 방법에 대해서 그에게 자문을 구했다(1523). 교황 클레멘스 7세는 에라스무스의 편지에 대한 답장과 함께 2백 플로린을 하사했다. 교황 파울루스 3세는 에라스무스가 루터를 비판해 준 데 대한 대가로 추기경직을 제의했으나(1536), 에라스무스는 노령을 이유로 고사했다.

인문주의자들은 한 목소리로 에라스무스를 극찬했으며, 거의 숭배하다시피 했다. 당대 라틴 시인들의 최고봉이었던 에오반 헤세(Eoban Hesse)는 그를 '신적 존재'라 불렀으며, 그를 직접 만나기 위해서 에르푸르트에서 홀란드까지 걸어서 일종의 순례를 했다. 유스투스 요나스(Justus Jonas)도 같은 행동을 했다. 츠빙글리는 그가 바젤에 있을 때 그를 방문했으며, 평소 잠자리에 들기 전에 그의 저서를 얼마간이라도 읽곤 했다. 에라스무스에게 편지를 받는다는 건 행운이었고, 직접 만나 대화를 나누는 건 큰 사건이었다. 에라스무스가 아닌 다른 사람이었다면 이러한 영웅 숭배의 해악을 피할 수 없었을 것이다. 그러나 이러한 찬사와 존경은 주변에 산재한 대적들의 비판으로 인해 반감되었다. 비판도 그만큼 많고 신랄했던 것이다. 그들 가운데는 스페인의 스투니카(Stunica)와 카란자(Caranza), 잉글랜드의 에드워드 리(Edward Lee), 카프리의 왕자, 추기경 알레안더(Aleander), 루뱅과 파리의 스콜라 신학 지도자들, 그리고 무식한 거대한 수사 집단이 있었다.

에라스무스는 말년에 가장 친하고 편한 친구 요한 프로벤과 사별하는 큰 아픔을 겪었다(1527). 그에 대한 기억을 절절한 심정으로 표현한 편지가 남아 있다. 프로벤과 사별한 것보다 그의 마음을 더 무겁게 내리누른 것은 주변 지역에서 종교개혁이 크게 약진하고 있는 현실이었다. 청년 시절과 장년 시절에 품었던 낙관적 견해가 이제는 우울하고 불만에 가득 찬 비관주의에 자리를 내주었다. 그는 루터가 일으킨 비극이 결석(結石)보다 더 심한 고통을 준다고 말하면서, 자신의 심경을 이렇게 털어놓는다. "이렇게 늙은 나이에 도처에서 투쟁과 폭동이 난무하는 난세에 빠져들다니 참 기구한 운명입니다." 또 다른 편지에서는 다음과 같이 쓴다. "이 새로운 복음은 새 유형의 인간들을 만들어내고 있습니다. 거짓말쟁이와 아첨꾼처럼 염치가 없고 위선적이고 타락한 이 자들은 서로 화합하지 못할 뿐 아니라 다른 사람들과도 섞이지 못하고, 어디서나 공격과 선동을 일삼으며, 종잡을 수 없이 떠들어대서, 그들에게서 벗어날 수 있는 도시가 있다면 어디라도 당장 그곳으로 이사하고 싶을 정도로 너무나 혐오스럽습니다." 그가 마지막에 남긴 편지들은 이렇게 하릴없이 토로하는 탄식 일색이다.

그는 한때 친구이자 동료였던 오이콜람파디우스의 사역을 통해 개신교가 바젤에서 소란스러운 방식으로 승리를 거두는 상황을 괴로운 심정으로 지켜보았다. 하지만 그 개혁자와 마지막으로 만나 따뜻하고 진지한 대화를 나누면서 그에게 신뢰감을 갖게 되었다. 바젤 시 당국자들은 에라스무스를 방해하지 않고 가만히 놔두었다. 하지만 그는 결국 바덴에 있는 로마 가톨릭 도시 프라이부르크로 이사했으며(1529), 이사하면서 바젤이 큰 복을 받고, 다시는 자신과 같은 우울한 객을 받아들이지 말기를 빌어주었다. 프라이부르크로 이사한 그는 그곳에서 가옥을 구입하여 6년을 살면서 도시 사람들에게 각별히 존경을 받았으나 행복을 느끼지 못했으며, 결국 네덜란드의 섭정 여왕의 권유를 받아들여 고향으로 돌아갔다.

귀향 길에 오른 그는 1535년 8월에 바젤에 들러 제롬 프로벤의 집에 머물면서 오리게네스의 저서를 펴내는 작업을 둘러봐 주었다. 이것이 그의 마지막 작업이었다. 병에 걸려 자리를 보존하게 된 그는 1536년 7월에 결석과 통풍에다 이질까지 겹쳐서 결국 일흔의 나이에 세상을 떠났다. 눈을 감는 순간까지 의식과 특유의 유머 감각을 잃지 않았다. 세 친구 아머바흐와 프로벤, 에피스코피우스가 임종을 맞은 그를 찾아왔을 때, 그는 욥의 세 친구 이야기를 꺼내면서, 그들도 욥의 친구처럼 옷을 찢고 재를 뒤집어 써야 하는 게 아니냐고 농담을 던졌다. 그는 사제도 없이, 따라서 교회의 의식도 없이 숨을 거두었으나(절망의 뜻이 담긴 라틴 수사들의 표현대로 '십자가도 없고, 빛도 없이, 하나님도 없이'), 죽기 전에 그리스도께 간절히 자비를 구했다. "예수님, 자비를 베풀어 주옵소서. 주님, 저를 건져 주옵소서. 주님, 저를 잠들게 해주옵소서. 주님, 제게 자비를 베풀어 주옵소서." 이 말을 몇 번이고 되뇌이다가, 마침내 숨을 거두었다.

1536년 2월 12일자로 작성해 둔 유서에서, 에라스무스는 자신의 재산을 프로벤과 레나누스, 그리고 그 밖의 친구들에게 물려주었으며, 나머지는 가난한 노인들과 유망한 청년 교육을 위해 내놓았다.[57] 그의 장례식에는 로마 교회와 개신교 양 진영의 저명 인사들이 참석했다. 시신은 바젤의 개신교 교회당에 안장되었으며, 지금도 그곳에 그의 기억이 간직되어 있다.

에라스무스는 키는 작았으나 외모는 준수했다. 몸이 약했고, 발끈하는 기질이 있었고, 깨끗한 피부에 금발 머리, 주름진 이마, 파란색 눈동자, 밝고 상냥한 목소리를 지니고 있었다. 얼굴에는 학자다운 깊은 사려와 신중함이 배어 있었다. 행동에는 후덕한 기품과 여유가 있었다. 베아투스 레나누스(Beatus Rhenanus)는 "그의 품행과 말투가 세련되고 붙임성 있고 사람들의 마음을 사로잡기까지 했다"고 말한다.

에라스무스는 중세 유럽 학자들의 공용어이던 라틴어로 말하고 글을 썼다. 정확도에서는 고전에 미치지 못했으나, 라틴어를 쉽고 세련되고 효과적으로, 한마디로 살아 있는 언어로 다루었다. 문체는 키케로에 가까웠으나, 제롬의 교회 어휘로 다듬어졌다. 말을 가장 잘 하는 법을 다룬 「키케로니아누스」(*Ciceronianus*, 1528)라는 대화록에서 그는, 키케로를 숭배하고 기독교적 주제를 회피하고 이름들과 직함들을 이교 신화에서 빌려다 쓰던 현학적인 반(半)이교도들, 주로 이탈리아인들을 조소한다. 하지만 키케로를 매우 존경했으며, "그가 지금은 천국에서 평화롭게 살고 있기를" 바란다고 말했다. 독일어나 영어나 이탈리아어는 배우지 않았으며, 프랑스어와 심지어 모국어인 네덜란드어조차

---

57) Drummond의 II. 338-340에 전문이 실려 있다.

조금밖에 하지 못했다.

에라스무스는 신경이 매우 예민한 사람이었다. 공기가 조금만 건조해도 얼굴이 달아올랐다. 독일의 무쇠 난로 곁에 오래 있지 못했으며, 벽난로로 교체해 줄 것을 요구했다. 절제하지 못하는 것을 그는 끔찍이 싫어했다. 금식일에 생선을 절대로 먹지 않았다. 금식일에 생선 냄새만 맡아도 앓아 누웠다. 본인의 말대로 그는 심장은 가톨릭이었으나 위장은 루터파였다. 햇빛 아래서든 밤의 등불 아래서든 안경을 끼지 않았으며, 그래서 많은 사람들은 평생 그렇게 책을 많이 봤는데 어째서 시력이 나빠지지 않았는지 의아해했다. 노인이 되었을 때도 지팡이를 짚지 않고 꼿꼿하게 당당하게 서서 걸었다. 좋아하던 운동은 승마였다.[58] 여행할 때는 대체로 시종 한 사람을 거느린 채 말을 타고 다녔으며, 셔츠 한 벌과 잘 때 쓰는 모자, 기도서를 바랑에 넣고 안장에 묶어 가지고 다녔다. 죽음은 말만 들어도 몸을 움츠렸으며, 자기에게는 순교자가 될 만한 자질이 없고, 혹시 시련의 때가 오더라도 베드로처럼 처신하게 될 것 같다고 말했다. 아이들을 몹시 좋아했고, 가난한 사람들의 딱한 형편을 그냥 지나치지 못했다.

## 에라스무스의 신학 사상

에라스무스는 독일과 영국의 대다수 인문주의자들과 마찬가지로 진실하고 생각이 깨인 기독교 신자였으며, 이 점에서 프랑스와 이탈리아의 경박하고 신앙이 없던 인문주의자들과 달랐다. 교황청의 총애를 받던 카프리의 왕자 알베르투스 피우스(Albertus Pius)에게 거룩한 것들을 웃음거리로 만들었다는 비난을 받았을 때, 에라스무스는 이렇게 대답했다. "거룩한 것들을 웃음거리로 만드는 일이라면 우리보다 이탈리아에 사는 당신의 계층 사람들에게서, 그리고 당신이 입이

---

58) 에라스무스는 말 한 필을 선물로 보낸 캔터베리 대주교 워럼에게 쓴 감사의 편지에서 그 동물에 관해 재미있게 묘사한다. "보내주신 말을 잘 받았습니다. 준수하지는 않으나 그래도 좋은 짐승입니다. 대죄를 하나도 짓지 않았으니까요. 다만 닥치는 대로 먹어치우고 한없이 게으른 것만 빼면 말입니다. 선량한 고해신부가 갖추어야 할 덕목을 모두 갖추고 있습니다. 충직하고 신중하고 겸손하고 기품이 있고 침착하고 정숙하고 조용하고 뇌물 받는 일도 없고 발길질하는 일도 없습니다." 말을 구입하도록 돈을 보낸 폴리도레 비르길리우스(Polydore Virgil)에게는 이렇게 답장을 보냈다. "말 타는 사람을 치료할 돈을 따로 보내주시기를 바랍니다." Op. III. 934.

닳도록 칭송하는 로마에서 훨씬 쉽게 찾을 수 있을 것입니다. 본인은 그런 사람들과 한 식탁에 앉아 있는 것조차 견딜 수 없습니다." 그는 탁월한 학문적 역량과 고전 지식을 기독교 신앙을 위해 온전히 사용했다. 성경을 하나님의 계시로 숭엄하게 생각하고서 근실히 연구했다. 하나님의 말씀을 신학과 경건의 참된 원천으로 드높인 점에서 루터를 예기했다. 오이콜람파디우스는 자신이 에라스무스에게서 "성경에는 기독교 학문에 관한 것 외에는 아무것도 발견할 수 없음"(nihil in sacris scripturis praeter Christum quaerendum)을 배웠다고 고백했다.

에라스무스는 교회의 폐습들을 예리하게 관찰하되, 그것을 평화로운 방법으로 개혁하기를 힘썼다. 신학을 스콜라주의의 무익한 사변과 경박한 호기심에서 성경의 단순함으로 되돌려 놓고 싶어했고, 내면적이고 영적인 경건을 장려했다. 형식과 궤변을 놓고 스콜라 학자들이 벌이던 어리석고 경박한 논쟁들 — 예를 들면 하나님께서 여성이나 당나귀나 오이나 부싯돌의 형태를 취하실 수 있는지, 성모 마리아가 여러 나라말을 배웠는지, 부활 후에도 먹고 마시게 되는지 따위의 논쟁들 — 을 신랄하게 비판했다. 수사들과 성직자들의 악습과 어리석음, 무지와 미신을 들춰냈다. 심지어 교황제에도 비판의 화살을 겨누었다. 1523년에 그는 이렇게 썼다. "나는 로마 교구의 수위권이 폐지되는 것을 바라지 않지만, 로마 교구가 복음 신앙을 진작하려는 모든 노력을 지지하고 뒷받침하는 방향을 취하기를 바란다. 교황청은 지난 오랜 세월 동안 보여온 행태로써 그리스도의 교훈에 명백히 모순되는 것들을 노골적으로 가르쳐 왔기 때문이다."

동시에 에라스무스는 죄와 은혜의 교리들을 깊이 깨닫는 통찰력이 부족했고, 자신이 불평하고 비판한 폐습들을 바로잡기 위한 적극적인 방법을 제시하지 못했다. 루키아노스에 필적하는 조소와 풍자의 위험한 힘을 사용하면서 가끔 신성 모독의 경계에 근접했다. 더욱이 결정적으로 그에게는 회의주의적인 기질이 있었으며, 만약 그가 오늘날 활동했다면 온건한 합리주의자가 되었을 것이다.

에라스무스는 성경에 나오는 인간의 환경들과 상황들 속에서 어려운 점들과 차이점들을 비평적 역량을 발휘하여 바라보았다. 헬라어 신약 성경을 편집하면서 세 증인에 관해 말하는 요한일서 5:7(후대에 첨가된)을 삭제했으며, 제3판을 발행할 때 항의를 받고서야 비로소 그 구절을 삽입했다. 만약 그 구절이 포함된 사본을 단 한 권이라도 발견하면 개정판에 그것을 첨가하겠다고 경솔히 약속했던 것이다.[59] 그는 간음하다 잡힌 여자의 기사(요 8:1-11)를 본문에 그냥 남겨두긴 했지만, 그 진정성을 의심했다. 일반적으로 통용되던 로마서 9:5의 구두점에 이의를 제기했다. 히브리서의 저자를 사도 바울로 보는 견해를 배격했으며, 계시록을 사도 요한이 집필했다는 견해에 의문을 제기했다. 마가복음은 마태복음의 요약판이라고 평가했다. 사도들이 기억을 정확하게 하지 못하고 그릇된 판단을 할 수도 있었다고 주장했다. 지옥에서 "습관적 죄에 따르는 영원한 정신적 고통"을 제외하고는 다른 형벌을 받는 일은 없을 것이라고 주장했다. 성찬에 대해서는 바젤 시장으로부터 오이콜람파디우스의 책과 그의 상징적 해석에 관해 어떻게 생각하느냐는 질문을 받았을 때, 그 책이 학구적이고 웅변적이고 문체가 수려하고 경건하긴 하지만, 위험하게도 교회의 보편적 신념에서 이탈한 점이 있다고 대답했다. 그가 화체설에 의문을 품었다고 믿을 만한 상당한 이유가 있다. 그는 또한 아리우스주의에 기댄 게 아니냐는 의심도 받는다. 삼위일체에 관한 성경의 교훈을 "성부는 매우 자주 하나님이라 불리시고, 성자는 가끔 그렇게 불리시며, 성령은 그렇게 불리신 적이 없다"는 말로 요약하기 때문이다. 그는 그 문장에 다음과 같이 덧붙인다. "성자를 극진히 경건하게 경배한 여러 교부들이 성경 어디서도 발견되지 않는 호모우시온(homoousion: 동일본질)이란 단어를 사용하기를 꺼렸다."[60]

그는 로마서를 주해하면서, 원죄 교리를 느슨하게 설명하고 인간의 자유를 변호했다. 기독교의 도덕적인 면을 강조하고, 교리적인 면을 덜 강조했다. 교리는 사도신경으로 충분하다고 생각했으며, 사도신경의 범위 안에서 신학 견해를 자유롭게 표현하도록 허용할 뜻이 있었다. 그는 마인츠 대주교 알브레히트에게 이렇게 조언했다. "교의의 가짓수를 줄일 수 있는 데까지 최대한 줄이십시오. 그렇게 한다고 해서 기독교에 해를 끼치게 되는 일은 없습니다. 핵심 교리들 외에는 저마다 자기가 믿고 싶은 대로 자유롭게 믿도록 놔두십시오. 그러면 신앙이 삶을 주관하게 될 것이며, 세상이 정당하게 손가락질하는 폐습들을 바로잡을 수

---

59) 현재 더블린에 소장되어 있는 몬트포르티아누스 사본은 아마도 1519-1522년에 기록된 듯하며, 문제의 구절은 에라스무스의 위신에 손상을 입히려는 목적으로 삽입된 듯하다. 참조. J. R. Harris, *The Origin of the Leicester Codex of the N. Test.*, London and Cambridge, 1887, p. 46 sqq.

60) 참조. 에라스무스가 편집한 힐라리우스의 「삼위일체론」(1523년 바젤에서 출판) 머리말.

있을 것입니다."

에라스무스는 소크라테스와 키케로, 플루타르크 같은 고매한 이교도들의 도덕성과 삶의 태도를 높이 평가했다. 「대화록」에서 그는 다음과 같이 말한다. "성경은 과연 가장 큰 권위를 누릴 자격이 있다. 그러나 고대 이교도들의 저서들과 시인들의 글에서도 순수하고 신성하고 신적인 면이 나타나기에, 그들의 마음이 신적 감화를 받았다고 믿지 않을 수 없다. 그리스도의 영은 우리가 상상하는 것보다 더 광범위하게 퍼져 계실지도 모르며, 장차 성인들의 반열에 우리가 잘 모르던 사람들이 끼여 있게 될지도 모르는 일이다." 그런 다음 키케로와 소크라테스를 인용하고는 "나는 종종 '거룩한 소크라테스여, 우리를 위해 빌어 주소서' 하는 호소가 속에서 거부할 수 없는 힘으로 일어나곤 한다"고 말한다.

이와 동일한 자유주의적 정서는 초기 그리스 교부들(순교자 유스티누스 · 알렉산드리아의 클레멘스 · 오리게네스)과 츠빙글리에게서도 발견된다.

자유주의자들은 에라스무스의 이러한 모습을 존경하고 찬사를 보냈으나, 편협한 가톨릭 신자들은 싫어하고 우려했다. "그가 낳아 놓은 알을 루터가 부화시켰다"고 그들은 말했다. 그들은 그의 이름을 비꼬아 고쳐 불렀는데, 그가 오류들을 주장했다고 해서 '에라스무스'(Errasmus), 유서 깊은 진리와 전승들을 갈아 엎었다고 해서 '아라스무스'(Arrasmus), 저서들로 자신을 당나귀로 만들었다는 이유로 '에라시누스'(Erasinus)라고 불렀다. 심지어는 베헤못과 적그리스도라고 까지 불렀다. 소르본 대학교는 1527년에 그의 저서들에서 37가지 조항을 추려내 단죄했다. 스페인에서는 그의 저서들을 불태웠고, 로마에서는 그가 죽은지 오랜 후에 그의 저서들을 금서 목록에 올렸다.

에라스무스는 자신을 루터와 같은 부류로 분류하여 한꺼번에 매도한 교황파 대적들에 대해서 쓴 마지막 글에서 이렇게 말한다. "나는 그들을 경멸합니다. 처음부터 그렇지 못했던 것이 한스럽습니다. 개구리들의 울음소리에 파묻혀 지내는 게 여간 성가신 일이 아닙니다. 그들은 하나님의 법과 인간의 법에 완강히 도전하면서도 '우리는 사람들보다 하나님께 순종해야 한다'고 말합니다. 이것은 사도들이 했던 말이며, 그들의 입에서 나오더라도 어느 정도 타당성이 없지 않습니다. 문제는 두 경우에 하나님이 같은 하나님이 아니라는 데 있습니다. 사도들이 섬긴 하나님은 천지를 지으신 분이시지만, 그들은 자기들의 배를 신으로 섬기는 것입니다. 그럼 이만 줄입니다."[61]

## 에라스무스의 저서들

에라스무스의 저서들은 다음 세 부류로 구분할 수 있다:

I. 편집서들. 그가 편집한 저서들의 수만 봐도 그가 얼마나 부지런하고 진취적인 사람이었는지 알 수 있다.

그는 고대 라틴 고전들인 키케로·테렌티우스·세네카·리비우스·플리니우스를 펴냈고, 그리스 고전들인 유리피데스·크세노폰·데모스테네스·플루타르크·루키아노스를 라틴어 번역과 함께 펴냈다.

주요 교부들의 저서들도 편집했다(그 중 더러는 사본들을 취합하여 처음 펴낸 것들이다): 제롬(1516-1518; 제2판, 1526; 제3판, 그가 죽은 지 1년 뒤), 키프리아누스(1520), 아타나시우스(라틴어로, 1522), 힐라리우스(1523), 이레나이우스(라틴어, 1526년, 초판본, 결함이 매우 많음), 암브로시우스(1527), 아우구스티누스(1529), 에피파니우스(1529), 크리소스토무스의 마태복음(1530), 바실리우스(헬라어, 1532; 그는 바실리우스를 '기독교의 데모스테네스'라고 불렀다), 오리게네스(라틴어, 1536). 이 편집본들에 머리말과 헌사를 썼다.

에라스무스는 라우렌티우스 발라(Laurentius Valla)의 마태복음 주해를 우연히 오래된 도서관 서가에서 발견하고서 편집하여 출판했다(1505년과 1526년).

그가 편집한 저서들 가운데 가장 중요한 것은 라틴어 번역을 붙인 헬라어 신약 성경이다.

II. 문학 전반에 대한 창작서들.

「격언집」(*Adagia*). 옥스퍼드 대학교에 체류할 때 쓰기 시작했고, 마운트조이 경(Lord Mountjoy)에게 헌정했고, 1500년에 파리에서 초판을 발행했으며, 개정판들을 내면서 내용을 많이 보충했다. 그리스와 라틴의 격언들과 비유들과 경구들 4151개를 수록한 선집(選集)이다. 사전과 유사한 평범한 책으로서, 각종 예화들, 역사와 전기들, 수사들과 사제들과 왕들에 대한 비판, 그리스 시들을 원어의 운율을 살려 라틴어로 직역한 1만 개의 인용문들로 가득 차 있다.

「우신 예찬」(*Encomium Moriae, The Praise of Folly*)은 이탈리아에서 잉글랜드로 여행하는 도중에 썼고, 절친한 친구 토머스 모어 경(그의 이름은 그리스어

---

61) *Des. Erasmi Epistola ad quosdam impudentissimos Graculos* (jackdaws). *Op.* IX. Pars II. (or vol. X.), p. 1745; Drumond, II. 265 sq.

로 '바보' 라는 뜻)의 집에서 완성했으며, 그가 좋아하던 루키아노스의 방식으로 재치와 익살을 자유롭게 구사했다. 이 책은 '어리석음'(Folly)을 여신으로 의인화하여 훌륭한 점들을 예찬하는 척하면서, 간접적으로 사회 각 계층의 편협과 독선을 조소한다. 아이러니와 재치와 유머가 가득하고, 인간들과 사물들을 예리하게 관찰하고, 에라스무스 자신의 인생 철학을 담고 있다. 지혜로운 사람은 인간 사회에서 가장 불행한 사람이다. 소크라테스가 가장 현저한 예로서, 그는 자신을 조롱거리로 만드는 데 성공했을 뿐이다. 반면에 어리석은 자야말로 가장 행복한 사람이다. 그는 죽음도 지옥도 두려워하지 않고, 양심이 가책에 시달리는 일도 없고, 항상 사실만 말한다. 절대 군주들에게 없어서는 안 될 존재로서, 군주들은 그런 자 없이는 저녁식사조차 제대로 하지 못한다. 결론에서, 에라스무스는 탄식의 뜻으로 어리석음을 예찬한 성경 구절들을 인용한다. 교황 레오 10세는 이 책을 처음부터 끝까지 흥미진진하게 읽었다. 홀바인(Holbein)은 이 책에 익살스러운 삽화들을 넣었는데, 삽화가 수록된 책이 바젤에 보관되어 있다.

「우신 예찬」 못지않게 인기를 끈 **「대화록」**(*Colloquia Failiaria, Colloquies*)은 1519년에 쓰기 시작했고, 개정판을 여러 번 발행했다. 이 책을 쓴 목적은 요한 에라스미우스 프로벤(친구 겸 출판업자의 아들)에게 쓴 헌사에 나타나듯이 더 훌륭한 학자들과 인간들을 길러내기 위함이었다. 이 책에서 에라스무스는 라틴어 대화를 위한 지침을 제시하고, 그 시대의 좋은 예법과 좋지 못한 태도를 설명하고, 흥미로운 다양한 주제들에 소견을 피력한다. 그 주제들을 간단히 소개하자면, 인사 예법, 경솔한 맹세, 군인의 삶, 학문 연구, 속된 연회, 연인과 처녀, 결혼과 대조되는 정절, 참회하는 처녀, 불편한 아내, 파선, 부유한 걸인들, 연금술사 등이다. 「대화록」은 「우신 예찬」 다음으로 에라스무스의 특성이 뚜렷이 묻어나는 저서이며, 「우신 예찬」과 마찬가지로 절묘한 유머와 예리한 아이러니, 신랄한 풍자로 가득하다. 그는 키케로를 높이 예찬하며, 그를 "하늘의 신에 의해 영감받은 거룩한 마음"이라고 부른다. 이 책에는 "거룩한 소크라테스여, 우리를 위하여 빌어 주소서"라는 유명한 구절이 나온다.

그는 '신이 된 로이힐린'(Apotheosis Reuchlini Capnionis)이라는 대화편에서 박해받던 히브리 학자(1522년 6월 22일 죽음)가 천국에서 성 제롬에게 영접을 받고, 교황의 허가도 없이 성인들의 명부에 오르는 환상을 묘사함으로써 로이힐린의 주장에 공감을 표시한다. 그러나 에라스무스는 로이힐린이 살아 있는 동안에는 그의 정통 신앙 여부를 놓고 벌어진 도미니쿠스회의 논쟁에 대해 중립을 지켰다. 에라스무스는 "상스럽고 비둔한 수사들"을 과격하게 비판하며, 현대인들의 취향을 거스르는 풍자들을 지나치게 자유롭게 사용한다.[62] 그는 전쟁을 비난하며, 전쟁이란 수도원 제도보다 더 악한 것이라고 말한다. 앞뒤 가리지 않고, 낭비벽이 심하고, 방탕하고, 병들고, 가난하고 비참한 군인을 묘사하는 가운데, 비참한 죽음을 당한 울리히 폰 후텐에게 비기독교적 방법으로 보복했다. "평등하지 않은 결혼"이라는 제목의 대화편에서는 지극히 어두운 색채를 사용하여 울리히 폰 후텐을 내놓은 방탕아로 묘사한다. 당시 독일 여인숙의 열악한 상태를 재미있게 묘사함으로써, 현대의 독자들에게 현대의 문화 발전에 절로 감사하는 마음이 들게 한다. 침실에는 침대만 덩그러니 놓여 있기 때문에 말 그대로 침실이라 부르는 게 적당하다고 말한다. 침실의 청결 상태는 여인숙의 나머지 시설과 옆에 붙은 마구간과 다를 바 없다.

"물고기 상식(常食)"이라는 제목의 대화편은 도축업자와 생선 장수가 나누는 대화로서, 하루살이는 걸러내고 낙타는 삼키는, 그리고 다른 사람들에게 무거운 짐을 지우는 바리새인 같은 세태를 폭로한다. "금육재일(禁肉齋日)을 정하여 허구한 날 생선밖에 먹을 수 없게 해놓은 자들은 마늘만 먹고살게끔 만들어야 한다!" "자유롭게 사는 사람들에게 금식을 강제로 부과하는 자들은 굶어 죽게 해야 한다!" 저자는 대화의 흐름 가운데 이단 시비에서 빠져나갈 만한 문을 내놓는다. 가상적인 등장 인물들이 지껄이는 말에 대해서 저자 자신에게 책임을 물

---

62) 비르고 미소마고스라는 대화편에서는, 수녀가 되기로 결심한 카타린이라는 처녀에게 유불루스라는 연인이 오히려 집에서 살아야 정절을 더 안전히 지킬 수 있다고 조언한다. 수사들이라고 해서 모두 내시들이 아니며, '신부들' (즉, 아버지들)이라는 이름에 걸맞은 행동을 자주 하기 때문이라고 그 이유를 설명한다. 또한 연인은 처녀에게 이런 말을 해준다. "수녀의 베일을 썼다고 모두 처녀인 것은 아니며, 요즘은 아이를 낳은 뒤에 처녀 행세를 함으로써 성모 마리아의 특권에 동참하는 여자들이 많다." 처녀는 연인의 주장에 마지못해 동의하면서도 확신은 하지 못한다. 그 뒤에 이어지는 비르고 포에니텐스라는 대화편에서, 처녀는 뒤늦게 연인의 조언이 사실이었음을 깨닫는다. 그리고는 수녀원에 들어가 12일도 채 지내지 못하고서 어머니에게, 그 다음에는 아버지에게 만약 자기 목숨을 건져 주고 싶다면 제발 와서 자기를 집으로 데려가 달라고 간청한다.

을 수 없도록 해놓은 것이다. 더욱이 저자는 자신의 목표가 신학이 아닌 라틴어를 가르치는 데 있다고 말한다. 그럼에도 불구하고 소르본 대학교는 「대화록」을 단죄했으며, 종교재판소는 이 책을 금서 목록의 첫 번째 부류에 포함시켰다.

에라스무스가 다른 사람들과 주고받은 무수한 **편지들**은 당시의 문학과 교회의 삶을 잘 들여다 볼 수 있게 하며, 무엇보다도 그의 인격과 개성을 가장 잘 이해하게 해준다. 그는 왕들과 제후들, 교황들과 추기경들뿐 아니라 유럽 각지의 학자들과도 편지를 주고받았다. 그는 하루에 편지를 40통이나 쓴 날도 있다고 말한다.[63]

III. 신학서들.

**「헬라어 신약 성경」** — 새로운 라틴어 번역과 간략한 주해가 붙음 — 은 에라스무스가 성경 해석학에 가장 크게 이바지한 저서로서, 아주 많은 개정판들이 나왔다. 해석상의 어려움을 간단히 설명하고, 본문과 난외주들을 결합하여 하나의 글로 읽히게 함으로써 편집자 자신이 해석자처럼 되게 한 부연 설명 방식의 주해는 걸음마 단계에 있던 당시의 학문에 큰 유익을 끼쳤으며, 본인이 그토록 웅변으로 역설한 대로 신약 성경이 좀 더 널리 보급되는 데 크게 이바지했다. 에라스무스는 비록 성경의 깊은 의미를 통찰하지는 못했으나, 언어학의 달빛과 세련된 문화로 표면을 좀 더 알아보기 쉽게 만들었다. 그의 **「석의집」**(*Paraphrases*)은 계시록을 제외한 신약 성경 전체를 다루며, 르 클레르(Le Clerk)가 편집한 그의 총서 가운데 제7권을 차지한다. 이 저서는 1551년에 런던에서 고딕체 활자로 인쇄된 두 권으로 출판되었으며, 당국자의 지시로 잉글랜드의 모든 교회들에 비치되었다.

**「참된 신학의 방법」**(*Ratio verae Theologiae, Method of True Theology*)은[64] 그의 헬라어 신약 성경 초판의 서두에 수록했다가, 후에 내용을 보강하여 낱권으로 출판했으며, 마인츠의 대주교 추기경 알브레히트에게 헌정했다(1519). 이 책의 머리말에는 폭력적인 논쟁이 난무하는 악한 시대를 탄식하는 내용이 가득하다. 그는 이런 거친 논쟁이 사랑을 파괴하고 학문과 실천적 경건을 평화롭게 배

---

63) *Epistolae* in Froben's ed. of 1540, Tom. III. fol. (1213 pp.), 에라스무스의 머리말(1529년); in Le Clerk's ed., Tom. III. Pars I. and II.

64) *Opera*, vol. V. 57 sqq.

양하는 데 장애가 된다고 말한다. 그는 성경 연구의 첫 번째 요건이 헬라어와 라틴어, 히브리어 지식이라고 주장한다. 시와 좋은 문장도 무시할 수 없는 요건이라고 한다. 그리스도께서는 자신의 교훈에 시적인 비유로 옷 입히셨고, 사도 바울도 시인들의 글을 인용하되, 아리스토텔레스를 인용하지는 않았다고 말한다.

1501년(혹은 1503년)에 루뱅에서 처음 출판된 뒤 여러 언어로 번역된 「**그리스도인 병사의 지침서**」(*Enchiridion Militis Christiani*)는 마귀와 거친 정욕들과 투쟁하는 실천적 경건을 다룬 논문이다.[65] 저자는 자신의 무기들을 성경과 교부들, 그리스와 로마의 철학자들에게서 가져오며, 인간의 모든 노력의 목표가 그리스도이며, 그리스도에게 가는 길은 선행이 가득한 믿음이라고 주장한다. 후에 펴낸 개정판에서 그는 스콜라 신학이 그리스도와 사도들의 평이하고 실천적인 교훈과 위배된다는 주장을 덧붙인다. 이 책은 소르본 대학교에 의해 이단으로 단죄를 받았다.

「**고해제도**」(*the Confessional*, 1524)라는 책에서, 그는 고해제도가 어리고 세상 경험이 없는 참회자들에게 고해를 부과함으로써 오히려 악을 널리 퍼뜨리는 수단으로 변질될 소지가 있음을 지적하면서, 이 제도의 유익한 점들과 해로운 점들을 열거한다. 대체로 고해제도가 이롭기보다 해롭다는 인상을 준다.

「**혀**」(*the Tongue*, 1525)라는 책에서, 그는 다양한 일화를 소개하면서 혀를 선용하는 것과 남용하는 것을 설명한다. 이 책을 펴낸 뒤에 그는 친구들에게 "에라스무스는 이제부터 혀와 결별하고 입을 다물고 살아야 할 것이다" 하고 썼다.

그러나 그로부터 일년 뒤에 「**기독교 혼인 제도**」(*the Institution of Christian Matrimony*, 1526)가 잉글랜드의 왕비 캐서린에게 헌정되어 출판되었다. 이 책에는 미혼 남성의 배우자 선정 기준, 부모의 의무, 자녀 교육에 관한 견해들이 실려 있다. 에라스무스는 테르툴리아누스와 제롬이 독신 제도를 지나치게 예찬한 행위를 올바로 비판하며, 혼인을 성례로 간주하는 것이 과연 옳은지 의문을 제기한다.

에라스무스의 마지막 저서들 가운데 한 권은 사도신경과 십계명, 주기도문에

---

65) 이 책은 대개 '기독교 병사의 지침서'라고 번역되지만, 엔키리디온이란 단어는 '단검'이라는 뜻도 되며, 에라스무스 자신이 '엔키리디온 곧 단검'이라고 설명한다. *Op.* V. 1–65. 이 책이 첫 번째 영역본은 영어 성경 번역자인 윌리엄 틴들이 펴낸 것으로 믿어진다.

관한 「**요리문답**」(*Cathechism*)이었다. 그는 이 책을 불행한 여성 앤 볼린(Anne Boleyn)의 아버지에게 헌정했다. 그 귀족을 위해서는 죽음을 준비하는 데 도움이 되는 간단한 기도서를 써주었다.

## 72. 에라스무스와 종교개혁

I. ERASMUS: *De Libero Arbitrio diatribe* (1524), in *Opera ed. Lugd.* IX. Pars I. 1215 sqq., in WALCH, XVIII. *Hyperaspistœ diatribes libri duo contra Servum Arbitr. M. Lutheri*, in 2 parts (1526 and 1527), in *Opera* IX. Pars II. 1249 sqq., and in WALCH, XVIII.

LUTHER: *De Servo Arbitrio ad Erasmum Roterodamum*, Wittembergæ, 1525. On the last p. of the first ed. before me is the date "*Mense Decembri, Anno MDXXV.*" German in WALCH, XVIII. Erl. ed. *Opera Lat.* VII. 113 sqq. Letters of Luther to Erasmus and about Erasmus in WALCH, XVIII., and in DE WETTE, I. pp. 39, 52, 87, 247; II. 49; III. 427; IV. 497.

II. CHLEBUS: *Erasmus und Luther*, in "Zeitschr. f. hist. Theol.," 1845. DÖLLINGER in his *Die Reformation*, 1846, vol. i. pp. 1-20. KERKER: *Er. u. sein theol. Standpunkt*, in the "Theol. Quartalschrift," 1859. D. F. STRAUSS: *Ulrich von Hutten*, 4th ed. Bonn, 1878, pp. 448-484, 511-514, and *passim.* PLITT: *Erasmus in s. Stellung zur Reformation*, Leipz., in the "Zeitschrift f. hist. Theol.," 1866, No. III. RUD. STÄHELIN: *Eras. Stellung z. Reformation*, Basel, 1873 (35 pp.; comp. his art. in Herzog [2], quoted in § 71). FROUDE: *Times of Erasmus and Luther.* Three Lect., delivered at Newcastle, 1867 (in the first series of his "Short Studies on Great Subjects," New York ed., 1873, pp. 37-127), brilliant but inaccurate, and silent on the free-will controversy. DRUMMOND: *Erasmus, etc.*, 1873, vol. II. chs. xiii.-xv. E. WALTER: *Erasmus und Melanchthon*, Bernburg, 1879. A. GILLY: *Erasme de Rotterd., sa situation en face de l'église et de la libre pensée*, Arras, 1879. Comp. also KATTENBUSCH: *Luther's Lehre vom unfreien Willen*, Göttingen, 1875, and KÖSTLIN: *Luther's Theologie*, vol. II. 32-55.

에라스무스는 루터보다 18살 위였으며, 그 종교개혁자가 사역을 시작할 무렵에 절정의 명성을 구가하고 있었다. 그와 루터의 차이는 제롬과 아우구스티누스 혹은 에우세비우스와 아타나시우스의 차이와 같았다. 그는 본질상 학자였으나 루터는 개혁자였으며, 그가 학문에 매진했던 것과 달리 루터는 신앙에 매진했

ERASMUS. From a Portrait by Holbein.

다. 에라스무스는 목표를 계몽에 두었으나 루터는 재건에 두었으며, 그가 교육받은 자들의 지식에 접근했던 것과 달리 루터는 민중의 정서를 건드렸다. 에라스무스는 사상의 자유를 위해 힘썼으나, 루터는 양심의 자유를 위해 노력했다. 두 사람 다 전직 수사였던 바, 에라스무스가 원치 않게 수도원에 들어갔던 것과 달리, 루터는 자발적으로 경건한 동기를 가지고 들어갔다. 두 사람 다 수도원 제도를 싫어하고 반대했던 바, 전자는 무지와 편협성 때문이었던 것과 달리, 후자는 수도원 제도가 자기 의를 조성함으로써 이신칭의와 평안에 이르는 참된 길을 가로막기 때문이었다. 에라스무스는 세상적 지혜의 공식들을 따랐던 반면에, 루터는 신앙적 원리들과 확신을 따랐다. 전자가 개인의 안위와 "교회의 평화를 위해서라면 진리의 일부분을" 희생할 용의가 있었던 것과 달리, 후자는 복음을 위해서라면 어느 때고 죽을 준비가 되어 있었다. 에라스무스는 시류에 영합했으나, 루터는 철두철미 도덕적 투사였다.

루터는 자신의 서판(1536)에 다음과 같이 썼다. "행동과 말이 있는 자는 필립(멜란히톤)이요, 행동 없이 말뿐인 자는 에라스무스요, 말 없이 행동뿐인 자는 루터요, 행동도 말도 없는 자는 칼슈타트이다." 그러나 루터 자신은 말과 행동의 대가였으며, 그에게는 말이 곧 행동이었다. 이에 비하면 멜란히톤은 복음 진리의 진영에 섰던 개량된 에라스무스 같은 존재였다.

이렇게 서로 사뭇 달랐던 에라스무스와 루터 두 사람이 어느 선까지 같이 갈 수 있었고, 언제 어느 지점에서 결별해야 했는지 생각하기란 어렵지 않다. 종교개혁이 교회 내에서 진행되는 동안에는 에라스무스도 그 운동에 동조했다. 그러나 처음에는 가톨릭 교회를 떠날 생각이 조금도 없던 루터가 교황의 대칙서와 교령(敎令)들을 태워버리고, 그것과 함께 뒤에 연결된 다리를 끊어버렸을 때, 에라스무스는 몸을 사리면서 혹시 치유책이 폐습보다 더 악하게 될까봐 우려했다. 에라스무스는 폭넓은 교양과 우유부단한 성격이 약점으로 작용했던 반면에, 루터는 편협성과 과단성이 오히려 강점으로 작용했다. 전쟁이 벌어지면 중립이란 불가능한 법이어서 양 진영의 어느 한 쪽에 가담해야 한다. 에라스무스는 그러한 상황에서 일치와 평화를 주장했고, 교회 분열을 돌이킬 수 없는 두려운 재앙으로 간주했다. 그러면서도 교회의 폐습들을 끊임없이 비판했다. 그가 종교개혁 진영에 가담할 수 없었던 것은 그의 과오라기보다 불행이었다고 하는 것이 옳다. 양심상 루터 진영에 설 수 없다는 그의 주장을 우리는 믿어 주어야 한다. 동시에 에라스무스는 일신상의 안위와 학문의 우월성에 관심이 많았으며, 고위 성직자들과 군주들의 교분과 후원을 잃지 않기 위해 연연했다. 그는 이른바 '루터의 비극'에서 배우가 되길 원치 않고 관객으로 남고 싶어했다.

에라스무스는 청년 멜란히톤의 조숙한 재능과 학문성을 극찬했으며, 루터와 갈라선 뒤에도 그를 존경하기를 그치지 않았다. 츠빙글리와 우정이 담긴 편지를 주고받았으며, 츠빙글리는 그를 인문주의자들의 최고봉으로 존경했다. 에라스무스는 오이콜람파디우스를 자신의 조력자로 고용했으며, 그의 성찬 관련 저서를 우회적으로나마 높이 평가했다. 그는 루터가 면죄부와 수도원 제도를 비판한 것을 불쾌하게 여기지 않았으며, 츠빙글리에게 쓴 편지에서 루터가 가르치고 있는 내용의 거의 대부분은 자신도 가르쳐 온 것이지만, 다만 자신은 루터처럼 거칠고 모순된 면을 드러내지 않았다고 말했다.[66] 1519년 5월 30일 루뱅에서 루터에게 답장으로 쓴 편지에서, 에라스무스는 루터가 자신에게 보낸 찬사와 우정을 예의를 갖추되 조심스럽게 받아들였으나, 과격한 표현을 절제하고, 알레고리적 해석으로 율법을 폐하였던 사도 바울을 본받으라고 조언했다. 그러면서 자신은 시편 주석의 일부분 외에는 루터의 저서들을 읽지 않았으며, 자신의 소임은 학문 부흥에 좀 더 매진하기 위해 중립을 지키는 것임을 밝혔다.[67] 편지를 마치면서 자신의 소원을 이렇게 표현했다. "주 예수께서 주님의 영광과 만민의 유익을 위해서 주님의 영을 날마다 더욱 풍성하게 내려 주시기를 빕니다."[68]

---

66) 츠빙글리의 *Opera*, ed. Schuler and Schulthess, vol. I. 310.

67) 루터를 이단으로 규정하여 파문에 처하는 대칙서가 공포된 뒤에는 그의 저서를 읽기 위해서는 특별 허가를 받아야 했다. 에라스무스는 봄바시우스에게 보낸 편지 (1521년 9월 23일)에서 자신이 제롬 알레안더에게 허가를 간곡히 요청했으나 교황에게 분명한 언질을 받기 전에는 허가해 줄 수 없다는 답변을 들었다고 말한다. Drummond, II. 85 sq.

그렇다면 에라스무스는 루터의 사상보다는 태도에 반대했던 것이며, 평민들에게서나 볼 수 있는 루터의 과격하고 미숙한 언행이 그의 세련된 취향을 거슬렸던 것이다. 그러나 두 사람 사이에는 좀 더 깊은 차이가 있었다. 에라스무스는 오직 믿음으로 의롭다 함을 얻는다는 루터의 핵심 교리를 이해할 수 없었으며, 자유의지와 인간의 공로를 부정하는 것에 모욕감을 느꼈다. 이런 주제들에 대해서 에라스무스는 가톨릭적 견해를 견지했다. 그는 교회 기강의 개혁을 원했을 뿐 신앙 개혁은 원치 않았으며, 교의 논쟁에는 관심이 없었다.

에라스무스가 루터에게서 점차 멀어졌다는 것을 그의 편지 발췌문에서 확인할 수 있다.

그는 1519년 11월 1일에 루뱅에서 마인츠 대주교 추기경 알브레히트에게 다음과 같은 편지를 썼다:

"제가 로이힐린의 문제나 루터의 주장과 하등 상관이 없음을 헤아려 주시기 바랍니다. 저는 카발라나 탈무드에 관심을 가져본 적이 없습니다. 로이힐린과 호흐슈트라텐 집단이 벌인 유해한 논쟁들이 제게는 극히 혐오스러웠습니다. 루터는 제게 철저히 낯선 사람이며, 저는 그의 책을 몇 장 대충 넘기며 본 것이 전부일 뿐 정독한 적이 없습니다. 그의 책이 훌륭하더라도 저와는 무관하며, 혹시 형편없더라도 그 책임을 제게 묻는 것은 부당할 것입니다 …… 루터가 제게 편지를 보냈는데, 편지의 어조가 매우 기독교적이었다고 생각되었습니다. 저는 그에게 보낸 답장에서, 로마 교황을 비판하는 글을 일절 쓰지 말고, 교만하거나 비관용적인 정신을 자극하지 말며, 다만 순수한 마음으로 복음을 전하라고 당부했습니다 …… 저는 루터의 고소인도 변호인도 판사도 아닙니다. 그의 마음을 재단하고 싶은 마음도 없고 ― 남의 마음을 판단한다는 건 어느 경우든 극히 어려운 일이기 때문입니다 ― 단죄할 마음은 더욱 없습니다. 그럼에도 불구하고 혹시 제가 그를 선량한 사람으로 여겨 변호한다면, 그

---

68) Eras., *Epist.* 427. 루터가 에라스무스에게 보낸 첫 번째 편지(1519년 3월 28일)와 에라스무스의 답장(5월 30일), 루터의 두 번째 편지(1524년 4월)와 에라스무스의 답장(5월 5일)은 라틴어로는 *Er. Epist.*에, 독일어로는 Walch, vol. XVIII., 1944 sqq.에 실려 있으며, Müller의 *Erasmus* 부록, pp. 385-395에도 실려 있다. 루터가 에라스무스에게 보낸 두 통의 편지는 De Wette, I. 247-249, II. 498-501에도 실려 있다.

69) 그 법령은 1521년 5월 26일에 통과되었으나, 날짜는 5월 8일로 되어 있다.

것은 그의 대적들도 인정하는 바입니다. 혹시 제가 그를 재판을 받는 피고로 여겨 변호한다면 그것은 법률이 엄격한 판사들에게도 용인하는 의무입니다. 혹시 제가 그를 학문의 원수들에게 박해를 받고 짓밟히는 자로 여겨 변호한다면 — 그리고 그 원수들이 자신들의 구도를 이루기 위한 한 가지 방편으로 그를 이용하는 것뿐이라면 — 제가 그의 주장을 전폭 받아들이지 않는 한 그를 변호하는 것이 무슨 잘못이겠습니까? 폐일언하고, 저는 이런 뜻에서 루터를 지원하는 것이 그리스도인으로서 정당한 의무라고 생각합니다. 만약 루터가 무고하다면, 저는 그가 악인들에게 짓밟히는 것을 원치 않습니다. 혹시 그에게 오류가 있다고 해도 저는 그가 멸망하기보다 차라리 옳은 자리로 돌아오는 것을 보고 싶습니다. 그렇게 하는 것이 그리스도를 본받는 길이기 때문입니다. 선지자가 증거한 대로, 그리스도께서는 꺼져 가는 심지도 끄지 않으시고 상한 갈대도 꺾지 않으시는 분이십니다."

에라스무스는 1520년 9월 13일에 루뱅에서 교황 레오 10세에게 다음과 같이 편지를 썼다(루터가 파문을 당한 6월 15일로부터 석 달이 지난 뒤에 쓴 편지인 셈이다):

"저는 루터와 일면식도 없고, 그의 책들도 정식으로 읽은 적이 없습니다. 아마도 열두어 쪽을 읽은 것이 전부였던 것 같고, 그나마 대강 훑어보았을 뿐입니다. 당시에 그의 글을 잠깐 읽으면서, 그가 교부들의 방식으로 성경을 해석할 자질을 충분히 갖춘 사람이라는 판단을 했습니다. 이런 작업은, 지엽말단에만 치중하고 정작 중요한 문제들은 외면하는 요즘 같은 시대에 참으로 긴요합니다. 따라서 저는 루터의 악한 면보다는 선한 면에 애착을 가져왔습니다. 달리 말씀드려서, 그 안에 나타난 그리스도의 영광에 호감을 가져왔던 것입니다. 저는 이 문제가 폭력으로 끝날 위험이 있음을 처음부터 예견했으며, 저처럼 폭력을 혐오하는 사람도 없을 것입니다. 실제로 저는 인쇄업자 요한 프로벤에게 루터의 책들을 발행하지 말라고 경고하기까지 했습니다. 친구들에게 자주 부지런히 편지를 보내어, 이 사람이 그리스도인다운 온유함을 가지고 글을 쓸 것과, 교회의 평화를 어지럽히는 일을 하지 말 것을 타이르도록 노력도 했습니다. 그리고 2년 전에 그가 제게 직접 편지를 보내왔을 때도, 따뜻한 말로 위와 같은 내용을 권유하는 답장을 보냈으며, 그가 저의 권유를 받아들이기를 기대했습니다. 저의 답장이 성하(聖下)에게 제출되었다는 말을 들었습니다. 아마도 저를 위해하려는 목적으로 그렇게 한 줄로 압니다만, 오히려 저에 대한 성하의 호의를 더욱 돈독히 해주었을 줄로 믿습니다.”

1520년 12월 5일, 그러니까 루터가 자신을 파문한 대칙서를 태워버리기 닷새 전에, 에라스무스는 마침 쾰른에서 만난 작센의 선제후 프리드리히로부터 루터에 관해 어떻게 생각하느냐는 질문을 받고는 잠시 머뭇거리면서 백치처럼 아무 말도 하지 못하고 있었다. 그러나 선제후가 정색을 하면서 대답을 강요하자, 에라스무스는 다음과 같은 유명한 대답을 했다:

“루터는 두 가지 죄를 범했습니다. 하나는 교황의 삼중관을 건드린 죄고, 다른 하나는 수사들의 배를 건드린 죄입니다.”

선제후는 의미심장한 미소를 지었으며, 죽기 직전에 그때 받은 인상을 회고했다. 숙소로 돌아온 에라스무스는 루터에게 다소 호의적이고 “교황의 무자비한 대칙서”에 수긍하지 못하겠다는 내용의 글을 써서 슈팔라틴에게 보냈으나, 혹시 알레안더가 그 글을 볼까봐 감추었으나, 글은 이미 출판되고 난 뒤였다.

에라스무스는 1521년 5월 14일에 루뱅에서 바젤에 있는 친구(루이스 베루스)에게 다음과 같은 편지를 썼다:

“루터파의 적개심 때문에, 그리고 지혜보다 열정에 사로잡혀 현재의 무질서를 치유하려고 노력해온 사람들의 어리석음 때문에, 세상이 완전히 뒤집힐 정도로 사태가 악화되었다네. 과연 어떠한 악령이 인간 세상에 이렇게 유해한 씨앗을 뿌릴 수 있단 말인가? 나는 쾰른에 있을 때 루터에게는 순종의 미덕을, 교황에게는 관용의 미덕을 발휘하도록 백방으로 노력했고, 일부 군주들은 나의 이러한 권고에 지지를 보냈다네. 그런데 유감스럽게도 [교황의] 교령들도 불타고 루터의 주장이 담긴 「바빌론 유수」도 불타버렸어. 필요 이상의 과격한 행위로 사태가 치유할 수 없을 정도로 악화된 걸세 …… 나의 벗 베루스여, 이제 우리에게 남은 유일한 길은 선하시고 능력이 많으신 그리스도께서 이 모든 상황을 선하게 바꿔 주시기를 기도하는 것밖에 없다네. 오직 그리스도만 그 일을 해주실 수 있을 걸세.”

같은 달(1521년 5월)에 보름스 제국의회가 열리고 있는 동안, 에라스무스는 메흘린에서 니콜라스 에버라르트(Nicholas Everard)에게 다음과 같은 편지를 썼다:

"만약 루터가 좀 더 점잖게 글을 썼다면, 비록 그 글이 자유로울지라도 좀 더 많이 존경을 받았을 뿐 아니라 세상에도 더 유익을 끼쳤을 것입니다. 하지만 운명은 정반대로 나 있었습니다. 나는 그가 여전히 목숨을 부지하고 있다는 게 놀랍습니다 …… 들리는 소문에 의하면 일전에 교황이 내린 대칙서보다 더 가혹한 법적 조치가 준비되어 있다고 합니다.[69] 하지만 두려워서 그런지, 아니면 다른 이유 때문인지 아직 공포되지 않고 있습니다. 나는 교황이 이렇게 중대한 문제를 처리하기 위해 기용한 사람들 가운데 무식한 자들과 거만하고 고집만 센 자들이 적지 않다는 사실에 놀랄 뿐입니다. 추기경 카예타누스, 카를 밀티츠, 마리아누스, 알레안더의 교만과 난폭한 기질은 타의 추종을 불허합니다. 그들은 모두 '내 새끼손가락이 우리 아버지의 허리보다 두껍다'고 말하는 젊은 왕의 원칙 위에서 행동하고 있습니다. 알레안더로 말하자면, 그는 거의 미치광이와 다름없습니다. 악하고 어리석은 자입니다."


보름스 의회가 끝난 뒤 여러 가지 사건이 일어났는데, 한결같이 에라스무스가 종교개혁의 결과를 놓고 우려하던 것을 확인시켜 주는 것 같았고, 종교개혁 지도자들에 대해서 심한 반감이 일어나게 했다. 비텐베르크에서 칼슈타트가 일으킨 혼란이 그랬고(1521), 루터가 헨리 8세에게 독설을 퍼부은 것도 그랬고(1522), 과거에 자신의 친구이자 자신이 존경해 마지않던 울리히 폰 후텐이 자신에게 신랄한 비판을 퍼부은 것도 그랬다(1523).[70]

그럼에도 불구하고 에라스무스는 교황 하드리아누스 6세에게 강경한 조치를 피하고, 오류들을 온유한 심정으로 바로잡고, 부패를 척결하고, 개혁적인 인사들 위주로 총 공의회를 소집하라고 조언했다. 하지만 교황은 그의 조언을 귀담아 듣지 않았다.

바젤의 글라레아누스(Glareanus, Loriti)는 츠빙글리에게 쓴 편지(1523년 1월 20일)에서 에라스무스를 아주 좋게 평가했다. "에라스무스는 이제 나이 지긋하

---

70) 에라스무스는 가련한 도주자 후텐과 절교했고, 이에 후텐은 *Expostulatio cum Erasmo*(1523년 7월)에서 야수처럼 에라스무스에게 덤벼들었다.

여 안식을 바라고 있습니다. 각 진영이 그를 자기들 편에 끌어들이고 싶어하지만, 그는 어느 진영에도 속하기를 원치 않습니다. 실은 어느 진영도 그를 끌어들일 실력이 없습니다. 그는 피해야 할 대상은 알지만, 속해야 할 대상은 알지 못합니다." 하지만 글라레아누스는 에라스무스가 자신의 저서들에서 그리스도를 고백했고, 그의 입에서 기독교를 벗어난 말을 들어본 적이 없다고 덧붙였다.[71]

# 73. 자유의지 논쟁(1524-1527)

한동안 찬성과 반대 사이에서 머뭇거리던 에라스무스는 아무도 제어할 수 없는 투쟁에서 발에 진흙을 묻히지 않고 초연히 있을 수 없는 현실을 자각했다. 한편으로는 후텐의 도발에 못 이겨, 다른 한편으로는 왕 헨리와 잉글랜드의 친구들의 강권을 받아들여, 그는 루터에게 전면전을 선포하고서 종교개혁과 결별했다. 그렇게 하기까지 한참을 망설였다. 이는 자신이 어느 진영도 만족시킬 수 없으며, 신학 논쟁은 자신의 영역이 아니라고 느꼈던 것이다. 그러던 그가 루터의 전적 타락 교리를 비판하기로 작심했다.

바로 이 점에 두 사람 간의 가장 큰 교의적 차이가 있었다. 에라스무스는 소크라테스와 키케로, 제롬을 존경했으나, 루터는 사도 바울과 아우구스티누스의 겸손한 제자였다. 에라스무스는 루터가 수도원에서 겪은 것 같은 깊은 신앙 체험을 하지 못했고, 오히려 그리스 교부들과 반(半)펠라기우스 학파의 인간론에 공감했다.

1524년 9월에 에라스무스는 「의지의 자유」(*Freedom of the Will*)라는 책을 가지고 무대에 등장했다. 자유가 도덕적 책임의 필수 불가결한 조건이며, 자유가 없다면 계명도 회개도 상급도 아무런 의미가 없다는 것이 이 책의 요지이다. 그는 본질상 과거의 반(半)펠라기우스 이론을 주장하지만, 그 태도가 대단히 관대하며, 적극적이기보다 소극적이다. 최대한의 영광을 하나님께 돌리고, 인간에게는 최소한의 영광을 돌린다. "나는 어떤 것의 동기를 자유의지에 돌리되 주로 은혜를 의지하는 사람들에게 동의한다"고 그는 말한다. 우리는 자신의 의지를 최

---

71) *Opera Zw.*, VII. 263.

대한 발휘해야 하지만, 하나님의 은혜가 없이는 최대한 발휘한 의지라도 아무 소용이 없다고 말한다. 그는 루터에 반대하여, 그리스도께서 예루살렘을 향해 회개할 것을 요구하신 사실(마 23:37)과, 하나님의 뜻은 아무도 멸망하지 않고 모든 사람이 구원을 얻는 것이라는 말씀을 강조했다(겔 33:11; 딤전 2:4; 벧후 3:9). 그는 예를 갖추어 루터를 대했으나, 하나의 극단을 다른 극단으로 퇴치하려고 하는 것은 잘못이라고 비판했다.

루터는 에라스무스의 여러 가지 공헌을 높이 평가했고, 그가 자신보다 학문적 역량이 뛰어난 사실을 솔직히 인정했다.[72] 그러나 루터는 에라스무스의 약점을 알았고, 일찍이 1516년에 에라스무스가 하나님의 은혜에 관해서 너무나 모른다고 우려를 표시했다.[73] 에라스무스의 저서들이 진리를 역설하기보다 오류를 논박하는 데 치중하고, 십자가를 사랑하기보다 평화를 더 사랑하는 것을 발견했다. 그가 여러 가지 의심을 교묘히 내비치는 방식을 싫어했다. 1523년 6월 20일에 오이콜람파디우스에게 쓴 편지에서, 루터는 이렇게 말했다.

"당신이 이사야서 강해를 계획대로 잘 수행할 수 있도록 주님께서 힘 주시기를 바랍니다. 물론 내가 아는 한 에라스무스는 그런 작업을 좋게 여기지 않겠지만 말입니다 …… 그는 자신이 하도록 정해진 일을 해왔습니다. 해로운 스콜라 학문 대신에 고대 언어들을 소개한 것입니다. 아마도 그는 모압 땅에서 죽은 모세처럼 될 것입니다. 그는 경건을 가르치는 더 훌륭한 학문들을 선도하지 않습니다. 내 생각에는 그가 차라리 성경 주해나 주석을 아예 하지 않으면 좋겠습니다. 그 작업을 할 만한 역량이 그에게 없기 때문입니다 …… 그는 악을 들춰내는 일을 충분히 했습니다. 하지만 선을 드러내고 약속의 땅으로 인도하는 사역은 내 견해로는 그의 일이 아닙니다."[74]

루터는 에라스무스와 정식으로 결별하기 몇 달 전인 1524년 4월에 에라스무스에게 쓴 편지에서, 앞으로는 서로의 일에 간섭하지 말자고 제안하면서, 그가 교

---

72) 루터는 에라스무스에게 극진한 존경을 담아 쓴 편지(1519년 3월 28일)에서, 그가 학문에 크게 이바지한 점을 감사하고, 그가 진리와 빛의 원수들에게 기꺼이 공격을 당하는 것을 치하했다. *Op. Lat.* VII. 367 (Erl. Frcf. ed.).

73) 참조. 그가 Lange와 Spalatin에게 보낸 편지들(in De Wette, I. 39 sq., 52; 87 sq.).

74) De Wette, II. p. 352 sqq.

황파에게 비굴하게 군 점과 용기가 부족한 점을 지적했는데, 그 어조와 내용이 감수성이 예민한 학자에게 적지 않은 상처를 줄 만한 것이었다.[75]

## 루터가 주장한 인간 의지의 노예 상태

에라스무스의 「의지의 자유」를 받아본 루터는 일년이 족히 지난 1525년 12월에 그에 대한 논박서로 「의지의 노예 상태」(*Slavery of the Will*)를 펴냈다. 이 책은 루터가 남긴 가장 열정적이고도 심오한 저서의 하나로서, 마니교와 숙명론의 경계에 닿을 정도로 폭넓은 사상과 충격적인 과장들로 가득하다.[76] 루터는 먼저 에라스무스가 "교황제와 연옥 같은 싱거운 주제들"로 자신을 괴롭히지 않고 논쟁의 본질을 건드린 데 대해서 감사를 표시한다. 그는 하나님의 예지와 예정을 불가분의 관계로 연관지으며, 하나님이 전능하신 분이라는 교훈을 토대로 만물이 필연에 의해 발생하며, 피조물들에게는 자유가 있을 수 없다고 추론한다. 인간의 의지란 말이나 나귀와 같아서 그것에 올라탄 자가 이끄는 대로 가는데, 본성이 타락한 상태에서는 올라탄 자가 마귀이고, 은혜의 상태에서는 올라탄 분이 하나님이시다.

인간의 의지는 주인으로서의 선택권이 없으며, 하나님과 마귀가 인간 의지의 소유권을 놓고 대립한다. 회개하고 거룩한 생활을 할 것을 권유하는 성경의 말씀들은 진지하게 받아들여서는 안 되고 반어법의 의미로 받아들여야 한다. 그것은 하나님께서 인간을 향해서 "한 번 회개하고 선행을 하려고 노력해 보아라. 그러면 곧 그렇게 할 수 없다는 것을 깨닫게 될 것이다" 하고 말씀하시는 것과 같다. 하나님께서는 마치 어머니가 아기를 대하듯이 인간을 대하신다. 어머니가 아기에게 걸어오라고 시키는 것은 아기가 손을 내밀어 도움을 청하도록 하기 위함인 것이다. 하나님께서 인간에게 이런 방식으로 말씀하시는 목적은 오직 하나님께 도움을 구하지 않으면 스스로는 아무것도 할 수 없음을 깨우쳐 주시기 위함이다. 사탄은 "너는 자유롭게 먹을 수 있다"고 말했다. 모세는 우리의 무능력

---

75) In De Wette, II. 498 sq. 이 편지에 대해서 에라스무스는 1524년 5월 5일에 답장을 썼다.

76) Köstlin(I. 773)은 루터의 여느 저서도 "열정과 정교함"에서 이 책을 능가하지 못한다고 말한다. 그러나 Döllinger와 Jansen(II. 379)은 루터가 신약 성경보다 코란에서 더 많은 것을 차용했다고 평가한다.

을 깨우쳐 주기 위해서 사탄 앞에서 우리를 향해 "행하라"고 말했다.

같은 책에서, 루터는 하나님의 말씀과 하나님 자신, 혹은 하나님의 계시된 뜻(만민에게 구원을 내미시는)과 감춰진 혹은 은밀한 뜻(일부 사람들만 구원하시고 나머지는 멸망에 버려두시려는 뜻이 담긴)을 구분한다. 이런 식으로 그는 에라스무스가 강조한 구절들, 즉 하나님께서 죄인이 멸망하지 않고 구원받기를 원하신다고 가르치는 구절들(예. 겔 18:23; 33:11; 딤전 2:4)의 호소력을 피해간다. 그러나 이렇게 구분하면 모순을 하나님 안에 두게 되는데, 이것은 가능하지도 않고 용납할 수도 없다.

만약 루터의 독특한 진술과 예화 방식을 도려낸다면, 그의 견해는 사실상 아우구스티누스의 견해와 같다. 그런데 에라스무스는 이 위대한 교부에게 깍듯이 예를 갖추면서도, 이 교부의 교훈대로 한다면 "하나님께서 우리 안에서 선한 일과 악한 일을 하시되, 우리 안에서 하신 선한 일에 상을 주시고, 우리 안에서 하신 악한 일에 벌을 주신다"는 식이 될 것이라고 말한 바 있다. 루터의 주장이 지니는 긍정적인 부분은 '불가항력'이다. 하나님께서는 모든 선한 것의 근원이시고 그것에 상을 주시는 분이시라는 것이다. 반대로, 부정적인 면도 있는데, 그것은 그의 주장이 너무나 큰 걸림돌이 된다는 것이다. 공의로우신 하나님께서 어떻게 걸을 능력이 없는 우리에게 걸으라고 명령하셔서 놓고는, 걷지 않는다고 벌하실 수 있겠는가? 물론 루터의 주장은 인류가 무의식적으로 혹은 무인격적으로 아담 안에서 선재(先在)했고, 아담의 죄와 죄책(罪責)에 가담하게 된 것을 근거로, 인류 전체가 배교하고 정죄를 당한 사실을 전제로 한다.

모든 종교개혁자들은 본래 아우구스티누스주의자들이었다. 즉, 인간 본성의 철저한 부패와 하나님의 은혜의 절대 주권을 믿는 사람들이었다. 그들은 사도 바울과 아우구스티누스와 마찬가지로 죄와 처절한 투쟁을 벌이는 과정을 통과했으며, 그리스도인이면 누구나 입술로 고백하는 내용, 즉 자신들이 정당하게 정죄를 당했고 오직 그리스도의 공로로만 구원을 받는다는 내용을 마음으로 절실히 느꼈다. 그들은 자신들의 죄성과 하나님의 자비를 강렬하게 체험하고 깨달은 사람들이었다. 따라서 만약 다른 사람들이 불신앙 가운데서 죽는다면, 그것은 그들이 유난히 악해서 그런 것이 아니라, 구원의 신앙이라는 선물을 어떤 이들에게는 주시고 다른 이들에게는 주시지 않는, 사람으로서는 다 알 수 없는 하나님의 불가해한 뜻이 있어서 그렇게 되는 것이라고 생각했다. 종교개혁자들은 자유를 위해 싸운 투사들이었는데, 이들이 영적인 의에 해당하는 모든 일에는 의지가 노예 상태에 있는 것이라고 가르친 것이다. 그들은 도덕적인 힘을 오직 은혜에서 얻었다. 그들은 하나님을 두려워했고, 다른 아무것도 두려워하지 않았다. 하나님을 그렇게 두려워했기에 사람들을 두려워하지 않을 수 있었다. 프랑스의 위그노들과 잉글랜드의 청교도들에 대해서도 같은 말을 할 수 있을 것이다. 루터는 이 이론을 아우구스티누스나 칼빈보다 더 강한 표현들로 진술했다. 그리고 흔히들 주장하는 것과 달리 이 이론을 철회한 적이 없으며, 오히려 12년 뒤에 가서도 에라스무스를 논박한 저서가 자신이 가장 내세울 수 있는 책이라고 주장했다.[77]

멜란히톤은 틀림없이 이 논쟁에 다소 영향을 받아 자신이 초기에 주장했던 예정론을 스토아주의적 오류로 여겨 포기했고(1535), 그 대신 신인협력설을 채택했다. 루터는 자신은 이 견해를 채택하지 않았으나 이러한 변화를 용인했으며, 이후로는 이런 신비스런 주제들을 더 이상 논하지 않았다. 일치신조(the Formula of Concord)는 루터가 주장한 인간 의지의 노예상태 교리를 매우 강한 표현으로 재천명했으나, 그의 예정론을 누그러뜨렸으며, 아우구스티누스주의와 반(半)펠라기우스주의 곧 신인협력설 사이의 중간 지대를 취했다.[78] 마찬가지로 로마 가톨릭 교회도 아우구스티누스를 극히 존경하고 그의 인간론을 받아들이면서도, 그가 주장한 전적 부패와 조건 없는 예정에는 동의하지 않고, 오히려 얀센주의자들을 단죄함으로써 그의 견해를 간접적으로 단죄했다.[79]

### 최종 결별

에라스무스-루터 논쟁은 인신공격으로 비화되었다. 양 진영은 대의명분과 위

---

77) 슈말칼덴 조항에서, 루터는 의지가 자유롭다는 견해를 스콜라주의의 오류라고 다시 한 번 비판했다. 그리고 마지막 저서인 창세기 주석에서 하나님의 은밀한 뜻과 계시된 뜻을 다시 한 번 확고하게 구분했다(창 6:6과 26장 주석). 하지만 이 두 가지 뜻을 서로 조화시킬 수 없기 때문에 오히려 계시된 뜻을 붙들고, 감춰진 뜻에 해당하는 신비스러운 주제들에 대해서 사색하지 않는 것이 가장 안전한 길이라고 그는 주장했다.

78) *Form. Conc.*, Art. II, XI. 참조. Schaff, *Creeds of Christendom*, I. 313 sq.

79) *Ibid.* I. 102 sqq. 얀센주의자 케넬(Quesnel)이 로마 교회에 의해 단죄받은 신앙

상에서 서로에게 어떤 빚을 졌고 어떤 혜택을 입었는지를 망각했다. 에라스무스
는「보호자」(*Hyperaspistes*)라는 글로 루터를 통렬히 논박했으며, 루터의 예정론
적 견해를 숙명적이고 부도덕한 결론으로 몰아붙였다. 그는 선제후 요한에게도
불만의 편지를 보냈다. 농민전쟁을 지켜보면서 에라스무스는 생각을 굳히게 되
었다. 그는 멜란히톤과 유스투스 요나스와 소원해졌다. 츠빙글리와도 편지 교환
을 중단했으며, 그가 죽었다는 소식을 들었을 때 오히려 기뻐했다.[80] 그는 종교개
혁을 가리켜 비극이라고, 아니 오히려 항상 결혼으로 귀결되는 코미디라고 말했
다. 종교개혁이 예술과 학문을 파괴하고 교회를 무정부상태에 빠뜨린 사회적 재
앙이라고 했다.[81]

에라스무스는 1530년에 황제의 고문 자격으로 아우크스부르크 제국의회에 참
석해달라는 요청을 받았으나, 건강이 좋지 못한 데다 자신이 어느 진영도 만족
시킬 수 없다는 것을 알고서 고사했다. 하지만 추기경 캄페조(Campeggio)와 아
우크스부르크의 주교, 그리고 그 밖의 지인들에게 편지를 써서 교리 문제를 공
권력으로 해결하려는 시도에 반대했다. 그가 교회의 부패 척결을 위해 내놓은
방안은 부패를 사전에 예방하는 동시에 사후에 바로잡는 것이었다. 하지만 그의
의견은 경청되지 않았다. 타협과 중도 노선이 득세하는 시기는 이미 지난 뒤였
으며, 논쟁은 제 길을 갔다. 에라스무스는 말년을 주로 자신의 헬라어 신약 성경
을 개정하고, 교부들의 저서들을 편집하는 데 보냈다.

---

조항들 가운데는 "모든 선행에는 그리스도의 은혜가 필요하다. 은혜 없이는 아무것
도 할 수 없다", "인간의 의지는 회개케 하시는 은혜로 회심하지 않고는 그저 악만 행
할 뿐 선은 행할 수 없다"는 조항들이 들어 있었다.

80) 1531년에 츠빙글리가 죽었다는 소식을 들었을 때, 에라스무스는 친구에게 이렇
게 편지했다. "그들의 지도자 두 사람이 죽었다는 것은 좋은 소식이다. 츠빙글리는 전
사했고, 오이콜람파디우스는 열병과 종양을 앓은 직후에 죽었다." - *Op*. III. 1422.

81) 에라스무스는 1526년에 겔덴하우어에게 쓴 편지에서 종교개혁으로 초래된 사
회의 윤리 기강 해이를 개탄한다(*Opera* X. 1578-1580). 슈트라스부르크의 설교자들
인 카피토와 부처, 헤디오는 1530년에 그의 비판을 논박했다. 그들의 논박을 접한 에
라스무스는 자칭 복음주의자들 집단에서처럼 사치가 기승을 부리고 간음이 만연한
사회가 없었다고 다시 비판의 포문을 열면서, 루터와 멜란히톤, 오이콜람파디우스에
게 이런 실상을 시인할 것을 요구했다. 말년에 쓴 편지들에도 이와 유사한 비판이 실
려 있다.

루터는 에라스무스를 포기하고서, 그를 세상에서 가장 사악한 존재, 독이 오른 독사, 세련미를 갖춘 에피쿠로스주의자, 현대판 루키아노스, 냉소주의자, 신자인 척하는 불신자, 모든 종교의 적으로 몰아붙였다. 하지만 우리는 이 무리한 평가에 눈길을 주지 않고, 그가 1524년 4월에 에라스무스에게 보낸 편지에 표현해 놓은 평가를 다시 한 번 되새겨 본다. "온 세계는 당신이 이룩한 학문적 업적을 잊지 말아야 합니다. 이 업적에 힘입어 우리는 성경을 참되게 깨닫게 되었습니다. 하나님이 내리신 이 은사가 당신 안에서 위대하고도 훌륭하게 나타난 것에 우리는 감사의 심정으로 바라봅니다."

## 74. 빌리발트 피르크하이머

이 무렵, 그리고 농민전쟁이 끝난 후에 대다수 유력한 인문주의자들은 종교개혁에 등을 돌렸다. 신교에 염증을 느낀 이들은 다시 모(母)교회의 양우리로 들어갔으나, 구교와 완전히 화해하지 못하고서 상심한 채 세상을 떠났다. 이 점에서 종교개혁이 자유로운 학문 활동을 구속하고 손상을 끼쳤다는 에라스무스의 판단과 우려는 비록 한시적이긴 했으나 상당한 근거가 있었던 셈이다. 신학이 고전학을 눌렀고, 격렬한 교의적 반목이 수사들의 무식에 대한 풍자를 대체했다. 그러나 학문적 손실은 신앙적 이득으로 벌충되었다. 루터의 관점에서는 진리가 웅변보다 더 강했고, 믿음이 학문보다 더 확고했고, 하나님의 어리석음이 인간들의 지혜보다 더 지혜로웠다.

에라스무스의 제자들과 친구들과 추종자들 가운데 처음에는 종교개혁에 호감을 가졌다가 거부감을 가지고 등을 돌린 사람들에는 빌리발트 피르크하이머(Wilibald Pirkheimer)·크로투스 루베아누스(Crotus Rubeanus)·무티아누스 루푸스(Mutianus Rufus)·울리히 차지우스(Ulrich Zasius)·비투스 아머파흐(Vitus Amerpach)·게오르크 비첼(Georg Wizel)·야콥 슈트라우스(Jacob Strauss)·요한 빌데나우어(John Wildenauer, 에그라누스)·요한 하너(John Haner)·하인리히 로리티 글라레아누스(Heinrich Loriti Glareanus)·테오발트 빌리카누스(Theobald Billicanus)가 있었다.

빌리발트 피르크하이머(1470-1530)는 이들 가운데 가장 저명하고 영향력 있던 사람으로서, 뉘른베르크의 유서 깊고 부유한 귀족 가문에서 태어나 신식 군사·외교 교육을 받았다. 이탈리아에서 7년을 체류하면서(1490-1497) 르네상스 운동에 앞장서게 되었다. 뉘른베르크의 원로원 의원과 황제 고문이라는 높은 사회적 위치도 지녔다. 중요한 외교 임무들을 맡았으며, 걸출한 역량으로 임무들을 성공적으로 완수했다. 독창적인 천재는 아니었으나 독일에서 가장 높은 학식과 웅변력을 지닌 평신도였다. 철학·법학·지리학·천문학·음악·회화·식물학을 전공했으며, 당대의 모든 발견들과 학문들을 섭렵했다. 희귀 도서와 사본들, 각종 주화들을 수집했으며, 방문객들이 그것들을 자유롭게 열람할 수 있도록 했다. 번역에도 힘써서 크세노폰·플라톤·플루타르크·유클리드·프톨레마이오스·루키아노스·그레고리우스 나지안주스·닐루스의 저서들을 라틴어로 옮겼다. 그는 '뉘른베르크의 크세노폰'이라는 별명도 얻었는데, 이는 자신이 장교로 참전한 불명예스러운 스위스 원정(1499)을 기록으로 남겼기 때문이다.[82] 빌리발트는 여러 인문주의 지도자들과 편지를 주고받았다. 특히 로이힐린과 울리히 폰 후텐, 에라스무스와 왕성하게 주고받았으며, 종교개혁자들인 멜란히톤과 츠빙글리, 오이콜람파디우스, 루터와도 주고받았다. 그는 독일의 마이케나스(Maecenas, 호라티우스와 베르길리우스를 후원한 고대 로마의 정치가: 역자주)였으며, 풍채가 당당하고 세련되고 흡인력이 있고 호걸다운 아량이 있는 신사였다.[83] 그는 항상 유명한 여행객들을 맞아들여 환대했다. 당시 뉘른베르크는 독일의 정치와 산업, 상업을 선도하던 도시였다. 베네치아에는 이런 속담이 있었다.

---

82) 빌리발트는 그 기록에서 용감하고 기지가 넘치는 스위스 소녀의 일화를 소개한다. 제국 병사들이 "지금 스위스 수비대가 초소에서 무엇을 하고 있니?" 하고 물으니까, 소녀는 "아저씨들이 공격해 오기를 기다리고 있어요" 하고 대답했다. "전력이 어느 정도지?" - "아저씨들을 전부 쫓아내고도 남을 만큼 강해요" - "얼마나 강한데?" - "아저씨들이 얼마 전에 스위스 수비대와 싸워봐서 몇 명이나 되는지 헤아렸을 텐데, 전투를 계속하다보니 잘 안 보이시는 모양이군요" - "그 사람들은 무엇으로 살지?" - "먹고 마시는 걸로 살지요." 병사들은 그냥 웃어넘겼으나, 그 중 하나가 칼을 빼들고 소녀를 죽이려고 했다. 그러자 소녀가 이렇게 말했다. "무기도 들지 않은 여자아이를 협박하다니 아저씨는 참 용감도 하시군요. 그렇다면 가서 저쪽에 있는 수비대를 공격해 보세요. 수비대는 아저씨에게 말 대신 행동으로 대답해 줄 걸요." 참조. Münch, W. *P.'s Schweizerkrieg und Ehrenhandel.* Basel, 1826. Drews, l.c., p. 10.

"독일의 도시들은 모두 소경이다. 뉘른베르크 하나만 외눈을 갖고 있다."

피르크하이머는 종교개혁이 단행되었을 때 애국적이고 학문적인 열정으로 열렬히 환호했고, 루터가 1518년에 아우크스부르크에서 몹시 기진한 상태로 귀향할 때 그를 자기 집으로 맞아들였고, 사람들에게 그의 저서들을 나눠주었으며, 자신의 친구 알브레히트 뒤러와 라자루스 슈펭글러와 함께 뉘른베르크 시에서 새로운 사상이 승리를 거둘 수 있는 길을 마련했다. 그는 로이힐린이 도미니쿠스회 학자들과 논쟁을 벌일 때 그를 변호하는 글을 썼고, "무명 인사들의 편지들"(*Letters of Obscure Men*)을 집필했을 가능성이 있으며, 라이프치히 논쟁이 끝난 뒤에 가명을 사용한 풍자적인 대화체로 에크 박사를 조롱했다. 에크는 루터에 대한 교황의 파문 대칙서를 발행할 때 피르크하이머의 이름을 루터의 추종자 명단에 넣고, 뉘른베르크 시장을 통해서 경고하는 방식으로 잔인하게 복수했다. 루터는 교황의 파문장을 태워버렸으나, 피르크하이머는 자신이 루터의 추종자가 아니라는 소극적 해명으로 곤경을 면하려 하다가 결국에는 사면을 애걸복걸했다.

이것이 인문주의자들의 한결같은 특성이다. 그들은 교회의 권력자들과 결별하기를 원치 않았고, 순교자가 될 용기도 없었다. 교회의 부패에 대해서 진지한 논쟁과 도덕적 의분보다는 조소와 풍자라는 가벼운 무기를 사용했다. 종교개혁자들의 신학과 경건에 조금도 공감하지 않았으며, 그러므로 종교개혁자들이 양심상의 이유로 구교를 탈퇴하고, 마치 사도들이 회당에서 쫓겨났던 것처럼 교회의 품에서 쫓겨날 때 그들에게서 발을 뺐다.

1524년 9월 1일에 에라스무스에게 쓴 편지에서, 피르크하이머는 루터의 지나친 행보에 불만을 토로하고, 구교와 신교의 분열을 학계에 닥친 가장 큰 재앙으로 여기면서도, 루터에 관해서 여전히 호의적으로 말을 했다. 그러나 자유의지 논쟁이 끝난 직후에 에라스무스의 영향으로 공재설(共在說, consubstantiation)의 입장에서 과거에 절친한 친구였던 오이콜람파디우스를 신랄하게 비판하는 책을

---

83) 불행하게도 그도 도덕적인 흠결이 없지 않았다. 그는 1504년에 홀로 되어 하녀와 부적절한 관계를 가졌으며, 그 여성을 통해 쉰의 나이에 아들을 낳았다. Christoph Scheurt는 이렇게 썼다. "멜란히톤이 피르크하이머를 좀 더 잘 알았다면 그에게 바친 찬사를 조금은 아꼈을 것이다. 그는 평판이 아주 좋지 못한 사람이었다."

썼다(그는 화체설을 받아들이는 데까지는 나가지 않았다).

피르크하이머는 개신교 진영의 내분과 불화, 재세례파로 인한 혼란, 농민전쟁, 오지안더(Osiander)의 호전적인 태도, 자신의 와병과 가정의 우환이 한데 겹쳐서 점점 더 종교개혁과 멀어지게 되었으며, 말년을 우울하게 보냈다. 결석과 통풍이 심해서 외출도 하지 못한 채 집안에만 갇혀 지냈다. 1528년에는 그의 일상의 친구였던 뒤러(Dürer)가 세상을 떠났다(하지만 뒤러는 성찬 문제에서 그와 견해가 달랐으며, 스위스의 견해를 강력히 지지했다). 누이들 가운데 둘과, 딸들 가운데 둘이 뉘른베르크의 성 클라라 수녀원에 들어가 수녀가 되었다. 에라스무스를 비롯한 지식인들과 헬라어와 라틴어로 편지를 주고받은 것으로 유명한 그의 누이 카리타스(Charitas)가 그 수녀원의 대수녀원장이었다. 이 수녀원은 종교개혁과 농민전쟁으로 큰 수난과 수모를 당했다. 수녀원이 해산되어 국유화될 위기에 처했을 때 피르크하이머는 수녀들을 위해 개신교 신자인 시장에게 웅변적이고도 감동적인 편지를 썼으며, 수녀들에게 가해지던 비난들을 단호히 배격했다.

그의 마지막 편지들은 에라스무스와 마찬가지로 세태에 불만을 토로하고, 학문과 도덕의 쇠퇴를 개탄하고, 과거에 자신이 로마 교회의 성직자들과 수사들의 부패에 대해서 가했던 것과 똑같은 비판을 복음주의 진영의 성직자들에게 가했다. 그는 프라이부르크 대학교의 유명한 법학교수인 차지우스(Zasius) — 그 역시 로마와 비텐베르크 사이에서 어정쩡하게 서 있었다 — 에게 보낸 편지에서 이렇게 썼다. "나는 영적인 자유를 기대했습니다. 하지만 우리 앞에 펼쳐지는 상황은 자유가 아니라 육체적 방종이며, 사회의 기강이 예전보다 훨씬 악해졌습니다." 차지우스도 견해가 같았으며, 뉘른베르크의 개신교 신자들도 복음적 자유가 지나치게 남용되고 있는 사실을 인정했다.[84] 피르크하이머는 죽기 일년 전에 레프도르프의 수도원장인 친구 라이프(Leib)에게 쓴 편지에서 루터와의 교분을 완전히 부정하면서, 그 종교개혁자가 미쳤거나 악령에 사로잡혔거나 둘 중 하나라는 견해를 피력했다.[85] 그러나 그러면서도 멜란히톤과는 좋은 관계를 유지했으며,

---

84) 한스 작스(1524)는 뉘른베르크 주민들에게 당시처럼 무절제하고 정절을 버리고 매정하게 지낸다면 결국 루터의 교훈을 모욕거리로 만들게 될 것이라고 경고한다.

85) 될링거(I. p. 533 sq.)는 이 편지를 라틴어와 독일어로 소개하며, 이 편지를 근거

그가 1530년에 아우크스부르크 제국의회에 참석차 뉘른베르크를 들렀을 때 그를 맞이하여 환대했다.

피르크하이머가 명백한 모순을 드러낸 원인은 신념의 변화보다는 시대의 변화에 있었다. 에라스무스와 마찬가지로, 그는 인문주의자로 남아 있으면서 신학과 신앙으로부터의 개혁보다는 학문으로부터의 개혁을 원했으며, 따라서 초기에는 종교개혁을 환영했다가 루터의 운동이 구체적으로 전개되자 그 운동을 비판했던 것이다.

그는 질병과 고통과 좌절에 몸과 마음이 상할 대로 상한 채 아우크스부르크 신앙고백서가 발표된 해인 1530년 12월 22일에 조국의 번영과 교회의 평화를 기도하면서 생애를 마감했다. 말년에 작업해 오던 「프톨레마이오스의 지리학」 (*Ptolemy's Geography*) 편집을 다 끝내지 못하고 죽었는데, 에라스무스가 이어받아 완성한 뒤 머리말을 붙여 출판했다. 그가 죽기 직전에 에라스무스는 바젤 시도 종교개혁 진영으로 돌아섰으며, 자신은 곧 그 도시를 떠날 생각이라는 우울한 소식을 전해주었다.

피르크하이머는 후대에 항구적인 인상을 남기지 못했으며, 그의 저서들은 고서로 남았다. 그러나 가장 유력한 인문주의자의 한 사람이자 중세와 근세를 이어준 연결고리로서, 종교개혁사에 한 자리를 차지할 자격이 있다.

# 75. 농민전쟁(1523-1525)

비텐베르크에서 일어난 급진적인 종교 운동은 훗날 독일 전역을 혼란과 유혈 사태로 몰아넣은 더 위험한 정치적·사회적 급진주의의 서곡이었다. 두 운동 모두 로마 교회의 부패를 규탄하는 분위기에 뿌리를 두었다. 두 운동 모두 종교개혁으로부터 강력한 추진력을 얻었으며, 마치 종교개혁의 원리들을 실행에 옮기는 듯이 행세했다. 그러나 둘 다 공상적이고 혁명적인 극단적이고 거짓된 개신교였다.

칼슈타트와 뮌처가 두 운동의 연결고리였는데, 특히 뮌처가 그 역할을 더 크

---

로 피르크하이머가 가톨릭 교회의 교인으로 죽었을 것이라고 추론한다.

게 수행했다. 칼슈타트는 뮌처만큼 극단적으로 나가지는 않았고, 훗날 자신의 행위를 철회했다. 이들은 작센에서 추방되면서 오히려 독일의 중부와 남부로 세력을 넓혀 나갔다.

## 농민들이 처했던 상황

독일의 농민들은 사회를 위해 무거운 짐을 짊어진 가축들이었으며, 노예들보다 형편이 낫지 못했다. 보상은 없이 죽도록 일만 해야 하는 것이 그들의 일상적 운명이었으며, 심지어 주일에도 고되게 일을 해야 했다. 합법과 불법을 가리지 않고 부과되는 세금에 등골이 휘었다. 아메리카 대륙이 발견되면서 부와 사치와 쾌락이 증가했으나, 그들의 형편은 열악해져만 갔다. 기사들과 귀족들이 수입을 늘리고 면죄부 구입 자금을 확보하기 위해서 이전보다 더욱 혹독하게 그들을 부렸다.

이에 농민들은 자구책으로 비밀 동맹들을 결성했다. 네덜란드에서는 '치즈 형제단'(Käsebröder)이, 독일 남부에서는 '끈 신발단'(Bundschuh)이 그렇게 해서 결성되었다.[86] 이들 동맹들은 오늘날 기능공들의 노동조합과 같은 역할을 수행했다.

종교개혁이 일어나기 오래 전부터 독일의 여러 지역에서 혁명에 준하는 폭동들이 발생했다. 1476년, 1492년, 1493년, 1502년, 1513년에 발생했고, 뷔르템베르크의 공작 울리히(Ulrich)의 무법한 폭정이 원인이었다. 그러나 한결같이 무자비하게 진압되어 비참한 실패로 끝났다.

잉글랜드에서는 1381년에 와트 타일러(Wat Tyler)와 존 베일(John Balle)이 이끄는 농민들과 농노들이 위클리프의 교리를 자의적으로 해석하여 공산주의적 민란을 일으켰다.

종교개혁은 교황의 독재를 비판하고, 성경의 수위성(首位性)을 천명하고, 그리스도인의 자유와 평신도의 만인 사제설을 주장함으로써 사회 저변에 깔려 있던 반란의 기류를 자극하고 그것에 새로운 방향을 제시했다. 방랑 설교자들과 비밀 소책자들이 불만을 선동했다. 농민들은 육체적 방종이 곧 영적 자유인 줄로 착

---

86) Bundschuh라는 이름은 농민들이 복종의 상징으로 신고 다니던 '끈 매는 신발'에서 유래했다. 이와 대조적으로 상류 계층은 죔쇠가 달린 신발을 신었다.

각했다. 이들은 성경과 루터 박사를 근거로 대가며 불만을 행동으로 표출했다. 신약 성경의 교훈에서 민주적인 요소만을 바라보았으며, 그것을 가지고 로마 교회 성직자 집단과 봉건적 귀족 집단의 학정에 항거했다. 이들은 자신들의 대의가 순수한 기독교를 회복하는 것이라고 주장했다.

## 토마스 뮌처

츠비카우 예언자들 가운데 한 사람이자 대중 선동가인 토마스 뮌처(Thomas Münzer)는 사회 혁명의 사도이자 전도자였고, 현대 사회주의와 공산주의, 무정부주의의 선구자였다. 급진주의와 신비주의라는 서로 어울릴 것 같지 않은 요소들을 기묘하게도 두루 겸비한 인물이었다. 뮌처는 하르츠 산지에 자리잡은 슈톨베르크에서 태어나(1590), 라이프치히에서 신학을 공부했고, 종교개혁의 일부 교리들을 받아들인 뒤 츠비카우의 거점 교회에서 그 교리들을 설교했다. 그러나 그 정도가 지나쳐 결국 면직을 당했다.

뮌처는 비텐베르크 민란에 가담했다가 참담한 실패를 겪은 뒤 알트슈타트로 가서 설교자로 활동하기 시작했는데(1523), 이는 민란의 좌절을 통해 루터를 교황보다 더 혐오하게 되면서 루터에 직접 맞서서 자신의 과격한 이념을 실현하려 함이었다. 루터는 '알트슈타트의 사탄'을 비판하는 글을 발표했다. 결국 뮌처는 그 도시에서 추방당했으나, 튀링겐의 자유로운 도시 뮐하우젠과 뉘른베르크, 바젤, 그리고 다시 뮐하우젠(1525)으로 옮겨다니면서 선동을 계속했다.

뮌처는 사회의 기존 질서 전체에 적대감을 품고 있었으며, 자신이 새로운 시대의 도래를 알리도록 하늘의 영감을 받은 예언자라고 생각했다. 그가 꿈꾼 새 시대는 공산주의적 천년왕국으로서, 성직자도 군주도 귀족도 사유재산도 없고 완전한 민주적 평등만 있는 그런 사회였다. 그는 열정적인 설교와 소책자를 통해서 영적·세속적 군주들에게 저항하도록 민중을 선동했다. "망치를 든 뮌처"와 "기드온의 칼을 들고"라는 서명을 사용했다. 불경건한 자들은 남김없이 죽이라고 독려했다. 그런 자들은 살아 있을 자격이 없다고 했다. 그리스도께서 세상에 오신 목적은 검을 주시려는 것이지, 평화를 주시려는 것이 아니라고 했다. "불경건한 자들을 동정하지 마시오. 여러분의 칼을 피에 적셔 냉정하게 만드시오. 니므롯[군주들]의 모루를 힘껏 내리치시오. 그의 망루를 쓰러뜨리시오. 이젠 여러분의 세상이 온 것이오."

## 농민들의 요구 사항

슈바벤의 농민들은 반란을 일으키면서 자신들의 요구 사항을 발표했다. 그것은 12개 조항으로 이루어진 일종의 정치적·종교적 강령이었다.[87]

농민들은 다음과 같은 자신들의 주장이 정의와 평화, 사랑의 종교인 기독교에 전혀 위배되지 않는다고 말했다: 1. 민중이 직접 자신들의 성직자를 선출할 권리가 있다(이 주장에 대해서 츠빙글리는 양보했으나, 루터는 그렇지 않았다). 2. 소소한 십일조를 면제하라(그들은 곡물로 내는 큰 십일조는 얼마든지 낼 용의가 있다고 밝혔다). 3. 노예제도를 폐지하라. 모든 사람이 그리스도의 피로 구속을 받았기 때문이다(그러나 그들은 하나님께서 세우신 선제후들에게 합당하고 기독교적인 모든 일에 복종하기로 약속했다). 4. 사냥과 수렵의 자유를 허용하라. 5. 숲에서 가정용 땔감을 얻을 권리를 보장하라. 6. 강제 부역을 제한하라. 7. 계약에 명기되지 않은 가외 부역에는 급료를 지급하라. 8. 소작료를 인하하라. 9. 독단적 처벌을 중지하라. 10. 권력으로 무단 점유해온 목초지와 밭을 환원하라. 11. 과부들과 고아들한테서 유산을 앗아가는 차지(借地) 상속세를 박탈하라. 12. 이 모든 요구 사항들을 성경에 비추어 검증하되, 만약 성경에 부합하지 않으면 요구를 철회할 용의가 있다.

농민들의 이러한 요구는 온건하고 합리적인 것이었다. 특히 봉건적 압제를 중단하고 성직자를 선출할 권리를 보장하라는 요구는 더욱 그러했다. 이 요구 사항들 가운데 대부분은 그 이래로 점진적으로 이행되었다. 만약 1524년에 농민들의 요구가 받아들여졌다면 독일은 유혈 참극을 피하고 번영의 시대로 접어들었을 것이다. 그러나 군주들과 농민들은 맹목적으로 자신들의 입장만 고수했고, 이성 대신에 감정을 앞세웠다. 게다가 농민들은 원래의 요구 조건을 고수하지 못한 채 견해가 갈려 여러 파벌로 분열되었으며, 자신들이 섬겨온 주인들에게 야만적인 폭력을 행사했다. 이런 상황에서 독일의 교회와 국가의 민주적 재건을 겨냥한 또 다른 프로그램이 등장했다. 만약 카를 5세가 대외 문제에 연루되지 않았다면 사회 불안을 빌미로 제국과 로마 교회를 중심으로 독일의 통일을 꾀했을

---

87) 그 문서의 저자는 알려지지 않았다. 더러는 스위스 출신으로서 메밍겐에서 설교자로 활동한 크리스토프 샤펠러가 썼다고 하며, 더러는 린다우의 호이글린이나, 후프마이어, 혹은 뮌처를 저자로 본다. 참조. Ranke, II. 135의 각주.

것이다. 그러나 만약 그렇게 되었다면 독일 분열보다 훨씬 더 큰 재앙이 초래되었을 것이다.

## 민란의 확산

민란은 1524년 여름, 도나우 강 상류와 스위스 접경을 흐르는 라인 강 상류에 자리잡은 슈바벤 지방에서 발생했으나, 스위스로는 번지지 않았다. 스위스는 농민들이 예속되지 않고 자유로웠던 것이다. 1525년에는 민란이 점차 독일 남서부와 중부로 퍼져나갔다. 폭도들은 주교들의 궁전과 귀족들의 성채를 파괴하고, 수도원들과 도서관들에 불을 지르는 등 파괴와 약탈을 자행했다. 에라스무스는 1525년 가을에 바젤에서 폴리도레 비르길(Polidore Virgil)에게 이렇게 썼다. "하루가 멀다하고 귀족들과 농민들 사이에 유혈 투쟁이 벌어지고 있습니다. 분쟁 지역이 이곳에서 너무나 가까워서 총소리와 부상자들의 절규까지 다 들립니다." 또 다른 편지에서는 이렇게 썼다. "날마다 성직자들이 투옥되고 고문을 당하고 교수형과 참수형 혹은 화형을 당합니다."

처음에는 민란이 성공을 거두었다. 제후들과 귀족들, 도시들이 농민들에게 굴복했다. 만약 개신교 교리들의 가장 큰 지지 세력이던 중간 계층들이 농민들의 편에 섰다면 그 세력은 아무도 저지할 수 없었을 것이다.

그러나 종교개혁의 지도자는 이름을 걸고 혁명에 반대했다.

## 루터가 반란을 철저히 진압하라고 조언하다

농민들의 운명은 루터에게 달려 있었다. 자신이 농민의 아들이었던 루터는 처음에는 농민들의 주장에 상당히 공감하고서 그들의 열악한 형편을 개선할 것을 옹호했다. 그러나 그는 폭력 사용에는 시종일관 반대했다. 다만 위정자가 공권력을 동원하는 것은 하나님께서 그에게 범법자들을 처벌하도록 칼을 위임하셨으므로 정당하다고 여겼다. 루터는 혁명 자체가 신적 질서를 거스르는 잘못된 시도로서, 교회 개혁을 가로막는 가장 큰 원수이며, 오히려 악을 증가시킨다고 생각했다. 사회를 변혁시키는 진정한 힘은 전도와 교육과 도덕적 감화에서 나온다고 믿었다. 그는 비록 언어 전쟁에서는 스스로에게 온갖 파격과 자유를 용인했으나, 거기서 멈추고 더 이상 나가지 않았다. 하나님의 영적 군대에 속한 전사로서 용사다운 기개를 견지하면서도, 수사로서 위정자에게 겸손히 복종했던 것이다.

루터는 슈바벤의 농민들이 제기한 12개 조항에 대해서 평화를 역설하고 권고하는 말로 답변했다(1525년 5월). 12개 조항 대부분이 정당하다고 인정했다. 그는 제후들과 귀족들, 특히 주교들에 대해서 그들이 가난한 사람들을 억압하고 복음을 대적하고 있는 것을 책망하고, 가난한 사람들의 청원 가운데 일부 내용은 들어주라고 촉구했다. 만약 그렇지 않으면 불이 독일 전역에 내릴 것이고, 그 불을 끌 자가 아무도 없을 것이라고 경고했다. 그러나 루터는 농민들을 향해서도 혁명이 그릇된 방법이라고 경고하고, 그들이 통치 권력에 복종할 의무가 있다는 사실(롬 13:1)과 "칼을 가지는 자는 다 칼로 망하느니라"(마 26:52)는 말씀을 상기시켰다. 그는 두 진영을 향해서 분쟁을 중재 위원회에 위임하도록 조언했다. 그러나 이미 때가 늦었다. 그는 닫힌 귀에 대고 설교했던 것이다.

전쟁의 먹구름이 독일 전역을 덮어 종교개혁의 순수한 빛을 가릴 때, 루터는 펜을 피에 찍어 "탐욕스럽고 살기 등등한 농민들"을 격렬히 비난하는 성명서를 썼다. 그들이 복음을 구실로 마귀의 일을 하고 있다고 비난했다. 위정자들에게 그들을 미친 개들로 여겨 "찌르고 죽이고 목을 비틀라"고 당부했다. 정부를 지키다가 죽는 것은 복된 죽음이며, 그런 사람은 하나님 앞에서 참된 순교자라고 했다. 경건한 그리스도인이라면 농민들의 요구를 한 올이라도 받아주기보다 차라리 백 번 죽음을 당하는 것이 옳다고 했다.[88]

성명서의 내용이 워낙 강경했던 까닭에, 루터는 만스펠트의 대법관에게 보낸 공식 서한(1525년 6월 내지 7월)에서 자신을 변호해야 했다. 하지만 자신의 입장을 철회하지는 않았다. "내가 쓴 작은 책은 온 세상이 그것에 걸려 넘어진다 하더라도 변함 없이 서 있을 것입니다" 하고 그는 말했다. 훨씬 더 강경한 어조로 지극히 공격적인 발언을 되풀이했으며, 폭도들과는 대화할 필요가 없고 다만 주먹과 칼만 필요할 뿐이라고 공언했다.

가난한 농민들을 동정하는 사람들에게는 가혹한 태도로 보이겠지만, 이것을 시류에 야합한 것으로 간주하여 이기적인 결론을 내린다면 공정하지 못한 처사일 것이다. 루터의 이같은 태도는 사회 안전의 책임을 맡은 위정자들에게 책임 있는 태도를 보여주고, 실패의 위협을 당하고 있던 종교개혁의 대의를 지키려는

---

88) Erl. ed., XXIV. 288.

진지한 의무감을 드러낸 것이었다.

## 반란 세력의 패배

종교개혁 진영과 로마 가톨릭 진영을 막론하고 농민 반란 세력에 치를 떨고 있던 제후들은 공동의 적 앞에서 공동 전선을 펼치면서, 종교개혁자의 조언을 오히려 과도할 정도로 실행했다. 결국 무기도 변변치 않고 지휘 체계도 엉성한 채 사분오열되어 있던 농민들은 헤세의 영주 필립과 브라운슈바이크의 공작 하인리히, 선제후 요한, 작센의 공작들인 게오르크와 요한이 이끄는 부대에게 궤멸을 당했다. 1525년 5월 25일에 벌어진 결정적인 전투에서 농민 5천 명이 들판과 거리에 쓰러져 전사했고, 3백 명이 법원 앞에서 참수를 당했다. 뮌처는 도주했으나 붙잡혀 고문을 당한 뒤 처형되었다. 독일 남부와 알자스 로렌 지방의 농민들도 황제의 군대와 팔츠와 트리어의 선제후들이 이끄는 군대, 그리고 내부 밀고자들에 의해서 똑같이 처참한 패배를 당했다. 5월 17일에 알자스 지방의 자베른 성에서는 1만8천 명의 농민들이 전사했다. 티롤과 잘츠부르크에서는 농민 반란군이 가장 오래 버티다가 일부가 중재에 의해 진압되었다.

전사자들의 수는 십만 명을 크게 상회했다.[89] 살아 남은 반도들은 참수되거나 사지를 절단당해 죽었다. 그들의 처자식들은 절대 빈곤층으로 전락했다. 수천 채의 성채들과 수도원들이 파괴되었고, 수백 개의 마을들이 잿더미가 되었고, 가축들이 죽었고, 농사 기구들이 파괴되었으며, 전 지역이 황무지로 변했다. 전쟁이 종료된 뒤에 루터는 "독일이 오늘날처럼 비참한 상태로 전락한 적이 없다"고 말했다.[90]

농민 전쟁은 철저한 실패였으며, 제후들의 승리는 수치스러운 보복이었다. 농민들이 반란을 일으켜 얻은 대가란 이전보다 훨씬 열악한 상황뿐이었다. 반도 앞에서 인간애를 발휘하여 무자비한 진압을 자제한 제후들은 없었다. 그들 대부

---

89) 슈파이어의 주교 게오르크는 전사자의 수를 15만 명으로 추산했다. 이것은 포로로 잡혀 참수형이나 교수형을 당하거나 사지가 찢겨 죽은 사람들은 포함되지 않은 숫자이다. 뷔르츠부르크 지방의 사형 집행인은 자신이 한 달에 350명을 처형했다고 자랑했다. 브란덴부르크의 후작 게오르크는 자신의 형제 카시미르에게 농민들을 더러 살려두지 않으면 앞으로 농사를 지어 자신들에게 곡물을 바칠 사람들이 없게 될 것이라고 환기시켰다. Janssen, II. 563.

분이 르호보암의 원칙을 따랐다. "내 아버지는 채찍으로 너희를 징계하였으나 나는 전갈 채찍으로 너희를 징치하리라"(왕상 12:14). 농민들의 비참한 상황은 그대로 남았으며, 개선될 전망은 기약할 수 없는 아득한 미래의 일이었다.

종교개혁 진영은 이루 말할 수 없는 손상을 입었으며, 반란 세력의 모든 만행에 대해서 로마 교회 당국자들과 심지어 에라스무스에게까지 비난을 받았다. 민족은 더욱 심하게 분열되었으며, 로마 가톨릭 지역에서 패배한 농민들은 구교로 돌아가야만 했다. 온건한 시민들은 정치와 사회 개혁에 냉담해졌으며, 그 방향에서 이루어지는 모든 시도를 의혹의 눈초리로 바라보았다. 루터는 이 한 번의 행동으로 모든 종류의 혁명에 반대하고, 세속 권력에 복종해야 한다는 뜻을 천명했으며, 마치 교황들이 마태복음 16:18을 전가의 보도처럼 휘두르듯이 로마서 13:1을 거듭 근거로 제시했다. 마치 그 구절들에 권세에 복종하라는 모든 성경의 교훈이 담겨 있다는 듯이 말이다. 멜란히톤과 부처는 이 점에서 루터의 견해에 철저히 동의했다. 그리고 루터교는 이후로 정치적 보수주의를 견지하고 시민의 자유 증진에는 무관심한 태도를 보여왔다. 참고로, 독일과 러시아에서 농노 제도가 완전히 폐지되고 미국에서 흑인 노예제도가 폐지된 것은 19세기에 가서야 비로소 된 일이다.

농민 전쟁의 실패를 기점으로 종교개혁의 파괴적 경향이 끝나고, 낡은 교회의 잔해 위에 새로운 교회를 세우는 작업이 시작되었다.

---

90) 1525년 8월 16일에 브리스만에게 보낸 편지. De Wette, III. 22.

# 제 5 장

## 종교개혁의 내적 발전: 농민전쟁부터 아우크스부르크 제국의회까지(1525-1530)

## 76. 세 명의 선제후들

농민전쟁이 끝나기 직전에 지혜자(the Wise)라는 별명을 지닌 작센의 선제후 프리드리히 3세(1486-1525 재위)는 1525년 5월에 그동안 살아온 생애와 마찬가지로 평화로운 상태에서 예순세 살의 인생을 마감했다. 그가 로카우 성에서 보낸 마지막 시간들은 유혈 낭자하게 전개되던 주위의 아비규환과 너무나 큰 대조를 이루었다. 그는 평민이 승리하지 않기를 기대했으나, 그들이 그동안 받아온 학대에 불만을 표시할 이유가 충분히 있다고 인정했다. 종들 앞에서 그는 이렇게 이야기했다. "애들아, 만약에 내가 너희에게 무슨 잘못을 저질렀다면 하나님을 생각하여서 나를 참아주기를 간청한다. 우리 제후들이 가난한 사람들에게 몹쓸 짓을 많이 했다." 그는 죽기 직전에 떡과 포도주가 모두 있는 성찬을 받았다. 그가 개신교 신자로서 취한 행동은 평생 이것이 처음이자 마지막이었다. 그의 시신은 비텐베르크로 운구되어, 루터가 구십오개조 격문을 붙인 성(城) 교회에 묻혔다. 장례식에서 멜란히톤이 조사를 낭독했고, 루터가 그를 계승한 그의 형제와 조카에게 애도의 글을 써서, 지혜롭고 백성들을 따뜻하게 보살피고 정의를 사랑하고 거짓을 미워한 그의 행적을 기렸다. 보름스의 교황 특사 알레안더는 그를 가리켜 작센의 늙은 여우라 불렀으나, 그의 별명은 '지혜자'로 역사에 길이 남았다. 그는 황제 막시밀리안이 죽은 뒤에 독일 제국을 떠맡게 되었으나, 겸허하게 황제 면류관을 고사하고서 스페인의 왕 카를이 황제로 선출되도록 했으

작센 선제후들. 지혜자 프리드리히(좌), 불변자 요한(중), 요한 프리드리히(우)

며, 그 과정에서 투표권을 매각하지 않은 유일한 선제후였다.

프리드리히는 원래 독실한 가톨릭 신자로서 성유물과 면죄부를 믿었으나, 그와 동시에 정직한 거래를 사랑하고, 루터를 존경하고, 자신이 설립한 대학교에 지대한 관심을 쏟았다. 그는 가톨릭 교회와 공식적으로 갈라서지 않은 채 종교개혁자 루터를 보호함으로써 독일 종교개혁을 보호했다. 보름스 제국의회에 참석했을 때 먼 발치에서 루터를 한 번 본 것 외에는 그를 직접 만난 적이 한 번도 없었으며, 주로 전속사제 겸 비서인 슈팔라틴을 통해서 그와 의사를 소통했다. 그의 신중한 태도가 당시로서는 최선의 정책이었다.

프리드리히의 위를 계승한 사람은 '부동자'(the Steadfast) 혹은 '불변자'(the Constant)라는 별명을 지닌 그의 동생 요한이었다(1525-1532 재위). 그는 정치에서는 프리드리히의 지혜와 영향력을 따라가지 못했으나, 종교개혁을 지지하는 면에서는 훨씬 더 확고했다. 몸이 너무 비둔하여 보조 장치가 없이는 말을 탈 수 없었다. 예배 시간에 루터의 설교를 듣다가 간혹 졸았는데, 그때마다 루터에게 일으켜 세움을 받는 곤혹스러운 대가를 치렀다. "하나님의 말씀은 영원히 거한다"는 것이 그의 좌우명으로서, 그의 깃발과 제복에 그 글귀를 새겼다.[1] 그는 슈파이어 항의서(1529)와 아우크스부르크 신앙고백(1530)이라는 역사적인 문서에 처음으로 서명한 인물이다.

그의 아들이자 계승자인 '도량가'(Magnanimous) 요한 프리드리히(1532-1554 재위)는 루터보다 오래 살았다. 그는 예나 대학교를 설립했다. 뮐베르크 전투에서 궤멸에 가까운 패배를 당했으며(1547년 4월 24일), 자신이 어릴 때부터 배우고 자란 복음적 신앙을 포기하느니 차라리 선제후 직위와 재산의 절반을 내놓을 뜻을 비쳤다. 이런 그의 태도는 작센의 선제후 '강인자'(the Strong) 아우구스투스와 얼마나 달랐던가! 그는 폴란드 왕위를 얻는 대가로 루터교 신앙을 버렸으며(1697), 추문으로 얼룩진 생애 때문에 개신교와 가톨릭 양 진영으로부터 손가락질을 당했다.

루터는 자신이 섬긴 세 군주에 관해서 특유의 평가를 남겼다. 항상 원거리에서만 알아왔던 프리드리히에 관해서는 이렇게 말했다. "그는 지혜롭고 이지적이

---

1) V. D. M. I. AE. = *Verum Dei manet in aeternum.*
2) 하지만 서자 둘을 남겼다.

고 유능하고 선량한 분으로서, 가식과 위선을 미워했다. 결혼을 한 적이 없고,[2] 삶이 순수하고 정직했다. 좌우명은 '가능한 범위 내에서 최선을 다한다'(Tantum quantum possim)로서, 그의 건실한 상식을 말해준다 …… 그는 유능한 관리자이자 경영자였다. 궁정 회의 때는 지긋이 눈을 감은 채 신하들의 발언을 인내하며 귀담아 들었다. 신하들이 발언을 다 마치면 자신의 결론을 말했다. 그런 군주는 하나님께서 내리신 복이다."

요한에 관해서는 이렇게 말했다. "그는 시종 여섯을 곁에 두고 살았다. 시종들이 날마다 여섯 시간 동안 성경을 읽어주었다. 그는 자주 잠을 잤으나, 깨어 있을 때는 항상 성경 말씀을 읊조렸다. 설교 시간에는 수첩을 꺼내어 받아 적었다. 교회 정치와 국정을 잘 챙겼으며, 황제에게 항상 칭찬을 들었다. 풍채가 좋았으며, 죽을 때 고생을 했다. 한번 고함을 지르면 사자가 울부짖는 것 같았다."

요한 프리드리히에 관해서는 다음과 같이 평가했다. "[그는] 거짓과 느슨한 생활을 미워하면서도 지나치게 관대하다. 그는 하나님을 두려워하며, 사려가 깊다. 불결한 말이나 누추한 말을 내뱉는 법이 없다. 건실한 남편으로서 아내를 끔찍이 사랑한다. 왕들과 제후들에게서는 찾아보기 힘든 미덕이다. 이러한 그에게도 한 가지 흠이 있는데, 그것은 지나치게 많이 먹고 마신다는 것이다. 풍채가 커서 보통 사람보다 많이 섭취해야 하는 모양이다. 하지만 일을 할 때는 당나귀처럼 끈기 있게 일한다. 술을 마시더라도 잠들기 전에는 항상 성경이나 양서를 읽고 잔다."[3]

작센의 이 세 선제후들은 루터교 종교개혁을 확고히 뒷받침해준 모범적인 군주들이다. 헤세의 필립은 이들보다 더 이지적이고 총명하고 관대하고 용감했으나, 중혼(重婚)으로 인해 도덕적 영향력을 발휘하지 못했다. 그는 개혁파에 더 가까이 기댔으며, 츠빙글리와 좋은 관계를 유지했다. 16세기 독일의 군주들 가운데 가장 경건했던 사람은 '경건자'(the Pious)라는 별명을 지닌 팔츠의 선제후 프리드리히 3세(Frederick III, 1559-1576 재위)로서, 「하이델베르크 요리문답」(the Heidelberg Catechism)이 작성되도록 뒷받침한 인물이다.

개신교 진영의 군주들은 자신들이 다스리는 영토에서 대주교들과 같은 역할

---

3) 「탁상담화」(*Tischreden*), Erl. ed., vol. LXI., 379, 380, 385, 387, 389, 393, 394에서 발췌.

을 수행했다. 비록 설교를 하거나 성례를 집례하지는 않았으나, 기존의 대주교들이 행사하던 교회 감독권을 행사했으며, 교회 개혁권(jus reformationis)도 수행하여서 특정 신앙고백서를 국교 헌장으로 채택하고, 수도회들을 해산하거나 크게 규제했다. 그들은 이 권리의 토대를 1526년의 슈파이어 제국의회의 결의에 두었는데, 그 제국의회의 결의는 1555년의 아우크스부르크 종교화의(the Peace of Augsburg)로 추인되었으며, 궁극적으로 1648년의 베스트팔렌 평화조약(the Peace of Westphalia)으로 추인되었다. 종교개혁자들은 이렇게 세속 군주들이 교회 정치를 감독하는 관행을 가톨릭 주교들의 적대감 때문에 어쩔 수 없이 떠맡아야 했던 한시적인 과업으로 간주했다. 우상을 타파하고 순수한 여호와 경배를 회복한 요시야를 비롯한 이스라엘의 경건한 왕들의 예를 지적하며 이 관행을 정당화했다. 이로써 종교개혁자들은 교회의 자유와 독립을 희생해 가면서 군주들의 보호와 지지를 얻었으며, 그 결과 교회가 국가의 겸손한 시종이 되었다. 멜란히톤은 이러한 상황을 개탄했다. 군주들이 마음대로 수탈과 탄압을 자행하는 현실을 지켜보면서, 그는 차라리 예전의 주교들이 다시 돌아오기를 바랐고, 심지어 교황이 복음의 자유를 허용한다면 차라리 교황의 권위에 복종할 마음이 있음을 내비쳤다. 스칸디나비아와 잉글랜드에서는 주교를 중심으로 한 성직자 위계제도가 그대로 남거나 새로운 모습으로 자리를 잡았으며, 따라서 이 지역들에서는 교회가 정치에 더 큰 권한과 영향력을 행사했다.


# 77. 루터의 결혼(1525)

I. LUTHER's Letters of May and June, 1525, touching on his marriage, in De Wette's collection, at the end of second and beginning of third vols. His views on matrimonial duties, in several sermons, e. g., *Predigt vom Ehestand*, 1525 (Erl. ed., xvi. 165 sqq.), and in his Com. on 1 Cor. vii., publ. Wittenberg, 1523, and in Latin, 1525 (Erl. ed., xix. 1–69). He wished to prevent this chapter from being used as a *Schanddeckel der falsch-berühmten Keuschheit*. His views about Katie, in Walch, XXIV. 150. His table-talk about marriage and woman, in Bindseil's *Colloquia*, II. 332–336. A letter of JUSTUS JONAS to Spalatin (June 14, 1525), and one of MELANCHTHON to Camerarius (June 16).

II. The biographies of Katharina von Bora by WALCH (1752), BESTE (1843),

Hofmann (1845), Meurer (1854). Uhlhorn: *K. v. B.*, in Herzog[2], vol. II. 564–567. Köstlin: *Leben Luthers*, I. 766–772; II. 488 sqq., 605 sqq.; his small biography, Am. ed. (Scribner's), pp. 325–335, and 535 sqq. Beyschlag: *Luther's Hausstand in seiner reform. Bedeutung.* Barmen, 1888.
III. Burk: *Spiegel edler Pfarrfrauen.* Stuttgart, 3d ed. 1885. W. Baur (Gen. Superintendent of the Prussian Rhine Province): *Das deutsche evangelische Pfarrhaus, seine Gründung, seine Entfaltung und sein Bestand.* Bremen, 1877, 3d ed. 1884.

농민 전쟁의 혼란과 공포 속에서, 신변의 위험을 충분히 예상하면서, 그리고 다가오는 세상의 종말을 기대하면서, 루터는 가난한 도주 수녀와 갑작스럽게 결혼함으로써 친구들을 놀라게 하고 대적들에게 공격의 빌미를 주었다. 그는 친구 린크(Link)에게 이렇게 썼다. "갑작스럽게, 전혀 다른 생각에 몰두하고 있는데, 주님께서 나를 결혼 속으로 밀어 넣으셨다."

그 행동은 성인의 것도 죄인의 것도 아닌 전형적인 루터의 것이었다. 그는 아내를 취함으로써 혈육의 아버지를 기쁘게 하고, 교황을 괴롭히고, 마귀를 안달하게 만들고 싶었다. 하지만 저변에는 더 깊고 숭고한 동기가 있었는데, 그것은 하나님께서 가장 오래 전에 세상에 제정해 주신 제도를 로마의 독재로부터 구출하고, 성직자들도 이 제도의 유익을 얻을 권리가 있음을 몸소 보여주려는 것이었다. 이러한 관점에서 볼 때, 그의 결혼은 심원한 결과를 초래한 공적인 사건이다. 이로써 복음적 성직자들의 가정 생활이 세상에 다시 있게 되었다.

루터는 오래 전부터 종신 독신 서약이 성경의 교훈과 순리에 위배된다는 확신이 있었다. 하나님께서 인간을 지으실 때 결혼하고 살도록 지으셨고, 따라서 결혼에 반대하는 자들은 인간으로 사는 사실을 부끄러워해야 마땅하며, 그렇지 않다면 자기들이 하나님보다 더 지혜로운 체하는 것이라고 주장했다. 그는 칼슈타트와 요나스, 부겐하겐 같은 사제들과 수사들의 결혼에 반대하지 않았다. 그러나 그 자신은 독신으로 남기로 결심한 듯하며, 그래서 계속해서 수도원에서 살았다. 이제 그의 나이가 마흔을 넘어서 있었다. 구십오개조를 발표하여 로마와 논쟁을 시작한 지 이미 8년이 지나고 있었지만, 그는 열정이 강한 사람이었음에도 수사와 성직자 서약을 엄격히 지켰다. 원수들은 루터가 맥주를 마시고 류트(기타 비슷한 14–17세기의 현악기: 역자주)를 연주하고, 세속적인 생활을 한다고 비난했으나, 정절에 대해서는 결혼한 뒤까지도 감히 문제삼지 못했다.

세월이 적지 않게 흐른 1524년 11월 30일에 그는 슈팔라틴에게 이렇게 썼다. "지금 같아서는 앞으로도 아내를 취하게 될 것 같지 않다. 내가 육체적 감수성이 없다거나 성욕이 일지 않는다는 말이 아니다(나는 목석이 아니니까). 하지만 결혼 생활에 반감이 있다. 나는 날마다 이단으로 처형될 일을 예상하고 살기 때문이다."[4] 그러나 1525년 4월 10일에는 같은 친구에게 이렇게 썼다. "자네는 왜 결혼하지 않았지? 나는 다른 사람들에게 결혼을 권할 이유가 너무나 많이 눈에 띄어서 조만간 나 자신도 결혼하게 될 것 같아. 원수들이 나의 결혼을 끊임없이 물고늘어지고, 지식인 흉내내는 고만고만한 자들이 날마다 비난해대더라도 상관없어."[5] 루터는 수도원의 독거 생활에 지쳤다. 수도원이 거의 텅 비어 있었으며, 수입원도 끊겼다. 멜란히톤이 전하는 바로는, 루터의 이부자리를 갈지 않은지 여러 달이 되어서 땀에 절은 부분에 곰팡이가 피었다고 한다. 루터는 매우 검박한 식사를 했고, 손수 죽도록 노동했다. 반려자가 너무나 절실했다.

1523년 4월에 수녀 아홉 명이 그리마 근처의 님프쉬 수녀원을 탈출하여 비텐베르크로 피신한 뒤 루터에게 보호와 도움을 청했다. 이들 가운데 카타리나 폰보라(Catharina von Bora)가 있었는데, 귀족 출신 처녀였으나 가난했고, 루터보다 15살 연하였다.[6] 외모나 교양이 특출하지 않았으나, 건강하고 힘이 세고 솔직하고 총명하고 생각이 고상한 여성이었다. 루터 박사와 그의 부인의 신혼 시절을 그린 초상화들을 감상할 때는 그 그림들을 그린 화가가 라파엘로나 티치아노가 아닌 크라나흐(Cranach)임을 기억해야 한다.

카타리나는 뉘른베르크 출신의 비텐베르크 대학교 졸업생에게 구애를 받고 거의 정혼 단계까지 갔으나, 상대가 자신을 버리고 부유한 여성에게 장가가는 가슴 아픈 일을 겪었다(1523). 이 일을 겪은 후 루터는 카타리나를 오를라뮌데의 글라츠 박사(Dr. Glatz)와 맺어주려고 했으나(글라츠는 후에 교수직을 박탈당했다) 카타리나는 사양하면서, 암스도르프에게 자신은 암스도르프 자신이나 종교개혁자와 결혼하게 된다면 반대하지 않겠다고 말했다. 암스도르프는 독신으로

---

4) De Wette, II, 570.

5) *Ibid.*, II, 643.

6) 보라는 1499년 1월에 태어나 1509년부터 수녀원에서 생활했다.

LUTHER.  From a Portrait by Cranach in 1525.  At Wittenberg.

CATHARINE VON BORA, LUTHER'S WIFE.  From a Portrait by Cranach about 1525.  At Berlin.

77. 루터의 결혼(1525) *367*

남았다. 루터는 처음에는 그녀의 교만이 우려되었으나 결국 마음을 바꾸었다. 1525년 5월 4일에 루터는 뤼헬 박사(Dr. Rühel. 만스펠트 백작과 마인츠의 추기경 알브레히트의 고문)에게 "마귀의 비난을 감수하고서라도 죽기 전에 사랑하는 카티를 아내로 맞이하고 싶다"는 편지를 썼다.[7] 친구들에게는 이런 미묘한 문제를 놓고 지나치게 떠벌리는 게 좋지 않다고 판단하여 비밀로 부쳤다. "사람은 반드시 하나님께 지혜를 구한 뒤 기도하고 나서 그에 따라 행동해야 한다"고 그는 말했다.

삼위일체 주일 다음 화요일인 6월 13일 저녁에, 루터는 부겐하겐과 요나스, 루카스 크라나흐 부부, 그리고 법학교수 아펠(밤베르크 주교좌성당의 전직 주임사제로서, 수녀와 결혼함)을 집으로 초대한 뒤, 그들 앞에서 성 삼위일체 하나님의 이름으로 카타리나 폰 보라와 결혼식을 올렸다. 부겐하겐이 주례를 맡아 관습적인 방식으로 결혼식을 주재했다. 다음 날 아침에 루터는 친구들에게 조찬을 대접했다. 유스투스 요나스는 슈팔라틴에게 특별 사신을 보내어 그 결혼을 알렸다. 슈팔라틴은 루터가 결혼했다는 소식을 듣고는 감동을 받아 눈물을 흘렸으며, 그것을 하나님의 기이한 섭리라고 말했다.

6월 27일에 루터는 좀 더 공식적이긴 하되 검소한 방식으로 피로연을 열고서 부모와 멀리 떨어진 친구들을 초대하여 두 사람의 결합을 "인증하고 재가하고 복을 빌도록" 했다.[8] 피로연장에서 그는 자신의 결혼을 그토록 바라던 아버지에게 아들로서 늦게나마 의무를 다하게 되어 기쁘다는 소감을 말했다. 비텐베르크 대학교는 그에게 화려한 은잔을 선물했는데, 은잔에는 "명예로운 선제후의 성읍에 소재한 고귀한 비텐베르크 대학교는 이 결혼 선물을 마르틴 루터 박사와 그의 아내 케테 폰 보라에게 드립니다"라는 글이 새겨졌다(이 잔은 현재 그라이프스발트 대학교에 소장되어 있다). 시장은 그 부부에게 아임벡 맥주 한 통과 소량의 고급 포도주, 그리고 은 20길더를 선물했다. 눈여겨볼 점은, 대주교 알브레히트가 뤼헬을 통해서 카티에게 금 20길더를 선물로 보낸 것을 루터는 고사했으나

---

7) De Wette, II. 655. 루터는 1525년 6월 2일에 마인츠의 대주교 추기경과 선제후 알브레히트에게 공식 서한을 보내어 결혼을 독려하고 주교구를 국가에 환원할 것을 권유했다. *Ibid.*, p. 673.

8) 루터가 보낸 초청장은 De Wette, III. 1, 2, 9, 10, 11, 12, 13에 실려 있다.

카티는 받아두었다는 사실이다. 루터의 것임에 틀림없는 여러 점의 결혼 반지들이 보존되어 왔는데, 그 가운데는 십자가에 달린 구주의 모습과 "D. Martino Luthero Catharina v. Boren, 1525년 6월 13일"이라는 문구가 새겨진 것이 있다. 1817년에는 이 반지의 복제품들이 여러 개 제작되었다. 두 사람은 이제 아무도 살지 않게 된 낡은 아우구스티누스회 수도원에 보금자리를 꾸렸다. 루터는 결혼 생활로 인해 연구에 큰 지장을 받지 않았으며, 그 해 말에 에라스무스를 격렬히 비판하는 책을 발행했다. 이 책을 받아본 에라스무스는 루터가 결혼을 했어도 기질이 조금도 부드러워지지 않는지 의아해했다.

루터가 결혼한 사건은 비방과 뒷공론에 풍부한 자료를 대주었다. 정적들은 그가 정절 서약을 파기한 것을 두고 험담을 유포시켰고, 민간 전승을 인용하여 수사였던 남자와 수녀였던 여자가 결혼을 하면 적그리스도를 낳게 될 것이라고 예언했다. 에라스무스는 이러한 비방에 반대하면서, 만약 그 전승이 사실이라면 적그리스도가 태어나도 이미 수천 수만 명은 족히 태어났어야 한다고 주장했다.[9] 멜란히톤(그는 6월 27일의 피로연에는 초대받았으나 13일의 결혼식에는 초대받지 못했다)은 친구 카메라리우스에게 헬라어로 쓴 편지(6월 16일)에서, 루터가 비록 결혼 생활로 궁극적으로는 유익을 얻겠지만 혹시라도 경솔하고 약한 행동을 저질러 독일이 절박한 상태에 처해 있는 그때에 영향력이 감소하지 않을까 우려했다.[10]

루터는 처음에는 결혼 생활이 낯설고 어색했으나, 곧 예전의 상태를 되찾았다. 그는 6월 16일에 슈팔라틴에게 이렇게 썼다. "내 스스로를 너무나 비열하고 한심하게 만들었으니, 천사들은 웃고 모든 귀신들은 울기를 바라네."[11] 일년 뒤에는 슈티펠(Stiefel)에게 이렇게 썼다(1526년 8월 11일). "내 소중한 갈비뼈 카타리나가 당신의 편지에 감사의 안부를 전해달라고 부탁합니다. 참으로 감사하게도 카타리나는 예상했던 것보다 훨씬 더 매사에 온유하고 유순합니다. 크로이소

---

9) Franciscus Sylvius에게 보낸 편지에서(1526).

10) 그 편지는 W. Meyer에 의해 헬라어 원본으로 출판되었다(뮌헨 학술원 보고서, 1876년 11월 4일, pp. 601-604에 수록됨). 멜란히톤은 루터가 앞뒤를 가리지 않는 매우 무모한 사람이라고 하면서도, 더욱 근엄해질 것을 소망했다.

11) De Wette, III. 3.

12) *Ibid.*, III. 125.

스(Croesus, 엄청난 부를 소유했던 리디아의 마지막 왕, 주전 560-546: 역자주)
의 부를 준다 해도 지금의 가난과 바꿀 마음이 없습니다."[12] 루터는 종종 결혼 생
활의 시련과 의무에 관해서 경험을 바탕으로 진솔하고도 효과적으로 설교했으
며, 하나님께서 낙원에서 제정하시고 그리스도께서 첫 번째 기적으로 존중해 주
신 결혼이라는 거룩한 상태에 대해서 경건한 심정으로 감사를 드렸다. 결혼을
하나님의 선물이라 불렀으며, 결혼 생활이 독신 생활보다 훨씬 따뜻하고 단정하
며, 이것이 없다면 지옥과 다름없을 것이라고 했다.

## 78. 루터의 가정 생활

루터와 카티는 서로 잘 어울리는 부부였다. 두 사람은 21년을 해로하면서 인
생의 고락을 나누었다. 이들의 가정 생활은 선의와 따뜻한 유머와 진심어린 애
정과 소박함이 항상 넘친, 독일인다운 전형적인 가정 생활이었다. 물론 세련된
점에서는 현대의 좋은 그리스도인 가정에 미치지 못했고, 루터가 자신의 부부
관계에 관해서 해놓은 발언을 보더라도 거칠고 천한 면이 드러난다. 그러나 그
시대가 그렇게 거칠고 천했다는 점과, 루터가 농촌 출신이었다는 점을 기억해야
한다. 그는 가정 생활에 흠을 남기지 않았다. 가정에서 그는 양처럼 그리고 아이
들 틈에 있는 아이처럼 온순하고 밝았다.

루터는 자신의 경험을 토대로 이렇게 말했다. "하나님 말씀 다음으로 거룩한
결혼보다 더 소중한 보물이 없다. 하나님께서 지상에 내리신 가장 큰 선물은 경
건하고 활달하고 하나님을 경외하고 가정을 지키는 아내이며, 그런 아내와는 서
로 화목하게 살면서 재산과 몸과 생명을 맡길 수 있다."

루터는 아내를 끔찍이 사랑했으며, 여러 통의 편지에서 아내에 대해서 장난스
럽게 "손과 발을 사랑의 수고로 묶은 내 사랑하는 상냥한 아내 카타리나, 루터
여사, 박사 여사, 줄스도르프(그의 작은 농장 이름 : 역자주) 여사, 돼지 시장 여
사(루터 부부의 집이 돼지 시장 곁에 있었다: 역자주)" 라고 불렀다. 카타리나는
남편과 자녀들의 필요를 잘 보살피는 훌륭한 독일 주부로서, 남편이 병들 때나
건강할 때나 편안하게 해주었고, 남편이 밖에서 항상 넉넉한 마음으로 지낼 수
있도록 해주었다. 의지력이 강인했으며, 자기 분수를 알았다. 루터는 가끔 카타

리나를 "카티 경"이라고 불렀으며, 자신에 대해서는 그녀의 "충복"(忠僕)이라고 불렀다. 아내에게 "카티, 당신은 당신을 사랑하는 경건한 남편을 가졌소. 당신은 나의 여왕이오" 하고 말했다. 1535년에는 아내가 성경을 통독하면 상으로 50길 더를 주겠다고 약속했다. 그가 친구에게 말한 대로, 그때부터 카티에게는 성경 읽기가 "매우 진지한 일"이 되었다. 카티는 루터에게, 하나님께서 왜 아브라함에게 자식을 죽이라는 잔인한 일을 명령하셨는지 이해할 수 없다고 말했다. 그러나 루터는 하나님께서 독생자를 제물로 내어놓으신 일과, 독생자께서 죽은 자 가운데서 부활하신 일을 환기시켜 주었다. 루터는 세상을 떠나기 직전에 아이슬레벤에서 카티와 멜란히톤에게 쓴 마지막 편지들(다섯 통은 카티에게, 세 통은 멜란히톤에게)에서, 카티에게 자신의 여정과 여행 중에 취한 식사와 몸 상태를 말한 다음, 유대인 50명이 과부인 만스펠트의 백작부인의 보호를 받고 있다고 불평하고, 필립 선생(멜란히톤)에게 안부의 인사를 전하고, 아내에게 자신의 건강에 관해 너무 염려하지 말라고 당부한다.

> "사랑하는 카티, 요한복음과 소요리문답을 읽기를 당부하오 …… 당신은 하나님께서 마치 전능하지 않으시기라도 하듯이 염려하는군. 이 늙은 마르틴 루터가 잘레 강에 빠져 죽거나 난로 곁에 쓰러져 죽거나 저 늑대의 사냥터에서 죽더라도, 하나님께서는 새로운 마르틴 루터 박사를 열 명이라도 지으실 수 있소. 이젠 염려를 그만두어 나를 평안하게 놔두기를 바라오. 내게는 당신과 모든 천사들보다 더 든든한 보호자가 계시기 때문이오. 나의 보호자이신 그분은 구유에 누워 계시고 동정녀 어머니의 품에 안겨 계시지만, 동시에 전능하신 아버지 하나님의 우편에 앉아 계시기도 하신다오. 그러므로 마음 든든히 지내길 바라오. 아멘."[13]

결혼한 지 17년 뒤(1542년)에 쓴 유서에서, 루터는 카티가 "경건하고 신실하고 헌신적인 아내로서, 풍성한 사랑으로 자신을 자상하게 보살펴 주었다"고 말한다. 하지만 가끔은 집안 일로 마음이 눌렸으며, 그 중 한번은 상대가 여왕이라 할지라도 다시는 결혼하지 않겠다고 말했다. 하지만 그런 정서는 잠시 생겼다가 곧 사라졌다. "남편과 아내가 사랑하는 마음으로 한 상에 마주앉는 것이 얼마나

---

13) 1546년 2월 7일, in De Wette, V. 787.

가슴 벅찬 일인가! 부부는 서로 사소한 일로 다툴지라도 그것을 괘념치 말아야한다. 잘 참고 지내야 한다." "우리는 아내가 가끔 날카롭고 아프게 말하더라도 잘 참아주어야 한다. 아내가 가사를 총괄하므로, 하인들이 가끔 유익한 꾸지람을 듣는 것이 당연하다." 루터는 여성의 모성을 매우 중요하게 여겼다. "모든 남자들은 여성들에 의해 잉태되고 태어나고 양육된다. 여성들에게서 어린아이들, 지극히 존귀한 후사가 나온다. 이 영예로운 지위 하나만으로도 여성들이 지닌 다른 모든 약점들을 가리고도 남는다."

루터는 자녀를 여섯 명 두었다. 딸 셋(두 딸은 어려서 죽음)에 아들 셋이었는데, 아들들의 이름은 한스(요한)와 마르틴, 파울이었다. 하지만 셋 중 아무도 아버지의 재능을 물려받지 못했다. 한스는 루터에게 많은 근심을 안겨주었다. 파울은 다소 두각을 나타내어 선제후의 주치의가 되었다가 1593년에 드레스덴에서 죽었다. 세 아들은 루터가 아이슬레벤으로 마지막 여행을 떠날 때 동행했다. 루터의 아내에게는 같은 수녀원의 수녀이자 수간호사였던 아주머니 막달렌 폰 보라가 있었는데, 이 여성이 루터의 가족과 함께 살았으며, 루터와 그의 자녀들에게 할머니처럼 존경을 받았다. 고아가 된 두 조카딸과 사내아이들을 위한 가정교사, 서기, 그리고 여러 학생들이 한 식구처럼 엘베 강변 수도원의 한 구석을 차지한 그의 집에서 살았다. 이 대가족이 기거했던 거실과 루터의 침실, 그리고 강의실이 '루터의 생가'에 여전히 전시되고 있다.

루터는 하루 일과를 시작하기 전에 먼저 혼자서 기도 시간을 가진 뒤 식구들과 함께 십계명과 사도신경, 주기도문, 그리고 시편 한 편을 암송했다. 밤 아홉 시에 잠자리에 들었으나 아주 일찍 일어난 까닭에 하루 일과 시간이 퍽 길었다. 루터의 기도 생활에 관해서는 그의 동료 파이트 디트리히(Veit Dietrich)가 남긴 신뢰할 만한 글을 통해 확인하게 된다. 그는 아우크스부르크 제국의회가 열리던 1530년에 루터가 코부르크에서 큰 압박감에 눌리며 지낼 때 멜란히톤에게 다음과 같은 편지를 썼다.

"그분은 하루도 거르지 않고 세 시간씩, 그것도 연구하기에 가장 좋은 시간을 내어 기도를 드렸습니다. 한번은 그분이 기도하는 것을 뜻하지 않게 듣게 되었습니다. 아, 얼마나 위대한 정신과 위대한 신앙이 그의 기도의 말에 담겨 있던지요! 그분은 마치 하나님과 대화를 나누고 있음을 느끼듯이 경외심을 품고 구했으며, 아버지와 친구를 앞에 두고 말하듯이 소망과 믿음을 가지고 구했습니다. 그분은 이렇게 말했습니다. '저는 주님께서 우리 아버지와 우리 하나님이신 줄을 압니다. 그러므로 주님께서 주의 자녀들을 박해하는 자들을 멸하실 줄을 확신합니다. 만약 그들을 멸하지 않으신다면 우리가 당하는 위험이 곧 주님의 것이기도 합니다. 이 일은 전적으로 주님의 일이며, 저희는 의무감을 가지고 이 일을 맡고 있습니다. 그러므로 저희를 지켜주옵소서.' …… 나는 그분이 또렷한 음성으로 이러한 기도를 드리는 것을 먼발치서 들었습니다. 하나님 앞에서 그토록 친밀하게, 장중하게, 예를 갖추어 아뢰는 말을 듣자니 마음이 벅찼습니다."

루터는 절기들, 특히 성탄절이 오면 아이같이 기뻐했다. 독일의 기독교 가정들에서는 루터가 어린 자녀들과 함께 크리스마스 트리 아래서 자신이 지은 성탄절 찬송을 부르는 그림을 흔히 볼 수 있다:

"천사들이 하늘에서 좋은 소식 가져와,
　온 땅에 기쁜 소식을 울려 퍼지게 한다."

루터는 1530년이라는 기념비적인 해에 아우크스부르크 제국의회가 열리는 동안 코부르크에서 당시 네 살이던 큰아들 한스에게 쓴 편지만큼 애틋하고 다감한 편지를 찾아보기란 쉽지 않다.[14]

"내 사랑하는 어린 아들에게 그리스도 안에서 은혜와 평강이 있기를 바란다. 아버지는 네가 배울 것을 잘 배우고 기도를 부지런히 하는 것이 몹시 기쁘다. 사랑하는 아들아, 계속 그렇게 하면 집에 돌아가서 좋은 선물을 줄게. 아버지는 멋지고 즐거운 동산을 알고 있는데, 이곳에서는 아이들이 금으로 된 옷을 입고 맛있는 사과와 배, 체리와 자두를 나무에서 따먹으며 즐겁게 노래하고 뛰논단다. 또 아이들은 금 고삐와 은 안장으로 단장한 작고 예쁜 말을 타고 논단다. 동산 주인에게 가서 저 아이들이 누구냐고 물었지. 그랬더니 '이 아이들은 기도하고 공부하기를 좋아하는 착한 아이들이에요' 하고 대답했단다. 그래서 아버지가 동산 주인에게 이렇게 말했지. '선생

---

14) De Wette, IV. 41 sq.

님, 내게도 한스 루터라는 아들이 있습니다. 그 아이도 이 동산에 와서 이렇게 맛있는 사과와 배를 먹으며, 저렇게 멋진 작은 말을 타면서 이 아이들과 함께 놀 수 없나요?' 그러자 동산 주인이 이렇게 대답했단다. '만약 아드님이 기도하고 공부하기를 좋아하고 믿음이 깊다면 동산에 와도 좋고, 리푸스[멜란히톤의 아들]와 요스트[요나스의 아들]도 함께 와도 좋아요. 그 아이들이 함께 오면 피리와 작은 북, 류트와 바이올린을 마음껏 가지고 놀 수 있고, 춤을 추며 작은 활을 쏠 수 있답니다.'

"말을 마친 동산 주인은 아버지에게 춤을 추기에 알맞은 부드러운 잔디밭을 보여주었는데, 그곳에는 황금 피리와 작은 북, 활이 주렁주렁 걸려 있더구나. 하지만 아직 일러서 아이들이 저녁 식사를 하려면 조금 더 기다려야 했어. 그래서 아이들이 춤추는 모습을 볼 수 없었단다. 그래서 동산 주인에게 이렇게 말했어. '선생님, 지금 곧장 돌아가서 이 모든 사실을 우리 어린 아들에게 편지해야겠습니다. 하지만 우리 아들한테는 레네라는 아주머니가 있는데, 그 아주머니를 꼭 데려올 것이 틀림없습니다.' 그러자 주인은 '그렇게 하도록 하세요. 가서 아드님한테 편지를 쓰시기 바랍니다' 하고 대답했다.

"그러니 내 작은 아들아, 착한 마음으로 공부와 기도에 힘쓰고, 리푸스와 요스트한테도 그렇게 하라고 일러주렴. 그러면 너희들이 모두 이 동산에 올 수 있을 거야. 그러면 이제 너를 전능하신 하나님께 부탁한다. 레네 아주머니에게도 안부를 전해다오.

주후 1530년.<br>네 사랑하는 아버지, 마르티누스 루터."

루터가 아주 사랑했던 딸 레나(막달렌)가 열네살의 어린 나이에 세상을 떠났다. 경건하고 온순하고 상냥했고, 크고 상상력이 가득 담긴 눈을 지니고 있었으며, 전망이 아주 밝은 소녀였다.[15] 레나가 죽음을 앞두고 있을 때 루터는 이렇게 기도를 드렸다. "저는 그 아이를 무척 사랑합니다. 하지만 귀하신 하나님, 그 아이를 데려가시는 것이 주님의 뜻이면 기꺼이 주님과 함께 떠나보내겠습니다." 그리고 레나에게는 이렇게 말했다. "사랑하는 레나야, 내 귀여운 딸아, 넌 아버지와 이곳에 남기를 바라겠지. 하지만 다른 하늘의 아버지에게 갈 마음이 있느냐?" 레나는 이렇게 대답했다. "예, 아버지. 하나님의 뜻이라면요." 딸이 마지막

---

15) Erl. ed., vol. LXV. 237, 라틴어와 독일어.

숨을 몰아쉬고 있을 때, 루터는 아이의 침대 곁에 무릎을 꿇고서 심하게 통곡하면서 아이를 받아주시기를 기도했다. 그리고 마침내 아이가 싸늘한 몸으로 관에 눕게 되었을 때는 이렇게 외쳤다. "아, 사랑하는 레나야, 너는 다시 살아날 것이다. 살아나서 별처럼 빛날 것이다. 그래 해처럼 빛날 거야. 나는 영으로는 행복한데, 육체로는 너무 슬프구나."

루터는 친구 요나스에게 이렇게 편지했다. "자네는 내 소중한 아이가 하나님의 영원한 나라 안으로 다시 태어났다는 소식을 장차 듣게 될 걸세. 우리는 아이가 세상을 떠난 일을 기뻐해야 마땅하다네. 세상과 육신과 마귀에게서 해방되었으니 말일세. 그러나 혈육의 정이 워낙 강해서 마음이 찢어지는 것만 같고, 우리 자신이 죽음을 당한 것만 같군."

루터는 딸의 묘비에 다음과 같은 글을 새겨 넣었다:

"여기에 루터의 딸 나 레나가 누워
내 작은 침대에서 큰 복 가운데 잠들어 있습니다.
나는 죄와 허물 가운데서 태어나
영원히 의지할 데 없을 뻔했으나
그런데도 나는 살아 있고 모든 것이 선합니다.
나의 주님 그리스도께서 당신의 피로써 나를 건지셨습니다."


루터는 단순하고 규칙적이고 절제하며 사는 습관이 있었다. 이와 상반되는 평가들은 원수들이 퍼뜨린 중상 모략이다. 루터가 남긴 것으로 널리 알려지고 많이 왜곡되는 발언이 있다:

"아내와 술과 노래를 좋아하지 않는 자는
죽는 날까지 바보 신세를 면치 못한다."


이 발언은 그의 저서들이나 당대의 어느 저서들을 샅샅이 훑어봐도 나오지 않으며, 아마도 지난 세기에 중세의 몇 가지 격언을 엮어서 만든 것인 듯하다.[16] 루

---

16) 이 발언이 현재의 형태로 처음 등장하는 것은 *Wandsbecker Bote*(1775, No. 75,

터는 자기 시대와 나라의 일반적인 관습대로 맥주와 포도주를 마셨다. 하지만 폭음은 혐오했으며, 독일인들이 술 귀신(Saufteufel)에 들렸다고 제대로 비판했다.[17] 그의 일상의 친구인 멜란히톤은 (루터가 죽은 후에) 그렇게 풍채가 좋은 사람이 어떻게 그렇게 보잘것없는 음식을 먹고 살 수 있었는지 의아하다는 말을 자주 했다. 루터가 건강하던 시절에 간혹 나흘 동안 금식을 했고, 청어 한 조각과 빵 한 조각으로 하루를 지내던 날도 많은 것을 곁에서 지켜보았기 때문이다. 루터는 "순수하고 선량하고 평범하고 소박한 식사"를 좋아했다. 간혹 선제후가 사냥한 고기를 선물로 보내오면 친구들을 불러 함께 즐겼다.

루터는 건강한 체질이었음에도 결석과 두통으로 크게 고생했고, 어지러움증을 느끼고 실신하는 때도 있었다. 특히 1527년이라는 중요한 해에는 거의 죽음의 문턱까지 갔다. 당시의 의술이란 보잘것없었으나, 루터는 의사들을 업신여기지 않았으며, 그들을 가리켜 "우리 육체를 치료하기 위해 하나님이 보내신 선물"이라고 불렀다. 그러나 될 수 있는 대로 단순한 약을 선호했으며, "내게 처방된 가장 좋은 약은 요한복음 3장에 기록된 '하나님이 세상을 이처럼 사랑하사'라는 말씀이다" 하고 말했다. 가난하여 말과 마차를 두지는 못했으나, 운동을 하기 위해 간단한 볼링 시설을 두었다. 친구들을 불러 볼링을 할 때는 첫 번째 공은 자신이 먼저 던졌으며, 공이 핀을 빗나가면 아이처럼 천진스럽게 웃었다. 그런 다음 젊은 친구들을 돌아보면서, 핀들을 한꺼번에 쓰러뜨리려고 욕심을 내면 하나도 맞추지 못할 것이며, 이것은 훗날 사역에서도 발견하게 될 것이라고 말했다. 멜란히톤에게는 연구에만 몰두하면 건강에 해롭다고 타이르면서, 사람이 힘써 일하여 하나님을 섬겨야 하지만 휴식과 오락으로도 섬기는 것이 마땅하며, 이런 이유로 하나님께서 제4계명을 주시고 안식일을 제정하신 것이 아니냐고 환기시켰다.

루터는 인심을 넉넉히 베풀고 살았으며, 그래서 그의 식탁에는 항상 손님들이 끊이지 않았다. 걸인들에게도 차별 없이 환대를 베풀었으나, 그 중에 불량배들

---

p. 300)였으며, 그 뒤에 1777년에 J. H. Voss의 *Musenalmanach*였다. 시인이자 호메로스의 번역자였던 J. H. Voss가 이 말을 지어낸 당사자로 추정되며, 그가 이 말을 루터에게 적용했다.

17) 루터는 폭음을 강하게 비판하는 설교를 몇 번 했으며, 이탈리아인들과 터키인들에게 맑은 정신으로 살라고 권고했다.

이 더러 있어서 몇 번 속을 썩인 다음부터는 그들을 대하는 태도가 조심스러워졌다. 루터의 집에는 방문객들의 발길이 끊이지 않았다. 신학자들과 학생들, 제후들, 귀족들, 귀부인들이 이 위대한 인물을 만나 조언과 위로를 얻기 위해서 그를 찾아왔다. 그리고 모두가 그의 솔직하고 호쾌한 인격에 깊은 인상을 받았다. 루터는 가끔 깊은 사색에 빠졌으며, 식탁에서 수사처럼 침묵을 지켰다. 그러나 대체로는 자유롭게 말을 했으며, 해 아래 있는 모든 것을 주제로 진지하면서도 즐겁게, 항상 흥미롭게 이야기를 했다. 손님들은 식탁에서 루터가 해주는 말을 '식탁의 양념' 이라고 불렀으며, 사소한 발언조차 놓치지 않고 꼼꼼히 기록했다. 루터는 한번은 식사 기도를 가장 짧게 하는 사람에게 상을 주었다. 부겐하겐은 저지대 독일 방언으로 이렇게 기도를 시작했다:

"Dit und dat      (이것과 저것

Trocken und nat    마른 것과 젖은 것을

Gesegne Gott."     하나님은 복 주소서)

루터는 라틴어로 더 짧게 기도했다.

"Dominus Jesus    (주 예수께서

Sit potus et esus."   음료와 음식이 되소서)

그러나 상을 차지한 사람은 멜란히톤이었고, 그의 기도는 이러했다.

"Benedictus benedicat." (송축받으셨으니 복 주소서)

식탁에서 루터의 말을 기록으로 남긴 사람들 가운데 파이트 디트리히(Veit Dietrich)와 라우터바흐(Lauterbach), 마테지우스(Mathesius)의 기록이 여러 번의 편집을 거쳐 가장 유명한 「탁상담화」(*Table-Talk*)로 남았다. 이 책에 담긴 루터의 어록 가운데는 점잖고 고상한 사람이 듣기에 좀 이상하고 낯설고 천박한 내용이 적지 않다. 그러나 이 책의 내용은 애당초 출판을 고려한 것이 아니었다. 게다가 인간이 원래 취약한 존재라는 점과 그 시대가 조야했다는 점, 그리고 루

터 자신의 기질도 세련된 축에 들지 못했다는 점을 정당하게 고려한다면, 루터의 전기작가들 가운데 가장 정확한 이의 판단에 십분 동의할 수 있다. "루터는 말을 하거나 행동을 할 때 항상 지극히 숭고한 원리들을 견지하고 윤리와 신앙적 진리를 깊이 고려했으며, 원래 단순하고 직설적인 기질이었던 까닭에 남의 눈치를 보거나 가식적인 노력을 일체 하지 않았다."[18]

루터는 저녁 식사를 마치고 나서는 친구들과 자녀들과 어울려 음악을 나누는 시간을 가졌는데, 찬송과 세속 음악, 독일어 찬송과 라틴어 찬송을 함께 연주하며 불렀다. 그는 시와 음악, 회화와 모든 순수 예술을 좋아했다. 이 점에서 그는 아름다운 것들을 냉담하게 외면하고 교회에서 예술을 몰아낸 청교도적 종교개혁자들보다 한 발 앞서 있었다. 그는 음악을 신학 다음 자리에 두었다. 음악이야말로 우울증을 몰아내고 마귀의 유혹들을 물리치는 가장 효과적인 무기라고 생각했다. "마음은 음악으로 만족을 얻고 새로운 용기와 힘을 얻는다"고 그는 말했다. 직접 류트를 연주하고, 노래를 부르고, 자신이 지은 찬송시에 곡을 붙였다. 그 가운데 "내 주는 강한 성이요"(*Ein feste Burg*)라는 찬송은 하나님과 복음적 신앙의 승리를 향한 그의 용맹한 믿음을 표현한 고전적 작품이다. 루터는 에르푸르트 대학교에서 배운 베르길리우스와 키케로에 대한 애정을 버린 적이 없었다. 전설과 우화와 격언을 좋아했으며, "엄마 거위" 같은 옛날 이야기와 그림(Grimm)의 "동화" 같은 이야기들을 좋아했다. 이솝의 우화 몇 편을 번역했으며, 이솝의 우화집의 머리말을 썼는데, 이 책은 그의 사후에 출판되었다.

루터는 자연의 아름다움을 즐겼고, 나무와 꽃들을 사랑했고, 나무와 꽃을 즐겨 가꾸었고, 벌집을 잔뜩 호기심을 가지고 관찰했고, 새들이 지저귀는 소리를 즐거워했고, 다시 찾아온 봄에 젊음을 회복했고, 어디를 가든 자연을 지으신 하나님의 지혜와 선하심을 앙모했다. 장미를 바라보고서는 이렇게 말했다. "만약 장미를 한 송이라도 만들 수 있는 사람이 있다면 그에게 제국을 바쳐도 무방하다. 하지만 우리는 하나님의 이 아름다운 선물을 값 없이 받아놓고는 그 점을 생각지 않는다. 그저 희귀하기만 하면 가치가 없는 것도 무작정 좋아한다. 아무리 값비싼 것도 모두가 공유하는 것이 아니라면 아무것도 아니다." "지극히 작은 꽃들도 하나님의 지혜와 능력을 나타낸다. 화가들이 그 빛깔을 흉내낼 수 없고,

---

18) Köstlin, small biography, N. Y. ed. p. 554, Ger. ed. p. 592.

향료업자들이 그 감미로움을 흉내낼 수 없다. 초록과 노랑, 진홍과 파랑, 자줏빛이 모두 흙에서 나온 것이다. 그런데도 우리는 마치 지각없는 소들처럼 백합을 발로 짓밟는다.”

그는 만물을 신선하게 씻어주는 비를 좋아했다. “하나님께서는 수십만 길더 [독일의 옛 금은 화폐—역자주]와 밀, 호밀과 보리와 귀리, 포도주와 양배추, 목초와 우유를 비처럼 내리신다”고 그는 말했다. 어린이들에 관해서는 이렇게 말했다. “아이들은 마음으로 말하고 행동한다. 아무런 이의 없이 하나님을 믿으며, 내세를 믿는다. 지식은 작지만 믿음을 갖고 있으며, 우리 같은 나이든 바보들보다 지혜롭다. 아브라함은 이삭을 제물로 바치라는 말씀을 들었을 때 몹시 곤란했을 것이다. 아마도 그 사실을 사라에게 말하지 않았을 것이다. 만약 하나님께서 내게 그런 명령을 내리신다면 아마도 나는 그 문제를 가지고 하나님과 쟁론하려고 했을 것이다. 그러나 하나님께서는 우리를 위해서 독생자를 죽음에 내어주셨다.”

루터는 전통적으로 내려온 당대의 미신들을 공유했다. 마술을 믿었고, 숱한 밤을 불면에 시달리면서 마귀와 직접 대면한 것도 여러 번이었다. 새로 발표된 코페르니쿠스의 천문학 체계에 대해서, “여호수아가 멈추게 한 것은 태양이었지 땅이 아니었다”는 이유로 받아들이기를 주저했다. 혜성들을 ‘매춘부 별들’이라 부르면서, 하나님의 진노나 마귀의 활동의 증표로 간주했다. 멜란히톤과 츠빙글리도 불규칙적으로 찾아오는 이 방문객들에 대해서 비슷한 견해를 갖고 있었다. 혜성들과 운석들, 일식이나 월식이 악한 세상을 겁주어 회개케 하시려는 하나님의 진노의 불덩어리들로 본 것은 근대까지 이어져온 인류 보편의 신념이었다.[19]

하지만 루터는 점성술에 따른 계산들은 믿지 않았다. 키케로의 출생 연도를 별들의 궤적으로 입증해 보인 멜란히톤에게 쓴 편지에서, 그는 이렇게 말했다. “나는 그런 말을 들으면 참을 수가 없습니다. 에서와 야곱은 같은 아버지와 어머니한테서 동시에 똑같은 행성들 아래서 태어났지만, 본성은 완전히 달랐습니다. 당신은 점성술이 참된 과학이라고 설득하려는 것이지요! 나는 수사였으며, 그 일로 아버지의 속을 썩여드렸습니다. 나는 교황의 비위를 거슬렀으며, 교황은

---

19) 참조. Andrew D. White의 기묘한 논문, *A History of the Doctrine of Comets*, in the "Papers of the American Historical Association," N. Y., 1887, vol. II. 16.

내 마음을 상하게 했습니다. 나는 도망친 수녀와 결혼하여 자녀들을 낳았습니다. 누가 나의 이런 생애를 별들에서 보았습니까? 누가 그것을 예언했습니까? 천문학은 매우 이로운 과학이지만, 점성술은 속임수입니다. 에서와 야곱의 예가 그것의 그릇됨을 입증합니다."

루터는 집안 일에는 전혀 신경을 쓰지 않고 모든 일을 현명하고 검소한 아내의 손에 맡겼다. 자신에 대해서는 태만하고 무심한 가장으로 평가했으나, 아내에 대해서는 높이 평가했다. 적은 소유로 만족했으며, 근검 절약을 최고의 자산으로 여겼다. 모든 종교개혁자들이 가난했으며, 재물을 탐하는 데서 거리가 멀었다. 모두들 숭고한 경계에서 살았으며, 세상의 헛된 부귀와 영화를 경시했다.

루터의 수입은 당시의 표준으로 봐서도 매우 적었으며, 군주들 못지않게 화려하고 사치스런 삶을 구가하던 주교들과 추기경들과 큰 대조를 이루었다. 교수로서 가장 높은 연봉을 받은 것이 3백 길더였다. 처음에는 백 길더였다가, 결혼할 때 선제후 요한이 백 길더를 더 올려주었고, 선제후 요한 프리드리히가 백 길더를 더 보태주었다. 당시 1길더는 요즘(19세기 말)의 화폐 가치로 16마르크 혹은 실링(4달러)에 해당했다. 학생들에게는 사례금을 받지 않았으며, 읍 교회의 설교자로서도 급여를 받지 않았다. 하지만 선제후에게 정기적으로 땔감과 곡물을 받았고, 가끔 좋은 의복과 포도주, 사슴 고기, 은잔을 받았다. 그를 존경하던 친구들이 그에게 반지와 팔찌 등 귀중품을 주었는데, 1542년에 받은 것을 계산해 보니 1천 길더쯤 되었다. 말년(1541년부터)에는 부겐하겐과 멜란히톤, 요나스와 함께 덴마크 왕에게 50길더의 명예 연금을 받았는데, 덴마크 왕은 이것으로써 루터의 종교개혁에 감사를 표시했으며, 그 전에도(1539) 부겐하겐을 통해서 루터에게 백 길더의 특별 선물을 보낸 바 있다. 루터는 1250길더를 남긴 아버지에게서 250길더를 유산으로 받았다. 출판업자들은 루터의 원고들을 자유롭게 사용하는 대가로 매년 4백 길더를 주겠다고 제의했으나(1539년에 루터가 보고한 바에 따르면), 그는 "하나님이 주신 선물들을 팔아 돈을 벌기를" 거부했다. 만약 루터가 오늘날의 개념대로 보상을 받았다면 그의 독일어 성경의 인세만 해도 거액을 받았을 것이다.

1540년에 그는 자형에게서 라이프치히와 보르나 사이에 있는 출도르프라는 작은 농장을 610길더를 주고 매입하여 가족의 거처로 삼았다. 루터의 아내는 그곳에 유실수들과 심지어 뽕나무와 무화과도 심었으며, 홉 열매도 재배하여 당시의 관습대로 맥주를 만들어 가정에서 사용했다. 그녀는 작은 양어장도 만들었다. 고된 노동을 즐기는 여성이었다. 루터는 아내를 거들어 밭일과 양어장 일을 해주었다. 1541년에는 아내를 위해서 수도원 곁에 작은 가옥을 매입했다. 그리고 9천 길더에 달하는 자신의 전 재산을 아내에게 물려준다는 유언을 작성했으며, "아내가 자식들에게 손을 벌리지 않고 자식들이 아내에게 받아쓰도록 하여, 자식들이 하나님께서 명하신 대로 어머니를 공경하고 순종하기를" 바란다는 뜻을 첨부했다.

루터가 죽은 뒤 그의 아내는 7년을 더 살았으나, 가난과 질병에 시달렸다. 선제후와 만스펠트의 백작들, 덴마크 왕이 소액을 지원해 주었으나, 불행하게도 슈말칼덴 전쟁(1547)이 발발하는 바람에 그녀는 비텐베르크를 떠나지 않을 수 없었다. 그녀는 전쟁이 끝난 뒤 그 도시로 돌아왔다. 멜란히톤과 부겐하겐은 루터의 아내를 위해서 자신들이 할 수 있는 일을 해주었다. 1552년에 비텐베르크에 전염병이 발생하여 대학교가 토르가우로 이전했을 때, 루터의 아내는 자식들을 따라 나섰다. 그러나 노중에 마차가 진흙탕에 빠지면서 한데로 떨어지는 바람에 감기에 걸렸다가 그것이 곧 폐병으로 악화되고 말았다. 결국 1552년 12월 20일에 루터의 아내는 토르가우에서 숨을 거두었다. 최후의 순간에 자식들과 루터 교회를 위해서 기도를 드렸다.

루터의 외모에 관한 기록은 얼마 남아 있지 않다. 앞에서 살펴본 대로 생애 초기에 그는 금욕적인 수사처럼 창백하고 야위고 수척했다. 하지만 장년에 들어서면서 건강하고 풍채가 좋아졌다. 이러한 신체적인 변화는 그의 성격이 율법주의적인 우울함에서 복음적인 쾌활함으로 바뀐 것과 궤를 같이했다. 그는 중키에 머리가 크고 어깨가 넓었고, 얼굴이 둥글고 시원하여 속에 무엇을 감추고 사는 사람 같은 인상을 전혀 주지 않았으며, 입술은 두툼하고 머리카락은 짧고 곱슬거렸고 눈은 매우 밝고 빛났다. 그의 원수들은 그의 눈에서 이글거리는 마귀의 불을 보았다. 그의 용모에서는 솔직함과 강인함, 용기, 하나님을 향한 신뢰가 배어 나왔다. 그는 성경을 손에 들고 세상과 육신과 마귀를 능멸하는 믿음의 용사처럼 보인다. 그의 발은 그 무엇으로도 흔들 수 없을 것처럼 땅에 견고히 딛고 있다. "제가 여기 섰나이다. 저는 달리 할 수 없나이다." 그의 음성은 강하지 않았으나 맑고 당당했다. 의복은 단정하고 수수했으며, 품행에 기품이 있었다. 그는 1524년에 수사복을 벗고 선제후가 선물한 성직자복을 입었다.

그는 자신이 강의실에 들어설 때 학생들이 자리에서 일어나는 관습을 못마땅하게 여겼다. 이 관습과 관련하여 그는 이렇게 말했다. "나는 필립이 이 해묵은 관습을 그만두면 좋겠다. 이런 식의 존경을 받고 나면 겸손한 마음을 유지하기 위해서 더욱 많이 기도를 드려야 한다. 내가 좀 더 과단성 있는 사람이었다면 강의실을 도로 나왔을 것이다."

이러한 겸손이 있었기에, 루터는 추종자들이 자신의 이름을 사용하는 데 대해서 한사코 반대했다. 물론 그럴지라도 그들은 그의 이름을 집요하게 사용했지만. 루터는 이렇게 말했다. "제발 당부하건대, 내 이름을 그냥 놔두시오 여러분들을 루터파라고 부르지 말고 그리스도인들이라 부르시오. 루터가 누구입니까? 나의 교리는 나의 것이 아닙니다. 나는 누구 한 사람을 위해서도 십자가에 못 박히지 않았습니다. 사도 바울은 누가 자신들을 바울파라 혹은 베드로파라 하고 부르는 것을 원치 않고 그리스도인들이라 부르기를 원했습니다. 그럴진대 하물며 나 같이 먼지와 재에 덮인 누추한 자루 같은 나의 이름을 그리스도의 자녀들에게 붙이는 것이 가당키라도 한 일이겠습니까? 사랑하는 친구 여러분, 더 이상 파벌의 이름에 집착하지 말고, 그런 이름들은 모두 없애버리십시오! 그리고 우리 스스로를 우리의 교리의 근원이신 분의 이름을 따라 그리스도인들이라 부릅시다. 교황파가 자신들의 파벌의 이름을 지니고 있는 것은 당연한 일입니다. 그들은 예수 그리스도의 이름과 교훈으로 만족하지 않고, 교황파가 되기를 원하기 때문입니다. 그렇다면 그 사람들은 그냥 교황을 자기들의 주인으로 섬기도록 내버려둡니다. 다만 나는 누구의 주인도 아니고 그렇게 되고 싶은 마음도 없습니다. 나는 우리의 유일한 주인이신 그리스도와 그분의 교리만으로 만족합니다."


## 79. 성직자들의 가정 생활에 관한 고찰

종교개혁자들은 기독교 교회에서 성직자들의 가정 생활이 어떻게 영위되었는지를 확인할 수 있는 최초의 사례가 된다. 이 점에서도 종교개혁사는 인류의 문화사에서 새롭고도 중요한 장이다.

종교개혁자들은 성직자의 결혼을 하나님의 율례에 입각한 당연한 권리로 간주했다. 구약의 족장들과 모세, 그리고 일부 선지자들뿐 아니라 세례 요한의 아버지에 이르기까지 유대 신정(神政) 체제하의 제사장들과 대제사장들은 결혼하여 가정을 이루고 살았다. 로마 가톨릭 교도들이 초대 교황으로 간주하는 사도들의 우두머리도 결혼한 사람이었으며, 전도 여행 때 아내를 데리고 다녔다.[20] 바울은 비록 개인적인 이유로 결혼을 포기했으나, 자신도 "다른 사도들과 주의 형제들과 게바"와 똑같은 권리가 있다고 주장했다. 목회서신서들을 읽어보면 사도 시대의 감독들과 집사들 사이에 결혼이 규율이었음을 추론할 수 있다. 그러므로 복음 사역자들에게 본성(nature)과 본성의 하나님께 속한 이 권리를 박탈하는 것은 명백한 권리 침해이다.

그러나 2세기부터 새로운 견해가 대두하여 성행하기 시작했고, 지금도 여전히 미혼 사제가 감독하는 교황청 산하 교회들에서 성행하고 있는데, 그것은 결혼이 사제 직분과 맞지 않으며, 서품 후에는 금해야 한다는 견해였다. 이 견해의 토대는 공로와 상급에 따른 낮은 단계의 도덕성과 높은 단계의 도덕성을 구분하는 데 있었다. 전자는 평신도 곧 평민들에 해당하는 것이었고, 후자는 영적 귀족층을 이루는 사제들과 수사들에 해당하는 것이었다. 그리스권과 라틴권을 망라한 온 교회의 교부들, 심지어 결혼한 교부들(테르툴리아누스·니사의 그레고리우스·시네시우스 같은)조차 한결같이 성직자의 독신을 결혼보다 우월한 삶으로 칭송했다. 그리고 교부들 가운데서도 제롬처럼 위대한 인물로 손꼽히는 이들이 독신을 앞장서서 예찬했다. 그럴지라도 나지안주스의 그레고리우스와 크리소스토무스, 아우구스티누스의 어머니들은 고대 교회에서 가장 빛나는 여성 그리스도인들이었다. 노나(Nonna)와 안투사(Anthusa), 모니카는 여느 수녀들보다 교회의 빛을 밝게 비춘 이 교부들을 세상에 태어나게 하는 데 긴요하게 쓰임을 받았다.

성직자 독신제도에 나타나는 것과 같은 금욕적 특성이 교부들과 종교개혁자들을 구분하는 중요한 차이이며, 이것이 로마 가톨릭 교회와 개신교 교회들을 구분하는 중요한 차이이기도 하다. 성공회도 다른 모든 점에서는 교부들을 존경하지만, 이 점에서만큼은 다른 개신교 교단들 못지않게 교부들과 현저히 다르

---

20) 사도 바울이 주후 57년에 고린도전서 9:5에서 확인해 주는 이 사실에도 불구하고, Dr. Spalding(in his *Hist. of the Prot. Reformation*, I. 177, 8th ed. 1875)은 베드로의 아내가 "아마 그가 사도가 되기 전에 죽었을 것"이라고 주장한다.

다.

　러시아 정교를 포함한 동방 교회들은 이렇게 천부적 권리를 제한하는 금욕적 풍조를 충분히 따르지 않고 중간에서 멈추었다. 이 교회들은 하급 성직자들에게는 결혼을 승인하고 심지어 권하기도 하지만(사제 서품을 받기 전까지), 주교들에게는 결혼을 금하며, 디모데전서 3:2, 12(비교. 5:9)에 기록된 사도 바울의 권고를 육체의 연약함을 감안한 양보이자 재혼 금지 규정으로 간주한다. 라틴 교회는 고린도전서 7:7, 32, 33에 기록된 바울의 교훈을 더 나은 길을 제시하는 '완전의 권고'로 이해하고서, 이미 4세기부터 모든 계급의 성직자들에게 결혼을 완전히 금지했고, 지금까지도 사제의 결혼을 죄악된 축첩 행위로 낙인찍는다. 주후 385년에 교황 시리키우스(Siricius)가 최초로 성직자들의 결혼을 금지하는 법령을 선포했다. 그의 후임자들은 그의 결정을 따랐으나, 그 금령이 엄격하게 시행된 것은 그레고리우스 7세 때의 일이다. 그 이면에는 성직위계제도의 권력을 강화하려는 의도가 깔려 있었으며, 이 정책을 유지하느라 성직자들의 정절이 크게 훼손되는 두려운 대가를 치렀다. 로마 가톨릭의 체제는 결혼을 일곱 성사의 하나로 삼는다. 하지만 독신을 결혼 위로 격상시키고, 결혼을 하나님의 사제의 품위를 저버리는 행위로 규정함으로써 마치 결혼에 순결을 더럽히는 요소가 있는 듯이 격하했다. 참고로, 사도 바울이 디모데전서 4:1-3에서 귀신의 가르침이라고 하며 단죄한 영지주의와 마니교의 이론은 결혼을 죄악된 물질과 접촉하는 행위로 간주하여 철저히 금했다.

　라틴 기독교 세계에 이런 견해가 오랜 전통으로 뿌리박혀 왔던 점을 감안할 때, 종교개혁자들의 결혼이 엄청난 사회적 파장을 일으킨 사실과, 그들이 교황에게 반기를 든 것도 따지고 보면 육욕을 채우기 위함이 아니었느냐는 비방이 제기된 사실에 그다지 놀랄 필요가 없다. 에라스무스는 루터와 오이콜람파디우스가 결혼을 생각하기 오래 전부터 프로테스탄트였음을 너무나 잘 알고 있었으면서도, 이러한 역사 왜곡에 물꼬를 텄다. 사실은, 성직자 독신주의가 교황제의 가장 우선적인 목적도 가장 중요한 목적도 아니었던 것처럼, 성직자의 결혼도 종교개혁의 결과였을 뿐, 원인은 아니었던 것이다.[21]

---

21) 대주교 Spalding은 *History of the Reformation* (I. 176)에서 파렴치한 로마의 논객들을 흉내내어 에라스무스의 농담을 되풀이한다: "결혼은 거의 모든 경우에 종교

피상적으로 바라보자면, 종교개혁자들이 마치 17세기의 얀센파 주교들처럼, 그리고 19세기에 로마 가톨릭에서 분리해 나온 가톨릭 복고파(the Old Catholic) 지도자들처럼 애초의 엄숙한 서약을 끝까지 견지했더라면 좋았을 것이라는 생각이 들 수도 있다.[22] 그러나 종교개혁자들의 사명은 가르침뿐 아니라 행실로도 새로운 유형의 기독교적 윤리를 제시하고, 성직자의 가정 생활을 복원 내지 재수립하고, 그로써 헤아릴 수 없이 많은 가정들에 순결과 평안과 행복을 끼치는 데 있었다.

물론 하나님을 사랑해서 자발적으로 취해 나가는 독신 생활의 가치를 폄하할 생각은 조금도 없다. 마태복음 19:12에 기록된 우리 주님의 신비스러운 말씀과, 고린도전서 7:7, 40에 기록된 사도 바울의 모범이 그런 생각을 금한다. 우리는 순교자들과 사제들과 선교사들과 수사들과 수녀들과 자선단체의 자매들의 자기 부인과 헌신을 기쁘게 존중한다. 그들은 모두 그리스도와 동료 인간들을 위해서 희생한 사람들이다. 로마 교회 못지않게 개신교에서도 수도서약 없이 공로를 바

---

개혁의 열정을 신호처럼 나타내는 연극의 대단원이었다." 그는 그 증거로 토머스 모어의 *Travels of an Irish Gentleman in Search of a Religion*, 46장에 실린 다음 내용을 거론한다. "거기서 그 위대한 아일랜드 시인은 그 구제를 길게 다루는 가운데, 여러 가지 전거(典據)들을 제시하면서, 결혼에 기운 종교개혁자들의 성향을 신랄하게 조롱한다." 나는 (처음으로) 그 장을 읽으면서 저자가 종교개혁자들을 왜곡되게 평가해 놓은 내용이 너무 많다는 것을 발견했다. 그 아일랜드 시인은 종교개혁자들을 '광신도들'과 '완고한 편견자들'이라 부를 뿐 아니라, '부패한 위선자들'과 '지독히 천박한 미신의 노예들'이라고까지 매도한다(p. 246, Philad. ed. 1833). 같은 시인은 깜짝 놀랄 만한 정보를 제공하는데(p. 248), 그것은 개신교도들이 성찬 문제 하나만 가지고도 "파나리파(Panarii, 빵파)·아키덴타리파(Accidentarii, 우유성파)·코르포라리파(Corporarii, 신체파)·아라보나리파(Arrabonarii, 보증파)·트로피스타이파(Tropistae, 술찌꺼기파)·메타모르피스타이파(Metamorphistae, 변성파)·이스카리오티스타이파(Iscariotistae, 가롯 유다파)·슈벵크펠트파(Schwenkenfeldians) 등등" 셀 수 없이 많은 분파들로 갈라져 있다는 것이며, "벨라르민 시대의 어느 저자가 '이것은 내 몸이라'는 말씀에 대해 떠도는 견해를 2백 가지도 넘게 수집했다"는 것이다! 토머스 모어는 교회사보다 바이런 경(Lord Byron)의 역사를 더 편안하게 받아들였음에 틀림없다.

22) 가톨릭 복고파 주교 Reinkens와 주교 Herzog, 박사들인 Döllinger와 Friederich, Reusch, Langen은 1870년에 파문을 당한 뒤에도 독신으로 지냈다.

라거나 주장하는 마음을 떠나 지극히 순결한 동기로 결혼의 권리를 포기한 숭고한 남녀들이 적지 않다.[23] 그러나 인간이 타락하기 전에 하나님께서 친히 제정하시고, 그리스도께서 가나의 혼인 잔치에서 인정해 주신 제도에 따르면, 결혼은 평신도와 성직자를 포함한 모든 계층의 남성들을 위한 규례이다. 성직자들은 남성들이며, 성직자가 되었다고 해서 남성의 상태가 중단되는 게 아니기 때문이다.

종교개혁은 도덕의 표준과 이상을 바꿔 놓았고, 가정 생활과 사회 생활을 격상시켰다. 중세의 이상적 경건이 악한 세상을 도피하는 것이었다면, 현대의 이상적 경건은 세상을 변화시키는 것이다. 로마 교회의 모범적인 성도가 — 세상살이의 온갖 낙과 의무를 등진 채 결혼하는 일도 결혼으로 태어나는 일도 없는 천상에서의 천사적 생활을 열망하는 — 수사라고 한다면, 개신교 교회의 모범적인 성도는 사회와 가정에서 맡은 바 의무를 수행하고 본성적 규례들을 거룩하게 지키려고 힘씀으로써 경건을 나타내는 자유로운 그리스도인이자 유익한 시민이다. 전자는 비록 자기 자신의 마음에서는 육신과 세상과 마귀를 떨쳐버릴 수 없으면서도 세상의 유혹들을 피해 도망침으로써 세상을 정복하려고 한다. 반면에 후자는 세상을 변혁함으로써 세상을 정복하려고 한다. 전자는 결혼 잔치에 발길을 끊지만, 후자는 참석하여 물을 포도주로 바꿔 준다. 전자는 여성을 유혹자로 간주하여 피하지만, 후자는 마음으로 받아들이고, 결혼 관계로써 그리스도와 교회의 거룩한 연합을 증시(證示)한다. 전자는 금욕으로 정절을 얻으려고 하지만, 후자는 가정 안에서 정절을 입증한다. 전자는 세상의 재물을 버리지만, 후자는 동료 인간들의 유익을 위해서 재물을 사용한다. 전자는 천국에 가서 누릴 행복을 사모하지만, 후자는 다른 사람들을 행복하게 만듦으로써 이미 땅에서 행복하다. 가정과 사회 생활에서 일상적으로 수행하며 겪는 의무들과 시련들이 도덕적 삶을 배우는 데에는 수사들의 독신 생활과 가난보다 더 훌륭한 학교이다. 여성 특유의 인품과 덕목이 남성의 인품을 보완하고 다듬어 준다. 물론 예외가 없지 않으나, 일반적인 경우는 다 그렇다.

---

23) 소개할 만한 대표적인 사람들은 다음과 같다. 대주교 Leighton, 박사 Samuel Hopkins, 선교사 Zeisberger, 박사 William Augustus Mühlenberg(뉴욕의 성 누가 병원 설립자), 이상적인 목사 헤르만스부르크의 Ludwig Harms, 역사가 Neander와 그의 누이, 카이저스버트와 그와 유사한 단체들의 간호사들 혹은 여집사들.

물론 종교개혁자들이 처음 예속과 굴종에서 자유로 옮아가려고 할 때 열정에 떠밀려 더러 부주의한 행동이 없지 않았을 것이다. 하지만 강요된 독신 생활에 은밀히 따르던 고질적 추문들과 비교할 때 그것은 아무것도 아니다. 좀 더 고상하고 세련된 가정 생활이 보편화하기까지는 시간이 필요했다. 다만 종교개혁자들은 교황 독재의 사슬을 과감히 끊어버리고, 지극히 숭고하고 거룩한 소명을 남편과 아버지의 의무와 조화시키는 것이 가능하다는 실제적인 증거를 제시했다. 비록 현대 개신교가 내놓은 높은 수준의 여성관에는 미치지 못했으나, 종교개혁자들은 여성을 기독교 목회자의 합법적인 반려자로 만들었다. 그렇게 목회자들의 반려자가 된 여성들 가운데는 어느 시대에 내놓아도 뒤지지 않는 순결하고 교양 있고 유익한 여성들이 많이 있었다. 여성이 사회에서 어떤 지위를 차지하는가 — 이것이 기독교 문화의 수준을 가늠하는 중요한 잣대이다.

멜란히톤은 종교개혁자들 가운데 처음으로 결혼을 했다. 하지만 그는 평신도였던 까닭에 사제나 수사의 서약을 범하는 일이 없었다. 그는 친구들의 간곡한 부탁을 받아들여 1520년 11월에 비텐베르크 시장의 딸 카타리나 크랍(Katharina Krapp)과 결혼하여 1557년에 죽을 때까지 그 평범하고 경건하고 신실하고 후덕한 아내와 해로했다. 요람을 밀어주며 책을 읽는 그의 모습이 친구들의 눈에 간간이 띄었다.[24]

칼빈도 서약의 의무에서 자유로웠으나, 종교개혁자들 가운데 누구보다도 엄격하고 절제했다. 그는 자신이 유아세례 신앙으로 돌아서게 한 홀란드의 재세례파 목사의 과부 이델레트 드 뷔르(Idelette de Buren)와 결혼했다. 그녀와 거의 9년을 살면서 세 자녀를 낳았으나, 아이들은 어릴 때 모두 세상을 떠났고, 아내마저도 먼저 떠남으로써 홀몸으로 남게 되었다. 온순하고 순결하고 겸손하고 인내하고 남편의 필요를 잘 채워주는 여성이 진정으로 아름다운 여성이라는 것이 그의 지론이었는데, 그는 자기 아내가 이러한 품성을 지닌 여성이었다고 말했다.

츠빙글리는 불행하게도 아인지델른에서 사제 신분으로 교황에게 연금을 받던 상태에서 서약을 파기했다. 그 후 그는 자녀를 셋 둔 부유한 귀족 과부 안나 라인하르트 폰 크노나우(Anna Reinhard von Knonau)와 결혼하여 두 아들과 두 딸을 낳았다. 안나는 전장에서 비참하게 전사한 남편 츠빙글리를 애도하면서, 남

---

24) C. Schmidt, *Phillip Melanchthon*, pp. 47 sqq., 617, 710 sqq.

편과 같이 주 예수와 하나님의 말씀에서 유일한 위로를 얻으며 여생을 살았다.

루트비히 켈라리우스(Ludwig Cellarius, Keller), 오이콜람파디우스(바젤의 종교개혁자), 볼프강 카피토(Wolfgang Capito, 슈트라스부르크의 종교개혁자), 그리고 그의 친구이자 그보다 더 유명한 마르틴 부처(이미 홀몸이 되어 재혼할 준비가 되어 있었음)가 기사 겸 황제 막시밀리안 1세의 전속부관의 딸 빌리브란디스 로젠블라트(Wilibrandis Rosenblatt)와 차례로 결혼했다. 이 여성은 부처를 따라 잉글랜드의 케임브리지를 방문했고, 부처가 죽은 뒤에 바젤로 돌아왔다. 이로써 남편 넷을 차례로 먼저 떠나보내게 되었던 것이다! 로젠블라트는 1564년 11월 1일에 세상을 떠났다. 이 여성은 종교개혁자들에게 대단한 매력이 있었음에 틀림없다. 오이콜람파디우스는 자기 나이 마흔다섯에 비해 그녀가 너무 어리지만 '좋은 그리스도인'이자 '젊은 여자의 경박함이 보이지 않음'을 발견했다. 그녀는 오이콜람파디우스에게 세 자녀를 낳아 주었다 — 에우세비우스·알리테이아·이레네. 오이콜람파디우스가 결혼할 때 에라스무스는 어떤 친구에게 이렇게 편지했다(1528년 3월 21일). "오이콜람파디우스가 최근에 결혼했다네. 신부는 괜찮아 보이는 소녀일세. [당시 그녀는 벌써 과부였다.] 아마도 그는 육체를 제어하고 싶어할 걸세. 더러는 루터파를 가리켜 비극이라고 하지만, 내가 생각할 때는 희극이라네. 항상 결혼으로 끝나니 말이야."[25]

잉글랜드의 대주교 크랜머(Cranmer)는 모양새가 좋지 못하게 등장한다. 그의 첫 번째 아내 '블랙 조안'은 그가 사제 서품을 받기 전에 분만하다가 죽었다. 그는 국왕 헨리 8세에 의해 캔터베리 대주교 지위에 올랐는데(1532년 8월), 그 일이 있기 전인 그 해 초에 뉘른베르크의 루터파 설교자 오지안더의 조카딸과 결혼했다. 하지만 대주교 승진에 지장이 있을까봐 결혼 사실을 숨겼다. 교황의 승인 대칙서가 1533년 2월과 3월에 발행되었고, 그의 축성식은 1533년 3월 30일에 거행되었다. 그는 다음 해에 아내를 은밀히 잉글랜드로 불러들였으나, 1539년에 도로 돌려보냈다. 성직자의 결혼 금지를 포함한 헨리 8세의 완고한 법률을 집행하기 위해서 그렇게 하는 것이 불가피하다고 여긴 것이다. 그는 주군인 국왕의 몇 번에 걸친 이혼과 재혼을 기꺼이 승인해 주었다. 크랜머는 오늘날까지 여러 세대에 표준이 되어온 성공회 전례(典禮)를 번역하고 재발행한 인물로 간주되는

---

25) Adrianus Arivulus에게 보낸 편지.

데(그가 성공회 전례를 편집한 것은 확실하다), 만약 그렇다면 그는 유약하고 시류에 영합한 점이 있었을지라도 틀림없이 경건한 인물이었을 것이다.

스코틀랜드의 루터라 불리는 존 녹스(John Knox)는 쉰여덟 살의 홀아비로서 왕실의 이름과 혈통을 지닌 열여섯 살의 앳된 스코틀랜드 처녀와 결혼할 만큼 용감한 사내였다(1563–64년 3월). 이 결혼을 전해들은 여왕 메리는 그의 뻔뻔함에 크게 분개했다. 교황파는 녹스가 마귀의 도움을 받아 스코틀랜드 왕권을 상속할 야심을 품고 마술로 그 처녀의 마음을 사로잡았다는 이야기를 지어 퍼뜨렸다. 녹스의 아내는 그에게 세 딸을 낳아 주었고, 녹스가 죽고 2년 뒤에 앤드루 커(Andrew Ker)라는 홀아비와 재혼했다(1572).

종교개혁 진영에서 가장 불행했던 결혼 사건은 루터와 멜란히톤, 부처가 동의해 준 헤세의 영주 필립의 불미스러운 중혼(重婚)이었다. 이것은 그 개혁자들의 인격에 오점으로 남은, 변명의 여지가 없는 일이었다. 비밀이 밝혀지자(1540), 멜란히톤은 너무나 심한 양심의 가책과 수치감에 휩싸인 나머지 바이마르에서 목숨이 위태로울 정도로 앓아 누웠으나, 성품이 좀 더 강직한 루터는 이신칭의 교리에서 위로를 받고는 그가 죽음의 문턱에서 빠져나오도록 기도해 주었다.

성직자의 결혼이라는 주제를 정당하게 평가하기 위해서는 먼 과거까지 거슬러 올라가 온갖 타락과 악을 발생시킨 성직자 독신제도를 살펴봐야 할 뿐 아니라, 후 시대로 내려와 종교개혁에 힘입어 가능하게 된 수많은 성직자들의 가정들도 살펴봐야 한다.

성직자 독신주의와 수사 서약은 별들처럼 찬란히 빛을 비추었을 무수한 남자들의 봉사를 교회에게서 앗아갔다. 이와 대조적으로 1750년에 유스투스 뫼저(Justus Möser)는 종교개혁 이후 두 세기 동안 세계의 천만 내지 천오백만의 인구가 성직자 독신제도가 폐지된 데 힘입어 세상에 태어날 수 있었다고 추산했다. 인구 증가보다 더 중요한 것은 성직자 가정에서 교회와 국가에 배출한 유력한 학자들과 유용한 사람들의 비율이 대단히 높았다는 사실이다.[26]

---

26) 성직자 가정이 배출한 유명 인사들을 간단히 꼽자면 다음과 같다. 식물학자 – 린네. 화학자 – 베르젤리우스. 법률가 – 푸펜도르프. 철학자 – 셸링. 동양학자 – 북스토르프. 수학자 – 오일러. 과학자 – 아가시즈. 고전 문헌학자 – 에드워드와 오트프리트 밀러. 역사가 – 요한 폰 밀러, 슈퍼틀러, 헤렌, 몸젠, 반크로프트. 정치가 – 헨리 클레이, 상원의원 에바츠, 그리고 미국의 대통령들인 아서와 클리블랜드. 시인 – 찰

양들 사이에서 아버지가 되기도 하고 친구가 되기도 하고 위로자가 되기도 하면서, 가정에서 지켜야 할 예절과 사랑을 가르치되 말보다 효력이 있는 행동으로 뒷받침하는 개신교 농촌 목회자의 가정에는 종교적인 아름다움뿐 아니라 시적인 아름다움도 묻어난다. 이러한 관계가 드러내는 아름다움이 종종 세속 시인들의 시제(詩題)가 되곤 했다. 누구나 잘 아는 올리버 골드스미스(Oliver Goldsmith)의 소설 「웨이크필드의 목사」(*Vicar of Wakefield*)는 마음을 사로잡는 단순함과 악의 없는 유머로 시골 교회 목회자의 시련과 인내, 가정적·사회적·직업적 덕목들을 묘사하는 작품인데, 첫 문장이 눈길을 끈다. "평소에 나는 결혼하여 대가족을 부양하는 정직한 남자야말로 독신으로 살면서 인구 문제나 떠벌리는 사람보다 인류 사회에 더 크게 이바지한다는 소신을 갖고 있다. 이러한 동기 때문에 성직을 받고서 일년 뒤에 아내를 취했다. 그것은 마치 아내가 웨딩 드레스를 고를 때 용모를 더 곱고 윤기 나게 해줄 만한 것보다 그저 오래 입을 수 있는 품질을 보고 골랐던 것과 같은 것이었다."(크리스챤다이제스트 역간)

헤르더(Herder)는 이 영어 고전을 네 번이나 읽고 자신의 신부에게 모든 언어권을 통틀어 최고로 손꼽을 수 있는 책들 가운데 한 권이라고 극찬했다. 제젠하임의 프리데리케(Friederike)를 순수하고 강렬하게 사랑하던 시절에 목회자 가정의 따뜻하고 훌륭한 면을 맛본 괴테는 「웨이크필드의 목사」를 "대단히 도덕적일 뿐 아니라 순수한 의미에서 기독교적인 최고의 소설"로 칭송한 다음, 다음과 같은 총평을 남긴다. "개신교 농촌 목회자야말로 현대 전원시의 가장 아름다운 화두일 것이다. 그는 멜기세덱처럼 제사장직과 왕직을 겸비한 듯한 인상을 준다. 직업과 생활 여건상 대개 지상에서 가장 무흠한 직업인 농부와 함께 어울린다. 그는 자기 집의 아버지와 가장이며, 자신의 회중과 철저히 밀착해 있다. 그는 이 순결하고 아름다운 지상의 토대에서 자신의 숭고한 소명을 실현해 나간다. 그리

---

스 웨슬리, 겔러트, 빌란트, 레싱, 슐레겔 형제, 장 폴, 에마누엘 가이벨, 에머슨, (그리고 여류 작가들인 메타 호이저, 엘리자베스 프렌티스, 스토우 부인). 설교자 — 존 웨슬리, 모노, 크루마허, 스펄전, H. W. 비처, R. S. 스토르스. 신학자 — 조나단 에드워즈, 슐라이어마허, 헹스텐베르크, 니취, 율리우스 밀러, 도르너, 딘 스탠리. 예언자 — 스베덴보리. 그 외에도 무수히 많은 유력하고 유용한 성직자·법률가·의사들이 성직자 가정에서 태어났다.

하여 사람들을 영생으로 인도하고, 그들의 믿음으로 교육하고, 삶의 모든 시기마다 그들을 축복하고 훈계하고 격려하고 위로하며, 혹시라도 현실의 위로가 충분치 못할 때는 내세의 복된 소망으로 용기를 불어넣어 준다."[27]

"헤르만과 도로테아"(Herman and Dorothea)라는 전원시에서, 괴테는 성직자를 공동체를 아름답게 장식하고 은혜를 끼치는 사람으로 소개한다. 괴테가 셰익스피어와 실러처럼 성직자를 한 번도 비판하거나 조소한 일이 없다는 점은 근대 시인들 가운데 가장 위대하고 깊이 있는 시인인 그의 큰 장점이다.

「버려진 마을」(*Deserted Village*)이라는 소설에서, 골드스미스는 농촌 목사를 이렇게 묘사한다.

"온 마을에 너무나 소중한 사람,

그는 40파운드로 일년을 풍족하게 지내며,

교회에서는 온유하고 꾸밈없는 인품으로

그 거룩한 곳을 아름답게 장식한다.

그의 입에서 나오는 진리에는 능력이 있어서,

조롱하러 나온 얼간이들이라도 엎드려 기도하게 만든다."

성공회 성직자의 형제이자 두 주교의 삼촌이었던 윌리엄 워즈워스(William Wordsworth)는 "교회 소네트"(Ecclesiastical Sonnets)에서 더 높은 영적인 경지에서 개신교 목회자의 인품을 다음과 같이 묘사한다.

"따뜻한 난로, 마음이 넉넉한 식탁,

세련된 소박함이 단아한 저택에 있다.

이곳엔 학구적인 목사님이 양들 틈에 거하면서

항상 깨어 그들을 보살핀다.

비록 칼집 속의 칼처럼 온유하고 인내하고,

비록 속에 감춘 교만의 꼬투리로도 인간을 멸시하는 법이 없고,

---

27) 진실과 문학(*Wahrheit und Dichtung*)의 제10권에서. 괴테는 같은 책에서 자신이 제젠하임의 목사관을 방문했을 때의 일을 아름답고 근사한 문체로 묘사한다.

비록 그 혀에 화평이, 그 마음에 아량이 있을지라도,

그가 그리스도의 권위를 입고 발휘하는 것과 같은

진실하고 숭엄한 상태를, 세상이 어찌 내놓을 수 있으랴!

그는 패역한 자들의 완고한 마음을

다시 하나님의 명령 앞에 복종케 하기 위해

강단에서 경외로운 손을 높이 치켜들고

있는 힘을 다하여 호소하고 간청한다!"

로마 교회의 사제나 러시아의 총대주교는 성직자답지 못한 행실로 손가락질을 당할지라도, 주로 직위를 내세워 권위를 행사한다. 개신교 목사는 인격에 따라 서기도 하고 넘어지기도 하는데, 모든 개신교 나라에서 목사가 그리스도인으로서, 신사로서, 남편과 아버지로서 존경을 받고 그 말에 영향력이 있다는 사실은 성직자 독신제도를 철폐한 종교개혁자들의 지혜를 가장 뚜렷이 입증하는 증거이다.

## 80. 공예배 개혁

I. LUTHER: *Deutsches Taufbüchlein*, 1523; *Ordnung des Gottesdienstes in der Gemeinde*, 1523; *Vom Gräuel der Stillmesse*, 1524; *Deutsche Messe und Ordnung des Gottesdienstes*, 1526; *Das Taufbüchlein verdeutscht, aufs neue zugerichtet*, 1526.   In *Walch*, X.; in Erl. ed., XXII. 151 sqq. Comp. the Augsburg Confession, Pars II. art. 3 (*De missa*); Apol. of the Augsb. Conf. art. XXIV. (*De missa*); the Lutheran liturgies or *Kirchenagenden* (also *Kirchenordnungen*) of the 16th century, collected in DANIEL: *Codex Liturgicus Ecclesiæ Lutheranæ*, Lips. 1848 (Tom. II. of his *Cod. Lit.*), and HÖFLING: *Liturgisches Urkundenbuch* (ed. by G. Thomasius and Theodos. Harnack), Leipz. 1854.

II. TH. KLIEFOTH: *Die ursprüngliche Gottesdienstordnung in den deutschen Kirchen luth. Reformation, ihre Destruction und Reformation*, Rostock, 1847.   GRÜNEISEN: *Die evang. Gottesdienstordnung in den oberdeutschen Landen*, Stuttgart, 1856.   GOTTSCHICK: *Luthers Anschauungen vom christl. Gottesdienst und seine thatsächliche Reform desselben*, Freiburg i. B., 1887.

교리 개혁이 있은 후 성경의 교훈에 입각하여 예배를 재건하는 작업이 이루어졌다. "하나님은 영이시니 예배하는 자가 영과 진리로 예배할지니라"는 말씀(요 4:24)과 "모든 것을 품위 있게 하고 질서있게 하라"는 말씀(고전 14:40)이 토대가 되었다.[28] 개신교는 단순히 형식만 갖추어 드리는 기계적 예배가 아닌, 이성적(rational) 혹은 영적 예배를 지향한다.[29] 개신교의 예배는 감각보다는 지적 판단을 통해서, 의식(儀式)보다는 교훈을 통해서 마음에 작용한다. 예배자에게 하나님의 말씀과 기도를 통해서, 인간 중보자의 간섭 없이, 그리스도 안에서 직접 하나님과 사귐을 갖도록 한다. 종교개혁자들은 먼저 채찍을 들어 성소에서 현저한 부패와 미신을 소제하고 환전상들을 쫓아냈다. 그들은 세련된 형태로 교회에 들어와 있던 우상 숭배를 혐오했다. 그들은 면죄부 판매, 성인과 화상(畵像)과 성유물 숭배, 종교 행렬과 순례, 개인적 미사, 연옥에 들어간 죽은 자를 위한 미사를 폐지했다.[30] 일곱 성사 가운데 세례와 성찬만 남기고 다섯 가지를 거부했으며, 화체설, 사제에 의한 제사, 성체(성찬의 떡) 숭배, 평신도에 대한 성찬의 잔 박탈, 공예배에서 사어(死語) 사용을 배척했다. 또한 영적 예배를 흐려놓는 과도한 행사와 의식적 현시(顯示)도 대폭 줄였다.

그러나 이렇게 해서 빈약해진 부분이 한 가지 이득으로 벌충되었다. 철거 작업에 이어서 더 중요하고 어려운 재건 작업이 이루어졌던 것이다. 재건 작업의

---

28) "하나님은 영이시니"라는 말씀은 오로지 영이시라는 뜻이다(Revised Version 의 난외주에 표기된 대로, '영' 앞에 관사가 없다). 헬라어로는 프뉴마(이 단어가 강조적으로 먼저 나온다) 호 테오스로서, 모든 물질적 개념과 지역적 제한과 대립되는 뜻이다. 이와 병행되는 표현들과 비교해 보라: "하나님은 사랑이심이라"(요일 4:8), "하나님은 빛이시라"(요일 1:5). 이 두 구절에도 정관사나 부정관사를 붙이지 못한다.

29) 로기케 라트레이아(영적 예배). 롬 12:1; 참조. 벧전 2:5의 '신령한 제사'(프뉴마티카이 쑤시아이).

30) 멜란히톤은 아우크스부르크 신앙고백서를 위한 변증 제24항에서 이렇게 말한다. "우리가 오직 공적인 혹은 공동의 미사만 드리는 사실이 가톨릭 교회를 침해하는 것은 아무것도 없다. 그리스 교회들은 오늘날까지 개인적 미사를 드리지 않기 때문이다. 그 교회들에서는 오직 공적 미사만 드리며, 그것도 주일과 축일들에만 드린다." 죽은 자들을 위한 미사는 그 기원이 교황 그레고리우스 1세 때로 거슬러 올라가는 것으로서, 당연히 연옥 교리를 내포하며, 교회의 현저한 폐습들 가운데 하나였다.

내용은 신약 성경에서 확인할 수 있는 데까지 초대 교회의 예배를 되살리고, 성경을 더욱 풍부하게 읽고, 복음의 핵심 교리들을 설교하고, 성찬을 원래의 단순한 형태로 복원하고, 성찬 때 떡과 포도주를 모두 분배하고, 라틴어 예배를 회중이 알아듣고 유익을 얻을 수 있는 자국어로 바꾼 것이었다. 하지만 새로운 예배 모범이 확고히 자리잡기까지 매우 조야하고 미숙한 실험과 변화가 없지 않았다.

개신교의 원리에 따르면 예배가 반드시 획일적으로 통일되어야 할 필요도 없고 또 그렇게 되는 것이 바람직한 것도 아니다. 신약 성경은 성찬과 성찬 제정의 말씀, 그리고 세례 문구를 제외하고는 특정 형식을 규정하지 않는다.

로마 교회의 예배 모범은 세계 어느 지역에서나 동일한 반면에, 개신교의 예배 모범은 지역에 따라 크게 다르다. 루터교는 보수적이며 의식 중심적이다. 전통 의식 가운데 복음적 교리와 모순되지 않는 것들을 그냥 남겨 놓았다. 반면에 츠빙글리와 칼빈의 가르침을 따른 교회들은 자신들이 사도적 형태라고 생각한 바에 따라 최대한 단순하고 영적인 형태의 예배를 지향했다. 더러는 성경에 포함되지 않은 찬송과 기도문을 모두 배제하고, 대신에 시편 찬송과 설교, 즉흥 기도를 크게 강조했다. 하지만 영국 국교회는 종교개혁으로 생긴 다른 교회들 사이에서 예외적 경우에 해당한다. 이 교회는 루터교보다 훨씬 더 보수적이며, 가치 있는 라틴어 기도문들과 의식들을 최상급 영어로 옮긴 예배식을 내놓았으며, 이 예배식은 오늘날까지도 성공회에서 존경과 사랑을 받는다. 성공회는 설교보다 예배에, 자유로운 기도보다 공식 기도문을 중시한다.

루터는 1523년에 공예배 개혁에 착수했으나, 자신이 바르트부르크에 가 있는 동안 과격하게 미사를 폐지하고 제단들과 화상들을 파괴한 칼슈타트의 급진주의에 반대하여 신중한 태도를 취했다. 그는 '미사'라는 용어를 남겨 두었으며, 이후로 이 용어는 공예배 전체, 그 중에서도 특히 성찬 제사를 가리키게 되었다. 그는 과거의 예배 모범에서 참된 기독교적 요소들을 살려두고 그것들을 자국어로 옮겨 회중에게 유익을 끼치려고 노력했다. 그의 교회 중심적 본능은 시와 음악에 대한 사랑으로 강화되었다. 그는 심지어 주일 예배에 라틴어를 사용하는 것에도 반대하지 않았으며, 오순절 때처럼 주일 미사를 독일어와 라틴어와 헬라어와 히브리어로 동시에 드리게 되기를 바라는, 비현실적인 소원을 표시하기도 했다.[31] 아울러 그는 투철한 신자들을 대상으로 성찬이 있는 좀 더 사적인 기도회를 갖기를 원했으나(니케아 이전 교회가 '세례 예비자 미사'〈missa catechumenorum〉와 구분하여 드린 '헌신적 신자 미사'〈missa fidelium〉에 따라), 당시에는 그런 대상을 찾기 어려웠던 까닭에 실행할 수 없다고 여겼다. 그 이유에 대해서 그는 이렇게 말했다. "우리 독일 사람들은 다급한 상황에 부닥치기 전에는 아무 일도 하지 못하는, 미개하고 거칠고 과격한 사람들이다."

따라서 그는 공적인 주일 예배를 개혁하는 데로 범위를 한정했다. 기존의 예배 모범을 그대로 보존했는데, 예를 들어 복음서와 서신서 낭독, 본기도(collects), '테 데움', '글로리아 인 엑셀시스', '베네딕투스', 사도신경, 응송, 성찬을 받을 때 무릎을 꿇는 자세, 심지어 성체와 성작을 숭배하지는 않더라도 거양(擧揚)하는 의식은 그대로 남겨 두었다(성체 거양은 훗날 폐지되었으나, 스칸디나비아 루터교회에서는 여전히 관습으로 남아 있다). 루터는 사제에 의한 제사를 언급하는 미사 경본을 폐기했다. 이 전례서는 6세기 이래로 십자가 수난의 피 없는 반복이자 떡과 포도주의 기적적 변형으로서의 로마 미사의 요점을 담고 있는 책이었다. 그는 일찍이 「바빌론 유수」와 바르트부르크에서 쓴 특별 소책자에서 이 책을 '소름끼치는 규범'이라고 부르며 배격한 바 있다. 그는 미사 경본을 교황제도에서 중추적인 오류라고 거듭해서 공격했다. 물론 그가 실제적 임재 교리를 주장한 것이 사실이지만, 화체설과 사제에 의한 제사 같은 스콜라주의적 개념과는 거리가 멀었다.

그는 설교를 예배에서 가장 중요한 부분으로 생각했으며, 이것 역시 과거의 관습에서 이탈한 또 다른 점이었다. 그는 주일에 세 번 예배를 드리도록 하고, 예배 때마다 설교를 하도록 규정했다. 먼저 주로 하인들을 위한 새벽 예배가 있었고, 아홉 시 내지 열 시에 미사, 그리고 오후에는 구약 성경 강론이 있었다. 월요일과 화요일 오전에는 십계명과 사도신경, 주기도문을 가르치도록 했고, 수요일에는 마태복음, 토요일에는 요한복음, 목요일에는 서신서를 가르치도록 했다. 남자 초등학생들에게는 매일 라틴어 시편을 외운 다음 신약 성경의 한 장 이상을 라틴어와 독일어로 번갈아 읽게 했다.

루터는 1525년 10월에 선제후의 승인을 받아 새로운 예배 순서를 도입했으며, 새로운 전례서를 1526년 초순에 출판했다. 주일의 대예배는 다음과 같은 순서로

---

31) 멜란히톤(*Apol. Conf. Aug.*, art. XXIV)은 공예배 때 독일어 찬송과 함께 라틴어를 사용하는 것을 변호했다.

진행되었다. 독일어 찬송 혹은 시편; '키리에 엘레이손' 과 '글로리아 인 엑셀시스' (Allein Gott in der Höh sei Ehr); 간단한 본기도와 당일을 위한 서신서; 찬송; 목사가 영창하는 그날을 위한 복음서; 온 회중이 암송하는 니케아 신조; 복음서 설교; 주기도문; 권면; 성찬과 목사가 영창하는 성찬 제정의 말씀(이것이 성찬의 요소들에 대한 축성〈祝聖〉에 해당함), 이어서 '상투스' (사 6:1-4, 루터의 독일어 번역), '베네딕투스', '아뉴스 데이' (요 1:29), 혹은 독일어로 '오 하나님의 순결하신 어린양' (O Lamm Gottes unschuldig, 데키우스 번역); 성찬 분배와 연보, 축도[강복]. 새로운 예배 순서는 '미사 경본', 즉 그리스도의 몸을 가지고 드리는 제사를 삭제함으로써 독일어로 번역된 것만 빼놓고는 사실상 옛 예배 순서와 같게 되었다.

멜란히톤은 1530년의 아우크스부르크 신앙고백에서 이렇게 말한다. "우리의 교회들은 미사를 폐지했다는 왜곡된 비난을 받고 있다. 우리는 여전히 미사를 보존한 채 존경을 다하여 드리고 있기 때문이다. 실제로 기존의 의식들을 거의 모두 사용하고 있으며, 다만 일반 회중을 교육하기 위해 예배 순서 곳곳에 라틴어 찬송에다 독일어 찬송 순서를 두고 있을 뿐이다. 그러한 순서를 두어서 배우지 못한 사람들을 가르치려는 것이다."[32]

루터는 여러 가지 의식과 성직복, 제단의 촛불, 목사의 기도하는 자세 등을 그냥 남겨두어도 좋고 폐지해도 좋은 가치 중립적인 문제들로 간주했다. 1526년에 작성한 세례식 개정본에서, 그는 소금과 침, 기름 사용은 폐지했으나, 귀신 쫓는 의식은 간단한 형태로 남겨 두었다. 공개 자백과 사죄도 남겨 두었으며, 사적인 자백은 목사에게 하도록 권고했다.[33]

독일 북부와 스칸디나비아의 루터교는 잡다한 수정이 가해진 비텐베르크 예배 모범을 채택했으나, 독일 남부(뷔르템베르크 · 바덴 · 팔츠 · 알자스)의 루터교는 좀 더 단순한 형태의 스위스 예배 모범을 따랐다.

---

32) 제2부 제3항. 참조. 그의 *Apology of the Conf.*, art. XXIV., *De missa.*

33) 아우크스부르크 신앙고백 제2부 제4조는 이렇게 규정한다. "우리 교회들에서는 (죄의) 고백을 폐지하지 않는다. 미리 행실을 조사받은 뒤 사죄를 받은 사람을 제외하고는, 성찬을 주는 것은 일반적이지 않기 때문이다 …… 우리는 교회의 사죄가 하나님의 음성이며, 하나님의 명령에 따라 이루어지는 선포로 간주하도록 사람들을 가르친다."

루터교 예배 모범은 18세기에 합리주의의 영향으로 다소 근본적인 변화를 겪었다. 예배의 정신이 차갑게 식었고, 주일 성찬이 폐지되었고, 설교가 메마른 도덕 강론으로 전락했고, 개악된 온갖 찬송들로 가득한 새로운 전례서들과 찬송가들이 도입되었다. 그러나 최근에 들어서 종교개혁 3백주년(1817)을 기념한 이후로 독일 곳곳에서 예배 정신이 점차 되살아나고 있으며, 이런 추세에 맞춰 과거의 주옥과 같은 여러 기도서들이 다시 사용되고 있다. 하지만 영국 국교회의 공동기도서와 같은 통일된 루터교 전례서는 아직 없다. 각 지역의 루터교는 나름대로의 전례서와 찬송가를 사용하고 있다.

## 81. 복음적 예배의 중요한 특징들

주제를 좀 널리 조망하자면, 복음적 예배가 라틴 교회와 그리스 교회의 예배와 구별되게 지니는 중요한 특징들을 다음과 같이 지적할 수 있다.

1. **설교**. 복음적 예배는 설교, 즉 하나님 말씀 강해나 적용을 가장 중요한 위치에 둔다. 개신교에서는 설교가 예배의 주된 부분이 되었으며, 중요도에서 미사의 자리를 차지했다. 로마 교회에서는 설교가 주교들의 특별한 기능이었으나, 유감스럽게도 주교들이 이 기능에 게을렀으며, 심지어 오늘날까지도 로마 가톨릭 나라들에서는 사순절에만 설교를 듣는 것이 보통이다. 로마 교회의 예배는 철저히 설교 없이 진행된다. 더욱이 미사가 사어(死語)로 집례됨으로써 회중이 듣고 깨닫기보다 그저 관람하다가 돌아간다. 제단이 가톨릭 사제의 권좌라면, 강단은 개신교 설교자와 목사의 권좌이다. 종교개혁자들은 이론과 실천에서 설교를 통해 복음을 가르치고 배우는 일을 엄연히 예배의 한 행위로 크게 강조했다.

루터는 그 기틀을 닦았으며, 그 자신이 가장 왕성하고 인기 있는 설교자였다.[34] 그는 비텐베르크 성 교회의 강단을 목사 부겐하겐과 함께 맡아 주일과 주중에, 때로는 하루에 두 번씩 번갈아 가며 하나님 말씀을 전했다. 심지어 생을 마감할 무렵에 기력이 없고 고통에 눌리는 가운데서도 아이슬레벤 교회에서 네 번 설교

---

34) 그의 설교를 합하면 무려 16권이나 된다. Erl. ed. 루터 총서.

를 했다.[35] 그가 남긴 설교집 가운데 가장 유명한 것은 교회력에 따른 복음서와 서신서 설교로서, 「교회 설교집」(Kirchenpostille)이라는 제목으로 1525년과 1527 년에 완성했다. 또 다른 유명한 설교집으로는 그가 가정에서 행한 설교들을 파이트 디트리히(Veit Dietrich)와 뢰러(Rörer)가 받아적은 「가정 설교집」(Hauspostille)으로서, 1544년과 1559년에 출판되었다. 루터는 노트 없이 묵상을 하며 그 순간에 받은 영감에 힘입어 설교를 했다.

루터는 독일이 전에도 후에도 들어본 적이 없는 보아너게('우레의 아들', 막 3:17)였다. 대중 연설가로서 갖춰야 할 모든 요소를 갖춘 설교가였다. 멜란히톤은 설교가로서 루터를 평가하기를, "어떤 이는 해석가이고, 다른 이는 논리가이고, 또 다른 이는 웅변가이지만, 루터는 그들의 기능을 두루 갖추었다"고 했다. 보쉬에(Bossuet)는 "청중을 기쁨과 감동으로 사로잡는 생생하고 격렬한 웅변"이 루터에게 있었다고 평가한다. 루터는 설교할 때 일정한 방법을 따르지 않았다. 대체로 본문을 따랐으며, 해석에 적용을 곁들였다. 그리스도와 복음이 그의 설교의 중심에 놓였다. 성경 안에서 살고 그 안에서 움직였으며, 성경을 자기 시대 사람들에게 생명의 책이 되게 하는 비결을 알고 있었다. 항상 강렬한 확신과 권위를 가지고 말씀을 전했다. 심오한 생각을 일반 회중이 알아들을 수 있는 분명하고 강렬한 용어로 표현해 낼 줄 아는 비범한 기능이 그에게 있었다. 그의 설교는 정곡을 찔렀다. 그는 대범하고 용감했으며, 마귀든 교황이든 성찬 상징론파든 그냥 놔두지 않았다. 하지만 설교 도중에 곁길로 빠져 정치 현실을 논한 내용들은 항상 훌륭하거나 바르지만은 않았다.

루터는 회중 가운데 학자들을 무시했으며, 보통 사람들, 여성들과 어린이들과 하인들을 향해 말씀을 전했다. "교회에서 형이상학적이거나 어려운 주제를 전하는 설교자들에게 화가 있을 것이다" 하고 그는 말했다. 그의 설교는 단조롭거나 지루한 법이 없었다. 대체로 회중의 관심이 절정에 올랐을 때 설교를 끝냄으로써 다음 번 설교를 궁금해하도록 만들었다. 부겐하겐이 설교를 너무 오랫동안 하여 회중이 불평하는 일이 잦아지자 그를 책망했다. 그는 자신이 터득한 설교의 지혜를 "신선하게 시작하라; 담대하게 거리낌없이 말하라; 짧게 끝내라" 하

---

35) 그 설교를 누군가 속기로 받아적었고, 그 내용을 그의 동역자 아우리파버가 최초로 펴냈다. In the Erl. ed., XVI. 209 sqq.

는 세 가지 규칙으로 요약했다.

미사와 설교는 교육의 주된 수단이다. 전자는 그리스 교회와 로마 교회가 사용하는 방식이고, 후자는 개신교 교회들이 사용하는 방식이다. 미사는 날마다 그리스도께서 세상 죄를 위해 치르신 제사를 상징적으로 기념한다. 반면에 설교는 복음이 가르치는 살아 계신 그리스도를 거룩하게 살다가 거룩하게 죽을 수 있게 하는 원동력으로 제시한다. 두 가지 방법 모두 기능적이고 기계적인 봉사로 변질될 수가 있다. 그러나 기독교는 모든 죽은 미사들과 건조한 설교들을 극복하고 살아남았으며, 아무리 취약한 수단들[사역자들]을 통해서라도 본연의 능력을 느끼며 존재한다.

설교는 지적이고 영적인 노력이므로 그저 미사경본을 읽는 것보다 더 높은 수준의 교육을 필요로 한다. 개신교 목사와 로마 혹은 그리스 성직자를 비교해 보면 그 차이를 단번에 알 수 있다.

2. **요리문답 교육**. 설교와 밀접한 관계가 있는 것이 요리문답 교육을 강조하는 것이다. 이 점에 관해서는 차후에 따로 지면을 할애하여 다룰 것이다.

3. **성찬**. 종교개혁으로 말미암아 성찬이 그리스도의 속죄의 죽음을 기념하고 신자들이 그리스도와 사귐을 나누는 원래의 성격을 되찾았다. 개신교 체계에서는 성찬이 성례의 하나로서, 회중의 참석을 요구한다. 반면에 로마 체계에서는 성찬이 주로 제사이며, 오직 사제만 수행할 수 있다. 평신도에게 잔을 주지 않는 것은 성직자를 지나치게 높게 평가하고 평신도를 지나치게 낮게 평가한 결과이다. 평신도에게 잔을 되돌려 준 것은 초대 교회의 관행에 부합할 뿐 아니라, 신자들이 저마다 제사장이라는 교리에도 부합한다.

루터는 매주 성찬을 정규 주일 예배의 결미로 남겨 두었다. 개혁교회들에서는 성찬의 횟수가 다소 적은 데 반해 더욱 엄격하다.

4. **자국어 사용**. 공예배의 기도와 찬송 순서에 라틴어 대신에 자국어를 사용함으로써 회중을 예배에 깊숙이 끌어들였다. 이것이 이루 말할 수 없이 큰 결과를 가져왔다.

5. **절기들**. 교회력의 절기 수가 크게 줄었으며, 인간 구원에 관한 중대한 사실들을 기념하는 절기들에 국한되었다. 즉, 성육신(성탄절), 구속(종려주일, 성금요일, 부활절), 성령 강림(승천주일과 오순절), 마지막 절기인 성 삼위일체 절기. 이 절기들이 교회력의 징검다리이며, 회중을 위한 일종의 달력 신조이다. 루터교는

(적어도 일부 지역들에서는) 성모 마리아 절기, 사도들과 복음 전도자들의 절기, 모든 성인의 절기를 남겨 두었으나, 이러한 절기들은 세월이 흐르면서 점차 유명무실하게 되었다.

루터는 교회의 절기들과 심지어 안식일조차 원칙상으로는 폐지되었고, 다만 공예배의 필요와 평신도들의 연약함을 고려하여 지킬 뿐이라고 주장했다. 의인들에게는 율법과 의식이 필요 없다고 그는 보았다. 의인들에게는 모든 시간이 거룩하며, 모든 날이 안식일이며, 모든 날이 선행을 하는 날이라고 했다. 그러나 그는 이렇게 말한다. "모든 날들이 자유롭고 동일할지라도 안식일이든 주일이든 다른 어느 날이든 하루를 거룩하게 지키는 것이 여전히 유익하고 선하며 필요하다. 이는 하나님께서 세상을 질서 있고 평안하게 다스리시기를 원하시기 때문이다. 따라서 하나님께서는 엿새를 일하는 날로 주시고, 제7일은 안식을 위해 주셔서 인간들이 쉬면서 기력을 회복하고, 하나님의 말씀을 듣도록 하신 것이다."[36]

이러한 관점에 칼빈과 녹스를 포함한 모든 종교개혁자들이 사실상 동의하되, 다만 두 개혁자는 연례 절기들을 사실상 무의미하게 만들고, 주일을 더욱 강조했다. 영국과 미국 교회의 주일 이론은 제4계명이 그리스도의 부활에 비추어 볼 때 그리스도인의 자유를 발휘하여 지켜야 할 도덕법의 일부라는 것이다. 따라서 주일을 항구적으로 지켜야 한다는 이 이론은 16세기 말에 청교도들에게서 유래했으며, 1647년에 웨스트민스터 신앙고백에 의해 최초로 신조 차원의 인정을 받았으나, 영어권 기독교 세계에 깊숙이 뿌리박으면서 공예배와 개인 기도에 큰 유익을 끼쳤다.[37]

## 82. 복음적 찬송의 시작

---

36) 루터의 주일관에 관해서는 그가 자신의 요리문답에서 제3(4)계명을 해설해 놓은 내용과, Köstlin의 *Luthers Theologie*, II. 82 sqq.를 참조하라.

37) 주일 성수 역사에 관해서는 다음 저서들을 참조하라: Hessey, *Sunday: its Origin, History* (Oxford, 1860); Gilfillan, *The Sabbath* (Edinb. 1861); 그리고 필자의 논문, *The Christian Sabbath* in "Christ and Christianity" (New York and London, 1885, pp. 213-291).

I. The "Wittenberg Enchiridion," 1524.   The "Erfurt Enchiridion," 1524.
Walter's "Gesangbuch," with preface by Luther, 1524.   Klug's "Ge-
sangbuch," by Luther, 1529, etc.   Babst's "Gesangbuch," 1545, 5th ed.
1553.   Spangenberg's "Cantiones ecclesiasticæ," 1545.   See exact titles
in Wackernagel's *Bibliographie*, etc.

II. C. V. WINTERFELD: *Luther's geistl. Lieder nebst Stimmweisen.*   Leipz.
1840.   PH. WACKERNAGEL: *Luther's geistl. Lieder u. Singweisen.*
Stuttgart, 1848.   Other editions of Luther's Hymns by STIP, 1854;
SCHNEIDER, 1856; DREHER, 1857.   B. PICK: *Luther as a Hymnist.*
Philad. 1875.   EMIL FROMMEL: *Luther's Lieder und Sprüche.   Der
singende Luther im Kranze seiner dichtenden und bildenden Zeitgenossen.*
Berlin, 1883.   (Jubilee ed. with illustrations from Dürer and Cranach.)
L. W. BACON and N. H. ALLEN: *The Hymns of Luther set to their origi-
nal melodies, with an English Version.*   New York, 1883.   E. ACHELIS:
*Die Entstehungszeit v. Luther's geistl. Liedern.*   Marburg, 1884.   DAN-
NEIL: *Luther's geistl. Lieder nach seinen drei Gesangbüchern von 1524,
1529, 1545.*   Frankf.-a-M., 1885.

III. AUG. H. HOFFMANN VON FALLERSLEBEN: *Geschichte des deutschen
Kirchenlieds bis auf Luther's Zeit.*   Breslau, 1832; third ed., Han-
nover, 1861.   F. A. CUNZ: *Gesch. des deutschen Kirchenlieds.*   Leipz.
1855, 2 parts.   JULIUS MÜTZELL: *Geistliche Lieder der evangelischen
Kirche aus dem 16ten Jahrh. nach den ältesten Drucken.*   Berlin, 1855,
in 3 vols.   (The same publ. afterwards *Geistl. Lieder der ev. K. aus dem
17ten und Anfang des 18ten Jahrh.*   Braunschweig, 1858.)   K. MÜL-
LENHOFF and W. SCHERER: *Denkmäler deutscher Poesie und Prosa
aus dem 8ten bis 12ten Jahrh.*   Berlin, 1864.

*EDUARD EMIL KOCH (d. 1871): *Geschichte des Kirchenlieds der christ-
lichen, insbesondere der deutschen evangelischen Kirche.*   Third ed.
completed and enlarged by RICHARD LAUXMANN.   Stuttgart, 1866–
1876, in 8 vols.   (The first ed. appeared in 1847; the second in 1852 and
1853, in 4 vols.)   A very useful book for German hymnody.

*PHILIPP WACKERNAGEL (d. 1877): *Das deutsche Kirchenlied von Luther
bis N. Hermann und A. Blaurer.*   Stuttgart, 1842, in 2 vols.   By the
same: *Bibliographie zur Geschichte des deutschen Kirchenliedes im 16ten
Jahrhundert.*   Frankf.-a-M., 1855.   *By the same: *Das deutsche Kirch-
enlied von der ältesten Zeit bis zu Anfang des XVII Jahrhunderts.*
Leipzig, 1864–77, in 5 vols. (his chief work, completed by his two sons).
A monumental work of immense industry and pains-taking accuracy,
in a department where "pedantry is a virtue."   Vol. I. contains Latin
hymns, and from pp. 365–884 additions to the bibliography.   The second
and following vols. are devoted to German hymnody, including the
mediæval (vol. II.).

*A. F. W. FISCHER: *Kirchenlieder-Lexicon.   Hymnologisch-literarische
Nachweisungen über 4,500 der wichtigsten und verbreitetsten Kirchen-
lieder aller Zeiten.*   Gotha, 1878, '79, in 2 vols.   K. SEVERIN MEISTER

and WILHELM BÄUMKER (R. C.): *Das katholische deutsche Kirchen-lied in seinen Singweisen von den frühesten Zeiten bis gegen Ende des 17ten Jahrh.* Freiburg-i.-B. 1862, 2d vol. by Bäumker, 1883. Devoted chiefly to the musical part.

On the hymnody of the Reformed churches of Switzerland and France in the sixteenth century, *Les Psaumes mis en rime française par Clément Marot et Theodore de Bèze. Mis en musique à quatre parties par Claude Gou-dimel.* Genève, 1565. It contains 150 Psalms, Symeon's Song, a poem on the Decalogue, and 150 melodies, many of which were based on secular tunes, and found entrance into the Lutheran Church. A beauti-ful modern edition by O. DOUEN: *Clément Marot et le Psautier Hugue-not.* Paris, 1878 and 1879, 2 vols. WEBER: *Geschichte des Kirchen-gesangs in der deutschen reformirten Schweiz seit der Reformation.* Zürich, 1876.

On the hymnody of the Bohemian and Moravian Brethren, see WACKER-NAGEL'S large work, III. 229–350 (Nos. 255–417), and KOCH, *l.c.* II. 114–132.

Comp. the hymnological collections and discussions of RAMBACH, BUNSEN, KNAPP, DANIEL, J. P. LANGE, STIER, STIP, GEFFKEN, VILMAR, etc. Also SCHAFF'S sketch of "German Hymnology," and other relevant articles in the forthcoming "Dictionary of Hymnology," edited by J. JULIAN, to be published by J. Murray in London and Scribner in New York, 1889. This will be the best work in the English language on the origin and history of Christian hymns of all ages and nations.

독일 개신교가 기독교 예배에 가장 크게 이바지한 점은 주옥과 같은 찬송을 많이 남긴 것이다. 루터가 그 터를 닦았으며, 루터 교회가 대를 계승하여 역량 있는 찬송가 작가들을 배출했으며, 개혁교회들도 처음에는 시편 운율 찬송들을, 후에는 새로운 기독교 찬송들을 내놓았다.

찬송은 회중이 공예배 때 하나님 혹은 그리스도께 드리는 신앙 서정시 혹은 서정적 찬미라는 본래의 엄밀한 의미에서는 독일에서 태어났고, 종교개혁과 만 인 제사장 사상과 더불어 완숙하게 발전했다. 라틴 교회가 그 길을 예비했으며, '진노의 날' (Dies Irae), '슬픔의 성모' (Stabat mater), '예수 감미로운 기억' (Jesu dulcis memoria, '구주를 생각만 해도' ) 같은 불후의 찬송을 몇 편 내놓았다. 그 러나 이런 찬송들을 비롯한 라틴 찬송들과 성 힐라리우스 · 성 암브로시우스 · 포르투나투스 · 노트케르 · 성 베르나르 · 성 토마스 아퀴나스 · 토마스 아 켈라 노(켈라노의 토마스) · 야코부스 데 베네딕티스 · 생 빅토르의 아담 같은 이들이 남긴 속창(續唱, sequences)은 사제들과 성가대가 불렀으며, 일반 회중으로서는 라틴어 시편 찬송과 라틴어 미사 못지않게 알아들을 수 없었다.[38] 공예배에 보편적으로 라틴어가 쓰임으로써 교회의 통일을 유지하고 문학적 접촉을 용이하게 하는 데는 도움이 되었으나, 자국어 찬송이 자유롭게 발전하는 데는 지장을 초래했다.

그럴지라도 독일인들은 선천적으로 시와 노래를 사랑하는 민족이었던 까닭에 개인 기도를 위해 무수히 많은 종교 서정시들을 내놓았고, 시편과 라틴 찬송들을 독일어로 번역해 놓았다. 루터의 독일어 성경이 출판되기 전에 이미 독일어 성경들이 있었던 것처럼, 그의 시대 이전에 이미 독일어 찬송들이 있었다. 그러나 그 찬송들은 제한되게 사용되었으며, 개신교 교회가 내놓은 더 우수한 찬송들로 대체되었다.

필립 바커나겔(Philip Wackernagel, 독일의 가장 박식한 찬송가 작가이자 루터를 열렬히 존경한 인물)은 자신이 편집한 방대한 찬송 전집 가운데 제2권에 오드프리트(Otfrid)에서 한스 작스(Hans Sachs)까지, 즉 868년부터 1518년까지 작곡된 무려 1458곡의 독일어 찬송과 속창을 수록한다. '노르' (Nor)는 독일에 한정된 자국어 찬송가였다. 아시시의 성 프란체스코는 '태양의 아가' (Cantico del Sol)를 지었고, 야코포네 다 토디(Jacopone da Todi, '스타바트 마테르' 의 작가)는 사적인 단체들과 가정 모임들을 위해 "마치 불의 혀처럼 흔들리는" 열정적인 송시(頌詩, ode)들을 지었다.

## 종교개혁 이전의 독일 찬송

독일 개신교의 찬송을 정당하게 평가하려면 중세 독일 찬송을 간단하게나마 살펴봐야 한다.

튜턴 교회가 최초로 시도한 신앙 시는 성경적 서사시이며, 그리스도를 노래한 튜턴족 가수들의 기수는 앵글로색슨족 수사인 휫비의 캐드몬(Caedmon, 전직 돼지치기)이었다. 그는 680년경에 두운체(頭韻體) 운율로 마치 영감을 받은 듯이 성경의 창조와 구속 역사를 노래했고, 성경의 그 교훈을 고대 잉글랜드인들의

---

38) 그리스와 라틴 찬송가와 문헌에 대해서는 Schaff의 *Church History*, III. 575 sqq.와 IV. 402 sqq, 416 sqq.를 참조하라.

상상과 마음에 깊이 심었다. 이 시는 보니파키우스와 그 밖의 영국 선교사들에 의해 독일로 전해진 듯하며, 9세기에 이르러 작센(베스트팔렌)의 무명의 수사가 유사한 작품을 내놓는 데 영감을 제공했다. 이 작품은 '헬리안트' (Heliand, 즉 Heiland, 치유자, 구주)라는 제목으로 네 복음서 곧 그리스도의 생애를 시의 형식으로 소개한다. 얼추 같은 시기(870년경)에 알자스 지방 바이센부르크 출신으로서, 풀다와 장크트갈렌에서 교육을 받은 베네딕투스회 수사 오트프리트 (Otfrid)가 복음서의 내용을 알라만 방언(고지 독일어 — 역자주)으로 150행의 시를 썼다. 이 작품은 연으로 구분되었고, 각 연은 네 개의 압운(押韻) 행으로 이루어졌다.

이 세 가지 교훈 서사시가 베스트팔렌 지방에 살던 서구 야만족 평신도들을 위한 최초의 자국어 성경이었다.

서정적인 교회 시와 음악은 '키리에 엘레이손' 과 '크리스테 엘레이손' 과 더불어 시작했는데, 이 작품들은 그리스 교회로부터 회중의 응송(應頌)으로, 특히 주요 축일들에 부르는 찬송으로 라틴 교회에 전래되었으며, (후렴을 따서) '키를라이젠' (Kirleisen) 혹은 '라이젠' (Leisen), '라이헨' (Leichen)이라 불리는 짧은 시들로 확대되었다. 이렇게 확대된, 자비를 호소하는 시들이 독일 회중이 부른 최초의 찬송이었다. 자장 오래된 작품은 9세기의 것으로서 '성 베드로를 위한 시(詩)' (Leich vom heiligen Petrus)라 불리며, 세 연으로 구성되어 있다. 첫 연은 다음과 같다:

"우리 주님께서는 성 베드로에게 능력을 베푸셔서
당신을 바라는 사람을 보존하도록 하셨나이다.
주여, 저희를 긍휼히 여기소서!
그리스도시여, 저희를 긍휼히 여기소서!"

이 '라이젠' 들 가운데 가장 우수하고 유명하되 훨씬 후대에 작성된 작품의 하나는 다음과 같은 부활절 찬송이다:

"Christ is erstanden                    (그리스도는 모든 고통에서
von der marter alle,                    일어나셔서 우리 모두를

des sul [sollen] wir alle fro sein, 　자유롭게 하셨다.
Christ sol unser trost sein. 　그리스도는 우리의 위로가 되시리니
Kyrie leyson." 　주여 불쌍히 여기소서.)

자국어 참회 찬송들은 채찍질 고행파가 불렀다. 14세기 중엽에 가뭄과 두려운 전염병('흑사병', 1348)이 오래 맹위를 떨치는 동안, 채찍질 고행파는 독일과 다른 여러 나라들에서 횃불과 십자가와 깃발을 들고 엄숙한 행렬을 벌이면서 주민들에게 회개하고 장차 올 심판을 대비하라고 외치며 그 찬송을 불렀다.

라틴 찬송들 가운데 대표적인 몇 곡, 이를테면 '테 데움'(하나님께 찬양), '글로리아 인 엑셀시스'(높은 곳에 영광), '팡게 링구아'(내 혀여 노래하라), '베니 크레아토르 스피리투스'(창조주 성령이여 오시옵소서), '아베 마리아', '스타바트 마테르'(슬픔의 성모), '라우다, 시온, 살바토렘'(시온아, 구원자를 찬양하라), 성 베르나르의 '예수 둘키스 메모리아'(예수, 감미로운 기억)와 '살베 카푸트 크루엔타툼'(피묻은 머리를 구하라)이 종교개혁이 발생하기 오래 전에 거듭해서 독일어로 번역되었다.

때로는 원어에 자국어가 묘하게 뒤섞인 찬송들도 있었는데, 다음과 같은 성탄절 찬송이 대표적인 경우이다:

"In dulci jubilo 　(나는 즐거움 속에 환호한다.
Nun singet und seit fro! 　이제 노래하고 기뻐하라
Unsres Herzens Wonne 　우리 마음의 기쁨을
Leit in praesepio 　구유로 인도하소서
Und leuchtet wie die Sonne 　그는 어머니의 품에서
In matris gremio 　해같이 빛난다.
Alpha es et O." 　당신은 알파요 오메가입니다)

베네딕투스회 수사 잘츠부르크의 요한은 1366년에 자신의 대주교 필그림(Pilgrim)의 부탁을 받고 여러 라틴어 찬송들을 독일어로 번역했으며, 그에 대한 상으로 소교구를 하사받았다.[39)]

13세기의 음유시인들 — 그들 가운데 슈트라스부르크의 고트프리트와 발터

폰 데어 포겔바이데가 가장 유명함 — 은 솔로몬의 찬송을 본따서 지상의 사랑과 천상의 사랑, 육체적 사랑과 영적 사랑이 결합된 사랑을 예찬했다. 그들에게 성모 마리아는 순결하고 이상적인 여성의 전형이었다. 발터는 마리아를 찬송하기에 흡족한 수식어를 찾을 수 없다고 말한다.

14세기의 타울러(Tauler) 신비주의 학파도 하나님을 간절히 사모하는 찬송 몇 곡을 남겼다. 타울러는 성탄절 찬송인 "Uns kommt ein Schiff geladen"(짐 실은 배가 우리에게 온다)과, 하나님을 향한 사랑을 노래한 찬송들을 남겼다. 후자 가운데 한 곡은 이렇게 시작한다:

"Ich muss die Creaturen fliehen<br>
Und suchen Herzensinnigkeit,<br>
Soll ich den Geist zu Gotte ziehen,<br>
Auf dass er bleib in Reinigkeit."[40]

(나는 피조물에서 떠나<br>
마음의 깊은 곳을 찾아야 한다.<br>
나는 내 영을 하나님에게로 이끌어<br>
그것이 정결 가운데 있도록 한다.)

15세기의 마이스터젱거(14–16세기 독일에서 시가와 음악의 수업을 위하여 결성된 조합의 회원)들도 음유시인들과 마찬가지로 성모 마리아에게 바치는 찬송을 많이 남겼다. 그중 한 작품은 이렇게 시작한다:

"Maria zart von Art<br>
Ein Ros ohn alle Dornen."

(온화하신 마리아<br>
가시없는 장미)

중세 이래로 훌륭한 세속적 노래들과 찬송들 몇 곡이 전해져 내려왔다.[41]

중세 독일의 찬송은 라틴 찬송과 마찬가지로 성인 숭배와 마리아 숭배로 넘쳐

---

39) Wackernagel(II. 409 sqq.)은 뮌헨과 빈 도서관들에 소장된 많은 사본들 가운데 그의 찬송 43곡을 소개한다.

40) Wackernagel, II. 302 sqq.; Koch, I. 191.

41) Meister와 Bäumker는 *Katholische deutsche Kirkenlied in seinen Singweisen*에 이러한 가톨릭 가락들을 수집해 놓았는데, 그 중 더러는 출판되지 않은 사본들에서 얻은 것들이다. 하지만 그들은 중세 교회 찬송과 음악에 선구자적인 작업을 해낸 개신교 찬송가 작가들, 특히 빈터펠트와 바커나겔의 공로가 적지 않음을 인정한다.

난다. 마리아에게 심지어 신적 속성들을 입히고, 사실상 모든 은혜의 근원인 그리스도와 성령의 지위에 올려놓는다. 라틴 찬송들 가운데 가장 깊은 비애를 자아내는 '스타바트 마테르 돌로로사'는 십자가 아래서 마리아가 겪은 크나큰 번민과 그녀와 함께 슬픔에 동참하고자 하는 갈망을 절절한 정서에 담아 묘사한 곡으로서, 마리아 숭배 탓에 빛이 바래며, 따라서 가사의 일부를 삭제하거나 수정하지 않고는 복음적 예배에 부적합하다.

'레코르다레 상타이 크루키스'(Recordare sanctae crucis: 거룩한 십자가를 기억하시오)라는 수난 찬송을 쓴 위대하고 선량한 보나벤투라는 「마리아 시편 찬송」(*Psalterium B. Mariae*)에서 '주'(Lord)라는 이름을 마리아의 이름으로 바꾸는 방식으로 시편 전체를 마리아에게 적용했다. 이 작품은 독일어로도 번역되어 수없이 인쇄되었다.

바커나겔(Wachernagel)은 이렇게 말한다. "오트프리트부터 루터까지 모든 세기들을 지나오면서 동정녀 마리아에 대한 우상 숭배 차원의 존경을 대하게 된다. 찬송들 가운데는 마리아가 창조 때 하나님과 함께 선재(先在)했고, 만물이 그녀 안에서 그녀를 위해 창조되었으며, 하나님께서 일곱 째 날에 그녀 안에서 안식하셨다고 가르치는 찬송들도 있다."[42]

널리 불린 마리아 찬송 가운데 한 곡은 이렇게 시작한다:

<blockquote>

"Dich, Frau vom Himmel, ruf ich an,　　(하늘의 부인이여, 나는

In diesen grossen Nöthen mein."[43]　　이 큰 고난 속에서 당신을 부릅니다)

</blockquote>

한스 작스(Hans Sachs)는 훗날 이 찬송을 다음과 같이 독특하게 개작했다:

<blockquote>

"Christum vom Himmel ruf ich an."　　(하늘의 그리스도를 나는 부릅니다)

</blockquote>

중세의 찬송은 마리아를 천상의 여왕과, 남성을 지각할 수 없게 하늘로 인도

---

42) II. p. xiiii.

43) Wackernagel(II. 799 sqq.)은 이 찬송을 여러 형태로 소개한다. 이 찬송은 마리아의 탄생 축일과 그 밖의 여러 경우에 불렸다.

하는 '영원한 여성성' 으로 드높인다. 이 찬송은 아기 그리스도를 품에 안고 있는 교황청 시스티나 예배당의 성모화를 닮았다.

## 종교개혁 시대의 독일 찬송

개신교 교회는 동정녀 마리아에 대한 숭배를 폐지하고, 우리의 유일한 중보자와 대언자이신 그리스도에 대한 경배를 확립했다. 옛 라틴 및 자국어 찬송 시들과 곡조들을 손질하여 되살렸으며, 적지 않은 수의 창작 찬송들을 내놓았다. 사제들과 성가대의 영창(詠唱) 대신에 회중 찬송이 도입되었다. 찬송이 독일어 성경과 독일어 설교 다음으로 죄와 구속에 관한 복음적 교리들을 전달하는 강력한 매체가 되었으며, 종교개혁이 승승장구하는 데 이바지했다. 소책자 크기로 인쇄된 찬송가들이 널리 멀리 보급되어 가정과 학교, 교회, 거리에서 불렸다. 그 중 많은 곡들이 오늘날까지 살아남아 경건의 불을 타오르게 하고 있다.

루터는 독일인들에게 그들의 언어로, 그리고 기존의 모든 번역 성경들을 빛바래게 하고 교체하는 방식으로 성경과 요리문답, 찬송가를 줌으로써, 하나님께서 직접 당신의 말씀으로 그들에게 말씀하실 수 있게 하고, 그들도 직접 자신들의 노래로 하나님을 찬송할 수 있게 하는 큰 공적을 남겼다. 그는 음악가이기도 하여 찬송도 몇 곡 작곡했다. 그는 독일 교회의 찬송 시와 교회 음악에서 암브로시우스 같은 인물이었다. 그는 서른일곱 편의 찬송을 썼다. 그 중 대다수(스물두 편)는 1524년에 쓴 것이며, 첫 번째 곡은 신약 성경 번역을 마친 직후인 1523년에, 그리고 마지막 두 곡은 세상을 떠나기 3년 전인 1543년에 쓴 것이다. 그의 찬송들 가운데 가장 독창적이면서도 가장 잘 알려진 것 — 가장 루터답고 가장 종교개혁자다운 찬송 — 은 용사의 기백이 넘치는 종교개혁의 전쟁과 승리 찬송인 '내 주는 강한 성이요' (Ein' feste Burg ist unser Gott)이다. 이 찬송은 다른 여러 나라말로 자주 번역되었으며, 독일에 중요한 사건들이 있을 때 전국에 큰 감동으로 울려퍼졌다.[44]

힘이 넘치는 이 찬송은 시편 46편("하나님은 우리의 피난처시요 힘이시니")을

---

44) 하이네는 이 찬송을 종교개혁의 '라 마르세유' (프랑스 혁명가로서, 프랑스 국가가 됨)라 불렀다. 하지만 독일 종교개혁이 불신자들이 일으킨 프랑스 대혁명과 다르듯이, 이 찬송도 '라 마르세유' 와 크게 다르다.

토대로 삼았다. 1527년이라는 재난으로 얼룩진 해에 큰 환난 속에서, 하지만 그 환난을 뚫고 나갈 만한 믿음에서 탄생했으며, 1528년에 처음으로 인쇄되었다(작곡 연대를 1521년이나 1529년, 1530년으로 보는 견해도 있으나 1527년이 옳다).[45]

루터는 보수적인 기지를 발휘하여 공적 예배와 사적 기도를 바로 세우고 풍성하게 하는 일에 기존의 온갖 자료들을 활용했다. 그가 지은 찬송들 대부분은 기존의 라틴어 찬송과 독일어 찬송을 토대로 한 것이다. 그 중 더러는 구약성경 시편에서 영감을 받았다. 이 부류에 속하는 찬송에는 '내 주는 강한 성이요' 외에도 다음과 같은 곡들이 있다:

"내가 깊은 데서 주께 부르짖었나이다"(1523).
(Aus tiefer Noth schrei ich dir, 시편 130편).

"주여, 하늘에서 굽어보시사 도우소서"(1523).
(Ach Gott, vom Himmel sieh darein, 시편 12편)

특히 어린이들의 복음이라 할 수 있는 누가복음 2장이 정말로 어린이들에게 어울리는 성탄 찬송들의 기초가 되었다:

"높은 하늘에서 낮은 땅으로 내가 왔노라"(1535).
(Vom Himmel hoch da komm ich her)
"하늘에서 천군천사가 나타나"(1543).

---

45) 이 찬송은 Joshep Klug가 1529년에 펴낸 *Gesangbuch*(그리고 역시 1529년에 출판된 아우크스부르크 찬송가)에 수록되었는데, Wackernagel(III. 20)과 Koch는 작곡 연대를 그 해로 매기며, 마르틴 루터의 방대한 전기를 쓴 쾨스틀린도 초판에 그렇게 기록한다(1875, vol. II. 127). 그는 루터가 슈파이어 제국의회에 대립하여 이 찬송을 지었다고 말한다. 그러나 1528년 2월로 날짜가 표기된 더 오래된 인쇄본이 발견되면서, 쾨스틀린은 견해를 바꾸어 전염병이 창궐하고 루터의 영적·육체적 시련이 극심하던 1527년을 저작 연도로 보았다.

(Vom Himmel kam Engel Schaar)

그 밖에 라틴 찬송들을 원문을 토대로 혹은 옛 독일어 번역을 토대로 자유롭게 각색한 찬송들이 있는데, 몇 가지 소개하자면 다음과 같다.


"Herr Gott, dich loben wir"(1543).

(Te Deum laudamus.)

"Komm, Gott, Schöpfer, heiliger Geist"(1524).

(Veni, Redemptor gentium.)

"Gelobet seist du, Jesus Christ"(1524).

(Grates nunc omnes reddamus.)

"Mitten wir im Leben sind"(1524).

(Media vita in morte sumus.)

"Nun bitten wir den heiligen Geist"(1524).

(이제 저희가 성령님께 기도드립니다.)

"Christ lag in Todesbanden"(1524).

(주께서 죽음의 사슬에 결박되셨네.)

(Surrexit Christus hodie.)[46]


원곡을 충실히 옮긴 찬송들 가운데는 이런 것이 있다:


"그리스도의 양들이여, 기뻐하고 기뻐하라"(1523).

(Nun freut euch, lieben Christen g'mein.)

---

46) 이 부활 찬송의 제3절은 내용이 매우 인상적이다.
　　"생각하니 그것은 생명과 죽음이 서로 대결한
　　　놀라운 전쟁이었다.
　　　그러나 생명이 그의 대적을 짓밟았고
　　　죽음이 조롱을 당한 뒤 무로 돌아갔다.
　　　이것은 성경이 말한 바와 같으니,
　　　그리스도께서 죽음으로 죽음을 정복하신 것이다."

분젠(Bunsen)은 영원 전부터 작정된 인류 구속과 자유의 복음을 드높이는 이 찬송을 "독일 전역에 번개와 같은 위력으로 번쩍인, 독일 찬송의 첫 소리"라고 평가한다.

이 찬송은 루터 시대에 그리스도와 그분 교회의 대 원수였던 교황과 터키족을 겨냥했다.

1523년에 브뤼셀에서 복음을 전하다가 순교한 최초의 두 순교자들을 기린 감동적인 노래(Ein neus Lied wir heben an)는 연대순으로는 루터가 가장 먼저 지었으며, 엄밀한 의미에서 찬송이 아니긴 하지만, 찬송의 인상을 강하게 풍기며, 특히 10절이 그러하다:


"그들의 재는 누워 안식하지 못하고
　　먼 곳에 가까운 곳에 뿌려져,
　강물과 지하감옥, 빗장과 무덤에서
　　원수에게 부끄러움과 두려움을 일으킨다.
　그들은 생시에 독재자의 학정에
　　입다물어야 했으나
　이제 죽어서는 노래와
　　모든 언어와 방언으로
　그것을 온 세상에 울려퍼지게 한다.[47]


루터의 찬송은 성 암브로시우스의 찬송과 마찬가지로 단순하고 힘이 넘치며, 일반 회중이 교회에서 부르기에 알맞은 곡조를 취하고 있는 게 특징이다. 하지만 그의 찬송은 성 암브로시우스와 중세 교회의 찬송들과 달리 그의 신학과 경건의 심장이었던 '의롭다 함을 얻게 하는 믿음'의 대범하고 확신에 차 있고 즐

---

47) 참조. Wackernagel, III. 3, 4. Thomas Fuller는 위클리프의 재에 관해서 말한다. 그의 재가 뿌려진 스위프트 강물(1428)이 "그의 재를 싣고서 에이번 강으로 흘러 들어 갔고, 에이번 강물은 세번 강으로, 세번 강은 해협으로, 해협은 대양으로 그의 재를 실어 날랐다. 이렇게 해서 위클리프의 재는 오늘날 세계 곳곳에 흩어져 있는 그의 교리를 상징하는 문장(紋章)이 되었다."

거운 정신을 내쉰다.

루터의 찬송은 발표되자마자 교회와 학교에서 보편적으로 쓰였으며, 회중의 마음 깊은 곳에 종교개혁이 울려퍼지게 했다. 뉘른베르크의 한스 작스는 루터를 비텐베르크의 나이팅게일이라 불렀다. 그 시대 사람들이 루터의 찬송들을 얼마나 높이 여겼는가 하는 것은 마찬가지로 찬송가 작가인 키리아쿠스 슈팡겐베르크(Cyriacus Spangenbert)의 말에서 추론해 볼 수 있다. 그는 「키타라 루테리」(*Cithara Lutheri*, 1569)라는 책의 서문에서 이렇게 말했다. "사도시대 이래로 등장한 모든 교회 음악가들 가운데 루터가 최고이다. 그의 찬송들에서는 한가하고 무익한 단어를 찾아볼 수 없다. 압운들은 쉽고 훌륭하고, 단어들도 적절하고 훌륭하게 선정되었고, 의미가 명쾌해서 이해하기 쉬우며, 멜로디가 아름답고 감동적이다. 한 마디로 그의 찬송들은 모두 너무나 훌륭하고 장엄하고, 힘이 넘치고, 기쁨과 위로가 가득하여서 그와 견줄 만한, 아니 그보다 훨씬 못한 음악가라도 찾아볼 수 없다."

루터가 죽기 전에(1546) 나와 있던 루터교의 찬송가는 무려 47종이나 되었다. 최초의 독일 개신교 찬송가인 「비텐베르크 편람」(*Wittenberg Enchiridion*)은 1524년에 인쇄되었다. 이 책에는 여덟 곡의 찬송이 수록되었는데, 그 중 네 곡은 루터가 지은 것이고, 세 곡은 슈페라투스(Speratus)가, 나머지 한 곡은 익명의 작가가 지은 것이다. 같은 해에 출판된 「에르푸르트 편람」은 25곡의 찬송을 수록했는데, 그 중 18곡이 루터가 지은 것들이다. 역시 1524년에 발행된 발터(Walther)의 찬송가는 32곡의 독일어 찬송과 5곡의 라틴어 찬송을 수록했으며, 서문을 루터가 썼다. 루터가 펴낸 *Klug's Gesangbuch*(비텐베르크 1529)는 50곡의 찬송을 수록했고, 그 중 루터의 것은 28곡이었다. 1545년에 발행된 「Babst의 찬송가」(라이프치히에서 출판)는 89곡을 수록했다. 1553년에 발행된 이 찬송가의 제5판은 131곡을 수록했다.

이렇게 찬송과 찬송가가 급속히 증가해간 추세는 루터가 죽은 후에도 계속되었다. 루터에게서 영감을 받아 활동한 후대의 찬송가 작가들은 지면상 대표적인 몇 사람밖에 소개할 수가 없다.

유스투스 요나스(Justus Jonas, 1493-1555)는 루터의 친구와 동료로서 다음 찬송을 썼다:

"여호와께서 우리편에 계시지 아니하셨더면"(시 124편).
(Wo Gott, der Herr, nicht bei uns hält.)


파울 에버트(Paul Ebert, 1511-1569)는 멜란히톤의 신실한 친구이자 비텐베르크 대학교 히브리어 교수로서, 다음 찬송을 썼다.

"우리가 큰 환난의 때에."
(Wenn wir in höchsten Nöt hen sein.)
"참 사람이요 참 하나님이신 주 예수 그리스도."
(Herr Jesu Christ, wahr'r Mensch und Gott.)


헤세의 부르크하르트 발디스(Burkhard Waldis, 1486-1551)는 시편 찬송을 독일어 운율로 번역했다.

에라스무스 알버(Erasmus Alber, 1553년에 메클렌부르크에서 죽음)는 스무 곡의 찬송을 썼는데, 그의 찬송들을 헤르더와 게르비누스는 루터의 찬송과 대등하다고 평가했다.

뉘른베르크의 라자루스 슈펭글러(Lazarus Spengler, 1449-1534)는 1522년경에 죄와 구속을 주제로 다음 찬송을 썼는데, 이 찬송은 시적(詩的)이라기보다 교훈적이었으나 아주 널리 불렸다.

"아담의 타락에 의하여 완전히 파멸하였다"
(Durch Adam's Fall ist ganz verderbt.)


뉘른베르크의 제화공 겸 시인 한스 작스(1494-1576)는 그 시대에 가장 왕성한 작품 활동을 한 '마이스터젱거'(14-16세기의 독일에서 시와 음악 수업을 위해 결성된 조합의 일원: 역자주)로서 찬송도 몇 곡 썼지만, 오늘날까지 사용되는 것은 다음 한 곡뿐이다:

"내 마음아, 너는 어찌하여 근심하는가?"
(Warum betrübst du dich, mein Herz?)

뉘른베르크 성 세발두스의 목사 파이트 디트리히(Veit Dietrich, 1549년 죽음)는 다음 찬송을 썼다:

"인간이여 기억하라, 그 기이한 은혜를."
(Bedenk, o Mensch, die grosse Gnad.)

브란덴부르크의 마르크그라프 알브레히트(Markgraf Albrecht, 1557년 죽음)는 다음 찬송을 썼다:

"나의 하나님, 주님의 뜻을 언제나 이루소서."
(Was mein Gott will, gescheh allzeit.)

쾨니히스베르크에서 그의 궁정 전속목사로 활동한 파울 슈페라투스(1551년 죽음)는 최초의 독일어 찬송가(1524)에 세 곡의 찬송을 제공했으며, 그 중 다음 곡이 가장 우수하다:

"우리에게는 구원이 이미 임했나이다."
(Es ist das Heil uns kommen her.)

이 곡은 비록 서정성보다 교훈에 역점을 두긴 하지만, 압운법을 사용하여 이신칭의 교리를 잘 나타낸다.

슈네징(Schneesing)의 다음 찬송은 1545년에 처음 발표되었고, 오늘날까지 사용된다:

"주 예수 그리스도, 오직 당신에게만."
(Allein zu dir, Herr Jesu Christ.)

루터의 학생이자 그의 전기작가이며, 보헤미아 요아킴스탈의 목사를 지낸 마테지우스(Mathesius, 1504-65)도 찬송을 몇 곡 썼다. 루터의 성가대 선창자이자 친구인 니콜라우스 헤르만(Nicolaus Hermann, 1561년 죽음)은 특히 어린이들을 위한 찬송을 중심으로 167곡의 찬송을 썼으며, 대중을 위한 노래들도 작곡했다. 니콜라우스 데키우스(Nicolaus Decius, 1541년 죽음)는 처음에는 수사였다가 그 뒤에 슈테틴의 개신교 목사가 된 인물로서, "글로리아 인 엑셀시스"를 자신의 유명한 찬송

"Allein Gott in der Höh sei Ehr"(1526)

에 담아냈고, 성찬 찬송인 "아뉴스 데이"(하나님의 어린 양)를

"O Lamm Gottes unschuldig"(1531)

에 담아냈다.

종교개혁 시대의 독일 찬송가는 보헤미아 형제회의 찬송들에 의해 풍부하게 살이 붙었다. 그 중 두 작가 미카엘 바이세(Michael Weisse, 1542년 죽음)와 요한 호른(Johann Horn)은 기존의 찬송들을 자유롭게 번역했다. 바이세는 독일 사람이었으나 보헤미아 형제회에 가입했으며, 1522년에 형제회의 사절로 루터에게 파견되었다. 루터는 형제회가 개혁파의 성례 교리를 지지하기 전인 초기에는 그들을 호의적으로 대했다. 보헤미아 형제회가 남긴 찬송들 가운데 가장 유명한 곡의 하나는 다음과 같은 부활절 찬송이다(1531):

"그리스도 주께서 살아나셨다."
(Christus ist erstanden.)

독일 찬송들의 발전 과정을 상세히 다 추적하기란 지면 관계상 불가능하다. 독일 찬송들은 16세기부터 우리 시대에 이르기까지 끊어지지 않은 물줄기로 흘러내려 오면서, 시의 안식일 복장으로 독일인들의 경건을 내비친다. 독일 찬송들은 모든 찬송들을 통틀어 가장 풍성하다.

독일 찬송들을 다 합하면 그 수가 십만 곡을 상회한다. 1786년에 할버슈타트의 주임목사 게오르크 루트비히 폰 하르덴베르크(Georg Ludwig von Hardenberg)는 72,733곡의 찬송들의 첫 행을 모아 찬송 목록을 작성했다(모두

다섯 권으로, 할버슈타트 도서관에 보관되어 있음). 이 숫자는 당시로도 완전한 게 아니었으며, 그 이후로 상당히 증가했다. 그 중 만 곡 가량이 유명하게 되어 여러 찬송가에 수록되었다. 피셔(Fisher)는 우수한 찬송 5천 곡 가량의 첫 행을 모아 소개하는데, 그 중 상당수는 폰 하르덴베르크가 간과한 것들이다.

우리가 안전하게 말할 수 있는 것은, 이 가운데 천 곡 가량이 고전적 찬송으로 자리를 잡았다는 것이다. 이 숫자는 다른 언어권에서 발견할 수 있는 것보다 더 많은 숫자이다.

이 보물과 같은 독일 찬송들에 계층과 신분을 막론한 무수한 사람들 — 신학자들과 목회자들, 왕자들과 공주들, 장군들과 정치인들, 의사들과 법률가들, 상인들과 여행자들, 노동자들과 평민들 — 이 찬송을 지어 공동의 경건의 제단에 올려놓았다. 독일의 대다수 찬송가 작가들은 루터교 신자들이고, 나머지는 독일 개혁파 신자(네안더와 테르슈테겐 같은)이거나 모라비아 교도(친첸도르프와 그레고르), 혹은 연합 복음교회(the United Evangelical Church)의 신자들이다. 이 찬송들 가운데 뜨거운 열정과 감동, 불타는 믿음과 풍성한 위로가 빛나는 많은 찬송들은 종교개혁의 투쟁과 폭풍우 속에서 나왔거나, 삼십년 전쟁의 두려운 재앙과 처참한 환경 속에서 나온 작품들이다. 그런가 하면 슈페너의 경건주의와 친첸도르프의 모라비아 형제회가 주도한 신앙 부흥기에 나온 찬송들도 있는데, 이 찬송들에는 경건을 위한 진지한 투쟁, 예수를 향한 첫 사랑의 열정, 영혼이 하늘의 신랑과 나누는 감미로운 사귐이 반영되어 있다. 이 가운데 적지 않은 찬송들이 이른바 '계몽주의'와 합리주의의 냉랭하고 건조한 시대에 마치 메마른 대지를 뚫고 자라난 꽃들과, 혹은 눈밭을 헤치고 솟아난 알프스의 장미들과 같은 작품들이다. 또한 종교개혁이 일어난 땅에 다시금 믿음이 되살아나고 있음을 신선하고 기쁜 어조로 선포하는 찬송들도 있다. 이렇게 해서 이 찬송들은 독일 개신교의 기도서와 시적 신앙고백이자, 이 교회의 다양한 시기를 하나로 연결하는 띠이고, 이 교회가 거쳐온 숱한 투쟁과 승리, 슬픔과 기쁨의 영원한 기념비이고, 지나온 절절한 경험들의 거울이며, 복음적 기독교 신앙에 불굴의 생명력이 약동함을 웅변으로 말해주는 증인이다.

주옥과 같은 독일 찬송들은 다른 언어권 교회들을 풍요롭게 만들었으며, 스웨덴·노르웨이·덴마크·프랑스·네덜란드·영국·미국의 찬송가들에도 들어가 자리를 잡았다.

존 웨슬리는 독일 찬송가의 가치를 제대로 평가한 최초의 영국 성직자였다.
그의 동생 찰스 웨슬리는 신작 찬송들을 많이 창작한 데 비해, 존 웨슬리는 파울
게르하르트와 테르스테겐, 친첸도르프의 찬송들을 자유롭게 번안하여 사용했
다. 몽고메리가 번안한 영어 모라비아 찬송가에는 독일 찬송들을 줄여 번역한
(대부분 중요하지 않은 내용을 잘라냄) 찬송들이 많이 실려 있다. 좀 더 최근에
는 여러 남녀 작가들이 독일 찬송들을 번역하여 소개하는 일에 서로 경쟁하고
있다. 독일 찬송을 영어로 번역한 주요 작가들로는 프랜시스 엘리자베스 콕스
양·아서 토처 러셀·리처드 마시·캐서린 윈크쿼스 양·에릭 핀들레이터 부인
과 그녀의 자매 제인 보스위크 양(이 두 사람은 스코틀랜드 자유교회 소속으로
서, 겸손하게 H. L. L.〈Hymns from the Land of Luther〉이라는 약자만 표기하고,
자신들의 이름은 감춘다)·제임스 W. 알렉산더·헨리 밀스·존 켈리가 있으며,
그 외에도 한 곡 이상을 훌륭하게 번역하여 공예배와 개인의 경건 생활을 위한
찬송가에 제공한 작가들이 많이 있다.[48]

영국과 미국의 찬송은 독일에 비해 훨씬 늦게 시작했으나 그 풍성함에서 독일
에 버금가며, 신작 찬송들뿐 아니라 그리스·라틴·독일 찬송들도 끊임없이 받
아들여 꾸준히 풍성해지고 있으며, 궁극적으로는 다른 모든 언어권의 찬송들을
능가하게 될 것이다.


## 83. 공립학교들


교회와 학교는 함께 간다. 유대교 회당은 학교이기도 했다. 모든 기독교 학교
는 나이 든 사람들과 어린 사람들 모두에게 신앙과 도덕을 배우는 학교이다. 중
세 교회는 야만족들에게 문화를 보급하고 도덕을 가르쳤고, 수도원 학교들과 주
교좌성당 학교들을 설립했으며, 파리(1209)·볼로냐·파두아·옥스퍼드·케임
브리지·세인트 앤드루스·글래스고·살라망카·알칼라·톨레도·프라하
(1348)·빈(1365)·하이델베르크(1386)·쾰른(1388)·에르푸르트(1393)·라이프
치히(1409)·바젤(1460)·잉골슈타트(1472)·튀빙겐(1477)·비텐베르크(1502)

---

48) 참조. Schaff, *Christ in Song*, New York, 1868, and London, 1870.

등 훌륭한 대학교들을 설립했다. 그러나 중세의 교육은 귀족 중심이었으며, 그 혜택이 성직자들과 상류층의 극소수 평신도들에게 한정되었다. 평민들은 무지와 미신 숭배에 젖어 있었고, 글을 쓰지도 읽지도 못했다. 귀족들조차 십자가 표시로 서명을 대신했다. 책이 대단히 귀했다. 이런 상태에서 인쇄술이 발명되면서 민중 교육의 길이 닦였다. 종교개혁이 처음으로 인쇄술을 대규모로 활용했으며, 공립학교 설립을 강하게 자극했다. 개신교의 정신은 지식의 광범위한 보급에 우호적이었다. 개신교는 평신도들의 지위를 끌어올렸고, 개인적 견해를 자유롭게 표현하게 했으며, 개인의 책임감을 자극했다. 모든 사람이 신자로서의 자유와 자율의 위치에 도달하도록 훈련받는 것이 개신교의 정신이다.

루터는 「독일 귀족들에게 고함」(1520)이란 책에서 이 주제를 처음 논했다. 1524년에는 독일 모든 도시들의 시장들에게 학교를 개선하거나 소년소녀들을 가르칠 학교를 신설하라고 권고하는 책을 발표했다. 루터의 이러한 주장과 권고가 더욱 호소력을 지닐 수 있었던 이유는 수도원 제도에 대한 열망이 시들고 수녀원들이 갈수록 비어가던 현실 때문이다. 루터는 각 지역의 교회와 수도원 재산 중 일부를 사회의 다른 분야나 군주와 귀족의 탐욕을 채우는 대신에 학교에 사용하라고 지혜롭게 권고했다. 여러 언어 교육을 크게 강조했고, 이에 대한 반론들을 슬기롭게 논박했다. 아래의 짧은 발췌글은 이 중요한 주제를 다룬 아주 유익한 소책자의 취지를 잘 드러낸다:

"우리 아버지 하나님과 주 예수 그리스도께서 은혜와 평강을 내려 주시기를 기원합니다 …… 나는 현재 3년 동안 파문을 당한 처지이며, 만약 하나님보다 사람들을 더 두려워한다면 침묵을 지켜야 할 것입니다만 …… 나는 그리스도의 의가 찬란하게 드러날 때까지 목숨이 붙어 있는 동안 입을 열어 말할 것입니다 …… 나의 귀한 영주들과 친구들에게 하나님 앞에서 간곡히 권하는 것은, 가난한 어린이들과 청소년들을 보살피고 그들 모두에게 도움을 주라는 것입니다. 해마다 군대와 도로와 댐과 이와 유사한 많은 목적들을 위해 그렇게 많은 비용을 들이면서, 가난한 청소년들을 위한 교육에는 그다지 비용을 들이지 않는 이유가 무엇입니까? …… 오늘날 독일 땅에는 하나님의 말씀이 예전과 비교할 수 없이 풍성하게 전파되고 있습니다. 그러나 만약 우리가 이 은혜를 감사한 마음으로 받지 않는다면 과거보다 못한 암흑으로 도로 가라앉고 말 것입니다.

　"친애하는 독일인 여러분, 시장이 열리고 있는 동안 물건을 구입하십시오. 햇볕이 비추고 기후가 화창할 동안에 거둬들이십시오. 하나님의 은혜와 말씀이 가까이 있을 때 활용하십시오. 하나님의 은혜와 말씀은 지나가는 소나기와 같아서, 한 번 내리면 다시 내리지 않는다는 사실을 알아야 합니다. 한때 유대인들에게 하나님의 은혜와 말씀이 내렸으나 가버린 것은 가버린 것입니다(hin ist hin). 지금 그들에게는 아무것도 남아 있지 않습니다. 사도 바울이 그것을 헬라인들에게 전하여 주었으나, 지금은 떠나고 남아 있지 않습니다. 지금 그들은 터키족이 되어 있습니다. 로마와 이탈리아도 한때 은혜와 말씀을 받았으나 지금은 남아 있지 않고, 다만 교황만 남아 있습니다. 여러분 독일인들도 은혜와 말씀을 언제까지나 받아 가지고 있을 것으로 생각해서는 안 됩니다. 배은망덕과 무시로는 은혜와 말씀을 남아 있게 하지 못합니다. 그러므로 힘과 능력이 있을 때 꽉 붙들고 놓치지 마십시오.

　"우리가 우리 자녀들을 가르쳐야 한다고 훈계를 받아야만 한다면 그것은 죄요 수치이며, 더 나아가 이교도들에게서라도 본을 받아야 한다면 그 수치는 더 말할 나위가 없습니다 …… 흔히들 교육이란 부모의 소관이고, 위정자들의 일은 아니라고 합니다. 그러나 만약 부모가 자녀를 가르치지 않는다면 어떻게 하려는 것입니까? 대다수 부모들은 자기 자녀들을 가르칠 능력이 없습니다. 자기들 스스로도 배운 바가 없어서 가르치고 싶어도 가르치지 못합니다. 주위의 다른 사람들은 혹시 능력이 되더라도 시간이 없습니다. 게다가 고아들은 어찌 되는 것입니까? 한 도시의 명예는 돈과 강한 성곽과 좋은 가옥들로 이루어지는 게 아니라, 교육과 훈련을 받아 교양과 양식을 갖춘 시민들로 이루어집니다. 고대 로마는 자기들의 아들들에게 라틴어와 헬라어와 모든 좋은 학문과 교양을 가르쳤습니다 …….

　"학교가 반드시 있어야 한다는 데에는 우리도 동의하지만, 라틴어와 헬라어, 히브리어, 그리고 인문학 과목들을 가르쳐봐야 무슨 소용이 있느냐고 여러분은 말합니다. 사람을 구원하기에 충분한 성경 곧 하나님 말씀을 독일어로 가르치면 되지 않느냐고 합니다. 물론 그렇습니다. 우리 독일인들은 주변 민족들이 조롱하듯이 항상 야만적인 짐승들로 지내왔고, 과연 그렇게 불릴 만하다는 것을 나도 잘 알고 있습니다. 그러나 나는 여러분이 우리 독일 땅에 포도주와 곡식과 양털과 아마(亞麻)와 목재와 석재가 존재하되 생존할 정도만 있는 게 아니라 꾸미고 살 만큼 풍족한데, 도대체 외국에서 비단과 포도주와 향료 같은 물품들을 수입해 오는 이유가 무엇이냐고 질문하지 않는 게 이상합니다. 그런데 우리에게 아무런 해도 끼치지 않고, 오히려 성경을 이해하고 사회를 유능하게 이끌어 가는 데 큰 유익과 힘이 되는, 한 마디로 무엇보다도 우리에게 더 훌륭한 장식이 되는 인문학 과목들과 언어들을 우리는 천시하고 있습니다. 그러면서도 살아가는 데 반드시 필요하지도 않고 유익하지도 않은, 게다가 비싼 가격으로 인해 등골을 휘게 하는 외국의 물품들에 대해서는 하나라도 더 얻지 못해서 조바심을 냅니다. 그러니 우리가 다른 나라 사람들한테 미개인들이나 짐승들이라고 불려 마땅하지 않겠습니까? ……

"우리가 복음을 진정 사랑한다면 언어들을 소홀히 생각하지 맙시다. 하나님께서는 우리에게 성경을 두 개의 언어로 주셨습니다. 구약성경은 히브리어로, 신약 성경은 헬라어로 주신 것입니다. 그러므로 이 두 언어를 다른 언어들보다 귀하게 여겨야 합니다 …… 그리고 이 두 언어를 등한히 해서는 복음을 간직할 수 없다는 사실을 기억합시다. 이 언어들은 성령의 검이 꽂혀 있는 칼집입니다. 이 보물이 간직되어 있는 보물상자입니다. 이 소중한 음료가 담긴 그릇이며, 이 귀한 식량이 저장되어 있는 곳간입니다. 복음 자체가 보여주듯이, 이 언어들은 떡과 물고기, 그리고 남은 조각들이 보관된 바구니입니다. 이 언어들을 방치해 둔다면(하나님께서는 이를 금하십니다!) 우리는 결국 복음을 잃게 될 뿐 아니라, 마침내는 라틴어로든 독일어로든 정확하게 말하거나 기록할 능력을 잃게 될 것입니다 …….

"나는 이 일에 하나님께서 여러분에게 은혜 베푸시기를 기원합니다. 하나님께서 여러분의 마음을 부드럽게 하시고 열심을 주셔서 이 가난하고 비참하고 버림받은 청소년들의 짐을 진실하게 대신 짊어질 마음과 능력을 주시기를 바라며, 하늘의 도움과 권고와 능력을 내리사 독일 땅이 기독교 정신에 부합한 질서를 유지하게 하시고, 그로써 사람들의 몸과 마음이 충만하게 흘러 넘쳐 우리 구주 예수 그리스도로 말미암아 아버지 하나님께 찬송과 존귀를 바치게 하시기를 기원합니다. 아멘."


루터의 조언을 독일인들은 흘려 듣지 않았다. 그 결과 개신교 국가들은 대중교육에서 로마 가톨릭 국가들보다 훨씬 앞서 있다. 독일과 스위스에는 읽고 쓸

줄 모르는 소년이나 소녀가 거의 없다. 반면에 교황의 지배를 받는 일부 국가들에서는 오늘날까지도 국민의 대다수가 문맹이다.[49]

# 84. 교회 정치와 권징의 재건

서방 기독교 세계의 교황 군주제와 가시적 통일은 교황의 대칙서와 교회법이 소각되면서 함께 붕괴되었다. 주교들은 새로운 운동에 앞장서기를 거부했고, 그 결과 무질서와 혼란이 따랐다. 교회 정치와 권징을 다시 수립해야 할 필요가 절실하게 되었다. 모든 신자들로 구성되는 보이지 않는 교회라는 이상은 이 목적에 별로 도움이 되지 않았다. 보이지 않는 집단을 다스릴 수는 없는 노릇인 것이다. 문제는 작센을 비롯한 기독교 지역들에 존재하는 보이는 교회를 어떻게 다스려 혼돈 속에서 질서를 수립할 것인가 하는 것이었다. 당연히 법률가들이 자문 요청을 받았으며, 그들은 수세기 동안 쌓인 법률적 지혜와 경험 없이 자문해줄 수가 없었다. 루터 자신도 딱히 목적은 없었으나 교회법을 들여다보았다. 그는 기존의 교회법이 교황제와 긴밀히 연관되어 있는 점 때문에 그것을 혐오하였으며, 법률가들과 의견 충돌을 빚었다. 심지어 보름스 제국의회에 신실한 친구이자 고문으로 동행해준 동료 교수 슈르프와도 혼인법을 놓고 설전을 벌였다. 그는 심지어 강단에서까지도 법률가들을 교황과 마귀의 선동가들이라고 비난했다. 루터는 존 칼빈이나 존 녹스나 존 웨슬리 같은 규율가와 조직가가 아니었으며, 자신의 교회를 스위스와 스코틀랜드의 개혁교회들에 비해 덜 만족스러운 상태로 방치했다. 그는 자신이 성취하고자 하는 과업을 맡길 만한 적임자들이 없음을 한탄했으나, 그 상황에서 자신이 할 수 있는 일을 수행했으며, 일을 더 진전시키지 못하는 것을 안타까워했다.

---

49) 스페인은 한때 유럽에서 가장 부강한 국가였으나, 1877년에 발표된 공식 자료에 따르면 성인 인구의 60%가 글을 읽을 줄 모른다고 한다. 이것은 16세기에 가난하고 거의 야만족이나 다름없는 공국(公國)이었던 프로이센이 비슷한 시기에 발표한 교육 통계와 사뭇 대조를 이룬다. 국민 교육에 관한 한 북아메리카와 남아메리카의 차이는 더욱 크다.

종교개혁으로 말미암아 네 가지 방향에서 개신교 교회 정치를 수립할 수 있는 길이 열렸다.

1. **교황제를 폐지하거나 새로운 형태의 수장을 두는 주교제 중심의 성직위계제도를 유지하는 방안.** 이 방안은 스칸디나비아의 루터교와 잉글랜드 국교회에서 시행되었으나, 국가와 너무 밀착되고, 국가에 종속되었다. 스칸디나비아에서는 결국 수장의 계승이 단절되었으나, 잉글랜드에서는 캔터베리 대주교인 크랜머의 주도로 지속되다가 여왕 메리 때 중단되었고, 여왕 엘리자베스 때 복원되었다.

만약 독일의 주교들이 종교개혁에 찬동했다면, 그들은 틀림없이 독일에서 권력을 유지했을 것이며, 자연스럽게 새로운 교회의 조직을 주도했을 것이다. 멜란히톤은 주교제를 지지했고, 심지어 복음적 자유가 보장되는 것을 전제로 인간적(신적이 아닌) 권위를 지니는 일종의 교황제까지도 찬성했다. 그러나 독일에서는 성직위계제도에 대한 반감이 워낙 거셌던 까닭에 그 제도가 권위를 계속 유지할 수 없었다. 주교들에게 조금도 관심을 두지 않던 루터와 달리, 멜란히톤은 특히 말년으로 갈수록 교회의 제도적 성격과 역사적 질서를 더욱 확신했다. 하지만 그는 주교들과 사제들[목사들]이 원래 동등한 직분이라고 가르쳤으며(목회서신서들과 제롬의 교훈에 입각하여), 주교들이 복음을 배척하고 복음적 설교자들을 임명하기를 거부할 때는 임명권이 교회와 목사들에게 돌아온다고 주장했다.

2. **성직자 주교 대신에 평신도 주교를 세우는 방안.** 달리 설명하자면, 이것은 교회의 수장권을 세속 관리들에게 맡겨, 그들로 하여금 목사들과 감독들과 종교 고문들을 행정관들로 임명하게 하는 방안이다.

이 방안은 독일의 루터교회들에서 시행되었다. 감독(superintendent)들은 주교들의 의무를 수행했으나, 독자적인 계급의 성직을 보유하지 않았으며, 주교적 혹은 사도적 계승권 이론을 받아들이지도 않았다. 루터교는 장로교와 같은 목사들의 동등권 교리를 주장한다. 하지만 루터교의 조직은 오랫동안 잠정적인 상태를 유지해 오면서 주교제와 절충할 가능성을 열어놓고 왔다. 따라서 독일의 제후들에게는 명예주교들(Nothbischöfe)라는 이름이 붙었다.

3. **서로 동등한 권위를 지니는 목사들, 평신도 장로들, 집사들, 그리고 대의기관인 교회 회의를 골격으로 교회를 조직하고, 엄격한 권징을 시행하고 명목상

교인과 정규 교인을 구분하는 방안. 이 방안은 헤세 지방의 홈베르크 교회 회의(1526)에서 람버트(Lambert, 츠빙글리와 루터의 친구)가 시행했고, 칼빈이 제네바에서 발전시켰으며, 프랑스와 홀란드, 스코틀랜드, 그리고 북아메리카의 장로교회들에서 시행되었다. 루터는 헤세의 필립에게 보낸 편지에서 이 방안에 다소 부정적인 견해를 피력했다. 그러나 1540년에 요나스와 부겐하겐, 멜란히톤과 함께 각 회중을 다스리는 장로들(seniores, 원로들)의 도움으로 기독교적 권징을 도입하려는 의사를 나타냈다. 이러한 의사가 반영된 결과, 오늘날 여러 루터 교회의 헌장들은 간음자들과 술 취하는 자들, 신성모독자들을 성찬과 교회의 사귐에서 추방한다고 규정한다.

4. **교회를 독립된 회중 곧 개교회로 세우는 방안.** 참된 신자들로 구성된 자치적 회중들이 서로 자유롭게 교제하도록 하는 방안이다. 이 방안은 한때 루터가 제안한 바 있으나 실험해 보지 않고 곧 폐기했다. 잉글랜드에서 여왕 엘리자베스 시대에 산발적으로 시도되었으며, 17세기에 잉글랜드의 독립 교회들과 뉴잉글랜드의 회중교회들에 의해 성공적으로 발전했다.

마지막 두 가지 방안은 좀 더 철저히 개신교적이며, 신자가 저마다 제사장이라는 원리에도 부합한다. 그러나 그러려면 주교제에 비해 평신도들의 자치적 역량이 훨씬 높아야 한다는 선결 조건이 있다.

이 네 가지 교회 정치 형태는 모두 국가와의 연합(유럽의 경우)이나 국가와의 분리(미국의 경우)를 인정한다. 교회와 국가의 연합은 콘스탄티누스 시대와 샤를마뉴 시대 이래로 전통으로 뿌리내려온 제도였으며, 모든 종교개혁자들이 이 전통을 고수했다. 개혁자들은 교회를 국가와 분리시킬 생각이 없었다. 심지어 교회에 대한 국가의 권위를 증가시킴으로써 둘 간의 관계를 더욱 긴밀하게 만들었다. 루터는 국가와 교회의 분리를 사견으로 언급한 바 있으나, 그것은 예언자적인 꿈이었을 뿐 곧 불가능한 일로 간주하여 포기했다.

루터는 자신의 독특한 개인적 경험에 부합하게 이신칭의 교리를 기독교의 중추적인 진리로 삼았으며, 그 교리를 제대로 가르치면 예배와 권징에 모든 필요한 변화가 저절로 발생할 것이라고 믿었다. 그러나 복음적 자유가 남용되는 현상을 지켜보면서 권징의 필요를 절실히 깨닫고 반(反)율법주의를 맹렬하게 비판했다. 그는 그가 나이가 들어 몸이 쇠약해지면서 갈수록 타락해 가는 시대상을 개탄했다. 세상이 갈수록 악해져만 가고, 결국 심판으로 치닫고 있는 것만 같았다. 비텐베르크의 시민들과 학생들 사이에 만연한 죄악에 심한 염증을 느껴 1544년에는 아예 그 도시를 떠나겠다고 경고했으나, 대학교 당국과 시장의 간곡한 만류로 뜻을 거둬들였다.

독일의 종교개혁은 자립의 의무를 자극하지 않았고, 자치의 기능을 발전시키지 못했다. 이 나라에서는 종교개혁이 교회를 국가의 품에 떠밀었으며, 그 결과 아직까지도 교회가 국가의 속박으로부터 스스로 벗어나지 못했다. 제후들과 귀족들, 시장들은 종교개혁으로 인해 새로 얻게 된 준(準) 성직자의 권위로부터 어떻게 해서든 이익을 거두되 의무를 수행하는 데는 인색했다. 평신도들은 전과 다름없이 피동적인 지위에 남게 되었다. 자신들의 목사를 선출할 때도 의견을 내놓지 못했고, 자기들 지교회의 문제를 처리하는 데 참여할 수도 없었다. 루터교의 제후는 과거에 주교나 교황이 차지하던 지위를 대신 차지했다. 루터교의 목사(Pfarrherr)는 로마교의 사제의 지위를 차지했으나, 주교에게 복종하는 대신에 이제는 세속 임명권자에게 복종해야 했다.[50]

## 85. 확대된 교회관. 아우구스티누스 · 위클리프 · 후스 · 루터

개신교는 로마와 결별하면서 좀 더 영적이고 좀 더 자유로운 교회관을 갖게 되었으며, 그리스도를 유일한 머리로 삼는 하나의 보편적 교회(곧 모든 시대 모든 나라에서 선택된 하나님의 자녀들로 구성되는 교회)와, 모든 명목적 신자들로 구성되는 여러 개의 가시적 교회 조직들을 구분하여 생각하게 되었다. 하지만 이 구분은 오랜 세월 동안 발전해온 것으로서, 그 점진적 과정을 여기서 되짚어 볼 필요가 있다.

신약 성경에서 에클레시아(민회, 회중)라는 단어는 두 가지 의미로 쓰인다. 1. 기독교 신자들의 전체 집단이라는 일반적인 의미(우리 주님께서 친히 이런 의미로 쓰셨다. 마 16:18). 2. 한 지역의 그리스도인들로 구성된 회중이라는 구체적인

---

50) 이러한 상황은 독일 북부의 루터교회들의 경우 오늘날까지 이어진다. 그러나 라인 강변의 베스트팔렌과 북아메리카에서는 개혁파 교회들과의 접촉에 힘입어 회중의 삶이 다소 발전했다.

의미(이것 역시 우리 주님께서 사용하셨다. 마 18:17). 이와 동의어인 '교회'(church. '주님께 속한' 이라는 뜻의 쿠리아콘에서 유래)는 위의 의미들 외에도 다음과 같은 두 가지 부가적인 의미로 쓰인다. 1. 교단(denomination. 예를 들면, 그리스 정교회, 로마 가톨릭 교회, 성공회, 루터교). 2. 교회 건물. 에클레시아라는 단어는 복음서들에 두 번밖에 나오지 않지만(마태복음에), 사도행전과 서신서들에는 아주 자주 나온다. 반면에 '하나님의 나라' 와 '천국' 이란 용어들은 복음서들에서는 아주 자주 사용되지만, 다른 책들에서는 드물게 사용된다. 이것은 어떠한 차이를 가리킨다. 하나님의 나라는 교회 조직(혹은 제도)보다 앞서며, 그것보다 더 오래 남을 것이다. 하나님의 나라는 이미 왔고, 지금도 오고 있으며, 장차 영광 가운데 올 것이다. 이 나라는 하나님의 통치와 인간의 모든 신앙적·도덕적 행위들을 내포한다. 가시적 교회(the visible church)는 하나님 나라에 들어가 살 수 있는 자질을 갖도록 훈련시키는 학교이다.

많은 경우에 교회와 하나님의 나라는 서로 번갈아 사용할 수 있지만, 번갈아 사용할 수 없는 경우들도 있다. 그 경우들의 예를 들면 다음과 같다: "천국이 그들의 것임이요"(마 5:3; 막 10:14); "나라가 임하시오며"(마 6:10); "하나님의 나라는 볼 수 있게 임하는 것이 아니요 …… 하나님의 나라는 너희 안에 있느니라"(눅 17:20, 21); "나라를 상속받으라"(마 25:34; 고전 6:10; 15:30; 갈 5:21); "하나님의 나라는 먹는 것과 마시는 것이 아니요 오직 성령 안에서 의와 평강과 희락이라"(롬 14:17). 교회의 회원들 가운데 명목상의 신자들과 진정한 신자들, 혹은 외면적 신자들과 내면적 신자들에 대한 구분은 우리 주님의 말씀("청함을 받은 자는 많되 택함을 입은 자는 적으니라", 마 22:14)과, 육체의 할례와 마음의 할례에 관한 사도 바울의 교훈(롬 2:28, 29)에 암시되어 있다. 이러한 교훈들이 가시적 교회와 불가시적 교회에 관한 교리의 씨앗이다.

사도신경과 니케아 신조는 거룩한 가톨릭 교회와 성도의 사귐을 신앙의 조항에 포함시키며, 그 대상을 헬라인이나 로마인 혹은 다른 어느 민족이나 시대로 제한하지 않는다.[51] '가톨릭' 이란 보편적이라는 뜻이며, 인류만큼이나 범위가

---

51) 그럴지라도 아직은 성부와 성자와 성령이 (구원을 얻게 하는) 믿음의 조항들인 것처럼 엄격하고 깊은 의미로 믿음의 조항에 포함되지는 않았다. 따라서 적어도 라틴어 판본들에서는 전치사 에이스(in)가 '교회를' (에글레시암)과 이후의 조항들 앞에 생략되어 있다(헬라어 니케아 신조에는 '에이스' 가 있다).

광범위하다. 이 단어는 교회의 포용 능력과 지향하는 목표를 가리키지만, 이 보편성은 세월의 흐름과 함께 실현되며, 온 세상이 그리스도에게 회심하기 전까지는 완성되지 않는다.[52]

중세 스콜라주의자들은 가톨릭 교회를 그 지역에 따라 세 단계로 구분했다. 첫째가 지상의 교회 곧 전투의 교회(에클레시아 밀리탄스), 둘째가 죽은 자들의 교회 혹은 연옥에서 잠자는 교회(에클레시아 도르미엔스)였으며, 셋째가 천국의 교회 곧 승리의 교회(에클레시아 트리움판스)였다. 이 구분을 위클리프와 후스, 그리고 그밖의 개신교 선구자들도 유지했다. 그러나 종교개혁자들은 중간의 연옥에 있는 교회와 죽은 자들을 위한 기도를 도려냈고, 믿음을 가지고 죽은 모든 사람들을 승리의 교회에 포함시켰다.

아우구스티누스는 지상에 있는 전투의 교회를 '그리스도의 참된 몸' (코르푸스 크리스티 베룸)과 '그리스도의 혼합된 몸' (코르푸스 크리스티 믹스툼 혹은 시물라툼)으로 구분해서 생각했다. 그가 제시한 이 구분은 도나투스파의 문법학자 티코니우스가 가르친 '그리스도의 이중적인 몸' (코르푸스 도미니 비파르티툼)이라는 적절치 못한 표현(아가 1:5에 근거한)을 대체한 것이다. 이 두 개의 몸은 이 세상에서는 마치 한 그물에 좋은 고기와 나쁜 고기가 섞여 있듯이 하나의 교회 공동체에 속해 있는 것처럼 보이지만, 궁극적으로는 구분될 것이다.[53] 참된 혹은 순수한 교회에는 모든 선택된 자들이 속하며, 이미 가톨릭 교회 안에 있든 아니면 지금은 밖에 있으나 장차 안으로 들어오도록 예정된 이 사람들만 그 교회에 속한다. 아우구스티누스는 이렇게 말한다. "공공연하게 교회 밖에 있어서

---

52) '가톨릭' 이라는 단어(카쏠리코스, '–에 따라' 라는 뜻의 전치사 카타와 '온전한, 완전한, 철저한' 이라는 뜻의 홀로스에서 유래)는 신약 성경에 나오지 않으며(야고보와 베드로와 요한과 유다의 서신서들에 붙는 에피스톨라이 카쏠리카이〈공동서신 혹은 보편서신〉라는 명칭은 사도들의 본문에 실린 것이 아니라 필사자가 붙인 것이다), 주교제와 순교를 열망한 안디옥의 이그나티우스가 최초로 교회를 수식하는 표현으로 사용했으며(*Ad Smyrna*, c. 8), 폴리카르푸스의 순교전에도 사용된다(in Eusebius, *H. E.*, IV. 14). '가톨릭' 이라는 단어는 신앙, 전승, 사람들에게도 사용되었으며, 유대인들 · 우상 숭배자들 · 이단들 · 분리주의자들과 구분되게 '기독교적' 이라는 말과 동의어가 되었다.

53) *De Doctr. Christ.*, III. 32 (in Schaff, *Nicene and Post Nicene Library*, Works of St. Augustine, vol. II. 509).

이단이라 불리는 사람들이 수많은 선량한 가톨릭 신자들보다 더 낫다. 이는 우리가 오늘 그들의 상태를 알지만 내일의 상태는 알지 못하기 때문이다. 하나님에게는 미래가 이미 현재이므로 그들이 장차 어떻게 될 것을 이미 알고 계신다." [54] 반면에 위선자들은 비록 교회 안에 있을지라도 교회에 속해 있지 않다.

하지만 덧붙여 말해야 할 점은, 아우구스티누스가 지상의 참 교회를 자기 시대의 가시적이고 정통적이며 보편적인 몸으로 한정하고, 모든 이단들 — 마니교·펠라기우스파·아리우스파 등 — 과 분리주의자들 — 도나투스파 등 — 은 이 몸과의 사귐 밖에 있는 한에는 배제한다는 사실이다. 그는 자신이 번역한 사도신경(그 내용에는 '가톨릭' 이라는 수식어와 '성도의 사귐' 이라는 부가적 구절이 빠져 있다)에 나오는 '거룩한 교회' 항목을 설명하면서, 이것이 틀림없이 '가톨릭 교회' 를 뜻한다고 말하면서, 다음과 같이 부연 설명한다. "이단들과 분리주의자들은 모두 자신들의 집단을 교회라고 부른다. 그러나 이단들은 그릇된 신론(神論)을 견지함으로써 믿음 자체를 훼손하는 반면에, 분리주의자들은 우리와 동일한 신조를 믿을지라도 형제 사랑에서 악하게 이탈함으로써 믿음을 훼손한다. 그러므로 이단들도 하나님을 사랑하는 가톨릭 교회에 속하지 않으며, 분리주의자들도 이웃을 사랑하지 않고 따라서 이웃의 죄를 기꺼이 용서해 주지 않음으로써 교회의 일부분을 구성하지 못한다." [55] 이 위대하고 선량한 교부가 누가복음 14:23("사람을 강권하여 데려다가")을 잘못 해석하여 분리주의자들을 강제로 굴복시켜야 한다는 주장을 변호했다는 것은 잘 알려진 사실이다.

9세기에 가시적 가톨릭 교회는 두 개의 경쟁적인 가톨릭 교회들 — 동방의 총대주교 교회와 서방의 교황 교회 — 로 분열되었다. 전자는 교황의 보편적 관할권과 수장권 주장을 적그리스도적 권력 탈취라고 비난하며 부정한 반면에, 후자는 가톨릭 교회를 교황제의 지배와 동일시하면서, 그리스 교회를 분리주의 집단으로 단죄했다. 그 후로 서방 기독교 세계에서는 거룩한 가톨릭 교회가 곧 거룩한 로마 교회를 뜻하게 되었다.

교황제의 독재와 부패는 위클리프의 격렬한 항거를 불러일으켰는데, 그는 참 교회와 혼합 교회를 구분한 아우구스티누스의 견해를 되살렸으나, (아우구스티

---

54) *De Bapt. contra Donat.*, IV. 5.
55) *De Fide et Symbolo*, c. 10 (in Schaff's ed., III. 331).

누스와 달리) 그것에 반(反)로마적, 반(反)교황적 색채를 부여했다. 그는 참 교회가 궁극적으로 구원을 받게 될 예정된 자들 곧 선택된 자들의 회중이라고 정의했다. 교회의 영원한 토대이자 회원을 결정하는 하나님의 예정에 힘입지 않고는 아무도 이 교회의 회원이 될 수 없다고 했다. 영원 전부터 배척된 사람은 그 누구라도 이 교회의 회원이 될 수 없다. 비록 몸은 교회에 들어와 있을 수 있어도 교회에 속하지는 못한다. 인간의 육체에도 그것에 속하지 않은 것이 많이 있듯이, 교회 안에서 마침내 떨어져 나가게 될 위선자들이 있을 수 있다. 이 땅에는 오직 하나의 보편적 교회가 있을 뿐이며, 이 교회 밖에는 구원이 없다. 이 교회의 유일한 머리는 그리스도이시다. 머리가 둘이라면 그것은 괴물일 것이다. 사도들은 자신들을 이 거룩한 머리를 섬기는 종들이라고 밝혔다. 교황은 전투의 교회 곧 지상 교회의 일부분을 대표하는 머리일 뿐이며, 이것도 그가 그리스도의 계명을 지키며 살 경우에만 그렇다. 이러한 교회관은 주교든 교황이든 모든 위선자들과 악한 회원들을 배제하며, 가톨릭 신자들이든 분리주의자들이든 이단들이든 모든 참된 그리스도인들을 포함시킨다.

이러한 견해는 개신교의 보이지 않는 교회의 개념과 일치한다. 그러나 위클리프와 후스는 훗날 칼빈주의자들이 가르친 구원의 확실성을 부인했으며, 이 점에서 두 사람은 가톨릭 교회의 견해에 동조했다. 그들은 신자가 현재 자신이 은혜 안에 있음을 확신할 수 있지만, 최종 구원은 끝까지 믿음을 지키는 데 달려 있으며, 그것은 그때 가봐야 아는 것이고 미리 알 수 없다고 주장했다.

참 교회에 대한 위클리프의 견해는 보헤미아의 종교개혁자 후스에 의해 채택되었다. 그는 자신의 신학의 토대를 과거에 알려진 것보다 그 영국 개혁자에게 훨씬 더 많이 두었다.

참 교회에 대한 견해가 후스로부터 루터와 츠빙글리, 칼빈에게 전달되었는데, 이들은 교황의 독점적 보편성 주장을 부정하고, 교회의 울타리를 넓혀 진실하게 그리스도를 믿는 모든 신자들을 포함시키는 데 일치했다. 그러나 이들은 가시적 교회와 불가시적 교회, 혹은 하나의 참된 불가시적 교회와 여럿이 섞인 가시적 교회들을 더욱 분명하게 구분했다.[56] 영혼이 육체 안에 있듯이, 씨가 각질 안에

---

56) 루터는 '불가시적'이라는 용어를 처음으로 사용했다. 츠빙글리는 '가시적'이라는 용어를 처음으로 덧붙였다. 종교개혁자들 가운데 유독 츠빙글리만 선택받은 이

있듯이 불가시적 교회는 가시적 교회 안에 있다. 불가시적 교회는 유토피아적 꿈이나 플라톤의 이상적 국가가 아니라 지극히 현실적이고 역사적이다. '불가시적'이라는 용어를 택한 이유는 성령의 역사가 내적이고 불가시적이기 때문이며, 가시적 교회의 회원 자격이 세례와 신앙고백으로 알려지는 것과 달리, 현세에서는 아무도 선택된 자들의 수에 속해 있는지의 여부를 확실하게 알 수 없기 때문이다.

미래의 상태를 이렇게 규명하는 데 대해서 중요한 질문들이 제기되었다. 현대의 어떤 유력한 개신교 신학자들은 교회가 본질상 가시적 조직인 까닭에 '불가시적 교회'라는 용어에 모순이 담겨 있다고 하며 반대한다. 하지만 그들은 그 용어에 깔려 있는 진리, 즉 온 세상에 흩어져 있는 신자들의 불가시적이고 영적인 공동체라는 개념은 인정한다. 개신교가 종교개혁 이후로 무수한 교단들과 개별 조직들로 분열되고 또 세분됨에 따라 교회관도 더욱 확장할 필요가 생겼다. 우리는 여러 가시적 교회들, 즉 그리스 정교회와 라틴 교회와 루터교회와 개혁교회와 성공회, 그리고 그리스도를 자신들의 머리로 인정하고 그분의 교훈과 모범을 자신들의 신앙과 행위의 준칙으로 삼는 좀 더 최근에 설립된 모든 교단들을 인정해야 한다. 교단들이라는 개념 혹은 교단들이 채택하는 신앙고백들이라는 개념은 근대에 들어서 생긴 것이다. 그러나 그 개념은 결국 어느 특정 교회의 견해를 확장한 것이거나 보편 교회라는 개념을 축소한 것일 뿐이며, 따라서 에클레시아에 대한 성경의 이중적 용례로 뒷받침을 받아야 한다. '교단'이라는 개념은 보편 교회라는 개념과 지역 교회라는 개념 사이에 놓여 있다. 참된 기독교가 확장되어 있다는 전제에서 바라볼 때, 모든 가시적 교단들과 지교회들 안에서는 하나의 불가시적 교회가 발견된다. 교회와 하나님의 나라도 구분해서 바라봐야 할 필요가 있다. 하나님의 나라는 비록 불가시적이고 보편적인 교회와 밀접히 연결되어 있고 종종 동일시되긴 하지만, 실은 불가시적이고 보편적인 교회보다 더 영적이고 더 포괄적인 개념이다. 그러나 우리는 종교개혁 시대를 살펴보고 있는 처지에서 현대의 논의들을 앞질러 평가할 수는 없는 노릇이다. 종교개혁자

교도들을 불가시적 교회에 포함시켰다. 가시적 교회와 불가시적 교회에 관한 개신교 교리를 신조 차원에서 가장 명쾌하게 규명한 내용은 웨스트민스터 신앙고백에 실려 있다(제35장). (Schaff's *Creeds of Christendom*, III. 657).

들은 무엇보다도 자신들이 파악한 바 로마 교회와의 관계를 바르게 규명하는 데 관심이 있었고, 또한 참되고 보편적인 교회에 대한 개념을 포기하지 않고 그것을 한편으로는 교황제의 타락상에, 다른 한편으로는 교황제에서 이탈한 자신들의 상황에 적용하여 바로 수립하는 데 관심이 있었다.

루터는 1519년에 프라하에서 보내온 후스의 논문「교회론」(*De Ecclesia*)을 받았다. 논문을 읽은 그는 라이프치히 논쟁에서 보헤미아의 그 순교자를 강력히 변호했으며, 후스가 아우구스티누스와 바울에게서 유래한 교리들을 주장한 이유로 콘스탄츠 공의회에 의해 부당하게 단죄를 당한 것이라고 과감하게 주장했다. 그가 말한 교리들 가운데는 후스가 보편 교회를 선택된 자들의 총수(總數)로 정의한 것도 들어 있었다.

루터는 이 개념을 자기 방식대로 발전시켜 가시적 교회에 적용하는 방향으로 수정했다. 그는 사도신경의 "거룩한 보편적 교회를 믿사오며"("거룩한 공회와")라는 조항에서 출발했으나, 이 조항을 보편적 교회에 대한 정의인 "성도의 교제"와 동일시했다.[57] 그는 교제(게마인샤프트)를 성도들의 공동체(community)

---

57) 보편적 교회와 성도의 교제를 동일시한 것에 대해서는 의문을 제기할 수 있다. 거룩한 보편적 교회는 오히려 가시적 교회에 해당하고, 성도의 교제는 불가시적 교회에 해당한다. 성도의 교제는 지상과 천상에서 참된 신자들이 그리스도와 연합된 사실을 기초하여 나누는 내면적이고 영적인 사귐을 뜻한다. 이것은 성부와 성자와 성령 하나님과의 사귐이자(참조. 요일 1:3; 고전 1:9; 빌 2:1) 서로에 대한 사귐으로서, 죽음에 의해 끊어지지 않고 천국의 성도들에게까지 확대된다. 다음 시에는 지극히 귀한 사상이 담겨 있다:

"하늘과 땅에 거하는 성도들은
  오직 하나의 사귐을 나눈다.
  모두가 자기들의 살아 계신 머리인 그리스도 안에 연합하며
  그의 은혜에 참여한다."

'성도의 교제' (그리고 '보편적' 이라는 수식어)의 조항은 후대에 첨가된 것으로서, 5세기 이전의 신조들에서는 발견되지 않는다. 참조. Schaff, *Creeds of Christendom*, I. 22 and II. 52. 가장 오래된 주석가들은 이것을 하늘의 성도들과 나누는 사귐으로 이해했다. 트렌트 공의회의 요리문답에 따르면, 이것은 "영적 복을 나누는 공동체", 특히 가톨릭 교회에서 누리는 성사들을 뜻한다. 좀 더 포괄적이고 만족스러운 해설은

혹은 회중(게마인데)으로 이해했다. 더 나아가 그는 자신의 요리문답에서 '가톨릭'(보편적)이라는 단어를 '기독교적인'(christian)이라는 단어로 대체함으로써, 그리스도 안에 있는 모든 신자들이 성도의 교제 안에 들어 있음을 강조했다. 따라서 독일에서는 '가톨릭'이라는 단어가 '로마 가톨릭' 혹은 '교황의'라는 단어와 동의어가 되었다.[58] 반면에 영어권 개신교 교회들에서는 '가톨릭'이라는 단어가 어떠한 종파적 울타리도 인정하지 않는 본래의 '보편적'이라는 뜻으로 남았다. '가톨릭', 즉 '보편적'이라는 단어는 로마 교회만 사용할 수 있는 전유물이 아니다. 그들 역시 일개 종파이며, 진정한 가톨릭, 즉 보편적 교회가 되기에는 너무나 배타적이다.

루터는 거룩한 교회가 하나님과 맺고 있는 관계를 신앙의 조항으로 간주했으며, 그 관계는 눈에 보이지 않으며, 따라서 불가시적이라고 주장했다.[59] 그러나 참 교회는 사람들 가운데 존재하는 까닭에 가시적이며, 복음 곧 순수한 교리를 바르게 전하고, 성례(즉, 세례와 성찬)를 올바로 집례하는 것으로 식별할 수 있다고 주장했다. 이 두 가지가 순수한 교회의 본질적인 표지들이라고 했다. 그는 첫 번째 표지는 로마 교회를 겨냥하여 강조했으며, 두 번째 표지는 자신이 광신도들(Schwarmgeister)과 성례주의자들(반〈反〉성례주의자들이라는 뜻에서)이라고 부른 집단을 겨냥하여 강조했다.

루터의 교회론은 아우크스부르크 신앙고백을 통해서 신조적 권위를 얻었다. 이 신앙고백이 정의하는 교회는 "복음을 바르게 가르치고, 성례를 올바로 집례하는 성도들의 회중"이다.[60] 이 정의하에서, 예배와 권징(勸懲), 의식과 행사는 부차적이거나 아무래도 좋은 것이 되며, 인간의 전통에 따라 시대마다 변할 수

Pearson의 *Creed*, Art. IX과 웨스트민스터 신앙고백서 제26장에 실려 있다.

58) 독일 속담에 "가톨릭으로 만드는군"(Das ist um katholisch zu werden)이라는 말이 있는데, 이것은 사람을 절망이나 정신 착란으로 몰아가는 상황을 가리킨다.

59) 그의 두 번째 갈라디아서 주석(Erl. ed., III. 38).

60) 아우크스부르크 신앙고백 제7조. 영국 성공회의 삼십구개조 가운데 제19조에도 본질상 같은 정의가 제시되어 있다. 퀘이커교는 이 정의에서 제외된다고 봐야 한다. 이들은 외적 성례를 배척하지만, 그럼에도 불구하고 그리스도 안에 있는 신자들임에 틀림없기 때문이다. 칼빈주의의 신앙고백서들(예. 벨기에 신앙고백 제29조)은 본문에서 말한 두 가지 표지에 독특하게 세 번째 표지를 덧붙이는데, 그것은 죄를 벌하는 권징의 시행이다.

있는 것으로 간주된다. 교회는 하나님의 말씀이 명하지 않는 것을 부과할 권리가 없다. 그런 문제들에는 각 사람이 자기 자신의 교황과 교회이다. 루터교 신앙고백은 항상 교리의 통일을 크게 강조하고, 권징은 그다지 강조하지 않았다. 그럼에도 불구하고 개신교 교단들 가운데 루터교만큼 신학적 견해가 다양한 교단도 없다. 루터교는 일치신조(the Formula Concordiae)의 엄격한 정통신앙에서부터 온갖 형태와 정도의 합리주의에 이르기까지 실로 다양한 견해가 공존하는 것이다.

여기서 짚고 넘어가야 할 문제는, 과연 루터가 로마 교회를 어느 정도까지나 진정한 보편적 교회의 일부로 인정했는가 하는 점이다. 루터는 역사적·법률적 관점에서 교황을 로마 교회의 합법적 수장으로 인정하지 않았다. 오히려 복음의 원수로, 진정한 적그리스도로 알고, 교황제를 배교로 규정하고 목숨을 걸고 싸웠다. 만약 그렇게까지 생각하지 않았다면 로마 교회에서 이탈한 행위와, 교황의 대칙서와 교회법 서적들을 태워버린 행위를 정당화할 길이 없었을 것이다. 그가 교황과 그의 교회를 향해서 취한 태도는 사도들이 가야바와 산헤드린 공회를 향해서 취한 태도와 같았다. 그럼에도 불구하고 일관성 있는 행위였든 그렇지 않았든 간에, 그는 자신이 로마 교회에서 세례와 견신례와 성직 임명을 받은 까닭에 그 교회의 규례들의 유효성을 의심하지 않았으며, 따라서 다시 세례를 받거나 다시 성직 임명을 받을 생각을 추호도 하지 않았다. 16세기에 로마 교회에서 갈라져 나온 수백 만의 개신교 신자들도 같은 견해였으며, 다만 재세례파만이 예외였다. 그들은 유아세례가 교황좌에 앉은 적그리스도가 고안해 낸 것이며 따라서 무효라는 이유로 그것에 반대했던 것이다.

또한 루터나 여느 종교개혁자나 지각 있는 개신교 신자들은 로마 교회가 아무리 큰 오류에 빠져 있고 부패했을지라도, 마치 지극히 어두웠던 유대교 신정 정치 시대에조차 참된 이스라엘 백성들이 있었던 것처럼, 로마 교회 안에 여전히 참된 그리스도인들이 있다는 것을 의심하지 않았다. 루터는 재세례파와 논쟁을 벌이면서(1528) 다음과 같이 파격적인 고백을 했다. "우리는 교황제 아래 많은 기독교가, 실로 온전한 기독교가 있었으며, 거기서부터 기독교가 우리에게 전해져 내려왔다는 것을 고백한다. 우리는 교황제가 진정한 성경, 진정한 세례, 진정한 제단의 성례, 진정한 사죄의 열쇠, 참된 사역, 참된 요리문답, 십계명, 사도신경, 주기도문을 간직하고 있음을 인정한다 …… 교황 아래 참된 기독교 세계가,

더 나아가 기독교 세계의 중추적 집단이 있으며, 수많은 경건하고 훌륭한 성도들이 존재함을 인정한다.”[61]

이상하게도 루터가 제시하는 증거는 그를 비롯한 종교개혁자들이 로마의 교황을 가리켜 적그리스도, ‘불법의 사람’, ‘멸망의 아들’이라고 주장할 때 근거로 삼은 바울 사도의 데살로니가후서 2:3, 4이다. 루터가 이렇게 한 이유는, 적그리스도가 ‘하나님의 성전’에, 즉 사탄의 회당이 아닌 참 교회에 앉아 있는 것으로 바울이 묘사하고 있기 때문이다. 교황은 적그리스도이기에 그리스도인들 사이에 거하면서 그들을 지배하고 억압한다고 루터는 보았다.[62] 다른 경우에는 교황과 로마 교회를 좀 더 존중했던 멜란히톤도 루터와 같은 견해를 거듭 주장했다.[63] 루터는 갈라디아인들이 참된 복음에서 벗어났는데도 불구하고 그들을 ‘교회’라고 불렀던 제한된 의미에 준하여, 제유법(일부로써 전체를 나타내는 비유법: 역자주)을 써서 로마 교회를 ‘거룩한 교회’라 부를 수 있다고 말할 때 올바른 입장

---

61) *Von der Wiedertaufe*, Erl. ed. XXVI. 257 sq. 로마 가톨릭 학자 묄러(Möhler)는 *Symbolik*, p. 422 sq.에서 이 단락을 어김없이 인용한다. 그는 루터의 교회관에 대해 평가하면서(p. 424), 그것이 잘못된 것이 아니라 편향되었을 뿐이라고 한다. 그는 사실상 가시적 교회와 불가시적 교회를 구분하는 개신교의 견해를 인정하되, 그러나 로마 가톨릭이 가시적 교회를 불가시적 교회의 토대로 먼저 놓는 반면에, 개신교는 그 순서를 뒤바꾼다고 주장한다.

62) *Ibid.* p. 258. 비평적 주석가들은 이미 오래 전에 이러한 해석을 포기했다. 이 구절을 어느 정도나 광범위하게 적용할 수 있든간에, 바울은 ‘불법의 비밀’(독재가 아닌)이 자기 시대에 이미 활동하고 있다고 분명히 말한다(7절). 이것은 로마 교황이 존재하기 오래 전이고, 심지어 로마 주교(그가 베드로가 아니라면)가 존재하기 오래 전이다. 더욱이 아노미아의 정당한 번역인 ‘불법’은 교황의 특성이 아니라 오히려 정반대이다. 만약 바울이 로마를 가리켜 한 말이 있다면 오히려 ‘막는’ 세력이 그것에 가깝다고 할 수 있다(6, 7절. 참조. 롬 13:1). ‘적그리스도’라는 단어는 요한의 서신서들에만 나타나며, 요한은 자기 시대에 “많은 적그리스도”가 일어났다고 말한다. 넓은 의미에서 어느 교회 어느 시대에든 그리스도의 정신과 목표와 반대되는 것이 적그리스도적인 것이다.

63) *Judicium de jure reformandi*, 1525에서: “적그리스도가 하나님의 성전 곧 교회에 앉아 다스릴 것이라고 한 바울 사도의 말대로, 종말에 적그리스도가 크고 강력하게 통치할 것이라고 기록되었다.” 멜란히톤은 *Apology of the Augsburg Confession*(1530)에서도 같은 주장을 한다(제7, 8조).

에 좀 더 접근했다.[64]

루터는 역사적 신앙을 확고히 존중하는 태도에 대범한 독립성을 겸비했다. 그는 단절되지 않고 이어져온 교회의 전승으로부터 그리스도께서 성찬의 성물들에 실제로 임재하신다는 주장을 이끌어내고, 그것으로써 츠빙글리파를 논박했다. 그리고 브란덴부르크의 후작이자 프로이센의 공작인 알브레히트에게 보낸 편지에서 이렇게 말했다(츠빙글리가 죽은 뒤인 1532년 4월): "(다른 증거가 없더라도) 거룩한 기독교 교회 전체가 내놓는 증거만으로도 이 조항을 넉넉히 받아들일 수 있으며, 이 조항을 비판하는 분파들의 주장에 귀 기울이지 않을 수 있다. 거룩한 기독교 교회 전체가 처음부터 1500년이 지난 오늘날까지 온 세상에 내놓아온 일관된 증언과 신앙과 교리에 반대되는 어떤 주장을 듣거나 믿는다는 건 위험하고 두려운 일이다 …… 그러한 증언을 부정한다는 것은 사실상 거룩한 기독교 교회를 저주받은 이단으로 단죄하는 것일 뿐 아니라, 그리스도 자신과 그분의 모든 사도들과 선지자들까지도 단죄하는 것이다. 사도들이 '나는 거룩한 기독교 교회를 믿는다' 는 신앙 조항을 수립한 것은 그리스도의 엄숙한 선언('볼지어다 내가 세상 끝날까지 너희와 항상 함께 있으리라', 마 28:20)과 사도 바울의 교훈('이 집은 살아 계신 하나님의 교회요 진리의 기둥과 터니라', 딤전 3:15)대로 한 것이기 때문이다."[65]

로마 교회의 어떠한 논객이라도 이 글에 담긴 루터의 주장만큼 전승을 더 강조할 수가 없었다. 그러나 전승은 적어도 6세기부터 15세기까지는 화체설과 제사로서의 미사(루터는 이 둘을 모두 배척했다)를 강하게 뒷받침한다. 그리고 만약 동일한 잣대로 루터의 이신칭의 교리를 평가한다면, 그의 교리는 교부들이나 스콜라 학자들의 전승으로 뒷받침을 받기 어렵다. 그들은 칭의와 성화를 구분하지 않고, 믿음 못지않게 선행도 크게 강조한 것이다. 루터 자신도 이 중요한 점에서 아우구스티누스조차 자기편에 있지 않다는 것을 느꼈다. 루터의 이신칭의 교리는 기존의 통념에서 한 발 더 나아가 사도 바울을 새롭게 해석한 것이어야만 정당성을 입증받을 수 있다.

칼빈에 관해서는 우리가 차후에 살펴볼 것인데, 「기독교 강요」 제4권 처음 몇

---

64) *Com. in Ep. ad Gal.* (Erl. ed., I. 40 sq.)

65) De Wette, *Briefe*, IV. 354.

장에 해설해 놓은 그의 견해를 여기서 미리 꺼내본다면, 그도 루터와 마찬가지로 가시적 교회와 불가시적 교회를 뚜렷이 구분했고, 다시 가시적 교회 안에서도 참된 복음적 교회와 거짓된 교황 교회(그는 루터 못지않게 로마 교회를 강력히 비판했다)를 구분했다. 그럼에도 불구하고 칼빈도 로마 교회가 비록 교황제라는 적그리스도적 특성을 지니고 있지만, 적그리스도가 "하나님의 성전에" 앉는다는 바로 그 이유 때문에 성경과 정당한 기독교적 규례들을 지닌 교회로 남는다는 것을 인정했다.[66] 유대교 회당도 가야바 아래서 율법과 선지서들, 신정정치에 따른 의식들을 유지했다.

웨스트민스터 신앙고백도 동일한 논리를 견지하며, 데살로니가후서 2:3 이하와 계시록 13:1–8에 대한 똑같이 이론의 소지가 있는 해석으로 그 논리를 뒷받침한다.[67]

로마 교회의 주장들은 교황제보다 더 광범위하고 탄탄한 토대 위에 수립되어 있다. 교황제는 로마 교회의 정치 형태일 뿐이다. 교황을 정점으로 하는 성직위계제도는 유대교의 제사장 제도만큼 자주 부패했으며, 몇몇 교황들은 가야바만큼 악했다.[68] 그러나 이 사실이 로마 교회의 주장들을 폐지할 수 없으며, 그 규례들을 무효로 만들 수 없다.

로마 교회는 사도시대부터 종교개혁 시대에 이르기까지 서방 기독교 세계의 운명과 동일시되었으며, 오늘날까지도 세계에서 가장 규모가 큰 가시적 교회로 남아 있다. 로마 교회의 특성을 부정하는 것은 역사를 무시하는 행위이며, 그리

---

66) 제4권 2장 12항.

67) 제25장 6조: "로마 교황은 …… 교회 안에서 자신을 높여 그리스도와 신이라 불리는 모든 것에 대항하는 적그리스도요 불법과 멸망의 사람이다." 그렇지만 미국의 신학자들 가운데는 이 구절에서 전혀 다른 결론을 이끌어내는 사람들도 있다. 그것은 로마 교회가 아예 교회가 아니며, 그 교회의 모든 규례들은 무효라는 것이다. 1885년에 신시내티에서 열린 장로교 총회에서 이 결론을 공식화하려는 시도가 있었으나 성공하지 못했다. 웨스트민스터 신앙고백서는 로마 교회를 적그리스도라 하지 않고 다만 교황을 그렇게 부를 뿐이다. 교황이 로마 교회가 아닌 것은 총회의 의장이 총회가 아닌 것이나, 미국 대통령이 미국 국민들이 아닌 것, 혹은 러시아의 차르가 러시아가 아닌 것과 같다. 정부는 민족이나 교회의 삶에서 하나의 요소일 뿐이다.

68) 단테는 그들을 지옥에 배치한다. Möhler는 "지옥이 교황들로 넘쳐난다"고 말한다.

스도의 약속을 파기하는 행위이다(참조. 마 16:18; 28:20).

## 특주

# 교부들에 대한 루터의 견해

이 시점에서 에라스무스의 편집본들을 통해서 더욱 널리 알려지고 연구되기 시작하던 교부들을 루터가 어떻게 평가했는지, 그의 저서들과 「탁상담화」에서 추려 보는 것은 흥미로운 작업이 될 것이다.

루터는 교회가 한 점 흠 없이 순결했던 황금기가 있었다고 생각하지 않았다. 사도들 가운데조차 유다 같은 사람이 있었고, 신약 성경의 서신서들에 기록된 책망과 경고와 격려에 잘 나타나듯이 갈라디아와 고린도를 비롯한 여러 지역의 교회들에 오류와 부패가 스며들어갔다는 것을 그는 알았다. 사도시대가 그랬을진대, 사도시대 이후에 대해서는 완전을 더 기대할 수가 없었다. 그는 하나님의 말씀이 훌륭하고 거룩한 사람의 말을 포함한 모든 인간의 말보다 절대 우위에 있다고 생각한 까닭에 교부들과 스콜라 학자들을 맹종하지 않고 비평적으로 평가했다. 뿐만 아니라 그는 교부들의 신학과 개신교 신학의 차이도 느꼈다. 대륙의 종교개혁자들은 영국 국교회 신학자들에 비해서 교부들을 훨씬 낮게 생각하는 경향이 있다.

루터는 이렇게 말한다. "교부들은 경건하고 유익한 많은 글을 썼지만, 그들의 글은 분별력을 가지고 읽고 성경에 의하여 판단해야 한다." "교부들은 글보다 삶이 더 훌륭했던 귀한 분들이다. 이에 반해 우리는 삶보다 글이 더 앞선다"(Erl. ed., LXII. 103). 루터는 교부들의 글을 성경보다 훨씬 아래에 둔다. 그리고 성경과 교부들의 글을 더 연구할수록 그 차이를 더 크게 느꼈다(Erl. ed, LXII. 107). 교부들의 글을 토대로 교회를 개혁한다는 것은 불가능하다. 교회는 오직 하나님의 말씀으로만 개혁할 수 있다(XXV. 231). 교부들은 빈약한 해석자들이며, 그렇게 된 이유에는 히브리어와 헬라어를 몰랐던 점도 있다(XXII. 185). 모든 교부들이 저마다 신앙상의 오류를 범했다. 그럴지라도 그들은 기독교 신앙을 전파했다는 점 때문에 존경을 받아야 한다(Erl. ed. LXII. 98).

교부들 가운데 루터가 가장 많이 배운 사람은 아우구스티누스였다. 루터는 그 교부를 가장 깊이 존경했으며, 인용 횟수에서도 다른 교부들을 다 합한 것보다 그를 더 많이 인용했다. 그를 교회의 네 기둥 가운데 하나(암브로시우스와 제롬, 그레고리우스를 기둥들로 여기는 견해를 그는 비판했다), 최고의 주석가, 신학자들의 근간으로 여겼다. "그는 다른 모든 박사들보다 나를 더 기쁘게 하고 지금도 기쁘게 한다. 그는 위대한 교사였으며, 아무리 찬사를 받아도 다함이 없다"(III. 147). 아우구스티누스는 펠라기우스파에게 자극을 받아 최고의 저서들을 썼으며, 그 저서들에서 자유의지와 신앙, 원죄를 다루었다. 원죄를 자범죄와 구분해서 다룬 것은 그가 처음이다. 그는 교부들 가운데 결혼을 귀중하게 본 유일한 사람이다. 교황파는 다음과 같은 그의 유명한 발언을 곡해한다. "만약 가톨릭 교회가 지금까지 내게 감동을 주지 않았다면 나는 복음을 믿지 않을 것이다." 이 말은 아우구스티누스가 마니교를 비판하여 한 말로서, 그 뜻은 이런 것이다: 여러분은 이단들이고, 나는 여러분들을 믿지 않는다. 나는 오류를 범할 수 없는 그리스도의 신부인 교회와 함께 간다(Erl. ed., XXX. 394 sq.). 아우구스티누스는 그와 도저히 비교가 되지 않는 모든 주교들과 교황들(XXXI. 358 sq.), 그리고 모든 공의회들보다 더 큰 일을 했다(XXV. 341). 만약 그가 지금 살아 있다면 우리[개신교] 진영에 가담했겠지만, 제롬은 아마도 우리를 단죄했을 것이다(Bindseil, III. 149).

루터가 이렇게 아우구스티누스에게서 동질성을 느꼈을지라도, 자신의 '오직 믿음으로만'은 그 교부에게서 발견할 수 없었다. 이에 대해서 루터는, 아우구스티누스도 간혹 오류를 범하므로 다 신뢰할 수 없다고 말했다. "훌륭하고 거룩한 분일지라도 그 역시 다른 교부들과 마찬가지로 참된 믿음에서 부족한 점이 있었다." "바울을 깨닫는 문이 내게 열렸을 때, 나는 아우구스티누스에게서 눈길을 떼었다"(Erl. ed., LXII. 119).

루터가 아우구스티누스 다음으로 존경한 교부는 힐라리우스였으며, 그 이유는 삼위일체에 관한 그의 저서 때문이었다. 암브로시우스에 대해서는 "경건하고 하나님을 경외하고 용감한 사람"이라고 부르며, 그가 황제 테오도시우스에게 감연히 맞선 점을 지적한다. 그러나 여섯 권으로 된 그의 창세기 저서는 빈약하고, 그의 찬송은 크게 볼 것이 없다고 평가한다. 프루덴티우스에 대해서는 그의 찬송시를 높이 평가한다. 테르툴리아누스(루터는 한때 그가 교부들 가운데 가장 오래 전 사람이라고 했다. 하지만 그는 주후 200년 이후의 인물이다)에 대해서는 "조야하고 미신적"이라고 평가했다. 키프리아누스에 대해서는 우호적으로 말했다. 제롬에 대해서는 가장 훌륭한 성경 번역자임을 인정하지 않을 수 없었고, 아무도 그를 능가할 수 없을 것이라고 했다(Erl. ed. LXII. 462). 그러나 수사적 기질 때문에 제롬을 적극적으로 혐오했다. "그를 교부들의 반열에 올려놓아서는 안 된다. 물론 나는 그가 그리스도를 믿음으로 구원을 얻었다고 믿긴 하지만, 그럴지라도 그는 이단이었다. 교부들 가운데 내 마음에 그처럼 적개심을 일으키는 사람이 없다. 그가 남긴 글이란 고작 금식과 정절에 관한 것뿐이다"(LXII. 119 sq.). 그는 육체의 유혹들에 시달렸으며, 추문을 일으킬 정도로 유스토키움을 사랑했다. 결혼에 대해서 불경건하게 말했다. 그가 남긴 마태복음과 갈라디아서, 디도서 주석은 내용이 매우 빈약하다. 루터는 교황 그레고리우스 1세에 대해서도 존경을 표시하지 않았다. 그는 연옥과 미사에 관한 우화들을 지어낸 사람이다. 그리스도와 복음에 관해서 잘 알지 못했으며, 매우 미신적이었다. 마귀가 그를 미혹하여, 연옥에서 나온 영혼들이 출몰한다고 믿게 했다. "그의 설교는 동전 한 닢만한 가치도 없다"(Erl. ed., LI. 482; LII. 187; LX. 189, 405; XXVIII. 98 sqq.). 그러나 루터는 그의 찬송 Rex Christe(왕 그리스도)를 과도하게 칭송한다(그는 이 찬송이 암브로시우스의 저작으로 오인했다).

그리스 교부들에 대해서 루터는 친숙히 알지 못했다. 다만 이그나티우스 · 이레나이우스 · 오리게네스 · 에우세비우스 · 에피파니우스를 겨우 언급할 뿐이다. 아타나시우스에 대해서 루터는 동방 교회의 가장 위대한 교사로 칭송한다. 하지만 대 바실리우스에 대해서는 그를 우호적으로 평가한 멜란히톤의 견해에 동의할 수 없었다. 아리우스 논쟁 때 그리스도의 신성을 웅변으로 변호한 나지안주스의 그레고리우스에 대해서도 별로 중요하게 생각하지 않았다. 테오도레투스의 바울 서신서 주석은 높이 평가했으나, '황금 입'이라는 찬사를 받은 설교자이자 주석가인 크리소스토무스에 대해서는 불합리하게도 폄하했으며, 말은 화려한데 알맹이는 없는 위대한 수사학자라고 묘사했다. 심지어 그를 칼슈타트와 비교하는 부당한 면을 드러내기까지 했다! "그는 말이 많으며, 따라서 믿음에는 관심이 없고 도덕만 중요시하는 에라스무스를 즐겁게 한다. 대제사장에 관한 히브리서의 아름다운 단락을 그가 어떻게 해설해 놓았는가 궁금해서 살펴보니, 사제들의 권위에 대해서 시시한 이야기나 늘어놓아서 여간 실망스러운 것이 아니었다"(Bindseil, III. 136; Erl. ed. LXII. 102).

중세의 신학자들 가운데, 루터는 니콜라우스 리라를 가장 쓸모 있는 학자로 평가했다. 성 베르나르에 대해서도, "다른 모든 박사들, 심지어 아우구스티누스보다 더 탁월한" 설교를 했다고 칭송했다. 페트루스 롬바르두스를 "신학명제의 대가"

로 극찬하고, 비록 무익한 질문들을 많이 던지긴 했으나 "근면하고 탁월한 학자"였다고 불렀다(Bindseil, III. 151; Erl. ed. LXII. 114). 오컴을 근실히 연구한 뒤에는 그를 "변증학의 대가"라고 불렀다(Bindseil, III. 138, 270). 그러나 루터는 대체로 스콜라 학자들과 그들의 스승격인 "저주받은 이단 아리스토텔레스"를 혐오했다. 그럴지라도 그를 "변증학의 대가"로 인정하고서, 그와 그의 주석가들에게서 논리적 사유법을 배웠다. 17세기 루터교 학자들이 정당하게 높이 평가한 '천사 박사' 토마스 아퀴나스에 대해서도, 루터는 성경을 아리스토텔레스로 기울게 만든 잡담꾼이라고 비판했고(Bindseil, III. 270, 286), 그의 저서들에 대해서는 복음을 파괴하는 모든 이단의 근원이라고 말했다(Erl. ed. XXIV. 240). 물론 이것은 편견과 열정에서 나온 표현이다. 교부들에 대한 루터의 견해 중 아우구스티누스에 대한 견해가 가장 정확한데, 이는 그를 가장 잘 알았고 그를 가장 좋아했기 때문이었다.

멜란히톤과 오이콜람파디우스는 좀 더 충분한 지식과 좀 더 온건한 성품을 토대로 교부들과 그들이 기독교 학문에 남긴 귀중한 공헌을 루터에 비해 좀 더 우호적이고도 일관적으로 평가했다.


## 86. 사역에 관한 견해의 변화. 주교권 계승의 단절. 루터가 부제를 임명하고 주교를 축성하다


종교개혁자들은 한결같이 기독교 사역의 사제적(司祭的) 성격을 배격했고(영적 의미를 제외하고), 따라서 문자적 의미의 제단과 제사 개념도 버렸다. 이젠 사제도 제사도 없었다. '사제'(priest)는 '장로'(presbyter)의 축약형이고, '장로'는 '원로'(elder)와 동의어이다.[69] 장로는 신약 성경, 그리고 테르툴리아누스와 키프리아누스 이전의 초기 교회 저자들이 사용한 사케르도스를 뜻하지 않는다.[70] 더욱이 성경에 쓰인 '장로'와 '감독'(bishoip, 주교)이란 용어들도 하나의 같은 직분을 가리킨다(로마의 클레멘스가 쓴 서신과 최근에 발견된 「열두 제자

---

69) 밀턴은 장로교를 싫어하고 독립교회를 지지한 까닭에, "장로란 단어는 사제란 단어를 풀어 쓴 것이다" 하고 말했다.

70) 기독교 선지자들을 '대제사장들'(아르키에레이스)이라고 부른 예외적인 사례가 있긴 하지만(*Didache*, 13장 3절), 아마도 비유적이다.

들의 교훈」에서도 마찬가지이다).[71] 이 사실(제롬과 크리소스토무스, 그리고 현대의 대표적인 학자들도 인정하는)이 주교제를 폐지한 루터교와 개혁교회들에서 장로 임명을 위한 토대가 되었다.[72]

종교개혁자들은 계급적인 성직위계제도 대신에 목사들의 동등한 권한을 가르쳤다. 그리고 그리스도의 살과 피를 드리는 사제의 특별한 지위 대신에, 단번에 영구히 드려진 하나의 제사를 인하여 기도와 찬송의 제사를 드리는, 신자들의 보편적 제사장 직분을 가르쳤다. 루터가 평신도의 제사장 직분론을 주장한 근거는 세례를 성령의 기름부음과 그리스도 안으로 연합하게 하는 것으로 이해한 데 있었다. "성경을 지닌 평신도가 성경 없는 교황과 공의회보다 더 믿을 만하다"고 그는 말했다.[73]

그럴지라도 루터는 칼슈타트의 민주적 급진주의와 츠비카우 예언자들의 광적인 성령주의에 반대하여, 질서와 편의를 위해 목회자 직분이 필요하다고 강조했으며, 그런 의미에서 목회자 직분은 하늘에서 내리신 것이라고 주장했다. 교회의 모든 공적인 교사는 하나님께서 교회를 통해서 부르신 사람이어야 하며, 자신의 특별한 소명을 기적으로 입증해야 한다고 했다. 따라서 아우크스부르크 신앙고백은 "정규적인 소명(regular call)을 받지 않고는 아무도 교회에서 공식적으로 가르치거나 성례를 집례할 수 없다"고 공포한다.[74]

그러나 무엇이 정규적인 소명인가? 루터는 초기에 보헤미아 형제회에 쓴 글들(1523)에서는 회중[지교회]의 독립을 옹호하고, 회중이 자신들의 사역자를 부르고 선택하고 면직할 권한이 있다고 주장했다. 물론 그가 말한 회중이란 참된 신자들로 구성된 회중이며, 명목상 신자들이 뒤섞인 다중이 아니다. 법규를 시행하기 어려운 어쩔 수 없는 경우에는 은사를 지닌 사람이 기도와 찬송을 인도하고, 가르치고 설교하도록 허용하기를 원했으며, 고린도 교회와 사도들의 승인을 받지 않고 설교한 스데반과 빌립, 아볼로를 근거로 제시했다. 큰 화재가 발생하면 누구나 성읍을 구하기 위해서 황급하게 거들게 마련이다. 그러나 평상시에는

---

71) 참조. Schaff, *l.c.* p. 74 sq., 211.

72) 참조. 루터의 슈말칼덴 조항의 부록에 실린 글.

73) 비교. §44, 멜란히톤, *Apology of the Augs. Conf.* 13, 24조.

74) 제14조.

회중에 의해 소명과 선택을 받지 않은 사람이 설교자가 되어서는 안 된다. 심지어 사도 바울조차 회중의 동의가 없이는 장로들을 택하지 않았다. 우리 시대의 주교들은 주교들이 아니라 우상들이다. 그들은 자신들의 가장 큰 의무인 설교에 태만하며, 그것을 전속사제들과 수사들에게 떠넘긴다. 그들이 하는 일이란 종과 제단과 예배당을 만들어 축성하는 것인데, 이것은 스스로 고안해낸 사업일 뿐, 주교의 본연의 업무가 아니다. 그들은 갓난아이 주교들이다.[75]

그러나 자치 능력을 지닌 순수한 기독교 회중들은 당시의 독일에서 발견할 수 없었으며, 오늘날도 회원권과 시민권이 동일시되는 국교회들에서는 발견할 수 없다. 루터는 농민 전쟁을 겪으면서 이러한 민주적 이상을 포기했으며, 국가 권력에 의지하여 민중의 과도한 요구에 따른 사회 불안과 병폐를 막았다.

종교개혁 초기에는 로마 교회의 전직 사제들과 수사들이 지교회들의 사역자로 충원되었다. 하지만 비텐베르크에서 교육을 받은 새로운 설교자들을 과연 누가 안수해야 했을까? 작센의 주교들(나움부르크–차이츠, 마이센, 메르세부르크의 주교들)은 로마에 있는 자신들의 주인에게 충성스럽게 남았다. 그리고 교회법에 따르면 그들 외에 성직을 임명할 사람들이 없었다. 루터는 프로이센의 두 주교들 — 잠란트의 주교 게오르크 폰 폴렌츠와 포메사니아의 주교 에르하르트 폰 쿠아이스 — 로부터 계승권을 부여받을 수도 있었다. 이들은 종교개혁을 받아들였고, 훗날 공작 알브레히트를 '수석 주교'(summus episcopus)로 여겨 그에게 자신들의 주교 권한을 넘겨준 사람들이다(1525). 하지만 루터는 이 문제를 작센 밖에서 해결하기를 원치 않았고, 교황과 주교의 성직위계제도 자체를 인간의 고안과 영적 독재로 간주하여 그것을 혐오했다. 그는 주교들 가운데 소심한 니고데모 같은 이들이 더러 있기를 내심 기대했으나 다른 모든 주교들이 복음의 부흥 앞에서 미친 자들처럼 광분하며 반대하는 상황에서, 잠란트의 주교가 은혜의 기적에 힘입어 사탄의 아가리에서 구출된 것을 축하했다.[76]

이러한 견해를 가졌기에, 그리고 교회 개혁이 하나님으로부터 받은 권위라는

---

75) 이 말은 루터가 보헤미아인들에게 보낸 독일어 소책자의 마지막에 실려 있다. Erl. ed., XXII. 151.

76) 잠란트의 주교에게 헌정한 신명기 주석 서문에서(1525. Erl. ed. of *Opera Latina*, XIII. 6).

확신을 가졌기에, 루터는 주교의 권한을 행사하는 데 아무런 거리낌이 없었다. 그는 생을 마치는 날까지 제후들과 시장들과 신학자들과 온갖 부류의 사람들에게 자문을 받아, 개신교 진영의 비정규 혹은 특별 주교와 교황으로 처신했다.

루터가 성직자를 임명한 첫 번째 사례는 1525년 5월 14일에 비텐베르크에서 자신의 서기 게오르크 뢰러(Georg Rörer, 로라리우스)를 집사[부제]로 안수한 것이었다. 뢰러는 루터의 성경 번역과 그의 전집 초판 편집을 도운 유익한 인물로 알려져 있다. 그는 1557년 예나 대학교의 도서관장으로 재직하다가 세상을 떠났다. 멜란히톤은 주교들이 본연의 임무에 태만한 현실을 근거로 그의 행위를 정당화했다.[77]

그러나 루터는 한 걸음 더 나아가 주교 혹은 감독(superintendent)을 축성하는 일을 감행했다. 그렇게 한 동기는 250년 뒤에 존 웨슬리가 미국에 있는 동료 신자들을 위해서 감독을 임명한 것과 같았다. 나움부르크 주교구가 공석이 되자 참사회가 귀족들과 주민들로 구성된 소수의 로마 가톨릭파의 뒷받침을 받아 율리우스 폰 플루크(Julius von Pflug)를 법 절차에 따라 주교로 선출했다. 그는 종교개혁의 반대 진영 가운데 매우 유능하고 순수하고 온건한 축에 속하는 사람이었다. 이 결정이 개신교 진영을 분노하게 만들었다. 선제후 요한 프리드리히는 공권력을 남용하여 교구 재산을 몰수하고, 니콜라우스 폰 암스도르프(Nicolaus von Amsdorf)를 대립 주교(감독)로 선출했다. 그는 루터를 헌신적으로 따르던 사람으로서, 미혼인 귀족이었고, 당시에 마크데부르크의 감독(superintendent)으로 재직하고 있었다. 임명식은 1542년 6월 20일에 나움부르크 성당에서 선제후와 개신교 성직자들, 그리고 약 5천 명에 이르는 회중이 참석한 가운데 거행되었다. 루터가 설교를 하고, 감독 3인(메들러, 슈팔라틴, 슈타인)과 대수도원장 1인의 보조를 받아 안수와 기도로써 감독을 임명했다. 이 대범하고 도전적인 행위가 사회적으로 큰 파장과 비판을 일으켰으며, 이에 대해 루터는 선제후의 요청으로 공식 해명을 해야 했다.[78]

루터는 몹시 강경한 어조로 교황제와 주교제를 비판함으로써 반대 여론을 제

---

77) *Corp. Ref.*, I. 765.

78) *Exempel, einen rechten christlichen Bischof zu weihen, 1542.* Erl. ed., XXVI. 77-108.

압하고 그것을 하찮은 것으로 만들었다. 심지어 자신이 성유(聖油)와 버터와 향 없이 감독을 임명한 점을 자부했다. "나는 그런 크고 두려운 죄를 회개할 수도 없고 그것에 대해서 사면을 기대하지도 않는다"고 비꼬아 말했다. 그는 자신이 가톨릭 진영이 선출한 주교를 배척한 이유를 설명하면서, 나움부르크의 참사회가 우상 숭배와 거짓 예배로 하나님께서 우레와 화염 속에서 내리신 처음 세 계명을 범한 까닭에, 하나님께서 그 참사회를 교황과 추기경들과 그들의 모든 체제와 함께 영원한 지옥의 형벌로 단죄하셨다고 주장했다. 그리스도인 다중에 대해서도 만약 그들의 설교를 듣거나 그들을 관용할 경우 영원한 저주를 당하게 될 것이라고 경고했다. 거짓 선지자와 설교자 혹은 주교에게서 도망쳐야 하며, 교황을 섬기는 주교를 아예 주교로 생각할 게 아니라 늑대로, 아니 마귀로 여겨야 할 것이라고 주장했다.[79]

"지옥과 다름없는 그의 교회에서 가장 지옥에 합당한 아버지가 하는 일이 무엇인가? 그가 이단들이나 우상 숭배를 하는 배교자들로 파악한 주교들과 대수도원장들과 사제들을 면직시키지 않는가? …… 실로 그는 세속 정부에도 간섭하며, 뻔뻔하고 마귀적인 자신의 법령들과 저주받을 대칙서들에 복종하지 않았다는 이유만으로 황제들과 왕들과 제후들을 폐위하고, 남자를 그 아내와 갈라놓고, 결혼을 해체하고, 순종과 의무와 서약을 거둬가 버린다." 그러나 거룩한 동정녀가 마리아의 찬가(마그니피카트)에서 노래한 대로 "[주님께서] 그의 팔로 힘을 보이사 마음의 생각이 교만한 자들을 흩으셨고 권세 있는 자를 그 위에서 내리치셨으며"(눅 1:51, 52), 사도 베드로가 쓴 대로 "하나님은 교만한 자를 대적"하신다(벧전 5:5). 교만하고 마음이 높은 자는 그가 교황이든 황제든 왕이든 제후든 귀족이든 시민이든 농민이든 낮아질 것이며, 비참한 종말을 맞이할 것이다. 나움부르크의 참사회가 선출한 주교는 교황에 대한 충성에 매여 복음을 박해하고 "마귀를 숭배하고" 교황과 마인츠의 대주교와 그들의 궁정인들로 마음껏 다스리고 마음껏 파괴하도록 수수방관할 만한 그런 사람이었다. 교황파는 이런 유희를 20년도 넘게 해왔다. 이제는 유희를 멈추게 해야 할 때이다. 하늘에서 다스리시고 이곳 우리 마음 안에서도 다스리시는 분께서는 지혜로운 자들을 어리석게 만드시고, "지혜 있는 자들로 하여금 자기 꾀에 빠지게" 하신다(고전

---

79) Erl. ed., p. 80.

3:19).

이것이 이 변증적 소책자의 정신이요 언어이다. 루터는 이 소책자 이후에 훨씬 더 격렬한 어조로 교황제를 '마귀의 고안'으로 비판한 소책자를 펴냈다 (1545).

암스도르프는 선제후의 권위를 업고 마뜩찮아 하던 참사회와 주민들에게 부임했으나, 슈말칼덴 전쟁 때 주교직을 잃었고(1547), 그 후에 전쟁보다 더 치열하게 벌어진 신학 논쟁들에서 루터 진영의 논객으로 앞장서서 활동하다가 1565년에 여든둘의 나이로 아이제나흐에서 숨을 거두었다. 그가 얼마 재직하지 못한 주교직은 물론 단순한 감독직이었다.

루터의 친구와 제자 여러 명이 감독으로 임명되었다. 피르나의 라우터바흐 (1569년 죽음), 토르가우의 하이덴라이히 혹은 하이데리히(1572년 죽음) 같은 이들인데, 하이덴라이히는 마테지우스와 디트리히, 벨러 같은 동료들과 함께 루터의 일상적 대화록을 모아 자신들이 '식탁의 양념'이라고 부른 「탁상담화」를 펴냈다.

루터는 이 감독들을 임명하는 일을 '최고 주교'(summus episcopus)로서 자신의 영역을 다스리던 제후의 손에 맡겼다. 회중들은 자신들의 목사를 선출할 권한조차 갖고 있지 못했다.

도시들에서는 시장들이 주교의 권한을 가지고 감독들을 선출했다.

차후에 루터교회의 성직과 관할구 체계가 어떻게 발전했는가 하는 문제는 이 책의 범위를 넘어선다.


## 87. 교회와 국가의 관계


1523년 1월에 루터는 위정자에 관한 주목할 만한 책을 써서 선제후 요한에게 헌정했다. 이 책에서 루터는 로마서 13:1과 베드로전서 2:13을 토대로 해서는 위정자에게 복종할 의무를, 사도행전 5:29를 토대로 해서는 사람보다 하나님을 더욱 복종해야 할 의무를 역설했다.[80] 마태복음 22:21에서 그리스도께서 당혹스러

---

80) Erl. ed. XXII. 59-105.

운 질문에 아주 지혜롭게 대답하신 말씀을 근거로, 루터는 세속 권력과 영적 권력을 분명하게 구분한 뒤, 교황과 주교들이 세속 문제에 개입해온 관행과 제후들과 귀족들이 영적 문제에 개입해온 관행을 책망했다. 그의 다음과 같은 말은 마치 미국에서 교회와 국가가 분리될 일을 예견한 예언처럼 들린다:

"하나님께서는 아담의 자손들에게 두 개의 정부를 세워 주셨다. 하나는 그리스도 아래서 시행되는 하나님의 통치이고, 다른 하나는 세속 권력자 아래서 시행되는 세상의 통치로서, 둘 다 저마다의 법과 권리를 지닌다. 세상 정부의 법은 땅에 존재하는 육체와 물건들과 외적인 사건들에까지만 효력이 미친다. 하지만 영혼은 오직 하나님께서만 다스리시며, 아무에게도 통치를 양보하지 않으신다.[81] 그러므로 세속 정부가 영혼에게 법을 적용하려고 하면 그것은 하나님의 통치를 침범하는 것이며, 영혼을 미혹하고 타락시킬 뿐이다. 우리가 분명히 해두어야 할 점은, 만약 우리의 귀족들과 제후들과 주교들이 자신들의 법과 명령을 가지고 사람들에게 이것저것을 믿으라고 강요한다면 스스로 어리석은 자가 되는 것이라는 점이다 …… 영혼의 구원과 관계된 문제들에서는 하나님 말씀 외에 아무것도 가르치거나 받아들여서는 안 된다 …… 다른 사람이 나를 위해서 지옥에 내려가거나 천국에 올라갈 수 없고, 다른 사람이 나를 대신하여 믿거나 믿지 않을 수 없고, 나를 위해서 하늘이나 지옥을 열거나 닫을 수 없으며, 내게 믿거나 믿지 말도록 강요할 수 없는 것이다 …… 믿음은 강요할 수 없는 자발적인 행위이다. 믿음은 실로 영혼 안에서 이루어지는 하나님의 일이다. 따라서 믿음은 누구에게도 강요할 수 없고 강요해서도 안 된다는 것이 아우구스티누스의 글에도 실려 있는 격언이다."[82]


이것이 그리스도께서 선포하시고, 사도들이 실행하고, 니케아 이전 교부들이

---

81) 웨스트민스터 신앙고백 제20장 2절은 "하나님께서만 양심의 주이시다" 하고 말한다.

82) 아우구스티누스가 이 주제에 대한 견해를 후에 변경했듯이, 루터도 후에 그러했다. 9년간 마니교에 몸담은 적이 있던 아우구스티누스는 마니교에 대해서는 관용했으나, 도나투스파에 대해서는 관용하지 않았다. 전자에 대해서는 공권력으로 믿음을 강요해서는 안 된다고 했으나, 후자에 대해서는 "나가서 사람들을 강권하여 데려다가 내 집을 채우라"(눅 14:23)는 말씀을 토대로 공권력에 의한 진압을 주장했다.

로마 제국의 박해에 맞서서 항변한 신앙의 자유의 원리이다. 그러나 로마 교회는 현세적 제국에 대한 야망 때문에 이 원리를 숱하게 범했으며, 개신교 교회들과 제후들도 로마파와 재세례파를 대하는 과정에서 자주 어겼다. 루터는 이 책이 선제후의 친형제에게 헌정한 것임에도, 세속 군주들을 가차없이 비판했다.

> "세상 역사가 시작될 때부터 지혜로운 군주들이란 희귀조들과 같았으며, 경건한 군주들은 더욱 희귀했다. 그들 대부분이 세상에서 가장 어리석고 멍청한 존재들이었다. 그러므로 우리는 그들에게서 최악의 결과가 나오지 않을까 두려워 할 뿐 선한 것은 조금도 기대하지 않는다. 특히 영혼의 안전에 영향을 주는 일들에는 더욱 그런 심정이 든다. 그들은 하나님이 세우신 사형집행인이며, 하나님의 진노가 그들을 쓰셔서 악행을 처벌하고 세상의 외적인 평화가 유지되게 하신다."

루터는 이사야 3:4("그가 또 소년들을 그들의 고관으로 삼으시며 아이들이 그들을 다스리게 하시리니")과 호세아 13:11("내가 분노하므로 네게 왕을 주고 진노하므로 폐하였노라")을 언급한다. 그러면서 "세상이 너무나 악하고 쓸데없어서 지혜롭고 경건한 군주들을 많이 가질 만하지 못하다"고 덧붙여 말한다.

세속 군주가 외적인 안전을 지키고 이단들이 민중을 유혹하지 못하게 막아야 하지 않느냐는 반론에 대해서, 루터는 이렇게 답변한다:

> "이것은 주교들이 할 일이지 제후들이 할 일은 아니다. 이단은 공권력으로 막아지는 게 아니기 때문이다. 이단을 막기 위해서는 그것과 다른 억제력이 필요하다. 이것은 칼로 치르는 것과 별개의 전투이다. 하나님의 말씀으로 그들을 대적해야 한다. 하나님 말씀으로 하지 못한다면, 세속 권력으로 세상을 피로 물들인다 한들 아무 소용도 없다. 이단은 쇠로 부술 수 없고 불로도 태울 수 없고 물로도 익사시킬 수 없는 영적인 것이다. 그러나 사도 바울의 말씀대로 하나님의 말씀은 그 일을 해낸다. '우리의 싸우는 무기는 육신에 속한 것이 아니요 오직 어떤 견고한 진도 파하는 하나님의 능력이라'(고후 10:4, 5)."

루터는 같은 해(1523)에 행한 베드로전서 강해에서 "하나님을 두려워하며 왕을 존대하라"는 권면에 대해서 다음과 같이 설명한다:

"만약 위정자가 오직 하나님께서만 다스리실 수 있는 양심에 속한 영적 문제들에 간섭한다면, 우리는 그에게 순종해서는 안 되고 오히려 크게 고민해야 한다. 세속 정부는 외적이고 현세적인 문제들에만 한정된다 …… 만약 황제나 제후가 나의 믿음에 관해서 묻는다면 나는 그가 명령했기 때문이 아니라 만인 앞에서 나의 신앙을 고백하는 것이 내 의무이기 때문에 그에게 대답할 것이다. 그러나 만약 거기서 더 나아가 내게 이것저것을 믿으라고 명령하면 나는 이렇게 말할 것이다. '폐하, 폐하께서 맡으신 세속의 일이나 신경을 쓰십시오. 폐하에게는 하나님의 통치에 간섭할 권리가 없으며, 따라서 저는 폐하의 명령에 순종하지 않겠습니다.'"

교회와 국가의 분리에 관한 이와 유사한 견해들을 재세례파와 메노파, 영국의 순교자 주교 후퍼(Hooper), 독립교회파 로버트 브라운(Robert Browne)도 주장했으나, 그들은 훨씬 후대가 되기까지 실제적인 영향을 끼치지 못했다.

루터 자신은 이 주제에 대한 견해를 바꾸었는데, 그렇게 한 데에는 주위에서 혼란과 이단들이 우후죽순처럼 자라나, 방치해 두면 무질서와 무정부 상태로 떨어질 것 같은 위기 의식이 한몫 했다. 농민전쟁의 결과로 제후들의 권력이 크게 강화되었다. 루터의 종교개혁은 사회와 교회 재편 과업을 제후들에게 크게 위임했으며, 그 결과 뜻하지 않게 '황제교황주의'를 끌어들이게 되었다. 교회와 국가를 지나치게 밀착시킨 나머지 국가의 수장이 교회의 최고 주권자도 되게 만든 것이다. 이것은 국가를 지배하려고 하는 로마 교회의 성직위계제도와 정반대되는 체제이다. 멜란히톤은 교황과 주교들이 자신들의 의무를 제대로 수행하지 못하고 있다는 이유를 내세워 루터의 이러한 입장 변화를 옹호했다. 그는 만약 그리스도와 사도들이 안나스와 가야바가 복음을 인정할 때까지 기다렸다면 끝까지 헛되게 기다리고만 말았을 것이라고 말했다.[83]

제후들과 시장들의 협력이 개신교 교회가 수립되는 데 일조했으나, 몇몇 훌륭한 예를 제외하면 주교들보다 많이 알지도 못하고 잘 다스리지도 못하던 법률가들과 정치인들에게 교회가 예속되게 만드는 적지 않은 부작용도 초래했다. 종교개혁자들은 후기 저서들에서 제후들과 귀족들의 횡포를 자주 격렬하게 비판했

---

83) *Judicium de jure reformandi*, 1525, in the *Corp. Reform.*, I. 763 sqq.

다. 그들이 교회들과 수도원들에서 몰수한 재산을 가지고 학교 설립과 자선 사업에 사용하지 않고 개인 재산을 불렸기 때문이다. 로마의 사가들은 이 사실을 종교개혁의 큰 폐해로 든다. 그러나 개신교 제후들이 착복한 재산은 18세기와 19세기에 프랑스와 스페인과 이탈리아의 로마 가톨릭 군주들이 교회 재산을 대대적으로 몰수한 것과 비교하면 아무것도 아니다.

교회와 국가가 연합하면서 교황파와 이단들, 유대인들이 박해를 받았다. 그리고 모든 종교개혁자들은 공직 박탈과 추방 정도로는 박해를 정당화했으며, 세베르투스의 처형건처럼 몇몇 경우는 사형까지도 정당화했다.

현대 사회에서 관용과 종교 자유의 원리가 발전해 가는 정도는 교회와 국가의 결합이 느슨해지는 것과 맞물려 진행된다.

# 88. 작센 선제후령 교회 시찰

루터는 작센 선제후령 전역에 있는 교회의 부패를 뿌리뽑고 교리와 예배, 권징에 개혁을 도입하기 위해서 모든 교회들을 시찰할 것을 제안했다. 이것은 본래 주교가 하는 일이었다. 그러나 작센 지방에는 종교개혁에 찬성하는 주교가 한 사람도 없었으므로, 루터는 얼마 전에 프리드리히를 계승하여 선제후가 된 그의 동생 요한에게 하루속히 그의 영토 내의 교회들을 대상으로 시찰 활동을 벌일 것을 거듭 촉구했다. 선제후령을 서너 구역으로 구분하고, 각 구역을 두 명의 귀족 내지 행정관을 시켜 시찰하도록 구체적인 안을 제시했다.[84] 루터는 선제후에게 교회가 얼마나 개탄스러운 지경에 처했는지 강한 어조로 환기시켰다. 하나님을 두려워하는 태도와 권징이 이미 사라졌고, 일반 신자들이 오래 전부터 설교자들을 존경하지 않고 연보도 하지 않고 그들을 그냥 굶도록 방치하고 있는데, 이는 교황의 독재가 폐지되니까 사람들이 저마다 자기 소견에 옳은 대로 행하고 있는 것이라고 말했다. 이대로 가다가는 교회도 학교도 학생도 다 없어질 것이며, 그러기 전에 관리들이 나서서 질서를 확립하고 나이 든 사람들은 어찌

---

84) 참조. 다음 날짜에 작성된 그의 편지들: 1525년 10월 31일, 1525년 11월 30일, 1526년 11월 22일, 1527년 2월 5일, 1527년 10월 12일.

되든지 우선 어린이와 청소년들만큼은 보살펴야 한다고 말했다.

이것은 새로운 황제교황주의, 즉 국가 권력이 성직자들을 지배하는 체제를 고착시킬 수도 있는 위험한 발상이었다. 그러나 당시 상황에서는 그것만이 유일한 타개책으로 비쳤으며, 그 방법이 실제로 큰 유익을 끼치기도 했다. 루터는 선제후가 하나님을 두려워하는 사람이라 일시적으로 자신에게 부여된 권한을 함부로 남용하지 않을 것이라고 굳게 신뢰했다.

선제후는 루터의 제안을 받고 상당 기간 심사숙고한 뒤 1527년 7월에 교회 시찰을 단행하기로 결정했다. 그것은 1년 전에 보름스 제국의회의 법령을 잠정적으로 유보하되 폐지하지는 않은 슈파이어 제국의회의 결정이라는 준(準) 법률적 토대 위에서 내린 결정이었다. 선제후는 멜란히톤에게 시찰단 교육을 위한 '교리와 예배 규범'을 작성하도록 지시했다. 멜란히톤은 개신교의 신앙과 예배에 관한 교리들을 요약하여 라틴어로 작성하고 독일어로는 좀 더 상세히 작성했는데, 이것을 아우크스부르크 신앙고백의 첫 번째 초안으로 간주할 수 있다. 모두 17개 조항으로 이루어진 문서에서, 멜란히톤은 신앙과 십자가(수난)·기도·성령의 열매들·위정자·하나님을 경외하는 것·의·심판·성례(세례와 성찬과 고해)·성찬의 기적·참회·결혼·금지된 경우들·인간의 전승들·그리스도인의 자유·자유의지·율법을 다루었다. 주제를 다룬 순서는 그다지 논리적이지 않으며, 독일어 판은 다소 다르다. 이 책은 1527년 12월에 출판되었다.

루터는 이 책의 독일어 판에 유명한 서문과 주해를 써서 내용을 설명했다. 그 골자는 교회 시찰의 중요성을 사도들이 친히 모범을 보였고 그것이 감독의 주된 의무였던 점을 토대로 강조한 것이었다. 감독은 말 그대로 교회들을 관찰하고 감독하는 직분이며, 대주교는 주교(감독)들을 관찰하고 감독하는 직분이기 때문이라고 했다. 그런데 주교들이 세속 군주들이 되어 영적 본분을 내팽개치고 있는 현실을 지적했다. 이제 순수한 복음을 되찾았으므로 진정한 주교제가 필요하게 되었는데, 아무도 합법적인 권위 곧 신적 명령을 받지 못했기 때문에, 선제후를 하나님이 정해주신 군주로 간주하여(롬 13장) 복음을 보호하고 선양하는 일에 권한을 행사해 줄 것을 요청하게 된 것이라고 설명했다. 비록 선제후가 가르치는 사명을 갖고 있지 않지만, 황제 콘스탄티누스가 아리우스 논쟁을 해결하기 위해서 니케아 공의회를 소집했을 때 그랬던 것처럼 치안과 질서를 회복할 수 있다고 말했다.[85]

멜란히톤은 설교자들에게 논쟁을 피하고 대신에 죄와 악행을 공격하고, 교황과 주교들에 관해서는 함구하라고 지혜롭게 조언했다. 루터는 이러한 온건한 방침이 성에 차지 않아서 여백에 이렇게 덧붙였다. "그러나 설교자들은 교황제와 그 제도를 옹호하는 자들을 거칠게 비판해야 한다. 왜냐하면 하나님께서 그 제도를 단죄하셨기 때문이다. 교황제는 적그리스도의 통치 체제로서, 마귀의 사주를 받아 기독교 교회와 하나님의 말씀을 두렵게 박해하고 있는 것이다."[86]

선제후는 루터와 멜란히톤, 요나스, 슈팔라틴, 미코니우스, 그리고 몇몇 유력한 평신도들을 시찰단으로 임명했다. 이들은 1528년과 1529년에 임무를 수행했다. 현지를 다니면서 교회가 참으로 개탄스러운 상황에 처해 있는 것을 발견했다. 이러한 상황은 이미 종교개혁 이전부터 누적되어 온 것이 종교개혁의 자유스러운 분위기로 인해 더욱 가중된 결과였다. 성직자들과 주민들이 모든 종류의 제약에서 풀려났고, 교회들과 학교들이 폐허가 된 채 방치되어 있었으며, 성직자들은 일정한 수입도 없고 무지하고 무관심하고 사기가 땅에 떨어져 있었다. 일부 성직자들은 술집을 운영했고, 본인들 스스로가 주정꾼이 되어 있었으며, 수치스러운 생활을 하고 있었다. 성직자들이 그 정도였으니 평신도들은 말할 것도 없었다. 루터는 슈팔라틴에게 이렇게 썼다. "농민들은 아무것도 배운 게 없고 아는 것이 없고 자신들이 부여받은 자유를 함부로 사용하고 있습니다. 그들은 마치 모든 신앙에서 벗어난 것처럼 기도도 하지 않고 죄를 자백하지도 않고 성찬에 참여하지도 않습니다. 그들은 과거에는 교황을 업신여겼으나 지금은 우리를 업신여기고 있습니다. 교황파 주교들이 끼쳐온 해악이 이만저만 큰 게 아닙니다."[87]

강력한 법 집행이 필요한 상황이었다. 노력 끝에 기강과 질서가 상당히 바로잡혔다. 교회들과 수도원들의 재산이 소교구들과 학교들에 기부되었고, 신학생

---

85) *Copr. Ref.*, XXVI. fol. 46.

86) 참조. *l. c.*, fol. 85.

87) 1529년 2월에 쓴 편지, in De Wette, III. 424. 참조. 그의 요리문답 서문. 얀센이 집필한 교황지상주의적 역사의 특징은, 루터가 작센 지방 교회들의 비참한 상황을 보고 개탄하는 내용을 주로 다루면서, 그가 주로 그런 상태에서 이신칭의 교리를 끌어냈을 것이라 주장하는 반면에(vol. III. 67-69), 루터가 그 상황을 바로잡기 위해서 집필한 요리문답에 대해서는 함구한다.

들 지원 기금으로 확보되었다(1531). 성직자 임명권이 선제후에게 넘어갔다. 이후에도 정규 감독들과 교회 최고 공의회를 구성하는 교회 법원(consistory)의 주도로 선제후를 최고 감독으로 삼아 가끔 시찰이 이루어졌다.

이런 방식으로 작센과 헤세, 브라운슈바이크-뤼네부르크, 메클렌부르크, 동프리슬란트, 슐레지엔, 그리고 그 밖의 독일 개신교 선제후령들에서 지역 국가교회 정부가 수립되고 질서가 회복되었다.

## 89. 루터의 요리문답(1529)

I. Critical editions of Luther's Catechisms in his *Works*, Erl. ed., vol. XXI. (contains the two catechisms and some other catechetical writings); by MÖNCKEBERG (Hamburg, 1851, second ed. 1868); SCHNEIDER (Berlin, 1853, a reprint of the standard ed. of 1531 with a critical introduction); THEODOS. HARNACK (Stuttgart, 1856; a reprint of two editions of 1529 and 1539, and a table of the chief textual variations till 1842); ZEZSCHWITZ (Leipz. 1881); CALINICH (Leipz. 1882). See titles in SCHAFF: *Creeds of Christendom*, I. 245. The Catechisms are also printed in the editions of the Symbolical Books of the Lutheran Church, and the Little (or Small) Catechism, with English translation, in SCHAFF'S *Creeds*, etc., vol. III. 74–92. The text in the Book of Concord is unreliable, and should be compared with the works mentioned.

II. Discussions on the history and merits of Luther's Catech., by KÖCHER, AUGUSTI, VEESENMEYER, ZEZSCHWITZ, and others, quoted by SCHAFF, *l. c.* 245. Add KÖSTLIN: *M. L.*, Bk. VI. ch. IV. (II. 50–65).


루터의 요리문답들은 작센 지방 교회 시찰로 거둔 풍성한 결실이다. 무지와 불신앙으로 인한 폐습들을 치유하려고 작성된 이 책들은 루터교의 교리와 의무를 밝힌 신조적 표준과 항구적 체계가 되었다. 루터가 남긴 걸작인 소요리문답은 그의 종교적 재능을 확연히 드러내며, 독일어 번역성경 다음으로 가장 유익하고 오래 쓰였다. 그는 이 책을 통해서 루터교 신앙고백을 받아들이는 교회들에서 대대로 요리문답반과 주일학교의 스승 역할을 했다. 이 책에서 그는 천국의 비밀들을 어린이들이 알아들을 수 있는 말로 설명하며, 그러기 위해서 다음과 같은 본인의 말대로 어린이와 학습자의 위치에 서서 말한다. "나는 박사요 설교자이지만, 그럴지라도 요리문답을 배우는 어린이들과 같으며, 어린이들과 마찬가지로 아침마다 십계명과 사도신경, 주기도문을 외우며, 요리문답을 배우는 어린 학생으로 즐겁게 남아 있다.”

많은 사상을 말로 풀이내고, 모든 말을 마음으로 이해할 뿐 아니라 암기하기에도 쉽게 해놓은, 작지만 위대한 책이다. 이 책은 장년들에게는 단단한 음식이요 아기들에게는 젖이다. 직접 마음에 대고 호소하며, 하나님 앞에서 책의 내용을 아뢰면 곧 기도가 된다. 위대한 역사가 레오폴트 폰 랑케(Leopold von Ranke)는 루터의 소요리문답을 이렇게 평가한다. “이 책은 심오하면서도 아이와 같은 인상을 주고, 깊이를 다 잴 수 없으면서도 이해하기 어렵지 않으며, 단순하면서도 숭고하다. 이 책을 품에 간직하며 읽어서 영혼이 살찌게 할 사람은 행복하다! 그런 사람은 어느 순간에든 이 책에서 시들지 않을 위로를 얻는다. 이 얇은 책 안에 세상에서 가장 지혜로운 사람이라도 충족히 배울 만한 진리의 핵심이 담겨 있다.”

요리문답 교육은 (유대교 회당의 방식을 따라) 기독교 교회가 초창기부터 가입자를 준비시키는 정규 제도였다. 어른 회심자들의 경우에는 세례에 앞서서 시행했고, 세례를 받은 유아들의 경우에는 세례 이후에 시행했으며, 견신례와 첫 번째 수찬(受餐)으로 귀결되었다. 클레멘스와 위대한 학자 오리게네스가 가르친 가장 오래된 신학교는 요리문답 교육이라는 실제적인 필요로부터 발전했다. 요리문답반에서 가르친 주된 내용은 신조 곧 믿어야 할 핵심 교리(그리스 교회에서는 니케아 신조, 라틴 교회에서는 사도신경)와 주기도문(Pater Noster) 혹은 기도하는 법, 그리고 십계명 곧 살아가는 법이었다. 때로는 이러한 내용 외에도 성례, 아타나시우스 신조, 찬송들인 ‘테 데움’, ‘글로리아 인 엑셀시스’, ‘아베 마리아’, 그리고 성구들과 죄와 덕행의 목록이 덧붙었다. 키릴루스의 「요리문답 강론」(Catechetical Lectures)은 그리스 교회의 표준 저서였다. 아우구스티누스는 어느 집사의 요청을 받고 요리문답 교육에 관한 유명한 저서(De catechizandis rudibus, 요리문답에 관하여)와 사도신경과 주기도문 해설서(Enchiridion: 지침서)를 썼는데, 후자는 교사들을 위해 집필한 것으로서, 5세기 교회가 그리스도인들을 가르치는 데 무슨 내용이 필요하다고 여겼는지를 보여준다.

중세에는 장크트갈렌 출신의 수사들인 케로(Kero, 720)와 노트케르(Notker, 912), 바이센부르크의 오트프리트(Otfrid, 870) 같은 사람들이 아주 간단한 요리문답서 혹은 입문서를 썼다. 오트프리트의 요리문답은 다음과 같은 내용이 담겨

있다: (1) 주기도문과 그에 대한 설명; (2) 대죄(大罪)들; (3) 사도신경; (4) 아타나시우스 신조; (5) 찬송 글로리아. 교황에 대립한 분파들인 알비파와 발도파, 보헤미아 형제회는 요리문답 교육에 각별한 관심을 기울였다.

개신교 역사 초창기에 요리문답을 쓴 저자들은 로니커(Lonicer, 1523) · 멜란히톤(1524) · 브렌티우스(1527) · 알타머 · 라흐만(1528), 그리고 조금 후대에 가서 우르바누스 레기우스(리에거)였다. 루터는 친구들이자 동료 교수들인 유스투스 요나스와 아그리콜라에게 작센 지방 사람들을 위해 요리문답을 써달라고 청하였으나(1525),[88] 후에 교회 시찰을 통해 민중의 무지를 심각하게 경험한 뒤에는 직접 집필에 착수하여 1529년에 완성했다. 그는 훨씬 오래 전인 1520년에 십계명과 사도신경, 주기도문을 일반 신자들이 이해하기 쉽게 해설해 놓은 책을 펴낸 바 있다.[89]

루터는 두 권의 요리문답을 독일어로 집필했다. 「대요리문답」은 연속 강해로서 문답으로 구분되어 있지 않다. 더욱이 이 책은 그가 내용을 상당히 보완해 나간 까닭에 초기에 염두에 두었던 어린이와 청소년 교육에 적합하지 않게 되었다. 따라서 그는 얼마 후에(1529년 7월) 분량을 대폭 줄인 「엔키리디온」(지침서)이라는 제목으로 소요리문답을 펴냈다. 이 책은 좀 더 광범위한 대요리문답으로부터 거둔 결실로서, 실용적인 목적에서 대요리문답 대신에 사용되었다. 웨스트민스터 회의가 펴낸 대요리문답과 소요리문답 사이에도 유사한 관계가 존재한다.

루터는 특유의 보수적 기질을 발휘하여 자신의 소요리문답에 요리문답으로서 갖춰야 할 세 가지 필수적인 부분인 십계명과 사도신경, 주기도문을 남겨두었다. 십계명을 가리켜 모든 교리들의 교리라고 했고, 사도신경에 대해서는 모든 역사들의 역사라고 했으며, 주기도문에 대해서는 모든 기도들 가운데 최상의 기도라고 했다. 그리고 가톨릭 전승과 보헤미아 요리문답의 예를 따라 이 세 가지 주요 구분에 세례와 성찬에 관한 해설을 두 부분으로 포함시켜 모두 다섯 부분이 되게 했다. 주기도문 부분에 고대 독일어 표기인 파터 운저(Vater unser, 우리

---

아버지〈Pater Noster〉)와 "다만 악(evil)에서(a malo) 구하옵소서"라는 번역어를 넣었다. 하지만 자신의 번역성경에서는 전자를 운저 파터로 바꾸었고(마 6:9), 대요리문답에서는 '악'을 '그 악한 자', 즉 우리의 불구대천의 원수인 마귀(호 포네로스)로 바꾸었다. 그럴지라도 실제로는 이 두 가지 표기법상의 차이가 루터교의 주기도문과 독일 개혁교회의 주기도문을 구분하는 특징이 되었다.[90]

소요리문답의 후기 판본들(1564년 이래 발행된)에는 '죄의 자백과 사죄' 혹은 '열쇠의 권세'라는 제목으로 여섯째 부분이 포함되었는데, 제5부의 일부분으로 삽입되기도 하고 제6부나 부록으로 포함되기도 했다. "열쇠의 권세가 무엇입니까?"라는 질문으로 시작되는 이 첨가 부분의 저자가 누구인지는 불확실하다. 하지만 그 내용 — '협화 신조'에 제시된 대로 목사에게 죄를 은밀히 자백하고 목사에게 사죄를 받는 일에 관한 질문들 — 은 루터가 직접 교훈한 내용으로서, 제3판(1531)에 주기도문의 다섯 째 문답 서론으로 실린 바 있다. 루터는 사적인 자백과 사죄를 중요하게 여겼다. 하지만 개혁파는 그것을 교황의 그릇된 고안으로 여겨 폐지하고 공적인 자백과 사죄만 남겨놓았다. 루터는 이렇게 말한다. "그리스도께서 복음서에 제정해 두신 참된 자백과 사죄 곧 열쇠의 권세는 죄와 악한 양심을 맞설 만한 충분한 위로와 지원을 해준다. 자백과 사죄는 교회에서 폐지되어서는 안 되며, 특히 약하고 소심한 양심을 고려하여 혹은 배우지 못한 청소년들을 기독교 교리로 시험하고 교훈하기 위해서 그대로 남겨 두어야 한다. 그러나 죄를 자백할 때 그것을 열거하거나 열거하지 않는 것은 각자 마음의 원대로 하도록 해야 한다."[91] 루터교의 일부 지역에서는 사적 자백 관행이 여전히 남아 있지만, 나머지 지역들에서는 완전히 사라졌다.

영국 국교회도 이 문제에 관해서 비슷한 견해를 견지하고 있다. 공동기도서에 두 가지 형태, 즉 공적 자백과 사죄와 사적 자백과 사죄가 다 실려 있는 것이다. 그러나 미국 성공회의 전례에는 사적 자백과 사죄가 삭제되었다.

루터가 1531년에 편집한 소요리문답은 앞서 말한 교리 부분들 외에도 기도 혹

---

90) 만약 미국 펜실베이니아에 사는 독일 농부들에게 "루터파와 칼빈파가 다른 점이 무엇입니까?" 하고 묻는다면 "전자는 파터 운저(우리 아버지)라고 기도하고, 후자는 운저 파터라고 기도하는 것이지요" 하고 대답할 것이다.

91) *Articuli Smalcald*, P. 111., cap. 8.

은 전례 성격을 지닌 세 가지 부록을 싣고 있다(이 내용은 1529년 초판에도 일부 실려 있다): (1) 가정에서 드리도록 작성한 짧은 기도문들; (2) 기독교 가정에 속한 신자들이 행해야 할 의무를 성구들로 작성한 표(*Haustafel*); (3) 결혼 지침서(*Traubüchlin*); (4) 세례 지침서(*Taufbüchlin*).

처음 두 가지 부록은 「일치신조」(*Book of Concord*)에 남았으나, 교회의 전례에 해당하는 세 번째와 네 번째는 세례 시 귀신을 쫓는 의식과 결혼식에 관해 교회들 사이에 관행상의 큰 차이가 있었기 때문에 삭제되었다.

소요리문답은 독일어에서 라틴어로(자우어만에 의해), 그리고 여러 다른 언어들로 번역되었는데, 심지어 헬라어와 히브리어, 시리아어로도 번역되었다. 루터교 저자들은 루터의 소요리문답이 성경을 제외한 어떤 책보다 널리 보급되었다고 주장한다. 이 책이 출판된 지 37년 뒤에 마테지우스는 이 책이 10만 부나 보급되었다고 말했다. 요리문답은 출판된 직후에 공립학교들과 교회들, 가정들에서 사용되었고, 공동의 동의에 의해 표준 문서가 되었으며, 독일인들을 위한 일종의 '평신도 성경'이 되었다.

개혁교회의 관점에서 평가하자면, 루터의 요리문답은 여러 훌륭한 점에도 불구하고 몇 가지 심각한 결핍이 있다. 십계명 본문을 축약된 형태로 싣고, 제2계명을 아예 누락시킨 라틴 교회의 그릇된 구분을 따르며, 숫자를 맞추기 위해서 열 번째 계명을 둘로 나눈다. 사도신경 해설 부분에서는 창조와 구속, 성화라는 주제에 대해서 세 가지 문답을 할애할 뿐이다. 성례들을 그 세 가지 큰 구분에 상응하도록 만듦으로써 지나치게 강조하며, 사적 자백과 사죄를 거의 세 번째 성례의 지위로 격상시킨다. 그런가 하면 하나님의 계시의 영감된 기록이자 신앙과 행위의 준칙인 성경에 관해서는 아무런 해설도 싣지 않는다. 이런 결핍들은 대개 요리문답 공부 시간에 사전 문답 혹은 부가적인 문답을 통해서 보충된다.


## 90. 개신교의 대표적인 요리문답들


이와 관련하여 종교개혁에 기원을 둔, 그리고 지대한 영향력을 행사해오면서 오늘날까지 권위와 효율성을 견지하고 있는 대중 신앙 교육 지침서들을 간단히 비교해 봄직하다.

그러한 지침서들에는 루터의 소요리문답(1529), 하이델베르크 요리문답(1563), 성공회 요리문답(1549. 증보 1604, 개정 1661), 웨스트민스터 소요리문답(1647). 첫 번째 것은 루터교의 표준 요리문답이고, 두 번째 것은 독일과 네덜란드 개혁교회, 그리고 소수의 기타 지역(보헤미아와 헝가리) 개혁교회들의 표준 요리문답이고, 세 번째 것은 영국 국교회와 영국 식민지들과 미국의 자매 교회들의 표준 요리문답이며, 네 번째 것은 스코틀랜드와 잉글랜드, 미국의 장로교회들의 표준 요리문답이다. 이 네 가지 요리문답들이 저마다 본국 교회들과 선교지들에 보급되었고, 여러 언어로 번역되었다.

네 가지 요리문답들은 보편적이고 복음적인 신앙의 근본 교리들에서 서로 일치한다. 사도신경과 십계명, 주기도문을 가르치며, 따라서 인간이 구원을 얻기 위해서 믿고 행해야 할 모든 내용을 가르치는 셈이다. 이로써 정통 개신교 기독교 세계의 주요 지류들이 서로 조화를 이루고 있음을 드러낸다.

그러나 네 가지 요리문답들은 이 교회들의 독특한 정신과 은사가 서로 다르다는 사실도 잘 반영한다. 루터교 요리문답이 가장 쉽고 친근하다. 하이델베르크 요리문답은 좀 더 성숙한 세대가 사용하기에 가장 풍성하고 윤택하다. 성공회 요리문답은 가장 짧고 교회에 충실하지만, 다소 빈약하다. 웨스트민스터 소요리문답은 가장 명쾌하고 간결하고 논리적이다. 처음 세 가지는 교인들에게 질문을 하고, 교인들은 현재 혹은 장래의 경험을 토대로 질문에 대답한다. 웨스트민스터 소요리문답은 개인들에게 질문을 하지 않으며, 대답도 질문의 내용을 잘 설명하는 신학적 정의의 형태로 제시한다. 처음 두 가지는 독일인들의 신앙의 특징인 따뜻함과 활기, 그리고 내향성을 드러내는 반면에, 나머지 두 가지는 잉글랜드와 스코틀랜드인들의 냉철하고 실제적인 유형의 신앙을 드러낸다. 루터교와 성공회의 요리문답들은 십계명으로 시작하며, 율법이 그리스도에게 인도하는 초등학교 교사로서의 예비적 임무를 띠고 있다고 설명한다. 나머지 두 요리문답들은 신앙의 조항들을 해설하는 것으로 시작하며, 믿음에서 그리스도인의 삶의 준칙인 율법으로 진행하는데, 특히 하이델베르크 요리문답은 율법을 구원에 대한 감사의 행위로 설명한다(로마서의 순서를 따라, 죄에서 구속으로, 구속에서 감사의 표시인 거룩한 생활로 이어간다). 루터는 로마 교회가 십계명을 구분한 방식을 따르며, 계명들을 요약하여 수록하는 반면에, 나머지 세 요리문답들은 유대인들과 그리스 교회가 채택한 더 나은 구분을 따르며, 본문을 다 싣는다.

루터교와 성공회의 요리문답은 십계명과 사도신경, 주기도문과 나란히 성례들에도 독립된 지위를 부여한다. 반면에 하이델베르크 요리문답과 웨스트민스터 소요리문답은 사도신경을 해설하는 부분에서 성례를 다룬다. 루터교와 성공회의 요리문답들은 세례 시의 중생을 가르치고, 루터는 거기서 더 나아가 성찬 때 그리스도의 실제적 임재와 사적인 죄의 자백과 사죄를 가르친다. 반면에 하이델베르크 요리문답과 웨스트민스터 소요리문답은 칼빈주의적 성례 이론을 가르치며, 사적인 자백과 사죄를 무시한다. 하지만 성공회의 삼십구개조도 개혁주의적 성찬관을 가르친다. 웨스트민스터 소요리문답은 사도신경을 부록으로 밀어내고, 계시의 역사적 시순을 새로운 논리적 체계로 대체함으로써 가톨릭 전승을 떨쳐 버린다. 반면에 나머지 모든 요리문답들은 사도신경을 교리적 해설의 토대로 삼는다.[92]

요리문답들 사이의 차이는 첫 번째 문답에서 분명하게 나타나는데, 여기서 그것을 비교해 본다.

### 루터교 소요리문답

제1계명. 너는 나 외에는 다른 신들을 네게 있게 말지니라.

(문) 이 계명이 무슨 뜻입니까?

(답) 우리는 하나님을 두려워하고 사랑해야 하며, 무엇보다도 그분을 의지해야 한다는 뜻입니다.

제2[3]계명. 너는 너의 하나님 여호와의 이름을 망령되이 일컫지 말라.

(문) 이 계명이 무슨 뜻입니까?

(답) 우리는 하나님을 두려워하고 사랑함으로써 하나님의 이름으로 저주하거나 맹세하거나 주문을 외우거나 속이지 말아야 하며, 오히려 필요할 때마다 그 이름으로 기도하고 찬송하고 감사를 드려야 한다는 뜻입니다.

제3[4]계명. 안식일을 기억하여 거룩히 지키라.

(문) 이 계명이 무슨 뜻입니까?

---

92) 좀 더 자세한 비교를 위해서는 Schaff의 *Creeds of Christendom*, I. 543 sqq.를 참조하라.

(답) 우리는 하나님을 두려워하고 사랑함으로써 설교와 하나님의 말씀을 멸시하지 않고 그것을 거룩하게 여기고, 기꺼이 듣고 배워야 한다는 뜻입니다.

## 하이델베르크 요리문답

(문) 삶과 죽음에서 당신의 유일한 위로가 무엇입니까?

(답) 삶과 죽음에서 나의 유일한 위로는 나의 육체와 영혼이 살아서든 죽어서든 나의 것이 아니요 나의 신실하신 구주 예수 그리스도의 것이라는 데 있습니다. 그분은 보혈로써 나의 모든 죄의 대가를 충분히 치르셨고, 나를 마귀의 모든 권세에서 구속하셨고, 나를 철저히 보호하시므로, 하늘에 계신 나의 아버지의 뜻이 아니고는 내 머리카락 하나도 떨어지지 않으며, 실로 모든 것이 나의 구원을 위하여 합력해야 합니다. 그러므로 그분은 자신의 성령으로써 나에게 영생의 확신을 주시며, 나로 하여금 진정으로 기꺼이 그분을 위하여 살게 하십니다.

(문) 당신이 이러한 위로에서 행복하게 살고 죽을 수 있다는 것을 아는 데 얼마나 많은 것이 필요합니까?

(답) 세 가지가 필요합니다. 첫째로, 나의 죄와 비참함이 크다는 것을 알아야 합니다. 둘째로, 내가 어떻게 나의 모든 죄와 비참함에서 구속함을 받았는지 알아야 합니다. 셋째로, 그러한 구원을 주신 하나님께 어떻게 감사해야 하는지 알아야 합니다.

## 성공회 요리문답

(문) 당신의 이름은 무엇입니까? 누가 이 이름을 당신에게 주었습니까?

(답) 내가 세례를 받을 때 나의 대부와 대모가 주었습니다. 나는 세례를 받음으로 그리스도의 지체와 하나님의 자녀와 천국을 유업으로 받을 자가 되었습니다.

(문) 그때 당신의 대부와 대모[후견인]가 당신을 위해서 무슨 일을 했습니까?

(답) 그들은 내 이름으로 세 가지를 약속하고 서약했습니다. 첫째로, 내가 마귀와 그의 모든 일, 이 악한 세상의 겉치레와 허영, 육체의 죄악된 모든 정욕을 버리도록 서약했습니다. 둘째로, 내가 기독교 신앙의 모든 조항들을 믿도록 서약했습니다. 셋째로, 내가 하나님의 거룩한 뜻과 계명들을 지키고, 평생 그 안에서 행하도록 서약했습니다.

## 웨스트민스터 소요리문답

(문) 사람의 제일 되는 목적이 무엇입니까?

(답) 사람의 제일 되는 목적은 하나님을 영화롭게 하고 하나님을 영원토록 즐거워하는 것입니다.

(문) 어떻게 하나님을 영화롭게 하고 하나님을 즐거워할 것인가를 지도하기 위하여 하나님은 무슨 준칙을 우리에게 주셨습니까?

(답) 구약과 신약 성경에 기록된 하나님의 말씀은 우리가 어떻게 하나님을 영화롭게 하고 하나님을 즐거워할 것인가를 지도하는 유일한 준칙입니다.

(문) 성경이 제일 요긴하게 가르치는 것은 무엇입니까?

(답) 성경이 제일 요긴하게 가르치는 것은 사람이 하나님에 대하여 믿을 것은 무엇이며, 하나님이 사람에게 요구하시는 본분은 무엇인가 함입니다.

(문) 하나님은 어떤 분이십니까?

(답) 하나님은 신이시며, 그의 존재하심과 지혜와 권세와 권능과 거룩하심과 공의와 인자하심과 진실하심이 무한하시고 무궁하시며 불변하십니다.

---

93) 미국 성공회 기도서에는 '나의 대부들과 대모들' 대신에 '나의 후견인들'(My Sponsors)로 표기되어 있다.

# 제 6 장

# 독일 개신교의 전파와 박해(1530년까지)

## 91. 진보의 원인과 수단

종교개혁은 교회의 소원과 필요에 깊이 뿌리를 내린 거대한 역사적 운동으로서 자발적이고도 거역할 수 없는 기세로 독일 전역으로 확산되었다. 루터의 전도 수단은 설교와 펜이 전부였으나, 그는 이 둘을 시대가 허락하는 한도 내에서 총력을 다해 활용했다. 랑케는 이렇게 평가한다. "타협도 조율도 특별 전도도 필요 없었다. 초봄의 따뜻한 햇살이 갈아엎은 밭에서 싹을 틔우듯이, 인간이 경험하고 들은 모든 것들로써 준비된 새로운 확신이 독일어가 사용되는 곳이면 어디서든 지극히 작은 일에도 모습을 드러냈다."[1]

종교개혁이 약진할 수 있었던 주된 원인은 도처에 팽배해 있던 교황청 독재와 부패에 대한 불만, 빛과 자유와 양심의 평안에 대한 갈망, 순수한 하나님의 말씀에 대한 갈증에 있었다. 이 일에 가장 크게 쓰임 받은 것이 독일어 성경이었다. 자국어 성경이 신적인 권위로 이성과 양심을 향해 외쳤으며, 교황의 인간적 권위를 압도했다. 또한 사람들의 마음을 위로하는 은혜의 교리들을 담은 독일어 찬송들, 그리고 당대의 모든 쟁점을 걸출한 역량과 풍부한 지식으로 논하여 친구들의 믿음을 독려하고 대적들의 반대를 분쇄한 루터의 저서들도 크게 쓰임을 받았다. 루터가 논객으로서 발휘한 위력과 역량은 대단한 것으로서, 교부들과

---

1) *Deutsche Geschichte*, etc., vol. II. 46 (6th ed.).

스콜라 학자들, 현대 신학자들에게서도 비근한 예를 찾기 어렵다. 루터는 독일 신학과 종교 영역을 절대 군주처럼 다스렸다. 복음을 방패와 무기로 삼은 그에게는 항상 승리의 확신이 있었다.

루터가 민중을 위해서 이뤄놓은 일을 멜란히톤은 점잖고 온건한 방법으로 학자들을 위해 이뤄놓았다. 힘을 합친 두 사람 앞에서 로마의 논객들이 내놓은 온갖 학문과 기량과 물질적 자원은 상대가 되지 못했다.

기독교가 처음 전래된 이래로 새로운 사상과 원리가 이처럼 크게 약진한 경우가 없었다. 교황이나 황제의 권력도, 공의회나 제국의회의 영향력도 그것을 막지 못했다. 오히려 장애물들 자체가 돕는 요인들이 되었다. 만약 황제와 그의 형제가 종교개혁 진영을 지지했다면 독일 전체가 명목상으로나마 루터교가 될 수도 있었을 것이다. 그러나 그렇게 되는 것보다는 차라리 개신교가 지식과 도덕의 힘으로 온갖 반대를 극복하고서 승리하게 되는 것이 더 나았다. 개신교 진영에 콘스탄티누스나 샤를마뉴 같은 군주가 등장했다면 판도 확장에는 도움이 되었을는지 모르나 종교개혁의 순수성을 큰 위험에 빠뜨리고 말았을 것이다.

세속적이고 이기적인 동기들과 열정들이 복음에 대한 순수한 열정과 뒤섞였다. 옛 신앙을 누르고 새 신앙을 도입하느라 때로 폭력과 음모와 심한 불의가 동원되었다.[2] 그러나 역사상 위대한 운동들에는 인간의 죄와 불완전이 끼어 들게 마련이다. 하나님께서 어느 곳에 교회를 세우시더라도, 마귀는 아주 가까운 곳에 자신의 회당을 세운다. 마귀는 강하다. 하지만 하나님은 전능하신 분으로서 원수의 분노를 분쇄하시고 그의 지혜를 꺾으신다. 진리와 확신의 힘 외에는 그토록 오랜 세월 동안 교회와 국가, 가문과 가정을 요람부터 무덤까지 지배하고 천국의 열쇠를 쥐어온 교황제의 독재를 분쇄할 수 없었다. 하나님께서 세상과 교회의 역사를 큰 권세로 친히 주관하신 사실을 부정한다는 것은 이성과 신앙을 모욕하는 일이다.

## 92. 인쇄술과 종교개혁

---

2) Janssen은 우리가 쉽게 예상할 수 있는 대로 종교개혁과 개혁자들의 저열한 동기들만 부각시키고 숭고한 영적 동기와 목표는 철저히 외면한다.

하나님께서 종교개혁을 예비하시면서 섭리로써 일으키신 것 가운데 하나인 인쇄술은 개신교와 근대 문화의 강력한 지렛대가 되었다.

종교개혁 이전에 발행된 책들은 대부분 육중하고 값비싼 2절판과 4절판 라틴어 책들이었고, 따라서 보급에 어려움이 있었다. 성경전서가 얼마나 희귀했는가 하는 것은 도서관들이 성경전서를 소장할 때 도난 방지를 위해 쇠사슬로 묶어두었던 사실이 잘 말해준다. 그런데 이제 작고 들고 다닐 수 있는 성경전서가 자국어로 수백만 부 인쇄되었다.

16세기의 도서 판매 통계를 살펴보면 루터 이래로 비약적인 증가가 이루어졌음을 알게 된다. 1513년에 독일에서는 불과 90종의 도서가 출판되었고, 1514년에는 106종, 1515년에는 145종, 1516년에는 105종, 1517년에는 81종이 출판되었다. 출판된 것들도 주로 얇은 신앙 소책자들이거나 신문, 관보, 의사의 처방전, 민담, 성직자들과 수사들의 부패상을 풍자한 글들이 고작이었다. 그런데 1518년에는 그 수가 146종으로 증가했고, 1519년에는 252종, 1520년에는 571종, 1521년에는 523종, 1522년에는 677종, 1523년에는 944종으로 크게 증가했다. 이처럼 종교개혁 이전 5년 동안에 출판된 도서가 다 합해도 527종밖에 되지 않던 것이, 종교개혁 이후 6년 동안에는 무려 3113종으로 증가했던 것이다.

이 책들이 독일의 50개 이상의 도시들에 배포되었다. 1518년부터 1523년에 출판된 모든 책들 가운데 6백 종 이상이 비텐베르크에 보급되었고, 나머지는 주로 뉘른베르크 · 라이프치히 · 쾰른 · 슈트라스부르크 · 하게나우 · 아우크스부르크 · 바젤 · 할버슈타트 · 마크데부르크에 보급되었다. 루터는 독일 북부에 출판업을 일으켰고, 소도시이던 비텐베르크를 주요 도서 시장으로 끌어올렸으며, 인근의 라이프치히가 가톨릭 진영으로 남아 있는 동안 그 도시를 능가하는 경쟁 도시로 키웠다. 1523년에는 출판된 책들 가운데 450종이 개신교 진영에서 나온 것이었던 반면에, 딱히 로마 가톨릭의 것이라고 할 수 있는 것은 스무 종 정도밖에 되지 않았다. 당시까지 학문 영역에서 이론의 여지 없는 군주 역할을 해온 에라스무스는 민중이 루터의 책만 사서 읽고 다른 책들은 거들떠보지도 않는다고 불평했다. 그는 출판업자 프로벤을 설득하여 루터의 책 출판을 더 이상 늘리지 않도록 했다. 잉글랜드 왕 헨리 8세에게 쓴 편지에서는 이렇게 말했다. "이곳 바젤에서는 아무도 감히 루터를 비판하는 글을 출판할 엄두를 내지 못합니다만, 폐하께서는 마음껏 교황을 비판하는 글을 쓰실 수 있습니다." 코클라이우스

(Cochlaeus)와 비첼(Wizel)의 글에서 확인할 수 있듯이, 로마교 저자들은 자신들이 모든 경비를 다 대기 전에는 자신들의 책을 출판해 줄 마땅한 출판사를 찾을 수가 없었다. 그리고 라이프치히의 출판사들은 로마교 저자들의 책이 도무지 팔리지 않는다고 불평했다.

출판업에 가장 강력한 자극을 준 것은 루터의 독일어 신약 성경이었다. 1522년 9월 22일에 초판이 5천 부 인쇄되어 그 해 성탄절 이전에 1부 당 1.5길더라는 고가에 다 팔렸다(20세기 초의 시세로 약 25마르크). 한스 루프트(Hans Luft)는 비텐베르크에 있는 자신의 인쇄소에서 루터의 성경을 무려 십만 부나 인쇄했다. 바젤의 아담 페트리(Adam Petri)는 1522-1525년에 일곱 판을 출판했고, 같은 도시의 토마스 볼프(Thomas Wolf)는 1523-1525년에 다섯 판을 출판했다. 공작 게오르크는 책값을 지불해서라도 출판된 모든 독일어 성경을 수거하라고 명령했으나, 반납된 성경은 거의 없었다. 온 세상의 지혜가 모두 담긴 그 작고 귀한 책은 번개와 같은 속도로 제후들의 궁정과 기사들의 성, 수사들의 수도원, 사제들의 서재, 시민들의 가옥, 농민들의 오두막에 보급되었다. 기계공들과 농부들, 여성들이 호주머니에 성경을 넣고 다녔으며, 사제들과 신학박사들과 복음을 가지고 변론하기를 두려워하지 않았다.

당시에는 저작권 개념이 없었던 까닭에 종교개혁자들의 저작들이 뉘른베르크와 아우크스부르크, 슈트라스부르크, 바젤에서 무수히 복제되었다. 복제가 합법적이고 명예로운 사업으로 간주되었다. 루터가 불평한 것은 그 사업 자체 때문이 아니라, 저자인 자신도 알아보기 힘들 정도로 자신의 책들이 오류투성이인 채로 무분별하게 복제되고 있던 현실 때문이었다. 때로는 인쇄업자들이 그의 원고를 도둑질하여 다른 곳에서 출판하는 경우도 있었다. 루터는 출판과 관련하여 검열이나 제재를 당하지 않았다. 다만 가끔 제후들을 가차없이 비판한 내용 때문에 선제후에게 점잖은 경고를 받았을 뿐이다. 그는 인세를 받지 않았고, 친구들을 위해서 인쇄된 책을 여러 부 받는 것으로 만족했다. 저자들은 주로 교수로 활동하여 생계를 유지했으며, 인세 받는 것을 품격에 맞지 않는 비신사적인 행위로 간주하고, 다만 출판업자에게 무료로 책을 여러 부 받거나 부유한 후원자들에게 헌사(獻辭)를 써주는 대가로 선물을 받는 간접 보상으로 만족했다. 헌사란 원래 존경이나 감사를 공식적으로 표현하는 것일 뿐인데, 지금도 간혹 그런 경우가 있지만 특히 17세기에는 이기적인 목적으로 쓰이는 경우가 적지 않았다.[3] 저자들에 대한 현금 보상은 18세기에 이르기까지 드문 일이었고, 있더라도 액수가 매우 낮았다. 그런 까닭에 전업 작가로서 생계를 근실하게 꾸려갈 길이 없었다. 여기에 덧붙여 말해둘 사실은, 출판업자들도 책을 펴내어 재산을 모은 경우는 거의 없었다는 점이다. 출판업이 매우 불확실하고 큰 손해를 보기 십상인 사업이었던 것이다. "그들은 자신들의 운명을 책들 안에 가지고 있다"("Habent sua fata libelli.")

그러나 종교개혁의 약진으로 인쇄기가 쉴 날이 없게 되자, 보수적 집단은 점차 치밀한 규제 방안을 내놓게 되었다. 그들은 검열과 지도라는 명분으로 사회의 종교적·도덕적·정치적 정서에 해를 끼치는 도서들과 소책자들과 신문들을 발행하고 판매하는 행위를 공권력으로 금지하거나 탄압함으로써 출판을 통제했다.[4] 사회 질서를 뒤엎을 뻔했던 농민전쟁에 불을 붙인 것이 다름 아닌 선동적인 책자들이었던 까닭에, 로마 가톨릭 정부뿐 아니라 개신교 정부도 출판을 감시하고 규제하는 경향을 강하게 띠게 되었다.

국가나 교회가 마음에 들지 않는 책들을 유해 도서로 규정하고 불태우는 행위는 출판업 못지않게 오래된 관행이다. 프로타고라스가 그리스 신들의 존재를 부정하는 견해를 담아 쓴 책이 아테네에서 소각 처분을 당한 것은 페리클레스가 죽기 20년 전 쯤에 있었던 일이다. 황제 아우구스투스는 물의를 빚고 있던 출판물들(libelli famosi)을 조사하여 소각하도록 했다. 기독교 황제들도 이교도들과 이단들과 불신자들이 펴낸 책들에 대해서 공권력을 행사했다. 콘스탄티누스 대제는 니케아 공의회의 뒷받침을 받아 포르피리오스와 아리우스의 저서들을 탄압하는 칙령을 공포했고, 아카디우스는 유노미우스파의 책들을 탄압했으며(398), 테오도시우스는 네스토리우스파의 책들을 탄압했다(435). 유스티니아누스는 잡다한 유해 서적들을 폐기하도록 지시하고, 그런 책들을 다시 발행하면 오른손을 절단하는 벌로 처단하겠다고 경고했다(536). 680년의 콘스탄티노플 에

---

3) Kapp(I. 318)은 작센의 선제후들이 1571–1670년에 다양한 저자들로부터 무려 192편의 '지극히 겸손한' 헌사를 받았으며, 취리히 시장은 1670–1685년에 38편의 그러한 헌사를 받았다고 언급한다.

4) 도서 검열과 출판 탄압의 역사에 관해서는 Kapp의 책 9, 10장을 참조하라. I. 522 sqq.

큐메니컬 공의회는 단의론파 교황 호노리우스의 편지들을 비롯한 책자들을 단죄한 뒤 소각했다.

로마 교황도 이 관행을 물려받아 발전시켜 나갔다. 레오 1세는 마니교의 수많은 서적들을 불태우게 했다(446). 교황들은 기독교 세계의 종교적·도덕적 문헌을 감독할 권리와 의무를 내세워 그러한 행위를 정당화했다. 13세기에 들어서 교황들은 그 권한을 대학교들에 이양했으나, 대학교들은 인쇄술 발명으로 출판이 쉬워지는 날이 올 때까지 별로 할 일이 없었다. 콘스탄츠 공의회는 위클리프와 후스의 저서들을 단죄했으며, 주교들에게 그들의 저서들을 모두 압수하여 소각하라고 명령했다(1415).

인쇄기가 발명되면서(1450년경) 그 기계를 발명한 요한 구텐베르크(John Gutenberg)가 살다가 죽은(1400-1467) 도시에서는 좀 더 엄격한 조치가 취해졌다. 인쇄기로 인하여 사전 도서 검열 정책도 생겼으며, 유럽의 일부 독재 국가들에서는 지금까지도 이 정책을 시행하고 있다. 마인츠의 대주교 베르톨트(Berthold)가 인쇄기 규제에 앞장섰다. 그는 1486년 1월 10일에 로마 교회의 인가를 받지 않은 헬라어와 라틴어 원서들의 독일어 번역판들의 판매를 금지했다. 명분은 독일어로는 원서의 의미를 충분히 전달하는 데 한계가 있다는 것이었으나, 실제 이유는 독일어 성경에 대한 적대감 때문이었다. 같은 해에 교황 인노켄티우스 8세는 불량 서적을 펴내는 출판사들을 규제하는 대칙서를 발행했다. 파렴치한 교황 알렉산더 6세는 1498년에 이단의 책들을 출판하거나 읽는 행위를 파문의 벌로써 금지했다. 그리고 1501년 6월 1일에는 주로 독일을 겨냥하여 모든 종류의 도서 출판을 주교의 감독과 검열하에 두었고, 쾰른과 마인츠, 트리어, 마크데부르크의 대주교 4인과 그들의 관리들에게 모든 원고를 면밀히 조사한 뒤에 출판을 허가하라고 요구했다. 기존에 출판된 책들도 조사하여 가톨릭 신앙에 위배되는 내용이 담겨 있으면 압수하여 소각하도록 했다. 이 대칙서가 차후에 교황청이든 황실이든 그 밖의 권력 기관들에 의한 모든 금지와 규제의 토대가 되었다.

기독교 학문과 문학보다 이교 예술에 더 관심이 많았던 레오 10세는 거기서 한 걸음 더 나갔다. 그는 1515년 3월 3일에 발행한 대칙서에서, 로마에서는 교황청 서적 검열관(magister sacri palatii)의 인가를, 그 밖의 나라들과 교구들에서는 주교나 종교재판관의 인가를 받지 않고는 어떤 책이든 출판하지 못하도록 금했다.[5] 명령을 어긴 행위에 대해서는 재산 몰수와 서적 공개 소각, 100다카트의 벌금, 그리고 파문으로 처벌했다. 마인츠의 대주교 겸 선제후 알브레히트는 종교개혁이 일어나기 불과 몇 달 전인 1517년 5월 17일에 이 대칙서를 자신의 광활한 교구에 시행하도록 명령을 내렸는데, 이렇게 이 대칙서를 공권력으로 집행한 독일의 제후는 그가 처음이었고 아마도 유일한 경우였던 듯하다. 1520년 6월 15일에 교황이 파문의 경고를 담아 발행한 대칙서도 일관되게 "루터의 모든 도서들"을 소각하라고 명령했다.[6] 그러나 루터는 1520년 12월 10일에 교황의 명령을 비웃고는 대칙서를 태워버렸다.

이로써 양심의 자유와 더불어 출판의 자유가 탄생하게 되었다. 그러나 출판의 자유는 심지어 개신교 나라들에서조차 모진 시련을 겪어야 했으며, 로마 당국자들의 권력이 미치는 범위에서는 끊임없이 제재를 당했다. 독일 제국은 보름스 칙령으로써 교황 진영에 서서 자유로운 사고와 자유로운 출판을 적대시했으며, 1806년에 노령으로 소멸할 때까지 그 정책을 고수했다. 하지만 다행스럽게도 제국의 권력이 약해지고 중앙의 장악력이 느슨해진 데 힘입어 바이에른와 오스트리아 같은 엄격한 친 교황 국가들을 제외하고는 개신교 서적들에 대한 금지법도 유명무실하게 되었다. 그러나 유감스럽게도 개신교 진영 사람들 자신들이 교황파와 대립하는 데는 출판의 자유를 십분 활용하면서도 서로에 대해서는 그 권한을 인정해 주지 않았다. 루터파는 개혁파에 대해서, 그리고 두 집단은 재세례파와 슈벵크펠트파, 소키누스파에 대해서 출판의 자유를 인정하지 않았다. 마찬가지로 개신교 제후들도 교황 진영으로부터 자신들을 보호하기 위해서, 혹은 교회 재산 강탈 등의 권리 침해에 대한 비판을 막기 위해서 출판 활동을 통제했다. 선제후 요한 프리드리히는 반대 진영의 공작 게오르크 못지않게 편협하고 옹졸했다.

그러나 이러한 소심한 규제들은 교황파가 출판의 자유를 막기 위해서 자행한 과격하고도 조직적인 탄압에 비하면 아무것도 아니다. 오스트리아 왕 페르디난

---

5) *Inter solicitudines*라는 제목이 붙은 이 대칙서는 제5차 라테란 공의회에서 공포되었다.

6) *Exurge, Domine*라는 제목이 붙은 이 대칙서는 원서 47절 후반의 특주에 라틴어 전문이 실려 있다.

트는 1528년 7월 24일에 분파들의 책을 취급하는 모든 출판업자와 서적 판매상들을 색출하여 물에 빠뜨려 죽이고 그들의 책은 모두 불태워 버리라고 명령했다. 성경책들을 포함한 개신교 서적들을 무차별 소각하는 방식은 16세기 중반 이전부터 예수회가 전가의 보도처럼 사용하여 효과를 거둔 관행으로서, 이런 관행은 개신교 진영이 서로 불화하고 전쟁을 벌이는 상황을 틈타 더욱 탄력을 받았다. 교황 파울루스 4세는 1557년과 1559년에 최초의 공식적인 「금서목록」(*Index Librorum prohibitorum*)을 발행했다. 피우스 4세는 1564년에 증보판 금서목록을 발행했는데, 이것은 트렌트 공의회의 결정에 따라 작성된 것인 까닭에 「트렌트 금서목록」(*Index Tridentinus*)이라 불렸다. 이 금서목록에는 로마가 금지한 모든 저서들의 목록이 실려 있다. 로마 교회의 금서목록은 세월과 함께 부피도 늘어났으나(1590, 1596, 1607, 1664, 1758, 1819 등), 권위는 갈수록 퇴색되다가 마침내 혜성을 부정한 대칙서와 마찬가지로 시대에 뒤떨어진 시도와 허장성세(brutum fulmen)로 취급을 당하게 되었다.

## 93. 작센의 개신교

작센 선제후령은 종교개혁의 첫 정복지였다. 비텐베르크가 그 운동의 총 본산이었으며, 루터가 총사령관으로서 멜란히톤과 요나스, 부겐하겐의 지원을 받아 그 운동을 이끌었다. 루터교가 그 땅에서 세력을 키워간 과정이 곧 종교개혁의 초기 역사에 해당하며, 그 과정에 대해서는 이미 앞에서 살펴보았다.

선제후령과 밀접한 관계가 있었던 지역이 작센 공작령으로서, 이 지역은 훨씬 후대에 가서 종교개혁을 받아들이긴 했으나, 이 시점에서 그 지역의 역사를 살펴볼 필요가 있다. 공작령에는 드레스덴과 유명한 대학교가 있는 라이프치히라는 두 도시가 있었다. 공작 게오르크는 1500-1529년이라는 긴 세월 동안 재위하면서 종교개혁을 무력으로 저지했다. 그 역시 교황의 착취를 증오했고, 공의회에 의한 도덕 개혁을 옹호했으나, 루터에 대해서는 조금도 공감하지 못했다. 라이프치히 논쟁 때 그에게 반감을 드러냈고, 그의 성경이 보급되는 것을 금지했고, 엠저를 시켜 루터의 성경과 경쟁할 만한 신약 성경을 발행했고, 루터파 신자들을 자기 영토에서 쫓아냈으며, 서적 판매상들을 철저히 감시했다.[7] 그는 자신의 권력이 닿는 데까지 보름스 칙령을 실행했으며, 루터를 붙잡아 화형에 처하지 못해서 안달했다. 루터는 펜을 사용하여 그를 교황과 마귀의 노예라고 가차 없이 비난함으로써 응수했으나, 마음으로는 그가 회심하기를 위해서 기도했다.[8]

게오르크는 자신의 영토에서 로마 교회가 항구적으로 존속하도록 하기 위해 노력했다. 하지만 그의 아들들이 하나씩 죽어갔다. 그의 동생이자 후계자인 경건자 하인리히(Heinrich the Pious)는 그의 아내와 함께 루터교도였다. 하인리히는 늙고 병약했으나 비텐베르크의 방식을 따라, 그리고 그 도시의 도움을 받아 교회 시찰을 통해 종교개혁을 도입했다. 1539년 5월에 라이프치히에서 공작 취임 행사가 열렸을 때 작센의 선제후와 루터, 멜란히톤, 요나스, 그리고 크루치거가 참석했다. 루터는 오순절에 그 도시에서 구름처럼 모인 청중 앞에서 설교하는 만족을 누렸다. 그곳은 20년 전에 에크와 논쟁을 벌여 공작 게오르크의 분노를 일으킨 곳이었다. 그럼에도 불구하고 루터는 새로 도래한 상황에 만족하지 않았다. 교황청에 한 다리를 걸치고 있던 성직자들의 비열한 이중성과, 귀족들과 궁정인들의 오만하고 탐욕스러운 행동을 그는 신랄히 책망했다.

그럴지라도 변화가 널리 항구적으로 파급되었다. 라이프치히가 루터파의 주요 대학교이자 개신교 출판계의 중심지가 되었으며, 오늘날까지 그 지위를 유지하고 있다. 멜란히톤의 절친한 친구이자 글벗인 요아킴 카메라리우스(카메르마이스터)가 1541-1546년에 그곳에서 교편을 잡아 대학교의 명성을 크게 높였으며, 고전학과 개신교 신앙의 발전에 크게 이바지했다.

작센 공작령에 일어난 변화를 간단히 살펴볼 필요가 있다. 하인리히의 아들 겸 후계자 모리츠(Moritz)는 상황 파악이 빠른 정치인이자 위선과 권모술수의 대가였는데, 그가 이기적인 동기로 종교개혁 진영을 파멸로 몰아넣었다가 나중에 다시 건져 주는 이중적인 행동을 보였다. 구체적으로 설명하자면, 그는 루터교 신앙을 고백하였으나, 슈말칼덴 전쟁이 일어나자 사촌인 선제후의 위신을 짓밟고 황제를 지원함으로써 동맹 진영을 배반했다(1547). 몇 년 후에는 황제를 배반

---

7) 요한 헤르고트라는 서적상이 1527년(1524년이 아님)에 라이프치히에서 루터의 책들을 판매한 이유로, 혹은 그보다는 농민전쟁에 가담하여 농민 중심의 사회주의적 교리를 퍼뜨린 이유로 처형되었다.

8) 게오르크가 죽은 뒤 루터는 이렇게 말했다. "차라리 그가 살아서 회심했더라면 좋았을 텐데. 복음이 사실이라면 이제 그는 영원한 불에 떨어졌다." Köstlin, II. 424.

하였으며(1552), 그로써 루터파에 한동안 평화를 가져다 준 파사우 조약과 아우크스부르크 평화조약이 체결되는 길을 열었다(1555).

그의 계승자들인 아우구스투스 1세(모리츠의 형제, 1553-1586)와 크리스티안 1세(1586-1591), 크리스티안 2세(1591-1611)는 관용을 모르는 편협한 루터교도들로서, 칼빈주의와 그 밖의 개신교 신앙을 내심 받아들인 사람들을 탄압했다. 프리드리히 아우구스투스 1세(1694-1733)는 폴란드 왕위를 얻기 위해서 조상들의 신앙을 팔아먹었다. 그 이후로 작센의 군주들은 로마 가톨릭 신자들인 반면에 백성들은 루터교에 남았으나, 점차 조상들에 비해 신앙이 자유스럽고 느슨해져 갔다. 타 교단들에게 예배의 자유를 허용한 것은, 로마 가톨릭에 대해서는 1807년, 독일 개혁교회에 대해서는 1818년, 그리고 다른 교단들에 대해서는 비교적 최근의 일이었다(1866년 이래).


## 94. 뉘른베르크의 종교개혁


뉘른베르크 · 아우크스부르크 · 프랑크푸르트 · 슈트라스부르크 같은 옛 독일 제국의 도시들(Reichsstädte)은 다른 도시들에 비해 상당한 자유를 누렸다. 자치권과 함께 입헌 정부, 그리고 제국의회(Reichstag)에 의석과 투표권을 갖고 있었다. 이 도시들은 정보와 부와 영향력의 중심지들이었다. 이런 이유로 종교개혁은 비록 소동과 반발도 없지 않았으나, 처음부터 이 도시들에서 급속한 진보를 이루었다.

중세 독일의 모습을 가장 인상적으로 간직하고 있는 뉘른베르크(누렘베르크)는 당시에는 독일의 상업 · 정치 · 학문 · 예술의 메트로폴리스로서 무수한 인재들을 끌어모았는데, 그들 대부분이 에라스무스와 루터의 사상에 동조했다. 종교개혁의 길을 연 사람은 뉘른베르크의 마이케나스(고대 로마의 정치가로서, 호라티우스와 베르길리우스를 후원한 문화 · 예술의 후원자: 역자주)라는 평가를 받은 피르크하이머(Pirkheimer, 1475-1530)였다. (하지만 그는 나중에 가서는 친구 에라스무스를 비롯한 인문주의자들과 함께 이탈했다.) 유명한 화가 알브레히트 뒤러(Albrecht Dürer, 1471-1528)는 보름스에서 루터가 보여준 영웅적인 태도를 존경했으며, 그가 종적을 감추었을 때 필시 목숨을 잃었을 것이라 생각하고는 그를 애도했다. 하지만 성찬 논쟁이 벌어질 때는 츠빙글리의 견해로 기울었다. '마이스터징거' 이자 제화공 시인 한스 작스(Hans Sachs, 1494-1576)는 루터를 비텐베르크의 '나이팅게일' 이라고 하며 칭송했다(1523). 아우구스티누스회 수사이자 루터의 절친한 친구 겸 글벗이었던 벤체슬라우스 린크(Wenzeslaus Link)는 슈타우피츠의 부탁을 받고 1518년에 비텐베르크에서 뉘른베르크의 아우구스티누스회 수도원으로 갔고, 대중을 상대로 한 복음적인 설교로 종교개혁 진영에 크게 이바지했다. 뉘른베르크 시에 있는 유서 깊은 두 교회 성 제발두스 교회와 성 로렌츠 교회의 설교자들도 종교개혁을 따랐다. 1524년에 미사가 폐지되었다. 린크 다음으로 종교개혁을 크게 진척시킨 사람은 평신도 슈펭글러와 성 로렌츠 교회의 설교자 오지안더(Osiander)였다.

시장의 비서이자 슈타우피츠를 존경한 라자루스 슈펭글러(Lazarus Spengler, 1479-1534)는 1519년에 루터를 예찬하는 글과 이신칭의를 주제로 한 대중 찬송("Durch Adam's Fall ist ganz verderbt")을 썼고, 개신교 대학 설립을 도왔으며, 루터가 1535년에 서문을 붙여 출판한 유언장에 신앙고백을 남겼다. 요아킴 카메라리우스(Joachim Camerarius)는 멜란히톤의 추천에 힘입어 1526년에 신설 개신교 대학에 사학과 그리스 문학 교수로 초빙받아 1535년까지 재직하다가, 튀빙겐 대학교와 그후(1541) 라이프치히 대학교로부터 초빙을 받았다.

안드레아스 오지안더(Andreas Osiander, 1498-1552)는 유능하고 학식은 깊되 고집이 세고 잘 다투는 신학자였다. 그는 1522년 이후에 성 로렌츠 교회에서 로마의 적그리스도를 비판하는 설교를 했고, 츠빙글리파도 못지않게 격렬히 비판했고, 1525년에 결혼했고, 1529년에 마르부르크 회담에 참석했으며, 1537년에 슈말칼덴 회의에 참석했다. 1537년에 자신의 조카딸과 결혼한 바 있는(1532) 잉글랜드 대주교 크랜머의 부탁으로 기계적인 방법으로 「네 복음서 대조서」(*Gospel Harmony*)를 펴냈다. 1549년에는 뉘른베르크를 떠나 신설된 쾨니히스베르크 대학교의 신학교수가 되었다. 그곳에서 신자의 칭의는 그 안에 내주하시는 그리스도에 의해 효과적이고도 점진적으로 이루어진다는 신비주의적 교리를 주장함으로써 비텐베르크의 신학자들과 치열한 신학 논쟁을 일으켰다(1551).

뉘른베르크에서는 종교개혁 기간 동안 여러 차례 제국의회가 열렸으며, 1532년에는 개신교 진영과 로마 가톨릭 진영 사이에 잠정적인 평화 조약이 체결되었다.

# 95. 슈트라스부르크의 종교개혁. 마르틴 부처

알자스 지방의 수도 슈트라스부르크는 고딕 대성당과 대학교, 도서관들로 유명한 도시로서, 종교개혁이 일어나기 오래 전에는 신비주의 부흥 설교자인 타울러와 하나님의 친우회의 활동 무대였다. 프랑스의 루이 14세 이전에는 철저한 독일의 도시였다가 프랑스에 병합되었으며(1861), 1870년에 독일이 다시 차지했다.

이 도시에서는 종교개혁이 1523년에 시작되었다. 첼(Zell) · 부처(Bucer) · 카피토(Capito. 쾨펠) · 헤디오(Hedio. 하일)가 이 도시에서 활동했고, 칼빈도 몇 년 동안(1538-1541) 이 도시에서 활동하여 큰 성공을 거두었다. 1528년에 시장이 미사를 폐지하고서 애국적인 학자 야콥 슈투름(Jacob Sturm)이 이끄는 개신교 진영을 지지했다. 슈투름은 죽을 때까지(1553) 시의 모든 중요한 현안들을 관장하고, 시를 대표하여 제국의회에 참석하고, 로마파와의 회담에도 참석했다. 그는 슈트라스부르크 시에 고전학과 개신교 신앙을 가르칠 기독교 대학을 설립할 필요를 크게 역설했다. 그와 이름이 같은 유명한 교육가 요한 슈투름(Johann Sturm)이 파리 대학교에서 이 대학으로 초빙을 받았다(1537). 이 대학은 아카데미로 발전했다가 마침내 대학교가 되었다. 두 사람은 사상이 온건했으며, 카피토와 부처의 견해에 동의했다. 슈트라스부르크의 교회는 농민전쟁과 재세례파에 의해 큰 혼란을 겪었으며, 유감스러운 성찬 논쟁으로 인하여 더욱 큰 어려움을 겪었다.

슈트라스부르크의 주요 개혁자는 마르틴 부처(1491-1552)였다.[9] 그는 알자스 출신으로서 도미니쿠스회 수사였으며, 사제 서품을 받았다. 1518년에 하이델베르크에서 논쟁이 벌어졌을 때 루터의 연설과 태도를 겪고서 큰 감화를 받았다. 1521년에 교황으로부터 수도 서약을 면제받은 뒤 로마 교회를 떠나서 지킹겐의 프란체스코 성으로 도피했고, 수녀와 결혼했으며, 1523년에 슈트라스부르크로 초빙을 받았다.

이 도시에서 부처는 25년 동안 목사로서 활동하면서, 종교개혁과 연관된 여러 중요한 운동들에 참여했다. 마르부르크 회담에 참석했고(1529), 카피토와 함께

---

9) 독일어로는 Butzer, 라틴어로는 Bucerus.

'네 도시 신앙고백'(the Confessio Tetrapolitana)을 작성했고(1530), '비텐베르크 협정'(the Wittenberg Concordia)으로 루터와 츠빙글리 사이에 잠시 인위적인 휴전을 이끌어냈고(1536), 불행하게도 헤세의 영주 필립의 중혼(重婚)을 묵인해 주었으며, 멜란히톤과 함께 쾰른 대주교 헤르만을 종교개혁 진영으로 끌어들이려고 했으나 성공을 거두지 못했다(1542). 나중에는 정치적 갈등이 심각해지고, 로마 진영에 무게가 실린 아우크스부르크 가신조협정(Interim)에 반대한 까닭에 슈트라스부르크에서 머무는 것이 위험하게 되었으며, 결국에는 불가능하게 되었다. 슈트라스부르크를 빠져나온 부처에게 비텐베르크에서는 멜란히톤이, 바젤에서는 미코니우스가, 제네바에서는 칼빈이 각각 거처를 제공해 주겠다고 제의했다. 그러나 부처는 연하의 동료교수 파기우스(Fagius)와 함께 크랜머의 초청을 받아 잉글랜드로 갔다(1549). 그곳에서 크랜머의 개혁을 도왔고, 대주교와 국왕 에드워드 6세에게 높은 평가를 받았으며, 케임브리지에서 신학교수로 봉직하다가 생을 마감했다. 그는 피의 메리의 재위 기간에 유골이 파헤쳐지는 수모를 당했으나(1556), 여왕 엘리자베스가 그의 명예를 회복해 주었다.

부처는 그 시대 역사에서 독일 종교개혁자들 가운데 세 번째 인물로, 박식한 신학자이자 외교관으로, 특히 루터파와 츠빙글리파 사이에서 통일과 화해 노력을 기울인 인물로 평가를 받는다. 그는 독일과 잉글랜드를 연결해 주는 역할도 했으며, 잉글랜드 교회가 교리와 예배에 관한 표준을 수립하는 데 어느 정도 도움을 주었다. 그의 좌우명은 "우리는 그리스도를 믿으며, 교회를 믿지 않는다"였다.

그는 슈트라스부르크 교회에 자신의 성격을 깊이 남겼다. 그 결과 이 교회는 비텐베르크와 취리히 사이의 중간 지대를 차지했으며, 칼빈과 프랑스의 개혁파 난민들에게 피난처를 제공했다. 그 후 독일 사회는 한동안 루터교 엄수파가 지배했으나, 부처의 평화주의적 보편성이 그와 마찬가지로 알자스 지방 출신인 슈페너의 실천적 경건주의를 통해서 되살아났다. 최근에는 로이스 박사(Dr. Reuss)가 이끄는 슈트라스부르크 대학교 교수들이 독일의 개신교 신학과 프랑스의 개신교 신학을 양국의 언어로 중재했으며, 존 칼빈의 저작들의 최고의 편집본을 펴냈다.

# 96. 독일 북부의 종교개혁

마크데부르크에서는 전직 아우구스티누스회 수도원장으로서 비텐베르크에서 공부한 멜키오르 미리쉬(Melchior Mirisch)가 1522년에 루터의 교리를 전파했다. 그 도시의 시장은 대주교 알브레히트의 권위를 박탈하고서 1524년에 루터를 초청하여 설교하게 했으며, 루터의 주선으로 그의 친구 니콜라우스 폰 암스도르프를 영입했다. 암스도르프는 감독(superintendent)이 되어 필요한 개혁을 도입했다. 아우크스부르크 가신조협정으로 인하여 독일 사회가 갈등에 빠져든 동안, 마크데부르크 시는 플라키우스(Flacius)가 이끄는 루터파의 요새였으며, 그로 인해 황제에게 법익 박탈 처분을 받았다(1548). 이 도시는 삼십년전쟁 때 틸리(Tilly)에 의해 불에 탔으나, 잿더미 위에서 다시 일어섰다.

마크데부르크에서 최초의 개신교 교회사(1559-1574)가 발행되었다. 2절판 13권으로 된 이 저작은 플라키우스가 「마크데부르크 세기사」(*The Magdeburg Centuries*)라는 제목으로 편집했다. 이 책은 엄청난 정성과 노력이 들어간 작품이긴 하나, 교황제를 비판하려는 교파적 목적을 달성하기 위해서 역사를 활용하는 바람직하지 못한 태도가 담겨 있다. 로마 진영에서는 이 책에 대응하기 위해 바로니우스의 「연대기」(*Annales*)를 펴냈다.

브레슬라우와 슐레지엔은 주로 요한 헤스(John Hess)에 의해 개혁되었다. 헤스는 1519년에 비텐베르크에서 공부했으며, 루터와 멜란히톤의 친구였다. 그는 1524년에 브레슬라우에서 벌어진 로마파와의 논쟁에서 개신교 교리를 훌륭하게 변호했다.

카스파르 슈벵크펠트 폰 오시크(Kaspar Schwenkfeld von Ossig, 1490-1561)는 리그니츠[레흐니차]의 공작 프리드리히 2세를 섬기던 귀족으로서, 슐레지엔에 종교개혁을 도입하여 진척시킨 초창기 인물의 하나였으나, 성찬 논쟁 때 루터에게서 떨어져 나갔다(1524). 그가 주장한 성찬관은 퀘이커교의 견해와 유사한, 특이한 것이었다. 그는 그리스도의 살이 신격화되었다고도 가르쳤다. 그는 새로운 분파를 설립했는데, 이 분파는 독일에서 박해를 받았으나 미국 펜실베이니아 주 동부에 거주하는 슈벵크펠트파 교회들을 통해 살아 남았다.

브레슬라우 개신교 진영의 후기 지도자들 가운데 빼놓아서는 안 될 사람 가운데는 크라토 폰 크라프타임(Crato von Crafftheim, 1585 죽음)이 있다. 그는 루터의 집에 기거하면서 비텐베르크 대학교에서 6년간 공부했고, 황제 막시밀리안 2세의 주치의가 되어 명성을 얻었다. 그의 연하의 친구 자카리아스 우르시누스(Zacharias Ursinus, 1583 죽음)는 「하이델베르크 요리문답」을 작성한 두 명의 저자 가운데 한 사람이다. 크라토는 일치신조로써 승리를 거둔 루터교 엄수파와 구분되는 멜란히톤 학파에 속했다.

브레멘은 1522년 11월에 하인리히 몰러(Heinrich Moller. 하인리히 폰 취트펜이란 이름으로 더 잘 알려짐. 1468-1524)를 앙스가리 교회로 초빙하고, 후에 다른 개신교 목사 두 명을 더 초빙함으로써 개신교를 받아들였다. 몰러는 1515년부터 비텐베르크 대학교에서 공부했고, 1521년에 멜란히톤에게 학위를 받았다. 도르트의 아우구스티누스회 수도원 원장을 지냈으며, 그곳과 앤트워프에서 종교개혁 교리를 설교하다가 목숨의 위협을 느끼고서 도망쳐 나왔다. 그는 설교자로 초빙을 받고 디트마르로 갔다가 반대에 부닥쳤으며, 수사들의 선동을 받아 흥분한 광신도들과 주정뱅이들에게 붙잡혀 불에 타 죽었다. 루터는 그의 죽음의 전말을 기록하여 펴냈으며, 시편 제10편 강해를 첨부하여 브레멘의 그리스도인들에게 그 글을 헌정했다. 루터는 순교 정신이 되살아난 것을 기뻐하면서, "[순교가] 세상 사람들 보기에는 참혹해도 하나님이 보시기에는 고귀하다"고 말했다.[10]

1527년에 브레멘의 모든 교회들이 개신교 목사들의 가르침을 받게 되었으며, 후에는 루터교와 개혁교회로 양분되었다. 수도원들은 학교들과 병원들로 개조되었다.

독일 북부의 주도권과 해상 교역에서 브레멘의 경쟁 상대였던 함부르크는 1523년에 개신교를 받아들였다. 5년 뒤에 이 도시는 포메라누스라고도 불린 부겐하겐 박사(1485-1558)를 비텐베르크에서 초빙하여 개혁 작업을 맡겼다. 루터의 신실한 친구이자 목사였던 이 개혁자는 교회 정치에 특별한 은사가 있었으며, 독일 북부와 덴마크에 루터교회들을 조직하는 데 크게 이바지했다. 이 목적을 위해서 브라운슈바이크(1528)와 함부르크(1529), 뤼벡(1530-1532) 같은 도시들과 고향인 포메라니아(1534)에서 활동했으며, 덴마크에도 거의 5년을 머물렀

---

10) *Vom Bruder Heinrich in Ditmar verbrannt*, Wittenberg, 1525, in the Erl. ed. XXVI. 313-337; in Walch, XXI. 94 sqq.

다(1537-1542). 그가 작성한 교회 헌장들은 다른 교회들에 모범이 되었다.

뤼벡은 부유한 상업 도시이자 한자 동맹(the Hanseatic League: 14-15세기 독일 북부 상업 도시들의 정치적·상업적 동맹)의 수도로서, 처음에는 루터교 설교자들을 추방했으나 후에 그들을 다시 불러들였으며, 1529년에 로마 교회 사제들을 추방했다. 부겐하겐이 이 도시의 개혁 작업을 완수했다.

브라운슈바이크-뤼네부르크에서는 1527년에 고백자 공작 에른스트(Ernst the Confessor)가 새로운 교리를 지지하고, 개혁 작업을 1530년에 아우크스부르크 제국의회 때 만난 우르바누스 레기우스(Urbanus Rhegius)에게 위임했다.

레기우스(1489-1541)는 제2세대 종교개혁자들 가운데 속한다. 그는 콘스탄츠의 호숫가 마을에서 사제의 아들로 태어나 린다우와 프라이부르크(차시우스의 집에서)에서 공부했고, 잉골슈타트에서 에크 박사에게 배웠으며, 콘스탄츠에서 사제 서품을 받았다(1519). 인문주의자들 집단에 합류했고, 에라스무스·파버·츠빙글리와 편지를 주고받았으며, 황실의 연설가와 계관시인이 되었다(하지만 그의 시는 경직되고 진부하다). 바젤 대학교에서 신학박사 학위를 받았다. 아우크스부르크 시장의 초빙을 받아 그 도시로 가서 1523-1530년에 그곳 성당에서 설교자로서 활동했다. 그는 로마교에서 루터교로, 루터교에서 츠빙글리의 사상으로 옮아갔다가, 다시 온건한 유형의 루터교로 돌아왔다. 부처의 사상과 태도에 크게 공감을 가졌으며, 후에는 비텐베르크 협약을 위해 노력했다. 1530년 6월에 개신교 설교를 금한다는 황제의 명령으로 아우크스부르크에서 그의 사역은 종료되었다. 하지만 8월 26일까지 그 도시에 머물면서 부처와 멜란히톤과 많은 것을 상의했다.

아우크스부르크에서 나온 레기우스는 뤼네베르크의 총감독으로서 좀 더 중요하고 항구적인 사역을 시작했으며, 켈레·하노버·민덴·조에스트·렘고 등지에서 종교개혁을 보급하는 데 크게 이바지했다. 하지만 그 도시들의 개신교 신자들의 도덕 상태가 저급한 수준을 면치 못했다고 그는 적는다. 그는 하게나우 회담에 참석했다가 그곳에서 돌아온 직후인 1541년 5월 27일에 숨을 거두었다.

그는 요리문답서 두 권과 경건 서적 여러 권을 썼다. 사역을 시작한 단계에서는 허영심이 강하고 가변적이고 당파성이 강했다. 그는 독창성은 모자랐으나 다른 사람들의 새로운 사상을 활용하고 대중화하는 재능이 있었다. 루터는 그에 대해서 이런 평가를 남긴다. "그는 교황파의 가증한 관행들뿐 아니라 모든 분파들을 혐오했다. 순수한 말씀을 진실하게 사랑했으며, 그의 저서들이 풍성하게 보여주듯이 매우 부지런하고도 신실하게 말씀을 상고했다."[11]

메클렌부르크의 공작들인 하인리히와 알브레히트는 1524년에 루터에게 '복음주의자들'을 보내달라고 요청했고, 루터는 그들에게 아우구스티누스회 수사 2인을 보냈다. 하인리히는 종교개혁을 지지하긴 했으나 매우 몸을 사렸다. 1419년에 설립된 로스톡 대학교가 후기에 루터교 엄수파 정통신앙의 본산이 되었다.

## 97. 아우크스부르크와 독일 남부의 개신교

아우크스부르크는 그리스도께서 세상에 오시기 12년 전에는 로마 식민지(아우구스타 빈델리코룸)로 알려졌고, 중세에는 황제 거주 도시와 주교좌 도시, 북유럽의 지중해와 동방 무역 중심지, 그리고 부유한 상인들과 은행가들(푸거 가문과 벨저 가문)의 거점이었다. 이 도시가 종교개혁사 초반에 중요하게 떠올라, 1530년에는 루터교의 표준 신앙고백에, 그리고 1555년에는 평화조약에 이름을 제공했다. 루터는 1518년 이 도시에서 추기경 카예타누스와 논쟁을 벌였으며, 자신에게 끝까지 남은 카르멜회 탁발수사 프로슈(Frosch)와 함께 이 도시에 머물렀다. 포이팅거(Peutinger)와 이 도시의 주교(크리스토프 폰 스타디움), 그리고 참사회원 2인(그 중 한 사람은 아델만)이 적어도 한동안은 개혁에 우호적이었다. 우르바누스 레기우스가 1523-1530년에 이 도시에서 설교하면서 큰 영향을 끼쳤다. 그는 1524년 성탄절에 프로슈와 함께 성찬을 집례하면서 잔도 함께 나눠주었다. 두 사람 모두 1526년에 결혼했다.

그러나 미카엘 켈러(Michael Keller)가 이끈 츠빙글리파가 점차 유력 인사들의 마음을 얻었다. 츠빙글리는 1524년 11월 16일에 알베르(Alber)에게 보낸 유명한 편지에서 그러한 상황을 잘 활용했는데, 이 편지에서 그는 처음으로 자신의 신학 이론을 자세히 전개했다. 레기우스조차 비록 과거에는 칼슈타트와 츠빙글리를 비판하는 글을 쓰기도 했으나, 아주 짧은 기간 동안이나마 츠빙글리파가 되었다.

---

11) Rhegius, *Opera latine edita*, Norimb. 1561.

재세례파 지도자들인 후프마이어(Hubmaier) · 뎅크(Denck) · 헤처(Hetzer) · 후트(Hut)도 아우크스부르크에 나타나 1천1백 명의 회중을 끌어모았다. 이들은 1527년에 총회를 열었다. 이들은 침례를 시행했다. 레기우스는 시장을 만나 이들이 위험한 존재들임을 설득했고, 그 결과 지도자들이 투옥되고 더러는 처형되었다.

개신교 진영 내부에서 일어난 혼란과 갈등으로 로마 진영의 세력이 강해졌다. 민중은 어느 쪽을 믿어야 할지 몰랐고, 시장도 태도를 결정하지 못했다. 그 도시의 도덕 상태는, 레기우스와 무스쿨루스를 비롯한 여러 설교자들의 글에 따르면, 교황이 지배할 때보다 오히려 더 저급한 상태에 떨어져 있었다. 1530년에 이 도시에서 제국의회가 열리고 있는 동안, 황제는 모든 개신교도들에게 공식적인 설교를 금지했다. 이때 시장은 아무런 반대도 하지 않고 설교자들을 추방했다. 그러나 아우크스부르크 신앙고백이 이 도시에 항구적인 흔적을 남겼다.

독일 남부의 도시들인 콘스탄츠와 메밍겐, 린다우도 아우크스부르크와 마찬가지로 루터뿐 아니라 츠빙글리에게도 영향을 받았으며, 부처와 카피토가 아우크스부르크 제국의회 기간 동안 개신교의 두 진영을 통일시키는 문서로서 서둘러 작성한 '네 도시 신앙고백'에 따라 슈트라스부르크와 화합했다. 이 문서는 제국의회의 승인을 받지 못했고, 츠빙글리의 신앙고백서과 마찬가지로 회의석상에서 낭독하는 것조차 허락받지 못했다. 그러나 부처는 끝까지 이 신앙고백서를 고수했다.

종교개혁이 독일 남부에서 정복한 가장 중요하고도 항구적인 지역은 공작 울리히가 다스리던 뷔르템베르크 공국이었다. 이것은 1534년 이후에 브렌츠(Brenz)와 블라우러(Blaurer), 슈네프(Schnepf)의 사역이 맺은 결실이었다. 튀빙겐 대학교(1477년 설립)는 가장 엄격한 정통신앙에서부터 가장 급진적인 비평학에 이르기까지 다양한 개신교 신학을 왕성하게 생산해 낸 비옥한 산실이 되었다.

## 98. 헤세의 종교개혁과 홈베르크 교회회의, 헤세의 필립과 아비뇽의 랑베르

I. LAMBERTUS AVENIONENSIS: *Paradoxa quœ Fr. L. A. apud sanctam Hessorum Synodum Hombergi congregatam pro Ecclesiarum Reformatione e Dei Verbo disputanda et definienda proposuit*, Erphordiæ, 1527. (Reprinted in Sculteti *Annales*, p. 68; in Hardt, *Hist. lit. Ref.* V. 98; an extract in Henke's *N. Kirchengesch.*, I. 101 sqq.)  N. L. RICHTER: *Die Kirchenordnungen des 16ten Jahrh.*, Weimar, 1846, vol. I. 56–69 (the Homberg Constitution).  C. A. CREDNER: *Philipp des Grossmüthigen hessische Kirchenreformations-Ordnung.  Aus schriftlichen Quellen herausgegeben, übersetzt, und mit Rücksicht auf die Gegenwart bevorwortet*, Giessen, 1852 (123 pp.)

II. F. W. HASSENCAMP: *Hessische Kirchengesch. seit dem Zeitalter der Reformation*, Marburg, 1852 and 1855.  W. KOLBE: *Die Einführung der Reformation in Marburg*, Marburg, 1871.  H. L. J. HEPPE: *Kirchengesch. beider Hessen*, Marburg, 1876.  (He wrote several other works on the church history of Hesse and of the Reformation generally, in the interest of Melanchthonianism and of the Reformed Church.)  E. L. HENKE: *Neuere Kirchengesch.* (ed. by Gass, Halle, 1874), I. 98–109.  MEJER: *Homberger Synode*, in Herzog², VI. 268 sqq.  KÖSTLIN: *M. L.*, II. 48 sqq.

III. Works on Philip of Hesse by ROMMEL (*Philipp der Grossmüthige, Landgraf von Hessen*, Giessen, 1830, 3 vols.), and WILLE (*Philipp der Grossmäthige und die Restitution Herzog Ulrichs von Würtemberg*, Tübingen, 1882).  MAX LENZ: *Zwingli und Landgraf Philip*, in Brieger's "Zeitschrift für Kirchengeschichte," 1879; and *Briefwechsel Landgraf Philipps mit Bucer*, Leipz. 1880, vol. 2d, 1887 (important for the political and ecclesiastical history of Germany between 1541 and 1547). The history of Philip is interwoven in RANKE'S *Geschichte* (vols. I. to VI.), and in JANSSEN'S *Geschichte* (vol. III.).  Against Janssen is directed G. BOSSERT: *Württemberg und Janssen*, Halle, 1884, 2 parts.

IV. Biographies of Lambert of Avignon by BAUM (Strassb. 1840), HASSENCAMP (Elberfeld, 1860), RUFFET (Paris, 1873), and a sketch by WAGENMANN in Herzog², VIII. 371 sqq. (1881).  The writings of Lambert of Avignon, mostly Theses and Commentaries, are very scarce, and have never been collected.  His letters (some of them begging letters to the Elector of Saxony and Spalatin) are published by HERMINJARD in *Correspondance des Réformateurs*, vol. I. 112, 114, 118, 123, 131, 138, 142, 144, 146, 328, 344, 347, 371; vol. II. 239.  Luther refers to him in several letters to Spalatin (see below).


독일 중부에 자리잡은 헤세 혹은 헤시아는 8세기에 보니파키우스의 선교에 힘입어 기독교화했으며, 마인츠 대주교의 관할구에 속했다. 16세기에 이 도시에는 수도원이 50곳이나 되었고, 수사들과 수녀들의 수도 수천 명을 헤아렸다.

헤세는 작센 다음으로 종교개혁 초기 역사의 주요 무대가 되었다. 군주들 가운데 종교개혁을 크게 후원한 사람으로는 선제후 요한 다음으로 '도량가'라는 별명을 지닌 헤세의 영주 필립이었다(1504-1567). 그가 독일 정치사에 뚜렷이 모습을 드러낸 시기는 농민전쟁 진압을 도운 1525년부터 슈말칼덴 전쟁에서 황제에게 패한 1547년까지이다. 그 뒤 5년간 포로 생활을 했다(1547-1552). 말년은 조용하고 유화적으로 보냈으나, 문란한 사생활과 정치적 균형 상실로 인해 도덕적 감화력을 발휘하지 못했다.

필립이 종교개혁과 맺은 관계는 두 가지 다른 양상을 띠었으며, 이런 이유로 그가 종교개혁에 유익을 끼쳤는지 해를 끼쳤는지 판단하기가 쉽지 않다. 그는 보름스 제국의회에서 루터를 만나 서로 알고 지내는 사이가 되었으며(1521), 하이델베르크에서 멜란히톤을 만나 그에게 조언을 구하여 받았다(1524). 그는 1525년에 하나님의 말씀에서 떠나느니 차라리 육신과 생명, 영토와 백성을 잃겠다고 선언했고, 성직자들을 향해서 하나님의 말씀을 순수하게 전하라고 당부했다.[12]

그는 1526년에 공식적으로 종교개혁을 받아들였고, 비록 도덕적 품행으로는 그렇지 못했으나 신념과 정책으로는 끝까지 종교개혁 진영에 충실했다. 군주들에게서 예를 찾아보기 힘든 상당한 수준의 신학 지식을 가지고 종교개혁을 대담하게 변호했으며, 교리 논쟁들에 대해서 당시에 만연하던 편협함에서 벗어나 유화적이고 관대한 태도를 취했다. 그는 독일과 스위스의 개신교 세력을 규합하여 공동의 적을 밀어내려는 숭고한 목적을 품고서 마르부르크 회담을 성사시켰다(1529). 그는 라우펜 전투에서 거둔 혁혁한 승리로 뷔르템베르크를 공작 울리히에게 되돌려 줌으로써 그 나라에 종교개혁이 들어갈 수 있는 길을 열었다(1534). 그러나 다른 한편으로는 경솔한 행동으로 개신교 진영을 거듭 위험에 빠뜨렸으며, 중혼(重婚)으로 사회적 지탄을 받을 정도까지 문란한 사생활로 개신교 진영과 자신에게 적지 않은 해를 입혔다(1540). 그는 여러 면에서 잉글랜드의 헨리 8세를 닮았다.[13]

---

12) Ranke, II. 121.

13) 이 추잡한 주제는 우리가 다루는 시기에 해당하지 않지만, 여기서 간단히 언급하고 지나갈 만하다. 필립은 정욕이 강한 사람으로서, 작센의 공작 게오르크의 아주 어린 딸과 결혼했다. 이 여성은 매력이 별로 없었기에 그에게 별로 만족을 주지 못했

필립은 1526년 8월 27일에 슈파이어 제국의회가 휴회한 상황을 활용하여 의회가 자신의 나라에 종교개혁을 도입해도 된다고 법률적으로 허락한 것으로 유권해석한 최초의 군주였다. 이 목적으로 홈베르크라는 헤세 지방의 작은 도시에서 교회 회의를 소집했다.[14] 교회 회의에는 성직자들과 귀족들, 각 도시의 대표들이 참석했고, 1526년 10월 20-22일에 회의가 열렸다. 필립이 직접 참석했으며, 그의 종교법 고문 파이게(Feige)가 회의를 주재했다. 이 교회 회의는 시대에 앞선 민주적 교회 정치와 권징 구도를 내놓은 것으로 유명하다. 이 구도는 한동안 실패로 끝났으나, 미래를 위해 그리고 다른 여러 나라들을 위해서 유익한 씨앗을 내포하고 있었다. 이 회의는 과거에 취리히에서 츠빙글리의 종교개혁 도입 문제를 놓고 벌어졌던 논쟁에서 암시를 얻었다.

이 교회 회의를 정신적으로 이끈 사람은 아비뇽의 프랑수아 랑베르(Francis Lambert, 1487-1530)로서, 개신교로 개종한 최초의 프랑스 수사이자 제2세대 종교개혁자 가운데 한 사람이었다. 과거에는 프랑스 남부에서 활동한 프란체스코회의 유명하고 유능한 순회 설교자였다. 하지만 그는 엄격한 금욕 생활로도 양심의 평안을 얻지 못했다. 그런 상태에서 프랑스어로 번역된 루터의 소책자 몇 권을 구해 읽게 되었고, 독일에 있는 자기 수도회의 상급자에게 편지들을 전달하라는 수도원의 지시를 받은 기회를 틈타 고국을 떠난 뒤 다시는 돌아가지 않았다.

그는 시대의 가장 큰 질문에 대한 답을 구하는 구도자로서 노새에 몸을 싣고서 제네바와 베른, 취리히를 거쳐 바젤과 아이제나흐, 그리고 비텐베르크까지

---

고, 필립은 중혼을 하기 오래 전부터 건강을 해쳐 가면서까지 자유롭게 향락을 좇아 살았다. 이러한 생활로 인한 양심의 가책으로 15년 동안(1525-1540) 성찬에 한 번밖에 참석하지 못했다고 루터에게 쓴 편지에서 털어놓았다(1540년 4월 5일). 만약 그의 정욕을 사로잡았던 마르가레타 폰 더 잘레라는 여성이 그의 정부(情婦)가 되어주겠다고 동의했다면 그는 굳이 중혼까지 가지 않았을 것이다. 이 수치스러운 사건을 더 눈살 찌푸리게 만드는 것은 종교개혁자들의 나약한 묵인이다. 그들은 이러한 태도로 로마 교회 진영에 예리한 공격 무기를 제공했다. 그러나 개신교가 헤세의 필립의 죄에 대해 책임이 있다고 한다면, 로마교는 루이 14세가 범한 더욱 큰 죄에 대해 책임이 있다.

14) 홈베르크를 더 유명한 프랑크푸르트 근처의 홈부르크와 혼동해서는 안 된다.

갔다. 도중에 츠빙글리를 만나 공개 토론을 벌이는 동안 절반쯤 회심했다가 (1522년 7월), 비텐베르크에서 루터를 만나 대화를 나누고는 확실히 회심하게 되었다(1523년 1월).

루터는 이미 전직 사제들과 전직 수사들에게 여러 번 속은 경험이 있었던 까닭에 처음에는 그를 신뢰하지 않았으나, 그의 진정성을 확신하게 되면서 그를 도와주었다.[15] 랑베르는 루터의 요청을 받고 비텐베르크 대학교에서 해석학을 가르치고, 종교개혁 홍보 책자들을 프랑스어와 이탈리아어로 번역하고, 자신이 수도원을 떠난 이유를 해명하는 책(1523년 2월)과, 프란체스코회의 수도회칙에 대한 주석(루터가 서문을 씀)을 펴냈다(1523년 3월). 그는 수도원들을 학교 시설로 개조해야 한다고 주장했다. 작센의 여성과 결혼했고(1523년 7월 15일. 이로써 훗날 있을 루터의 결혼을 예기했다), 그녀와 행복하게 살았으나 너무나 가난했던 까닭에 도움을 간청하지 않을 수 없었다. 비텐베르크에서 일년을 넘게 지냈으나 독일어를 몰라서 안정된 자리를 얻을 전망이 보이지 않자 루터와 멜란히톤의 만류에도 불구하고 돌연히 메츠로 떠났다. 그 도시에서 은밀히 종교개혁을 지지하던 소수의 사람들에게 초빙을 받은 것이다(1524년 3월 24일). 그는 프랑스 왕을 종교개혁 진영으로 끌어들이기 위해서 편지를 보내어 공개 토론을 제안했다. 그러나 성직자들이 그를 만류했고, 시장은 그에게 메츠 시를 떠나라고 권고했다.

메츠를 떠난 랑베르는 슈트라스부르크로 가서(1524년 4월) 부처에게 따뜻한 영접을 받았으며, 시장으로부터 시민권을 부여받았다. 그곳에서 그는 아가와 소선지서들에 관한 실제적인 주석들과 에라스무스와 자유의지를 비판한 저서, 그리고 일종의 교리서를 펴냈다.[16] 영주는 그를 높이 평가하여 슈파이어 제국의회에 자신의 대리인으로 파견했으며(1526), 그를 헤세의 종교개혁자들 가운데 한 사람으로 삼았다.

---

15) 그는 슈팔라틴에게 보낸 편지들(1522년 12월 20일, 23일, 26일, 1523년 1월 12일, 23일)에서 랑베르를 요하네스 세라누스라는 가명으로 언급한다(in De Wette, II. 263, 272, 299, 302).

16) *Farrago omnium fere rerum theologicarum*. 이 책은 1536년에 영어로 번역되었다. 이 책과 그의 *De Fidelium vocatione in Regnum Christi*에는 그가 홈베르크에서 변호한 견해들이 실려 있다.

랑베르는 홈베르크 교회 회의를 앞두고 영주의 부탁을 받고서 교리와 예배, 권징을 위한 토대로서 158가지 명제(Paradoxa)를 작성했다. 그리고 교회 회의에서 그 내용을 긴 라틴어 연설로 격렬하고 열정적으로 발표했다. 아담 크라프트(Adam Kraft)가 그의 연설을 독일어로 좀 더 온건하게 통역했다.

그의 주된 사상은 이런 것이다: 인간의 타락으로 이지러지고 왜곡된 모든 것은 하나님의 말씀으로 개혁되어야 한다. 하나님의 말씀이 신앙과 실천의 유일한 준칙이다. 모든 참된 그리스도인들은 제사장들이며 교회를 구성한다. 그들은 자치의 권한을 지니며, 마태복음 18:15–18에 따라 권징을 시행하고, 부도덕한 행실이나 거짓 교리로써 교회를 더럽힌 사람들을 출교할 권리와 의무를 지닌다. 감독들(즉, 목사들)은 회중에 의해 선출되고 생계를 지지받으며, 교회의 세속적 업무들에 관해서는 집사들의 도움을 받는다. 교회의 감독권은 교회 회의에 있다. 교회 회의는 매년 모여야 하며, 모든 소교구들이 파견하는 목사들과 평신도 대표들로 구성된다. 다음 번 교회 회의가 열릴 때까지는 13인 위원회가 집행부를 맡는다. 군주가 임명하고 교회 회의가 재가하는 3인의 시찰단이 일년에 한 번 교회들을 시찰하여 성직 후보자들을 심사하고 임명하고 임직하게 한다. 교황파와 이단들에게는 관용을 베풀어서는 안 되며, 국외로 추방해야 한다. 목회자 후보생들을 양성하는 학교를 마르부르크에 세워야 한다.

이러한 견해가 랑베르의 독창적인 것인지 아니면 프란체스코회나 발도파 혹은 츠빙글리나 루터의 제안을 반영한 것인지는 쟁점으로 남아 있다. 루터의 제안을 반영했을 개연성이 가장 높다. 분명한 것은 루터가 초기 저서들(1523)에 교회 정치와 사역에 관하여 비슷한 견해를 피력했다는 점이다. 루터의 견해는 신자들의 만인 제사장 교리에서 적법하게 도출된 것이다.[17]

이러한 원리들에 입각하여 교회 회의의 소위원회가 사흘만에 교회 헌장을 작성했는데, 랑베르가 주로 그 작업을 맡아 진행했음이 분명하다. 헌장의 내용은 회중교회 제도와 장로교회 제도를 결합한 것이다. 주된 특징은 회중의 자치와

---

17) Ritschl과 Meyer는 랑베르가 자신이 몸담았던 프란체스코회로부터 교회관을 차용했다고 주장한다.

18) 헌장의 라틴어 원본은 없어지고 사본 두 종만 현존하며, 이 사본들을 근거로 Schminke와 Richter, Credner의 편집본들이 제작되었다.

교회 회의의 감독, 그리고 엄격한 권징이다. 예배 모범은 루터의 「독일 미사」 (*Deutsche Messe*, 1526)에 근거하여 작성했다.[18]

이 헌장은 몇 가지 사소한 특징들을 제외하고는 사장되었다. 영주는 헌장의 내용에 만족을 표시했으나, 그의 자문을 부탁받은 루터는 발행을 연기하라고 권고했다. 루터는 헌장의 원리들에는 반대하지 않았으나, 시대와 사람들의 수준이 그것을 받아들일 만큼 성숙하지 못했으며, 법이 여론보다 앞서 나가면 성공하지 못하는 법이라고 생각했다.[19] 루터는 농민전쟁과 작센의 교회 시찰에서 쓰라린 교훈을 배운 바 있었던 것이다. 랑베르는 편지들을 통해서 개신교 진영에 만연한 부패와 자유 남용을 비판했다. 개혁이 절실히 필요하다는 사실과 하지만 매우 어려운 과제라는 사실이 다 옳았다. 개혁이 다름 아닌 군주에게서 시작해야 했기 때문이다. 그러나 자치(自治)는 실제로 실험과 경험을 통해서 얻게 되는 역량이다. 물에 들어가지 않고는 아무도 수영을 배울 수 없는 것이다.

영주는 자신을 교회의 수장으로 자임하고서 작센의 모델을 따라 교회를 개혁했다. 미사와 교회법을 폐지하고, 수도원들의 재산을 몰수하고, 병원들과 학교들에 재산을 기부하고, 교회들을 시찰하고, 6인의 감독을 임명했다(1531).

헤세 지방의 종교개혁이 루터의 요소와 개혁파의 요소를 두루 포함한 사실은 차후의 역사에서 신앙고백을 둘러싼 분란이 왜 일어났는지, 그리고 오늘날 헤세의 개신교 교회를 놓고 왜 양쪽 교단이 종주권을 주장하는지 그 이유를 설명해 준다.[20]

영주가 학문과 신앙을 위해 행한 가장 큰 봉사는 마르부르크 대학교를 설립한 일이었다. 이 대학교는 1527년 7월 1일에 104명의 학생들로 개교했다. 이 대학교가 비텐베르크 대학교 다음가는 개신교 사역의 산실이 되었으며, 오늘날까지 중요한 기관으로 남아 있다. 프랑수아 랑베르 · 아담 크라프트 · 에르하르트 슈네

---

19) 1525년 주현절 다음 월요일에 백작영주에게 쓴 편지(in the Erl. ed., vol. LVI. 170 sq.). 루터는 혹시 자신이 인정해 주지 않을 경우 비텐베르크 측의 질투로 오해를 살까봐 대답을 꺼렸다. 그는 랑베르의 이름을 언급하지 않은 채 성급한 시도에 경계의 뜻을 전했다.

20) 마르부르크의 Vilmar 박사(그는 원래 개혁파였다)는 헤세의 주민들이 루터파였음을 입증하려고 했으나, 본인도 그 점을 잘 몰랐다. 그의 동료교수 Heppe 박사는 대등한 학문적 근거를 가지고 상반된 내용을 입증하려고 했다. 독일 속담에 '맹목적인

프·헤르만 부쉬가 초대 신학교수들이었다.

심한 가난에 허덕이며 살아온 랑베르는 이제 비록 작은 수입이긴 하나 안정된 일터를 얻게 되었다. 그는 자신이 좋아하는 책들인 아가서와 선지서들, 그리고 계시록을 가르쳤다. 하지만 그의 강의를 수강하는 학생들이 별로 없었고, 독일인 교수들도 그를 가까이 해주지 않았던 까닭에 그의 생활은 별로 행복하지 않았다. 그는 1529년 10월에 마르부르크에서 열린 성찬 논쟁에 참관인으로 참석했으며, 그 논쟁을 지켜보면서 츠빙글리의 견해를 받아들이게 되었으며, 자신의 마지막 저서에서 그 견해를 변호했다.[21] 이 일로 인해 그의 입지가 더욱 불편하게 되었음이 틀림없다.

그는 "자신이 주님에게서 받은 교훈을 주민들에게 가르칠 스위스의 작은 도시"를 찾고 싶었다.[22] 하지만 소원을 채 이루기도 전에 1530년 4월 18일에 전염병에 걸려 아내와 딸과 함께 세상을 떠났다. 그는 독창적이되 괴팍하고 별난 천재로서, 지나치게 낙관적이었고, 지혜와 사리분별보다 열정과 웅변이 앞섰다. 그의 중요성은 교회의 자치와 권징의 원리를 옹호한 데 있다. 그의 저서들은 사상이 풍부하며, 문체는 명쾌하고 간결하고 활발하고 직설적이어서 프랑스인의 것임을 금방 알 수 있다.

랑베르는 멀리 떨어진 스코틀랜드에 영향을 끼친 듯하다. 그 나라에서는 랑베르의 것과 유사한 교회 정치 원리가 제네바의 개혁교회의 모델을 따라 시행되었다. 랑베르의 제자들 가운데는 1528년 2월 29일에 세인트 앤드루스에서 화형을 당한 스코틀랜드 개신교의 초대 순교자 패트릭 해밀턴(Patrick Hamilton)이 있었다. 일반적인 견해에 따르면 영어 성경 번역의 선구자인 윌리엄 틴들(William

---

헤세 사람들'에 관한 것이 있는데, 이 속담은 적어도 2만 명의 불행한 병사들에게는 잘 들어맞는다. 이들은 사리를 분별하지 못한 채 비열한 군주(로마 교회로 개종한 프리드리히 2세. 1785년에 죽음)에 의해서 가축 떼처럼 2천1백만 탈러의 가격에 잉글랜드 왕에게 팔려가 아메리카 식민주들에서 총알받이들로 사용되었다. 따라서 아메리카에서는 '헤세 용병들'이 좋지 못한 뜻으로 사용되었는데, 이것은 헤세 주민들과 그들의 후손들에게 크게 무례한 표현이다.

21) *De Symbolo Faederis*, etc. 이 책은 그가 죽은 뒤인 1530년에 슈트라스부르크에서 출판되었다.

22) 부처에게 보낸 편지. 1530년 3월 14일.

Tyndale)도 비슷한 시기에 마르부르크에서 공부했다고 한다. 그가 남긴 여러 권의 소책자들에는 겉표지나 속표지에 "헤세 땅 마르보로(마르부르크)의 한스 루프트"라는 글귀가 적혀 있다.[23]

## 99. 프로이센의 종교개혁. 공작 알브레히트와 주교 게오르크 폰 폴렌츠

**I.** **Luther's** Letters to *Albrecht* from May 26, 1525, to May 2, 1545 (17, see list in Erl. ed. LVI. 248), to *Briesmann* and *Georg von Polenz*, in the collections of De Wette and Enders. **J. Voigt**: *Briefwechsel der berühmtesten Gelehrten des Zeitalters der Reformation mit Herzog Albrecht von Preussen*, Königsb. 1841.

**II.** **Hartknoch**: *Preussische Kirchenhistorie*, Königsberg, 1686. **Arnoldt**: *Preussische Kirchengeschichte*, Königsberg, 1769. **Bock**: *Leben Albrechts des Aelteren*, Königsb. 1750. **Rhesa**: *De primis sacrorum reformatoribus in Prussia*, Königsberg, 1823–1830 (seven University Programs containing biographies of Briesmann, Speratus, Poliander, Georg v. Polenz, Amandus). **Gebser**: *Der Dom zu Königsberg*, 1835. **Erdmann**: *Preussen, Ordensstaat*, in Herzog[1], XII. 117-165 (1860; omitted in the second ed.). **Pastor** (R. Cath.): *Neue Quellenberichte über den Reformator Albrecht von Brandenburg*, Mainz, 1876 (in the "Katholik," LVI. February and March). **C. A. Hase**: *Herzog Albrecht von Preussen und sein Hofprediger. Eine königsberger Tragödie aus dem Zeitalter der Reformation*, Leipzig, 1879. **Rindfleisch**: *Herzog Albrecht von Hohenzollern, der letzte Hochmeister, und die Reformation in Preussen*, Danzig, 1880. **P. Tschackert** (professor in Königsberg): *Georg von Polentz, Bischof von Samland*, Leipzig, 1888 (in "Kirchengeschichtl. Studien" by Brieger, Tschackert, etc., pp. 145–194).

---

23) 틴들이 마르부르크에 체류했다는 견해에 대해서 Mombert는 *Tyndale's Pentateuch*, New York, 1884(p. XXIX) 서문에서 확고한 이유 없이 논박했다. 그는 '마르보로'가 비텐베르크를 가리키는 가공적인 명칭이라고 추측했다. 틴들의 이름은 마르부르크 대학교 명부에 실려 있지 않다. 하지만 그가 대학교에 입학하지 않았을 가능성이 있다. 한스 루프트는 작센 지방 비텐베르크에서 루터 성경을 발행한 유명한 출판업자였으나, 그가 '헤세 땅' 마르부르크에 대리인을 두고 사업을 벌였을 가능성도 배제할 수 없다.

**III.** The general histories of Prussia by STENZEL, DROYSEN, VOIGT (large
work, 1827–39, in 9 vols.; condensed ed. 1850, in 3 vols.), COSEL, HAHN,
PIERSON (4th ed. 1881, 2 vols.), RANKE (*Zwölf Bücher preussischer
Gesch.* 1874), FÖRSTER, etc.  For the history of the Teutonic order, see
WATTERICH: *Die Gründung des deutschen Ordensstaates in Preussen*,
Leipzig, 1857; and JOH. VOIGT: *Geschichte des deutschen Ritterordens*,
Berlin, 1859, 2 vols.

**IV.** RANKE: Vol. II. 326 sqq.  JANSSEN: III. 70–77.

헤세 지방이 개신교로 돌아선 사건보다, 심지어 작센 지방이 돌아선 사건보다 미래를 위해 더 중요했던 사건은 프로이센이 개신교를 받아들인 일이었다. 이 나라는 문명권에서 벗어나 있던 발트 해 연안의 공국의 상태에서 러시아 접경부터 라인 강 너머까지 뻗어 있는 고도의 문명화된 왕국으로 발돋움하였고, 오늘날은 새 독일 제국이라는 이름으로 유럽 대륙을 호령하는 개신교 강대국이 되었다.[24]

구 프로이센(Old Prussia)은 성지 수호와 순례자 보호의 목적으로 설립된 세 개의 군사 수도회 가운데 하나인 튜턴 기사회(Deutschorden, 독일 기사단)의 식민지였다. 튜턴 기사회는 성전 기사회와 성 요한 기사회와 똑같은 군대 조직과 수도원 규율을 갖고 있었으나, 회원들은 모두 독일인들이었다. 이들은 후대에 일어난 십자군들 가운데 단연 돋보이는 집단들이었으며, 유서 깊은 프로이센 귀족들의 핏줄에는 여전히 기사의 기질이 흐른다. 이들은 은테의 검정색 십자가가 새겨진 흰 망토를 입었고, 방패에는 제국을 상징하는 독수리 문양을 넣었다. 이것이 그들로부터 프로이센의 왕실로 전해져 내려왔다. 예루살렘이 무슬림에 의해 함락된 뒤에 이들은 본부를 베네치아로 옮겼고, 후에 다시 마리엔부르크와 쾨니히스베르크(프로이센의 왕들이 대관식을 치르는 수도)로 옮겼다. 황제 프리드리히 2세와 교황 인노켄티우스 3세는 그들이 독일 동쪽 접경 지대에서 이교도들한테 정복하는 땅을 그들에게 모두 하사했고, 총장들은 로마 제국 제후의 지

---

24) Janssen은 프로이센의 종교개혁이 개악이었다고 주장한다. 하지만 그의 견해를 가장 근사하게 논박할 수 있는 근거는 프로이센이 종교개혁 이후와 오늘날 지어온 역사에서 찾아볼 수 있다. 과거의 역사는 현재의 빛으로 읽어야 하는 것이다. "그들의 열매로 그들을 알지니."

위를 받았다.

1240년에 폴란드 공작은 이교 부족인 프로이센족의 공세를 막기 위해서 튜턴 기사회에게 접경 지대 수비를 맡겼다. 프로이센에 대한 정복 작업은 1283년에 완료되었다. 튜턴 기사회는 과거에 샤를마뉴가 작센족을 다룬 것과 오토 1세가 벤드족을 굴복시킨 것과 같이 군사적인 방법으로 프로이센을 기독교화했다. (실은 로마화하고 독일화했다는 것이 더 옳을 것이다.) 선주민들의 이교가 기독교 앞에 굴복했으나 회심하지는 않았으며, 기독교의 형식 아래서 존속했다. 전하는 바로는, 프로이센은 튜턴 기사회의 통치 아래 2백만 명의 주민들과 50개의 도시를 보유했고, 한자 동맹을 통해서 광범위한 무역 활동을 펼쳤다고 한다. 주요 도시들은 마리엔부르크 · 쾨니히스베르크 · 토른 · 단치히 · 쿨름이었다. 그러나 일반 민중들은 노예취급을 받았다.

튜턴 기사회는 거의 2백 년을 다스린 끝에 내부 불화와 폴란드의 적대적 행위로 인해 점차 쇠퇴해 갔다. 1466년에 그들은 카시미르 4세(Casimir IV)의 강압으로 체결된 토른 평화조약에 따라 서 프로이센과 그곳에 딸린 부유한 도시들을 폴란드에게 넘겨주고, 동 프로이센을 그 왕국의 봉토로 받았다. 이것은 사실상 그 수도회의 정치적 세력이 끝난 것을 뜻했다. 군대 생활과 수도원 생활이 양립할 수 없음이 갈수록 분명해졌다. 교황 하드리아누스 6세는 알브레히트에게 튜턴 기사회를 이전의 수도원적 청빈과 기품을 지닌 수도회로 되살려 놓으라고 촉구했다. 그러나 그것은 불가능한 일이었다. 튜턴 기사회는 이미 수명을 다한 것이다.

루터는 이 사실을 직시하고서 다른 종류의 개혁을 시작했다. 당시의 유리한 상황을 포착한 그는 튜턴 기사회 회원들에게 쓴 공식 서한(1523년 3월 28일)에서 그토록 자주 어겨온 거짓된 정절 서약을 버리고 하나님께서 낙원에서 제정하신 결혼 제도(창 2;18)에 따라 결혼 생활로써 정절을 지키라고 강권했으며, 결혼 제도가 교황들과 공의회들보다 더 오래되고 더 지혜로운 것임을 지적했다. 그는 이렇게 주장했다. "여러분의 수도회는 참으로 독특한 수도회입니다. 세속적이기도 하고 영적이기도 하고, 둘 다 아니기도 합니다. 불신자들에게 칼을 휘둘러야 하면서도 동시에 다른 수사들과 마찬가지로 독신과 가난과 복종을 실천하며 살아야 합니다. 이성적 판단과 일상적 경험을 통해 잘 알 수 있듯이, 이 두 가지 활동은 서로 맞지 않습니다."[25]

같은 해 여름에 루터는 알브레히트의 소원에 따라 개신교 전도 개척자를 프로이센에 파견했다. 루터의 친구로서 학문과 경건과 실무 능력이 남다른 신학자였던 요하네스 브리스만 박사(Dr. Johannes Briesmann, 1488-1549)가 그렇게 파견을 받아 1523년 9월 27일에 쾨니히스베르크에 도착했으며, 그곳의 주교좌 성당에서 설교자로 활동하다가 게오르크 폰 폴렌츠의 후임으로 죽는 날까지 주교로 활동했다. 다만 4년 동안은 리가(러시아 서쪽 끝의 라트비아 공화국의 수도)에 전도하러 가느라 자리를 비웠다(1527-1531).

훗날 루터는 복음적인 찬송으로 유명한 두 명의 유능한 전도자들인 파울 슈페라투스(Paul Speratus, 1551년 죽음)와 요한 폴리안더(John Poliander, 그라우만. 1541년 죽음)를 프로이센에 파송했으며, 두 사람은 그곳에서 훌륭하게 사역했다. 세 번째 전도자 아만두스(Amandus)는 칼슈타트를 연상케 하는 급진주의로 물의를 빚은 뒤에 쾨니히스베르크를 떠났다.

이들 신학자들과 전도자들의 도움으로 공작 알브레히트와 주교 게오르크 폰 폴렌츠는 프로이센에 급진적인 변화를 일으켰고, 이 나라가 맞이하게 될 위대한 미래를 위한 길을 닦았다. 종교개혁이 정치 개혁에 앞서 일어났다.

브란덴부르크-안스바흐의 영주이자 튜턴 기사회의 마지막 총장, 그리고 프로이센의 초대 공작이었던 알브레히트는 1490년 5월 16일에 안스바흐에서 태어났다. 그는 부모의 뜻으로 성직자가 되기 위한 교육을 받았고, 튜턴 기사회에 가입했으며, 1511년에 그 수도회의 총장으로 선출되었다. 쾨니히스베르크에서는 1512년 11월 22일에 사역을 시작했다. 그는 프로이센을 독립국가로 만들고 폴란드 왕에게 복종을 거부하려다가 1521년까지 참담한 전쟁에 휘말렸으며, 그 해부터 4년간 휴전 조약을 체결했다. 1522년과 1523년에는 제국의 제후의 일원으로 뉘른베르크 제국의회에 참석했으며, 폴란드의 공세로부터 보호를 받고자 했으나 뜻을 이루지 못했다. 회기 동안 몇 차례에 걸친 안드레아스 오지안더의 설교를 근실히 들은 결과 종교개혁 교리를 받아들이게 되었다. 오지안더에 대해서 그는 "하나님께서 자신을 교황제의 암흑에서 건져내시고 하나님을 아는 참된 지

---

25) *An die Herren deutsches Ordens, dass sie falsche Keuschheit meiden und zur rechten ehelichen Keuschheit greifen, Ermahnung.* Wittenberg, den 28 März, 1523. In the Erl. ed. XXIX. 16-33. Walch, XIX. 2157 sqq.

식으로 인도하게 해주신 그리스도 안에서의 영적 아버지"라고 불렀다.

그는 베를린으로 여행하는 도중에 비텐베르크에 들러 루터와 멜란히톤을 접견했고, 그들에게 조언을 구했다(1523년 9월). 루터는 멜란히톤의 동의를 받아 이렇게 말했다. "제국보다 하나님을 의지하십시오. 당신이 속한 수도회의 무의미한 수도회칙을 벗어버리고, 종교적이지도 않고 세속적이지도 않은 그 자웅 동체 괴물을 끝장내십시오. 아내를 취하시고, 세속 군주로서 합법적인 주권을 찾으십시오." 동시에 루터는 그에게 파울 슈페라투스를 고문으로 추천했다(그는 훗날 포메사니아의 주교가 되었다). 제후는 미소만 지었을 뿐 아무 말도 하지 않았다.[26] 그는 교황에게 복종할 것인가 아니면 양심의 소리에 복종할 것인가를 놓고 고민했으며, 따라서 그가 잠란트의 주교에게 공개적으로 내린 명령과 은밀히 내린 명령은 서로 모순되었다. 그의 형제인 브란덴부르크의 영주 게오르크가 과거에 루터와 똑같은 조언을 해준 바 있었는데, 결국 그는 그 조언을 따르게 되었다.

그러는 동안 프로이센에는 개신교 교리들이 널리 전파되었고, 그 영향으로 튜턴 수도회의 수도원적 정체(政體)가 약화됨으로써 정치적 변화가 촉진되었다.

프로이센의 두 주교는 독일에 있는 자신들의 형제들과 달리 개신교에 호의적인 반응을 나타냈는데, 한 사람은 잠란트의 게오르크 폰 폴렌츠(George von Polenz)였고, 다른 한 사람은 포메사니아의 에르하르트 폰 쿠아이스(Erhard von Queiss)였다. 전자가 개신교를 받아들이는 일에 앞장섰다. 그 소식을 들은 루터는 당연히 크게 놀랐고, 적어도 주교들 가운데 한 사람이 그리스도의 자유로운 복음을 용감하게 고백한 일을 크게 기뻐했다.[27] 루터는 그에게 신명기 주석을 헌정하고, 복음이 멀리 북방에 위치한 프로이센에 그토록 신속히 날아간 일로 인하여 하염없이 감사 드리는 내용으로 가득 찬 축하 편지를 보냈다(1525). 주교는 루터에게 답장을 보내지 않았는데, 아마도 루터의 교리가 자유롭게 전파되는 것은 허용하되, 루터라는 인물에 대해서는 위엄을 갖춘 혹은 신중한 태도를 견지

---

26) 요한 브리스만에게 보낸 편지(1524년 7월 4일). in De Wette, II. 526 sq.

27) 루터는 슈팔라틴에게 이렇게 썼다(1524년 2월 1일): "마침내 주교들 가운데 한 사람이라도 그리스도의 이름에 영광을 돌리고 프로이센에 복음을 선포했습니다. 그 사람은 내가 보낸 요한 브리스만에게 권고와 격려를 받은 잠란트의 주교입니다. 이렇게 해서 프로이센도 사탄의 왕국에 작별을 고하기 시작했습니다." De Wette, II. 474.

하려 했던 것 같다.[28]

에르하르트 폰 쿠아이스는 1524년에 공식 설교를 통해서 교황제를 포기했고, 개신교 주교로서의 영적 임무에 좀 더 충실하기 위해서 자신의 세속적 재산과 권위를 공작에게 넘겼다(1527).

게오르크 폰 폴렌츠는 알브레히트의 재상(宰相)이자 수석 고문으로서 종교개혁 도입을 도왔다(그는 알브레히트의 작은 비스마르크와 같은 인물이었다). 그는 루터보다 다섯 살쯤 연하였으며, 그보다 4년을 더 살았다. 그는 작센 지방 마이센의 유서 깊은 귀족 가문 출신으로서, 이탈리아에서 법학을 전공하고, 한동안 교황 율리우스 2세의 궁정에서 개인 비서로 일했다. 그 뒤 황제 막시밀리안 1세 밑에서 군인으로 복무했다. 1509년에 파두아에서 영주 알브레히트를 만나 알게 되었으며, 그것이 계기가 되어 튜턴 기사회에 가입했다. 1519년에는 주교좌에 올랐으며, 주교 축성식은 쾨니히스베르크의 대성당에서 인근 지역인 에름란트와 포메사니아의 주교들의 손에 받았다. 1488다카트의 세금에 대해 로마 교황청이 발급한 영수증이 그 도시의 고문서 보관소에 여전히 남아 있다. 그는 재직 초반에 폴란드와의 전쟁에 병력과 물자를 조달하느라 큰 애를 먹었다. 공작이 독일로 가서 자리를 비운 사이에 공작 대리의 역할을 수행했다.

1523년 9월에 그는 브리스만 박사를 알게 되어 그에게 성경 원어들과 신학의 기초, 그리고 루터의 교리들을 배웠다. 1524년 1월에는 벌써 세례를 자국어로 집례하라는 명령을 내렸고, 성직자들에게 성경과 루터의 저서들, 특히 「그리스도인의 자유에 관하여」를 부지런히 읽도록 권장했다. 이것이 프로이센 종교개혁의 시작이었다. 그가 남긴 설교가 단 세 편이 현존하는데, 첫 번째는 1523년 성탄절에 행한 종교개혁 지지 설교였고, 두 번째와 세 번째는 1524년 부활절과 오순절에 행한 설교였다. 이 설교들에는 브리스만의 견해가 반영되어 있다. 그는 이렇

---

28) 가장 우수한 루터의 전기를 쓴 Tschackert 교수는 이렇게 말한다(*l. c.*, p. 187): "주교 게오르크 폰 폴렌츠의 편지들 — 알려진 것들에 한하여 — 에는 그가 루터에게 편지를 보냈다는 언급이나 암시조차 없다. 루터의 이름조차 1524년에 종교개혁을 공포한 뒤에 딱 한 번 언급하는데, 그나마 1535년 8월 22일에 파울 슈페라투스에게 쓴 편지의 추신에 나올 뿐이다." 이 편지의 추신에서 그는 자신의 동료인 포메사니아의 주교 슈페라투스에게 요청하기를, 리투아니아 출신의 몇몇 귀족 학생들에게 루터와 멜란히톤을 소개하는 글을 보내주라고 했다.

게 주장한다. "나는 비록 몸과 생명, 재산과 명예, 내가 가진 모든 것을 잃게 되더라도 그 신학자[루터]와 더불어 하나님의 말씀과 복음을 굳게 붙들 것입니다." 1524년 12월 1일에 교황 클레멘스 7세가 특사 캄페조를 보내 게오르크 폰 폴렌츠 주교를 반역자와 위증자로 규정하고, 그에게 사상을 철회하지 않으면 면직시키겠다고 협박했으나, 게오르크는 교황의 권위를 무시해 버렸다.

1525년 5월에 게오르크는 자신의 주교직에 딸린 세속적 권한을 공작의 손에 넘겼다. 주교가 그렇게 많은 세속적 영광과 권력을 보유한다는 것이 그리스도인답지 못하게 여겨졌던 것이다. 그로부터 얼마 후인 1525년 6월 8일에 그는 루터보다 닷새 먼저 결혼했다. 다음 해에 공작이 그의 뒤를 따랐으며, 루터를 결혼식에 초대했다(1526년 6월). 이 두 사람의 결혼으로 수도원 조직으로서의 튜턴 기사회는 사실상 해체되었다. 1546년에 게오르크 폰 폴렌츠는 주교직을 브리스만에게 넘겼다. 그리고 1550년 4월 28일에 일흔둘의 나이에 평안히 눈을 감고서 쾨니히스베르크 주교좌성당에 묻혔다. 그는 프로이센 호엔촐레른 가문 최초의 개신교 주교이자 대법관으로서, 두 시대를 잇는 다리 위에 서서 손에는 성경을 들고 눈으로는 뚫어지게 미래를 응시한 사람이었다.

루터의 조언에 따라 행동한 알브레히트는 튜턴 기사회 재산을 세습 공작령에 귀속시켰다. 폴란드 왕도 이 조치에 동의했다. 1525년 4월 10일에 알브레히트는 크라코프에서 폴란드의 일개 봉건 영지인 프로이센의 통치권을 엄숙히 부여받았다. 그 직후에 쾨니히스베르크 제국의회로부터 경의 표시를 받았다. 개신교 목사들은 일제히 교회의 종을 울림으로써 그에게 경의를 표시했다. 황제는 그에게 직무 중지령을 내렸으나 아무런 실효가 없었다. 튜턴 기사회에 속한 대다수 회원들이 적지 않은 토지를 할당받고 결혼했으며, 나머지는 독일로 이주했다. 알브레히트는 1525년 7월 6일에 공식적으로 종교개혁을 도입하면서 루터교의 헌장과 전례를 공포했다. 금식을 폐지하고, 지나치게 많던 축일들을 축소하고, 의식을 수정하고, 수도원들을 병원으로 개조하고, 예배를 자국어로 드리게 했다. 프로이센 영토 내에서 로마 교회와 분파들의 설교를 금지했다. 알브레히트 자신이 모든 성직 임명을 주관했으며, 두 명의 로마 가톨릭 주교들인 게오르크와 쿠아이스를 자신의 권위에 굴복시킴으로써 프로이센의 최고 주교가 되었다. 두 주교의 후임자들은 단지 감독(superintendent)에 지나지 않았다. 하지만 알브레히트는 주교직이 세속 군주에게는 맞지 않음을 느꼈으며, 다만 질서 확립의 차원에서 그 직분을 유지했다. 그는 개신교권에서 세 번째로 쾨니히스베르크 대학교를 설립했다(비텐베르크와 마르부르크에 이어서). 이 대학교는 1544년에 개교했다. 알브레히트는 뉘른베르크에 있던 오지안더 박사를 초빙하여 신학부를 맡겼다(1549). 그러나 원래부터 숱한 논쟁을 불러일으킨 이 신학자는 율법과 복음에 관한 논문과 칭의 교리에 관한 논문을 발표하여 프로이센을 격렬하고 덕스럽지 못한 신학 논쟁의 장으로 바꿔놓았다.

알브레히트는 군주라는 신분이 흡족하지 않았다. 워낙 엄청난 격변기였던지라 감당해야 할 내우외환도 그만큼 극심했다. 군주로 지내는 것보다 양들을 보살피는 것이 훨씬 더 낫다는 말을 입버릇처럼 했다. 그는 심한 빚에 허덕였다. 덴마크의 공주인 첫 아내에게서 낳은 일곱 자녀 중 여섯이 어린 나이에 죽었고, 다만 안나 소피아라는 딸 하나만 커서 메클렌부르크의 공작과 결혼했다(1555). 경건하고 신실하던 그의 아내는 1547년에 세상을 떠났다. 그는 1550년에 브라운슈바이크의 공주와 결혼했다. 이 여성에게서 낳은 첫딸은 나면서부터 시각장애자였으며, 아들은 알브레히트 프리드리히 하나만 그보다 오래 살아남았으나, 우울하게 평생을 보냈다. 그러나 알브레히트는 개신교 신앙을 충직하게 견지했으며, 1568년 3월 20일에 시편 31:5을 읊조리면서 세상을 떠났다. "내가 나의 영을 주의 손에 부탁하나이다. 진리의 하나님 여호와여 나를 속량하셨나이다." 그는 기도와 명상록과 아들에게 남긴 유언에 신자로서의 증거들을 남겼다. 그를 계승한 그의 아들은 남자 계승자를 두지 못한 채 1618년에 세상을 떠났다.

## 이후의 역사

오늘날 프로이센 왕국의 개신교 상황을 설명하려면 이후의 역사를 간략하게라도 소개하는 것이 필요할 것이다.

1618년에 프로이센 공국은 브란덴부르크 선제후 요한 지기스문트(1608-1619)에게 상속되었다. 그는 제2대 프로이센 공작(알브레히트 프리드리히)의 사위이자, 1415년에 돈을 주고 브란덴부르크 영주가 된 호엔촐레른의 프리드리히의 자손이었다. 이런 식으로 프로이센과 브란덴부르크의 결합이 완료되었다.

그러나 프로이센은 1656년까지 폴란드의 봉건 영지로 남았다가, '위대한 선제후' 프리드리히 빌헬름이 바르샤바 전투에서 승리함으로써 독립을 쟁취했다. 훗날 그의 증손자 프리드리히 2세가 프로이센을 강대국의 반열에 올려놓았다고 한다면, 그는 최초로 부국강병의 터를 닦았다. 삼십년 전쟁이 참혹한 결과를 내놓고 끝난 뒤 빌헬름은 지리멸렬하게 분산되어 있던 나라에 강력한 중앙 집권 정부를 수립하여 오래 성공적으로 통치했다(1640-1688). 그는 당대의 독일 제후들 가운데 가장 생각이 깨이고 가장 자유로운 사람이었다. 그는 칼빈주의 신앙을 지닌 오랑주의 공주 루이자 헨리에타와 결혼했다. 이 여성은 "나의 확신이신 예수님"(Jesus, meine Zuversicht)이라는 유명한 부활 찬송의 작가였다. 프리드리히 빌헬름은 베스트팔렌 조약을 체결할 때 독일에서 개혁파 교회들이 자유롭게 활동할 수 있게 해주었다. 2만 명이 넘는 프랑스 위그노들에게 피난처를 제공해 주었으며, 그 결과 그들의 자손들이 프로이센의 민족성과 개혁교회에 중요한 요소가 되었다.

그의 아들 프리드리히는 프로이센 최초의 왕이 되어 1701년 1월 18일에 쾨니히스베르크에서 대관식을 치렀다. 1693년에는 할레 대학교를 설립했으며, 이 대학교가 훗날 비텐베르크 대학교를 흡수하여(1815) 독일 신학의 역사에서 처음에는 경건주의의 산실이 되고, 다음에는 합리주의, 그 다음에는 (톨룩이 총장으로 임명된 1827년 이후에는) 복음적 부흥운동의 산실이 되는 중요한 위치를 차지했다.

요한 지기스문트와 더불어 신앙고백상의 중요한 변화가 시작되었으며, 이 변화가 그의 계승자들의 통일 정책에 토대가 되었다. 그는 작센에서 이미 분쇄된 바 있는 개혁파 곧 칼빈주의의 요소를 베를린의 궁정과 교회에 도입하였으며, 아우크스부르크 신앙고백과 나란히 하이델베르크 요리문답을 채택했다. 그의 손자인 '위대한 선제후'는 독실한 신앙을 지닌 홀란드 출신의 공주와 결혼함으로써, 그리고 양심의 자유를 위해 나라를 떠난 프랑스 위그노들의 식민단을 초청함으로써 개혁교회의 요소를 강화했다. 이런 점들을 감안할 때 루터교의 나라를 다스리는 개혁파 군주들이 두 신앙고백을 통합하려는 이상을 품었다는 것은 지극히 자연스러운 일이었으며, 그 이상이 오늘날은 실현되어 있다.

구 프로이센이 알브레히트와 항상 서신 교환을 한 비텐베르크 신학자들의 직접적인 영향으로 루터교를 채택했다는 사실은 앞에서 살펴보았다. 브란덴부르크에서도 루터교 유형의 개신교가 숱한 반전(反轉)과 논쟁 끝에 요한 게오르크 치하(1571-1598)에서 국교로 자리잡았다. 일치신조가 의무적으로 도입되었고, 칼빈주의에 따른 모든 설교과 교육이 금지되었다. 1572년에 작성된 브란덴부르크 「교리집」(*Corpus Doctrinae*)은 츠빙글리가 그리스도인이 아니라고 한 루터의 발언을 강조하며, 브란덴부르크의 대법관 디텔마이어는 "하나님께서 우리를 칼빈주의자들에 대한 혐오로 채우시기를 원하나이다"라는 기독교 정신에서 어긋난 기도를 드린 것으로 유명하다.

그러나 선제후 요한 지기스문트(John Sigismund)는 여러 지역을 두루 여행하고 개혁파 제후들과 신학자들을 만나면서 그들의 숭고한 신앙과 삶의 태도를 높이 평가하게 되었고, 1606년에는 마침내 개혁 신앙을 받아들이게 되었다. 그는 1614년 2월에 자신이 개혁 신앙을 받아들인 사실을 공식적으로 고백하면서, 자신은 네 가지 에큐메니컬 신조들(칼케돈 신조를 포함한)과 1540년의 수정된 아우크스부르크 신앙고백에 동의한다고 밝히고, 다만 백성들에게 자신의 신앙을 강요하지는 않겠으나 설교자들이 강단에서 칼빈주의자들을 단죄하는 행위는 금한다고 공포했다. 1614년 5월에 그는 '지기스문트 신앙고백' 혹은 '브란덴부르크 신앙고백'(Confessio Marchica)이라 불린 개인적 신앙고백서를 발행했다. 이 문서는 온건한 멜란히톤적이고 통합 지향적인 칼빈주의를 표방하며, 다음과 같은 몇 가지 점에서 루터교의 일치신조와 다르다. 이 문서는 유티케스주의와 그리스도의 몸의 편재설(遍在說), 화체설, 그리고 성찬 때 떡을 떼어주는 대신에 제병을 나눠주는 관행과 세례 때의 귀신 쫓는 의식을 배격한다. 반면에 이 문서는 성찬 때 그리스도께서 신자들을 위해 실제로 영적으로 임재하시며, 하나님께서 신자들을 조건 없이 선택하신다는 칼빈주의의 견해를 가르치되, 어떤 사람들을 무조건 유기(遺棄)하시기로 작정하셨다는 견해는 취하지 않는다. 이 문서는 하나님께서 모든 사람이 구원받기를 진심으로 원하시며, 죄와 멸망의 근원이 아니시라고 분명히 주장한다.

지기스문트의 변화는 양심적인 확신의 결과였을 뿐 정치적 동기들에 이끌린 것은 아니었다. 백성들과 그의 아내는 루터교에 남았다. 그는 자신의 영토에서 최고 주교로서의 권위를 사용하지 않았고, 종교개혁을 법률로 강요하지도 않았다. 신앙은 양심의 문제이고 따라서 강요할 수 없으므로, 양심을 강요할 의사가 전혀 없음을 밝혔다. 사람은 다른 사람의 종교에 관해서 강요해서는 안 된다고 했다. 이로써 그는 시대를 앞서서 숭고한 관용의 본을 세웠으며, 그것이 프로이센 군주들의 전통적인 정책이 되었다. 할레 대학교 신학부의 지원을 받은 슈페너와 프랑케의 경건주의 운동은 교단 간의 불화를 약화시키고 공감대를 강화시켰다. 모라비아 형제회는 프로이센이 통일하기 오래 전에 작은 공동체 안에서 두 가지 신앙고백을 지닌 개신교 신자들이 현실적인 연합을 이루고 살아간 예를 보여주었다.

대 프리드리히(Frederick the Great)는 불신자였으며, 루터교와 칼빈주의뿐 아니라 경건주의와 모라비아주의에도 공감하지 않았다. 그러나 그는 종교적 관용을 철저히 신봉했으며, 그러한 태도가 자신의 왕국에서는 누구나 "자기 방식대로" 구원받을 자유가 있다는 유명한 선언에 잘 나타난다. 18세기에 성행한 종교 무차별주의에 따른 관용은 편협한 폐쇄주의를 무너뜨리고 좀 더 숭고하고 고상한 신앙의 자유의 원리를 위한 길을 닦았다.

19세기에 일어난 신앙 부흥운동은 신앙고백이나 교단을 떠난 기독교의 총체적인 부흥이었으며, 한동안 경건한 루터교도들과 개혁교회 신자들, 심지어 로마 가톨릭 신자들까지 하나로 연합시켰다. 부흥운동에 이어서 새로운 양상의 복음주의 신학이 등장했는데, 그것은 슐라이어마허와 네안더 이후로 합리주의와 불신앙에 맞서서 개신교 교단들의 차이보다는 공통점을 더욱 크게 강조했다. 이로써 종교개혁의 두 교단이 평화롭게 공존할 수 있는 길을 새롭게 모색할 수 있는 기반이 닦였다.

왕 프리드리히 빌헬름 3세(Frederick William III, 1797–1840)는 프로이센이 수없이 패배를 겪어오면서도 섭리적으로 생존해온 것을 지켜보며 자란 성실하고 하나님을 경외하는 군주로서, 종교개혁 3백 주년 기념식에 맞춰서 루터교와 개혁교회의 '복음적 통합' 이라 할 만한 것을 도입했다(1817년 9월 27일). 두 진영이 모두 사용한 '복음적' (evangelical)이라는 용어는 이렇게 해서 새로운 기술적인 의미를 지니게 되었다. 통합의 목적은 (1834년과 1852년에 공식적으로 설명된 바에 따르면) 교리적 차이를 말소하지 않은 채 두 교회를 하나의 정치와 예배 아래 연합하는 것이었다. 그것은 흡수적이지 않고 보존적이었으며, 이 점에서 교리적 통일 내지 기껏해야 교리적 절충을 기했던 그리스 교회와 라틴 교회, 개신교 교회와 로마 가톨릭 교회, 루터교회와 개혁교회 사이의 모든 연합 시도들과 달랐다.

프로이센의 통합은 새로운 신조를 내놓지 않았다. 아우크스부르크 신앙고백과 루터의 요리문답, 그리고 하이델베르크 요리문답이 기존에 사용되던 곳에서 계속해서 사용되었다. 그러나 신앙고백적 차이가 기독교적 사귐을 배제할 만큼 치명적이지도 않고 중요하지도 않다는 것을 다들 인정했다. 통합에 대한 반대는 주로 '구 루터교' 진영에서 제기되었다. 그들은 칼빈주의적 '이단들' 을 배제한 '순수한 교리' 를 통합의 조건으로 내세웠고, 국왕이 법의 힘을 빌어 새로운 전례(1822년의 *Agende*)를 도입한 데에 정당한 반감을 표시했다. 그러나 국왕은 그들에게 독립된 조직과 자치를 부여함으로써 반대를 잠재웠다(1845). 프로이센의 통합은 에라스투스주의의 결함들로 인하여 어려움을 겪고 있지만, 그 정도는 다른 국교회나 16세기의 국가 권력에 의한 종교개혁 도입과 비교할 때 크다고 할 수 없다. 온건한 루터교 신자들과 개혁교회 신자들이 함께 살면서 함께 성찬에 참여하고 공동의 주님을 위한 사역에 협력할 수 있음을 경험이 입증해왔다. 이 경험은 위대한 수확이다. 개신교의 통합 유형은 프로이센과 그 나라의 본을 따른 독일의 다른 지역들의 현대 신학과 교회 생활에서 중요한 역사적 사실과 요인이 되어 왔다.

프로이센 통합을 이뤄낸 장본인의 두 아들 겸 계승자들인 왕 프리드리히 빌헬름 4세(1840-1858)와 황제 빌헬름 1세(1858-1888)는 이론과 실제에서 통합을 충실히 고수했다.

프리드리히 빌헬름 4세는 신학에 정통한 인물이자 널리 인정받는 신자였다. 그는 교회를 좀 더 독립되게 만들고 싶어했고, 그 목적을 이루는 수단으로 교회 감독부(Oberkirchenrath)를 설치하고(1850년. 1852년에 변경), 문화예술부 (Cultusministerium)와 함께 국왕의 이름으로 교회 업무를 주관하도록 했다. 이에 비해 총회는 입법 기능을 수행하도록 했다. 그의 재위 기간에 종교 자유의 원리가 크게 발전했으며, 그것이 1850년의 프로이센 헌법에 잘 반영되었다. 이 헌법 제12조는 모든 종교 단체들에게 양심의 자유와 사적 · 공적 예배의 자유를 보장한다.[29]

빌헬름 1세는 비스마르크(Bismark)와 몰트케(Moltke)의 지원을 받아 프로이센을 현재의 강대국으로 일으켰다. 이것은 탁월한 정치력과 외교력, 대 오스트리아 전쟁(1866)과 대 프랑스 전쟁(1870)에서 거둔 혁혁한 승리에 힘입은 결과였다. 그는 독일 제후들과 국민들의 공통된 동의에 의하여 프로이센을 앞세운 연합 독일의 초대 세습 황제가 되었다. 그는 지혜와 정직, 정의, 지칠 줄 모르는 근

---

29) 참조. Schaff, *Church and State in the United States*, New York, 1888, p. 97 sq.

면, 단순한 경건을 발휘하여 18년간 나라를 평안하게 다스림으로써 그 지위를 빛냈으며, 독일 민족, 아니 문명 세계의 보편적인 존경과 사랑을 받았다. 그가 1888년 3월 9일에 아흔한 살의 파란만장한 생애를 마치고 안식에 들어갈 때 문명 세계는 크게 애도했다. 역사는 "하나님을 두려워했을 뿐 다른 아무도 두려워하지 않은" 황제 빌헬름과 "철의 재상"과 "전쟁 사상가"보다 더 훌륭한 3인 통치자를 본 적이 없다.

개신교 수장을 지닌 새 독일 제국은 프로이센 종교개혁의 마지막 산물이며, 종교개혁이 없었더라면 존재할 수도 없었던 나라이다.


## 100. 개신교 순교자들

교회나 국가, 종교나 과학에서 희생 없이 성공을 거둔 진영은 없었다. "순교자들이 흘린 피는 기독교의 씨앗이다." 박해가 인간 본성에 잠재해 있는 영웅적인 덕성들과 고통을 감내하는 피동적인 덕목들을 이끌어 낸다. 개신교는 로마 교회 못지않은 순교자들을 보유하고 있다. 독일에서 개신교는 삼십년 전쟁을 치르고 나서야 비로소 항구적인 법적 존재를 인정받았다. 프랑스와 홀란드, 잉글랜드와 스코틀랜드의 개혁교회들은 박해의 모진 시련을 통과했다. 스페인 종교재판소에 희생된 사람들의 수가 이교 로마에 의해 순교한 신자들의 수보다 많으며, 한 황제의 재위 기간에 홀란드 한 지방에서만 스페인 사람들에 의해 희생된 개신교 신자들의 수가 처음 3세기 동안 로마 제국에서 희생된 그리스도인들의 수보다 많다는 계산이 나왔다.[30]

유대인들과 이교도들은 그리스도인들을 박해했고, 그리스도인들은 유대인들과 이교도들을 박해했고, 로마 교회 권력자들은 개신교도들을, 개신교도들은 로마 교회 신자들을 박해했으며, 모든 국교회는 비국교도들과 분파들을 박해했다. 최근에 와서야 비로소 양심의 숭고한 권리를 제대로 인정하게 되었고, 교회와 국가, 종교적 죄와 사회적 범죄, 이단과 범죄, 영적 처벌과 세속적 처벌 사이에 분명하고도 예리한 선이 그어지게 되었다.

---

30) 참조. Schaff, *Church Hist.* II. 78.

개신교에 대한 박해는 1521년의 보름스 제국의회에서 시작되었다. 그 도시에서 카를 5세는 자신의 세습 영토인 네덜란드에서 루터교 이단을 뿌리뽑기 위해 일련의 가혹한 법령들 가운데 첫 번째 법령을 공포했다. 1523년에 아우구스티누스회 수사들인 하인리히 보에스(Henry Voes)와 요한 에쉬(John Esch)가 루터를 지지했다는 이유로 브뤼셀에서 공개 화형을 당했다. 장작더미에 불이 붙자, 두 사람은 사도신경을 외우고, "테 데움 라우다무스"(하나님께 찬양 드립니다)를 부르고, 불길 속에서 "다윗의 자손 예수여, 저희를 불쌍히 여겨 주옵소서" 하고 기도했다. 이들 초대 개신교 순교자들의 용감한 죽음이 루터의 마음을 흔들어 처음으로 시를 짓게 했는데, 첫 행이 이렇게 시작한다:

Ein neues Lied wir heben an.[31]

그들이 속했던 수도원의 원장 람퍼트 토른(Lampert Thorn)은 감옥에서 질식사했다. 취트펜의 하인리히의 순교에 대해서는 이미 언급한 바 있다.[32] 아돌프 클라렌바흐(Adolph Klarenbach)와 페터 플리슈테덴(Peter Flysteden)은 1529년 9월 28일에 쾰른에서 자세를 조금도 흐트러뜨리지 않은 채 승리의 기쁨을 표시하면서 화형을 당했다.

1527년 5월에 할레의 설교자 게오르크 빈클러(George Winkler)는 성찬 때 포도주도 함께 나눠준 혐의로 쾰른의 대주교에 의해 아샤펜부르크로 소환되었다가 풀려났으나, 귀가하는 중에 자객의 손에 살해되었다.[33]

작센의 공작 게오르크는 루터교 신자들을 박해하되 사형이 아닌 투옥과 추방의 방법을 사용했다. 서적 행상인 요한 헤르고트(John Herrgott)는 루터교 서적들을 판매한 이유보다는 혁명적인 정치 사상을 퍼뜨렸다는 이유로 참수를 당했다(1527).[34]

---

31) 참조. §82. 종교개혁 시대의 독일 찬송. "우리는 새로운 노래를 시작한다."

32) 참조. §96.

33) 루터는 목회자를 잃은 할레의 그리스도인들에게 위로의 편지를 보냈다. Walch, X. 2260.

34) 참조. §93.

독일 남부에서는 보름스 칙령이 좀 더 엄격히 집행되었다. 불과 칼, 그리고 참혹한 사지 절단에 의한 처형이 오스트리아와 바이에른에서 무수히 자행되었다. 1524년 9월 17일에 빈에서는 카스파르 타우버(Caspar Tauber)라는 시민이 연옥설과 화체설을 부인했다는 이유로 참수와 화형을 당했다. 잘츠부르크에서는 사제가 루터교 이단 혐의로 대주교의 지시에 의해 재판 없이 비밀리에 참수를 당했다. 1527년 2월 8일에는 뮌헨의 목사 게오르크 바그너(George Wagner)가 화형을 당했다. 1527년 8월 18일에는 레오나르트 케저(Leonard Käser 혹은 카이저)가 파사우의 주교의 명령에 의해 같은 운명에 처해졌다. 루터는 그가 감옥에 갇혀 있을 때 위로의 편지를 보냈다.[35]

그러나 제세례파들도 순교자들을 배출했으며, 그들도 담대한 믿음으로 죽음을 맞이했다. 헤처(Hätzer)는 콘스탄츠에서, 후프마이어(Hubmaier)는 빈에서 순교했다. 파사우에서는 서른 명이 옥사(獄死)했다. 잘츠부르크에서는 사지절단형을 당한 사람들도 있고, 참수형을 당한 사람들도 있고, 익사형을 당한 사람들도 있고, 산 채로 화형을 당한 사람들도 있다. 불행하게도 재세례파는 개신교 정부들에서도 나은 대접을 받지 못했다. 심지어 취리히에서조차 여러 재세례파 신자들이 츠빙글리가 지켜보는 가운데 익사형을 당했다. 개신교에서 가장 큰 얼룩은 제네바에서 칼빈과 당시에 생존해 있던 멜란히톤을 비롯한 모든 개혁자들의 동의하에 세르베투스(Servetus)를 이단죄와 신성모독죄로 화형에 처한 사건이다 (1533). 세르베투스는 과거에 이미 사형 판결을 받아놓고 있었으며, 프랑스의 로마 가톨릭 법정에서 초상화로써 화형을 당한 바 있다. 오늘날은 어느 교회에서도 그러한 비극이 일어날 수 없다. 인간 본성은 예나 지금이나 다를 바 없겠지만, 사상과 환경이 크게 바뀐 것이다.

---

35) 1527년 5월 20일자 편지, in De Wette, III. 179 sq. 그러나 케저는 재세례파였던 듯하며, 루터도 이 사실을 몰랐다. 참조. Cornelius, *Gesch. des Münsterschen Aufruhrs*, II. 56.

# 제 7 장

# 성찬 논쟁

## 101. 사제중심주의와 성사중심주의

그리스 교회와 로마 교회를 포함한 기독교의 가톨릭 체계는 성사중심주의 (sacramentalism)와 사제중심주의(sacerdotalism)이다. 그리스도의 구원의 은혜가 서품을 받은 사제들에 의해 일곱 성사(聖事) 혹은 비적(秘籍, mysteries)을 통로로 삼아 인간들에게 전달된다. 사제들은 세례로써 사람들을 교회에 들어오게 하고, 삶의 여러 단계마다 그들과 함께하며, 종부성사로써 그들을 다른 세상으로 보낸다. 문자적 의미의 사제(司祭, priest)는 문자적 의미의 제사를 필요로 하는데, 그리스도께서 십자가에서 단번에 드리신 제사를 사제가 매일 미사로써 반복하는 것이 바로 그 제사이다. 미사의 효력은 살아 있는 사람들에게 뿐 아니라 죽어 연옥에 가 있는 영혼들에게까지 미쳐서, 그들의 고통을 감해주고, 그들이 연옥에서 풀려나 천국으로 올라가는 기한을 앞당겨준다.

종교개혁자들은 사제 제도 자체를 배격하고, 대신에 모든 신자들의 만인 제사장론을 가르쳤다. 신자들이 저마다 우리의 유일한 중보자이시며 대언자이신 그리스도에게 직접 나아가, 기도와 찬미와 중보기도의 제사를 드린다는 것이 신자들의 만인 제사장론이다. 개혁자들은 미사의 제사와 화체설을 배격하고, 평신도들에게도 성찬의 잔을 나누어주었다. 하나님의 말씀을 가장 중요한 은혜의 수단으로서 성사들 위로 높이는 데도 일치했으며, 성사들의 수를 줄이는 데도 일치했다. 그들은 세례와 성찬을 그리스도께서 보편적이고도 항구적으로 준수하도록 제정하신 제도로 남겨두었다.

그러나 여기서 차이가 시작되었다. 차이는 로마 교회의 성례 체계에서 얼마나 멀리 이탈했는가 하는 것으로 나타났다. 루터교회는 개혁교회에 비해 성례를 더욱 중시한다.[1] 이 교회는 세례를 베풀 때 중생이 발생하고, 세례를 베풀 때 귀신 쫓는 의식을 거행해야 하며, 그리고 성찬에 그리스도께서 육체적으로 임재하신다는 교리를 남겨 두었다. 아우크스부르크 신앙고백은 성례들을 교회의 본질적 표준으로 삼는다. 루터의 요리문답은 성례에 십계명과 사도신경, 주기도문과 대등한 독립적인 지위를 부여한다. 세례와 성찬 외에 제3의 성례로서 죄의 자백과 사죄를 덧붙인다. 그리고 후대에는 견신례를 유아세례의 보완책으로 준(準) 성례의 지위로 회복시켰다.

츠빙글리와 칼빈은 성례들을 성령께서 내면적으로 전달하시는 은혜의 인과 표로 의미를 축소시켰다. 그들은 하나님의 주권적 역사와, 바람이 임의로 부는 것처럼(요 3:8) 임의로 역사하시는 성령의 독립성을 강조했다. 하나님께서는 원하시는 대로 자유롭게 은사들을 전달하실 수 있다. 하지만 우리는 하나님께서 정해주신 방법들에 매여 있다. 스위스 종교개혁자들 역시 믿음의 필요성도 강조했으나, 그 목적이 성례를 통해 유익을 얻는 데에만 있지 않고(이 점은 루터교 학자들도 인정한다), 성례 자체를 받아들이는 데에도 있었다. 성찬을 합당치 않게 받는 사람은 눈에 보이는 상징만 받을 뿐 성찬이 상징하는 실체를 받지 못하며, 상징이 오히려 그들에게 해가 된다.

재세례파는 여기서 한 걸음 더 나가서 유아세례를 배격했다. 유아세례에서는 세례받는 자가 믿음을 표시하는 일이 없다는 것이 그 이유였다. 그들은 퀘이커교의 선구자들이었다. 퀘이커교는 성례의 형식을 아예 폐지하고, 성례들이 상징하는 중생과 그리스도와의 연합이라는 영적 사실만 견지했다. 퀘이커교는 형식을 정신과 대체하는 것을 배격했으며, 필요한 경우에는 형식 없이도 정신이 살아남을 수 있었으나, 반대로 정신이 없으면 형식도 죽었다는 역사적 증거를 제

---

1) 19세기의 전형적인 루터교도인 Claus Harms는 1817년에 루터교회에 침투한 합리주의를 비판하는 구십오개조를 발표했는데, 필자의 기억에 의하면 그 중 하나는 이런 것이었다: "가톨릭 교회는 영광스러운 교회이다. 그 교회는 성례 위에 세워졌기 때문이다. 개혁교회는 영광스러운 교회이다. 그 교회는 말씀 위에 세워졌기 때문이다. 그런 두 교회보다 더 영광스러운 교회가 루터교회이다. 이 교회는 말씀과 성례 위에 세워졌기 때문이다."

시했다.

이렇게 은혜의 방편들(the means of grace)에 대한 상이한 견해들이 제기된 것은 섭리의 뜻이었다. 이 견해들은 서로 고립되어 있지 않다. 저마다 다른 철학적·신학적 관점에서 나와서 다른 교리들에 영향을 준다. 루터가 마르부르크에서 츠빙글리에게 "선생님은 다른 생각을 가지셨군요"라고 말했을 때 그것은 틀린 말이 아니었다. 루터는 이신칭의 교리에 근거하여 자신의 견해를 제시했고, 츠빙글리와 칼빈은 하나님의 주권 혹은 영원한 선택 교리에 근거하여 자신들의 견해를 제시했다. 루터는 인간론과 구원론에 초점을 맞춘 채 인간에게서 하나님에게로 진행했고, 츠빙글리와 칼빈은 신론에 초점을 맞추고서 하나님에게서 인간에게로 진행했다.

차이는 성찬 때 그리스도께서 어떤 방식으로 임재하시는가 하는 점에 관한 교리에서 정점에 달했다. 이것이 가장 치열한 쟁점이 되었고, 지금도 기독교 세계를 적대적인 진영들로 갈라놓고 있다. 성찬 이론들은 하나님이 인간과 맺으시는 관계, 초자연이 자연과 맺고 있는 관계, 보이지 않는 은혜가 보이는 방편들과 맺고 있는 관계에 대한 근본적인 견해 차이를 드러낸다. 로마 교회의 화체설은 자연과 인간을 흡수하여 말살하고 오직 빈 형식만 남겨 놓는 마술적 초자연주의에서 파생했다. 루터교 교리는 신적 요소와 인간적 요소의 상호 침투를 내포한다. 츠빙글리의 기념설은 신적 요소와 인간적 요소의 온전성과 독특성을 남겨놓은 채 서로를 구분한다. 성찬 이론은 그리스도론과 교회와 국가의 관계에 영향을 끼치며, 경건의 성격에도 어느 정도 영향을 끼친다. 그리스도론의 관점에서 볼 때, 루터교는 유티케스주의로 기울고, 츠빙글리주의는 네스토리우스주의로 기운다. 전자는 신비주의적 유형의 경건을, 후자는 실천적 유형의 경건을 배양한다.

츠빙글리보다 5년 후에, 루터가 죽기 10년 전에 공식 무대에 등장한 칼빈은 탁월한 역량으로 루터의 실제적 임재론과 츠빙글리의 영적 임재론을 중재하는 이론을 주장했고, 그것이 개혁교회의 신앙고백에 자리를 잡았다. 루터는 츠빙글리와만 상대했지, 칼빈과는 한 번도 논의를 해본 적이 없었다. 만약 그러한 기회가 있었다면 논쟁은 사뭇 다른 양상을 띠었을 것이다. 그러나 그럴지라도 루터는 자신의 실제적 임재 교리를 견지하고, 성찬 제정의 말씀에 대한 상징적 해석을 거부했을 것이다.

성찬 교리에는 몇 가지 사소한 의식적 차이들이 붙어 있는데, 이를테면 떡을 떼어 나눠주는 대신에 제병을 만들어 나눠주는 관행과 성찬을 받는 이들이 무릎을 꿇는 관행이 그것이다. 루터는 그러한 관행을 가톨릭 교회로부터 물려받아 그대로 보존했다. 반면에 개혁교회는 떡을 떼고 서서 성찬을 받는 초기 교회의 관행을 되살렸다. 일부 루터교회들은 성찬의 제병을 들어올리는 관행[성체거양]도 유지했다. 루터 자신은 그 관행을 중요하지 않은 문제로 규정했다가, 1542년에 비텐베르크에서는 폐지했다.[2]

## 102. 재세례파 논쟁. 루터와 후프마이어

LUTHER: *Von der Wiedertaufe, an zwei Pfarrherrn.* Wittenberg, 1528. In WALCH, XXVII. 2643 sqq.; Erl. ed. XXVI. 254–294. JUSTUS MENIUS: *Der Wiedertäufer Lehre und Geheimniss,* with a Preface by LUTHER, 1530. In the Erl. ed. LXIII. 290 sqq. MELANCHTHON: *Contra Anabaptistas Judicium,* "Corp. Reform." I. 953 sqq.

On the Baptist side the writings of HÜBMAIER, or, as he wrote his name, HÜBMÖR, which are very rare, and ought to be collected and republished. CALVARY, in "Mittheilungen aus dem Antiquariate," vol. I. Berlin, 1870, gives a complete list of them. The most important are *Von dem christlichen Tauf der Gläubigen* (1525); *Eine Stimme eines ganzen christlichen Lebens* (1525); *Von Ketzern und ihren Verbrennern; Schlussreden (Axiomata); Ein Form des Nachtmals Christi; Von der Freiwilligkeit des Menschen* (to show that God gives to all men an opportunity to become his children by free choice); *Zwölf Artikel des christlichen Glaubens,* etc.

On Hübmaier, see SCHREIBER in the "Taschenbuch für Gesch. und Alterthum Süddeutschlands," Freiburg, 1839 and 40. CUNITZ in Herzog's "Encykl.," 2d ed. VI. 344. RANKE, II. 118, 126; III. 366, 369. JANSSEN, II. 387, 486.

---

2) 1539년 12월 4일에 부흐홀처에게 보낸 편지(De Wette, V. 236)에서, 루터는 비텐베르크에서는 성체거양을 폐지했다고 밝힌다. 그러나 이것은 비텐베르크 성(城) 교회에 국한된 일이었음에 틀림없다. 비텐베르크 소교구 교회에서는 1542년 6월 25일에 부겐하겐이 그것을 폐지할 때까지 존속했기 때문이다. 참조. Köstlin, II. 588, 683.

모든 종교개혁자들은 유아세례 관행을 유지했고, 재세례를 이단으로 간주했다. 유아세례에 관한 한 가톨릭 진영과 함께 재세례파를 배격했다. 재세례파(Anabaptists)는 본인들의 반대에도 불구하고 '반(反)세례파'(Catabaptists)라고도 불렸는데, 이는 그들이 유아세례를 아예 세례로 인정하지 않았기 때문이다.

재세례파 혹은 세례파(유아세례파〈Pedobaptists〉와 구분하여)는 독일과 홀란드, 스위스에서 발생하여 독립된 회중들을 조직했다. 그들의 지도자들은 후프마이어(Hubmaier)와 뎅크(Denck), 헤처(Hätzer), 그레벨(Grebel)이었다. 그들은 종교개혁자들이 개혁을 중간에서 멈추고 악의 뿌리에는 손을 대지 않았다고 생각했다. 그들은 역사적 전승을 단절하고, 자발성의 원리에 입각한 새로운 신자들의 교회를 세웠다. 그들의 근본 교리는, 세례가 자발적 행위로서 본인의 회개와 그리스도를 향한 믿음을 요구한다는 것이었다. 유아세례는 성경에 위배되는 고안이라 하여 배격했다. 믿음에 관한 문제의 유일한 권위인 신약 성경에서 유아세례의 흔적을 발견할 수 없다고 주장했다. 이로 인하여 그들은 로마 가톨릭 진영뿐 아니라 개신교 진영에 의해서도 모진 박해를 받았다. 하지만 세례파 가운데 좀 더 온건한 집단과 메노파는 칼슈타트와 뮌처, 그리고 뮌스터 참극을 초래한 지도자들 같은 혁명적 급진주의자들과 광신도들과 구분해서 대해야 한다.

당시에는 세례의 방식이 쟁점이 아니었다. 종교개혁자들도 침례를 선호하거나(루터), 세례의 방식이 중요하지 않은 문제라고 주장했던 것이다(칼빈).

루터는 본질상 로마 가톨릭의 세례 교리에 동의했다. 그가 1523년에 작성한 「세례 규범」(*Taufbüchlein*)은 라틴어 세례 규범을 번역한 것으로, 귀신 쫓는 의식의 문구와 십자가 긋기, 물에 담그는 의식을 그대로 포함시켰다. 그 책의 제2판(1526)은 내용을 간추려, 성유와 소금, 침의 사용을 삭제했다.[3] 그는 유아세례를 배격한 칼슈타트와 뮌스터, 츠비카우 예언자들을 비판했으며, 심지어 멜란히톤에게까지 무안을 주었다. 작센에서는 재세례파가 소탕되었다. 그러나 그들이

---

3) 참조. §45. 「세례 규범」의 두 판본에서는 물에 담그는 의식을 규정하며, 다른 방식에 대해서는 언급하지 않는다. 개혁교회는 귀신 쫓는 의식을 남겨두는 것을 미신으로 간주하여 반대했다. 잉글랜드의 경우, 에드워드 6세 때 작성된 최초의 영어 전례(그 왕은 침례를 받았다)는 세 번 물에 담그는 의식을 규정한다. 1552년에 발행된 두 번째 전례도 같은 의식을 규정하지만, 아이의 건강이 약할 경우에는 물을 붓는 방식을 허용한다(잉글랜드에서 침례 이외의 방식을 인정한 것은 이것이 처음이다).

독일 다른 지역에서 세력을 키워가던 상황에서 후프마이어가 자신의 권위를 빙자하여 재세례파의 주장을 퍼뜨리고 다니자, 그를 논박하는 책을 따로 쓰게 되었다.

발타자르 후프마이어(Balthasar Hubmaier) 혹은 휘브뫼르(Hübmör)은 1480년에 아우크스부르크에서 태어났고, 프라이부르크와 잉골슈타트에서 에크 박사에게 배웠으며, 신학박사 학위를 받았다. 레겐스부르크 주교좌성당에서 유명한 설교자가 되었으며, 1519년에 유대인 회당을 성 마리아 예배당으로 개조함으로써 사실상 유대인들을 추방했다. 1522년에 그는 개신교 사상을 받아들이고서, 스위스 접경 라인 강변의 발트슈트에서 목사가 되었다. 바젤의 에라스무스와 취리히의 츠빙글리를 방문했으며, 츠빙글리의 종교개혁 도입 작업을 도왔다. 오스트리아 정부는 과도한 개혁에 대해서 경고하면서 후프마이어를 넘기라고 요구했다. 결국 후프마이어는 발트슈트를 떠나 샤프하우젠의 수도원으로 피신하였으나, 훗날 다시 발트슈트로 돌아갔다. 그는 유아세례에 관하여 츠빙글리와 오이콜람파디우스의 견해를 공식적으로 비판했다. 세례가 단지 상징일 뿐이라는 츠빙글리의 주장이 옳긴 하지만, 이 상징이 가리키는 실체란 죽기까지 믿고 순종하겠다는 서약인데, 유아는 이런 서약을 할 수 없다는 것이 그의 주장이었다. 그러므로 유아세례는 아무런 의미가 없는 헛된 의식이라 하였다. 세례를 받으려면 반드시 믿음이 있어야 하며, 믿음은 훗날을 담보로 할 수 없는 것이라고 하였다. 그는 유아에게 세례를 주는 대신에, 회중이 지켜보는 앞에서 하나님께 엄숙히 봉헌하는 의식을 도입했다. 마침내 후프마이어는 취리히의 재세례파와 마침 당시에 발트슈트 근처에 와서 활동하던 토마스 뮌처와 손을 잡았으며, 농민전쟁의 불을 붙였다. 어떤 이들은 후프마이어가 농민들이 내건 12개 조항의 작성자라고 추정한다. 그는 1525년 부활절 무렵에 다시 세례를 받았으며, 다른 많은 사람들에게 다시 세례를 주었다. 그는 미사를 폐지하고, 제단과 세례반(洗禮盤), 성화와 십자가상을 교회에서 철거했다.

농민 봉기가 진압되자 후프마이어는 취리히로 도피했다(1525년 12월). 취리히에서 그는 츠빙글리와 공개 논쟁을 벌였다. 츠빙글리 자신도 과거에 비록 유아세례를 단죄하지는 않았으나 스스로 책임을 질 수 있는 나이까지 연기하는 것이 옳다는 견해에 기운 적이 있었던 것이다. 후프마이어는 논쟁에 따른 압력과 항의에 굴하여 입을 다물었고, 일부 지원마저 끊겼다. 그는 모라비아 지방의 니콜스부르크로 갔는데, 그곳으로 갈 때 인쇄 기계를 가지고 가서 독일어로 여러 권의 책을 발행했으며, 침례파 '형제들'을 교회로 조직했다. 그러나 헝가리의 루이스가 죽은 뒤 모라비아가 오스트리아의 왕 페르디난트에게 넘어갔을 때 후프마이어는 아내와 함께 체포되어 빈(Wien)으로 송치되었고, 그곳에서 농민전쟁 연루죄로 유죄 판결을 받고서 1528년 3월 10일에 화형을 당했다. 죽을 때 그는 냉철한 용기와 경건한 체념을 잃지 않았다. 그가 화형을 당할 때 곁에서 믿음을 독려한 그의 아내는 사흘 뒤에 도나우 강에 던져지는 처형을 당했다.

츠빙글리는 후프마이어와 논쟁한 뒤에 그의 인격을 비판했다. 장크트갈렌의 바디안(Vadian)과 불링거(Bullinger)는 후프마이어의 탁월한 웅변과 학식을 칭찬했으나, 그의 불안한 혁신 정신에 대해서는 비판했다. 후프마이어는 자발적 원리의 옹호자였으며, 신앙의 자유를 위해 죽어간 순교자였다. 그는 악의적으로 성경에 반대하는 사람들만이 이단들이며, 그들조차 교육과 설득으로 계도해야 한다고 주장했다. 공권력을 동원하는 것은 세상을 멸하러 오시지 않고 구원하러 오신 그리스도를 부정하는 행위라고 주장했다.

후프마이어가 죽기 몇 달 전에, 루터는 다소 서둘러서 재세례파를 비판하는 소책자를 썼다(1528년 1월 혹은 2월). 책의 형식은 가톨릭 영토에서 활동하는 두 명의 익명의 목사들에게 보내는 편지의 형식을 취했다. 그는 다음과 같이 글을 시작한다. "나는 발타자르 후프마이어가 재세례에 관한 신성모독적인 책에서 마치 내가 자기처럼 어리석은 자인 양 다른 사람들 틈에 나도 인용한 것을 잘 알고 있습니다. 그러나 나는 친구도 원수도 그런 거짓말을 믿지 않을 것이라는 사실로 인하여 안심하게 됩니다. 나는 이미 설교를 통해서 유아세례에 대한 믿음을 충분히 밝혔기 때문입니다."

루터는 재세례파를 거칠고 잔인하게 다루는 것에 반대한다는 의사를 밝히고서, 그들이 반란을 선동하고 위정자를 거역하지 않는 한에는 그들을 불과 칼이 아닌 하나님의 말씀과 논리적 설득으로 규제해야 한다고 주장했다. 동시에 재세례파 순교자들의 지조(志操)를 단호히 비판하면서, 그들의 태도는 예루살렘이 멸망할 때 유대인들이 취한 태도나 도나투스파 순교자들이 취한 태도와 다를 바 없다고 주장했다. 복음을 받아들이지 않는다는 이유로 그런 마귀의 분파들을 처벌하느라 애를 먹는 것은 교황파를 이롭게 하는 행위라고 생각했다. 그런 뒤 루터는 재세례파가 유아세례를 비판하는 다음 근거들을 차례로 논박해 나간다.

1. "유아세례는 적그리스도인 교황에게서 온 것이기 때문에 잘못된 것이다." 그러나 만약 그것이 사실이라면 우리는 로마와 공유하고 있는 성경과 기독교 자체를 배격해야 마땅하다. 그리스도께서는 바리새인들과 사두개인들, 그리고 유대인 민중에게서 많은 폐습을 발견하셨으나 구약성경을 배격하지 않으셨고, 제자들에게 그들의 교훈은 받아들이되 행위는 본받지 말라고 말씀하셨다(마 23:3). 여기서 루터는 교황이 적그리스도이며, 그가 하나님의 성전 곧 기독교 교회 밖이 아닌 안에서 자신의 정체를 드러낸다는 사실 때문에 로마 교회를 인정하고 참는다. 재세례파는 자신들의 주장으로 기독교 진영의 세력을 약화시킬 뿐 아니라 자기들 스스로도 속이는 것이라고 루터는 주장한다.

2. "유아들은 자신들이 받는 세례에 관해서 아무것도 모르며, 따라서 후에 부모나 후견인에게 그 의미를 배워야 한다." 그러나 우리는 다른 사람들이 들려주는 말이 아니고는 우리의 출생과 그 밖의 많은 것을 하나도 알지 못한다.

3. "유아들은 믿음을 발휘할 수 없다." 루터는 이 주장을 부정하면서, 천국이 어린아이들에게 적합하다는 그리스도의 말씀(마 19:14)과, 모태에서부터 믿은 세례 요한의 예(눅 1:41)를 근거로 제시한다. 개혁주의 신학자들은 유아들에게 믿음의 역량 혹은 씨앗이 있음을 인정하면서도, 유아세례의 근거를 부모의 대리 믿음과, 하나님께서 아브라함과 그 후손들에게 하신 언약의 복(창 17:7)에 둔다. 루터도 이 점을 언급한다.

4. "성경에는 유아들에게 세례를 주라는 명령이 없다." 그러나 모든 민족에게 세례를 주라는 주님의 대사명(마 28:19)에는 유아들도 포함된다. 재세례파는 만대의 기독교 교회가 시행해온 유서 깊고 존경스러운 제도를 폐지하기에 앞서서 성경이 과연 유아세례를 금했는지 증명해내야 할 책임이 있다.

5. 적극적인 논거들로서, 루터는 할례에서 유추할 수 있는 교훈, 그리스도께서 어린아이들을 대하신 태도, 그리고 가족들이 함께 세례를 받은 사례들(행 2:39; 16:15, 33; 고전 1:16)을 언급한다.

멜란히톤은 유아세례가 사도들에게서 유래했음을 입증하기 위해서 오리게네스와 키프리아누스, 크리소스토무스, 아우구스티누스의 글에서 증거를 인용하기도 한다.

I. Sources (1) Lutheran.  LUTHER: *Wider die himmlischen Propheten*, Jan. 1525 (against Carlstadt and the Enthusiasts).  *Dass die Worte, "Das ist mein Leib," noch fest stehen (wider die Schwarmgeister)*, 1527.  *Grosses Bekenntniss vom Abendmahl*, March, 1528 (against Zwingli and Œcolampadius).  *Kurzes Bekenntniss vom heil. Sacrament*, 1544.  All these tracts in the Erl. ed. vols. XXVI. 254; XXIX. 134, 348; XXX. 14, 151; XXXII. 396.  WALCH, vol. XX. 1–2955, gives the eucharistic writings, for and against Luther, together with a history.

BUGENHAGEN: *Contra novum errorem de sacramento corporis et sanguinis Christi*. 1525.  Also in German.  In Walch, XX. 641 sqq.  BRENTZ and SCHNEPF: *Syngramma Suevicum super verbis cœnœ Dominicœ "Hoc est corpus meum,"* etc., signed by fourteen Swabian preachers, Oct. 21, 1525.  Against Œcolampadius, see Walch, XX. 34, 667 sqq.

(2) On the Zwinglian side.  ZWINGLI: Letter to Rev. Mathæus Alber, Nov. 16, 1524; *Commentarius de vera et falsa religione*, 1525; *Amica exegesis, id est, Expositio eucharistiœ negotii ad M. Lutherum*, 1526; *Dass diese Worte Jesu Christi : " Das ist myn Lychnam," ewiglich den alten eynigen Sinn haben werden*, 1527; and several other eucharistic tracts.  ŒCOLAMPADIUS: *De genuina verborum Domini : "Hoc est corpus meum," juxta vetustissimos auctores expositione*, Basel, 1525; *Antisyngramma ad ecclesiastas Suevos* (with two sermons on the sacrament), 1526.  ŒCOLAMPADIUS and ZWINGLI: *Ueber Luther's Buch Bekenntniss genannt, zwo Antworten*, 1528.  See ZWINGLI: *Opera*, ed. Schuler and Schulthess, vol. II. Part II. 1–223; III. 145; 459 sqq.; 589 sqq.; 604 sqq.  Also Walch, vol. XX.  Extracts in Usteri and Vögelin, *M. H. Zwingli's Sämmtl. Schriften im Auszuge*, vol. II. Part I., pp. 3–187.

II. The historical works on the eucharistic controversies of the Reformation period, by LAVATER (*Historia Sacramentaria*, Tig. 1563); SELNECKER and CHEMNITZ (*Hist. des sacram. Streits*, Leipz., 1583 and 1593); HOSPINIAN (*Hist. Sacramentaria*, Tig. 1603, 2 vols.); LÖSCHER (*Hist. Motuum*, in 3 Parts, Leipz., second ed., 1723); EBRARD (*Das Dogma vom heil. Abendmahl und seine Geschichte*, 2 vols., 1846); KAHNIS (1851); DIECKHOFF (1854); H. SCHMID (1873).

III. The respective sections in the General Church Histories, and the Histories of the Reformation, especially SECKENDORF, GIESELER, BAUR, HAGENBACH, MERLE, FISHER.  PLANCK, in his *Geschichte des Protest. Lehrbegriffs* (Leipz. second revised ed., 1792, vol. II., Books V. and VI.), gives a very full and accurate account of the eucharistic controversy, although he calls it "*die unseligste aller Streitigkeiten*" (II. 205).

**IV. Special discussions.** DORNER: *Geschichte der protestant. Theologie* (München, 1867), pp. 296–329. JUL. MÜLLER: *Vergleichung der Lehren Luther's und Calvin's über das heil. Abendmahl*, in his "Dogmatische Abhandlungen" (Bremen, 1870, pp. 404–467). KÖSTLIN: *Luther's Theologie*, II. 100 sqq., 511 sqq.; *Mart. Luther*, I. 715–725; II. 65–110 (*Luther und Zwingli*); 127 sqq.; 363–369. AUGUST BAUR: *Zwingli's Theologie* (Halle, 1885; second vol. has not yet appeared).

American discussions of the eucharistic controversies. J. W. NEVIN (Reformed, d. 1886): *The Mystical Presence*, Philadelphia, 1846; *Doctrine of the Reformed Church on the Lord's Supper*, in "The Mercersburg Review," 1850, pp. 421–549. CH. HODGE (Presbyt., d. 1878): in "The Princeton Review" for April, 1848; *Systematic Theology*, New York, 1873, vol. III., 626–677. C. P. KRAUTH (Luth., d. 1883): *The Conservative Reformation* (Philadelphia, 1872), p. 585 sqq. H. J. VAN DYKE (Calvinist): *The Lord's Supper*, 2 arts. in "The Presbyterian Review," New York, 1887, pp. 193 and 472 sqq. J. W. RICHARD (Luth.), in the "Bibliotheca Sacra" (Oberlin, O.), Oct. 1887, p. 667 sqq., and Jan. 1888, p. 110 sqq.

See, also, the lit. quoted in Schaff, *Church Hist.*, I. 471 sq. and IV. 543 sq.


종교개혁자들은 유아세례 문제에 관해서는 재세례파에 대항하여 한 목소리를 냈지만, 성찬에 그리스도께서 어떤 방식으로 어느 정도나 임재하시는가 하는 문제에 관해서는 견해가 갈렸다.

16세기의 성찬 논쟁은 인간이 선천적으로 안고 있는 정욕과 폭력성을 적나라하게 드러낸 유감스러운 사건으로서, 일치된 행동을 취하지 못하고 오히려 적의 진영을 이롭게 함으로써 종교개혁의 전진에 큰 손해를 입혔다. 하지만 이러한 부정적인 면은 고대 교회에서 삼위일체론과 그리스도론 같은 쟁점들을 놓고 벌어진 격렬한 논쟁들과 마찬가지로 진리를 더욱 분명하게 발전시키고 진술할 수 있게 한 긍정적인 면으로써 상쇄되었다. 신자들이 그리스도와 신자 상호 간에 연합과 사귐을 나누며 가장 숭고한 예배를 드리고 하늘에 가장 가까이에 이르는 잔치 자리가, 그리스도와 그분의 복음 앞에서 동일한 믿음과 헌신을 고백하는 형제들 사이에 치열한 다툼의 자리가 된 것이 실로 부끄러운 일이 아닐 수 없다. 그리스도의 위격과 그분이 제정하신 만찬이 가장 깊은 사랑과 증오심을 불러일으켜 왔다. 다행스럽게도 성례가 끼치는 실제적 유익은 하나님의 약속과 그리스도에 대한 단순하고 어린아이 같은 믿음에 달려 있으며, 스콜라적인 이론에 달려 있지 않다. 이는 성경의 유익이 헬라어와 히브리어에 대한 비평적 지식에 달려 있지 않은 것과 다르지 않다.

성찬은 중세에도 두 번에 걸쳐 쟁점이 된 바 있다. 첫 번째는 9세기였고, 두 번째는 11세기였다. 두 경우 모두 성찬에 그리스도의 살과 피의 임재와 효과가 어떻게 나타나는가 하는 문제를 놓고 실제적인 해석과 영적인 해석이 부닥치는 형태로 전개되었다. 그 결과 로마 교회의 화체설 교의가 승리를 거두었다. 파스카시우스 라드베르투스가 라트람누스를 누르고, 란프랑쿠스가 베렌가리우스를 누른 이 결과를 1215년의 제4차 라테란 공의회와 1551년의 트렌트 공의회가 최종적으로 재가했다.[4]

그리스 교회와 라틴 교회는 성찬과 미사 교리에서 내용상으로는 일치했지만, 성찬에 사용하는 떡에 누룩을 넣는가 빼는가 하는 의식상의 문제로 갈라졌다. 그런가 하면, 평신도들에게 잔을 주지 않는 관행이 피비린내 나는 후스파 전쟁을 불러일으켰다.

개신교 진영의 성찬 논쟁들은 이와 다른 양상을 띠었다. 양 진영 모두 화체설을 버렸다. 쟁점은 성찬의 성물들이 기적적으로 그리스도의 살과 피로 변화하는가 하는 문제가 아니라, 그리스도께서 자연적인 요소들(떡과 포도주)에 육체로 임재하시는가 아니면 영적으로 임재하시는가(하지만 육체적 임재에 못지않게 실제적으로) 하는 문제였고, 또한 그리스도를 모든 참석자들이 입으로 받는가 아니면 믿음을 통해 자격을 갖춘 사람들만 받는가 하는 문제였다.

논쟁은 2막으로 전개되었고, 각 막마다 다양한 배경 가운데 진행되었다. 첫째는 루터와 츠빙글리 사이의 논쟁이었고, 둘째는 루터파와 필립(멜란히톤)파, 칼빈파 사이의 논쟁이었다. 그 결과 루터교에서는 루터의 이론이, 개혁교회에서는 칼빈의 이론이 승리를 거두었다. 종교개혁 이래로 잉글랜드와 아메리카의 토양에서 일어난 개신교 교단들 — 독립파, 침례교, 감리교 등 — 은 개혁파의 견해를 취했다. 루터의 이론은 그의 이름을 지닌 교회에만 국한되어 있다. 그러나 멜란히톤적이고 온건한 루터교 신자들이 칼빈의 견해에 매우 근접한 것처럼, 츠빙글리보다 루터의 견해에 더 가까이 근접해 있는 칼빈주의자들과 특히 성공회 신자들도 있다. 양 진영 모두 16, 17세기의 치열한 대립과 반목이 좀 더 차분하고

---

4) Schaff, *Church History*, vol. IV. 543–572; *Creeds of Christendom*, II. 130–139.

따뜻한 기질에 자리를 내주었다. 이것이 실제적인 진보이다.

이제는 성찬 논쟁의 외면적 역사를 되짚어 보고, 그 다음으로 서로 다른 이론들을 살펴보고자 한다.

## 104. 논쟁 전 루터의 이론

루터는 「교회의 바빌론 유수」(1520)에서 미사와 화체설, 성찬의 잔 철회를 교황 독재의 본거지로 규정하고 배격했다. 그리고 이 입장에서 한 번도 물러난 적이 없었다. 같은 저서에서 그는 프랑스 캉브레의 주교 피에르 다이(Pierre d'Ailly)에게서 얻은 단서를 토대로 자신의 견해를 분명히 제시했다:

"과거에 내가 스콜라 신학에 젖어 지낼 때, 캉브레의 추기경이 생각을 되짚어 볼 기회를 주었다. 그는 신학 명제집 제4권에서 아주 예리하게 주장하기를, 만약 떡과 포도주의 우유성(accidents)만이 아닌 실제 떡과 포도주가 제단에 놓여 있다고 이해한다면, 그리고 교회가 그것과 정반대의 해석을 결정하지 않았다면, 훨씬 더 개연성이 높았을 것이고, 불필요한 기적을 끌어들이지 않아도 되었을 것이라고 했던 것이다. 그 후 나는 그러한 결정을 내린 교회가 토마스주의의 교회, 즉 아리스토텔레스주의의 교회인 사실을 발견하고는 더욱 용기를 갖게 되었다. 과거에는 의심의 협곡에 들어가 있었으나, 이제는 떳떳하게 내 견해를 수립할 수 있게 되었다. 그것은, 그리스도의 실제 살과 실제 피가 다른 진영이 주장하듯이 우유성 아래 있는 것에 못지않게 실제 떡과 실제 포도주에 들어 있다는 것이다 …… 그리스도께서 자신의 몸을 우유성들 안에 두실 수 있는 것만큼 떡의 실체 안에 두시지 못하실 이유가 어디 있는가? 불과 쇠라는 서로 다른 물질은 뜨겁게 달궈진 쇠에 공존하므로 모든 부분이 다 쇠이고 불이다. 하물며 그리스도의 영광스러운 몸이 떡의 실체 곳곳에 있을 수 없겠는가? …… 나는 적어도 평민들 사이에서는 성찬에 대한 순박한 신앙이 남아 있는 것을 매우 고무적인 일로 생각한다. 그들은 성찬에 우유성들이 들어 있는지 실체가 들어 있는지 알지도 못하고 논쟁도 하지 않지만, 그리스도의 살과 피가 실제로 성찬의 성물들에 담겨 있음을 순박한 신앙으로 믿는다. 이들에게는 그 안에 무엇이 담겨 있는지 논쟁할 한가한 시간이 없다."

루터가 5년 후에 토로한 대로, 만약 로마 교회를 떠나던 시점에 성찬에 오직 떡과 포도주 외에 아무것도 없음을 확신할 수 있었다면 훨씬 더 좋았을 것이다. 루터에게 남아 있던 옛 아담은 여전히 로마 교회의 견해로 이끌리고 있었던 것이다. 하지만 그는 성찬 제정의 말씀의 문자적 의미를 추호도 의심하지 않았다. 그는 보헤미아의 발도파 형제들에게 보낸「성체 숭배에 관하여」(1523)라는 책에서 로마 교회의 화체설뿐 아니라 그들의 상징적 해석도 배격하며, 그리스도의 실제 살과 피가 성찬의 성물들에 실제적으로 본질적으로 임재한다고 주장했다. 하지만 그는 발도파의 성찬 이해가 잘못되었다고 생각하면서도 그들을 매우 따뜻하게 대했으며, 그들의 경건과 기강이 독일의 신자들보다 훌륭하다고 칭찬했다.[5]

루터는 칼슈타트의 인신 공격과 왜곡된 성경 해석을 지켜보면서 실제적 임재에 대한 확신을 더욱 굳히게 되었다. 그 후로 루터는 가톨릭 진영과 다른 점들을 비판할 때보다 더 힘을 기울여 일치점들을 옹호했다. 이제는 보헤미아인들에게 쓴 글에서 나타냈던 온화한 어조를 바꾸어, 자신의 개신교 적대 진영을 교황파 못지않게 신랄하게 비판했다. 루터의 독특한 성찬관은 종교개혁 양 진영 사이에 가장 심각한, 아니 거의 유일한 교리적 차이점이 되었으며, 오늘날까지 양 진영을 갈라놓고 있다.


## 105. 루터와 칼슈타트


성찬 논쟁은 적어도 외면적으로는 1522년 여름에 홀란드에서 최초로 불이 붙었다. 하인리히 로디우스(Henry Rodius)가 위트레흐트에서 네덜란드의 저명한 법률가 코르넬리우스 호니우스(Cornelius Honius)에게 받은 요한 베셀의 저서들을 비텐베르크로 가져온 것이 사건의 발단이었다. 종교개혁의 주요 선구자들 가

---

5) Walch, XIX. 1593 sqq.; Erl. ed., XXVIII. 389 sqq. 루터는 서두에서 이렇게 쓴다. "우리 독일인들은 그리스도께서 마리아에게서 탄생하시고 거룩한 십자가에 달리셨을 때와 마찬가지로 성찬에 자신의 살과 피로써 함께 계심을 믿습니다." 그가 상징적 해석을 배격한 이유는 성경의 다른 구절들의 의미를 퇴색시킬 우려가 있다고 판단했기 때문이다.

운데 한 사람인 베셀(1489년 죽음)은 「성찬에 관하여」(*De Coena*)라는 논문에서 성찬 제정의 말씀에 대한 상징적 해석을 제시했다. 이것이 에라스무스와 칼슈타트, 츠빙글리의 성찬관에 영향을 끼친 것으로 보인다.

그러나 루터는 베셀의 견해에 전반적으로 크게 만족했던 까닭에 차이점을 간과했으며, 그를 바른 신론을 가르친 신학자이자 숭고한 정신과 훌륭한 재능을 지닌 인물로 높이 평가했다. 루터가 베셀의 견해에 워낙 동조했던 까닭에, 교황파는 만약 루터가 베셀의 저서들을 미리 알았다면 자신의 모든 교리를 그에게서 끌어온 것이라고 비판할 수 있을 정도였다.[6]

논쟁의 문을 연 사람은 루터의 오랜 동료 교수이자 옛 친구였던 칼슈타트였다. 그는 루터를 쉴새없이 괴롭혔고, 그것이 루터가 스스로를 방어하여 보수적이고 교회 중심적인 신학을 발전시키는 한 가지 계기가 되었다[7] 그는 1522년에 당한 패배를 괴로워하다가, 처음에는 암시적으로 나중에는 공공연히 루터를 비판하면서, 그를 자신의 적이자 자신의 모든 불행을 초래한 장본인으로 여겼다. 이런 방식으로 그는 사사로운 앙심을 성찬 논쟁에 뒤섞었다. 만약 이런 사적인 원한 관계가 아니었다면, 루터의 어조도 좀 더 온건해졌을 것이다.

1524년에 칼슈타트는 성찬 제정의 말씀에 대한 새롭고 터무니없는 해석을 들고 나왔다(마 26:26과 병행 구절들). '이것'에 해당하는 헬라어 단어가 중성 명사(τοῦτο)라서 남성 명사인 '떡'(ἄρτος)에 대입할 수 없고, 구주께서 "받아서 먹으라 이것은 내 몸이니라 …… 너희가 다 이것을 마시라 이것은 …… 죄 사함을 얻게 하려고 …… 흘리는 바 나의 피 곧 언약의 피니라"고 말씀하신 그분의 살(τὸ σῶμα)을 가리킨다고 봐야 한다고 주장했다. 이것은 성찬 제정의 말씀을 동어 반복과 상투어로 분해한 것이다. 동시에 칼슈타트는 유아세례에 반대하면서 조잡하고 괴팍한 해석을 제시했다.[8]

---

6) *Farrago rerum, theolog., Wesselo autore*의 서문. 1521 혹은 1522년에 비텐베르크에서 출판됨. *Op.*, VII. 493 sqq. 하지만 이 판본에는 *De caena*라는 논문이 빠져 있으며, 이것은 루터가 이 논문을 좋아하지 않았다는 증거이다.

7) 참조. 66절, 68절. 성찬 논쟁을 촉발시킨 장본인은 Hospinian과 Hottinger가 주장하듯이 루터가 아니라 칼슈타트였다. 그러나 루터와 츠빙글리는 이 논쟁에서 주된 배역을 맡았다. 츠빙글리의 견해가 제시되었을 때 칼슈타트의 견해는 무대에서 사라졌다.

칼슈타트는 작센에서 추방된 뒤에 바젤과 슈트라스부르크에서 펴낸 여러 권의 책에서 자신의 해석을 선전하면서, 루터를 '이중인격적 교황주의자' 라고 비난했다.[9] 그는 스위스 종교개혁자들에게 다소 관심을 끌었다. 종교개혁자들은 그의 불행을 동정하고, 그가 육체적 임재설과 그리스도의 몸을 입으로 먹는다는 견해에 반대한 데 동의했으나, 그의 해석과 신비주의, 급진주의에는 철저히 반대했다. 슈트라스부르크의 종교개혁자들인 카피토와 부처는 스위스의 견해에 기울었다가 논쟁에 유감을 표시했으며, 집사를 통해 칼슈타트의 논문을 루터에게 보내 조언을 구했다.

루터는 슈트라스부르크인들에게 쓴 격렬한 어조의 편지(1524년 12월 14일)에서, 복음적 교리들을 굳게 붙들라고 당부하면서, 칼슈타트의 위험하고도 천박한 이론에 귀 기울이지 말라고 경고했다. 동시에 그는 칼슈타트를 치밀하게 비판한 「천상의 예언자들을 비판함」(*Against the Heavenly Prophets*, 1524년 12월과 1525년 1월에 두 부분으로 나눠 씀)을 펴냈다. 탁월한 역량과 신랄한 비판이 담긴 저서였다. 이 책은 다음과 같은 말로 시작한다. "새로운 폭풍우가 일어나고 있습니다. 안드레아스 칼슈타트 박사가 우리에게서 떨어져 나가 우리의 가장 큰 원수가 되었습니다." 루터는 그 가련한 사람이 용서받을 수 없는 죄를 범했다고 생각했다.[10] 그는 이들 자칭 예언자들의 거칠고 모호한 신비주의와 거짓 율법주의를 생생한 표현으로 평가하면서, 실제적 임재설을 변호했다. 이성을 마귀의 시녀로 간주하면서, 이성에 입각한 반론들을 일축했다. 눈여겨볼 점은, 루터가 다름 아닌 이 책에서 이성을 매우 자유롭고도 효과적으로 활용하면서도, 이때부터 신학에서 이성의 가치를 낮게 평가하기 시작했다는 것이다.


## 106. 루터와 츠빙글리

---

8) 루터가 칼슈타트와 그의 동조 세력을 광신도라고 부른 이유는 이것 때문이다.

9) 거칠고 이해하기 힘든 독일어로 된 그의 성찬 관련 논문은 Walch, XX. 138-158, 378-409, 2852-2929에 실려 인쇄되었다. 칼슈타트는 그 전인 1522년에 쓴 저서들에서는 육체적 임재를 강하게 변호했으며, 심지어 성찬의 성물들이 그리스도의 살과 피이므로 숭앙하는 것이 마땅하다고 주장했다.

10) 브리스만에게 보낸 편지. 1525년 1월 11일. De Wette, II. 612.

그러나 이제는 더욱 강한 두 명의 적이 루터 앞에 등장했다. 이들은 독자적인 연구에 힘입어 칼슈타트보다 훨씬 더 합리적으로 성찬 제정의 말씀을 해석했으며, 탄탄한 해석학적·이성적 논거로 자신들의 해석을 뒷받침했다. 스위스의 루터에 해당하는 츠빙글리와, 멜란히톤에 해당하는 오이콜람파디우스가 성찬 논쟁을 새롭고 더욱 진지한 양상을 띠게 했다.

루터가 초기에 피에르 다이로부터 '불변하는 성물들 안의 육체적 임재설'을 받아들였던 것과 마찬가지로, 츠빙글리는 초기에 호니우스를 통해서 에라스무스와 베셀의 상징적 해석(est=significat; '이다' = '상징한다')을 받아들였다.[11] 츠빙글리는 1524년 11월 16일에 칼슈타트의 비판자이자 루터교 설교자 로이틀링겐의 마타이우스 알버(Matthaeus Alber)에게 확신을 담아 쓴 라틴어 편지에서 자신의 견해를 피력했으며, 요한복음 6:63에 기록된 그리스도의 말씀을 근거로 그리스도의 살과 피를 입으로 먹는 게 아님을 주장했다.[12]

몇 달 뒤(1525년 3월), 츠빙글리는 「참 신앙과 거짓 신앙에 대한 주석」(*Commentary on the True and False Religion*)에서 동일한 논거들로써 자신의 견해를 공식적으로 제시했다.[13] 이것은 루터가 칼슈타트를 비판하는 저서를 펴낸 때로부터 석 달 후의 일이다. 츠빙글리는 이 두 편의 글 어디에서도 루터를 언급하지 않지만 그를 겨냥한 것이 분명하며, 루터가 칼슈타트의 견해에 퍼부었던 것만큼이나 경멸적인 평가를 루터에게 퍼부었다.

같은 해에 당대의 대표적인 학자이자 신앙인 가운데 한 사람이었던 오이콜람파디우스가 츠빙글리의 이론을 변호한 매우 역량 있는 저서를 발표했는데, 다만 그는 술어에 '상징'이라는 단어를 넣어 성찬 제정의 말씀을 (테르툴리아누스와 마찬가지로) "이것은 내 몸의 상징이다"(hoc est Figura corporis me)로 해석했

---

11) 츠빙글리의 일부 전기작가들은 그가 글라루스에서 이미 라트람누스와 위클리프의 저서들을 읽었을 것이라고 주장하지만, 이 주장을 뒷받침할 증거가 없다. 그는 1523년 6월 5일에 자신의 스승 비텐바흐에게 보낸 편지에서 자신의 견해를 처음으로 피력했으나, 그것을 공표하지는 않았다(*Opera*, VII., I. 297). 그는 1525년 3월에 취리히에서 est가 significat와 동의어임을 설명한 호니우스의 편지를 발행했으나, 이 편지는 1521년에 자신을 찾아온 학자들인 로디우스와 사가루스에게 받은 것이었다.

12) *Opera*, III. 589.

13) *Op. cit.*, III. 145.

다. 하지만 그는 의미가 같다고 보고서 이 차이를 강조하지 않았다. 그는 학문성
과 정교함뿐 아니라 겸양까지 발휘하여 글을 썼다. 그는 먼저 교부들 특히 '믿음
으로 그리스도를 영적으로 향유함'(spiritual fruition of Christ by faith)을 주장한
아우구스티누스의 증언들을 활용했다. 에라스무스는 오이콜람파디우스의 주장
이 심지어 선택된 자들까지도 유혹할 만큼 강력하다고 판단했다.

루터 진영도 그 스위스 개혁자를 논박하는 데 더디지 않았다.

훌륭한 목회자이긴 했으나 훌륭한 신학자는 못 되었던 부겐하겐은 브레슬라
우의 헤스(Hess)에게 츠빙글리를 비판하는 편지를 보내면서 그것을 출판했다.
그의 주장은, 만약 성찬 제정의 말씀에서 본동사가 상징적이라면, 다른 문장에
서도 항상 상징적이어야 한다는 것이었다. 예를 들어, "베드로는 사람이다"라는
문장은 "베드로는 사람을 상징한다"는 뜻이 되는 것이라고 했다.[14] 그는 고린도
전서 11:27도 근거로 제시했다. 그 구절에서 사도 바울이 성찬에 합당치 않게 참
여하는 자가 그리스도의 살과 피를 범하는 죄가 있다고 했지, 떡과 포도주를 범
하는 죄가 있다고 하지 않았다고 지적했다. 츠빙글리는 그런 대적을 간단히 처
리하는 법을 알고 있었던 것이다.

할의 브렌티우스(Brentius)를 따르던 슈바벤의 여러 설교자들은 오이콜람파디
우스에게 답장을 보냈다. (자신도 슈바벤 태생인) 오이콜람파디우스가 자신의
책을 그들에게 보내면서 검토한 뒤 서평을 해달라고 부탁했던 것이다. 그들이
쓴 「수에비아인들의 저작」(Syngramma Suevicum)은 부겐하겐의 편지글보다 훨
씬 더 중요하다. 그들은 그리스도의 말씀이 떡과 포도주 안에 그분의 살과 피를
부여한다는 독특한 견해를 제시했다. 이것은 모세의 발언이 놋뱀에 치유 능력을
부여한 것과, "너희에게 평강이 있을지어다"라는 그리스도의 말씀이 제자들에
게 평강을 넣어주신 것, 그리고 "네 죄 사함을 받았느니라"는 말씀이 사죄를 부
여해 주신 것과 같은 이치라고 했다. 그러나 그들은 그리스도의 살이 손으로 떼
어지고 치아로 씹어진다는 생각을 부정함으로써 자신들도 의식하지 못한 채 순
수한 영적 씹음이라는 스위스의 견해에 접근했다. 오이콜람파디우스는 「수에비
아인들의 저작에 대한 반박」(Anti-syngramma)(1526)에서 그 논리의 모순됨을

---

14) 루터도 보헤미아인들에게 보낸 편지(1523)에서 이와 유사한 취약한 논리를 사
용한 바 있다.

분명하게 증명해 보였다.[15] 뉘른베르크의 피르크하이머(Pirkheimer)와 뇌르딩겐의 빌리쿰(Billicum)도 오이콜람파디우스 논박서를 썼으나 새로운 내용을 보태지는 못했다.

성찬 논쟁은 츠빙글리와 루터가 직접 충돌한 1527년과 1528년에 절정에 달했다. 츠빙글리는 루터의 견해를 신랄하되 예를 갖추어 비판한 「우호적인 해석」(*Friendly Exegesis*)이라는 라틴어 저서를 편지와 함께 루터에게 보냈다(1527년 4월 1일). 루터도 거의 같은 시기에(1527년 초반) 하지만 사뭇 다른 어조로 츠빙글리와 오이콜람파디우스를 비판한 독일어 저서를 썼는데, 그 제목은 다음과 같다. 「'이것은 내 몸이니라'는 그리스도의 말씀은 확고히 서 있다: 광신도들을 비판함」(*That the Words of Christ: 'This is my Body', stand fast. Against the Fanatics*). 이 책에서 루터는 스위스 개혁자의 견해가 마귀의 사주를 받은 것이라고 주장했다. 그는 이렇게 시작한다. "마귀가 온갖 술수의 달인이라는 말이 얼마나 참된가! 마귀는 육체의 정욕과 속임수, 죄, 살인, 파괴 등을 동원하여 이 세상의 외적인 규율 안에서, 무엇보다도 하나님의 명예와 우리의 양심에 영향을 주는 영적이고 외적인 일들 안에서 자신이 술수의 달인임을 강하게 입증한다. 인간들이 구원을 받고 기독교 신앙 안에 남아 있지 못하게 하기 위하여, 그가 얼마나 사실을 왜곡하고 뒤집고 온갖 장애물을 설치해 놓는 일을 마다하지 않고 있는가!" 루터는 마귀가 이단들과 교황들과 공의회들에서부터 시작하여 칼슈타트와 츠빙글리파를 부추겨 복음을 변질시킨 사례들을 되짚어 나가면서, 매 단계마다 마귀를 거론한다. 이것이 루터가 교황파뿐 아니라 성찬상징론자들을 논박할 때 사용한 특유의 방식이다. 그는 이 세상의 모든 악이 악의 임금에게서 유래했다고 주장한다. 그는 하나님과 그리스도의 육체의 편재(遍在)를 믿은 것 못지않게 마귀의 존재와 능력을 믿었다.

루터는 성찬 제정의 말씀("이것은 내 몸이니라")의 의미를 길게 설명한다. 이 말씀은 그렇지 않음을 입증할 수 있기 전에는 문자적으로 받아들여야 한다고 주장한다. 문자적 의미에서 떠난 것은 사탄의 계략으로서, 사탄은 교만과 악의로서 인간으로 하여금 하나님의 말씀을 존중하지 않게 하며, 성찬의 유익을 받지 못하게 만든다고 한다. 루터는 자신의 대적들의 불일치를 크게 강조하면서, 마

---

15) Walch, XX, 667.

치 그것이 그들의 오류를 입증하는 결정적인 증거인 것처럼 거듭해서 그 점을 환기시킨다. 칼슈타트는 성경에 나오는 '이것'이라는 단어의 의미를, 츠빙글리는 '이다'라는 단어의 의미를, 오이콜람파디우스는 '몸'이라는 단어의 의미를 곡해했으며, 다른 이들은 본문 전체의 의미를 뒤틀고 말살했다고 지적한다. 성례의 본의를 파괴한 점에서는 모두가 같다고 한다. 루터는 다음 구절에 대해서조차 상징적인 의미를 허용하지 않는다: 고전 10:4; 요 15:1; 창 41:26; 출 12:11, 12. 사도 바울이 그리스도께서 반석이라고 말할 때, 그분이 정말로 영적인 바위라는 뜻으로 그렇게 말했다고 하며, 그리스도께서 "나는 포도나무라"고 하실 때 자신이 참된 영적 포도나무라는 뜻으로 그렇게 말씀하셨다고 한다. 그러나 이것이 또 다른 유형의 상징적 해석이 아니고 무엇이겠는가?

루터는 그 책의 상당 부분을 그리스도의 몸의 편재를 입증하는 데 할애한다. '하나님의 우편'이란 그분의 '전능하신 권능'이란 뜻이라고 그는 설명한다. 여기서 그는 스스로 상징적 해석으로 떨어진다. 그는 대적들이 그리스도께서 문자 그대로 황금 면류관을 쓰시고 하늘의 황금 보좌에 앉아 계신다는 유치한 해석을 하고 있다고 조롱한다. (하지만 그들은 그런 생각을 꿈에서라도 해본 적이 없다.) 루터는 그리스도의 승천의 실재성을 부정하는 데까지 나가지 않는다. 그것을 부정한다면 그리스도의 육체적 임재도 성립되지 못하게 될 것이다. 루터의 논리에는 문자적 해석과 상징적 해석이 이상한 형태로 결합되어 있다. 그러나 그는 그리스도의 신성과 인성의 위격적 결합을 토대로 실제적 임재의 가능성을 강력하게 주장한다. 물론 이것은 사실이지만, 루터의 오류는 '실제적'이라는 표현과 '육체적'이라는 표현을 혼동한 데 있다. 그는 영적 임재도 육체적 임재 못지않게 실제적이라는 점과, 육체적 임재도 영적 임재 없이는 아무런 가치가 없다는 점을 잊고 있다.

니취(Nitzsch)와 쾨스틀린(Köstlin)은 츠빙글리와 루터 두 사람 다 "우리가 전혀 알 수 없는 그리스도의 영화롭게 된 몸의 속성들을 당연한 것으로 간주하되, 전자는 그 몸이 하늘이라는 공간에 거한다고 주장하고, 후자는 땅에 편재하는 것으로 주장한다"고 정확하게 지적한다.16) 이 말에 우리가 덧붙일 수 있는 것은, 종교개혁자들은 하늘의 지역성을 근거로 논의를 전개했는데, 이것은 코페르

---

16) Köstlin, *M. Luther*, II. 96, 642; *Luthers Theologie*, II. 172 sqq.

니쿠스의 이론에 의해 성립할 수 없게 되었다는 점이다. 확실히는 알 수 없지만, 하늘은 우리에게 아주 가까이 있을 수도 있고, 우리 위뿐 아니라 옆으로도 둥글게 펼쳐져 있을 수도 있는 것이다.

츠빙글리는 정교한 논문으로 지체없이 루터를 논박했다. 이 논문 역시 독일어로 쓴 것으로서 제목도 비슷하다(「'이것은 내 몸이니라' 는 말씀은 여전히 유서 깊고 유일한 의미를 지니고 있다」〈*That the words, 'This is my body,' have still the old and only sense*〉).[17] 그는 이 논문을 1527년 6월 20일에 작센의 선제후 요한에게 보냈다. 그는 루터의 논리를 하나하나 짚어가면서 논박하며, 여러 병행 구절들을 근거로 성찬 제정의 말씀의 상징적 해석을 변호한다(창 41:26; 출 12:11; 갈 4:24; 마 11:14; 고전 10:4 등). 그리고 그리스도의 두 본성의 관계에 대해서도 논한다.

츠빙글리는 루터가 주장한 하나님의 전능하신 손의 문자적 해석을 비판하면서 다음과 같이 말한다. "우리는 오랫동안 하나님의 권능이 모든 곳에 거한다는 것과, 그분이 모든 존재들의 존재(the Being of beings)라는 것, 그리고 그분의 편재가 만물을 붙들고 있다는 것을 알아왔다. 우리는 그리스도가 계시는 곳에 하나님이 계시며, 하나님이 계시는 곳에 그리스도가 계시다는 것을 안다. 그러나 우리는 두 본성을 구분하며, 그리스도의 위격과 그리스도의 몸을 구분한다." 츠빙글리는 루터가 그 둘을 혼동했다고 지적한다. 하나님의 무한한 본성에 딸린 속성들은 수사학에서 '알라이오시스' (allaeosis)라고 부르는 '교환' 에 의하지 않고는 인간의 유한한 본성에 전달할 수 없다고 주장한다. 그리스도의 몸의 편재라는 말은 모순이라고 하며, 그리스도는 모든 곳에 계시지만 그분의 몸은 문자적 의미에서 몸임을 중단하기 전에는 모든 곳에 계실 수 없다고 한다.

츠빙글리의 이 책은 그가 과거에 이 주제로 쓴 책에 비해 훨씬 더 예리하다. 그는 독설을 자제하면서, 하나님의 말씀이 논쟁을 결정지어야 하며, 루터가 전가의 보도처럼 휘두르는 광신도나 마귀, 살인자, 이단, 위선자 같은 상스러운 표현으로 논쟁이 결정되어서는 안 된다고 말한다. 그러나 츠빙글리와 그의 친구들 역시 루터파에 대해서 가버나움파(Capernaites), 인육을 먹는 자들, 피를 마시는 자들이라는 부당한 표현을 사용했으며, 루터파가 사용하는 성찬의 떡을 '구워진

---

17) *Werke*, vol. II. Part II. 16–93.

하나님' 이라고 불렀다. 더욱이 츠빙글리는 루터에 대해 우월감을 드러내는 도발적이고 자극적인 어조를 사용했는데, 그것은 감수성이 예민한 루터의 급소를 치르는 공격이었다. 그는 첫 문장을 이렇게 시작한다.

"마르틴 루터에게 훌드리히 츠빙글리는 살아 계신 하나님의 아들 예수 그리스도로 말미암아 하나님으로부터 은혜와 평강이 임하기를 기원합니다. 예수 그리스도는 우리를 구원하시기 위하여 죽임을 당하신 뒤 육체로 이 세상에서 들려져 하늘로 오르셨으며, 그곳에서 마지막 날에 다시 오실 때까지 앉아 계십니다. 이것은 그리스도께서 친히 하신 말씀이므로, 당신은 그분이 우리 마음에 거하시되 믿음으로 거하시며(엡 3:17), 당신이 하나님의 말씀과 무관하게 가르치듯이 입으로 그분의 육체를 먹음으로써 거하시는 게 아닌 줄을 능히 알 수 있습니다."

책의 말미에 츠빙글리는 루터가 부처를 비판한 내용을 염두에 두고서 이렇게 말한다. "그리스도께서는 우리에게 악을 선으로 갚으라고 가르치십니다. 적그리스도는 이 교훈을 뒤집는데, 당신은 경건하고 학문이 깊은 부처가 당신의 책들을 번역하여 보급했다는 이유로 그를 비난함으로써 적그리스도의 뒤를 따랐습니다 …… 친애하는 루터 선생, 이 문제를 지금까지와 같은 격앙된 태도로 다루지 마시기를 겸손히 부탁드립니다. 당신이 그리스도의 사람이라면 우리 역시 그렇습니다. 우리는 논쟁을 할 때 다만 하나님의 말씀만 가지고, 그리스도인다운 자제력을 가지고 해야 마땅합니다. 하나님을 대항하여 싸워서도 안 되고, 하나님의 말씀으로 우리의 오류를 가려서도 안 됩니다. 부디 하나님께서 당신에게 진리와 당신 자신을 아는 지식을 내려주셔서, 당신이 루트리온(λούτριον: 세탁과 세척에 쓰인 물)이 되지 않고 루터로 남게 되기를 기원합니다. 결국에는 진리가 승리할 것입니다. 아멘."

오이콜람파디우스도 이와 비슷한 내용으로 자신을 변호하는 책을 썼다.[18]

이에 대해 루터는 1528년 3월에 「주의 만찬에 대한 고백」(*Confession on the Lord's Supper*)이라는 훌륭한 책을 펴냈다. 성찬 논쟁에 마지막 발언으로 내놓은 책이었다.[19] 이것이 루터가 발표한 성찬 관련 저서들 가운데 가장 치밀한 저서로

---

18) *Secunda, justa et aequa responsio ad Mart. Lutherum.* 이 책은 Hospinian이 언급하지만, Löscher도 Walch도 Planck도 언급하지 않는 점으로 미루어 매우 희귀했음이 분명하다.

서, 설득력과 깊이가 있긴 하나 분노로 가득 차 있다. 루터는 이 책에서도 마귀에 관한 언급으로 시작하며, 자신이 성찬을 올바로 변호함으로써 마귀의 분노를 촉발했다고 기뻐한다. 그는 자신의 적들의 저서들을 독사들에 비유한다. 마귀가 훨씬 더 격분하지 못하도록 그들의 정신나간 거짓말과 허튼 소리에 더 이상 지면을 낭비하지 않겠다고 말한다. 그리고는 하나님께서 자비를 베푸셔서 그들을 돌이키게 하시고, 사탄의 결박에서 풀어주시라고 기원한다. 자신으로서는 그들을 위해서 더 이상 할 수 있는 일이 없다고 말한다. 이단은 한두 번 견책한 뒤에 그래도 말을 듣지 않으면 배척해야 한다고 말한다(참조. 딛 3:10). 이렇게까지 말해놓고서도, 그는 마귀와 그의 광신도들을 치밀하게 비판해 나간다.

「고백」은 세 부분으로 나뉜다. 첫째 부분은 츠빙글리와 오이콜람파디우스의 주장을 논박하는 내용이고, 둘째 부분은 주의 만찬을 다룬 성구들을 설명하는 내용이며, 셋째 부분은 옛 이단들과 새 이단들에 대항하여 자신의 신앙의 모든 조항들을 진술하는 내용이다.

루터는 그리스도의 두 본성 교리에 근거하여 그리스도의 몸의 편재를 변호하는 데 많은 지면을 할애한다. 스콜라 학자들이 구분한 그리스도의 임재의 세 가지 양상 — 지역적(local) 임재, 결정적(definitive) 임재, 충만한(repletive) 임재 — 을 제시한다.[20] 루터는 츠빙글리의 '알라이오시스'(allaeosis)를 '마귀의 가면'이라고 부른다. 그리고는 다음과 같은 말로 결론을 내린다. "이것이 성경이 가르친 바 나의 믿음이고, 모든 참된 그리스도인들의 믿음입니다. 모든 경건한 이들에

_______________________

19) 이 책에는 훗날 '대'(Great) 고백이라는 제목이 붙었다. 루터가 16년 후(1544)에 쓴 '소'(Small) 고백과 구분하기 위함이다. Erl. ed. XXX. 151–373; Walch, XX. 1118 sq.

20) 루터는 이 점을 길게 설명한다(XXX. 207 sqq., Erl. ed.). 지역적 혹은 한계적 임재는 포도주 통에 포도주가 담기듯이 육체가 공간을 채우는 것을 말한다. 결정적 임재는 집이나 인간 안에 천사나 마귀가 와 있는 것을, 혹은 그리스도께서 무덤 문을 통하지 않고 밖으로 나가시고 문이 닫힌 집안으로 들어가시는 것을 알 수 없는 것과 같이, 인간이 알 수 없는 임재이다. 충만한 임재는 온 우주를 가득 채우며, 어떠한 공간에도 한정됨이 없는 하나님의 초자연적 편재이다. 그리스도께서 땅을 걸으셨을 때는 지역적으로 임재하신 것이고, 부활하신 뒤에 제자들에게 나타나셨을 때는 결정적으로 불가해하게 임재하신 것이며, 승천하시어 하나님 우편에 오르셨을 때는 인성과 신성의 분리할 수 없는 결합으로 말미암아 모든 곳에 계시는 것이다.

게 간곡히 부탁하건대, 내 말의 증인이 되어 주시고, 내가 끝까지 이 믿음에 굳게 설 수 있도록 나를 위해 기도해 주시기를 바랍니다. 혹시라도 내가 유혹과 죽음의 고통 때문에 다른 내용을 말한다면, 그것은 마귀의 사주를 받은 것 외에 다른 의미로 받아들여서는 안 될 것입니다. 그러므로 영원히 영광을 받으시기에 합당하신 나의 주와 그리스도께서 저를 도와주시옵소서. 아멘."

「고백」을 받아본 츠빙글리와 오이콜람파디우스는 슈트라스부르크 신학자들의 요청에 따라 각각 장문의 논박서를 썼으나 새로운 내용은 없었다.[21] 이 격렬한 논쟁은 루터가 육체적 질병과 정신적 침체에 시달리고 비텐베르크에 전염병이 창궐하던 가장 힘겨운 시기(1527)에 벌어졌다. 전염병 때문에 비텐베르크 대학교가 예나로 임시 이전하기까지 했다. 루터는 죽음의 문턱까지 갔다가 겨우 기력을 회복했으나 이전의 쾌활함과 유머, 진취적인 기개를 다시 볼 수 없었다.

# 107. 마르부르크 회담(1529)

I. Contemporary Reports. (1) Lutheran. LUTHER's references to the Conference at Marburg, in Erl. ed. XXXII. 398, 403, 408; XXXVI. 320 sqq. (his report from the pulpit); LIV. 286; 83, 107 sq., 153; LV. 88. Letters of Luther to his wife, Philip of Hesse, Gerbel, Agricola, Amsdorf, Link, and Probst, from October, 1529, and later, in De Wette, III. 508 sqq; IV. 26 sq. Reports of MELANCHTHON, JONAS, BRENZ, and OSIANDER, in " Corpus Reform.," I. 1098, 1102 (Mel. in German); 1095 (Jonas), XXVI. 115; Seckendorf, II. 136; Walch, XVII. 2352-2379; Scultetus, *Annal. evang.*, p. 215 sqq.; Riederer, *Nachrichten*, etc., II. 109 sqq.

(2) Reformed (Swiss and Strassburg) reports of COLLIN, ZWINGLI, ŒCOLAMPADIUS, are collected in Zwingli's *Opera*, ed. Schuler and Schulthess, vol. IV. 173–204, and Hospinian's *Hist. Sacram.*, II. 74 sqq., 123 sqq. BULLINGER: *Reformationsgesch.*, II. 223 sqq. The reports of BUCER and HEDIO are used by Baum in his *Capito und Butzer* (Elberf. 1860), p. 453 sqq., and Erichson (see below). The MS. of Capito's Itinerary was burned in 1870 with the library of the Protestant Seminary at Strassburg, but had previously been copied by Professor Baum.

---

21) 츠빙글리의 답변은 독일어, *Werke*, II. Part II. 94–223; 라틴어, *Opera*, II. 416–521. 오이콜람파디우스의 답변은 Walch, XX. 1725 sqq.

II. The Marburg Articles in WALCH, XVII. 2357 sqq.; Erl. ed. LXV. 88 sqq.; "Corp. Reform.," XXVI. 121–128; H. HEPPE: *Die 15 Marburger Artikel vom 3 Oct., 1529, nach dem wieder aufgefundenen Autographon der Reformatoren als Facsimile veröffentlicht*, Kassel, 1847, 2d ed. 1854 (from the archives at Kassel); another ed. from a MS. in Zürich by J. M. USTERI in the "Studien und Kritiken," 1883, No. II., p. 400–413 (with facsimile). A list of older editions in the "Corpus Reform.," XXVI. 113–118.

III. L. J. K. SCHMITT: *Das Religionsgespräch zu Marburg im J. 1529*, Marb. 1840. J. KRADOLFER: *Das Marb. Religionsgesprach im J. 1529*, Berlin, 1871. SCHIRRMACHER: *Briefe und Akten zur Geschichte des Religionsgesprächs zu Marburg 1529 und des Reichstags zu Augsburg 1530 nach der Handschrift des Aurifaber*, Gotha, 1876. M. LENZ: *Zwingli und Landgraf Philipp*, three articles in Brieger's "Zeitschrift für K. Gesch.," 1879 (pp. 28, 220, and 429). OSWALD SCHMIDT: in Herzog², IX. (1881), 270–275. A. ERICHSON: *Das Marburger Religionsgespräch i. J. 1529, nach ungedruckten strassburger Urkunden*, Strassb. 1880. (Based upon Hedio's unpublished *Itinerarium ab Argentina Marpurgum super negotio Eucharistiæ*.) FRANK H. FOSTER: *The Historical Significance of the Marburg Colloquy, and its Bearing upon the New Departure* [of Andover], in the "Bibliotheca Sacra," Oberlin, Ohio, April, 1887, p. 363–369.

IV. See also the respective sections in HOSPINIAN, LÖSCHER (*Historia Motuum*, I. 143 sqq.), PLANCK (II. 515 sqq.), MARHEINEKE, HAGENBACH, ROMMEL (*Phil. der Grossmüthige*, I. 247 sqq., II. 219 sqq.), HASSENCAMP (*Hessische K. G.*, II.), MERLE D'AUBIGNÉ (Bk. VIII. ch. VII.), EBRARD (*Das Dogma vom heil. Abendmahl*, II. 268 sqq.), and in the biographies of Luther, e. g., KÖSTLIN: *M. Luth.* II. 127 sqq. (small biography, E. V. p. 391 sqq.), and of Zwingli, e. g., by CHRISTOFFEL and MÖRIKOFER. Comp. also RANKE, III. 116 sqq.; JANSSEN, III. 149–154.

성찬 논쟁은 개신교 진영의 정치력을 약화시키고 로마 진영에 새로운 활력을 불어넣음으로써, 1529년 4월에 슈파이어에서 열린 제국의회에서 로마 진영이 결정적인 승리를 거두었다.

이 비상한 상황에서 작센의 선제후와 헤세의 영주가 슈파이어에서 만나 뉘른베르크 · 울름 · 슈트라스부르크 · 장크트갈렌과 더불어 상호 보호를 보장하는 '비밀 합의'를 체결했다(1529년 4월 22일). 슈트라스부르크와 장크트갈렌은 성찬 논쟁에서 취리히 편을 들었다.

마르부르크 회담 조약서에 표기된 서명들. 취리히에 보관되어 있는 원본을 축소한 것으로서,
스위스 대표들의 이름이 먼저 표기되어 있다.

여름에 들어서면서 상황이 더욱 위급하게 되었다. 황제가 6월 29일에는 교황과 평화조약을 체결하고, 7월 19일에는 프랑스와 평화조약을 체결하면서, 동맹 세력들과 함께 신흥 이단을 박멸하겠다고 공언했다. 그리고는 아우크스부르크로 향했는데, 그 도시에서 개신교의 명운이 판가름나게 되었다. 그러나 유럽의 나라들이 교회와 성직자들의 권위에서 벗어나려고 노력하는 동안에도 종교의 권력이 더욱 강해져 있었으며 — 로마 중심의 성직위계제도와 개신교 진영의 성직자들과 신학자들 — 오히려 종교 권력이 정치 권력을 지배하는 형국이 되었다. 교회 중심적이며 신학적인 시대, 이것이 16세기 유럽의 특징이었다.

루터와 멜란히톤은 츠빙글리파와 동맹을 맺는 데 반대했다. 세속의 도움 없이도 진리가 마침내 승리할 것을 확신했기에, 정치적 이익을 위해 신조를 한 치라도 희생시킬 용의가 없었던 것이다. 이 문제에서 두 사람의 태도는 편협하고 무례한 것이었으나, 도덕적으로는 원대했다. 루터는 1530년 3월 6일에 선제후 요한에게 보낸 편지에서, 황제가 아무리 잘못을 하고 무력으로 복음을 억압하더라도 그에게 저항할 권리가 없다고 밝혔다. "성경에 따르면 그리스도인은 옳든 그르든 위정자에게 감히 저항할 수 없으며, 특히 위정자에게서 나오는 폭력과 불의를 감수해야 한다."[22]

루터는 슈파이어 합의에 관해서 듣자마자 선제후에게 그것을 백지화하라고 설득했다. "우리가 어떻게 하나님과 성찬을 거역하는 사람들과 연합할 수 있습니까? 이것은 육체와 영혼을 멸망으로 인도하는 길입니다." 멜란히톤은 뉘른베르크에 있는 자신의 친구들에게 동맹에서 철수하라고 조언하면서, "츠빙글리의 불경건한 견해를 옹호하는 일이 있어서는 결코 안 되기 때문"이라고 그 이유를 밝혔다. 결국 합의는 백지화되고 말았다.

헤세의 영주 필립은 홀로 섰다. 그는 동맹이 성사되도록 열성을 다했는데, 왜냐하면 츠빙글리의 이론에 반쯤은 동조했기 때문이고, 성찬 논쟁이 하릴없는 말싸움이라고 평가했기 때문이다. 그는 지도급 신학자들이 한 자리에 모여 일치된 견해를 도출해 주기를 기대했다.

영주는 슈파이어에서 멜란히톤에게 개인적으로 자문을 구하고, 편지로 츠빙글리에게 자문을 구한 뒤, 종교개혁자들에게 마르부르크에 모여달라는 공식 초

----

22) De Wette, III. 560.

대장을 보내면서, 자신의 영토에서 안전하게 왕래할 수 있는 권한을 보장해 주었다.

츠빙글리는 초대장을 받고서 기뻐하면서 최선의 결과가 나오기를 기대했다. 취리히의 시장은 그가 떠나는 것을 반대했으나, 그는 적대 진영의 영토로 깊숙이 들어가야 하는 위험을 감수하기로 결심하고는 9월 3일 밤에 영주의 안전통행증이 도착하기를 기다리지도 않은 채, 그리고 아내에게 바젤 너머로 간다는 사실을 알리지도 않은 채 길을 나섰다. 친구인 헬라어 교수 콜린 한 사람만 대동한 츠빙글리는 말을 타고 바젤에 안전히 도착했으며, 9월 6일에는 오이콜람파디우스와 슈트라스부르크로 가는 라인 지방의 상인들과 함께 길을 나서서 13시간 후에 슈트라스부르크에 도착했다. 종교개혁자들은 그 도시의 주교좌성당 설교자인 마테우스 첼(Matthew Zell)의 집에 유숙했으며, 그의 아내 카트린에게 따뜻한 대접을 받았다. 카트린은 그들에게 매끼 식사를 제공하고, 식사 때 곁에서 시중을 들고, 도중에 그들과 신학에 관해 대화를 나누었는데, 워낙 지식이 깊어서 개혁자들은 그녀가 어지간한 박사들보다 낫다고 평가해 주었다. 카트린은 말년에 자신이 그토록 유명하고 훌륭한 분들을 대접했던 기억을 기쁘고 자랑스러운 어조로 종종 회고했다. 일행은 슈트라스부르크에 열하루 동안 머물면서 목사들과 시 관리들과 중요한 대화를 나누었다.

츠빙글리는 9월 12일 주일 오전 예배 때 '진리에 대한 우리의 지식과, 그것에 복종해야 할 우리의 의무'에 관해서 설교했다. 오이콜람파디우스는 오후 예배 때 '그리스도 안에서의 새로운 피조물'과 '사랑으로 역사하는 믿음'(갈 5:6)에 관해서 설교했다. 9월 19일 오전 6시에 일행은 슈트라스부르크의 대표들인 부처와 헤디오, 야콥 슈투름(그 도시의 존경받던 시장)과 함께 5인의 무장 경호원의 보호를 받으며 출발했다. 이들은 말을 타고 산과 골짜기를 넘고 숲과 샛길을 지나갔다. 헤세 지방의 접경에 당도했을 때 40명의 기병대의 영접을 받았으며, 9월 27일 오후 4시에 마르부르크에 도착하여 직접 마중나온 영주에게 뜨거운 환영을 받았다. 오늘날은 같은 여행을 불과 몇 시간이면 할 수 있다. 다음 날 종교개혁자들은 설교를 했다.

츠빙글리와 헤세의 필립은 정치적·신학적 공감대를 갖고 있었다. 종교개혁자이자 정치인이었던 츠빙글리는 그 무렵에 종교를 하나로 아우르는 원대한 구도를 품고 있었다. 로마 제국과 합스부르크 가에 대립하여 적어도 취리히와 헤세, 슈트라스부르크, 프랑스, 베네치아, 덴마크를 하나의 축으로 묶는 개신교 동맹을 결성할 계획을 세우고 있었던 것이다. 그는 기독교가 진취적이고 공세적이어야 하며, 적 진영의 공격을 신속히 방어하거나 적어도 평소에 충분히 대비하고 있어야 한다고 생각했다. 성격이 불 같고 열정적인 젊은 영주 필립이 츠빙글리의 계획에 흔쾌히 동조했다. 아마도 마르부르크에 갔을 때 이미 츠빙글리와 그 문제로 대화를 나눈 듯하며, 후에는 큰 확신을 담아 편지를 주고받았다. 하지만 카펠에서 참패를 당한 뒤에 편지 왕래도 끝나고 동맹을 결성하려던 계획도 물거품이 되고 말았다.[23]

앞서 언급한 대로, 비텐베르크 사람들은 외적들을 견제하기 위한 것이 아니라면 정치적 동맹에는 아무런 관심도 없었다. 그들은 군주주의자들이자 황제주의자들로서, 루터의 표현대로 '귀한 혈통'인 카를 5세에게 충성을 바쳤다. 그들은 스위스 개혁자와 동맹을 맺게 되면 혹시나 카를 5세를 종교개혁에서 더 멀어지게 하여 화해의 가능성을 완전히 깨뜨리지나 않을까 우려했다. 같은 해에 루터는 터키를 격렬히 비판하는 책을 두 권 썼는데(한 권은 헤세의 필립에게 헌정했다), 이 책들에서 그는 그리스도인과 시민과 애국자의 입장에서 독일 제후들에게 황제를 도와 침략자 터키로부터 조국 독일을 구하라고 독려했다. 그는 터키를 계시록의 곡과 마곡으로, 타락한 기독교 세계를 벌하시려는 하나님의 진노의 회초리로 간주했다.[24] 루터가 회담에 기대를 걸지 않은 데에는 훨씬 더 강한 종교적 동기가 있었다. 그는 이미 스위스 신학자들을 위험한 이단들로 간주했고, 따라서 절대 굴복의 조건이 아니면 그들과 협상할 의지가 추호도 없었는데, 그런

---

23) 영주가 츠빙글리에게 쓴 10통의 편지와 츠빙글리가 영주에게 쓴 3통의 편지, 그리고 뷔르템베르크의 공작 울리히가 츠빙글리에게 쓴 4통의 편지가 현존한다. 참조. Kuchenbecker, *Monumenta Hassiaca*; Neudecker, *Urkunden aus der Reformationszeit*; Zwingli, *Opera*, vol. VIII. 편지 왕래는 슈파이어 제국의회 회기 중이던 1529년 4월 22일(필립의 첫 번째 편지 날짜)에 시작하여, 츠빙글리가 죽기 열하루 전인 1531년 9월 30일(필립의 마지막 편지 날짜)에 끝났다. 영주의 편지들은 마르부르크 회담 전에는 신앙 문제를 다루고, 회담 후에는 주로 정치 문제를 다루는데, 편지마다 강력한 확신이 담겨 있다. 영주는 그 신학자에게 "친애하는 울리히 선생님", "친애하는 츠빙글리" 같은 칭호를 사용한다.

24) *Vom Kriege wider die Türken*(1529년 4월)과 *Heerpredigt wider den Türken*(1529년 말에 출판). 참조. the Erl. ed., XXXI. 31 sqq., 80 sqq.

조건은 명예와 양심의 확신을 지닌 사람들에게는 기대할 수 없는 것이었다.

그러므로 비텐베르크 사람들은 회담 초대장을 받았을 때 그것을 불신하는 태도로 배척했다. 루터는 자신이 적들에게 한 치도 양보할 의사가 없으므로 그런 회담은 열어봐야 소용없다고 공언했다. 멜란히톤은 심지어 선제후에게 회담을 아예 열지 못하게 해야 한다고 제안했다. 루터와 멜란히톤은 '잘난 교황파' 가 실제적 임재 교리를 다루는 문제에 판결자들로 초대받았다고 생각한 것이다! 그러나 선제후는 헤세의 영주의 비위를 거스를 마음이 없었으며, 따라서 종교개혁자들에게 회담에 참석하라고 명령했다. 일행이 헤세 접경에 도착했을 때, 루터는 영주가 안전통행증을 보내오지 않으면 접경을 넘어갈 수 없다고 주장했다. 안전통행증은 제때에 도착했으며, 그들은 스위스 대표단보다 사흘 늦게 9월 마지막 날에 마르부르크에 도착했다.

루터가 공식석상에 나타난 세 번의 역사적인 장면이 서로 얼마나 달랐던가! 라이프치히에서 에크와 논쟁을 벌일 때 그는 교황제의 속박으로부터 해방을 쟁취하기 위해 고군분투했다. 보름스에서는 양심의 자유의 영웅적인 증인으로서 황제 앞에 불굴의 용기로 섰다. 마르부르크에서는 사역의 절정기에 잔뜩 경직된 태도로, 자기 교회 중심적인 완고한 신념에 휩싸인 채 스위스의 종교개혁자들을 마지못해서 대면했다. 스위스의 종교개혁자들은 루터 못지않게 정직하고 진실했으나, 그보다 더 관대하고 마음의 여유가 있었다. 라이프치히에서 루터는 교황과 공의회의 무류성에 대항하는 가톨릭 신자로서 싸웠다. 보름스에서는 성경과 개인의 판단을 억압하는 교황의 독재에 맞서서 항거했다. 하지만 마르부르크에서는 보수적인 성직자로서 동료 개신교 지도자들과 대립했으며, 성찬의 비적(秘籍)을 믿는 가톨릭의 신앙을 지지했다.[25] 루터는 모든 경우에 자신이 보름스에서 했던 "내가 여기에 섰습니다. 나는 달리 할 수 없습니다"라는 말을 항상 떠나지 않고 정직하고도 확고하게 지켰다. 마르부르크 회담에서 두 진영이 보여준 행동은 그들이 차후에 서로를 대한 태도가 어떠할 것인가를 미리 보여주는 전형적인 예였다.

방문객들은 여관에서 발길을 멈추었으나, 영주는 즉시 그들을 성채 안으로 모

---

25) R. Rothe는 루터가 가장 위대한 종교개혁자이자 예언자이긴 했으나, 결국에는 근대의 개신교도가 아닌 구세대 가톨릭교도였다고 말한다. *Kirchengesch*. II. 334.

신 뒤 제후에 해당하는 환대를 베풀었다.

스위스의 개혁자들은 루터파를 방문했으나, 루터파는 그들을 차갑게 맞이했다. 루터는 오이콜람파디우스에게 친절한 말을 건넸으나, 자신의 친구였다가 이제는 츠빙글리 진영에 있던 부처를 만났을 때는 웃음을 지으며 그와 악수를 한 뒤 손가락으로 그를 가리키면서 "당신은 쓸모 없는 사람이 되어버렸군요" 하고 말했다.

예스러운 시내와 아름답고 비옥한 란 계곡이 내려다보이는 낭만적이고 고풍스러운 마르부르크 성에서 저 유명한 회담이 10월 첫 사흘 동안 열렸다. 이것이 개신교 진영의 첫 공의회로서, 개신교 진영을 하나로 연합시키려는 최초의 시도였다. 이 회담은 큰 주목을 받았으며, 세계사적인 의미를 지닐 가능성이 충분했다. 마르부르크 대학교 의학교수 유리키우스 코르두스(Euricius Cordus)는 라틴어 운율로 "통렬한 루터, 점잖은 오이콜람파디우스, 도량이 넓은 츠빙글리, 웅변가 멜란히톤, 경건한 슈네프, 용감한 부처, 충직한 헤디오"라는 표현을 사용하여 인사말을 했으며, 마르부르크에 모인 다른 모든 신학자들과 성직자들에게도 분열을 치유해달라는 부탁의 말로 인사를 했다. 그는 이렇게 말한다. "교회가 여러분의 발에 엎드려 울면서 그리스도의 자비에 힘입어 여러분에게 간청하고 있습니다. 제발 신자들의 안위를 바라는 순수한 열정을 가지고 문제를 다뤄 주시고, 세상이 과연 성령께로부터 나왔다고 말할 만한 결론을 이끌어내 주십시오."

회담을 시작하면서 츠빙글리가 드린 기도는 매우 감동적이었다. "저희 모든 이들의 주님이시요 아버지시여, 저희가 간구하오니 저희를 당신의 온유한 성령으로 충만케 하시고, 양 진영에서 모든 오해와 시기의 구름이 걷히게 하옵소서. 맹목적인 불화와 투쟁이 끝나게 하옵소서. 의의 태양이신 그리스도시여, 일어나시어 저희에게 비추시옵소서. 슬프게도 저희는 서로 다툴 때 주님께서 저희 모두에게 요구하시는 바 거룩함을 얻기 위한 노력을 너무나 자주 잊어버리나이다. 저희에게 권력이 있다고 함부로 휘두르지 못하도록 지켜 주시고, 거룩함을 증진하기 위해 최선을 다하여 그 권력을 사용할 수 있게 해주옵소서."


## 108. 마르부르크 회담의 내용. 논의와 결과

회담은 10월 1일 금요일에 성(城) 교회에서 예배를 드림으로써 시작했다. 츠빙글리가 하나님의 섭리를 주제로 설교를 했다(그는 훗날 설교 내용에 살을 붙여 「섭리에 관하여」〈De Providentia〉라는 중요한 논문을 썼다). 그의 설교는 민중보다는 학자들을 겨냥한 것이었다. 루터는 강단에서 히브리어와 헬라어, 라틴어를 사용하는 것이 옳지 못하다고 지적했다. 루터와 부처, 오지안더는 다음 며칠 동안 오전 예배 설교를 맡았다. 루터는 평소에 힘써 가르치던 이신칭의 교리에 관해 설교했다.

헤세의 영주는 처음에는 사자들과 양들 사이에서, 즉 루터와 오이콜람파디우스, 츠빙글리와 멜란히톤 사이에서 사적인 접견을 주선했다. 이 두 쌍은 개막 예배 후에 별실에서 따로 만나 여러 시간 동안 대화를 나누었다. 비텐베르크의 개혁자들은 스위스의 개혁자들에게 삼위일체와 원죄, 세례에 관해 차례로 견해를 물었고, 그 결과 그들이 이 주제들에 관해 건실하지 못한 견해를 갖고 있다는 의혹을 상당 부분 씻어내게 되었다. 멜란히톤은 회담이 열리기 몇 달 전에 오이콜람파디우스에게 극진히 예를 갖춰 편지를 보냈는데(1529년 4월 8일), 그 편지에서 그는 "주의 만찬을 둘러싼 두려운 분열"이 학구적이고 기독교적인 사귐을 가로막고 있는 현실에 유감을 표시하면서, 성찬에 관한 자신의 견해를 매우 온건하면서도 뚜렷하게 진술한다. 그 요지는 떠나고 계시지 않은 그리스도를 기념하기보다 오늘의 그리스도를 기념해야 한다는 것이었다.

개인적으로 강한 편견을 갖고 있던 츠빙글리와의 단독 회담에서, 멜란히톤은 "이것은 내 몸이니라"는 구절에 대한 문자적 해석과, 그리스도께서 자신의 몸을 제자들에게 문자 그대로 내어주셨다는 해석 같은 주요 쟁점들을 양보하되, 그리스도께서 제자들에게 "특정한 신비로운 방법으로" 자신의 몸을 주셨다고 덧붙였다고 전해진다. 츠빙글리가 승천을 지역적 편재에 반하는 증거로 제시하자, 멜란히톤은 "그리스도께서는 과연 승천하셨으나, 그 목적은 만물을 충만케 하시기 위함이었다"고 말했다(참조. 엡 4:10). 그러자 츠빙글리는 "물론 그리스도께서는 자신의 권세와 능력으로 만물을 충만케 하시지만, 자신의 몸으로 그렇게 하시지는 않는다"고 대답했다. 그 뒤 며칠 동안 공개 논쟁이 진행되는 동안 멜란히톤은 의미심장하게도 침묵을 지켰다. 피로를 느낀 루터가 두 번이나 도움을 청했는데도 그는 입을 열지 않았다. 다만 몇 마디의 발언만 했을 뿐이다. 하지만 당시에 멜란히톤은 루터와 생각이 일치한데다 철저히 그의 권위 아래 있었다.

멜란히톤은 스위스와 슈트라스부르크의 개혁자들과 동맹을 맺는 안에 상당한 반감을 갖고 있었는데, 그렇게 된 데에는 정치적 동기도 일부 작용했다. 어떻게 해서든 카를 황제와 페르디난트의 호의를 잃지 않아야 한다는 부담감이 있었던 것이다.

루터는 오이콜람파디우스를 심하게 몰아붙였음이 틀림없다. 오이콜람파디우스가 접견실에서 나오면서 츠빙글리에게 "또 다시 에크 박사의 수중에 있는 것 같습니다"(1526년 바덴 회담에서처럼) 하고 나직이 말한 데서 정황을 짐작하고도 남는다.

본 회담은 10월 2일 토요일에 대접견실에서 열렸다. 헤세의 영주는 평상시 차림으로 신하들을 거느리고 입장했다. 하지만 그는 의장석에 앉지 않고 따로 마련된 좌석에 앉아서 회의를 경청했다. 루터 진영의 의석에는 루터(선제후의 신하의 복장을 착용함)와 멜란히톤이 앞에 앉았고, 그들의 뒤에 비텐베르크의 요나스와 크루치거, 고타의 미코니우스, 뉘른베르크의 오지안더, 아우크스부르크의 슈테판 아그리콜라, 슈바벤 지방 할의 브렌티우스가 앉았다. 개혁파 진영의 의석에는 츠빙글리와 오이콜람파디우스가 앞에 앉았고, 그들의 뒤에 슈트라스부르크의 부처와 헤디오가 앉았다. 모두가 재능과 학식과 경건이 탁월한 사람들이었고, 인격과 역량이 절정에 올라 있었다. 루터와 츠빙글리는 마흔여섯 살이었고, 오이콜람파디우스는 마흔일곱 살, 부처는 서른여덟 살, 헤디오는 서른다섯 살, 멜란히톤은 서른두 살, 헤세의 영주는 불과 스물다섯 살이었다. 수석 대표들인 루터와 멜란히톤, 츠빙글리와 오이콜람파디우스는 각자 서로를 마주보도록 배치된 탁자에 앉았다.

대표단에 포함된 이 신학자들 외에도 제후들(추방된 뷔르템베르크의 공작 울리히를 포함한)과 귀족들, 학자들(아비뇽의 랑베르도 참석함) 등 참관인으로 초대받은 사람들이 많이 참석했다. 츠빙글리는 24명의 청중 앞에서, 브렌티우스는 50-60명의 청중 앞에서 각각 연설했다. 가련한 칼슈타트는 당시 프리슬란트 지방을 배회하고 다니면서 생계를 위해 히브리어 성경을 팔아야 하는 처지에서 회담 참관 허락을 요청했으나 거절당했다. 다른 많은 사람들도 입장을 요청했으나 허락받지 못했다. 츠빙글리는 회담을 최대한 공개적으로 진행할 것과 그를 위해 회의록 서기를 고용할 것을 주장했으나, 루터는 두 가지 주장 모두 거부했다. 루터는 심지어 방청객들에게조차 회담 내용을 받아적는 것을 금지했다. 츠빙글리는 자신의 스위스 방언을 독일인들이 알아듣는 것을 기대할 수 없었기에 회담을 라틴어로 진행하기를 원했다. 그렇게 되면 루터와 대등한 위치에 서서 회담에 임하게 될 것이었다. 그러나 청중을 배려하여 독일어로 진행하기로 결정되었다.

헤세의 영주의 대법관 요한 파이게(John Feige)는 회담 초반의 연설에서 신학자들을 향해 그리스도의 영광과 평화의 회복, 교회의 일치만을 위해 힘쓰라고 당부했다.

논쟁은 주로 성경 해석에 관한 내용으로 진행되었으나, 딱히 새로운 주장이 제기되지는 않았다. 기존의 논쟁의 답습이었으며, 열기는 떨어지고 격식과 예의는 더 많이 차렸다. 루터는 성찬 제정의 말씀("이것은 내 몸이니라")을 문자적 의미로 이해해야 한다는 입장을 견지했다. 스위스의 개혁자들은 "살리는 것은 영이니 육은 무익하니라. 내가 너희에게 이른 말은 영이요 생명이니라"(요 6:63)는 그리스도의 말씀을 강조했다.

루터가 먼저 일어나서, 자신은 육체적 임재에 관한 자신의 견해를 변경할 의사가 추호도 없으며, 죽는 날까지 그것을 고수할 것이라고 힘주어 말했다. 그는 스위스인들에게 그리스도의 부재(不在)를 증명하라고 요구해놓고서, 처음부터 이성과 지리학에서 이끌어낸 논증들을 비판했다. 자신의 주장을 강조할 목적으로 식탁에 분필로 성찬 제정의 말씀을 큼직하게 썼다. "Hoc est corpus Meum"(이것은 내 몸이니라). 이 구절과 함께 넘어지거나 설 작정이었다.

답변에 나선 오이콜람파디우스는, 자신은 철학적 주장을 삼가고 성경에 호소하겠다고 말했다. 그러면서 명백히 상징적인 의미를 지닌 성구들을 여러 곳 인용했으며, 특히 요한복음 6:63을 힘주어 인용했다. 이 구절이야말로 성찬 제정의 말씀에 대한 해석의 열쇠를 제공하며, 문자적 해석을 배격한다고 주장했다. 그는 다음과 같은 삼단논법을 사용했다. 그리스도께서 모순된 교훈을 하셨을 리가 없다. 주님은 "육은 무익하니라"고 말씀하심으로써 인간이 그분의 살을 입으로 먹는다는 생각을 불식시키셨다. 그러므로 주님께서 주의 만찬을 그런 방식으로 받는 것을 뜻하셨을 리가 없다.

루터는 소전제(두 번째 명제)를 부정하면서, 그리스도께서 배격하신 것은 입으로 먹는 행위가 아니라, 소고기나 돼지고기를 먹듯이 물질을 먹는 행위라고 주장했다. 그것은 숭고한 영적 행위이지만, 그럼에도 불구하고 입으로 먹는 것이라고 주장했다. 그리스도의 몸을 영적으로 먹는다면 육체적으로 먹는 행위는 불필요하지 않느냐는 반론에 대해서, 루터는 만약 하나님께서 돌능금이나 거름을 먹으라고 명하신다 하더라도 자신은 그것이 유익한 줄로 여겨 명령에 순종할 것이라고 대답했다. 여기서 우리는 눈을 감지 않을 수 없게 된다.

이 시점에 츠빙글리가 개입했다. 하나님께서는 우리에게 돌능금을 먹으라고 하시거나 여타의 불합리한 일을 하라고 명하시지 않는다고 그는 말했다. 입으로 먹는 두 종류의 행위를 인정할 수 없다고 했다. 그리스도께서는 "먹으라"는 동일한 단어를 사용하셨는데, 그것은 영적으로 먹으라는 뜻이거나 육체적으로 먹으라는 뜻 가운데 하나라고 주장했다. 영적으로 먹는 것만이 영혼에게 위로를 주지 않느냐고 되물었다. 만약 이것이 주된 것이라면 나머지 것을 가지고 더 이상 논쟁하지 말자고 했다. 그런 다음 자기 손으로 필사하여 12년간 사용한 헬라어 성경을 집어들어 요한복음 6:52을 펼쳐 읽었다. "이 사람이 어찌 능히 자기 살을 우리에게 주어 먹게 하겠느냐." 그리고 그리스도께서 대답으로 하신 63절을 읽었다.

루터가 그 본문을 헬라어가 아닌 독일어나 라틴어로 읽어달라고 요구했다. 그리스도께서 "육은 무익하니라"고 하셨을 때 그 말씀은 자신의 육체가 아닌 우리의 육체를 두고 하신 것이라고 그는 말했다.

츠빙글리: "영혼을 살찌게 하는 것은 육체가 아니라 정신입니다."

루터: "우리는 그리스도의 몸을 입으로 먹지 영혼으로 먹는 게 아닙니다. 만약 하나님께서 썩은 사과를 내 앞에 두고 먹으라 하셔도 나는 먹겠습니다."

츠빙글리: "만약 그렇다면 그리스도의 몸은 육체의 자양은 될지언정 영적 자양은 되지 못할 것입니다."

루터: "당신은 말꼬리를 잡고 늘어지는군요."

츠빙글리: "그런 게 아닙니다. 하지만 당신은 자기 모순에 빠져 있습니다."

츠빙글리는 상징적으로 해석해야 뜻이 통하는 구절들을 여러 곳 인용했다. 그러나 루터는 자신이 분필로 식탁에 써 놓은 성찬 제정의 말씀만 손가락으로 가리켰다. 그는 요한복음 6장의 내용이 주의 만찬과 아무런 관계가 없다고 주장했다.

이 시점에서 웃지 못할 특이한 사건이 벌어졌다. 츠빙글리가 "죄송한 말씀입니다만, 그 구절[요 6:63]이 당신의 목을 치는군요" 하고 말하고 나선 것이다. 그 말을 문자적으로 이해한 루터는 "너무 자고하지 마시오. 당신이 지금 있는 곳은 스위스가 아니라 헤세요. 이 나라에서는 사람의 목을 치지 않소. 그런 교만하고 건방진 말은 아껴두었다가 당신네 나라 스위스로 돌아가서 하시오."

츠빙글리: "스위스에서도 법을 공정하게 시행하며, 재판 없이 사람의 목을 치는 경우는 없습니다. 나는 다만 당신이 명분을 잃었다는 뜻으로 상징적인 표현을 쓴 것뿐입니다."

헤세의 영주가 나서서 "그런 평범한 표현에 마음 상할 필요가 없습니다" 하면서 루터를 다독였다. 그러나 분위기가 워낙 격앙된 까닭에 잠시 휴회하고 연회장에서 회담을 속개하기로 했다.

회담은 오후에 속개되었고, 주제는 그리스도론에 관한 내용이었다. 루터가 발언에 나서서, 자신은 그리스도께서 하늘에 계시지만, 동정녀의 태에 계셨던 것처럼 본질적으로 성찬에도 계신다고 믿는다고 말했다. 그것이 믿음을 거스르지 않는다면, 본성과 이성을 아무리 거슬러도 자신은 개의치 않는다고 말했다.

오이콜람파디우스: "당신은 성찬 제정의 말씀에 사용된 은유법을 부정하시지만, 제유법[일부를 들어 전체를 묘사하는 수사법: 역자주]은 인정하셔야 합니다. 그리스도께서는 '이것은 떡이고 내 몸이다' (루터의 주장대로) 하시지 않고, 그냥 '이것은 내 몸이다' 하고 말씀하셨기 때문입니다."

루터: "은유법은 상징의 존재만을 인정하지만, 제유법은 실체 자체를 인정합니다. 칼이 칼집에 꽂혀 있다고 하거나 맥주가 맥주통에 담겨 있다고 하는 것이 일례입니다."

츠빙글리: "그리스도께서는 하늘에 오르셨고, 그러므로 육신을 가지고 땅에 계실 수 없습니다. 육신은 제한되어 있으며, 동시에 여러 곳에 계실 수 없습니다."

루터: "나는 수학에 관심이 없습니다."

논쟁은 한 발도 진전되지 못한 채 뜨겁게 달아올랐으며, 식사를 하자는 제의에 중단되었다.

회의는 다음 날인 10월 3일 토요일에 속개되었다.

츠빙글리는 육체가 동시에 여러 곳에 존재할 수 없다고 주장했다. 루터는 소피스트들(스콜라 학자들)의 말을 인용해가며, 임재에는 서로 다른 종류가 있다고 주장했다. 우주도 하나의 몸이지만, 특정 장소에 국한되어 존재하지 않는다고 했다.

츠빙글리: "아, 박사께서 소피스트들을 거론하시는군요! 진정으로 애굽의 마늘과 부추, 고기 가마로 돌아가려 하시는 겁니까?"

그런 다음 그는 아우구스티누스의 말을 인용했다. "그리스도께서는 하나님으로서 어느 곳에나 임재하신다. 그러나 그분의 육체에 관한 한 그분은 하늘에 계신다."

루터: "당신은 아우구스티누스와 풀겐티우스를 당신 편에 세우지만, 우리는 그 외의 모든 교부들을 우리 편에 두고 있습니다. 아우구스티누스는 당신이 인용한 글을 쓸 때 젊었던 까닭에 사리가 밝지 못했습니다. 과거의 교사들의 말에 대해서는 하나님의 말씀과 부합할 경우에만 믿어야 합니다."

오이콜람파디우스: "우리도 하나님의 말씀 위에 교훈을 세우며, 교부들 위에 세우지 않습니다. 그러나 그분들을 인용하는 목적은 우리의 주장이 새삼스러운 것이 아님을 입증하려는 것입니다."[26]

루터: "(다시 한 번 탁자에 써놓은 글귀를 가리키면서) 이것이 우리의 본문입니다. 당신은 아직 우리를 이 본문에서 몰아내지 못했습니다. 우리에게는 다른 증거가 필요 없습니다."

오이콜람파디우스: "만약 당신의 말이 사실이라면 회담을 여기서 접는 편이 낫겠습니다."

그러자 영주의 대법관이 나서서 두 사람에게 합의에 이르도록 좀 더 노력해 보라고 종용했다.

루터: "합의에 이르는 길은 단 하나뿐입니다. 그것은 우리의 적들에게 우리와 같은 내용을 믿게 하는 것입니다."

스위스인들: "우리는 그럴 수 없습니다."

루터: "좋습니다. 그렇다면 나는 여러분을 하나님의 판단에 맡기고, 하나님께서 여러분에게 빛을 비춰주시기를 기도하겠습니다."

오이콜람파디우스: "우리도 그렇게 하겠습니다. 우리 못지않게 당신에게도 빛

---

26) 이때 루터는 황급히 무엇을 적어 영주에게 건넸는데, 거기에는 아우구스티누스를 인용한 내용을 상쇄하기 위해 힐라리우스와 암브로시우스, 크리소스토무스, 키프리아누스, 이레나이우스를 인용한 내용이 적혀 있었다. 참조. *Letters*, ed. De Wette, III. 508–511.

이 필요합니다."

이쯤 되자 양 진영은 격앙되었던 분위기가 부드럽게 녹아 내렸다. 루터는 자신이 원래 혈기 왕성한 사람이라서 심한 말을 했는데, 다 용서해달라고 구했다. 츠빙글리는 눈물을 글썽인 채 자신이 내뱉은 거친 말을 모두 용서해달라고 구한 뒤, 자신은 이 세상에서 비텐베르크 분들만큼 사귐을 갖고 싶은 사람이 없다고 말했다.

야콥 슈투름과 부처는 슈트라스부르크를 대표하여 발언에 나서서, 공박을 당한 자신들의 정통신앙을 변호했다. 루터의 답변은 냉정했으며, 청중의 마음을 불편하게 만들었다. 루터는 스위스의 대표들뿐 아니라 슈트라스부르크의 대표들을 향해서도 "여러분의 정신은 우리와 다릅니다" 하고 공언했다.

회담은 그렇게 끝났다. 회담이 끝난 직후에 '잉글랜드인의 땀'(sudor Anglicus)이라 불린 전염병 — 고열과 땀, 갈증, 심한 고통, 탈진을 수반함 — 이 갑자기 독일 다른 지역들과 마찬가지로 마르부르크에도 발생하여 모든 사람을 공포에 몰아넣었다. 방문객들은 서둘러 고향으로 돌아갈 생각에 여념이 없었다. 트렌트 공의회 대표들도 선제후 모리츠가 티롤(오스트리아 서부와 이탈리아 북부에 걸치는 알프스 산맥 지방: 역자주)를 지나 황제를 추격해 오고 있다는 소식을 듣고 황급히 귀국 길에 올랐고, 바티칸 공의회 대표들도 프랑스가 독일에 선전 포고를 했다는 소식을 듣고는 법령은 이탈리아의 교황 무류론자들의 손에 맡긴 채 황급히 알프스 산맥을 넘어 돌아갔다.

그러나 헤세의 영주는 주일 밤에 다시 한 번 회담 대표들을 자신의 숙소에 불러모은 뒤, 어떻게 해서든 합의를 도출해야 한다고 한 사람씩 붙잡고 강권했다.

월요일 아침에 영주는 작센의 개혁자들과 스위스의 개혁자들을 따로 불러 다시 한 번 회의를 갖게 했다. 그들은 이 땅에서 마지막으로 만났다. 츠빙글리는 눈물을 흘리면서 루터에게 다가가 형제로서 손을 내밀었다. 그러나 루터는 악수를 거절하면서 "여러분의 정신은 우리의 정신과 다릅니다" 하고 다시 한 번 말했다. 츠빙글리의 생각은, 본질적인 교리에 일치하면 비본질적인 교리에 차이가 있더라도 성도의 사귐이 방해를 받지 않는다는 것이었다. 그는 이렇게 말했다. "그러면 우리가 서로 동의하는 모든 내용에 대해서 서로 간의 일치를 고백합시다. 나머지 점들은 우리가 형제들이라는 사실을 기억하는 것으로 대신합시다.

만약 우리가 부차적인 점들에 대한 차이를 감내하지 못한다면 교회들 안에 결코 평화가 없을 것입니다."

루터는 육체적 임재를 근본적이고 본질적인 믿음의 조항으로 여겼고, 츠빙글리가 제안한 관용을 진리와 상관 없는 일로 해석했다. 그는 이렇게 말했다. "당신이 나를 형제로 여기다니 뜻밖입니다. 그것은 당신이 자신의 교리를 그다지 중요하게 여기지 않는다는 분명한 증거입니다." 멜란히톤은 스위스인들의 요청을 생소하고 일관성 없는 태도로 간주했다.[27] 비텐베르크 대표들은 스위스 대표들을 향해서 "여러분은 기독교 교회의 사귐에 들어 있지 않습니다. 우리는 여러분을 형제들로 인정할 수 없습니다" 하고 말했다. 하지만 그들은 원수들도 사랑하라는 계명에 따라서 그들을 보편적 사랑의 대상에는 기꺼이 포함시켰다.

스위스 대표들은 그러한 무례한 발언에 분노가 치밀어 올랐으나 감정을 자제했다.

같은 날 루터는 아내에게 다음과 같은 편지를 썼다:

"그리스도 안에서 은혜와 평강이 있기를 기원하오. 사랑하는 케트(카테리나) 경(卿), 마르부르크 회담이 끝났고, 거의 모든 점에 합의했다는 소식을 전하오. 다만 상대 진영이 성찬 때 오직 떡만 나눠주어야 한다고 주장하고, 떡에 그리스도께서 영적으로 임재하신다고 주장하는 점에는 합의를 이루지 못했소. 오늘 영주께서는 우리가 합의를 이끌어내기를 원하셨고, 만약 그것을 못하겠다면 서로를 그리스도의 형제와 지체로 인정하기를 원하셨소. 이 목적을 이루기 위해 마음을 많이 쓰셨다오. 그러나 우리는 형제애도 지체 관계도 원하지 않고 다만 평화와 선의만 원할 뿐이오. 내일이나 모레쯤에는 모두 헤어지게 될 것이고, 나는 선제후께서 명령하신 보이크틀란트 지방의 슐라이츠로 가게 될 것이오.

"포머[부겐하겐] 선생에게 전해주시오. 츠빙글리가 내놓은 주장 가운데 가장 훌륭한 것은 '몸은 장소 없이 존재할 수 없다. 따라서 그리스도의 몸은 떡 안에 있지 않다'였고, 오이콜람파디우스의 가장 훌륭한 주장은 '성찬은 그리스도의 몸의 상징이다'(sacramentum est stignum corporis Christi)였소. 나는 하나님께서 그들의 눈을 멀게 하셨다고 생각하오.

---

27) 아그리콜라에게 쓴 편지에서(1529년 10월 12일).

"나는 몹시 바쁘니 내 사신이 서둘러 이 글을 전할 것이오. 모든 이들에게 안부를 전하고, 우리를 위해 기도해 주시오. 우리는 모두 건강하고 왕성하며 제후들처럼 지내고 있소. 나의 어린 레나(렌스겐)와 어린 한스(핸스겐)에게 대신 입맞춰 주시오.

"당신의 충직한 종, M. L."


"추신 — 아우크스부르크의 요한 브렌츠, 안드레아 오지안더, 슈테판 [아그리콜라] 박사도 이곳에 와 있소.
"땀 전염병 때문에 사람들이 공황 상태에 빠져 있소. 어제는 쉰 명이 병에 걸리고 두 명이 목숨을 잃었소."[28]


하지만 결국 루터는 영주와 스위스 대표단의 요청을 받아들여 골방에 들어가 독일어로 공동 신앙고백을 작성했다. 신앙고백은 모두 15개 조항으로 구성되었으며, 내용은 삼위일체와 그리스도의 위격, 그분의 죽음과 부활, 원죄, 이신칭의, 성령의 사역, 성례들에 관한 복음적 교리들에 관한 것이었다.

양 진영은 14개 조항에 합의했고, 심지어 성찬을 다룬 제15조의 중요한 부분에 대해서도 다음과 같이 합의했다:

"우리 모두는 우리의 복되신 주 예수 그리스도의 만찬에 대하여 다음 내용을 믿는다: 성찬은 그리스도의 제정의 말씀에 따라 두 종류[떡과 포도주]로 거행되어야 한다; 미사는 그리스도인이 산 자든 죽은 자든 다른 사람을 위해 사죄를 얻어주는 방편이 아니다; 제단의 성찬은 예수 그리스도의 살 자체와 피 자체의 성례이다; 이 살과 피를 영적으로 먹는 것이 모든 참된 그리스도인들에게 각별히 필요하다. 마찬가지 방법으로 성찬의 용도에 대해서도 우리는 다음 내용에 합의한다: 말씀과 마찬가지로 성찬도 전능하신 하나님께서 연약한 양심들을 성령으로 북돋우셔서 믿음과 사랑을 품고 살도록 하시기 위해 제정하셨다.

"비록 현 상태에서는 우리가 그리스도의 실제 살과 피가 떡과 포도주에 육체적으로 임재하는가 하는 문제에 합의에 이르지 못했지만, 양 진영은 각자의 양심이 허락하는 한도 내에서 서로에 대해서 기독교적 사랑을 품을 것이다. 양 진영은 전능하신

---

28) De Wette, III. 512 sq.

하나님께 그분의 성령을 통하여 우리로 참된 깨달음에 도달하도록 힘주시기를 간절히 구한다. 아멘."

영주는 양측이 서로에 대해 기독교적 사랑을 나타내기로 한다는 문장을 삽입할 것을 요구했다. 루터파는 "각자의 양심이 허락하는 한도 내에서"라는 문구를 넣는 조건으로 그 요구에 동의했다.

같은 날 신앙고백을 공개적으로 낭독하고 심의한 뒤 서명을 했다. 루터파에서는 루터와 멜란히톤, 오지안더, 아그리콜라, 브렌티우스가 서명했고, 개혁파에서는 츠빙글리와 오이콜람파디우스, 부처, 헤디오가 서명했다. 이 문서는 다음 날 인쇄되어 널리 배포되었다.[29]

10월 15일 오후에, 대표들은 서로 악수를 한 뒤에 각자 귀향길에 올랐다. 그것은 믿음 안에서 형제로서 나눈 악수가 아니라 그냥 우정의 악수였으며, 루터파의 태도는 특히 건성이었다. 영주도 같은 날 이른 아침에 큰 실망감을 안고서 마르부르크를 떠났다.

루터는 슐라이츠에 들러 약속대로 선제후 요한을 만난 뒤 비텐베르크로 돌아갔고, 그곳에서 마르부르크 조항을 자신의 신조에 맞게 개정했으며, 개정한 만큼 합의가 희석되었다.

양 진영은 저마다 승리를 공언했다. 츠빙글리는 바디안(Vadian)에게 쓴 편지에서 루터의 고압적이고 반항적인 태도를 비판했고, 진리(즉, 자신의 견해)가 승리했다고 주장했으며, 루터가 아무도 자신을 무너뜨릴 수 없다고 선언한 뒤에 온 세상 앞에서 패배했다고 말했다. 그는 마르부르크에서 도출한 합의안이, 루터가 머지않아 자신들에게로 돌아올 것이라고 기대하는 교황파의 기대를 꺾어 놓았다고 하며 기뻐했다.

반면에 루터는 스위스인들이 반쯤 자신에게 굴복하고서 겸손하게 우정을 간청했다고 생각했다. 그는 마르부르크에서 돌아온 뒤 비텐베르크 교회의 강단에

---

29) 마르부르크에서 서명된 필사본은 세 부였다(한 부를 뉘른베르크로 가져간 오지안더의 증언에 따르면). 필사본들은 오랫동안 유실된 것으로 간주되었으나, Heppe와 Usteri에 의해 두 부가 카젤과 취리히에서 발견되어 출판되었다. 두 필사본은 자구도 거의 동일하되, 다만 서명 순서만 다를 뿐이다. 전자는 루터파의 서명이 먼저 실려 있고, 후자는 개혁파의 서명이 먼저 실려 있다.

서 이렇게 말했다. "우리 사이에는 믿음의 형제로서의 일치는 없고 다만 선량한 우정의 화합만 있을 뿐입니다. 그들은 우리에게서 자기들이 필요한 것을 구하고 있으며, 우리는 그들을 도울 것입니다."

당대의 거의 모든 보고서들은 마르부르크 회담이 이전의 성찬 논쟁을 감안할 때 기대했던 것보다 훨씬 더 우호적이고 정중한 회담이었다고 평가한다. 연사들이 상대방에 대해서 '친애하는 선생님'(Liebster Herr), '친애하는 -귀하'(Euer Lieben) 같은 존칭을 사용했고, 조소와 비난이 담긴 표현은 자제했다. 몇 차례에 걸친 접견에서 마귀가 보기 좋게 무시당했다. 이단 시비도 없었고 아나테마(저주)를 주고받는 일도 없었다. 루터는 스위스인들이 평소 생각했던 것만큼 악한 사람들이 아닌 것을 발견했으며, 심지어 불링거에게 쓴 편지(1538)에서는 마르부르크에서 만난 츠빙글리는 "아주 좋은 사람"이라는 인상을 주었다고 말했다. 루터와 츠빙글리를 곁에서 지켜본 브렌티우스는 두 사람이 형제지간처럼 보였다고 보고한다.

요나스는 개혁파 지도자들이 회담 기간에 보인 모습을 다음과 같이 기술했다. "츠빙글리는 약간 투박하고 거만한 인상을 풍긴다. 오이콜람파디우스에게는 천성이 착하고 어진 덕망 높은 인격이 느껴진다. 헤디오도 인간미 있고 도량이 넓은 사람이다. 그러나 부처는 여우와 같은 교활함이 있어서, 통찰력이 있고 신중하다는 인상을 심어주는 법을 알고 있다. 그들은 모두 학식이 있는 사람들이며, 교황파보다 더욱 힘겨운 상대들이다. 그러나 츠빙글리는 아테나(그리스 신화에 등장하는 지혜와 무용의 여신)와 뮤즈(그리스 신화에 등장하는 학예, 음악, 무용을 관장하는 아홉 여신의 하나)보다 더 문학에 정통한 것처럼 보인다."[30] 그는 영주가 누구보다도 연설들을 경청했다고 덧붙인다.

회담에 참석한 평신도들은 스위스 대표들의 주장에 마음이 끌렸던 것 같다. 영주는 이제는 사람들의 공교한 해석보다 그리스도의 단순한 말씀을 믿고 싶다고 말했다. 그는 츠빙글리가 사역지를 마르부르크로 옮기고, 헤세 지방의 교회 조직을 맡아 주기를 원했다. 그는 숨을 거두기 직전에 츠빙글리가 마르부르크에서 자신에게 확신을 심어주었다고 고백했다. 그러나 헤세의 말보다 더 중요한 것은 아비뇽의 랑베르가 츠빙글리에게로 돌아선 사건이었다. 그는 과거에는 줄

---

30) 라인펜슈타인에게 라틴어로 쓴 편지(1529년 10월 4일).

곧 루터교도였으나, 상대 진영의 설득력 있는 주장을 뿌리칠 수 없었던 것이다. 그는 회담 직후에 친구에게 다음과 같이 썼다. "나는 이제 사람들의 말에 귀 기울이거나 사람들의 호의에 영향을 받지 않고, 차라리 하나님의 손가락이 진리를 기록하는 빈 종이가 되기로 굳게 결심했다네. 하나님께서는 츠빙글리가 하나님의 말씀을 근거로 하나하나 제시한 교리들을 내 마음에 새겨 주셨다네." 루터와 마찬가지로 강경하게 스위스 대표들을 믿음의 형제로 인정하지 않으려 했던 멜란히톤이 훗날 마음을 바꾼 것도 마르부르크에서 받은 인상 때문이었던 것으로 추측된다.

만약 두 개신교 진영의 지도자들이 오늘 다시 살아서 만날 수 있다면, 이미 천국에서 오래 전에 그랬던 것처럼 기쁘게 믿음의 형제들로서 뜨거운 악수를 나누게 될 것이다.

마르부르크 회담은 바라던 일치를 성사시키지 못했고, 유감스러운 분쟁이 다시 시작되었다. 그럼에도 불구하고 이 회담은 절대로 완전한 실패가 아니었다. 루터교의 주된 신조인 아우크스부르크 신앙고백이 도출될 수 있는 길을 닦아 놓았기 때문이다. 더 나아가 마르부르크 회담은 후 세대들에게 평화 운동을 일으킬 용기를 불어넣어 주었다.[31] 이 회담은 두 교단 사이에 최초로 합의를 이끌어 냈다. 14개의 중요한 조항들과 15번째 조항 가운데 중요한 부분이 그것으로서, 다만 육체적 임재와 입으로의 저작(詛嚼:씹음)만 쟁점으로 남겨 놓았다. 오히려 그만한 여백을 남겨놓은 것도 나쁘지 않았다. 비본질적인 쟁점들에 여백이 없다면 지적인 그리스도인들 사이에 일치란 결코 이루어질 수 없다. 선량하고 거룩한 사람들은 언제나 교회 정치와 예배뿐 아니라 실제적 임재 양태와 그 밖의 여러 교리들에 대해서도 견해에 차이가 있게 마련이다. 복음적 보편성이 수립되기에는 아직 때가 무르익지 않았다. 그러나 마르부르크 회담의 문서에 담긴 정신은 무수한 논쟁들을 뚫고 살아남아, 기독교적 마음과 정신이 분파주의의 편협한 담장 위로 솟아오를 때마다 찬란한 빛을 비춘다. 획일성이란 설혹 그것이 가능한 상황에서라도 바람직한 것은 아니다. 하나님의 길은 다양성 가운데 일치와 일치 가운데 다양성을 지향한다.

---

31) 참조. Ranke의 발언, III. 124 sqq. 그는 마르부르크 회담의 중요성을 두 진영이 신학적 차이점들에도 불구하고 공동의 복음적 신앙을 고백했다는 사실에서 찾는다.

교리 논쟁이 치열하게 전개되고 삼십년 전쟁의 공포가 깔려 있던 시기에 후세대를 향하여 화평케 하는 그리스도인들의 구호가 예언적 음성으로 나직하게 울려퍼졌다. 이 음성은 불관용의 세기에 아무도 귀 기울이지 않았고 무관심의 세기에 모두들 망각했으나, 부흥과 재통합의 세기에 들어서서 갈수록 위력을 더하고 있다. "본질적인 교리들에서의 일치, 비본질적인 쟁점들에서의 자유, 모든 일에 있어서 사랑"이 바로 그것이다.

## 특주

"본질적인 교리들에서의 일치, 비본질적인 쟁점들에서의 자유, 모든 일에 있어서 사랑"(In necessariis unitas, in non-necessariis 〈혹은 dubiis〉 libertas, in utrisque 〈혹은 omnibus〉 caritas)이란 문장의 기원에 관하여.

기독교 평화주의의 이 유명한 좌우명은 아우구스티누스의 발언으로 종종 그릇되게 언급되지만(그의 마음은 이것을 인정했을 수 있지만, 그의 교리는 인정하지 않았을 것이다), 실제로는 훨씬 후대의 것이다. 1627년과 1628년에 독일에서 루터파 교회들과 개혁파 교회들의 온건한 신학자들 사이에서 발표되었고, 잉글랜드의 온건한 신학자들 사이에 열렬한 지지를 얻었다.

이 말을 한 당사자를 최근에는 루페르투스 멜데니우스(Rupertus Meldenius)로 간주한다. 그는 이름 외에 다른 인적 사항이 알려지지 않은 신학자로서, 이 문장이.처음 나오는 유명한 소책자의 저자이다. 그는 헬름슈테트의 칼릭스투스와 하이델베르크의 다비드 파레우스, 마르부르크의 크로키우스, 뷔르템베르크의 요한 발렌틴 안드레아이, 첼레의 요한 아른트, 프랑크푸르트(오더 강변)의 게오르크 프랑크, 브란덴부르크의 베르기우스 형제, 불굴의 기독교 순회 전도자 존 더리, 그리고 리처드 백스터 같은 신학자들의 평화주의적 정서를 위와 같이 고전적 문장으로 표현해냈다. 멜데니우스의 소책자에는 *Paraenesis votiva pro Pace Ecclesiae ad Theologos Augustanae Confessionis, Auctore Ruperto Meldenio Theologo*라는 제목이 붙어 있으며(모두 62쪽), 출판 연도와 장소는 표기되어 있지 않다. 아마도 1627년에 중도적 신학의 거점이었던 프랑크푸르트에서 발행되었을 가능성이 있다. Mr. C. R. Gillet(유니온 신학교의 사서)은 자신이 베를린에서 발견한 이 책의 원본이 브레슬라우로 옮긴 이후의 프랑크푸르트 대학교에서 나왔다고 내게 일러주었다.

Dr. Lücke는 1850년에 Pfeiffer의 *Variorum Auctorum Miscellanea Theologiae*(라이프치히, 1736, pp. 136-258)에 재인쇄된 이 소책자의 내용을 주제가 같은 자신의 논문의 부록으로 다시 발행했다(pp. 87-145). 훗날 그는 이 내용을 카셀의 선제후 도서관에 소장된 원본과 대조했다. 또 다른 원본은 Dr. Klose가 함부르크 시에서 발견했으며(1858), 세 번째 원본은 Dr. Briggs와 Mr. Gellet이 베를린 왕립 도서관에서 발견했다(1887).

이 소책자의 저자는 정통 루터교 신자로서, 교회 통일 사상과는 거리가 멀었으나 교회의 평화에 지대한 관심이 있었고, 당대에 성행하던 냉랭하고 메마른 개신교 스콜라주의 대신에 실천적이고 성경적인 경건에 열심이 있었다. Lücke가 말하듯이("Stud. und Kritiken," 1851, p. 906), 그가 속한 집단은 "요한 아른트와 발렌틴 안드레아이 같은 고상하고 따뜻하고 친절한 복음적 신학자들의 사회였는데, 이들은 고국이 처한 참혹한 상태와 특히 당대의 교회가 겪고 있던 내분에 가슴 아파하면서도 구원과 평화의 길이 무엇인지 알고 그리로 지향했던 사람들이다."

멜데니우스는 교양의 폭이 매우 넓은 학자로서, 히브리어와 헬라어, 라틴어에 능숙하고, 논쟁 신학에 해박했던 인물이었음이 분명하다. 그는 취향과 문체에서 당대의 논쟁적 저자들을 능가한다. 바리새인적인 위선과 신학자들의 필로독시아와 필라르기아, 필로네이키아를 단죄하며, 그들을 향해 무엇보다 겸손과 사랑을 품으라고 조언한다. 진리를 놓고 지나치게 논쟁에 탐닉함으로써 진리 자체를 잃을 수도 있는 위험에 처하게 되었다고 말한다. "많은 사람들이 마음에 그리스도를 모시고 살지 않으면서도 그리스도의 육체적 임재를 놓고 논쟁을 벌인다"고 그는 말한다. 영적 생활의 근원이신 살아 계시는 그리스도를 중심으로 한데 뭉치는 것 외에 일치로 나아가는 길이란 없다고 그는 바라본다. 그는 하나님의 본성이 사랑이며, 그리스도인들의 가장 중요한 의무가 서로 사랑하는 것이라고 말하며, 사도 바울이 사랑에 관하여 노래한 장(고전 13장)을 논한다.

그는 본질적인 것들(necessaria)과 비본질적인 것들(non-necessaria)의 차이를 설명한다. 본질적인 교의들은 이런 것들이다: (1) 구원에 필수적인 믿음에 관한 조항들; (2) 성경의 명백한 증거들에서 이끌어낸 조항들; (3) 온 교회가 교회 회의에서 혹은 신조로 결정한 조항들; (4) 모든 정통 신학자들이 필수적이라고 주장한 조항들. 비본질적인 교의들은 이런 것들이다: (1) 성경에 실려 있지 않은 조항들; (2)

신앙의 공동 유산에 속하지 않는 조항들; (3) 신학자들이 만장일치로 가르치지 않는 조항들; (4) 비중있는 신학자들이 의문시하는 조항들; (5) 경건과 사랑, 건덕(健德)을 지향하지 않는 조항들. 멜데니우스는 정통 진영의 광신도들의 공격에 맞서서 「진정한 기독교」(*True Christianity*)를 쓴 유명한 저자 요한 아른트(1555-1621)를 변호하면서 글을 맺으며, 결론으로 그리스도께 고난받는 그분의 교회를 속히 오셔서 구원해달라는 간절하고도 감동적인 기도를 드린다(참조. 계 22:17).

황금 문장은 소책자의 후반에(p. 128, Lücke의 판본) 우발적이고도 가설적인 형태로 나온다:

"Verbo dicam: Si nos servaremus IN NECESSARIIS UNITATEM, IN NON-NECESSARIIS LIBERTATEM, IN UTRISQUE CHARITATEM, optimo certe loco essent res nostrae."(나는 이렇게 말할 것이다. 우리가 본질적인 것들에 있어서 일치를 유지하고, 비본질적인 것들에 있어서는 자유를, 양자에 있어서 사랑을 유지한다면, 우리의 일들은 가장 확고한 곳에 있다.)

정서는 같으나 좀 더 간결하고 권고적인 형태의 문장은 그레고르 프랑크(Gregor Frank)의 다음 저서에 나온다. *Consideratio theologica de gradibus necessitatis dogmatum Christianorum quibus fidei, spei et charitatis officia reguntur*, Francf. ad Oderam, 1628. 프랑크(1585-1651)는 초기에는 루터교에 속했다가 후에 개혁교회의 신학자가 되어 프랑크푸르트 대학교에서 가르쳤다. 그는 교의들을 세 가지 종류로 구분한다: (1) 구원에 필수적인 교의들: 성경에 분명히 계시된 진리들; (2) 성경에서 명백하고 필요한 추론에 의해 이끌어낸, 그리고 정통 기독교 세계의 공동의 합의에 의해 주장된 교의들; (3) 여러 신앙고백서들에 실린 특정적이고 쟁점이 되는 교의들. 그는 다음과 같은 권고로 논의를 마감한다:

"Summa est: Servemus IN NECESSARIIS UNITATEM, IN NON-NECESSARIIS LIBERTATEM, IN UTRISQUE CHARITATEM."(요약하면, 우리는 본질적인 것들에 있어서는 일치를, 비본질적인 것들에 있어서는 자유를, 양자에 있어서 사랑을 유지한다.)

그는 이렇게 덧붙인다: "Vincat veritas, vivat charitas, manet libertas per Jesum

Christum qui est veritas ipsa, charitas ipsa, libertas ipsa." (진리 자체, 사랑 자체, 자유 자체이신 예수 그리스도를 통하여 진리가 승리하고, 사랑이 살고, 자유가 흐르게 하소서.)

베르토(Bertheau)는 소책자의 저자가 멜데니우스였는지 프랑크였는지 불확실하다고 여긴다. 그러나 이 문제는 콘라트 베르크(Conrad Berg)의 명백한 증언으로 결정이 난다. 1627-1628년에 프랑크와 같은 대학교의 동료 교수였던 그는 그 문장을 멜데니우스의 것으로 전하는 것이다.

그로부터 50년 뒤에 잉글랜드의 청교도 평화론자 리처드 백스터(Richard Baxter)는 1679년 11월 15일에 *The True and Only Way of Concord of All the Christian Churches*(London, 1680)의 서문에서 그 문장을 약간 다른 형태로 싣는다: "나는 오래 경시되어온 평화론자[중재자]의 다음과 같은 말을 여러분에게 다시 한 번 들려드립니다. '만약 본질적인 것들에 있어서 일치가 있고, 비본질적인 것들에 있어서는 자유가 있고, 양자에 있어서 사랑이 있다면, 우리의 일들은 가장 확실한 곳에 있다.'"

뤼케(Lücke)는 백스터의 이 문장을 최초로 인용한 사람이었지만, 그 책에서(p. 25) 백스터가 멜데니우스를 직접 언급했다는 사실을 간과했다. 이 점을 브릭스 박사(Dr. Briggs)가 발견하고서 다음과 같이 인용한다:

"이 주제에 관하여 콘라두스 베르기우스가 인용한 루페르투스 멜데니우스의 발언 외에 아무 주장도 없었다면, 그리고 그의 발언을 제대로 이해하고 활용했다면 모든 분쟁이 종식될 수도 있었을 것이다." 이 말을 한 뒤 그는 그 문장을 인용한다. 백스터도 앞에서 멜데니우스를 언급한다. 이 사실은 멜데니우스가 그 '평화론자'였다는 결론을 강하게 뒷받침한다. 멜데니우스와 동시대 사람의 증언을 접하고 있기 때문이다. 바젤의 저명한 평화론적 신학자 사무엘 베렌펠스(Samuel Werenfels)도 멜데니우스와 콘라트 베르기우스(베르크)를 평화론적 신학자들로 언급한다.

콘라트 베르기우스(백스터는 그에게서 그 문장에 대한 정보를 얻었다)는 프랑크푸르트 대학교 교수였고, 그 후에 브레멘의 설교자였다. 그와 그의 형제 요한 베르크(John Berg, 1587-1658. 브란덴부르크의 궁정 전속목사)는 독일 개혁교회와 온건파 칼빈주의자들을 대표하는 평화론적 성직자였다. 요한 베르크는 1631년 3월의 라이프치히 회담에 참석했다. 이 회담에서 루터파 신학자들과 개혁파 신학자들은 1540년의 아우크스부르크 신앙고백 개정판 초안에 근거하여 육체적 임재와 입에 의한 저작(詛嚼)을 제외한 모든 교리 조항들에 합의했다. 이 회담은 그 시대의 정신에 한발 앞섰으며, 그런 이유로 지속적인 영향을 끼치지 못했다. 참조. Schaff, *Creeds of Christendom*, I. 558 sqq., and Niemeyer, *Collectio Confessionum in Ecclesiis Reformatis publicatarum*, p. LXXV. and 653–668.

브릭스 박사는 베를린 왕립 도서관에 소장되어 있는 콘라트 베르기우스와 그의 동료들의 저서들을 조사했다. 베르기우스는 1639년에 브레멘에서 출판된 *Praxis Catholica divini canonis contra quasvis haereses et schismata*라는 저서에서, "신학자 루페르투스 멜데니우스"의 고전적 발언으로 결론을 지으며, 그 말을 간략히 해설한다. 이것을 백스터가 앞서 소개한 형태로 인용한 것이다. 1627년 가을에 베르기우스는 프랑크푸르트에서 기독교의 통합이란 주제로 두 번에 걸쳐 설교를 했는데, 내용이 그 문장의 정신과 일치하는 이 설교는 1628년에 그 대학교 신학부의 동의를 얻어 출판되었다. 훗날 이 설교문들은 그의 *Praxis Catholica*에 수록되었다. 베르기우스는 당시의 논쟁가들과 평화론자들을 두루 친하게 사귀었으므로 그 문장의 저자에 관해 그의 발언을 신뢰할 수 있다.

그렇다면 멜데니우스는 누구였을까? 이것은 여전히 풀리지 않은 의문이다. 아마도 그는 보헤미아와 슐레지엔 접경의 작은 마을 멜덴에서 이름을 취한 듯하다. 두 세기 동안 그의 음성은 사라지고 그의 이름은 잊혀졌으나, 이제 다시 큰 힘으로 울려퍼지고 있다. 내가 존경하는 동료교수 브릭스 박사의 결론적인 평가를 소개하고자 한다. "산에서 쏟아져 내린 물이 잠시 바위들 틈으로 사라졌다가 계곡 깊은 곳에서 다시 나타나듯이, 오랫동안 묻혀온 이 평화의 원리들이 두 세기의 망각을 뚫고 다시 등장했다. 이 평화론적 신학자들은 좀 더 좋은 시대에 살게 될 사람들에게 틀림없이 존경을 받을 것이다. 그날이 오면 개신교의 평화론자들이 구태의연한 개신교 논쟁가들과 스콜라주의자들을 넉넉히 대체하게 될 것이다."

그 문장의 기원은 1847년에 네덜란드의 신학자 암스테르담의 반 더 회벤 박사(Dr. Van der Hoeven)가 최초로 쟁점으로 삼았으며, 그 후에 괴팅겐의 뤼케 박사가 다시 쟁점으로 삼았다. 뤼케는 최초로 그 문장의 저자가 멜데니우스임을 입증했다. 브릭스 박사는 다음 간행물에 기고한 두 편의 글에서 부가적인 정보를 제공했다: *Presbyterian Review*, vol. VIII., New York, 1887, pp. 496–499, 743–746.


## 109. 성찬상징론자들에 대한 루터의 마지막 공격.

# 루터와 칼빈의 관계

루터가 자신의 개신교 반대파들과 벌인 유감스러운 논쟁을 어떤 식으로 마감했는지 살펴보자. 이 점을 살펴보는 것은 좀 더 고통스러운 일이다. 당시에는 츠빙글리와 오이콜람파디우스가 무덤에서 쉬고 있었기 때문이다. 하지만 그것은 그 위대한 종교개혁자의 면모를 충분히 아는 데 도움이 된다.

마르부르크 회담은 양 진영의 관계를 조금도 화해시키지도 못했고, 쟁점을 진척시키지도 못했다. 그러나 치열했던 논쟁이 한동안 잦아들었으며, 다른 사건들로 인해 뒷전으로 밀려났다. 비텐베르크와 취리히 사이에 화해를 이끌어내려고 한 부처와 헤디오의 집요한 노력이 루터의 마음을 누그러뜨렸으며, 스위스 진영이 결국 자신들의 이단설을 포기하게 될 것이라는 희망을 그의 마음에 품게 했다. 그러나 이런 희망은 그를 실망시켰다. 스위스 진영은 1536년의 '비텐베르크 협약'을 받아들일 수 없었다. 왜냐하면 육체적 임재와 입에 의한 저작(詛嚼)을 주장한 점에서 본질상 루터파의 견해를 대변한 것이었기 때문이다.

루터는 생을 마감하기 일년 반 전에 「성찬에 관한 짧은 신앙고백」(*Short Confession on the Holy Sacrament*, 1544)을 발표하여 성찬상징론자들(sacramentarian: 예수의 피와 살의 실재를 부정함)에 대해 강력한 공격을 재개함으로써 멜란히톤을 비롯한 친구들을 실망시켰다. 책을 쓰게 된 동기를 제공한 사람은 슈벵크펠트였고, 또한 루터가 성체 거양과 경배 의식을 폐지한 것을 놓고 그가 견해를 수정했다는 소문이 나돈 것도 중요한 계기를 제공했다. 더욱이 루터는 과거 자신의 학생이자 식솔이었던 데베(Dévay)가 루터 자신의 이름으로 자신과 무관한 성찬 교리를 헝가리에 보급하고 있다는 소식을 들었다.[32] 또한 부처와 멜란히톤이 쾰른 교구에 적용한 개혁 프로그램(1543)도 루터를 실망시켰다. 루터 자신의 특징적인 교리들을 빼놓고 성찬 교리를 진술함으로써 혹시라도 성찬상징론자들에게 도움과 위안을 주지 않을까 우려한 것이다. 이런 속상한 일들이 노환과 겹쳐서 그의 자제력을 무너뜨리고 맹렬한 분노를 쏟아내게 했다. 루터가 마지막으로 발행한 성찬에 관한 문서를 제대로 이해하려면 이런 요인들을 함께 고려해야 한다. 문서의 내용이 신랄하기로는 같은 해에 교황제를 비판

---

32) 데베는 헝가리에 (칼빈파) 개혁교회를 설립한 인물이다.

한 마지막 저서와 쌍벽을 이루며, 그가 평생 로마의 적그리스도에 대해서 썼던 모든 비판서들을 훨씬 능가한다.[33]

「짧은 신앙고백」에서 루터는 새로운 주장이 담겨 있지 않고, 평소 자신의 지론인 실제적 임재를 강한 어조로 재확인하고, 성찬상징론자들과 완전하고도 최종적인 결별을 선언한 다음, 성체 거양에 관한 이야기로 매듭을 짓는다. 그는 무덤 언저리에 서서 심판대를 바라보면서, 성례들을 어지럽히는 모든 원수들을 엄숙히 정죄한다. "슈텡케펠트[슈벵크펠트]와 츠빙글리, 칼슈타트, 오이콜람파디우스, 그리고 나머지 모든 스위스인들과 한 마음 한 뜻이 되거나 그들의 교리를 관용하느니, 차라리 몸이 찢기고 수백 번 화형을 당하는 편이 훨씬 낫다"고 그는 말한다. 그들에게 욕설을 퍼부으며, 단정한 말로는 도저히 옮길 수 없는 새로운 욕설들을 만들어낸다. 그는 그들을 가리켜 이단들·위선자들·거짓말쟁이들·신성모독자들·영혼 살해자들·죽을 죄인들·머리부터 발끝까지 마귀가 된 자들이라고 부른다. 그들을 위해 기도하기를 그쳤으며, 그들을 그들의 운명에 내버려두었다. 그도 한때는 오이콜람파디우스를 다소 높게 평가하고, 심지어 츠빙글리에 대해서도 그의 비극적인 죽음에 진지한 애도를 표시한 적도 있었다. 그러나 마지막 저서에서 그는 츠빙글리의 죽음이 하나님의 두려운 심판이었다고 거듭 말하고, 그가 과연 구원을 받았는지도 의심스럽다고 말한다.

츠빙글리가 프랑스 왕에게 보낸 기독교 신앙에 대한 마지막 해설서를 읽어본 루터는 그 책 안에서 바르게 살다 간 이교도들도 구원을 받는다는 츠빙글리의 신념을 발견하고는 심각한 우려를 표시했다. "만약 소크라테스와 아리스티데스, 심지어 로마에 온갖 우상 숭배를 소개한 누마(아우구스티누스의 표현에 따르면) 같은 이교도들이 구원을 받는다면, 하나님도 필요 없고 그리스도도 복음도 성경도 세례도 성찬도 혹시는 기독교 신앙도 필요가 없는 셈이다." 루터는 츠빙글리

33) 멜란히톤은 1544년 8월 30일에 불링거에서 쓴 편지에서 '짧은 신앙고백'을 가리켜 "루터의 가장 신랄한 책"이라고 표현했다. 그는 1545년 6월 28일에 자신에게 다음과 같은 편지를 보낸 칼빈의 판단에 동의했다: "나는 우리 모두가 루터에게 큰 감사를 드려야 한다고 생각하며, 그에게 가장 큰 권위를 부여한다는 데에 기쁘게 동의합니다. 다만 그분이 스스로를 통제하는 법을 아셨으면 합니다. 그런 일로 인해 우리가 교황파에게 얼마나 큰 이득을 안겨준 것이며, 후손들에게 얼마나 언짢은 본을 남기게 된 것인지요!"

가 마르부르크에서 그렇게 많은 기독교 신앙 조항들을 고백할 때 위선을 행한 것이었거나, 아니면 그 후에 타락하여 이교도보다 더 악하게 되고, 교황파로 지낼 때보다 열 배나 더 나쁘게 되었거나 둘 중의 하나라고 생각했다.

이러한 태도를 루터는 끝까지 견지했다. 교황파와 성찬상징론자들 가운데 그가 누구를 더 미워했는지 말하기 어렵다. 실제적 임재라는 주제에 관해서 그는 전자보다 후자에게서 훨씬 더 멀리 떨어져 있었다. 한때 그는 츠빙글리파와 포도주만 마시느니, 교황파와 피만 마시는 쪽을 택하겠다고 말한 바 있다. 죽기 얼마 전에 그는 브레멘의 친구 목사 프로브스트(Probst)에게 이렇게 썼다. "복있는 사람은 성찬상징론자들의 꾀를 따르지 아니하며 츠빙글리파의 길에 서지 아니하며 취리히 사람들의 자리에 앉지 아니한다."[34] 이렇게 그는 하나님께 기도할 때 교황과 마귀를 저주하던 습관에 따라 시편 1편의 복을 저주로 바꾸었다. 그는 이 습관을 끝내 버리지 않고 특히 주기도문을 암송할 때 자주 사용했으며, 이것을 경건의 일환으로 여겼다.[35]

루터가 성찬상징론자들에게 퍼부은 이 마지막 말이 시기와 정신 면에서 그가 이성에 대해서 퍼부은 가장 격렬한 비판과 일치한다는 것은 잘 어울리는 일이다. (과거에 그는 이성을 하나님의 말씀에 버금가는 최상의 무기로 자주 그리고 아주 효과적으로 사용한 바 있다.) 1546년 1월 17일에 루터는 마지막으로 비텐베르크 교회의 강단에 올라가 이성을 "마귀의 저주받은 창녀"라고 비판했다. 광신도들과 성찬상징론자들이 "이 사람이 어찌 능히 자기 살을 우리에게 주어 먹게 하겠느냐"고 빈정대는 것은 이성을 자랑하는 것이라고 했다. 그리고는 회중을 향해서 "이것은 내 몸이니라"고 하시는 하나님의 아들의 말씀을 청종하고, 뱀을 발로 밟아버리라고 주장했다.[36]

엿새 후에 루터는 자신이 사역하던 도시를 떠나 출생한 도시 아이슬레벤으로 돌아갔고, 그곳에서 1546년 2월 18일에 믿음을 굳게 붙들고 자신의 영혼을 하나님과 구주께 맡긴 채 평온하게 숨을 거두었다.

---

34) De Wette, V. 778.

35) 드레스덴의 어느 평신도가 루터를 향해서, 황제에게 반감을 갖도록 독일인들을 노골적으로 선동해도 되느냐고 비판하자, 루터는 1531년 3월에 쓴 책에서 자신의 이러한 경건한 저주를 주기도문의 적극적인 간구들에 꼭 필요한 보완이라고 변호했다.

36) 참조. §9. Köstlin, *Luthers Theologie*, II. 226, 290.

이 마지막 발언들을 고려할 때, 루터가 죽기 전에 멜란히톤에게 했다는 말을 우리는 신뢰할 수가 없다: "필립 선생, 주의 만찬에 관한 문제가 도에 지나쳤음을 시인합니다." 멜란히톤이, 그러면 잘못된 점을 바로잡고 교회의 평화를 회복시켜달라고 주문하자, 그는 이렇게 대답했다고 한다: "나도 그 점을 자주 생각했소. 그러나 그렇게 할 경우 사람들이 나의 교리 전체를 신뢰하지 않게 될 거요. 나는 그 문제를 주님의 손에 의탁합니다. 내가 죽은 뒤에 대신해서 할 수 있는 일을 해주기를 바라오."[37]

그러나 루터가 자기보다 25살 아래인 칼빈에 대해서는 한 번도 불친절하게 말한 적이 없었다는 사실은 매우 고무적이고 감사한 일이다. 그는 칼빈을 직접 만난 적이 없고, 다만 그의 저서 몇 권을 읽고 멜란히톤을 통해서 그에 관해 들었을 뿐이다. 1539년 10월 14일에 부처에게 쓴 편지에서, 루터는 당시에 슈트라스부르크에서 활동하고 있던 요한 슈투름과 존 칼빈에게 존경의 뜻을 담아 안부를 전하면서, 자신이 그들의 저서들을 읽고 대단히 큰 기쁨을 얻었노라고 덧붙였다. 이 편지에는 루터가 주교 사돌레토(Sadoleto)의 편지에 쓴 호쾌한 답장도 실려 있다.[38] 멜란히톤은 루터와 부겐하겐의 인사말을 칼빈에게 전달하면서, 자신은 실제적 임재에 관한 견해에서 루터와 다를지라도 "루터를 지지하고 존경한다"고 말했으며, 루터가 더 나은 견해들이 나오기를 기대했으나, 그런 훌륭한 사람(칼빈)에게서 나오는 어떤 견해라면 인정할 용의가 있다고 전했다.[39]

칼빈은 1536년에 출판된 「기독교강요」 초판에서,[40] 그리고 뜻하지 않게 사돌

---

37) 브레멘의 개혁파 목사 하르덴스베르크(1574년 죽음)는 그 대화가 자신의 친구 멜란히톤에게서 들은 것이라고 전했다. 그러나 멜란히톤은 아무데서도 그런 내용을 언급하지 않는다. 그 대화는 차라리 루터가 그 주제에 관해서 마지막으로 고백했으면 좋을 내용을 표현한 것임이 분명하다.

38) De Wette, V. 211. 답장의 마지막 문장을 보면 루터가 주교 사돌레토에 대한 칼빈의 답장을 읽었음을 알게 된다. 그는 크루치거에게 다음과 같이 말했다고 전해진다. "이 답장에는 손과 발이 있습니다. 하나님께서 이처럼 교황제에 마지막 타격을 가하고, 내가 시작한 적그리스도와의 전쟁을 끝낼 인물들을 일으켜 세워주시니 참으로 반갑습니다." 칼빈은 루터의 이런 인사들을 자신의 *Secunda Defensio adv. Westphalum* (*Opera*, ed. Reuss, IX. 92)에 인용한다.

39) 멜란히톤이 전한 이 편지는 유실되었으나, 칼빈은 1539년에 파렐에게 보낸 편지에서 이 편지를 언급한다. *Opera*, X. 432.

레토에게 보낸 답장에서(루터는 그 글을 읽고 기뻐했다고 한다) 주의 만찬에 관한 자신의 견해를 밝혔으며,[41] 1541년에 슈트라스부르크에서 프랑스어로, 그 뒤 1545년에 라틴어로 출판된 「주의 만찬에 관하여」(*De Coena Domini*)에서 좀 더 자세히 밝혔다.[42] 루터는 이 글들에 실린 칼빈의 견해를 틀림없이 알고 있었을 것이다. 전하는 바로는, 루터는 비텐베르크의 서점에서 칼빈의 성찬에 관한 소책자를 발견하고서 그것을 읽고는 다음과 같은 평가를 했다고 한다: "저자는 틀림없이 학식이 깊고 경건한 사람일 것이다. 만약 츠빙글리와 오이콜람파디우스가 처음부터 이런 식으로 의견을 개진했다면, 아마도 그런 논쟁은 발생하지 않았을 것이다."[43]

칼빈은 멜란히톤을 통해서 루터에게 안부를 전했으며, 소책자 두 권과 함께 1545년 1월 21일자로 된 편지를 동봉했는데, 편지에서 루터를 "크게 존경하는 나의 아버지"라고 불렀으며, 회심한 몇몇 프랑스 난민들의 의심과 주저를 해결해달라고 요청했다. 그리고 "단 몇 시간만이라도 그와 교제하는 행복을 맛볼 수 있으면 좋겠다"는 소원을 피력했는데, 물론 이 소원은 땅에서는 이루어질 수 없는 것이었다.

멜란히톤은 성찬 논쟁이 다시 불거질 것을 두려워한 나머지 이 편지를 루터에게 전하지 못했다. 칼빈이 루터에게 보낸 유일한 이 편지를 전달하지 못한 이유에 대해서, 멜란히톤은 "마르틴 박사가 의심이 많고, 자신에게 문의해 오는 그런 질문에 대답하기를 싫어하기 때문"이었다고 말한다.[44]

칼빈은 "루터가 불 같은 성격을 쉽게 아무데나 터뜨리고, 때로는 주님의 종들에게까지 퍼붓는 것"을 안타깝게 여겼다. 그러나 루터를 항상 츠빙글리보다 높게 평가했으며, 취리히의 신학자들에게 온건할 것을 당부했다. 루터가 취리히 신학자들에게 마지막으로 가한 비판을 전해들은 칼빈은 1544년 11월 25일에 불링거에게 쓴 고결한 편지에서 이렇게 말했다:

---

40) Ch. IV. p. 236 sqq. (*De Coena Domini*), *Opera*, I. 118 sqq.

41) *Opera Calv.*, ed. Reuss, vol. V. 385–416.

42) *Op. cit*, 429–460.

43) Pezel, *Ausführliche Lehre vom Sacramentstreit*, Bremen, 1600, p. 137 sqq.

44) *Opera*, ed. Reuss, XII. 6 sq., 61 sq. *Letters*, ed. Constable, I. 416 sq.

"나는 루터가 마침내 당신에 대해서라기보다 우리 전체에 대해서 독설을 터뜨렸다는 말을 들었습니다. 현재 상태에서는 당신에게 침묵을 지키라고 감히 당부드릴 마음이 생기지 않습니다. 무고한 사람이 그렇게 괴롭힘을 당하는 것이나, 스스로 변명할 기회조차 얻지 못하는 것은 정당한 처사가 아니기 때문입니다. 하지만 반대로 놓고 보면, 그들이 그렇게 하는 것이 현명한 태도이겠다고 쉽게 판단할 수도 없습니다. 그러나 당신에게 우선적으로 환기시켜 드리고 싶은 점이 있습니다. 그것은 루터가 얼마나 훌륭하고 재능이 탁월한 분인지, 어떠한 정신력과 굳은 각오로, 얼마나 대단한 역량으로, 얼마나 효과 있고 능력 있는 교리 진술로 지금까지 온 힘을 다해 적그리스도의 지배를 벗어던지려 했는지, 그러면서 동시에 구원의 도리를 멀고 가까운 곳에 전파하려고 했는지 생각하시라는 것입니다. 나는 그분이 나를 아무리 마귀라고 부르더라도 여전히 그분을 하나님의 훌륭한 종으로 인정하고 존경할 것이라고 평소에 자주 생각하곤 했습니다 …… 그러므로 당신의 동료들과 함께 그분을 우리 모두가 큰 빚을 진 그리스도의 훌륭한 종으로 대하시기를 진심으로 당부합니다. 대립하고 분쟁해서는 아무 유익도 얻지 못합니다. 악한 자들을 이롭게 하여 그들이 우리 자신들뿐 아니라 복음에 대해서도 승리하지 못하게 하려면 그 점을 각별히 유념해야 합니다. 우리가 자중지란을 일으키는 모습을 보이면 악한 자들이 우리와 우리의 교리를 능멸할 것이지만, 우리가 한 마음과 한 목소리로 그리스도를 전파하면 그들이 감히 우리의 약함을 이용하여 우리의 믿음을 비난하지 못할 것입니다. 그러므로 이런 점들을 깊이 생각하시고, 루터의 거친 말에 감정으로 대응하는 일이 없기를 바랍니다. 자칫하면 사도 바울의 경고대로 서로 물어뜯고 삼키는 저열한 상태로 떨어지게 될 것입니다. 사도가 우리에게 권고한 대로, 교회 전체를 파국으로 몰아가 상처를 키우지 말고, 사전에 분쟁을 피해야 할 것입니다."

이것이 비텐베르크의 천둥과 번개에 대해 제네바가 내놓은 너무나 지혜로운 기독교적 대응이다.


## 110. 성찬 논쟁의 윤리성에 관한 반성

교의학과 윤리학, 믿음과 행위는 그 원천인 그리스도의 교훈과 모범과 마찬가지로 서로 일치해야 한다. 그러나 현실에서는 그 둘이 어긋나는 경우가 많다. 역사는 우리에게 행실이 경건치 못한 정통신앙의 투사들과 행실이 건실한 이단의 투사들, 거룩하지 못한 국교회 신자들과 거룩한 분리파 신도들을 많이 보여준다. 에베소 교회는 거짓 사도들을 물리친 열정으로 칭찬을 받았으나 첫사랑을 버린 일로 책망을 받는다. 반면에 두아디라 교회는 선한 행실로 칭찬을 받으나 오류를 관용한 일로 책망을 받는다. 어떤 이들은 바른 교리를 믿으면서도 행실은 악했고, 다른 이들은 그릇된 교리를 믿으면서도 행실은 선했다.

루터와 츠빙글리는 정통과 이단으로 구분할 수 있는 분들이 아니다. 마르부르크 회담이 입증했듯이, 그들은 개신교 신앙의 근본적인 조항들에서는 본질적으로 일치했다. 두 사람의 차이는, 루터가 조금 더 가톨릭적 정통신앙과 불관용을 내세운 반면에, 츠빙글리는 조금 더 기독교적 사랑과 관용을 내세운 데 있었다. 이 차이는 종교개혁자들과 그들이 대표하는 교단들의 특성이기도 하다.

루터는 우월감이 있었고, 종교개혁 사역을 시작했다는 공로를 내세웠다. 그는 스위스의 개신교 신자들이 원래 복음에 관해서 무지하던 자들로서, 자신에게 큰 빚을 졌다고 생각했다. 반면에 스위스인들은 사실상 스위스 공화국이 독일 제국에게서 독립되어 있듯이 루터에게서 독립되어 있었고, 루터 못지않게 복음을 잘 알고 있었다.[45]

그러나 루터의 태도의 원인을 그의 완고함과 교만 혹은 이기적인 동기에서 찾는 것은 정당하지 않다. 루터의 태도는 그의 마음 깊은 곳까지 뿌리내려 있던 굳은 확신에서 나온 것이다. 그는 실제적 임재를 신앙의 근본 조항으로 간주했으

---

45) *Dass die Worte Christi*(1527, Erl. ed. XXX. 11)에서, 루터는 성찬상징론자들을 "자신의 여린 자녀들, 자신의 귀한 형제들, 자신의 소중한 친구들"이라고 부른다. 자신이 집필한 글이 아니었다면 그들이 그리스도와 복음에 관해서 아무것도 알지 못했을 것이라고 말한다. 루터는 칼슈타트를 압살롬과 배반자 유다에 비유했다. 스위스인들에 대한 평가도 나을 게 없었다. 1545년 4월 14일에 자신의 맹목적 지지자 암스도르프에게 쓴 편지(De Wette, V. 728)에서, 그는 자신이 교황 진영의 맹렬한 공격에 홀로 대치하고 있는 동안 그들은 침묵하고 있다가 위기가 끝나자 승리를 주장하고 나서서 자신이 노력해서 맺은 열매를 거둬갔다고 말한다. 될링거(*Luther*, 1851, p. 29 sq.)는 루터가 스위스인들에게 가한 맹렬한 비판이 "질투와 상처받은 자존심"에서 기인했다고 판단하며, 그가 스위스인들의 주장에 가한 논박이 "매우 취약하며" 심지어 "부정직하다"고 말한다. 하지만 부정직하다는 평가를 우리는 받아들일 수 없다.

며, 그것이 성육신과 그리스도의 두 본성의 결합, 신자들과 그리스도의 신인(神人)으로서의 위격의 신비스러운 연합 교리와 뗄 수 없이 연관되어 있다고 여겼다. 실제적 임재 조항을 부정하면 필연적으로 모든 신비들을 배격하게 되고, 마침내 기독교 자체마저 배격하게 될 것이라고 판단했다. 더 나아가 기독교 교회가 그토록 오랜 세월 동안 간직해온 합의를 떠나는 것을 지극히 위험하고 두려운 일로 여겼다. 그의 경건은 역사적 가톨릭 신앙에 깊이 뿌리박고 있었으며, 교황제와 관계를 끊는 일조차 그로서는 큰 갈등을 감내해야 하는 일이었다. 성찬 논쟁이 전개되는 과정에서 루터의 속에 자리잡고 있던 모든 가톨릭적 본능과 이단에 대한 혐오감이 겉으로 드러나 강렬한 모습을 띠었다. 워낙 열정이 강렬했기에 성찬 논쟁의 상대 진영을 공정하게 평가하거나 그들의 입장을 있는 그대로 이해할 수 없었다. 루터의 정서는 오늘날까지도 수백 만의 경건하고 독실한 루터교 신자들 속에 흐르고 있어서, 개혁교회에 속한 그리스도인들과 함께 성찬을 나누는 일을 꺼리게 만들고 있다.[46] 우리는 그들의 편협성이 안타깝지만 그래도 그들의 소신을 존중하는 게 마땅하며, 이러한 태도는 화체(化體)의 기적과 미사의 제사를 굳게 신봉하는 수많은 로마 가톨릭 신자들에 대해서도 품는 것이 옳을 것이다.

우리로서는 루터의 교리적 관점 외에도, 그가 스위스 종교개혁자들의 진정한 성격과 그들이 주장한 교리의 실제 내용을 잘 몰랐다는 사실을 고려해야 한다. 성찬 논쟁이 발생한 순간까지도 루터는 스위스 종교개혁에 관해서 한 번도 들어

---

46) 철학자 슈테펜스(Steffens)는 편협하거나 폐쇄적인 사람이 아닌데도 불구하고 정통 복고파 루터교도들과 함께 성찬에 참석하기 위해서 언제나 베를린에서 브레슬라우까지 간다. 19세기 루터교 신학자들 가운데 가장 깊이 있는 인물인 주교 마르텐센은 칼빈주의자들이 루터가 긍정한 것을 부정하고, 심지어 실제적 임재의 신비까지 회피하기 때문에 불가피한 상황이 아니면 그들과 성찬을 함께해서는 안 된다고 생각했다. *Briefwechsel zwischen Martensen und Dorner*, Berlin, 1888, vol. I. 262 sq. 그는 훗날 그 입장을 수정했다. 나는 살아 있는 유력한 루터교 신학자들 가운데 이만한 예외조차 인정하지 않는 이들을 굳이 거명하라면 거명할 수 있다. 미국에서는 루터교의 교리가 츠빙글리의 교리로 크게 기울었다가, 독일 미주리 대회가 결성되고 크라우스 박사라는 걸출한 논객이 등장하면서 다시 원래의 교리로 돌아갔다. 그는 루터교 총회에 "루터교 강단은 루터교 목사에게만, 루터교 제단은 루터교 신자에게만"이라는 내용의 '게일스버그 법'(Galesburg rule, 1875)을 제안하기까지 했다.

본 적이 없었다. 심지어 츠빙글리의 이름을 정확하게 말하지도 못했고(그는 항상 '츠빙겔' 이라고 말했다), 츠빙글리가 사용하는 스위스 방언도 쉽게 이해하지 못했다.[47] 루터는 츠빙글리를 칼슈타트를 비롯한 광신도들과 혼동하는 큰 실수를 범했다. 그는 츠빙글리가 주의 만찬을 평범한 음식으로, 떡과 포도주를 공허한 상징물들로 격하했다고 비판했다. 마르부르크에서 자신의 오해를 발견했으나, 마지막 저서에서는 도로 그리로 돌아갔고, 비판의 목록에 위선과 배교를 덧붙였다. 루터는 츠빙글리를 에라스무스와 마찬가지로 이교도로, 아니 이교도보다 못한 존재로 취급했다.

츠빙글리는 두뇌가 명석하고 침착하고 냉철한 사람으로서(그는 로마와 완전히 관계를 단절할 때조차 이런 태도를 잃지 않았다), 광신주의에 대해서는 차라리 루터 자신보다 무관한 사람이었다. 그는 에라스무스의 고전학과 인문학 학교에서 배웠으며, 중세의 신앙이 그다지 뿌리깊게 박히지 않았던 까닭에 구교에서 이탈할 때 루터만큼 큰 고통을 겪지 않았다. 직관형이기보다 사색형이었으며, 신비주의적 기질과는 거리가 멀고 오히려 합리주의적 기질이었다고 할 수 있다. 그럴지라도 그는 루터 못지않게 그리스도에게 충성을 바쳤으며, 하나님의 말씀과 초자연적인 것들을 확고히 믿었다.

개혁파 교회들은 오늘날까지도 여느 교단들 못지않게 기독교의 사역들에 순수하고 신실하고 헌신적이고 능동적이며, 루터교에 비해 합리주의의 영향을 덜 받았다. 그렇게 된 이유에는 교리 문제에서 이성의 적법한 기능을 인정함으로써 이성을 배격하지 않고 종으로 부렸기 때문이다. 만약 츠빙글리가 건실한 이교도들과 세례받지 못한 유아들의 구원을 믿었다면, 그것은 그리스도의 구원의 은혜의 절대 필요성을 의심했기 때문이 아니라(오히려 그는 그 은혜를 크게 강조했다), 다만 이 은혜를 가시적 교회와 일반적 은혜의 방편들의 울타리 밖에까지 확대 적용했기 때문이다. 다른 점들에서도 그렇지만 이 점에서도 그는 현대적 개념들을 예기했다. 그는 재능에서, 그리고 마음과 정신의 깊이에서 루터보다 열등했으나, 관용과 도량과 겸양에서는 그보다 우월했다. 이런 성품으로도 그는 자기 시대보다 앞서 있었으며, 현대의 가장 우수한 문화와 맥이 통한다.

---

47) 츠빙글리는 루터가 독일어로 자신을 비판한 데 대해서 스위스 독일어로 답변했는데, 그보다는 차라리 라틴어를 잘 구사했다.

루터의 심오한 신앙 확신과 그가 상대 진영을 오해한 점을 십분 인정하더라도, 그의 논쟁 정신과 스타일, 특히 성찬상징론자들을 비판한 마지막 저서에서 보인 태도는 무엇으로도 정당화할 수 없다. 그는 이런 태도의 영감을 산상수훈에서 얻지 않고 주님의 보복을 기원하는 시편들에서 얻었다. 진리를 말하되 사랑 가운데서 하지 않고 미움과 분노 가운데서 했다.

이 사실은 그의 종교개혁이 안고 있는 유기적 결함을 드러낸다. 즉, 그는 윤리학보다 교의학에 지나치게 편중했으며, 자기훈련과 자제에 결핍을 드러냈다. 성찬상징론자들을 가장 격렬히 비판한 책을 쓴 바로 그 해에, 그는 비텐베르크가 사실상 소돔처럼 되어 버렸다고 생각하고는 그 도시를 떠나는 문제를 신중하게 고려했다. 그 자신의 증언에 따르면, 그의 영향력이 가장 크게 미치던 그의 활동 거점이 도덕적으로 그토록 심하게 부패했던 것이다.[48] 제2의 종교개혁이 요구되는 상황이었으며, 한 편으로 치우친 루터교 정통신앙을 실천적 경건으로 보완해 줄 아른트와 안드레아이, 슈페너, 프랑케 같은 인물들이 일어나야 하는 상황이었다.

반면에 칼빈은 제네바 교회를 융성한 상태로 남겨놓고 세상을 떠났다. 제네바 교회에 대해서 존 녹스는 사도시대 이래로 가장 훌륭한 그리스도의 학교라고 격찬했으며, 60년 뒤에 17세기 루터교 신학자들 가운데 가장 고상하고 순수했던 요한 발렌틴 안드레애는 제네바 교회를 직접 방문해 보고는 루터교회가 닮아야 할 귀감으로 높이 평가했다.

루터의 논쟁 태도는 루터교에 좋지 못한 영향을 끼쳤다. 그는 자신이 죽은 뒤에 여러 세대 동안 들불처럼 타올라, 멜란히톤에서부터 슈페너에 이르기까지 자기 교단 내부의 훌륭한 인사들이 박해를 받게 신학 논쟁에 불씨를 제공했다. 루터의 맹목적인 추종자들은 자기들끼리 그리고 개혁파와 논쟁을 벌이는 과정에서 그의 재능과 독창성은 발휘하지 못한 채 그의 과오만 그대로 답습했다. 그들은 자신들이 순수한 교리로 간주한 것을 지키려는 열정이 지나쳐 우리가 원수에게라도 견지해야 하는 겸양과 친절이라는 공동의 의무를 망각했다.

---

48) 루터는 1545년 7월에 라이프치히에서 아내에게 쓴 편지에서, 자신은 비텐베르크로 돌아갈 마음이 없으니, 가산을 정리하여 "이 소돔"을 벗어나 출스도르프로 가라고 당부했다. 말년에 비텐베르크의 무질서한 상황을 지켜보느니, 차라리 다른 곳에 가서 구걸하며 사는 게 낫다고 말했다.

여기서 독일 개신교를 대표할 만한 유능하고 심오한 신학자의 한 사람인 도르너 박사(Dr. Dorner)의 사려깊은 판단을 인용하는 것이 도움이 될 것이다. 그는 평생의 벗인 덴마크의 주교 마르텐센(Martensen)에게 보낸 확신에 찬 편지에서 다음과 같이 말한다:

"나는 갈수록 루터교의 가장 근본적인 결함이 기독교의 윤리적 요소를 충분히 이해하지 못한 데 있다는 확신이 듭니다. 이것이 루터교의 논객들의 태도에서 너무나 자주 나타납니다. 상대를 신중하고 세심하게 대하는 여린 양심과 철저한 도덕적 교양이 그들에게는 부족합니다. 이신칭의를 전가의 보도처럼 휘둘러, 모든 죄, 심지어 미래에 지을 죄까지도 덮습니다. 이것은 방종의 또 다른 형태일 뿐입니다. 루터교의 교리는 그 원리를 자세히 살펴보면 가장 깊은 토대 위에 윤리학을 수립하게끔 되어 있습니다. 그러나 많은 루터교 신자들이 칭의를 시작뿐 아니라 목표로도 다룹니다. 따라서 거룩한 생활을 하는 사람과 노인을 별개로 생각하는 경우와, 노인이 조금도 변화되지 않은 경우를 적지 않게 보게 됩니다. 글과 대인 관계에서 옛 아담의 특성을 드러내는 루터교 신자들은 혹시 그들이 예리한 양심을 갖고 있을 경우 스스로를 가혹하게 다루며 신자답지 못한 행위로 인하여 은혜에서 떨어지지 않을까 두려워하며, 그로써 칭의의 원리에 따르는 필수적인 요구들을 볼 수 있게 됩니다. 그제서야 양심을 거스르는 죄 같은 행동을 삼가게 되는 것입니다. 하지만 이신칭의 교리는 자주 양심을 흔들어 깨우기보다 잠들도록 유혹하는 데로 악용됩니다."[49]

츠빙글리가 루터를 대한 태도는 윤리적 관점에서 평가할 때 비록 온전하지는 않았으나 훨씬 더 점잖고 신자다웠다. 그 역시 루터가 그리스도의 몸의 지역적 임재와 육체적 저작(詛嚼)을 가르쳤다고 비판할 때 그를 오해하고 곡해했다. 그 역시 신랄해지는 법을 알았으며, 비텐베르크의 곤봉과 쇠망치에 맞서서 창과 칼

---

49) Dorner가 1871년 5월 14일에 쓴 편지. 도르너와 마르텐센은 각각 기독교 교의학과 윤리학의 거장들로서, 당시의 신학적·교회적 문제들에 관해서 40년이 넘게 매우 교훈적이고 흥미로운 서신 왕래를 했다. 이런 관계는 끝내는 전쟁(1864)으로 비화된 슐레스비히-홀슈타인 논쟁을 놓고 독일과 덴마크가 매우 불편한 관계에 처해 있을 때도 중단되지 않았다. 신학 분야에서 이들의 서신 왕래는 시와 예술 분야에서 실러와 괴테가 주고받은 것 못지않게 훌륭하다.

을 쓰는 법도 알았다. 하지만 그는 아무리 격렬한 논쟁에 들어갔을지라도 루터의 위대한 공로를 잊지 않았고, 그에게 여러 번 진지하게 존경의 뜻을 표시했다.

츠빙글리는 이렇게 말한다: "천년의 세월이 지나온 동안 루터만큼 능력 있게 성경을 조사하고 연구한 인물이 나온 적이 없었다. 그가 교황을 공격할 때 보여준 것만큼 당당하고 견고한 용기를 보여준 사람은 일찍이 없었다. 그러나 그것이 누구의 일이었던가? 하나님의 일이었던가, 아니면 루터의 일이었던가? 루터 본인에게 물어보면 필시 하나님이 하신 일이라고 대답할 것이다. 그는 자신의 교리의 뿌리를 하나님과 그분의 영원한 말씀에 둔다. 그의 저서들을 읽어본 나의 소견으로는, 그의 저서들이 성경에 올바로 토대를 두고 있다는 것을 발견했다. 하지만 그에게 한 가지 약점이 있는데, 그것은 성례들에 관한 문제와 사제에게 죄를 자백하는 문제, 그리고 교회에 화상(畫像)들을 두는 문제에서 로마 진영에 지나치게 많은 것을 양보했다는 것이다. 만약 그의 연설이 예리하고 열정적이라면, 그것은 경건하고 정직한 마음과 진리에 대한 뜨거운 사랑에서 나온 것이다 …… 다른 사람들도 참 신앙을 알게 되었을지라도, 그들 중 아무도 가공할 무기를 든 골리앗을 감히 공격하지 못했다. 그러나 루터 혼자만 하나님에게 기름부음 받은 다윗처럼 천상의 시냇가에서 주운 돌들을 물매로 능숙하게 던져 거인을 고꾸라뜨렸다. 그러므로 우리는 '사울이 죽은 자는 천천이요 다윗은 만만이로다'(삼상 18:7)라는 찬송을 끊임없이 기쁘게 불러야 마땅하다. 그는 로마의 곰을 벤 헤라클레스였다 …… 나는 나를 가르쳐 주신 스승들에게 항상 감사하는 심정을 품고 살아왔는데, 명예와 업적에서 아무도 필적할 사람이 없는 그 훌륭한 분에게는 얼마나 더 큰 감사를 드려야 하겠는가! 이 세상에서 비텐베르크 분들만큼 내가 마음으로 동의할 만한 사람들이 없다 …… 루터가 유명해지기 전에도 많은 사람들이 참 신앙을 발견했다. 나도 동일한 성경이라는 샘에서 복음을 배웠고, 이미 1516년에 그것을 전하기 시작했다(아인지델른에서). 루터의 이름을 들어보기 전인 그때 나는 바울의 헬라어 서신서들을 열심히 연구하고 내 손으로 직접 필사했다.[50] 그는 그리스도를 가르치며, 감사하게도 나도 그렇게 한다. 그리고 나는 나의 대장이신 그리스도의 이름 외에는 다른 이름으로 불리지 않을 것이다. 우리는 모두 그분의

---

50) 단정하게 필사된 그의 사본이 취리히의 바서키르헤 대학교 도서관에 여전히 남아 있으며, 필자는 그것을 1886년에 살펴보았다.

병사들이다.”

여기서 루터의 가장 훌륭한 전기작가이자 루터교 신자인 쾨스틀린 박사의 공정한 증언을 덧붙이는 것이 좋을 것이다.

“츠빙글리는 자신을 통제할 줄을 알았다. 분개할 때든 마음과 정신이 칼끝처럼 예리해져 있을 때든, 그는 흥분된 어조를 피하고 인문주의 교양을 쌓은 신사답게 차분하고 점잖은 말을 사용함으로써 상대방에 대해서 자신의 우월성을 입증했다. 루터는 그가 내면의 확신이 불명확하다고 의심하고, 그의 태도가 가식이라고 의심했으나, 그러한 태도로써 그런 의심을 정당화할 빌미를 조금도 주지 않았다. 이로써 츠빙글리의 논쟁 태도는 루터의 「그리스도의 말씀들」(*That the words of Christ*)과 판이한 대조를 이룬다. 그럴지라도 츠빙글리의 논쟁 태도에는 또 다른 면이 있었다. 그는 루터가 인정해준 「*Syngramma*」의 저자들과 그 내용을 신랄하게 비판하면서, 루터의 용기와 지조의 이면에는 분노와 무시와 질투와 고집과 그 밖의 약점들이 감춰져 있다고 암시했다. 실제로 이곳저곳에서 그는 루터의 주장들을 유치하다거나 광적이라고 평가했다. 따라서 그가 새로 펴낸 저서들은 제목이 암시하는 것만큼 ‘우호적’이지 못하다. 더욱 중요한 점은, 그 책들에서 루터가 츠빙글리의 진정한 동기들을 제대로 이해하지 못한 것처럼 츠빙글리 역시 루터의 진정한 동기들을 헤아리지 못했다는 점이다 …… 루터가 그에게서 마귀적 정신을 발견했던 것처럼, 그도 루터에게서 완고한 맹목을 바라보았다.”[51]

## 111. 성찬 이론들의 비교. 루터와 츠빙글리, 칼빈

이제는 논쟁의 가닥을 명쾌하게 정리하기 위해서, 다소 반복의 위험을 무릅쓰더라도 실제적 임재에 관한 개신교 세 진영의 이론을 그들의 주된 논쟁들과 함께 비교해보고자 한다.

루터와 츠빙글리와 칼빈은 부정적인 면으로는 화체설과 미사의 제사, 평신도

---

51) *Martin Luther*, II. 96 sq.

에게 잔을 주지 않는 관행을 반대한 점에서 일치했고, 긍정적인 면으로는 다음과 같은 본질적인 점들에 동의했다: 주의 만찬의 신적 제정과 항구성, 그리스도의 영적 임재, 성찬이 지니는 그리스도의 속죄 제사를 기리는 기념적 성격, 성찬이 그리스도를 예배하고 그분과 사귐을 갖는 최고의 행위로서의 의미, 성찬이 그것을 합당하게 받는 모든 사람들에게 끼치는 특별한 복.

그들은 세 가지 점에 견해가 달랐다 — 그리스도의 임재 방식(육체적 임재인가 영적 임재인가), 그분의 살과 피를 받는 기관(그것이 입인가 아니면 믿음인가), 그것을 받는 이들의 범위(모든 사람들이 받는가 아니면 신자들만 받는가). 마지막 쟁점은 비록 그것이 처음부터 대두했고, 그것에 전체의 성립 여부가 달려 있긴 하지만, 신앙의 현실에서는 별로 가치를 지니지 않는다. 그 차이는 신앙적이라기보다 논리적이다. 주의 만찬은 불신자들을 위해 제정되지 않았다. 사도 바울은 성찬을 "합당치 않게" 받는 것을 말할 때(고전 11:27) 이론적인 불신앙을 말한 게 아니라 도덕적인 부적합성, 신앙에서 벗어난 마음과 생활을 말한 것이다.

I. **루터의 이론** — 그리스도의 살과 피 자체가 성찬에 실제적이고도 본질적으로 임재한다. 동정녀 마리아에게서 태어나시고 십자가에서 고난을 당하신 그분의 살과 피가 떡과 포도주라는 두 성물 안에, 두 성물과 더불어, 두 성물 아래(in, cum, sub) 임재하며, 합당치 않게 믿음 없이 참석하는 사람이든 합당하게 믿음을 가지고 참석하는 사람이든 그분의 살과 피를 입으로 먹되, 효과는 정반대로 나타난다. 두 실체(그리스도의 살과 피; 성찬의 떡과 포도주)의 동시적 공재(共在) 혹은 결합은 한 실체가 다른 실체를 공간적으로 흡수하는 것(impanatio)이 아니고, 두 실체가 하나의 실체로 혼합되는 것도 아니며, 그 공재는 항구적이지 않고 성찬 행위와 더불어 중단된다. 그것은 성례적이고 초자연적이고 불가해한 결합이다. 지상의 요소들이 실체와 효능에서 변하지 않고 제 성격을 유지한 채 남아 있지만, 천상의 실체인 그리스도의 살과 피를 전달하도록 신적으로 정해진 방편이 된다. 떡과 포도주가 그러한 방편이 되는 것은 화체설이 말하는 사제의 축성에 의해서 되는 것이 아니라, 하나님의 권능과 말씀에 의해서 되는 것이다. 그리스도의 살을 먹는 것은 입으로 먹는 것이지만, 그럴지라도 가버나움파(화체설주의자들에 대한 비판적 칭호: 역자주)의 주장과 같지 않아서, 일반 음식을 먹는

행위와 다르다.[52] 주의 만찬의 목적과 용도는 주로 신자들에게 사죄의 확신과 위로를 주는 데 있다.[53]

이것은 협화신조 작성자들과 17세기 루터교 스콜라주의자들이 진술한 것과 마찬가지로 스콜라주의적인 교리 진술이다.

주의 만찬에 관한 루터교의 신조적 진술들은 다음과 같다.

---

52) 일치신조(Epitome, Art. VII., Negativa 21)는 그리스도의 살을 치아로 씹는다(詛嚼)는 개념을 성찬상징론자들의 비열한 비방으로 일축한다. 그러나 루터는 멜란히톤을 교훈한 글(1534년 12월 7일)에서, 자신은 "그리스도의 몸이 분배되어 입에 들어가고 치아로 씹힌다는 개념을 포기할 뜻이 없다"고 정식으로 밝혔다. De Wette, IV. 572. 도르너는 루터가 제유법을 사용하여 그렇게 말한 것일 뿐이라고 주장한다. 하지만 그의 주장은 "떡이 수행하고 고난을 당하는 것을 그리스도의 살이 수행하며 고난을 당한다"는 루터의 말에 의해 설득력을 잃는다. 멜란히톤은 루터의 이 교훈에 따라 행동하기를 제대로 거부하고(참조. 그가 1535년 1월 10일에 카메라리우스에게 보낸 편지. in the "Corp. Reform." II. 822), 그 무렵부터 실제적 임재에 관한 견해를 수정하기 시작했다. 그는 성찬 논쟁이 재개되는 것을 겪고, 칼빈을 만난 뒤에 수정된 견해를 굳혔다.

53) 루터교의 이론을 일반적으로 편의상 '공재설'(共在說, consubstantiation)이라고 부르지만, 루터교 신학자들은 이것을 오해로 간주하고서 분명히 배격한다. 츠빙글리파는 자신들의 육체 개념 때문에 공간적 임재 없는 육체적 임재를 생각할 수 없었다. 반면에 루터는 임재를 세 가지로 구분하여 이해하고, 그리스도의 몸이 편재(遍在)한다고 보았기 때문에 공간적 임재 없는 육체적 임재가 가능하다고 여겼다. 스콜라 학자들이 사용한 consubstantiatio(실체의 공재)라는 단어는 transubstantiatio(실체의 변화)만큼 잘 정의되지 않은 까닭에 여러 가지 다른 의미로 사용될 수 있다: (1) 두 실체의 혼합(이것은 아무도 가르친 바 없다); (2) 한 실체가 다른 실체로 흡수됨(impanatio); (3) 같은 장소에 두 실체가 각자의 본질을 그대로 유지한 채 성례적으로 공재함. 처음 두 가지 의미는 루터의 이론에 적용할 수 없다. "떡 안에"(in pane)는 흡수 개념에 맞을는지 몰라도, sub과 cum까지 적용하기에는 제한이 있다. 슈타이츠 박사(Dr. Steitz)는 *Herzog*, XVI. 347에 기고한 화체설 항목과 그 책의 제2판 XV. 829에서 세 번째 의미인 공재설을 루터교회에 적용하지만, 루터 자신은 두 번째 의미를 지지했다. 루터가 사용한 불과 쇠의 예화를 여기에 적용할 수 있다. 그러나 궁극적으로 불과 쇠는 개별적 특성을 유지한 채 남는다. 어쨌든 루터는 공간적 혹은 물질적 흡수 개념에 대해서는 강하게 부정했다. 미국의 루터교 신학자들은 공재설이라는 비판을 받을 때 대단히 예민한 반응을 보인다.

### 아우크스부르크 신앙고백(1530)

"제10조. 주의 만찬에 관하여 그들은 그리스도의 [참된] 살과 피가 [떡과 포도주의 형태 아래에] 참으로 임재하며, 주의 상에서 먹는 자들에게 전달된다[혹은, 전달되고 받아들여진다]고 가르친다. 그리고 그들은 달리 가르치는 자들을 승인하지 않는다."

### 수정된 아우크스부르크 신앙고백(1540)

"주의 만찬에 관하여 그들은 떡과 포도주로써 그리스도의 살과 피가 주의 상에서 먹는 자들에게 참되게 현시된다."[54]

### 슈말칼덴 조항(루터 작성, 1537)

"이 제단의 성례에 관하여, 우리는 주의 만찬의 떡과 포도주가 그리스도의 참된 살과 피로서, 경건한 그리스도인들뿐 아니라 경건하지 못한 그리스도인들에게도 전달되고 그들에 의해서 받아들여진다고 주장한다."

같은 조항에서 루터는 화체설을 '공교한 궤변'(subtilitas sophistica)으로, 로마교의 미사를 '가장 크고 두려운 가증한 것'(maxima et horrenda abominatio)으로 비난한다.

### 협화신조(1577)

"I. 우리는 주의 만찬에 그리스도의 살과 피가 참되게 본질적으로 임재한다는 것과, 그 살과 피가 떡과 포도주와 함께 참되게 분배되고 취해진다는 것을 믿고 가르치고 고백한다.

"II. 우리는 그리스도의 언약의 말씀을 문자적 의미 이외의 다른 방식으로 이

---

54) '현시되다'(exhibit)라는 단어가 반드시 불신자들이 실제적으로 '받는 행위' 까지 내포하지는 않는다. 그런 뜻은 오히려 '분배하다'(distribute)라는 단어에 담겨 있다. 수정안에는 의미심장하게도 "달리 가르치는 자들을 승인하지 않는다"라는 문구가 생략되어 있는데, 이것은 틀림없이 칼빈의 견해를 배려한 결과이다. 당시에는 이미 칼빈의 견해가 책을 통해 알려져 있었으며, 멜란히톤 자신도 그 견해에 기울어 있었다.

해해서는 안 된다고 믿고 가르치고 고백한다. 따라서 떡은 그리스도의 부재중인 몸을 상징하지 않고, 포도주도 그리스도의 부재중인 피를 상징하지 않으며, 오히려 성례적 결합으로 인하여 떡과 포도주가 그리스도의 참된 살과 피이다.

"III. 더 나아가 축성(consecration, 祝聖, 축사〈祝辭〉)과 관련하여, 우리는 인간의 어떠한 행위도 교회 목사의 어떠한 발언도 주의 만찬에 그리스도의 살과 피가 임재하게 하는 원인이 아니며, 이 일은 오직 우리 주 예수 그리스도의 전능한 능력에 의해서만 이루어진다고 믿고 가르치고 고백한다.

"IV. 그럴지라도 우리는 주의 만찬을 거행할 때 그리스도의 성찬 제정의 말씀을 생략해서는 안 되며, 기록된 대로 공개적으로 낭독해야 한다고 만장일치에 의해 믿고 가르치고 고백한다: 고전 10:16, '우리가 축복하는 바 축복의 잔은 그리스도의 피에 참여함이 아니며 우리가 떼는 떡은 그리스도의 몸에 참여함이 아니냐.' 이 축복은 그리스도의 말씀을 낭독함으로써 이루어진다.

"V. 그런데 우리가 성찬상징론자들과 논쟁을 할 때 근거로 삼는 것은 다음과 같은 것으로서, 루터 박사가 자신의 대요리문답에서 주의 만찬에 관하여 진술한 내용이기도 하다:

'첫째 근거는 우리 기독교 신앙의 조항이다. 즉, 예수 그리스도께서는 위격이 분리할 수도 없고 나뉘지도 않게 연합되신 참되고 본질적이고 자연스럽고 완전하신 하나님이시다.

둘째: 하나님의 우편은 모든 곳이다. 그리고 그리스도께서는 인성과 관련하여 참으로 그리고 실제로 거기에 앉아 계시며, 그러므로 성경이 말하는 대로 현재 하늘과 땅의 모든 것을 다스리고 계시며 쥐고 계시며 발 아래 두고 계신다(엡 1:22). 하나님의 이 우편에는 다른 사람도, 어떠한 천사도 아닌 마리아의 아들만이 앉아 계시며, 그곳에서도 우리가 말한 일들을 행하실 수 있다.

셋째: 하나님의 말씀은 거짓되거나 사람을 속이지 않는다.

넷째: 하나님께서는 한 장소에 다양한 형태로 계시는 것을 알며 그러실 능력이 있으며, 철학자들이 공간 혹은 한계라고 부르는 단일한 장소에 한정되시지 않는다.'

"VI. 우리는 그리스도의 살과 피가 떡과 포도주와 함께 취해지되, 믿음을 통해 영적으로만 그렇게 되지 않고 입에 의해서도 그렇게 된다고 믿고 가르치고 고백한다. 그렇지만 그것은 가버나움주의자들의 주장처럼 되지 않고, 성례적 결합에 의하여 영적이고 천상적인 방법으로 된다. 이 점에 관해서는 우리에게 받아 먹고 마시라고 명하시는 그리스도의 말씀이 분명히 증거한다. 성경은 사도들이 그렇게 했음을 언급한다. 마가복음 14:23, '다 이를 마시매.' 그리고 바울은 '우리가 떼는 떡은 그리스도의 몸에 참여함이 아니냐'라고 말하는데, 이 떡을 먹는 자는 곧 그리스도의 살을 먹는 것이라는 뜻이다.

"이 점은 초기 교회의 교부들 ― 크리소스토무스·키프리아누스·대 레오·그레고리우스·암브로시우스·아우구스티누스 ― 도 일치된 목소리로 증언한다.

"VII. 우리는 그리스도를 믿고 성찬을 합당하게 받는 참된 신자들뿐 아니라, 믿음 없이 합당하지 않게 받는 사람들도 그리스도의 참된 살과 피를 받는다고 믿고 가르치고 고백한다. 그럴지라도 그들은 거기서 아무런 위로도 생명도 얻지 못하며, 돌이켜 회개하지 않으면 오히려 심판과 정죄의 계기를 받을 뿐이다(고전 11:27, 29).

"그들이 그리스도를 구주로 인정하지 않을지라도, 그분이 엄격한 재판장이심을 전혀 내키지 않을지라도 인정하지 않을 수 없다. 그리고 그리스도께서는 현재 성찬을 합당하게 받는 참된 신자들의 마음에 위로와 생명을 주시듯이, 회개하지 않고 참석하는 사람들에게도 현재 심판을 행하신다.

"VIII. 우리는 성찬에 합당하게 참석하지 않는 사람들의 부류가 단 한 가지임을, 즉 믿지 않는 사람들만 그런 부류에 해당한다는 것을 믿고 가르치고 고백한다. 이들에 관해서는 성경에 이미 기록되었다: 요한복음 3:18, '믿지 아니하는 자는 하나님의 독생자의 이름을 믿지 아니하므로 벌써 심판을 받은 것이니라.' 그리고 이 심판은 거룩한 만찬을 합당하게 받지 않음으로써 가중된다(고전 11:29).

"IX. 우리는 이 하늘의 만찬에 초대받은 사람들의 자격이 그리스도께서 이루신 지극히 거룩한 순종과 지극히 온전한 공로에만 달려 있다고 믿고 가르치고 고백한다. 우리는 이 순종과 공로를 참된 믿음으로 우리의 것으로 삼으며, 성례로써 이 공로가 우리에게 적용되었음을 확인하고 마음에 굳은 확신을 품는다. 그러나 성찬에 참석할 자격은 어떤 점에서도 우리 자신의 덕행이나 우리의 내면적 혹은 외면적 준비에 달려 있지 않다."

루터교 신학을 떠받치고 있는 세 가지 큰 논거는 문자적으로 이해한 성찬 제정의 말씀, 그리스도의 몸의 편재, 그리고 종교개혁 이전 교회에 널리 퍼져 있던 신앙이다.

1. 문자적 해석에 관하여. 이것은 현대의 거의 모든 해석학자들에 의하여 본문의 문맥과 일치시킬 수 없는 주장으로 배격된다.[55]

2. 그리스도의 몸이 편재한다는 견해에는 진리의 중요한 요소가 담겨 있지만, 성경의 충분한 뒷받침이 없는 교리적 가설일 뿐이며, 만약 그것을 그리스도께서 자신의 신인적(神人的) 권능과 영향력을 어디든 원하시는 곳에 나타내실 수 있는

----

55) 마태복음 26:26과 병행 구절을 문자적으로 해석하는 데 반대한 주석가들 가운데는 De Wette, Meyer, Weiss, Bleek, Ewald, Van Oosterzee, Alford, Morison 등이 있고, 루터교 신학자들과 루터의 해석을 지지하는 신학자들 가운데 문자적 해석을 반대한 신학자들 가운데는 Kahnis, Jul. Müller, Martensen, Dorner가 있다. 창세기부터 계시록까지 성경은 동방적 기원과 특성에 맞게 비유들과 은유들로 가득하다. 실동사(substantive verb) ἐστι(아람어 원본에는 나오지 않음)는 단지 논리적 연결사로서, 주어와 술어의 실제적 동질성뿐 아니라 상징적 동질성을 가리킬 수도 있으며, 문맥과 상황에 따라 둘 중 한 가지로 결정된다. 루터의 초상화를 예로 들 수 있다. 초상화를 가리키며 "이것이 루터다" 하고 말하면 그것은 루터의 그림 혹은 유사물이라는 뜻이다. 그 실동사는 다음 여러 구절들에서 상징적 혹은 알레고리적 의미를 지닌다: 마 13:38 이하; 눅 12:1; 요 10:6, 14:6; 갈 4:24; 히 10:20; 계 1:20. 그러나 심지어 성찬 제정의 말씀에서조차 가장 중요한 것은, 루터 자신이 이중의 은유를 인정하지 않을 수 없었다는 점이다. 첫째는 "이것은 내 몸이며, 그리고 떡이다" 대신에 "이것은 내 몸이다"라고 한 제유법이고, 둘째는 "이 잔은 포도주이다" 대신에 "이 잔은 내 피로 세우는 새 언약이다"라고 한 제유법이다. 그리스도의 행위 자체가 상징적이다. 당시에 그리스도께서는 아직 상하지 않으신 몸과 아직 흘리지 않으신 피를 가지고 살아 계신 상태에서 제자들에게 말씀하셨기 때문에 자신의 몸을 그들에게 주실 수 없었다. 제자들은 그런 개념이 두렵고 생소했겠으나 그런 심정을 표현하지 않았다. 정통파 루터교 신학자인 Kahnis는 "성찬 제정의 말씀은 성립될 수 없으며, 당연히 포기되어야 한다"고 결론지었다(*Luth. Dogmatik*, I. 616 sq., 1861). Dorner는 이렇게 말했다(*Christl. Glaubenslehr*, II. 853). "ἐστι는 틀림없이 상징적으로 해석해야 하며, 이 점을 부정해서는 안 된다. 이 단어는 필연적으로 비유들을 가리킬 수밖에 없다." 덴마크 루터교의 유력한 신학자인 Martensen은 츠빙글리의 해석을 인정하며, 그의 "냉철하고 상식적인 견해가 그동안 루터교 신학자들이 일반적으로 평가해온 것보다 훨씬 더 중요한 의미를 갖는다"고 인정한다(*Christl. Dogmatik*, p. 491).

잠재적 혹은 역동적 임재로 이해하지 않는다면, 승천의 사실이나 육체의 본질과 잘 조화시킬 수 없다.[56]

루터가 사용하는 예들 — 모든 곳을 비추는 태양, 수많은 사람들의 귀와 마음에 울리는 소리, 여러 가지 대상을 한번에 바라보는 눈 — 은 모두 칼빈이 충분히 인정한 역동적 임재로 이어진다.

3. 역사적 증거는 만약 우리가 인간의 불완전한 이론들과 공식들에 깔려 있는 진리의 실재로 만족하지 않는다면 입증하기에 너무 방대하다. 그리스도께서 자기 백성에게 실제로 임재하신다는 교리는 과연 양보할 수 없는 소중한 진리이다. 그것이 교회의 생명 자체이며, 신자들이 날마다 얻는 위로와 힘이다. 그리스도께서는 영원히 임재하시겠다고 약속하시되 정신과 영향력으로뿐 아니라 하나님이시며 사람이신 자신의 위격으로도 임재하시겠다고 약속하셨다: "내가 세상 끝날까지 너희와 항상 함께 있으리라." 신인(神人)이신 그리스도에게서 신성과 인성을 추상적으로 구분한다는 것은 불가능하다. 그분은 자신의 몸인 교회의 머리이시며, "만물을 충만하게 하시는 이의 충만함"이시다. 또한 교회는 또 다른 중요한 진리, 즉 그리스도께서 생명의 떡으로서, 영적이고 천상적인 방법으로, 마치 가지가 포도나무에 붙어 있듯이 자신과 생명의 연합을 이루고 있는 신자의 영혼에 자양을 공급하신다는 진리도 포기할 수 없다. 이 진리는 큰 무리를 기적으로 먹이신 사건에서 상징적으로 나타나며, 요한복음 6장의 신비로운 말씀에서 제시된다.

루터가 이 진리들을 지키기 위해 투쟁한 한도에서는 비록 개념과 진술의 형태에 오류가 있었을지라도, 성찬상징론자들을 올바로 비판한 것이다. 그의 견해가 신비스럽긴 하지만 심오한 반면에, 츠빙글리의 견해는 명쾌하긴 하지만 피상적이다. 전자는 경건한 정서를 일으키는 반면에, 후자는 냉철한 이해와 지성을 일으킨다.

**Ⅱ. 츠빙글리의 이론** — 주의 만찬은 그리스도의 명령("이를 행하여 나를 기념

---

56) 루터교 신학자들의 견해는 절대적 편재(이것은 루터교 교리로 감당하기에는 버거운 주장으로서, 일종의 기독교 범신론으로 흐른다)와 상대적 편재(의지에 좌우되는)로 양분되었다. 일치신조는 두 견해를 다 지지하는 모순된 태도를 보인다.

하라")과 사도 바울의 교훈("너희가 이 떡을 먹으며 이 잔을 마실 때마다 주의 죽으심을 그가 오실 때까지 전하는 것이니라")에 따른, 그분의 대속의 죽으심을 엄숙히 기념하는 행위이다. 츠빙글리는 성찬 제도를 인간이 하나님께 드리는 제사로 가르치는 로마 교회와 반대로, 그 제도가 지니는 원초적인 성격이 하나님께서 인간에게 내리시는 선물임을 강조했다. 그는 성찬을 그리스도와 신자의 결혼적 연합을 인증하는 결혼 반지에 비유했다. 그는 육체적 임재를 부정했는데, 그 이유는 그리스도께서 하늘로 오르셨기 때문이고, 육체가 한 번에 한 공간 외에는 존재할 수 없기 때문이며, 또한 두 실체가 동시에 동일한 공간을 차지할 수 없기 때문이라고 했다. 그러나 그는 그리스도의 영적 임재를 인정했다. 그리스도께서는 영원한 하나님이시고, 그분의 죽음은 영원히 열매와 효과를 내놓기 때문이라고 했다.[57] 그는 육체를 먹는 행위를 가버나움파적인 무익한 행위로 규정하고 부정하고, 십자가에 달리신 살과 피에 믿음을 가지고 영적으로 참여하는 것을 인정했다. 그리스도께서는 성찬에서 "주인이신 동시에 잔치"라고 했다.

그가 성찬의 주제에 관해 남긴 마지막 말은 다음과 같다(프랑수아 1세에게 보낸 신앙고백에서):

"우리는 그리스도께서 주의 만찬에 실제로 임재하심을 믿습니다 …… 우리는 그리스도의 참된 몸을 성찬에서 받아 먹는 것을 믿되, 혐오감을 주는 육체적 방법으로 먹지 않고, 믿음과 경건한 마음으로 성례적이고 영적인 방법으로 먹습니다."

이 단락은 칼빈의 견해와 구분하기 어려울 정도로 그의 견해에 근접해 있다. 칼빈은 확신을 가지고 쓴 어떤 편지에서 츠빙글리의 초기의 교리를 '속되다'고 말함으로써 그를 부당하게 평가한 바 있다.[58] 그러나 츠빙글리는 변증적인 저서들에서 그리스도의 몸의 부재를 너무나 크게 강조한 나머지 자신의 영적 임재 교리에 담긴 적극적인 진리를 충분히 강조하지 못했다. 츠빙글리의 주장대로 주의 만찬은 과거의 역사적 예수를 기념하는 행위임에 틀림없지만, 더 나아가 하

---

57) 그는 마르부르크 회담에서, 그리고 카를 1세와 프랑수아 1세에게 보낸 두 편의 신앙고백에서, 니케아 신조와 아타나시우스 신조에 담긴 의미에서의 그리스도의 신성을 충분히 믿는다고 표시했다.

58) Viret에게 보낸 편지(1542년 9월).

늘에도 계시고 땅의 교회에도 계시며 영원히 생명을 베푸시는 그리스도와의 생명의 연합이기도 하다.

츠빙글리의 이론은 주요 개혁교회의 신조들 가운데 어느 하나에도 흘러들어가지 못했다. 그러나 그의 이론은 아르미니우스파와 소키누스파, 유니테리언파, 합리주의자들에 의해 채택되었으며, 한동안 심지어 루터교를 포함한 모든 개신교 교회들에서 널리 유행했다. 그러나 합리주의자들은 츠빙글리가 믿었던 것, 즉 그리스도의 신성을 강하게 부정했으며, 그로써 주의 만찬에서 더욱 깊은 의미와 능력을 벗겨냈다.

**III. 칼빈의 이론** — 칼빈은 종교개혁자들 가운데 가장 위대한 신학자이자 탁월한 저자였으며, 그의 「기독교 강요」는 토마스 아퀴나스의 「신학대전」이 로마 교회에 끼친 것과 같은 영향을 개혁 신학에 끼쳤다. 그는 신선함과 깊이, 설득력 있는 논리, 그리고 능숙한 라틴어와 프랑스어 실력을 동원하여 종교개혁 사상들을 하나의 명쾌하고 치밀한 체계로 조직했다.

주의 만찬에 관한 그의 이론은 루터와 츠빙글리 사이에 중도적 위치를 차지한다. 루터의 실재론에 츠빙글리의 영성주의를 결합함으로써, 루터가 지키고자 했던 실재를 살린 반면에 불합리한 면은 피했다. 그는 츠빙글리의 해석을 기반으로 삼았다. 성찬 제정의 말씀의 상징적 의미를 받아들이고, 육체적 임재와 입을 통한 저작(詛嚼), 살과 피에 대한 불신자들의 참여, 그리스도의 육체의 편재를 배격했다. 그러나 동시에 그는 영적이면서 실제적인 임재와, 믿음에 힘입어 영적이면서 실제적인 그리스도의 살과 피에 참여하는 것을 강하게 주장했다.

츠빙글리가 주로 부정적인 요소에 집중한 것과 달리, 칼빈은 긍정적인 요소를 강조한다. 신자의 입이 떡과 포도주라는 보이는 상징들을 받을 때, 영혼은 믿음으로, 오직 믿음으로만 그 성물들이 상징하고 그로써 인증하는 것들을 받는다. 그것은 대속의 죽음과 불멸의 생명으로 말미암아 유익을 끼치는 그리스도의 살과 피이다. 칼빈은 십자가에 못 박히신 그리스도를 영화롭게 된 그리스도와 결합하여 생각하며, 신자가 그리스도 전체와 접촉하게 한다. 그는 성찬에서 성령의 역사를 크게 강조하는데, 이것은 비록 루터와 츠빙글리에게 도외시되었으나, 고대의 전례들에서는 성령을 향한 임재의 간구에 실려 나타난다. 공간적으로 분리되어 있는 것을 성령께서 초자연적 방법으로 연합시키시며, 믿음으로 성찬 상에 나오는 사람에게 이제는 하늘에서 영화로운 상태에 계시는 그리스도의 살의 생명을 주는 효과를 전달하신다. 칼빈은 성찬을 받으러 나오는 사람들에게 하늘로 올라가 그곳에서 그리스도를 먹으라고 말하는데, 물론 이 말은 실제로 하늘로 올라가라는 뜻이 아니라, 초기 교회의 전례들에 실린 "마음을 드높이"(sursum corda)라는 찬송의 정신을 가리킨다. 이러한 정신은 예배 때마다 필요하며, 성령께서 힘주셔서 품게 된다.

칼빈은 「기독교 강요」와 개별 논문들에서 성찬 문제를 거듭해서 논했다. 「기독교 강요」(제4권 17장 10절 이하; 크리스챤다이제스트 역간, 하권 445쪽 이하)에서 몇 대목을 발췌해 보았는데, 여기에는 성찬에 관한 그의 생각이 충실히 담겨 있다:

(10) "요컨대, 떡과 포도주가 육체의 생명을 지탱시키고 유지시켜 주는 것과 똑같은 방식으로 그리스도의 살과 피가 우리의 영혼에게 양식이 된다는 것이다. 이러한 표징의 대비는 오직 영혼이 그리스도 안에서 양육을 받는 경우에만 적용되는데, 그리스도께서 진정으로 우리와 하나가 되셔서 그의 살을 먹고 그의 피를 마심으로써 우리가 활력을 얻도록 되지 않고서는 이런 일이 일어날 수가 없는 것이다. 혹시 우리와 그렇게도 멀리 떨어져 있는 그리스도의 육체가 우리에게 침투하여 우리의 양식이 된다는 사실이 도저히 믿기지 않는 것처럼 보인다 할지라도, 우리로서는 성령의 그 은밀한 능력이 우리의 모든 지각을 무한히 뛰어넘기 때문에 측량할 길 없는 그의 능력을 우리의 척도로 가늠하기를 바라는 것이 얼마나 어리석은 일인가를 기억해야 할 것이다. 그러니, 우리의 사고로 이해할 수 없다면, 믿음으로 그것을 받아들이도록 하자. 곧, 성령께서 시공간상으로 분리된 것들을 진정으로 하나로 연합시킨다는 사실을 말이다. 그런데 그리스도께서 그의 생명을 우리 속에 부으셔서 마치 우리의 뼈와 골수에까지 침투하는 것처럼 하시는 수단이 되는 바 그의 살과 피에 신령하게 참여하는 일을, 주께서는 성찬을 통해서 증거하시고 인치신다. 그저 허망하고 내용이 없는 표징을 제시하심으로써가 아니라, 그가 약속하시는 바를 그의 성령께서 효과적으로 성취하신다는 사실을 성찬을 통해서 드러내 보이심으로써 그렇게 하시는 것이다. 그리스도께서는 그 신령한 잔치에 참석하는 모든 사람들에게 성찬이 의미하는 바 그 실체를 진정으로 베푸시고 보여주신다. 그러나 오로지 그런 크나큰 자비를

참된 믿음과 감사하는 마음으로 받아들이는 신자들만이 그 실체를 받아 유익을 얻는 것이다." ……

"(18) …… 그가 그의 육체를 우리에게서 취하여 가셨고 그의 몸이 하늘로 올리셨지만, 그는 여전히 아버지의 오른편에 앉아 계신다. 즉, 아버지의 권세와 위엄과 영광 가운데서 통치하신다는 말이다. 이 나라는 공간적으로 제한을 받지 않으며 어떠한 테두리 속에도 매여 있지 않는 것이다. 그러므로 그리스도는 하늘이든 땅이든 원하시는 곳에서 그의 권세를 발휘하시는 것이다. 그는 능력과 권능 가운데 자기의 임재를 보여주시며, 마치 몸으로 계시는 것처럼 언제나 자기 백성 중에 계시며, 그들에게 자기의 생명을 불어넣으시며, 그들 속에 사시며, 그들을 지탱시키시고, 강건하게 하시고, 활력을 주시고, 해를 받지 않도록 지키신다. 요컨대, 그는 자기 자신의 몸으로 자기 백성을 먹이시며, 그의 성령의 능력으로 말미암아 그 몸과의 교제를 그들에게 베푸시는 것이다. 그리스도의 몸과 피는 이런 방식으로 성례 속에서 우리에게 제시되는 것이다.

"(19) 그러나 우리는 그리스도의 그러한 성찬 임재를 생각할 때에, 그를 떡이라는 성물에 붙이거나, 그를 떡 속에 가두거나, 어떤 식으로든 그를 제한시켜서도 안 되며 ― 이런 일들은 그리스도의 하늘의 영광과는 거리가 먼 것들이다 ― 또한 그의 용적(容積)을 줄인다거나, 그를 분할하여 동시에 여러 장소에 분배한다거나, 그를 하늘과 땅 전체에 가득할 정도로 무한히 광대한 존재로 만들어서도 안 된다. 이런 일들은 진정한 인간의 본성과 분명히 모순되기 때문이다. 이와 관련해서 다음과 같은 두 가지 제한 사항들을 결코 잊지 말도록 하자. 첫째로, 그리스도의 하늘의 영광을 손상시키는 일이 없도록 해야 한다. 그리스도를 이 세상의 썩어질 성물들 내부로 끌어들이거나 이 땅의 피조물에 매여 있도록 만들면 그의 하늘의 영광이 손상을 받을 수밖에 없는 것이다. 둘째로, 인간 본성에 부합되지 않는 것을 그의 몸과 결부시켜서는 안 된다. 그런데 그 몸이 무한하다고 하거나 혹은 동시에 여러 장소에 있다는 식으로 말하면 결국 그런 오류를 범하고 마는 것이다.

"그러나 이러한 모순들이 제거되고 나면, 주님의 몸과 피에 진정으로 또한 실질적으로 참여하는 일을 표현하는 것이라면 무엇이든 기꺼이 받아들일 수 있다. 그러한 주님의 몸과 피에 참여하는 일이 성찬이라는 신령한 상징으로 신자들에게 제시되는데, 이는 성찬의 성물들을 그저 상상이나 이해력으로 받기만 하고 그치는 것이 아니라 영생의 양식으로서의 그 실체를 누리도록 해주기 위함인 것이다."

칼빈의 이론은 루터에게는 인정을 받지 못했으나(루터는 칼빈의 이론을 알았다) 1540년에 멜란히톤에게 사실상 인정을 받았으며, 개혁교회의 모든 주요 신앙고백서들에 채택되었다. 개혁교회의 초창기 표준 가운데 하나와 마지막 표준에서 몇 대목을 인용한다:

### 하이델베르크 요리문답(1563)

제76문. 십자가에 달리신 그리스도의 몸을 먹고 흘리신 피를 마신다는 것이 무슨 뜻입니까?

답. 그것은 믿는 마음으로 그리스도의 모든 고난과 죽음을 받아들이고, 그로써 죄 사함과 영생을 얻는 것을 뜻합니다. 더 나아가, 그것은 그리스도와 우리 안에 모두 거하시는 성령을 의지하여 갈수록 그리스도의 거룩한 몸에 더욱 연합함으로써, 비록 그리스도는 하늘에 계시고 우리는 땅에 거할지라도 우리가 그분의 살 중의 살이요 뼈 중의 뼈로서, 마치 한 몸의 지체들이 한 영혼에 의해 살아가고 다스림을 받듯이 한 분 성령에 의해 살아가고 다스림을 받는 것을 뜻합니다.

제78문. 그렇다면 떡과 포도주가 그리스도의 실제 몸과 피로 변합니까?

답. 아닙니다. 세례의 물이 그리스도의 피로 변하지 않고 죄 자체를 씻어주지도 않으며, 다만 신적인 표와 인인 것처럼, 주의 만찬에서도 거룩한 떡은 그리스도의 몸 자체로 변하지 않습니다. 다만 성례의 본질과 용례상 그것을 그리스도의 몸이라 부르는 것입니다.

제79문. 그렇다면 그리스도께서는 무슨 이유로 떡을 자신의 몸이라고 하시고 잔을 자신의 피라고, 혹은 자신의 피로 맺는 새 언약이라고 부르십니까? 그리고 사도 바울은 무슨 이유로 그리스도의 몸과 피에 참여하는 것이라고 부릅니까?

답. 그리스도께서 그렇게 부르신 데에는 큰 이유가 있습니다. 그것은 마치 떡과 포도주가 이 육체의 생명을 유지하게 하듯이 그분의 십자가에 달리신 몸과 흘리신 피도 우리 영혼이 영원한 생명에 이르게 하는 참된 음식과 음료임을 가르쳐 주시기 위함일 뿐 아니라, 더 나아가 이 보이는 상징과 보증으로써 우리가 육체의 입으로 주님을 기념하는 거룩한 증표를 받는 것처럼 우리가 실제로 그분의 참된 몸과 살에 참여한다는 확신을 심어주시기 위함입니다. 그리고 마치 우리가 직접 모든 고난을 당하고 모든 순종을 이룬 것처럼 그분의 고난과 순종을 확실히 우리의 것으로 만들어 주시기 위함입니다.

## 웨스트민스터 신앙고백(1647)

제29장 7조

성찬을 합당하게 받는 자들은 이 성찬의 보이는 성물들에 외적으로 참여함으로써 내적으로도 믿음으로 참여하되, 실제로 그리고 참으로, 하지만 육체적으로나 물질적으로가 아닌 영적으로 참여하여서 십자가에 달려 죽으신 그리스도와 그분의 죽으심으로 말미암는 모든 유익들을 받아먹는다. 그러므로 그리스도의 살과 피가 떡과 포도주 안에, 그것들과 더불어 혹은 그 아래 물질적으로나 육체적으로 임재하지 않을지라도, 이 규례에 믿음으로 참여하는 신자들에게 마치 성물들 자체가 외적인 감각들에 느껴지듯이 실제로 영적으로 임재한다.

## 웨스트민스터 대요리문답(1647)

제170문. 주의 만찬을 합당하게 받는 자들이 어떻게 그 안에서 그리스도의 살과 피를 먹습니까?

답. 그리스도의 살과 피는 주의 만찬의 떡과 포도주 안에, 더불어, 혹은 아래에 물질적으로나 육체적으로 있지 않으나, 그럴지라도 그것을 믿음으로 받는 자들에게 그들의 감각이 느낄 수 있는 것 못지않게 참되고 실제적으로 영적으로 임재하기 때문에, 주의 만찬의 성례를 합당하게 받는 자들은 그 안에서 그리스도의 살과 피를 먹되 물질적으로나 육체적인 방법이 아닌 영적인 방법으로 먹습니다. 십자가에 못 박혀 죽으신 그리스도와 그분의 죽으심이 주는 모든 유익을 믿음으로 받아 자신들에게 적용할지라도, 그것은 여전히 참되고 실제적입니다.

# 제 8 장

# 1526-1529년의 정치 상황

## 112. 제1차 슈파이어 제국의회, 그리고 교회지방주의 제도 (the Territorial System)의 시작(1526년)

I. The documents in WALCH, XVI. 243 sqq. *Neue Sammlung der Reichs-abschiede*, II. 273–75. BUCHHOLTZ: *Ferdinand I.*, Bd. III.

II. RANKE, II. 249 sqq. JANSSEN, III. 39 sqq. J. NEY (Prot. minister in Speier): *Analekten zur Gesch. des Reichstags zu Speier im J. 1526*, in Brieger's "Zeitschrift für Kirchengesch.," Gotha, 1885, p. 300 sqq., and 1887, p. 300 sqq. (New Documents from the archives of Karlsruh and Würzburg). WALTER FRIEDENSBURG: *Der Reichstag zu Speier, 1526, im Zusammenhang der polit. und kirchl. Entwicklung Deutschlands im Reformationszeitalter*, Berlin, 1887 (xiv. and 602 pages). Previous discussions by VEESEMEIER and KLUCKHOHN (in "Hist. Zeitschrift," 1886). Friedensburg used much new material preserved in the archives of Hamburg and other cities. CHARLES G. ALBERT: *The Diet of Speyer, the Rise and Necessity of Protestantism*, in the "Luth. Quart. Review" (Gettysburg, Penn.), for January, 1888.

이제는 앞의 내용에서 얼마간 전제로 삼았던 당시의 정치 상황을 살펴보고자 한다.

개신교의 세력이 확장됨에 따라 보름스 제국의회의 법령이 갈수록 실천할 수 없는 것이 되어갔다. 이것은 1526년 여름에 대공 페르디난트가 황제의 이름으로 소집한 슈파이어 제국의회에서 명백한 현실이 되었다.[1] 개신교 진영의 제후들은 이 도시에서 처음으로 자신들의 믿음을 공개적으로 고백했고, 종교개혁이 크게 약진한 제국 도시들의 대표단들에 의해 큰 힘을 얻었다. 터키족의 위협적인 침공과 교황과 황제의 갈등이 개신교 진영에 유리하게 작용했으며, 인구의 다수를 차지하던 로마 가톨릭 진영으로 하여금 관용책을 쓰게 만들었다.

슈파이어 제국의회는 페르디난트의 발의를 8월 27일에 만장일치로 통과시켰다. 발의의 내용은, 첫째는 교회 문제를 해결하기 위한 총 공의회 혹은 전국 공의회를 소집하자는 것이었고, 둘째는 공의회가 소집되기 전까지 보름스 제국의회의 법령에 관한 문제들에서 "모든 국가는 하나님과 황제 앞에서 소망하고 신뢰하는 바에 따라 살고 통치하며 믿기로 한다" 는 것이었다.

이 중요한 조치는 보름스 칙령을 무효로 만들고, 신앙의 자유 — 제국의회의 대표들에게 각자 원하는 대로 행동할 권리를 주는 — 를 항구적으로 보장하는 법으로 기능하도록 하는 데 의도가 있지 않았다. 게다가 영토 자치권을 보장하는 법적 근거도 아니었고, 아예 법령 자체가 아니었다. 그것은 결의문에 나타난 그대로 전국 공의회가 열릴 때까지, 개신교 신자들에게 신앙의 자유나 심지어 관용조차 허용할 의사가 없는 가톨릭 황제에게 복종하는 조건으로 보름스 칙령을 잠시 유예한다는 선언일 뿐이었다.

그러나 1526년의 결의문은 실제로는 본래의 의도를 훨씬 넘어섰다. 결의문 자체가 개신교 진영에는 적지 않은 도움이 되었으며, 특히 제국의회가 구상하고 황제가 직접 교황에게 여러 번 촉구하던 공의회가 무려 20년간 연기된 상황이 큰 도움이 되었다. 공의회가 열리지 않고 있는 동안 개신교 제후들, 특히 헤세의 필립(홈베르크 교회 회의에서, 1526년 10월 20일)과 작센의 선제후는 그 결의문을 자신들의 뜻대로 해석하고서, 황제에게 복종할 것을 명한 내용은 무시한 채 잠정적으로 독립된 행동을 보장한 내용을 십분 활용했다. 루터는 슈파이어 제국의회를 자신에게 이단 죄를 일시적으로 유예해준 회의로 이해했다.

어쨌든 이때부터 영토 주권의 원리가 실제로 적용되기 시작했으며, 독일에 여

---

1) 슈파이어(Speier 혹은 Speyer)는 라인 강 왼편 연안에 자리잡은 독일의 오래된 도시로서, 주교좌성당과 8인의 독일 왕들의 무덤이 있는 주교좌이며, 바이에른 선제후령의 수도였다. 1529년에 이 도시에서 '프로테스탄트' 라는 이름이 사용되기 시작했다.

러 국가 교회들이 설립되기 시작했다. 그런데 독일은 여러 개의 군주국들로 분할되어 있었던 까닭에, 한 영토의 군주가 자기 영토 내의 종교의 수장이라는 원칙(cujus regio, ejus religio)에 따라 개신교 국가들만큼이나 개신교 교회 조직들도 많이 생겼다.

이후부터 모든 개신교 군주들은 이른바 종교개혁법(jus reformandi religionem)을 주장하고 단행했으며, 교회 문제를 자신의 신앙과 대다수 백성의 신앙에 따라 결정했다. 작센·헤세·프로이센·안할트·뤼네부르크·동 프리슬란트·슐레스비히-홀슈타인·슐레지엔 같은 영지들과 뉘른베르크·아우크스부르크·프랑크푸르트·울름·슈트라스부르크·브레멘·함부르크·뤼벡 같은 도시들이 종교개혁을 채택했다. 영지들의 제후들과 도시들의 시장들은 신학자들과 설교자들에게 자문을 구했다. 그러나 회중들은 발언권이 없었으며, 심지어 자신들의 목사를 선택할 권한조차 없이 수동적으로 복종해야 했다. 오스트리아의 강력한 가문은 황제와 바이에른의 공작들과 함께 구교를 고수했으며, 교회 문제에 대한 국가의 독립된 결정 원칙이 제국과 로마 교회의 모든 전승들(체질상 배타적이고 불관용적인)에 위배된다는 논리로 격렬하게 비판했다.

개신교 제후들과 신학자들도 비록 정도는 덜했으나 불관용 정책을 시행했으며, 자신들의 권력이 닿는 곳에서는 미사와 로마 교회의 신앙을 금지했다. 양 진영은 승리를 확보하기 위해 주력했으며, 비국교도들인 소수파가 자신들의 권리를 주장할 만큼 충분한 세력을 가지고 있을 때에만 관용을 허락했다. 관용은 치열한 투쟁의 결실이었으며, 마침내는 양 진영이 생활 양식(modus vivendi)으로 받아들이지 않으면 안 되는 현실이 되었다. 개신교는 참혹한 희생에 의해서 생존권을 쟁취해야 했다. 그 권리는 1555년에 아우크스부르크 평화조약으로 인정되었으며, 마침내는 1648년에 베스트팔렌 조약으로 확립되었다. 베스트팔렌 조약은 최초로 종교와 관련하여 관용(toleration)이라는 용어를 사용했으며, 교황의 항의에도 불구하고 오늘날까지 유효하게 남아 있다. 잉글랜드는 1688년에 스튜어트 왕조가 몰락한 뒤에 동일한 관용 정책을 채택했으며, 관용의 대상에 모든 정통 개신교 신자들을 포함시켰다. 하지만 로마 가톨릭 신자들은 대상에서 제외되다가 1829년에 포함되었다. 독일에서는 관용이 초기에는 세 교단 — 로마 가톨릭·루터교·독일 개혁교회 — 으로 한정되다가, 점차 국가의 재정 지원과 통제로부터 독립된 다른 교단들에게까지 확대되었다.

# 관용과 자유

관용(toleration)은 신앙의 자유와는 다르며, 그리로 향하는 단계일 뿐이다. 관용은 정부가 필요나 편의에 따라 시행하기도 하고, 철회하거나 확대할 수 있는 양보이다. 전제국가들인 러시아와 터키조차 관용 정책을 펴고 있는데, 전자는 이슬람교를, 후자는 기독교를 관용하고 있으며, 그 원인은 어쩔 수 없는 현실 때문이다. 비국교도들을 모조리 죽이거나 추방하기로 한다면 국가가 어리석게도 자멸의 길에 들어서게 될 것이기 때문이다. 그러나 두 국가는 국교를 탈퇴하는 행위와 전도를 통해 국교에서 탈퇴하도록 하는 행위를 허용하지 않는다.

신앙의 자유는 공공의 도덕과 안전에 해가 되지 않는 범위에서 침해할 수도 빼앗을 수도 없는, 모든 사람들에게 속한 권리이다. 오직 하나님께서만 양심의 주인이시며, 지상의 어떠한 권력도 양심을 침해할 권한이 없다. 신앙의 자유를 온전히 누리고 공적으로 행사하려면 국가와 교회가 평화롭게 분리될 필요가 있다. 그렇게 되어야만 서로가 자체의 영역에서 독립과 자치와 자립을 시행할 수 있으며, 교회가 국가로부터 법적 보호를 보장받고, 국가가 교회로부터 도덕적 지원을 받을 수 있다. 이것이 미국이 1787년의 연방 헌법으로 보장한 신앙의 자유의 이론이다. 이 이론은 국가가 교회를 박해하는 행위와, 교회들이 서로를 박해하는 행위를 금지하며, 교회들이 본연의 도덕적·영적 임무에만 충실하도록 만든다. 미국이 채택한 교단들의 법적 평등의 원리는 독일에서 1849년에 프랑크푸르트 의회에 의해 발의되었고, 1870년에 새로운 독일 제국에서 승리를 거두었으며, 다른 모든 문명 세계로 꾸준히 확산되어 가고 있다. (참조. 필자의 *Church and State in the United States*, N. Y., 1888.)

## 113. 황제와 교황. 로마 약탈(1527)

카를 5세는 슈파이어 제국의회의 결의안에 서명하지도 않고 반대 의견을 내놓지도 않았다. 황제는 바로 얼마 전에 교황 클레멘스 7세와 갈라선 상태였다. 그 원인은 1526년 6월 26일에 파비아 전투에서 승리한 카를 5세가 프랑스 왕 프랑수아 1세에게 까다로운 조건으로 평화조약을 부과한 바 있는데, 교황이 프랑스 왕을 평화조약의 족쇄에서 풀어준 뒤 오스트리아의 강력한 세력에 대항하여 결성된 프랑스-이탈리아 동맹의 수장으로 세웠기 때문이다(코냑의 '신성 동맹', 1526년 5월 22일). 과거에 황제와 교황이 동맹을 맺고서 보름스 칙령을 발표한 것인데, 이제 두 사람이 갈라서게 됨으로써 그것은 슈파이어 제국의회에서 사실상 폐지된 것이나 다름없었다. 만약 이때 황제가 개신교 교리들을 받아들였다면, 그가 독일 제국 교회의 수장이 될 수 있었을 것이다. 그러나 그는 본능적으로 개신교를 몹시 싫어했다.

황제가 교황과 대치하게 된 상황이 결국 영원한 도성을 두려운 참화에 빠뜨렸다. 황제 진영의 군사령관 샤를 드 부르봉(Charles de Bourbon)과 나이 지긋한 전사(戰士) 프룬츠베르크(Frundsberg. 두 사람 다 교황의 원수들)가 이끄는 스페인과 독일의 2만 병력이 로마로 진격하여 1527년 5월 6일에 로마 시를 함락했다. 카를의 가장 유능한 장군이었으나 조국 프랑스의 배반자인 부르봉은 승리를 눈앞에 둔 순간에 사다리를 오르다가 탄환에 맞아 떨어져 죽었다. 교황은 산 안젤로 성으로 도망쳤다. 병사들, 특히 자신들의 지휘관을 잃은 스페인 병사들이 과거에 로마를 약탈했던 야만족들보다 훨씬 더 잔혹하게 그 도성을 약탈하고 파괴했다. 8일 동안 교황청의 보고(寶庫)와 교회당들과 도서관들과 궁정들을 약탈하여 금화 1천만 개 상당의 재산을 앗아갔고, 심지어 성 베드로의 무덤과 교황 율리우스 2세의 시신까지 내버려두지 않았으며, 방어 수단 없이 방치되어 있던 사제들과 수사들과 수녀들에게 온갖 만행을 저질렀다. 독일 병사들은 주교와 추기경 복장을 착용하고, 나귀를 사제처럼 치장한 채 거리를 누비면서 루터를 로마의 교황으로 연호하는 추악한 짓을 저질렀다.

로마는 일찍이 이러한 모욕과 손실을 당한 적이 없었다. 이 약탈은 문명과 인간성과 종교에 대한 범죄였다. 그러나 그것은 동시에 세속에 물든 교황청에 대한 하나님의 두려운 심판이자 회개하라는 강력한 촉구이기도 했다.

그 소식이 독일에 알려졌을 때, 수많은 사람들이 '바빌론의 멸망'을 기뻐했다. 그러나 편협한 그 사회에서 초연하게 솟아 있던 멜란히톤은 비텐베르크 학생들에게 행한 명 연설에서 다음과 같이 말했다. "모든 나라의 어머니 도시인 로마의 멸망에 우리는 왜 애도하지 않는 것입니까? 나는 그 소식을 들었을 때 마치 내 고향이 그런 수모를 당한 것과 같았습니다. 화적떼는 그 도시의 위엄을 생각지도 않고, 그 도시가 세계의 법률과 학문과 예술에 끼친 유익을 기억하지도 않았습니다. 이것을 우리는 슬퍼하는 것입니다. 교황의 죄가 무엇이든 간에, 로마가 고통을 당해서는 안 됩니다." 그는 그 책임을 황제에게는 조금도 돌리지 않고 군대에게만 돌렸다.[2]

## 114. 전쟁의 공포(1528)

1526년의 슈파이어 제국의회의 결의안과, 황제와 교황의 대립은 종교개혁의 약진에 대단히 유리하게 작용했다. 그러나 그로 인한 유익한 결과가 독일 전체를 내란의 문턱까지 몰아간 엄청난 사기 행위로 인하여 크게 훼손되었다.

열정적이고 추진력과 야심이 강한 사람으로서 개신교를 후원한 헤세의 필립은 무원칙한데다 탐욕만 강한 작센 공작의 임시 대법관 오토 폰 팍(Otto von Pack)의 기만에 속아넘어갔다. 그가 필립에게 흘린 거짓 정보는, 오스트리아의 페르디난트와 마인츠와 브란덴부르크 선제후들, 작센과 바이에른의 공작들, 그리고 그 밖의 로마 가톨릭 진영 군주들이 1527년 5월 15일에 브레슬라우에서 개신교 박멸을 위한 동맹을 체결했다는 것이었다. 필립은 드레스덴에서 직인이 찍힌 위조 조약 문서를 전달받고, 그 대가로 팍에게 4천 길더를 건네주었다. 그리고는 작센의 선제후 요한에게 그 문서를 보여가며 설득한 결과 1528년 3월 9일에 서둘러 대립 동맹을 체결했다. 두 사람은 적의 공격을 일거에 격퇴하기 위해서 다른 제후들에게 지원을 받아가며 엄청난 비용을 들여 전쟁 준비를 했다.

그런데 다행스럽게도 두 사람은 비텐베르크의 종교개혁자들에게 자문을 구했으며, 그들의 조언으로 전쟁 발발을 막을 수 있었다. 루터는 교황 진영이 무슨 짓이라도 저지를 악인들이라고 생각했으나, 원칙상 침략 전쟁에 반대했다. 멜란히톤은 자신이 받아본 조약 문서가 위조된 것임을 꿰뚫어 보고는 심한 굴욕을 느꼈다. 그 가공의 문서가 발행되자 로마 가톨릭 제후들은 분개해 가며 그 내용을 부인했다. 공작 게오르크는 팍을 매국노로 비난했다.[3] 대공 페르디난트는 자

---

2) *Corp. Ref.*, XI. 130; C. Schmidt, *Phil. Melanchthon*, p. 135 sq.

3) 팍은 도피 생활을 하다가 1536년에 네덜란드에서 체포되었고, 공작 게오르크의 권유에 따라 공문서 위조범으로 참수형을 당했다.

신이 그런 동맹을 꿈에도 구상해 본 적이 없다고 발표했다.

필립의 경솔한 행동이 개신교 제후들을 침략자들과 평화의 훼방꾼들의 자리로 몰아넣었으며, 개신교 진영에 말할 수 없는 수치와 불명예를 안겨주었다.


## 115. 제2차 슈파이어 제국의회와 1529년의 항의


이런 의기소침한 분위기에서 1529년 3월에 제2차 슈파이어 제국의회가 열렸다. 주요 의제는 터키의 침공과 개신교의 세력 확산에 대한 대처 방안이었다. 가톨릭 진영의 대표들은 의기양양하게, 승리에 대한 자신감에 들뜬 채 회의장에 나타났다. 개신교 진영은 "그리스도께서 다시 한 번 가야바와 빌라도의 수중에 들어가셨다"고 느꼈다.[4]

제국의회는 1526년의 제1차 회의의 휴회 상태를 무효로 했다. 1차 회의의 결의안 가운데 혁신적인 내용들을 사실상 단죄했고(하지만 무효라고 선언하지는 않았다), 황제와 교황이 다음 해에 열기로 적극 약속한 공의회가 열리기 전까지는 더 이상 종교개혁을 받아들여서는 안 된다고 공포하면서, 명령을 어기는 자들에게는 황제의 처벌이 따를 것이라고 경고했다. 츠빙글리파와 재세례파는 아예 관용의 대상에서조차 제외되었다. 재세례파에 계속 남아 있는 자들은 사형에 처한다고 공포했다.

제국의회에 참석한 루터교 대표단은 이대로 가다가는 종교개혁 진영 전체가 말살될 위기에 처하게 된다고 예리하게 판단하고서 1529년 4월 25일에 자신들과 자신들의 백성들, 그리고 현재와 장래에 하나님의 말씀을 믿고 또 믿게 될 모든 사람들을 위해서 법적 호소문의 형식을 갖춰 저 유명한 항의서를 발표하게 되었다. 항의서의 골자는, 제국의회가 내린 조치들 가운데 하나님의 말씀과 자신들의 양심과 1526년 제국의회의 결의안에 위배되는 내용에 반대한 것과, 다수의 총의를 모아 황제와 독일 전국 공의회, 그리고 편견이 없는 그리스도인 판사들에게 호소한 것이었다. 항의서에는 작센의 선제후 요한, 브란덴부르크의 영주 게오르크, 브라운슈바이크-뤼네부르크의 공작들인 에르네스트와 프란시스, 헤

---

4) 슈트라스부르크의 대사 야콥 슈투름이 3월 중순에 한 발언.

세의 영주 필립, 안할트의 제후 볼프강, 그리고 츠빙글리의 영향을 받던 슈트라스부르크와 장크트갈렌을 포함한 14개 제국 도시들의 대표들이 서명했다. 이들은 수적 우위를 토대로 폭력적 법안을 관철시키려고 하는 모든 시도에 결연히 반대했다. 이들이 외친 구호는 '불변자' 선제후 요한의 좌우명인 "하나님의 말씀은 영원히 거한다"는 것이었다. 이들은 눈앞의 위험 앞에 굴하지 않고 복음적 신앙과 양심의 권리를 위해 투쟁한 고백자들이라는 이름을 얻기에 합당하다.

슈파이어의 항의는 루터가 보름스에서 외친 항의의 재개이자 확대였다. 일개 수사의 항의가 제국 주요 도시들의 제후들과 대표들의 항의가 된 바 있는데, 이제 그들이 처음으로 조직된 진영으로 모습을 드러낸 것이다. 그것은 독재적 권위에 맞서서 하나님의 말씀에 강권을 받은 양심의 항의였다.

항의서의 내용은 순탄하게 받아들여지지 않았다. 황제는 얼마 후에 교황과 평화조약을 체결하고(1529년 6월 29일), 프랑스 왕과도 평화조약을 체결한 상태에서(8월 5일), 심지어 개신교 국가들의 대표단에게 피아첸차에서 열린 회의(9월)에 참관하는 것조차 허용하지 않고, 오히려 한동안 그들을 포로로 붙잡아 두었다.

이 항의와 호소로 인해서 루터파는 '프로테스탄트'라고 불리게 되었다. 이 명칭은 그들이 로마 교회에 취한, 그리고 오늘날까지 로마에 대해 견지하고 있는 태도를 생각하면 타당성이 없지 않다. 교회는 어느 순간에든 죄와 오류와 부패와 독재와 온갖 종류의 죄악에 대해서 항의해야 할 의무가 있다. 그러나 이후로 개신교 신자들을 가리키는 일반적 용어가 된 '프로테스탄트'라는 명칭은 부정적인 의미를 지닌 까닭에, 교황제에 반대한 모든 사람들에게 그들이 어떤 근거에서 어느 정도까지 반대했는지를 불문하고 무차별적으로 적용해도 어찌할 수 없는 면이 있다. 이 명칭은 '복음적'(Evangelical)이라는 더 중요한, 긍정적인 명칭으로 보완해야 한다. 신약 성경에 기록된, 그리고 종교개혁에 의해 다시금 초기의 순수함과 능력 안에서 선포된 그리스도의 복음이 역사적 프로테스탄트주의의 기반이며, 그 복음이 개신교에 생명력과 항구성을 부여한다. 슈파이어의 항의는 객관적으로는 하나님의 말씀에 근거했고, 주관적으로는 개인의 판단과 양심의 권리에 근거했으며, 역사적으로는 1526년의 제국의회의 관대한 판결에 근거했다.

슈파이어의 항의는 도덕적인 호소력에 그 힘이 있었으나, 서명자들간의 불화로 인하여 곧 그 힘이 약해졌다. 루터와 멜란히톤은 당시에는 성찬 문제에 관해 의견이 온전히 일치했으며, 정치적·군사적 동맹, 특히 그들이 이단으로 혐오하던 츠빙글리파와 동맹을 맺는 것에 강력히 반대했다.[5] 두 개혁자는 강력한 방어책들이 구축되는 것을 방해했다. 헤세의 필립은 주로 정치적 동기로 움직이고 신학에는 반절쯤만 관심이 있었던 까닭에 스위스 진영과 츠빙글리파에 동조했으며, 개신교 진영의 내분을 치유하려는 소망을 품고서 같은 해 10월에 마르부르크에서 회담을 개최했다. 하지만 회담은 주된 목적을 이루는 데 실패했으며, 개신교는 분열된 군대를 가지고 로마 진영과 전투를 수행해야 했다.

## 116. 황제와 교황의 재화해. 황제의 대관식(1529)

황제는 거룩한 도성이 약탈당한 데 대해서 교황에게 깊은 유감의 뜻을 전달했다. 그가 교황과 갈라섰던 것은 순전히 정치적이고 세속적인 동기 때문이었다. 프랑스 군대가 다시 롬바르디아로 진입했다. 잉글랜드 왕 헨리 8세는 프랑스와 교황을 지지했다. 카를의 스페인계 고문들은 그리스도의 대리자가 투옥된 사건은 스페인이 전통적으로 교황청에 바친 충성에 어울리지 않는 일이었다는 견해를 전달했다.

1527년 11월 26일에 황제는 교황과 조약을 체결했다. 조약의 내용은 황제의 군대에게 급여를 지불하고 교회 개혁을 위한 공의회를 소집하겠다는 교황의 약속에 대해서, 그를 구금 상태에서 풀어주고 그에게 세속 권력을 되돌려주겠다는 것이었다(몇몇 요새 거점들을 제외하고서). 교황 클레멘스는 한동안 황제를 불신했으며, 예전처럼 프랑스-이탈리아 동맹 정책을 유지했다. 그러나 마침내 교황과 황제는 1529년 6월 29일에 분명하게 평화 조약을 체결했다. 교황은 그때까지 견지해온 정책을 접고서, 이탈리아에서 황제의 주권을 인정했다. 황제는 교황에게 세속 권력과 재산들, 그리고 황제의 권리에 대한 유보를 보장했다.

---

5) 1529년 5월 22일에 선제후에게 쓴 편지(De Wette, III. 455)에서, 루터는 츠빙글리파를 "하나님과 성례에 대항하여 싸우는, 하나님과 그분의 말씀의 대담한 원수들"이라고까지 불렀다.

황제와 교황은 그해 11월에 볼로냐에서 회담을 가졌다. 두 사람은 서로 간에 정치적·외교적 계산이 잘 맞아떨어졌으며, 자신들의 영토에서 발생한 분쟁들을 최선을 다하여 해결해 나갔다. 카를은 1530년 2월 24일에 볼로냐에서 로마의 황제로 대관식을 치렀는데, 이로써 로마의 성 베드로 성당 바깥에서 대관식을 치른 유일한 황제이자, 교황에게 제관을 받은 마지막 독일 황제가 되었다. 대관식에 참석한 주요 인사들은 주로 스페인과 이탈리아의 귀족들이었다. 독일의 선제후들 가운데는 팔츠 선제후령의 필립 한 사람만 참석했다. 대관식 행사를 위해서 황궁과 산 페트로니오 교회 사이에 설치해 놓은 목재 차일이 붕괴되는 사건이 발생했으나, 황제는 화를 면했다. 값진 보석들로 치장된 의관을 갖추고 대관식장에 나타난 그는 로마 주교로부터 기름 부음을 받고, 서방 기독교 세계의 세속적 수장으로서 샤를마뉴의 제관을 받았으며, 교황과 로마 가톨릭 교회, 그 교회의 재산과 위엄과 권리를 수호하겠다고 서약했다.

이 사건은 독일 제국과 교황청 신정(神政)이 오랫동안 유지해온 결합의 황혼에 해당하는 사건이었다.

독일의 선제후들은 자신들이 대관식에 초대받지 못한 것과, 이탈리아 국가들과의 동맹에 관해서 문의를 받지 못한 것을 불쾌하게 여겨 공식적인 항의의 뜻을 표시했다.

1530년 5월 초에 황제는 아우크스부르크 제국의회에 참석하기 위해서 알프스 산맥을 넘었다. 실로 독일 루터교의 운명이 그 제국의회에 달려 있었다.

# 제 9 장

## 아우크스부르크 제국의회와 신앙고백(1530)

### 117. 아우크스부르크 제국의회

1530년에 개신교 진영은 심각한 상황에 처해 있었다. 슈파이어 제국의회가 종교개혁을 더 이상 확대하는 것을 금했고, 보름스 칙령이 법률적 효력을 본격적으로 발휘하고 있었고, 황제가 교황과 평화 조약을 체결하고 볼로냐에서 그에게 대관식을 받았으며, 개신교 진영은 양분된 채 어렵게 열린 마르부르크 회담에서도 공동의 적에 대항하여 세력을 결집하는 데 실패했던 것이다. 동시에 제국 전체가 외세에 위협을 당하고 있었다. 자칭 "모든 군주의 주요, 지상의 모든 왕에게 왕관을 부여하는 자요, 온 세상을 덮은 신의 그림자"라고 부른 '위대한 자'(the Magnificent) 술레이만(Suleiman)이 이끄는 터키가 절정에 오른 군사력을 총동원하여 1529년 9월에 오스트리아 빈의 관문까지 와서 대치하고 있었다. 그들은 마호메트의 수염으로 맹세하기를, 메카의 그 예언자의 기도가 성 스데반 성당의 탑에서 울려퍼지기 전까지는 절대로 쉬지 않겠다고 했다. 터키 군대는 8만 병력을 잃은 채 퇴각하지 않을 수 없었으나 다시 쳐들어와 제국을 위협하고 있었고, 그 과정에서 헝가리의 상당 지역을 황무지로 만들어 버렸다.

이러한 상황에서 1530년 4월 8일에 아우크스부르크 제국의회가 열렸다. 주된 의제는 종교 문제를 해결하고, 터키에 대한 전쟁을 준비하는 것이었다. 1530년 1월 21일에 볼로냐에서 발행된 초대장은 종교적 반대 진영을 자극하는 표현을 일체 삼간 채, 외세의 침공 위협을 강한 어조로 알리고, 모두가 하나의 참된 기독교 신앙과 교회 안에서 거룩한 독일 제국의 통일을 회복하기 위해 힘을 합하기를 바라는 소망을 표현했다.

그러나 그러한 협력이 실제로 이뤄질 가능성은 없었다. 다수파를 점한 로마
진영은 개신교 진영과 터키를 교회와 국가의 원수들로 간주하여 전쟁을 벌일 뜻
을 품고 있었고, 소수파인 개신교 진영은 교황파와 터키를 복음의 원수로 간주
하여 그들의 공격을 막아낼 뜻을 품고 있었다. 교황파의 눈에는 루터가 마호메
트보다 더 악한 존재였고, 루터파의 눈에는 교황이 적어도 마호메트만큼 악한
존재였다. 그들의 구호는 이런 것이었다:

"Erhalt uns Herr bei Deinem Wort
 Und steur' des Papsts und Türken Mord."
(주여 당신의 말씀으로 저희를 보호하시며
교황파와 터키의 살육을 막아주소서)


황제는 교황과 보름스 칙령 편에 서 있었으나, 자신의 주위에 포진한 강경파
와는 달리 온건한 방향을 취했고, 제국의회에서도 츠빙글리파에게는 발언의 기
회조차 주지 않았음에도 불구하고 루터파에 대해서는 점잖게 배려해 주었다. 루
터파는 황제를 사실 이상으로 높여 생각했으며, 황제에 대해서 스스로 거짓된
희망을 품고 있었다. 황제를 그렇게 지나치게 의식했기에 스위스와 슈트라스부
르크의 지도자들이 15개 신앙 조항 가운데 14개가 자신들과 일치했음에도 불구
하고 그들과 아무런 관계도 맺기를 원치 않았던 것이다.

작센의 선제후는 제국의회의 초대장을 받자마자 대법관 브뤽(Brück)의 조언
을 받아 비텐베르크의 신학자들에게 아우크스부르크에서 사용할 신앙고백서를
작성하여 토르가우에서 자신을 만나라고 명령했다. 토르가우에서 그들을 만난
선제후는 4월 3일에 자신의 아들과 여러 귀족들, 루터와 멜란히톤, 요나스, 슈팔
라틴, 아그리콜라를 대동하고 길을 떠나 며칠 뒤에 작센 접경에 있는 코부르크
에 당도했고, 5월 2일에 아우크스부르크에 입성했다.

황제는 티롤(오스트리아 서부와 이탈리아 북부에 걸쳐 있는 알프스 산맥 지방: 역자주)
을 거쳐 느긋하게 이동한 까닭에 6월 15일에야 아우크스부르크에 도착했다. 다
음 날 그는 코르푸스 크리스티(성체 축일) 행사에 경건한 태도로 참여했다. 작열
하는 6월 햇살 아래 모자도 쓰지 않은 채 무거운 자색 망토를 걸치고 밀랍 촛불

을 들고 걸으면서 엄숙한 행렬을 벌였다. 개신교 제후들은 그 행사를 우상 숭배로 간주하여 참석하지 않았다. 또한 그들은 제국의회 회기 동안 복음적 설교를 금지한 황제의 명령에도 복종하지 않았다. 브란덴부르크 영주 게오르크는 목을 잃는 한이 있어도 하나님을 부인하지 않겠다고 단언했다. 그러자 황제는 "이보시오 제후, 목을 함부로 버리지 마시오, 목을" 하고 대답했다. 황제는 양 진영의 설교자들에게 함구령을 내리고, 자신이 선정한 설교자들에게만 설교를 허용했다. 개신교 제후들은 자신들의 숙소에서 따로 예배를 드렸다.

제국의회는 6월 20일 월요일에 열렸다. 마인츠의 추기경 대주교가 장엄미사를 집례했고, 페르디난트의 궁정에 배속된 교황대사 로자노의 대주교 핌피넬리(Pimpinelli)가 길게 설교했다. 그는 세련된 라틴어로 터키족의 독재를 환기시켜 가며 양분된 채 잠들어 있는 독일인들을 책망한 다음, 과거의 이교 로마인들과 이슬람교도들의 종교적 통일과 복종과 헌신을 배워야 할 것이라고 주장했다. 며칠 뒤(6월 24일) 제국의회에 배속된 교황대사 라우렌티우스 캄페기우스(Laurentius Campegius, 캄페지)가 독일의 여러 선제후령들에 대해서 거룩한 가톨릭 교회에서 이탈하지 말고 다른 지역의 기독교 왕들과 제후들의 본을 따르라고 경고했다.

황제는 먼저 터키족의 침공을 막기 위한 지원을 얻어내려 했으나, 개신교 진영은 교회 문제를 먼저 다룰 것을 요구했다. 따라서 황제는 그들에게 나흘 안에 신앙고백서를 준비하여 서면으로 자신에게 제출하라고 명령했다. 그는 개신교 진영의 신앙고백이 제국의회 앞에서 낭독되는 것을 원치 않았으나, 개신교 진영은 그것을 완강히 주장했다. 그러자 그는 라틴어로 낭독하는 것을 조건으로 낭독을 허락했으나, 작센의 선제후는 독일어로 낭독해야 한다는 주장을 강하게 밀어붙였다. "우리는 독일 땅에 살고 있으므로 폐하께서 독일어로 낭독하는 것을 허락해 주시기를 바랍니다" 하고 그는 말했다. 황제는 이 점에 대해서는 양보했으나, 개신교의 신앙고백서를 제국의회가 열리고 있는 도시의 시청에서 낭독하게 해달라는 요구는 받아들이지 않았다.

6월 25일 — 이 날은 루터교의 역사에서 종교개혁 기념일인 10월 31일 다음으로 중요한 기념일이다 — 에 아우크스부르크 신앙고백이 크고 결연한 음성으로 울려퍼졌다. 선제후령 작센의 부대법관 바이어 박사(Dr. Baier)가 주교궁의 개인 예배당에서 제국의회 대표들이 참석한 가운데 독일어로 그것을 낭독한 것이다.

황제는 독일어를 모른 데다가 신학은 더욱 몰랐으므로 곧 졸기 시작했다.[1] 그러나 대다수는 진지하게 경청했다. 교황파는 신앙고백의 내용이 온건한 데에 놀라움을 표시했다. 좀 더 논쟁적이고 반(反)가톨릭적이기를 바랐던 것이다. 아우크스부르크의 주교 크리스토프 폰 슈타디온(Christoph von Stadion)은 사적인 자리에서 그 신앙고백서가 순수한 진리를 담고 있다는 발언을 했다고 전해진다. 바이에른의 공작 빌헬름은 에크(Eck)를 불러서 왜 자신에게 루터교를 틀리게 알려주었느냐고 질책했다. 에크 박사가 자신이 그들을 논박하되 성경이 아닌 교부들의 글을 토대로 논박할 수 있다고 말하자, 공작은 "그렇다면 루터교는 성경 안에 있고 가톨릭은 성경 바깥에 있다고 이해해도 되는 거요?" 하고 되물었다.

신앙고백서의 서문과 후기를 작성한 작센의 대법관 브뤽 박사는 황제에게 신앙고백서를 독일어와 라틴어로 각각 한 부씩 전달했다. 황제는 독일어 판은 자신이 보관하고 라틴어 판은 마인츠의 선제후에게 주어 안전히 보관하도록 했다. 라틴어 판(멜란히톤이 친필로 기록한)은 브뤼셀의 문서 보관소에 소장되었다가 공작 알바(Alba)의 재위 기간에 없어졌다. 제국의회 앞에서 낭독된 독일어 판은 제국의회의 법령집과 함께 트렌트 공의회에 보내져서 다시 돌아오지 않았다. 그러나 제국의회 기간 동안 승인받지 않은 판본들이 곧 여러 지역에서 발행되었다(독일어 판 여섯 종, 라틴어 판 한 종). 멜란히톤 자신도 1531년에 비텐베르크에서 두 언어로 신앙고백서를 발행했다.

두 문서에는 일곱 제후들 — 작센의 선제후 요한, 헤세의 영주 필립, 브란덴부르크의 영주 게오르크, 뤼네부르크의 공작들인 에르네스트와 프란시스, 작센의 공작 요한 프리드리히, 안할트의 제후 볼프강 — 의 서명이 실렸으며, 자유 도시들인 뉘른베르크와 로이틀링겐의 대표들의 서명도 실렸다.

서명을 하기까지 상당한 용기가 필요했다. 자칫하면 권좌를 포기해야 할 수도 있었기 때문이다. 작센의 선제후는 멜란히톤에게 장차 있을지도 모를 결과들을 설명받고는 다음과 같이 숭고한 답변을 했다. "나는 옳은 일을 행할 뿐, 선제후의 지위에 연연하지 않습니다. 나는 나의 주님을 고백할 것입니다. 그분이 지신 십자가를 나는 지상의 모든 권력보다 더 높이 평가합니다."

이러한 행동과 증언이 아우크스부르크 제국의회에 큰 의미를 부여했으며, 고

---

1) 황제는 8월 3일에 교황청의 반박문이 낭독될 때도 졸았다.

백자들[서명자들]에게 불후의 영예를 안겨주었다. 루터는 1530년 9월 15일에 멜란히톤에게 쓴 편지에서 웅변으로써 자신의 기쁨을 표시했다. "여러분은 그리스도를 고백했고, 여러분은 평화를 제시했고, 여러분은 황제에게 복종했고, 여러분은 온갖 해를 인내했고, 여러분은 저들의 욕을 묵묵히 받으면서도 악을 악으로 갚지 않았습니다. 한 마디로 여러분은 성도들답게 하나님의 거룩한 사역을 합당하게 행한 것입니다. 그러므로 주님 안에서 기뻐하고 즐거워하십시오, 여러분 의인들이여! 그동안 여러분은 너무나 오랫동안 세상에서 슬픔을 당해 왔습니다. 이제는 고개를 들고 손을 드십시오. 여러분의 구원이 가까웠기 때문입니다. 나는 여러분을 그리스도의 신실한 지체들로 시성(諡聖)하고자 합니다. 그보다 더 큰 영광을 어찌 사모할 수 있겠습니까? 그리스도를 충성스럽게 섬기고 자신을 그분에게 합당하게 드린 것이 과연 작은 일이겠습니까?"[2]

아우크스부르크 신잉고백서에 서명한 루터파 제후들의 명성에 유일한 흠이 있다면 그것은 자신들의 진영을 약하게 만든 개혁파에 대해서 관용을 허용하지 않았다는 것이다. 츠빙글리의 성찬관을 지지한 독일의 네 도시는 아우크스부르크 신앙고백서 가운데 자신들의 견해를 배격하는 내용의 제10조를 제외한 나머지 내용에 서명하기를 원했다. 그러나 그들은 배제되었으며, 따라서 따로 자신들의 신앙고백서를 작성하지 않으면 안 되었다.

## 118. 협상, 휴회, 뉘른베르크 평화조약

아우크스부르크 제국의회의 나머지 회기는 실망스럽고 결실도 없었으며, 그 결과는 비록 단명하긴 했으나 로마 가톨릭 진영의 완승이었다.

멜란히톤은 회기 내내 극도로 당황하고 낙심한 상태로 지냈다. 신앙고백서를 발표하기 전에는 그 내용이 너무 온건하고 유화적이라는 생각이 들었는데, 발표하고 나니까 너무나 맹렬하고 논쟁적이라고 생각이 들었다. 일치를 향한 열망과 분열이 가져올 참담한 결과에 대한 두려움이 너무나 컸던 까닭에, 그는 거의 굴욕에 가까운 태도로 교황대사 캄페지에게 접근했다. 캄페지는 일전에 황제에게

---

2) In De Wette, IV. 165.

개신교 이단을 불과 칼로 박멸할 것과, 비텐베르크 시에 금령을 내릴 것, 그리고 독일에 스페인 종교재판소를 도입할 것을 조언한 바 있는 인물이었다. 신앙고백을 제출하고 나서 두 주일이 지나간 그 시점에, 멜란히톤은 캄페지에게 루터파가 로마 교회와 어떠한 교리에서도 다르지 않으며, 만약 자신들이 포기할 수 없는 권징과 의식상의 작은 변화들을 넓은 아량으로 간과해 준다면 기꺼이 로마 교회에 복종하겠다고 밝혔다. 그리고 그 막강한 권력의 비위를 거스르지 않기 위해서 멜란히톤은 될 수 있는 대로 츠빙글리파와 슈트라스부르크파에게서 거리를 두었다. 7월 8일에 그는 캄페지를 단독 접견했고, 8월 4일에는 그에게 다소 온건한 평화조약의 조건들을 제시했다. 추기경은 이만한 양보에 큰 만족을 표시했으나, 로마로부터 훈령을 받을 때까지 답변을 유보하는 신중한 태도를 보였다.

이러한 접근들은 모조리 실패로 끝났다. 로마는 절대 항복 외에는 아무런 말도 들으려 하지 않았던 것이다.

참담한 결과에 충격을 받은 멜란히톤은 교황청 신학자들, 특히 에크가 바리새인적인 교만과 악의로 가득 차 있는 자라는 사실을 곧 깨달았다. 그는 뉘른베르크 당국과 헤세의 필립에게 소심하게 처신했다는 이유로 신랄한 비난을 받았으며, 심지어 어떤 이들에게는 개신교 진영을 배반했다는 비방을 들어야만 했다. 하지만 멜란히톤의 행위는 로마 교회가 인간론과 구원론에서 쟁점이 되어 있던 몇 가지 점에 대해서 일정한 자유를 허용했고, 또한 여러 해가 지난 뒤 트렌트 공의회가 열릴 때까지는 개신교의 교리들을 공식적으로 단죄하지 않은 사실에 비추어 평가해야 옳다. 아우크스부르크 신앙고백 자체가 교리 조항들을 다룬 대목의 말미에서 이런 정황을 반영했다: "이 내용은 우리들 사이에 통용되는 교리의 총합으로서, 이 안에 진술된 어떤 내용도 성경에 위배되지 않으며, 보편 교회와도 심지어 로마 교회와도 위배되지 않는다. 적어도 그 교회가 교부들의 저서들을 통해 알게 되는 그런 교회인 한에는 그렇다."

멜란히톤에게 소심함과 판단 착오라는 비난을 가할 수는 있어도, 무원칙하게 행동했다는 비난은 가할 수 없다. 루터는 개신교 진영에 없어서는 안 될, 그리고 아우크스부르크에서 크게 공헌한 그 귀한 친구를 끝까지 신실하게 대했다. 그는 코부르크에서 그에게 편지를 보내 위로했다.[3]

루터교 신앙고백은 제국의회에 참석한 로마 진영의 신학자 20인으로 구성된 위원회가 받아 답변, 아니 논박을 준비했다. 위원회에는 에크와 파버, 코클라이우스, 빔피나, 디텐베르거가 포함되어 있었다. 이들은 7월 13일에 답변서를 완성했으나, 황제는 답변서가 쓸데없이 길고 비판적이라는 이유로 돌려보냈다. 답변서는 다섯 차례 수정을 거친 끝에 통과되어, 8월 3일에 개신교의 신앙고백이 낭독되었던 바로 그 예배당에서 제국의회 앞에서 공식적으로 낭독되었다. 황제는 답변서가 "기독교적이고 신중하게 작성되었다"고 평가했다. 그는 이 문서의 사본을 사적으로 간직한다는 조건으로 개신교 진영에 전달하고자 했다. 그러나 멜란히톤은 루터파 제후들의 요청으로 논박서를 준비했다.

황제는 평화로운 결과를 기대하고서 양 진영의 지도급 신학자들이 참석하는 회담을 주선했다. 로마 가톨릭 진영에서는 에크와 빔피나, 코클라이우스가 참석했고, 루터교 진영에서는 멜란히톤과 브렌츠, 슈네프가 참석했다. 회담은 8월 16일에 시작했으나 실패로 끝나고 말았다. 소위원회가 구성되어 8월 24일부터 29일까지 쟁점을 심의했으나 결과는 마찬가지였다. 멜란히톤은 주교들과 황제를 설득하려는 일념으로 수없이 소망을 접었고 양보에 양보를 거듭했다. 그러나 로마의 신학자들은 무류한 교회, 항구적 제사, 참된 사제직을 인정할 것을 고집했다. 그들은 성직자 독신제도와 평신도에게 성찬의 잔을 주지 않는 관행조차 포기하려 하지 않았고, 주교의 관할권과 교회와 수도원의 재산을 회복시킬 것을 요구했다.

루터는 코부르크에서 쓴 편지에서, 망설이고 있던 신학자들과 제후들에게 그들의 색깔을 잃지 말라고 당부했다. 루터 역시 크게 해롭지 않은 의식들은 회복해 줄 용의가 있었고, 심지어 주교제도 회복시킬 용의가 있었으나, 복음을 자유롭게 전할 수 있어야 한다는 조건만은 포기하지 않았다. 결국 루터는 교황이 교황제를 포기하지 않는 한 교리적 타협이 불가능하다고 판단했다.[4]

9월 22일에 황제는 제국의회의 휴회를 선언했다. 그가 휴회를 선언하면서 공포한 내용은, 개신교 진영의 신앙고백을 듣고 논박한 뒤에 다시 그들과 논의를 하였으나 아무런 성과가 없었으므로, 1531년 4월까지 특별한 호의를 베풀어 다시 재고할 기회를 준다는 것과, 그동안에는 새로운 혁신을 꾀해서는 안 되고, 가

---

3) 참조. 1530년 9월 11일의 편지. De Wette, IV. 163.

4) 8월 26일에 멜란히톤에게 쓴 편지에서, De Wette, IV. 147.

톨릭 진영의 신앙과 예배를 방해해서도 안 되며, 황제를 도와 재세례파와 성례를 멸시하는 자들을 진압해야 한다는 것이었다. 황제는 일년 내에 총 공의회를 열어 교회의 부패를 척결하기로 약속했다.

아우크스부르크 신앙고백에 서명한 이들과 프랑크푸르트와 울름, 슈베비쉬할, 슈트라스부르크, 메밍겐, 콘스탄츠, 린다우 같은 도시들은 휴회를 거부했다. 루터파는 자신들의 신앙고백이 정식으로 논박된 적이 없다고 항의하고서 멜란히톤이 작성한 그 신앙고백의 변증서를 제출했으나 기각당했다. 결국 그들은 황제가 제시한 재고 조건을 받아들였다.

휴회 선언이 있은 다음 날 작센의 선제후는 자신의 신학자들과 함께 돌아갔다. 황제는 "삼촌, 나는 삼촌에게서 이런 것을 기대하지 않았어요" 하고 말하면서 그와 작별했다. 선제후는 눈시울을 붉힌 채 아무 말 없이 떠났다. 그는 뉘른베르크와 코부르크에서 쉬었으며, 10월 9일에 토르가우에 도착했다. 헤세의 영주는 휴회 선언이 있기 몇 주 전에 혐오감을 표시하며 허락도 없이 아우크스부르크를 떠남으로써 혹시 공공연히 반역을 꾀한 것이 아닐까 우려를 자아냈다.

루터는 휴회 소식을 듣고 대노했다. 그것은 사실상 보름스 칙령을 재확인한 것이나 다름없다고 판단했던 것이다. 이에 대해 루터는 성명을 발표하기를, 복음의 진보를 가로막는 것은 주님을 다시 십자가에 못 박는 행위이고, 아우크스부르크 신앙고백은 심판 날까지 순수한 하나님의 말씀으로 남아야 하고, 미사는 지극히 가증한 것이므로 관용해서는 안 되며, 성찬을 어느 한 가지 형태로만 거행하는 것도 선택 사항이 될 수 없다고 했다. 그러면서 만약 평화가 복음과 신앙을 가로막고 해친다면 저주스러운 지옥의 맨 밑바닥에 던져 버려야 한다고 주장했다. 사람들은 만약 교황파가 몰락한다면 독일이 망하게 될 것이라고 말하는데, 그것은 두려운 일이긴 하나 루터 자기로서도 어쩔 수 없으며, 그것은 전적으로 교황파의 잘못이라고 말했다.[5]

루터는 1531년 초에 아우크스부르크 칙령을 비판하는 책을 펴냈는데, 이 책에서 그는 그 칙령의 장본인을 황제가 아닌 '수괴' 교황 클레멘스와 캄페지로 지목했으며, "참람한 교황파가 계시록에 기록된 요한 사도의 예언대로(14:8; 18:2; 22:20) 지옥에서 멸망할 것이며, 모든 그리스도인은 아멘 하고 말해야 한다"는

---

5) 참조. 요한복음 6-8장에 대한 루터의 주해(1530-32), Erl. ed. XLVIII. 342 sq.

말로 글을 맺는다.[6] 그 해에 루터는 독일인들을 향해서, 비록 자신이 목사로서 전쟁을 선동하는 것이 온당치 못한 일이지만, 전쟁에 대비해야 할 것이라고 경고했다.[7]

제국의회의 휴회는 11월 19일에 마침내 공포되었지만, 막상 그것을 단행하게 되면 내란이 발생하고 터키에게 승리를 안겨줄 위험이 있었다. 황제는 그러한 결과를 예상하고서 크게 당혹스러워했다. 세속 군주들 가운데 브란덴부르크 선제후 요하킴과 작센의 공작 게오르크 두 사람만 황제를 도와 강경한 조치를 단행할 준비가 되어 있었다. 바이에른의 공작은 황제가 자기 동생 페르디난트가 로마의 왕으로 선출되도록 노력한 것에 불만을 품었다. 마인츠와 쾰른의 대주교들과 아우크스부르크의 주교는 마음의 절반으로는 개신교 진영에 공감하고 있었다.[8] 그러나 황제는 교황에게 자신의 모든 권력을 다 사용하여 이단을 진압하겠다고 약속했으며, 1531년 4월 15일자로 특별 호의 기간이 끝난 뒤부터는 제국의회의 칙령을 단행하지 않을 수 없는 처지였다.

그러므로 루터교 제후들은 1530년 12월에 슈말칼덴에서 모여 슈말칼덴 동맹(the Smalcaldian League)이라는 이름으로 방어적인 동맹을 체결했다. 이 동맹의 가장 큰 목적은 황실의 법정 소송에 대항하여 교회 재산을 되찾고 교구 관할권을 회복하는 것이었다. 그러나 동맹 내부에 의견 차이가 있었다. 필요할 경우 황제에게 무력으로 대항해야 하는가, 그것이 문제였다. 신학자들은 그 의견에 반대했으나, 법률가들이 신학자들의 양심의 가책을 눌러 이겼으며, 작센의 선제후는 어떠한 세력, 심지어 황제가 공격해 온다 하더라도 동맹을 무력으로 방어해 주겠다고 약속했다. 이에 따라 1531년 3월에 슈말칼덴에서 새로운 회의가 열려

---

6) Walch, XVI. 2017 sqq; Erl. ed. XXV. 51-88.

7) *Warning an seine lieben Deutschen*, Erl. ed. XXV. 1-51. 로마 진영은 이 말을 공개적인 반란 선동으로 간주했다. 이러한 비판에 대해서 루터는 자신을 변호했다. *Wider den Meuchler in Dresden*, 1531 (Erl. ed. 89-109).

8) 알브레히트는 멜란히톤에게 로마서 주석을 헌정받았으며, 그 보답으로 그에게 금 30길더로 만든 컵을 선물했다(1532). 그는 루터의 아내에게도 금 20길더를 선물로 보냈으나, 루터는 이 선물을 고사했다. Köstlin, II. 427; Janssen, III. 203. 쾰른의 헤르만은 훗날 개신교 신앙을 고백하고, 부처와 멜란히톤의 도움을 받아 자기 교구를 개혁하려고 했으나 성과를 거두지 못했다.

6년 기간의 정식 동맹이 결성되었다. 동맹에는 선제후령 작센, 헤세, 뤼네부르크, 안할트, 만스펠트, 그리고 열한 개 도시가 가담했다. 이 동맹으로부터 결국 슈말칼덴 전쟁이 발발했는데, 이 전쟁은 개신교 진영 제후들, 특히 작센의 선제후와 헤세의 영주에게 치명적인 피해를 입히고 끝났다(1547).

그러나 초기에는 1532년의 뉘른베르크 평화조약에 의해 전쟁이 억제되었다. 1532년 4월에 술탄 술레이만이 30만 대군을 이끌고 다시 침공해온 현실이 화해를 정치적·애국적 의무로 만들었다. 황제는 4월 17일에 레겐스베르크에서 제국의회를 소집했다. 얼마 후 장소를 뉘른베르크로 옮긴 제국의회는 1532년 7월 23일에 잠정 휴전을 체결하고, 힘과 지략을 다 모아 터키 군대에 공세를 퍼부어 육지와 바다에서 모두 승리를 거두었으며, 그들을 퇴각하게 만들었다. 황제는 의기양양하여 이탈리아로 간 뒤 교황에게 공의회를 소집할 것을 촉구했다. 그러나 교황은 공의회를 소집할 준비가 되지 않았던 까닭에 이런저런 구실을 내세워 공의회 소집을 미루었다.[9]

'불변자' 요한은 그 해에 뇌졸중으로 세상을 떠났고(1532년 8월 16일), 그의 아들 '도량자' 요한 프리드리히가 그의 위를 계승했다. 그는 슈말칼덴 전쟁에서 선제후의 지위를 상실했으나, 복음적 신앙을 끝까지 지켰다.


## 119. 아우크스부르크 신앙고백

아우크스부르크 신앙고백은 개신교 신앙고백서들 가운데 가장 먼저 발표되었고 가장 유명하다. 이 신앙고백은 루터가 면죄부 판매에 대해서 항의한 이래 동료들과 함께 13년 동안 투쟁하며 지켜온 신앙의 주요 조항들을 분명하고 자세하고 체계적으로 표현한 것이다. 이 문서는 내용과 역사적 의미로 인하여 루터교의 주요 교리 표준 문서가 되었으며, 루터교 역시 이 문서로 인하여 "아우크스부르크 신앙고백의 교회"라는 이름을 얻었다. 루터교는 교단 내부에 신학적·교회 정치적 차이와 불화가 있음에도 불구하고 오늘날까지 이 입장을 견지하고 있다.

---

9) 루터는 *Von den Conciliis und Kirchen*, 1539 (Erl. ed. XXV. 219-388)에서 공의회에 대한 교황의 태도를 맹렬히 성토했다.

이 신앙고백은 유사한 공적 신앙 진술들에 기본 방향을 제시했으며, 다른 모든 지역의 종교개혁 진영에 큰 힘을 실어주었다. 이 신앙고백은 영국교회의 삼십구 개조에 큰 영향을 주었다.[10]

저자의 최종 개정과 제10조에 대한 필요한 수정을 거친 이 고백서는 개혁교회 신학자들과 회중들에 의해서도 자주 채택되었다. 하지만 이 고백서는 심지어 루터교의 무오하고 궁극적인 표준으로 의도된 바가 없으며, 이 문서를 끝까지, 심지어 채택된 뒤에도 수정하기를 마지않은 멜란히톤의 마음에는 애초부터 그런 의도가 더욱 없었다. 처음에는 니케아 이전 시대의 기독교 변증서들을 본따 '변증'(*Apology*)이라는 겸손한 이름을 붙이고, 로마 가톨릭 세계 앞에 루터교 신앙을 변호하는 담담한 진술이 되도록 하려는 의도밖에 없었다.

이 고백서는 순수한 변증서로서, 논쟁적인 성격보다 평화적인 성격이 더욱 두드러진다. 불화의 문서가 되지 않고 될 수 있는 대로 화합의 문서가 되기를 목표한다. 따라서 어조가 대단히 온건하고, 역사적 신앙을 철저히 견지하며, 가톨릭 진영을 자극할 만한 내용을 피한다. 신앙과 행위의 유일한 준칙인 성경의 우월성과, 로마 교회의 체계에서 가장 심한 반발을 사던 요인들 ― 면죄부와 연옥, 교황 수위설(멜란히톤은 현실과 동떨어진 조건에서 교황 수위설을 관용할 용의를 보였다) ― 에 대해서 침묵하며 지나간다. 간단히 말해서 이 고백서는 개신교의 신조들 가운데 가장 교회 제도 중심적이고 가장 가톨릭적이고 가장 보수적인 신조이다. 이것은 로마를 유화하는 데 실패했으나, 루터교 내부를 결집시키는 가장 강력한 띠가 되었다.

아우크스부르크 신앙고백은 점진적 장성으로 무르익은 열매이다. 이 고백서는 주로 다음과 같은 기존의 세 가지 신앙고백 문서들을 토대로 작성한 것이다. 첫째는 마르부르크의 십오개조(1529년 10월 4일)이고, 둘째는 슈바바흐 십칠개조(루터가 자신의 실제적 임재설을 포함하여 기존의 신조를 수정하고 확대한 고백서. 1529년 10월 16일에 뉘른베르크 근처의 슈바바흐 회의에서 루터파 제후들이 채택함)이고, 셋째는 로마 교회의 특정 폐습들을 비판한 토르가우 조항들로서, 이것은 1530년 3월 20일에 루터와 멜란히톤, 요나스, 부겐하겐이 선제후의 명령으로 그의 저택에서 작성한 것이다. 처음 두 개의 문서는 아우크스부르크

---

10) 참조. Schaff, *Creeds of Christendom*, I. 624 sqq.

신앙고백의 처음 부분, 즉 적극적인 교리 진술 부분에 자료를 제공했고, 세 번째 문서는 두 번째 부분, 즉 논쟁 부분에 자료를 제공했다.

멜란히톤은 이 세 가지 문서를 문자에 얽매임 없이 사용하여 새롭고 훨씬 훌륭한 고백서를 만들어냈다. 새로운 이 고백서에는 그의 학문성과 온건함, 요약 능력, 풍부한 표현력이 고스란히 담겨 있다. 그는 4월에 루터의 도움을 받아 코부르크에서 작업을 시작하여 6월 24일에 아우크스부르크에서 완성했다. 이 일을 위해 밤과 낮을 가리지 않고 주력한 까닭에 루터에게 너무 무리하지 말라는 질책을 받아야 했다. 루터는 5월 12일에 멜란히톤에게 쓴 편지에서 이렇게 말했다. "나는 당신을 비롯하여 당신과 함께 있는 모든 이들에게 파문의 경고를 걸고 엄히 명합니다. 당신의 약한 몸을 잘 관리하고, 하나님께 비현실적인 순종을 바침으로써 수명을 단축하는 일을 하지 마십시오. 우리는 휴일과 안식을 취하는 방법으로도 하나님을 섬기는 것입니다."

고백서의 내용을 보자면 루터가 주된 저자이고 멜란히톤이 보조 저자인 것처럼 보인다. 그러나 고백서의 형식과 방식과 문체와 기질은 모두 멜란히톤의 것이다. 그 외에 어느 누구도 이런 문서를 내놓을 수 없었다. 만약 루터가 작성했더라면 훨씬 더 공세적이고 논쟁적이긴 했으나 당시의 상황을 두루 아우르지는 못했을 것이다. 루터 자신도 친구가 그 임무를 수행하기에 더 적합한 역량을 지니고 있음을 의식했으며, 완성본을 읽어보고서 큰 만족을 표시했다. 그는 그 고백서에 대해서 이렇게 썼다. "이것이 나를 너무나 기쁘게 하므로 나는 이것을 변경하거나 개선할 수가 없습니다. 도저히 그렇게 할 수 없는 이유는 나는 이렇게 부드럽고 점잖게 걸음을 내디딜 수가 없기 때문입니다."[11] 만약 루터가 직접 작성했다면 제10조의 내용을 훨씬 더 강경하게 표현하고, 이신칭의 교리에 자신의 '오직'(sola)이라는 문구를 삽입하고, 제2부의 교회 부패를 지적하는 부분에서 연옥과 교황의 독재를 포함시켜 배격했을 것이다. 아마도 고백서 전체의 분위기가 사뭇 달라져 선전포고문과 같게 되었을 것이다.

아우크스부르크 신앙고백 본문(서문과 후기를 뺀)은 두 부분으로 이루어져 있

---

11) 1530년 5월 15일에 선제후 요한에게 쓴 편지. In De Wette, IV. 17. 루터는 아우크스부르크 신앙고백서를 부드럽게 걸음을 내디딘 신앙고백서라고 부른다(1530년 7월 21일에 요나스에게 쓴 편지에서).

다. 첫째 부분은 긍정적이고 교의적이며, 둘째 부분은 부정적이고 다소 논쟁적
혹은 그보다는 변증적이다. 첫째 부분은 주로 교리를 다루며, 둘째 부분은 의식
과 제도를 다룬다. 주제를 배열한 순서는 비록 슈바바흐 조항과 토르가우 조항
의 배열을 상당히 개선하긴 했으나, 엄격히 체계적이지는 않다. 필사본들과 초
기의 인쇄본들에서는 조항들에 숫자만 매겨졌으며, 표제가 붙은 것은 후대의 일
이다.

I. 첫째 부분은 21개 조로 구성된다. 삼위일체 하나님으로부터 시작하여 성인
숭배로 끝나는 이 부분은 복음적 루터파가 주장하던 교리들을 명쾌하고 차분하
고 압축된 형태로 진술한다: (1) 로마 교회와 공통된 교리들; (2) 로마 교회의 아
우구스티누스 학파와 공통된 교리들; (3) 로마와 반대되는 교리들; (4) 츠빙글리
파와 재세례파와 구분되는 교리들.

(1) 신학과 그리스도론, 즉 하나님의 일체성과 삼위성에 관한 교리(제1조)와 그
리스도의 신인적(神人的) 위격에 관한 교리(제3조)에서, 아우크스부르크 신앙고
백은 에큐메니컬 신조들에 진술된 고대 가톨릭 신앙을 강하게 재강조하며, 오래
되고 새로운 형태의 유니테리언주의와 아리우스주의를 이단으로 단죄한다
(damnamus).

(2) 인간론, 즉 타락과 원죄(제2조), 선천적 의지의 예속성과 신적 은혜의 필요
성(제18조), 죄의 원인과 본성(제19조)에 관한 조항들에서, 아우크스부르크 신앙
고백은 펠라기우스와 반(半)펠라기우스 이단설에 반대되는, 사실상 아우구스티
누스의 견해와 일치한다. 도나투스파에 대해서도 아우구스티누스가 그들을 비
판한 대로, 사역과 성례의 객관적 효능을 부정한 이유로 단죄했다(제8조).

(3) 다소 로마의 교리들과 구분되는 개신교의 일반적인 견해들은 이신칭의(제4
조), 복음 사역(제5조), 새로운 순종(제6조), 교회(제7, 8조), 회개(제12조), 성직
임명(제14조), 교회의 의식들(제15조), 세속 정부(제16조), 선행(제19조), 성인 숭
배와 그리스도의 독점적 중보자 지위(제20조)에 관한 조항들에 나타난다.

이 조항들은 교황파로 하여금 적대적 의지를 버리게 할 목적으로 신중하고도
주의 깊게 작성되었다. 루터가 교회의 일어섬과 넘어짐에 관련된 조항으로 단언
한 이신칭의 교리(제4조)조차 간단 명료하고 온건하게 진술했다. 루터가 그토록
강하게 주장하고 가톨릭 진영이 그토록 반대한 솔라라는 단어도 넣지 않았다(가
톨릭 진영은 루터가 그 단어를 로마서 3:28에 첨가함으로써 성경을 고의로 왜곡

했다고 비판했다).[12]

(4) 루터의 독특한 견해들 — 지배적인 가톨릭 전승에서 이끌어낸 것으로서, 부분적으로 다른 개신교 교단들의 견해들과 다른 — 은 성찬(제9, 10, 13조), 고해와 사죄(제11조), 천년왕국(제17조)에 관한 조항들에 담겨 있다. 제10조는 실제적 임재 교리와 모든 교인들에게 성찬의 성물들 안에 계신 그리스도를 나눠준다는 교리를 분명히 주장하며, 다르게 가르치는 사람들(츠빙글리파)을 인정하지 않는다.[13] 재세례파에 대해서는 단지 인정하지 않을 뿐 아니라 세 번이나 이단으로 단죄한다. 그들을 단죄한 이유는 유아세례와 유아의 구원에 관한 그들의 견해(제9조),[14] 세속 직분들(제16조), 천년왕국과 총괄갱신(제17조)에 관한 견해 때문이다.

하지만 이 반(反)츠빙글리적이고 반(反)제세례파적인 조항들은 루터교 내에서 오래 전에 효력을 상실했다. 멜란히톤 자신이 1540년 판에서 문구를 수정하고 불인정의 뜻이 담긴 구절을 삭제했다. 세례받지 않고 죽은 유아들에 대해 구원을 인정하지 않은 내용은 야만적 정통신앙의 퇴색한 유물이며, 침례교뿐 아니라 이 점에 대해서 시대를 앞서간 츠빙글리와 불링거에 의해서도 정당하게 배격된다. 이 교의를 최초로 공식적으로 비판하고 나선 것은 스코틀랜드 개혁교회가 발표한 제2차 스코틀랜드 신앙고백서(1581)로서, 이 고백서는 "로마의 적그리스도"의 오류들 가운데, "성례를 받지 않고 세상을 떠난 유아들에 대한 그의 잔인

---

12) 멜란히톤은 1531년 5월에 브렌츠에게 보낸 편지(*Corp. Ref.*, II. 502)에서, 자신은 아우크스부르크 신앙고백에 이 점을 분명하게 진술하지 않았다고 말한다. 이 고백서(제4조)에 대한 변증서에서, 그는 이신칭의 교리가 "기독교 교리 가운데 중요한 핵심"이라고 좀 더 분명하게 주장한다. 루터 성경 개정자들은 로마서 3:28에 allein(오직)이라는 단어를 그냥 남겨두었다.

13) secus docentes(독일어 판에서는 gegenlehr)라는 표현이 츠빙글리파를 뜻한다는 것은 앞서 열린 마르부르크 회담과 제국의회 때 루터파가 보여준 행동 전체에서 유추할 수 있다. 고백서에 츠빙글리의 이름이 빠진 이유는 아마도 츠빙글리의 친구이자 고백서의 서명자들 가운데 한 사람인 헤세의 영주를 배려했기 때문인 듯하다.

14) "그들은 유아 세례를 부정하고 유아들이 세례 없이도 구원을 받는다고 주장하는 재세례파를 단죄한다." 1540년 판은 '세례 없이'라는 문구 뒤에 '그리고 그리스도의 교회 밖에 있어도'라는 문구를 덧붙인다.

한 판단과 세례를 받아야 하는 절대적인 필요성"을 단죄한다.[15]

재림과 천년왕국에 관한 교리(제17조에서 배격한)는, 재세례파라는 급진주의자들이 꾸었던 꿈을 제외한다면 건실한 정통파 루터교 신자들 가운데서, 특히 벵겔 학파에서 옹호자들을 발견했으며, 따라서 공개적인 쟁점이었던 것으로 간주하는 것이 당연하다.

교리 부분의 마지막 조항은 루터교가 성경 혹은 보편 교회 혹은 심지어 로마 교회에 위배되는 교리를 주장하지 않는다는 확신을 피력한다. 교부들에게서 확인할 수 있는 범위 내에서는 그러하며, 로마 교회와 다른 점도 특정 전승들과 의식들에 대해서 뿐이라고 강조한다. 하지만 루터는 사실을 좀 더 잘 파악했으며, 그것은 로마 진영도 마찬가지였다. 오직 멜란히톤만 일치와 평화에 대한 기대에 휩싸여 스스로 속았던 것이다. 그러나 그는 아우크스부르크를 떠난 뒤에는 미몽에서 깨어났으며, 그 뒤로는 어조가 사뭇 달라졌다.

Ⅱ. 아우크스부르크 신앙고백의 두 번째 부분은 일곱 조항으로 구성되어 있으며, 내용은 가장 비열하다고 판단되는 로마의 남용 중에서, 그리고 루터파 교회들에서는 구체적으로 시정된 폐습들을 비판하는 것으로 전개된다. 여기서 비판하는 폐습들은 다음과 같은 것들이다: 평신도들에게 성찬의 잔을 주지 않는 관행(제1조), 성직자 독신주의(제2조), 미사의 제사(제3조), 의무적인 비밀고해(제4조), 축일과 금식 행사(제5조), 수도 서약(제6조), 교회의 순결과 영성에 해당되는 한도에서 주교가 지니는 세속 권력(제7조). 일곱 번째 조항은 사실상 에라스투스주의 혹은 황제교황주의의 원리에 대한 항의로서, 그 결과를 논리적으로 추적해 보면 교회와 국가의 분리에 닿아 있다.

고백서는 이렇게 말한다. "교회의 권세와 세속 권력은 혼동되어서는 안 된다. 교회의 권세는 복음을 전파하고 성례를 집행하라는 자체의 계명을 지닌다. 그것이 다른 권세에 들어가서는 안 되며, 그것이 세상 나라들에게 양도되어서는 안 된다." 세속 권력은 세상의 문제들만 다루고, 복음을 다루어서는 안 되며, "정신들을 보호하지 않고, 명백한 상해에 대해서 육체와 육체에 속한 것들을 보호한다." 이 항의는 독일의 개신교 군주들에게 철저히 외면당했다. 같은 조항은 주교에게 순전히 영적이고 교회적인 권위를 지닌 관할권을 되돌려 주는 것을 지지

---

15) Schaff, *Creeds*, I. 687, iii. 482.

한다. 이 견해 역시 서명자들에게 철저히 외면당했다. 그들은 1526년 이래로 종교개혁자들의 동의를 받아 주장하고 행사해온 최고 주교의 지위를 포기할 의사가 없었던 것이다.

아우크스부르크 신앙고백은 다음과 같은 말로써 맺는다. "사도 베드로는 감독들에게 주인의 위치에 올라 교회들을 주장하지 말라고 금한다(벧전 5:30). 그런데 우리의 의도는 주교들에게서 치리권을 빼앗는 것이 아니라, 그들에게 복음을 순수하게 가르치라는 것과, 죄를 짓지 않고는 준수할 수 없는 몇 가지 관습을 완화하라는 것이다. 그러나 만약 그들이 어느 하나도 양보하기를 거부한다면, 자신들의 완고한 태도로 불화와 분열의 원인을 제공한 사실에 대해서 훗날 하나님 앞에서 어떻게 해명할 것인가를 생각해야 한다."

이로써 라틴 교회를 분열시킨 책임을 로마에게 돌렸다. 그러나 설혹 로마와 제국의회가 아우크스부르크 신앙고백을 받아들였다 하더라도 분열은 여전히 그치지 않았을 것이다. 개신교 정신이 크게 확산되어 지상의 어느 권력도, 심지어 루터와 멜란히톤조차도 그것을 막을 수 없었던 것이다.

라틴어 판 문체는 멜란히톤의 고전적 교양과 훌륭한 취향으로부터 기대함직한 것이다. 반면에 순서와 배열은 대폭 개선되었다.

황제에게 쓴 외교적인 서문은 법률가인 대법관 브뤽이 작성한 것으로서, 서툴고 뒤틀리고 지루하고 지나친 아부로 일관하여서, 독자에게 당시의 역사 상황을 알게 하는 것 말고는 아무런 가치가 없다. 간략한 결론(후기)도 브뤽이 작성했으며, 그 뒤에는 선제후 7인과 시장 2인의 서명이 첨부되었다. 여러 부의 필사본들에는 서문과 후기가 빠져 있어서, 그것이 고백서 본문에 속하지 않음을 알린다.

여기서는 지면 관계상 본문과 1530년의 수정되지 않은 고백서(the Unaltered Confession), 그리고 1540년의 수정된 고백서(the Altered Confession)에 관한 문제들을 논하기 어렵다. 1540년의 수정된 고백서는 저자가 마지막으로 손질한 것이지만, 루터교 내부에서 준(準) 공식적인 성격과 비중밖에 지니지 못한다.


## 아우크스부르크 신앙고백(1530)

# Concordia.

## PIA ET VNANIMI
## CONSENSV REPETITA

Confeſsio Fidei & doctrinæ

## ELECTORVM, PRINCIPVM,

ET ORDINVM IMPERII,

Atq3 eorundem Theologorum, qui

## Auguſtanam Confeſsionem am-
## plectuntur.

## CVI EX SACRA SCRIPTVRA,

VNICA ILLA VERITATIS NORMA ET

regula, quorundam Articulorum, qui poſt Doctoris MARTI-
NI LVTHERI felicem ex hac vita exitum, in con-
trouerſiam venerunt, ſolida acceſsit

## Declaratio.

COMMVNI CONSILIO ET MAN-

dato eorundem Electorum, Principum ac Ordinum Imperij, &
erudiendis & monendis ſubditis, Ecclefijs & Scholis ſuis,
ad memoriam poſteritatis denuò typis
vulgata.

### LIPSIÆ,

ANNO M. D. LXXXIIII.

## Cum gratia & priuilegio Elect. Sax.

일치서에 수록된 아우크스부르크 신앙고백 표지

# O M N I B V S
## ET SINGVLIS HAS

noſtras lecturis, nos qui ijſdem nomi-
na noſtra ſubſcripſimus Auguſtanæ
Confeſſioni addicti Electores, Prin-
cipes, & Sacri Romani Imperij, in Germania ordines,
pro dignitate & gradu cuiuſq₃, noſtra ſtudia,
amicitiam ac ſalutem cum officio con-
iunctam deferimus & nun-
ciamus.

NGENS DEI
Opt. Max. benefici-
um eſt, quòd poſtre-
mis temporibus, & in
hac mundi ſenecta,
pro ineffabili amore,
clementia ac miſeri-
cordia ſua, humano generi lucem Eu-
angelij & verbi ſui (per quod ſolum ve-
ram ſalutem accipimus) poſt tenebras
illas Papiſticarum ſuperſtitionum, in
Germania chariſſima patria noſtra,

A 2

puram

아우크스부르크 산앙고백 서문 첫 페이지

# 제1부 믿음의 주요 조항들

## 제1조 하나님에 관하여

교회들은 공동 합의에 따라 니케아 공의회 법령이 정의한 신적 본질의 통일성과 하나님의 삼위성(三位性) 교리를 의심 없이 받을 만한 참된 교리로 가르친다. 즉, 하나님이라 불리시고 하나님이신 하나의 신적 본질이 계신데, 이 하나님은 영원하시고, 육체가 없으시고, 분리되지 않으시고[부분으로 나뉘지 않으시고], 권능과 지혜와 인자가 무한하시며, 모든 보이는 것들과 보이지 않는 것의 창조주시요 보존자이시되, 그럼에도 불구하고 본질과 능력이 동등하시며 동일하게 영원하신 성부, 성자, 성령 세 위격으로 계신다. 교회들이 사용하는 위격(person)이라는 단어는 교회의 저자들[교부들]이 사용한 의미대로, 서로 다른 세 부분이나 특성이 아니라 고유의 존재를 지니신 분을 가리킨다.

교회들은 이 조항에 거슬러 생겨난 모든 이단들, 이를테면 선과 악이라는 두 원리를 상정하는 마니교를 단죄하며, 마찬가지로 발렌티니아누스파, 아리우스파, 유노미우스파, 이슬람교 따위의 이단들을 단죄한다. 교회는 사모사타파(사모사타의 파울루스파)와 그것의 새로운 유형도 단죄한다(註 – 반삼위일체적 재세례파인 뎅크<Denck>와 헤처<Hetzer> 같은 자들을 가리킴. 하지만 1530년 이후에 등장한 세르베투스와 소키누스파를 가리킨 것은 아님). 새로운 유형의 사모사타파는 위격이 하나일 뿐이라고 주장하는데, 그것은 궤변가의 방식대로 교묘하고 악하게 말씀과 성령을 하찮게 만들어 마치 독특한 위격들이 아니신 것처럼, 즉 말씀은 음성으로 표현된 말이요 성령은 사물들 안에서 생성되는 운동인 것처럼 만드는 것이다.


## 제2조 원죄에 관하여

또한 교회들은 아담의 타락 이후로 모든 인간이 보통 생육법에 따라 죄를 지닌 상태로 태어난다고 가르친다. 모든 인간은 그런 상태로 태어나므로 하나님을 두려워하지 않고, 하나님을 신뢰하지 않고, 육체의 정욕대로 산다. 이 질병 곧 원죄는 엄연한 죄로서, 지금도 세례와 성령으로 거듭나지 않는 모든 사람들을 단죄하며 그들에게 영원한 죽음을 내린다.

교회들은 이 원죄가 죄임을 부정하는 펠라기우스파와 그 밖의 집단들을 단죄한다. 그리고 그리스도의 공로와 은혜를 삭감하기 위하여 인간이 자신의 이성의 힘에 의하여 하나님 앞에 의롭다 함을 얻을 수 있다고 주장하는 자들을 단죄한다.

### 제3조 하나님의 아들에 관하여

또한 교회들은 말씀이신 하나님의 아들이 복된 동정녀 마리아의 태에서 인간의 본성을 취하심으로써 신성과 인성이라는 두 본성을 지니신다고 가르친다. 두 본성은 위격의 통일성 안에서 분리할 수 없게 서로 결합되어 있다. 참 하나님이시요 참 사람이신 한 분 그리스도께서는 동정녀 마리아에게서 태어나셨고, 실제로 고난을 당하셨고, 십자가에 달리셨고, 죽으셨고, 장사지낸 바 되셨는데, 이는 그로써 성부를 우리와 화목시켜 드리려 하심이요, 인간의 원죄뿐 아니라 모든 자범죄까지도 속죄하기 위한 제물이 되시려 하심이었다.

동일한 그리스도께서는 또한 지옥에 내려가셨고, 사흘날에 실제로 다시 살아나셨다. 그 후 하늘에 오르셨는데, 이는 성부의 우편에 앉으시기 위함이요, 영원히 군림하시사 만물을 다스리시기 위함이요, 자기를 믿는 자들의 마음에 성령을 보내시어 그들을 거룩하게 하시기 위함이었다. [보내심을 받으신] 성령께서는 믿는 자들을 다스리시괴거룩하게 하시고, 정결케 하시고, 힘을 주시고], 위로하시고, 새로운 힘을 주시고, 마귀와 죄의 세력에서 그들을 보호하실 것이다.

동일한 그리스도께서는 사도신경이 고백하는 대로 살아 있는 자들과 죽은 자들을 심판하시기 위해서 다시 오실 것이다.

### 제4조 칭의에 관하여

또한 교회들은 인간이 자신의 능력과 공로 혹은 행위로 하나님 앞에서 의롭다 함(사죄와 의)을 얻을 수 없고, 믿음으로 말미암아 그리스도를 인하여 값 없이 의롭다 함을 받는다고 가르친다. 이것을 믿을 때 은혜 안으로 받아들여지고, 친히 죽으심으로써 우리의 죗값을 모두 치르신 그리스도로 인하여 사죄를 받게 된다. 하나님께서는 이러한 믿음을 자기 앞에 의로 간주하신다. 참조. 로마서 3, 4장.

### 제5조 교회의 직분에 관하여

이러한 믿음을 얻게 하려고 복음을 가르치고 성례를 집행하는 직분이 제정되었다.

이는 마치 도구들을 사용하듯, 말씀과 성례에 의하여 성령을 주시는 것이다. 성령께서는 하나님이 기뻐하시는 장소와 시간에 복음을 듣는 자들 안에서 믿음을 일으키신다. 즉, 하나님께서는 우리의 공로가 아닌 그리스도의 공로를 보시고 그리스도로 말미암아 은혜 안에 가납(加納)됨을 믿는 사람들을 의롭다 하시는 것이다.

교회들은 성령이 말씀 없이, 인간 자신의 준비와 행위를 통하여 임하신다고 상상하는 재세례파와 그 밖의 사람들을 단죄한다(註 - 그 밖의 사람들이란 인간이 성례를 받으면 자동적으로<ex opere operato, 사효적으로> 성령을 받는다고 가르치는 로마 교회의 신학자들을 가리킴).

### 제6조 새로운 순종에 관하여

또한 교회들은 이러한 믿음이 있으면 반드시 선한 열매를 내놓게 된다는 것과, 인간은 하나님이 명하신 선행을 마땅히 행해야 하되, 자신의 행위로 하나님 앞에서 의롭다 함을 받기 위한 공로를 쌓겠다는 신념으로 행해서는 안 되고, 그것이 하나님의 뜻이기 때문에 행해야 한다는 것을 가르친다.

사죄와 칭의는 오직 믿음으로 받는다. 이는 그리스도께서 친히 말씀하신 바와 같다. "이와 같이 너희도 명령받은 것을 다 행한 후에 이르기를 우리는 무익한 종이라 우리의 하여야 할 일을 한 것뿐이라 할지니라."

이러한 교훈은 초기 교회의 저자들도 가르친 것이다. 암브로시우스는 이렇게 말했다. "그리스도를 믿는 사람이 값없이 사죄를 받음으로써 행위 없이 오직 믿음으로 구원을 얻게 된 것은 하나님께서 친히 정해 놓으신 것이다."

### 제7조 교회에 관하여

또한 교회들은 하나의 거룩한 교회가 영원히 존속할 것을 가르친다. 그러나 교회는 복음이 올바로[순수하게] 선포되고, 성례가 올바로[성경대로] 집행되는 성도들의 회집(會集, 모든 신자들의 모임)이다.

그리고 교회가 참된 통일을 이루기 위해서는 복음의 교훈과 성례 집행에 관하여 일치를 이루는 것이 필요하다. 사도 바울은 "몸이 하나이요 성령이 하나이니

이와 같이 너희가 부르심의 한 소망 안에서 부르심을 입었느니라”고 가르치는데, 따라서 복음의 교훈과 성례 집행 외의 인간 전승과 의식 등, 인간이 제정한 것들은 모든 곳에서 다 동일해야 할 필요가 없다.

### 제8조 교회의 정체성에 관하여

교회가 성도 곧 참 신자들의 회집인 것이 사실이지만, 이생에서는 많은 위선자들과 악인들도 그 안에 섞여 있는 것이 현실이므로, “서기관들과 바리새인들이 모세의 자리에 앉았으니 그러므로 무엇이든지 저희의 말하는 바는 행하고 지키되 저희의 하는 행위는 본받지 말라”고 하신 그리스도의 말씀(마 23:2)대로 비록 악인들이 성례를 집행할지라도 그것을 사용하는 것이 합법적이다. 그리고 성례와 말씀은 비록 악인들을 통해 집행되고 전달되더라도 그리스도의 제정의 말씀과 명령에 의하여 효력을 발휘한다.

교회들은 교회에서 악인들의 봉사를 사용하는 것이 합법적임을 부정하고, 악인들의 봉사는 쓸모 없고 효과도 없다고 주장한 도나투스파와 그 밖의 사람들을 단죄한다.

### 제9조 세례에 관하여

교회들은 세례가 구원에 필수적이고, 세례에 의하여 하나님의 은혜가 전달되며, 자녀들도 세례에 의하여 하나님께 봉헌되고 하나님의 은혜 안에 받아들여지므로 세례를 주어야 한다고 가르친다.

교회들은 유아세례를 인정하지 않고, 유아들은 세례 없이 구원받는다고 주장하는 재세례파를 단죄한다.

### 제10조 주의 만찬에 관하여

주의 만찬에 관하여, 교회들은 그리스도의 [참된] 몸과 살이 [떡과 포도주 형태 아래] 실제로 임재하며, [거기에서] 주의 만찬을 먹는 사람들에게 전달된다. [그리고 받아들여진다.] 교회들은 이와 다른 교훈을 가르치는 자들을 인정하지 않는다. [이로써 상반된 교훈은 배격된다.]

### 제11조 죄의 자백에 관하여

고해에 관하여, 교회들은 비록 모든 죄를 다 열거할 필요는 없으나, 사적인 면 죄는 그대로 유지해야 한다고 가르친다. "자기 허물을 능히 깨달을 자 누구리요" 라는 시편의 말씀대로 죄를 다 열거하기란 불가능하기 때문이다.

### 제12조 회개에 관하여

회개에 관하여, 교회들은 세례 후에 범한 죄도 언제라도 회개하면 사함받을 수 있으며, 교회는 회개하는 자들의 죄를 사해주어야 한다고 가르친다.

회개는 두 부분으로 구성된다. 첫째는 죄를 깨닫고서 양심으로 느끼는 통회 혹은 두려움이고, 둘째는 복음 곧 사죄의 약속을 힘입어 품는 믿음이다. 이 믿음은 그리스도를 인하여 죄가 사해졌음을 믿게 하고, 양심을 위로하며, 양심을 고통에서 해방시킨다. 회개한 뒤에는 그 열매인 선행이 따라야 한다.

교회들은, 한 번 의롭다 함을 받은 사람이 성령을 상실할 수 있음을 부정하고, 어떤 사람들은 이생에서 죄를 범하지 않을 수 있는 완전에 도달할 수 있다고 주장하는 재세례파를 단죄한다. [한 번 거룩하게 된 사람은 다시 타락할 수 없다고 가르치는 사람들을 배격한다.] 반면에 교회들은 세례를 받은 뒤에 타락한 사람들은 회개할지라도 사함을 받을 수 없다고 주장한 노바티아누스파에 대해서도 단죄한다. 사죄를 믿음으로 얻는다는 사실을 가르치지 않는 자들과, 보속(補贖)을 바쳐 은혜를 얻을 공로를 쌓으라고 명하는 자들에 대해서도 배격한다.

### 제13조 성례의 사용에 관하여

성례의 사용에 관하여, 교회들은 성례가 사람들 앞에서 주를 인정하는 표시일 뿐 아니라, 더 나아가 우리를 일으켜 세워 굳은 믿음을 갖게 하시려는 하나님의 뜻이 담긴 표와 인(印)이라고 가르친다. 그러므로 성례로써 우리에게 제시되고 선포되는 약속들을 믿는 사람들과 믿음으로 연합하기 위해서는 성례에 참여해야 한다.

그러므로 교회들은 성례가 그 자체의 행위로써 사람을 의롭게 한다고 가르치는 자들, 성례를 받으려면 사죄에 대한 믿음이 있어야 한다고 가르치지 않는 자들을 단죄한다.

### 제14조 교회의 직분들에 관하여

교회 직분[교회 정치]에 관하여, 교회들은 합법적인[정규적인] 소명을 받지 않은 자가 교회에서 공식적으로 가르치거나 성례를 집행해서는 안 된다고 가르친다.

### 제15조 교회의 의식들에 관하여

교회의 의식들[인간이 제정한]에 관하여, 교회들은 죄를 조장하지 않고 지킬 수 있으며, 교회의 평안과 질서 증진에 유익한 의식들, 이를테면 절기들에 드리는 의식들을 지켜야 한다고 가르친다. 그렇지만 의식 준수가 구원에 꼭 필요한 것처럼 양심에 짐을 지우는 일을 하지 말도록 훈계해야 한다.

교회들은 하나님의 마음을 달래고, 은혜를 얻기 위한 공로를 쌓고, 죄에 대한 보속을 바치기 위해서 제정된 인간의 전승들이 복음과 믿음의 도리에 위배됨을 주의해야 한다. 그러므로 맹세[서약]와 음식과 날들에 관한 전승들, 이를테면 은혜를 얻기 위한 공로를 쌓고 죄에 대한 보속을 바칠 목적으로 제정된 의식들은 무익할 뿐 아니라 복음에 위배된다.

### 제16장 세속 정부에 관하여

세속 정부에 관하여, 교회들은 합법적인 세속 법률은 하나님께서 허락하신 선한 것이며, 그리스도인들은 합법적으로 세속 관직을 취할 수 있고, 법관이 될 수 있고, 황제의 법령과 그 밖의 실정법으로 사안을 결정할 수 있고, 의로운 전쟁을 수행할 수 있고, 군 복무를 할 수 있고, 합법적인 거래와 계약을 할 수 있고, 재산을 보유할 수 있고, 국가 관리가 요구할 때는 서약할 수 있고, 결혼할 수 있다고 가르친다. 교회들은 그리스도인들이 세속 관직에 오르는 것을 금하는 재세례파를 단죄한다. 교회들은 복음의 완전함을 하나님 경외와 믿음에 두지 않고 세속 관직을 포기하는 데 두는 자들도 단죄한다. 이는 복음이 마음의 영원한 의를 가르치기 때문이다. 동시에 복음은 국가나 가정의 질서와 통치를 불허하지 않고, 특히 국가나 가정의 질서와 통치의 보호와 유지를 하나님이 내신 규례로서 요구하되, 사랑 가운데 그 규례를 지킬 것을 요구한다. 그러므로 그리스도인들은 위정자와 법에 복종해야 한다. 단, 위정자와 법이 죄를 짓도록 명령하는 경우에는 복종하지 말아야 한다. 그리스도인은 사람보다 하나님께 복종해야 하기 때문이다(행 5:29).

## 제17조 그리스도의 재림과 심판에 관하여

또한 교회들은 세상의 때가 다할 때 [마지막 날에] 그리스도께서 심판하시기 위해 다시 오셔서 모든 죽은 자들을 일으키시고, 택함을 받은 거룩한 자들을 영원한 생명과 복락으로 인도하실 것이다. 그러나 거룩하지 않은 자들과 악한 영들은 영원한 고통으로 떨어질 것이다.

교회들은 정죄받은 사람들과 악한 영들의 고통이 끝날 때가 있을 것이라고 생각하는 재세례파를 단죄한다. 교회들은 오늘날 유대인들의 견해, 즉 죽은 자의 부활이 있기 전에 거룩한 자들이 세상 나라를 차지할 것이고, 악인들은 그들에게 탄압을 받을 것이라는[오직 성도들 곧 거룩한 자들이 세상 나라를 차지하여 모든 거룩하지 않은 자들을 뿌리뽑을 것이라는] 견해를 퍼뜨리는 자들도 단죄한다.

## 제18장 자유의지에 관하여

자유의지에 관하여, 교회들은 인간의 의지가 사회적 의를 행하고, 이성으로 파악할 수 있는 일들을 선택할 자유는 있지만, 성령의 도우심 없이는 하나님의 의 곧 영적 의를 행할 능력은 없으며, 그 이유는 자연인이 하나님의 성령의 일을 받지 않기 때문이라고 가르친다(고전 2:14). 그러나 사람이 말씀을 통하여 하나님의 성령을 받을 때 마음에 그러한 의지의 능력이 생긴다.

아우구스티누스는 이것을 여러 말로 확증한다(*Hypognosticon*, 제3권): "우리는 모든 사람에게 이상의 판단을 지닌 자유의지가 있다고 고백한다. 하지만 그렇다고 해서 하나님을 떠나 하나님에 관계된 일들을 시작하거나 완수할 수 있다는 뜻이 아니라, 선하든 악하든 현세에 속한 일들만 할 수 있다는 뜻이다. 내가 말하는 '선한 일'이란 선한 본성에서 나온 것을 말한다. 이를테면 들에 나가 일하려는 뜻을 품는 것이나, 밥을 먹고 물을 마시고 싶은 것, 친구를 사귀고 싶은 것, 옷을 입고 싶은 것, 집을 짓고 싶은 것, 결혼하고 싶은 것, 가축을 키우는 것, 여러 가지 유익한 기술을 익히는 것, 현세에 속한 좋은 것을 바라는 것이 선한 본성에서 나온 선한 일들에 속한다. 이 모든 것은 하나님의 통치에서 벗어나 있지 않다. 하나님에게서, 하나님에 의해서 존재와 시작을 갖는다. '악한 일'에는 우상을 숭배하려는 의지와 사람을 죽이려는 의지 같은 것들이 있다."

교회들은 하나님의 성령 없이 본성의 힘만 가지고도 하나님을 무엇보다 사랑할 수 있고, 우리의 행동을 규제하는 하나님의 계명을 지킬 수 있다고 가르치는 펠라기우스주의자들과 그 밖의 사람들을 단죄한다. 본성은 다소간에 외적인 행위를 할 수 있지만(도둑질과 살인을 하지 않는 것은 본성으로도 가능하기 때문이다), 하나님을 경외하거나 하나님을 의뢰하거나 정절을 지키거나 인내하는 것 같은 내면의 행위는 하지 못한다. (註 - 제18조의 내용은 1540년 판에서 상당 부분 수정됨.)

### 제19조 죄의 원인에 관하여

죄의 원인에 관하여, 교회들은 하나님께서 자연을 창조하시고 보존하실지라도, 죄의 원인은 그 악한 자 곧 마귀와 거룩하지 못한 사람들의 의지에 있다고 가르친다. 그들의 의지는 하나님이 계시지 않기 때문에 하나님으로부터 등을 돌린다. 그리스도의 말씀과 같다. "저는 …… 거짓말을 말할 때마다 제것으로 말하나니"(요 8:44).

### 제20조 선행에 관하여

우리의 신학자들은 선행을 금했다는 이유로 대적들에게 부당한 공격을 받아 왔다. 그 공격이 부당하다고 말할 수 있는 이유는, 우리의 신학자들이 남긴 십계명과 그 밖의 명령에 관한 저서들 자체가 그들이 선한 목적으로 다양한 종류의 삶과 그 의무들에 관해 가르쳐 왔음을 입증하기 때문이다. 과거의 설교자들은 그런 내용을 별로 혹은 아예 가르치지 않았다. 그들이 강조한 것이라곤 성일 준수, 금식, 형제단, 성지 순례, 성인 숭배, 묵주 사용, 수도 생활 같은 유치하고 불필요한 것뿐이었다. 대적들은 뒤늦게 이에 대한 폐단을 깨달았는지, 이제는 과거처럼 그런 무익한 행위를 가르치지 않는다. 그 외에도, 그들은 과거에는 믿음에 관해서 입을 꽉 다물고 한 마디도 않다가 이제는 입을 열기 시작했다. 그들은 이제 새삼스럽게 사람이 행위로만 의롭다 함을 받는 게 아니라고 가르치며, 믿음과 행위를 합쳐서 우리가 믿음과 행위로 의롭다 함을 받는다고 가르친다. 이러한 교훈은 과거의 것에 비해 참아줄 만하며, 그들의 옛 교리에 비해 좀 더 위안을 준다.

교회에서 중요하게 가르쳐야 하는 믿음의 교리가 오랫동안 잊혀져온 까닭에, 그들의 설교에는 믿음으로 말미암는 의에 관해 깊은 침묵이 있었고, 행위에 관한 교리만 성행했으며, 이런 이유에서 우리의 신학자들은 교회들에게 다음과 같이 훈계하기 시작했다.

첫째로, 우리의 행위는 우리를 하나님과 화목시키거나, 하나님의 손에서 사죄와 은혜와 칭의를 받게 할 수 없다. 이런 것은 우리를 성부 하나님과 화목시키신 유일한 중보자와 구주로 세움을 받으신 그리스도로 말미암아 우리가 하나님의 은혜 안으로 받아들여짐을 믿는 믿음으로만 받을 수 있다. 그러므로 행위로 은혜를 받을 공로를 쌓으려 하는 자는 그리스도의 공로와 은혜를 멸시하는 것이며, 그리스도 없이 자신의 힘으로 성부께 나아가려고 하는 것이다. 이와 달리 그리스도께서는 친히 "내가 곧 길이요 진리요 생명이니" 하고 말씀하셨다(요 14:6).

이 믿음의 교리는 사도 바울이 거의 모든 서신에서 전한다. "너희가 그 은혜를 인하여 믿음으로 말미암아 구원을 얻었나니 이것이 너희에게서 난 것이 아니요 하나님의 선물이라. 행위에서 난 것이 아니니 이는 누구든지 자랑치 못하게 함이니라"(엡 2:8, 9). 이 점에 대해 아무도 이의를 제기하지 못하게 하기 위하여, 우리는 이러한 주장이 교부들의 증언으로 뒷받침된다는 새로운 해석을 제시한다. 아우구스티누스는 여러 책에서 하나님의 은혜와 믿음으로 말미암는 의를 옹호하며, 행위로 말미암는 의를 배척한다.

암브로시우스도 「이방인을 부르신 일에 관하여」(*De Vocatione Gentium*)란 저서와 그 밖의 저서에서 같은 교훈을 가르친다. 예를 들어, 그는 이방인을 부르신 일에 관하여 이렇게 말한다. "만일 은혜로 말미암는 칭의가 기존에 쌓인 공로들 때문이라면 그리스도의 피로 말미암은 구속은 하찮은 것이 될 것이고, 인간의 행위의 권리가 하나님의 자비에 자리를 내어주지 않게 될 것이다. 그렇게 된다면 구속은 주시는 분의 은혜가 아니라 일꾼이 당연히 받아야 할 삯이 될 것이다."

이러한 교리가 미숙한 자들의 것으로 경멸을 당할지라도, 거룩하고 두려움을 아는 양심은 그것이 큰 위로를 준다는 것을 경험으로 발견한다. 왜냐하면 양심은 어떤 훌륭한 행위를 함으로써 평안을 찾게 되지 않고, 오직 믿음으로만, 즉 하나님께서 그리스도로 인하여 우리와 화목하셨음을 굳게 믿을 때에만 평안을 얻을 수 있기 때문이다. 이는 사도 바울이 "그러므로 우리가 믿음으로 의롭다 하심을 얻었은즉 우리 주 예수 그리스도로 말미암아 하나님으로 더불어 화평을 누리자" 하고 가르친 바와 같다(롬 5:1). 이 교리는 고통과 투쟁 가운데 있는 양심에게만 해당되며, 그러한 투쟁을 느끼지 않는 양심은 이 교리를 이해할 수 없다. 그러므로 양심의 고통을 경험해 보지 못한 자들, 그리스도인의 의가 사회적·철학적 의에 다름 아니라는 망상을 품은 자들은 그 문제에 대해 판단할 자격이 없는 무지한 자들이다.

과거에는 사람들이 행위의 교리로 인하여 양심의 괴로움에 시달렸다. 복음의 위로에 전혀 귀 기울이지 못했다. 금욕 생활로 은혜를 얻을 공로를 쌓도록 양심이 사람들을 사막으로 내몰기도 하고, 수도원으로 떠밀기도 했다. 또 어떤 사람들은 공로를 쌓고 죗값을 만족시키기 위해 다른 방식의 행위들을 고안했다. 그러므로 두려워하는 양심이 위로를 찾지 못하는 일이 없도록, 오히려 은혜와 사죄와 칭의가 그리스도를 믿음으로써 받는 것임을 알도록 하기 위해서, 그리스도를 믿는 이 믿음의 교리를 새롭게 가르칠 필요가 매우 커졌다.

우리가 사람들을 가르치는 또 한 가지 교훈은, 우리가 말하는 '믿음'이란 단어가 역사 지식만을 말하는 게 아니라 — 그런 지식이라면 악인들과 마귀도 가질 수 있다 — 역사뿐 아니라 역사의 결과와 영향, 즉 그리스도로 말미암아 우리가 은혜와 의와 사죄를 받았다는 사죄의 조항까지도 믿는 믿음을 뜻한다는 것이다. 그리스도를 통하여 자신에게 자비를 베푸신 아버지를 모시고 있음을 아는 사람이 하나님을 참되게 아는 것이다. 그는 하나님께서 자신을 돌보신다는 것을 안다. 하나님을 사랑하며 하나님을 의지한다.

한 마디로, 그는 이방인들처럼 하나님 없이 지내는 사람이 아니다. 악한 영들과 악인들은 절대로 사죄 조항을 믿을 수 없으며, 그러므로 하나님을 자신들의 원수로 알고 미워한다. 그들은 하나님을 의지하지도 않고, 그의 손에서 선한 것을 받을 생각도 없다. 바로 이러한 방식으로, 아우구스티누스는 '믿음'이란 단어를 사용하는 독자들에게 가르치기를, 이 단어는 성경에서 취한 것으로서, 악인들에게 있는 것과 같은 지식을 뜻하지 않고, 위로를 얻은 사람이 고요한 마음으로 하나님께 드리는 신뢰를 뜻한다고 했다.

더 나아가 우리의 신학자들은 신자라면 마땅히 선행을 내놓아야 한다고 가르친다. 그것은 선행으로 은혜 받을 공로를 쌓기 위함이 아니라, 선행에 힘쓰는 것이 하나님의 뜻이기 때문이다. 사죄와 은혜는 오직 믿음으로 깨닫고 받을 수 있다. 우리는 믿음으로 성령을 받고 새롭게 되고 새로운 정서를 입기 때문에, 이제는 선한 행실을 내놓을 수 있다. 그러므로 암브로시우스는 "믿음은 선한 의지와 선한 행실을 낳는 산실(産室)"이라고 말한 것이다. 성령이 계시지 않는 인간의 능력은 악한 욕구로 가득하며, 하나님 앞에서 선한 행실을 내놓기에 턱없이 약하다. 뿐만 아니라 그러한 인간은 마귀의 세력 아래 놓여 있기 때문에, 그에게 휘둘려 다양한 죄를 범하게 되고, 속된 견해를 갖게 되고, 극악한 범죄에 빠지게 된다. 그러한 예는 정직하게 살려고 노력하지만 거기에 도달하지 못하고 오히려 여러 악한 죄로 더럽혀진 철학자들에게서 볼 수 있다. 믿음과 성령 밖에 처해 있으면서 인간의 자연적 능력 외에는 아무런 수단도 갖고 있지 못한 인간의 연약함이란 바로 그런 것이다.

따라서 우리의 신학자들이 전하는 교리가 선행을 금지하지 않고 오히려 인간이 어떤 생활에 힘써야 하는지 잘 제시해 주기 때문에 비난받아야 할 교리가 아님이 만천하에 드러난다. 믿음 없이 인간의 본성만으로는 십계명의 첫째 돌판과 둘째 돌판의 요구를 결코 이룰 수 없다. 믿음 없이는 하나님을 부를 수도 없고, 하나님께 소망을 둘 수도 없고, 십자가를 질 수도 없다. 다만 인간에게 도움을 청하고 인간의 도움에 기댈 뿐이다. 따라서 믿음과 하나님에 대한 신뢰가 없는 상태에서는 온갖 정욕과 인간의 지혜가 마음을 주관하게 된다.

그러므로 그리스도께서는 "나를 떠나서는 너희가 아무것도 할 수 없음이라"(요 15:5)고 말씀하셨으며, 교회는 "저희 안에 주의 능력이 없다면, 선한 것이 나올 수 없나이다" 하고 찬송을 드리는 것이다.

## 120. 로마의 논박과 개신교의 변증

I. *Corpus Reformatorum* (MELANCHTHONIS *Opera*), ed. by *Bretschneider* and *Bindseil*, vol. XXVII. (1859), 646 columns, and vol. XXVIII. 1–326. These volumes contain the *Confutatio Confessionis Augustanœ*, and the two editions of Melanchthon's *Apologia Conf. Aug.*, in Latin and German, with Prolegomena and critical apparatus. The best and most complete edition. There are few separate editions of the *Apology*, but it is incorporated in all editions of the Lutheran Symbols; see Lit. in § 119. The Latin text of the *Confutatio* was first published by A. Fabricius Leodius in *Harmonia Confess. Augustanœ*, 1573; the German, by C. G. Müller, 1808, from a copy of the original in the archives of Mainz, which Weber had previously inspected (*Krit. gesch. der Augsb. Conf.*, II. 439 sqq.).

II. K. KIESER (R. Cath.). *Die Augsburger Confession und ihre Widerlegung*,
Regensburg, 1845. HUGO LÄMMER: *Die vor-tridentinisch-katholische
Theologie des Reformations-Zeitalters*, Berlin, 1858, pp. 33–46. By the
same: *De Confessionis Augustanæ Confutatione Pontificia*, in Niedner's
"Zeitschrift für hist. Theol.," 1858. (Lämmer, a Lutheran, soon after-
wards joined the Roman Church, and was ordained a priest, 1859, and
appointed *missionarius apostolicus*, 1861.) G. PLITT (Luth.): *Die Apo-
logie der Augustana geschichtlich erklärt*, Erlangen, 1873. SCHAFF:
*Creeds*, etc., I. 243. The history and literature of the *Apology* are
usually combined with that of the *Confession*, as in J. G. WALCH,
FEUERLIN-RIEDERER, and KÖLLNER.


로마가 아우크스부르크 신앙고백에 대해서 내놓은 이른바 '가톨릭의 논박'
(Catholic Confutation)은 아우크스부르크에서 황제 카를의 지시로 에크와 파버,
코클라이우스 같은 독일의 가장 유력한 로마 교회 신학자들이자 루터의 가장 철
저한 적들이 라틴어와 독일어로 작성했다.[16] 최종 개정판이 독일어로 번역되어 8
월 3일에 주교 궁의 예배당에서 황제와 제국의회 앞에서 공식적으로 낭독되었
고, 다수의 견해로 간주되어 채택되었다.

이 문서는 아우크스부르크 신앙고백의 순서를 따른다. 그 고백서의 첫 부분에
실린 18개 교리 조항들에 대해서 전면적으로 혹은 부분 제한과 수정을 거쳐 인
정한다. 심지어 칭의에 관한 제14조에 대해서도 그냥 지나치며, 대신에 펠라기
우스주의를 강력히 단죄한다.[17] 주의 만찬을 다룬 제10조에 대해서도 그리스도
전체가 떡과 포도주 어느 쪽에든 다 임재하심을 인정한다는 전제하에 그대로 받
아들인다. 그러나 교회를 다룬 제7조는 배격하며, 믿음과 선행을 다룬 제20조와
성인 숭배를 다룬 제21조는 배격한다.[18]

교회의 폐습들을 다룬 고백서의 두 번째 부분에 대해서 '가톨릭의 논박'은 통
째로 배격한다. 그러나 말미에서는 다양한 폐습들이 특히 성직자들 사이에 존재
함을 인정하며, 총 공의회를 열어 권징 개혁을 약속하고 기대한다.

---

16) 초안은 장황하고 공격적이었으나, 2차, 3차, 4차, 5차 개정안으로 갈수록 분량
도 줄어들고 내용도 온건해진다.

17) 하지만 초안은 루터의 오직 믿음 교리를 길게 비판했다.

18) 그 이유는 성인들에 대한 기도를 배격하기 때문이다.

'가톨릭의 논박' 의 어조는 황제의 노선이 워낙 분명했던 까닭에 온건하다. 그러나 쟁론이 되던 문제들에 대해서는 조금도 양보하지 않는다. 성경과 교부들의 글을 적실(適實)하지 않게 많이 인용한다. 재능과 문체에서 멜란히톤의 작품에 훨씬 못 미친다. 로마 교회는 그때까지도 여전히 개신교 신학자들과 대항할 만한 준비가 되어 있지 못했던 것이다.

'가톨릭의 논박' 과 아우크스부르크 신앙고백은 발행이 금지된 까닭에 여러 해 뒤에야 인쇄되었다. 그러나 주요 내용은 제국의회에 참석했던 사람들이 받아 적은 노트와 필사본들을 토대로 알려졌다.

제국의회에 참석했던 루터교 대표들은 멜란히톤에게 다시 한 번 '가톨릭의 논박' 을 비판하는 개신교의 논박서를 작성하도록 의뢰한 뒤, 그 초고를 9월 22일에 대법관 브뤽을 통해서 제국의회에 제출했으나, 제국의회는 그것을 받아들이지 않았다.

다음 날 멜란히톤은 작센의 선제후와 함께 아우크스부르크를 떠났고, 돌아가는 길에 변증서를 다시 작성했으며, 비텐베르크로 돌아가 그곳에서 1531년 4월에 '가톨릭의 논박서' 필사본을 참고해 가며 원고를 완성했다.

'아우크스부르크 신앙고백에 대한 변증서' '(The Apology of the Augsburg Confession)는 그 신앙고백서를 학문적으로 해명한 문서이다. 이 문서의 내용은 신학적으로나 문학적으로나 '가톨릭의 논박' 보다 훨씬 가치가 크다. 논쟁과 항의의 성격이 강한 점에서 방어와 변명으로 일관한 '가톨릭의 논박' 과 다르다. 글에 반영된 학문적 역량은 대동소이하지만, 온건함은 덜한 대신에 훨씬 대범하다. 적들인 교황 진영에 대해서 거친 표현도 마다하지 않으며, 그들을 거짓말쟁이들과 위선자들이라고 부른다(특히 독일어 판에서). 이 문서는 루터교 신조들 가운데 가장 학구적이고 분량도 아우크스부르크 신앙고백의 일곱 배나 되지만, 바로 이런 이유 때문에 정규 신조 문서로 채택되지 못했다. 이 문서에는 시대에 뒤진 주장들과 성경 해석 및 교부 인용상의 오류들이 많다. 그러나 당시에는 개신교 진영의 학자들에게 확신과 자신감을 심어주는 데 크게 이바지했다. 이 문서의 주되고 항구적인 가치는 역사적인 맥락과, 아우크스부르크 신앙고백의 저자 자신이 그 고백서에 대해 내놓은 가장 오래되고 가장 권위 있는 해명에 있다. '변증서' 는 아우크스부르크에 참석했던 루터파 제후들에 의해 서명되지는 않았으나, 1532년에 슈바인푸르트에서 열린 회의에서 공식적인 고백서로 최초로 인정을 받았고, 1537년에는 슈말칼덴에서 루터파 신학자들에 의해 서명되었으며, 아우크스부르크 신앙고백의 다양한 판본들에 수록되다가 마침내 1580년의「일치서」(*The Book of Concord*)에 수록되었다.

'변증서'의 본문은 아우크스부르크 신앙고백의 본문과 마찬가지로 다양한 변형을 겪었는데, 보쉬에를 비롯한 로마파 학자들은 이 점을 개신교 사상의 가변성을 말해주는 증거로 지적한다. 초고는 8월 3일에 아우크스부르크에서 '가톨릭의 논박서'가 낭독될 때 카메라리우스를 비롯한 몇몇 사람들이 단편적으로 노트해 놓은 것을 토대로 삼았기 때문에 권위가 없다.[19] 라틴어 초판은 대폭 증보되고 개선되었다. 이것을 유스투스 요나스가 멜란히톤의 도움을 받아 독일어로 번역했으나, 라틴어 판과 어취가 크게 다르다. 두 권 다 1531년 10월에 아우크스부르크 신앙고백에 수록되었다. 후기에 라틴어 판과 독일어 번역본 모두에 여러 가지 수정이 가해졌는데, 특히 1540년 판이 많은 변화를 거쳤다. 따라서 아우크스부르크 신앙고백에 수정되지 않은 고백서(*Confessio invariata*)와 수정된 고백서(*Confessio variata*)가 있듯이, '변증서'에도 수정되지 않은 변증서(*Apologia invariata*)와 수정된 변증서(*Apologia variata*)가 있다.「일치서」는 둘 다 수정되지 않은(초판) 본문을 수록했다.


# 121. 네 도시 신앙고백


I. **Editions.** The Latin text was first printed at Strassburg (Argentoratum), A.D. 1531, Sept. (21 leaves); then in the *Corpus et Syntagma Confess.* (1612 and 1654); in AUGUSTI's *Corpus libr. symb.* (1827), p. 327 sqq.; and in NIEMEYER's *Collect. Confess.* (1840), p. 740–770; comp. Proleg., p. LXXXIII.

The German text appeared first at Strassburg, Aug. 1531 (together with the Apology, 72 leaves); then again, 1579, ed. by JOHN STURM, but was suppressed by the magistrate, 1580; at Zweibrücken, 1604; in BECK's *Symbol. Bücher*, vol. I., p. 401 sq.; in BÖCKEL's *Bekenntniss-Schriften der evang. reform. Kirche* (1847), p. 363 sq.

II. GOTTL. WERNSDORFF: *Historia Confessionis Tetrapolitanæ*, Wittenb. 1694, ed. IV. 1721. SCHELHORN: *Amœnitates litter.*, Tom. VI., Francf.

---

19) *Corp. Ref.*, XXVII. 267 sqq. 멜란히톤 자신은 그것을 직접 듣지 않았다.

1727.  J. H. Fels: *Dissert. de varia Confess. Tetrapolitanæ fortuna præsertim in civitate Lindaviensi*, Götting. 1755.  Planck: *Geschichte des protest. Lehrbegriffs*, vol. III., Part I. (second ed. 1796), pp. 68–94. J. W. Röhrich: *Geschichte der evangel. Kirche des Elsasses*.  Strassburg, 1855, 3 vols.  J. W. Baum: *Capito und Butzer* (Elberf. 1860), p. 466 sqq. and 595.  Schaff: *Creeds*, I. 524–529.

슈트라스부르크와 슈바벤 신앙고백이라고도 불리는 네 도시 신앙고백(the Tetrapolitan Confession)은 독일 개혁교회의 가장 오래된 신앙고백으로서, 제국에 속한 네 도시인 슈트라스부르크와 콘스탄츠, 메밍겐, 린다우의 신앙을 대변했다. 당시 이 도시들은 성찬 교리에서 루터보다는 츠빙글리와 스위스의 입장에 동조했다.

이 문서는 아우크스부르크 제국의회가 열리고 있는 동안 부처가 루터파의 정치적·신학적 회의들과 개신교 동맹에서 배제된 네 도시의 명의로 카피토와 헤디오의 도움을 받아 서둘러 작성했다. 네 도시는 개신교 동맹에 가담하기를 몹시 원했고, 그래서 성찬에 관한 제10조를 제외한 아우크스부르크 신앙고백 전체에 대해서 서명하고자 했으나 배척을 당했다. 헤세의 영주 필립이 홀로 나서서 정치가답게 당시의 위급한 상황을 널리 바라보고서 공동의 적에 대해 개신교 진영의 일치 단결을 주장했으나 뜻을 이루지 못했다.

따라서 루터파가 6월 25일에 자신들의 신앙고백서를 제출하고, 츠빙글리가 7월 8일에 자신의 신앙고백서를 제출한 뒤에, 네 도시는 7월 11일에 황제에게 독일어와 라틴어로 자신들의 신앙고백서를 제출했다. 이 문서는 심한 홀대를 당한 채 제국의회에서 낭독을 허락받지 못했으나, 8월 24일(혹은 17일)에 파버와 에크, 코클라이우스가 이 문서에 대해서 오해와 왜곡으로 얼룩진 논박서를 발표했다. 슈트라스부르크의 신학자들은 논박서의 사본 한 부도 얻지 못하는 홀대를 당했으나, 겨우 은밀히 한 부를 구하여 1531년 가을에 '해명과 변호'(Vindication and Defense)를 발표하여 그것에 답변했다.

네 도시 신앙고백은 서문과 결론 외에 23장으로 구성되어 있다. 교리와 배열에서 루터파의 아우크스부르크 신앙고백서와 아주 유사하고, 그 고백서와 마찬가지로 온건한 정신이 흐르지만, 개신교의 특성이 좀 더 분명하게 나타나 있다. 개신교의 특성은 첫 장에서, 성경에 명백히 담겼거나 성경에서 정당하게 유추한 것 이외의 다른 내용을 강단에서 가르쳐서는 안 된다고 선언한 대목에서 즉시 나타난다. (루터교 신앙고백은 성경의 최고 권위에 대해서 침묵한다.) 칭의에 관한 복음적 교리는 제3, 4장에서 멜란히톤의 진술보다 더 명쾌하게 진술된다. 그 내용을 요약하자면, 우리는 우리 자신의 행위에 의해서 의롭다 함을 얻지 못하고, 하나님의 은혜와 그리스도의 공로에 의해서, 사랑으로 역사하고 선행을 열매로 내놓는 살아 있는 믿음을 통해서 의롭다 함을 얻는다는 것이다. 제22장에서는 교회에 화상(畵像)을 두고 숭배하는 행위를 배격한다.

성찬 교리(제28장)는 루터의 이론과 츠빙글리의 이론을 사실상 함축할 의도로 모호한 용어로 진술함으로써 부처의 통합적 성향을 따른다. 그러나 그 안에는 칼빈의 견해의 씨앗이 담겨 있다. 그 내용을 조금 구체적으로 소개하자면, 그리스도께서 성찬 규례로써 자신의 제자들에게 자신의 살과 피를 영적 음식과 음료로 주시며, 이로써 그들의 영혼이 자양을 공급받아 영생에 이르도록 하신다고 말한다. 루터의 견해의 특징인, 입에 의한 저작(詛嚼)과 불신자들의 참여에 관해서는 한 마디도 없다. 1529년에 마르부르크 회담에 참석했던 부처는 훗날 상충되는 이론들을 교리적으로 절충하기 위해서 혼신의 노력을 기울였으나 뜻을 이루지 못했다.

네 도시 신앙고백은 곧 좀 더 명쾌하고 논리적인 칼빈주의적 형태의 신앙고백들로 대체되었다. 훗날 네 도시는 슈말칼덴 동맹에 가담하기 위해서 루터교 신앙고백에 서명했다. 그러나 부처 자신은 자신이 작성한 통합 신조를 고수했으며, 유언을 통해(1548) 그리고 임종 때 그것을 재차 고백했다.


## 122. 츠빙글리가 황제 카를에게 보낸 신앙고백서

츠빙글리는 아우크스부르크 제국의회를 기회로 삼아 자신의 신앙을 담은 신앙고백서를 독일 황제 카를 5세에게 보냈다. 루터교 제후들이 자신들의 신앙고백서를 보낸 직후의 일이다. 1530년 7월 3일 취리히에서 발송한 이 문서를 그의 사신이 같은 달 8일에 아우크스부르크에 가서 제출했다. 하지만 이 문서는 '네 도시 신앙고백'과 같은 대접을 받았다. 철저히 무시를 당하여 아예 제국의회에 접수조차 시키지 못한 것이다. 에크 박사가 사흘 뒤에 그 문서에 대한 논박서를 썼는데, 그 내용은 츠빙글리가 10년 동안 스위스 백성들에게서 모든 신앙과 종교의 뿌리를 뽑아내고, 그들을 선동하여 시장에게 대항하도록 했다는 것과, 그가 자신들 사이에서는 터키족과 타르타르족, 훈족보다 더 큰 피해를 끼쳤다는 것, 합스부르크 가문(황제의 조상들)이 설립한 교회당들과 수도원들을 비너스와 바코스의 신전들로 만들어 놓았다는 것, 그리고 이제는 감히 황제 앞에 이런 무례한 글 나부랭이를 들고 와서 자신의 범죄 역정을 완결지었다는 것이었다.

루터파도 (필립의 헤세만 빼놓고는) 로마 진영 못지않게 츠빙글리의 신앙고백을 받아보고서 분개했으며, 츠빙글리와 재세례파를 동맹에 끌어들이기보다는 가톨릭 진영의 비위를 맞추는 데 훨씬 더 마음을 기울였다. 그들은 스위스의 그 종교개혁자가 육체적 임재설을 확고히 부정하고, 루터파에 대해서 지나가는 말로 "애굽의 고기가마로 돌아갈 모색을 하고 있는" 사람들이라고 평가한 것에 특히 분노했다. 멜란히톤은 츠빙글리가 정신 나간 자라고 판단했다.

츠빙글리는 자신의 지지 세력에게 자문을 구할 시간이 없었기에 자신의 이름으로 신앙고백서를 제출하면서, 하나님의 말씀과 성령의 지도를 받는 그리스도의 전체 교회의 판단에 그것을 내맡겼다.

처음 몇 조항들에서, 츠빙글리는 루터교 신앙고백보다 훨씬 더 명쾌하고 명시적으로 삼위일체와 그리스도의 위격에 관한 정통 교리들에 대한 자신의 신앙을 니케아 신조와 아타나시우스 신조에 진술된 대로 공언한다. 그는 값 없이 베푸신 은혜에 의한 선택, 그리스도께서 이루신 유일하고도 충분한 만족(satisfaction, 보속), 모든 인간 중보자들과 선행들과 반대되는 이신칭의를 가르친다. 그는 내적인 혹은 보이지 않는 교회와 외적인 혹은 보이는 교회를 구분한다. 전자는 선택된 신자들과 그들의 자녀들의 무리이며, 그리스도의 신부이다. 후자는 명목상의 모든 그리스도인들과 그들의 자녀들을 포함하며, 미련한 다섯 처녀가 포함된 열 처녀 비유로써 아름답게 묘사된다. '교회' 라는 단어는 로마의 교회와 아우크스부르크의 교회와 라이덴의 교회 같이 단일 지역 회중을 가리킬 수도 있다. 참된 교회는 신앙의 토대에 관해서 오류를 범할 수 없다. 연옥은 그리스도의 공로를 무위로 돌리는 해로운 허구이다. 그는 원죄와 세례받지 않고 죽은 유아들의 구원, 그리고 성례에 대해서 루터교보다도 전통신학에서 훨씬 더 멀리 벗어난다. 성찬에서의 육체적 임재설을 길게 비판한다. 하지만 다른 한편으로 자신을 재세례파와 혼동하는 것에 항의하며, 재세례파의 유아세례, 세속 직분들, 영혼

수면설, 그리고 만인구원설을 배격한다.

츠빙글리의 문서는 솔직하고 대범하면서도 위엄과 예의를 잃지 않으며, 다음과 같은 말로 매듭을 짓는다. "여러분 사람의 아들들이여, 하나님의 말씀이 널리 전파되고 장성하는 것을 가로막지 마십시오. 이 풀이 자라는 것을 여러분은 막을 수 없습니다. 이 식물이 하늘로부터 풍성한 복을 받고 있음을 알아야 합니다. 자신의 생각과 소원에 갇히지 말고, 복음의 자유로운 진로에 관한 시대의 요구에 귀 기울이십시오. 이 말을 친절히 받아주시고, 부디 행실로써 여러분이 하나님의 자녀들임을 보여주시기 바랍니다."


## 123. 코부르크에서의 루터


1530년 4월부터 10월까지 아우크스부르크 제국의회가 열리는 동안, 루터는 코부르크에 있는 선제후의 성채에 정중하게 연금된 채 지냈다.[20] 작센과 바이에른의 접경에 망루처럼 우뚝 서 있는 그 성채에서, 루터는 편지를 통해서 멜란히톤과 제국의회에 참석한 루터파 고백자들에게 강한 영향력을 행사했다. 그가 그곳에 체류한 일은 바르트부르크에서 열 달간 체류했던 일과 너무나 흡사하며, 파란만장한 그의 생애에 마지막 낭만적인 장을 장식한다. 그는 여전히 교황의 아나테마와 황제의 금령 아래 있었던 까닭에 아우크스부르크에 가는 것이 안전하지 못했다. 더욱이 제후는 혹시라도 루터가 비타협적인 태도를 고집하여 화해와 평화를 도모하기보다 오히려 장애를 초래할 것을 우려했는데, 그 우려에는 일리가 있었다. 그럴지라도 자문과 조언을 얻을 만큼 가까운 거리에 그를 두고 싶어 했다. 아우크스부르크에서 보낸 소식이 코부르크까지는 나흘이면 도착했다.

루터는 1530년 4월 15일에 선제후와 비텐베르크의 신학자들과 함께 코부르크

---

20) 코부르크는 작세-코부르크-고타 공작령의 수도로서, 고타와 함께 공작이 번갈아 가며 주둔하던 도시였다. 베를린에서 남남서 방향으로 약 290km 떨어진 곳에 있으며, 비텐베르크와 아우크스부르크의 중간 지점이다. 1888년 현재 1만6천 명의 인구가 살고 있다. 성채는 도시의 고지대에 솟아 있으며, 일부분은 교도소로 개조되어 쓰이고 있다. 그러나 성채의 내실들 가운데 몇 곳, 특히 루터가 사용하던 방들은 그가 사용하던 침대와 강단과 함께 원상태로 보존되어 있다.

에 도착했다. 22일 밤에는 언덕 위의 성채로 호송되었으며, 지시가 있을 때까지 그곳에 남아 있으라는 명령을 받았다. 아무런 이유도 설명 듣지 못했으나, 쉽게 짐작할 수 있었다. 첫 날은 나라의 장래를 생각하고, 또한 성채 곳곳을 둘러보면서 보냈다. 그가 지내던 거실이 오늘날 그대로 전시되어 있다. "나는 성채가 훤히 내려다보이는 큰 거실을 갖고 있으며, 모든 내실들의 열쇠를 갖고 있습니다." 그의 곁에는 그가 아끼던 제자이자 서기인 파이트 디트리히(Veit Dietrich)와, 만스펠트에서 온 젊은 학생인 조카 키리악 카우프만(Cyriac Kaufmann)이 있었다. 그는 선제후가 지불하는 경비로 좋은 대접을 받았으며, 해야 할 일이 많았고 마음도 여러 가지 근심에 눌리면서도 뜻하지 않게 얻은 휴가를 만끽했다. 원래 사람을 좋아하던 그였으나, 부담스러울 정도로 많은 사람들이 그를 방문했다. 성채에 서른 명 가량이 기거했다.

루터는 4월 23일에 멜란히톤에게 쓴 편지에서 다음과 같이 말한다. "친애하는 필립 선생, 우리는 마침내 우리의 시내 산에 도착했습니다. 하지만 우리는 이 시내 산을 시온 산으로 만들 것이며, 이곳에 장막 셋을 지을 것입니다. 하나는 시편을 위한 것이고, 다른 하나는 선지서들을 위한 것이며, 나머지 하나는 이솝을 위한 것입니다 …… 이곳은 아주 마음에 드는 장소로서, 연구하며 지내기에는 그만입니다. 선생이 곁에 없어서 몹시 아쉬울 뿐입니다. 지금 내 마음과 영혼은 터키족과 마호메트 때문에 몹시 상해 있습니다. 마귀가 이들을 통해서 준동하는 것을 생각하자니 참을 수가 없습니다. 그러므로 나는 하나님께 아뢰고 부르짖을 것이며, 나의 부르짖음이 하늘에 상달된 것을 알기 전까지는 쉬지 않을 것입니다. 우리 독일 제국이 처한 우울한 형편에 선생의 마음은 더 아프시겠지요."

그런 뒤에 자신이 "새들의 제국"에서 지내고 있다고 전한다. 다른 편지들에서는 숲에서 갈가마귀들이 시끄럽게 짖어대는 소리를 익살스럽게 빗대어, 제국의회에 모인 왕들과 공작들, 학자들과 궤변가들의 군대가 공중을 향해 명령을 반포하며 밀밭과 보리밭에 대해 원정을 준비하고 영웅적인 전공과 대승을 기대하고 있는 모습으로 묘사한다. 그는 이른 아침부터 사방에서 온갖 궤변가들과 교황주의자들이 시끄럽게 재잘거리는 소리를 듣고, 제국의회에 참석한 이 기사들이 거드름을 빼면서 저마다 부리를 매만지는 모습을 보면서, 그들이 조만간 산울타리 기둥에 묶여 모욕을 당할 것을 연상했다. 루터는 사월에 벌써 나이팅게일의 첫 지저귐을 듣고서 퍽 기뻐했다. 이렇게 상상력을 동원한 무고한 놀이를 통해서 마음을 무겁게 짓누르던 염려와 근심을 몰아내기 위해 노력했다. 어린 아들 한스에게 살가운 편지를 쓴 것도 이곳에 은거하고 있던 때였다. 맛있는 사과와 배와 자주가 주렁주렁 열린 아름다운 정원에서 어린이들이 금 고삐와 은 안장을 매단 작은 말들을 타고 노는 정경을 그리면서, 아들과 아들의 친구들에게 만약 기도와 공부를 부지런히 하면 좋은 상을 받게 될 것이라고 약속했다.

이 가변적이고 덧없는 세상에서는 기쁨과 슬픔, 생명과 죽음이 긴밀히 연결되어 있게 마련이다. 6월 5일에 루터는 아버지가 5월 29일에 만스펠트에서 믿음을 간직한 채 돌아가셨다는 슬픈 전갈을 받았다. 아버지가 병에 걸렸다는 소식을 처음 들었을 때, 그는 1530년 2월 15일에 비텐베르크에서 이렇게 편지했다. "아버님과 어머님이 우리에게로 오실 수 있다면 얼마나 좋을까요. 며느리와 모두가 그렇게 되기를 눈물로 기도하고 있습니다. 최선을 다해 아버님을 편안하게 해드리고 싶습니다." 아버지가 돌아가셨다는 기별을 받고는 디트리히에게 "이렇게 우리 아버지도 돌아가셨다네" 하고 말하고는 시편 찬송가를 들고는 자기 방으로 들어갔다. 같은 날 멜란히톤에게 쓴 편지에서, 자신의 존재와 자신의 모든 소유가 하나님께서 사랑하는 자기 아버지를 통해서 주신 것이라고 썼다.

루터는 귀에서 윙윙거리는 소리가 나고 어지럽고 기력이 쇠약해지는 증상으로 고생했으며, 심한 경우에는 여러 주 동안 읽고 쓰는 일을 전혀 하지 못하고 지내기도 했다. 병의 원인이 코부르크에서 받은 극진한 환대 때문이었는지, 아니면 해묵은 원수 때문이었는지 자신도 정확히 알지 못했다. 바르트부르크에 있을 때도 유사한 증상을 겪은 적이 있었다. 디트리히는 그 원인을 사탄에게 돌렸다. 루터가 식사를 매우 절제해서 하는 모습을 지켜보았던 것이다.

그럴지라도 루터는 코부르크에서 적지 않은 분량의 일을 해냈다. 서책 궤짝이 도착하자마자 바르트부르크에서 시작했던 성경 번역 작업을 재개하면서 어찌하든 선지서들을 끝낼 계획을 세웠으며, 디트리히에게 시편 처음 25장에 대한 주석을 불러주어 받아적게 했다. 평소에 좋아하던 시편 118편을 주해하기도 했으며, 그 중에서 17절을 운율에 맞춰 자신의 거실 벽에 써놓았다.


"Non moriar, sed vivam, et narrabo opera Domini."
(내가 죽지 않고 살아서 주께서 하시는 일을 선포하리로다)

루터는 머리를 식힐 겸 이솝의 우화 열세 편을 번역하고서, 그것을 어린이들과 평민들이 읽을 수 있도록 각색했다. 이솝의 우화를 번역한 이유에 대해서, 그는 "이솝의 우화들이 재미있는 허구의 색채로 이 악한 세상에서 악인들 틈에서 지혜롭고 평화롭게 살아가도록 가르치는 탁월한 교훈을 제시하기 때문"이라고 설명했다. 그는 우화들을 아주 단순한 언어로, 독일의 속담들을 적절히 사용해가며 저술했다.

하지만 루터의 마음은 한시도 아우크스부르크 제국의회에서 떠난 적이 없었다. 그는 권좌 배후에 있는 실세였다. 그는 5월에 "제국의회에 참석한 성직자들에게 드리는 훈계"를 공식적으로 발행하여, 성직자들의 심각한 추문들을 상기시키면서, 만약 기강을 세우기 위한 진지한 조치를 취하지 않는다면 새로운 반란이 폭발할 것이라고 경고하고, 만약 그들이 복음을 자유롭게 내버려둔다면 그들이 소유해온 세속 재산과 지위를 하나도 훼손하지 않겠다고 약속했다. 그 뒤로도 소책자들을 연거푸 발행하여서 머스켓 총탄을 난사하듯 로마 진영의 오류들과 폐습들을 맹렬히 비판했다.

루터는 멜란히톤과 요나스, 슈팔라틴, 린크, 하우스만, 브렌츠, 아그리콜라, 벨러, 대법관 브뤽, 추기경 알브레히트, 선제후 요한, 영주 필립 같은 주요 인물들과 편지를 활발하게 주고받았으며, 자신의 "사랑하는 카테, 비텐베르크의 카테리나 루터 부인"을 잊지 않았다. 편지 끝에는 "새들의 영역으로부터", "갈가마귀들의 제국의회로부터", "광야로부터" 같은 문구를 넣었다. 멜란히톤과 선제후는 루터에게 아우크스부르크에서 진행되는 일들을 꾸준히 보고하면서 모든 중요한 단계마다 그의 조언을 구했으며, 그에게 신앙고백서 초안을 보냈다. 루터는 내심 더욱 강한 내용을 원했으나 그것을 인정했다. 교리 문제에 대해서는 철저히 타협에 반대했으며, 고백자들에게 결과를 두려워하지 말고 복음 곁에 확고히 서라고 격려했다.

루터의 생애를 이끌어간 동력이자 그의 생애의 면류관인 영웅적인 신앙이 이 편지들 안에서 찬란하게 빛난다. 그는 위험이 클수록 용기도 더욱 커졌다. 그는 하루 일과 중 가장 좋은 시간들을 기도에 할애했다. "내 주는 강한 성이요"라는 그의 찬송은 이 시기 이전에 쓴 것이지만, 멜란히톤이 두려워 떨던 이 중대한 위기 국면에서 그가 하나님을 향해 품은 담대한 신뢰를 적절하게 표시한다. 그는 멜란히톤에게 이렇게 편지했다(6월 27일). "문제가 커질 테면 커지라 하십시오.

이 일을 시작하시고 지휘하신 분 역시 크신 분이기 때문입니다. 이것은 우리의 일이 아닌 것입니다 …… '네 짐을 여호와께 맡기라(시 55:22); 여호와께서는 자기에게 간구하는 모든 자 곧 진실하게 간구하는 모든 자에게 가까이 하시는도다(시 145:18).' 하나님께서 이 말씀을 바람에게 하시겠으며, 짐승들에게 하시겠습니까? …… 선생을 괴롭게 하는 것은 신학이 아니라 선생 속에 있는 세상 지혜입니다. 선생은 마치 무익한 근심 걱정을 가지고 무슨 일을 이룰 것처럼 하고 있는 것입니다! 사탄이 우리를 질식시키는 것 외에 무슨 일을 할 수 있습니까? 선생에게 간곡히 당부하건대, 다른 모든 문제들에서 싸울 준비가 되어 있듯이 선생의 가장 큰 적인 선생 자신과 힘써 싸우십시오."

또 다른 편지에서 루터는 근심과 유혹 면에서 자신과 친구 멜란히톤의 차이를 설명한다. "사적인 문제들에서는 나는 약하지만 선생은 훨씬 더 강직합니다. 그러나 공적인 문제들에서는 정반대입니다((내가 마귀와 벌이는 투쟁을 사적이라고 할 수 있다면 과연 그렇습니다). 선생은 사적인 일에는 목숨을 아끼지 않으면서도 공적인 일에는 두려워하는 반면에, 나는 공적인 문제에 대해서는 쉽게 생각하고 낙관합니다 그것이 옳고 참되며, 그것이 그리스도와 하나님의 뜻임을 확신하기 때문에 그렇습니다. 따라서 나는 두렵게 협박하고 격노하는 이 교황파에 대해서 그저 지켜볼 뿐 크게 개의치 않습니다. 만약 우리가 넘어지면 세상을 다스리시는 분인 그리스도께서 우리와 함께 넘어지시는 것입니다. 나는 황제와 함께 서기보다 차라리 그리스도와 함께 넘어지는 편을 택하겠습니다. 그러므로 그리스도의 이름으로 선생을 강권하건대, '네 짐을 하나님께 맡기라' 고 하시고 '담대하라 내가 세상을 이기었노라' 고 하신 하나님의 약속과 위로를 가볍게 여기지 마십시오. 나는 우리의 믿음이 취약하다는 것을 알고 있습니다. 그러나 그럴수록 '주여, 믿음을 더하소서' 하고 기도합시다."

루터는 대법관 브뤽에게 쓴 주목할 만한 편지(8월 5일)에서, 하나님께서 복음주의자들의 대의를 버리실 수도 없고 버리시지도 않을 것이라는 확신을 표명하면서, 그것이 하나님 자신의 대의이기 때문이라고 강조한다. "이것이 하나님의 교훈이고, 이것이 그분의 말씀입니다. 그러므로 하나님께서 우리의 기도를 들으시고, 벌써 우리를 도우실 준비를 하고 계심이 확실합니다. 친히 이렇게 말씀하셨기 때문입니다. '여인이 어찌 그 젖 먹는 자식을 잊겠으며 자기 태에서 난 아들을 긍휼히 여기지 않겠느냐 그들은 혹시 잊을지라도 나는 너를 잊지 아니할

*Facsimile of a Letter of Martin Luther, 1543.*

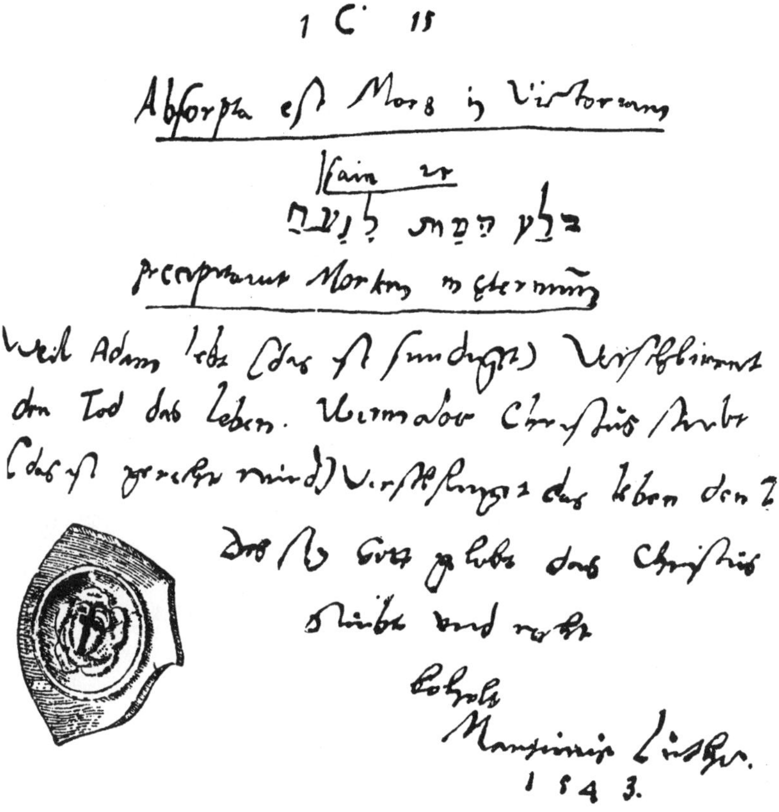

1 C 15

Absorpta est Mors in Victoriam

Esai 25

בלע המות לנצח

praecipitavit Mortem in aeternum

Weil Adam lebt (das ist sundiget) verschlinget den Tod das leben. Wenn aber Christus stirbt (das ist gerecht wird) verschlinget das leben den T.

Das sey Gott gelobt das Christus stirbt und recht

Lebelt

Martinus Luther.

1543.

마르틴 루터의 편지(1543년)

것이라'(사 49:15)."

같은 편지에서 루터는 이렇게 말한다. "최근에 나는 두 가지 경이로운 것을 보았습니다. 첫 번째 경이는 창문 밖으로 하늘의 별들과 하나님이 지으신 지극히 아름다운 천체가 펼쳐져 있는데, 기둥이 하나도 없는데도 하늘이 무너져 내리지 않고 천체가 든든하게 서 있다는 것이었습니다. 두 번째 경이는, 먹구름이 하늘을 가득 덮고 있는데, 그것이 거대한 호수처럼 무거울 텐데 땅에 조금도 닿아 있지 않다는 것이었습니다. 그런데도 그것은 우리에게 떨어지지 않고 침울한 표정만 보이고는 그냥 지나가 버리고, 그들 위로 찬란한 무지개가 피어올랐습니다 …… 필립 교수와 다른 모든 이들을 위로해 주십시오. 그리스도께서 우리의 인자하신 선제후를 위로하시고 힘 주시기를 빕니다. 그리스도께 모든 찬송과 감사를 영원 무궁히 돌리나이다. 아멘."

브라운슈바이크-뤼네부르크의 종교개혁자인 우르바누스 레기우스는 아우크스부르크에서 켈레로 돌아가는 길에 코부르크에 들러 처음이자 마지막으로 루터를 방문하고는 그와 하루를 보냈다. 그것이 그의 생애에 "가장 행복한 날"로서 그에게 영원히 잊혀지지 않을 감회를 남겼는데, 그는 그 감회를 편지에 이렇게 기록한다. "단언하건대 루터를 아는 사람은 아무도 그를 미워할 수 없습니다. 그의 저서들은 그의 재능을 보여줍니다. 그러나 그를 대면하여 보고 그가 사도의 정신으로 신적인 교훈을 베푸는 말을 들으면 실제가 명성보다 낫다고 말하게 될 것입니다. 루터는 현학적인 사람들이 쉽게 평가할 만한 그런 분이 아닙니다. 나 역시 몇 권의 저서를 집필했으나, 그분 앞에서 나는 학생에 지나지 않습니다. 그분은 성령께서 택하셔서 쓰시는 도구입니다. 그분은 온 세상을 위한 신학자입니다."

부처도 그를 만나기 위해서 코부르크를 방문하고서(9월 25일), 될 수 있으면 츠빙글리파와 슈트라스부르크 사람들에게 우호적인 태도를 취하라고 권유했다. 그는 적어도 루터에게 훗날 서로 화목하게 지낼 날이 있을 것을 기대한다는 말을 듣는 데 성공했다. 이것이 비텐베르크 협정을 이끌어낸, 하지만 결국에는 실패로 끝난 연합 노력의 시작이었다. 부처는 이때의 방문으로부터 루터가 "진정으로 하나님을 경외하고 진실하게 하나님의 영광을 위해서 사는" 사람이라는 인상을 받았다.

이 점에 관해서는 의심의 여지가 있을 수 없다. 루터는 하나님만 두려워했고 다른 아무것도 두려워하지 않았다. 그는 그리스도의 영광을 구했으며, 세상의 부와 쾌락은 손톱만큼도 구하지 않았다. 코부르크에 체류할 때, 루터는 마흔여섯이라는 인생의 절정기에 있었으며, 명예와 권력도 그러했다. 하지만 아우크스부르크 신앙고백이 발표되면서 그의 사역도 사실상 완료되었다. 그의 추종자들이 이제는 신앙고백과 예배 모범, 교회 정치를 갖춘 조직된 교회로 서게 되었으며, 더 이상 그의 개인적인 노력에 의존하지 않게 되었다. 그는 15년을 더 살며 활동하면서 성경 번역 작업 ― 그의 생애에서 가장 큰 업적 ― 을 완수했고, 설교와 교육과 집필 활동에 몰두했다. 그러나 육체의 기력이 쇠잔해지고 지병도 늘었으며, 쉽게 나른하고 무기력해진다고 탄식하면서 쉬고 싶다는 뜻을 자주 표시했다. 루터가 말년에 보여준 행동들 가운데 헤세의 필립의 중혼 문제를 묵인한 유감스러운 태도와, 교황파와 성찬상징론자들을 격렬히 비판한 태도는 그의 명성을 흐려 놓았지만, 우리들에게 그런 일들은 정말로 위대하고 훌륭한 분에게도 그러한 결점이 있는 법임을 상기시켜 주는 사례들에 지나지 않는다.

그러므로 여기서 루터의 공인으로서의 인격과, 그가 교회와 세상에 이바지한 점들을 평가해 보는 것이 적절할 것이다.


## 124. 루터의 공적 인격과 역사적 지위


1883년에 루터 탄생 400주년 기념식이 개신교 세계 전역에서 거행되었다. 수를 다 헤아릴 수 없을 정도로 행해진 연설과 설교를 통해서 루터가 하나의 인간이자 독일인으로서, 남편과 아버지로서, 설교자로서, 요리문답 교사로서, 찬송가 작가로서, 성경 번역자와 강해자로서, 교회의 개혁자와 설립자로서, 양심의 신성한 권리를 옹호한 투사로서, 유럽 전역에 확산되고 대서양을 건너 태평양 연안까지 뻗어나간 강력한 신앙적·사회적 자유 운동의 창시자로서 세운 다양한 업적이 조명되고 기념되었다. 그의 생애 이야기가 학구적인 전기들과 대중적인 전기들을 통해서 여러 나라말로 거듭 소개되었으며, 독일 주요 도시들의 연극 무대에서 공연되었다. 루터교뿐 아니라 장로교와 회중교회, 성공회, 감리교, 침례교, 유니테리언파가 한 목소리로 이 종교개혁자를 칭송했다. 복음주의 연맹(the Evangelical Alliance)이 미국의 주요 개신교 교단들을 대표하여 루터 기념식

을 거행한 뉴욕 음악 아카데미에는 행사에 참여하기 위해 밀려든 인파를 다 수용할 수가 없었다.[21]

일개의 사멸적 인간이 이러한 기념을 받은 일은 일찍이 없었다. 1884년에 있었던 츠빙글리 탄생 기념식도 유사한 성격을 띠고서 세계 여러 나라에서 거행되었으나, 앞서 거행된 루터 탄생 기념식이 없었더라면 아마도 생각할 수도 없었을 것이다.

과연 루터는 성경 저자들에게만 뒤지는 영적인 영향력을 행사했고 지금도 행사하고 있다. 아우구스티누스의 영향력이 개신교뿐 아니라 로마 가톨릭 교회까지 아우름으로써 좀 더 광범위하게 행사되어온 것이 사실이지만, 그는 일반 대중의 마음을 파고든 적이 없었다. 루터는 종교개혁자들 가운데 본인의 완강한 반대에도 불구하고 자신이 세운 교회에 의해 그 이름이 교단명과 구호가 된 유일한 인물이다. 그는 독일인들에게 독일어로 이전과 이후로 그 누구도 주지 못한 세 가지 근본적인 신앙의 책들 — 성경, 찬송가, 요리문답 — 을 주었다. 심지어 독일의 적대 세력들에게까지 시와 산문에서 자신을 모방할 수밖에 없도록 만들었다. 그의 성경이 그의 이름을 취한 교회에 끼친 영향이 워낙 강한 것이기에, 그것을 현대어와 현대적 취향으로 개정하고 번안하는 것은 거의 불가능한 일이다.[22]

루터는 독일인들 중의 독일인이었으며, 자기 민족의 장점뿐 아니라 단점까지도 가장 강렬하게 표출한 인물이다. 그는 개신교권 독일의 사도로서, 보니파키우스가 로마 가톨릭권 독일의 사도인 것과 같은 지위를 차지하고 있으며, 재능

---

21) 당시에 Prime 박사와 Schaff 박사(장로교)가 이끌던 미국 복음주의 연맹의 집회가 미국에서 가장 대표성을 갖춘 인상적인 루터 기념식이었다. 집회에서 연설한 사람들은 Hon. John Jay(성공회), Dr. Phillips Brooks(성공회), Dr. Wm. M. Taylor(회중교회), Bishop Simpson(감리교), Dr. Krotel(루터교), Dr. Crosby(장로교)였다. 음악은 뉴욕 온타리오 협회가 주관했다. 복음주의 연맹은 미국 개신교 교회들을 향해서 종교개혁에 관한 설교들로써 루터의 생일을 기념하자는 제안을 하기도 했다.

22) 1883년에 발표된 이른바 *Probebibel*(개정 루터성경)은 독일의 여러 지역들에서 선임된 유능한 학자들이 제작한 것이지만, 소심하고 보수적인 개정판으로서, 에라스무스의 본문을 활용하지 않았고, 루터의 기억을 존중하느라 무수히 많은 오류들을 그대로 허용했다. 그런데도 철저한 정통파 루터교 신자들은 이 만한 개정판조차 소화하기 어려워했다. 루터의 인기가 진보에 장애가 되는 비근한 사례인 셈이다.

과 학문에서 보니파키우스를 크게 능가한다. 보니파키우스는 비록 앵글로색슨 출신이지만 독일인이라기보다 로마인에 가까웠던 반면에, 루터에게는 기독교와 독일이 교황청 로마에 대립하여 하나로 결합해 있었다. 루터교 신학자들은 한결같이 그의 권위를 전거로 삼는다. 극단적인 정통파는 루터의 견해를 문자적으로 고수한다. 중도파는 그의 교훈의 내용을 중시한다. 합리주의자들은 그의 신조는 배격하되, 그를 개인의 판단의 자유를 옹호하고 모든 권위에 반대한 투사로 간주한다.

루터의 진정한 영향력은 고지(高地) 독일어(High German)를 확립하고 민중의 마음에 파고든 그의 독일어 저서들에 놓여 있다. 그가 내놓은 가장 위대한 저서는 번역서, 즉 독일어 성경이다. 루터의 라틴어 저서들을 통해서만 그를 안 이탈리아인들과 스페인인들, 프랑스인들은 그의 영향력을 아주 미미하게 밖에 느낄 수 없으며, 그의 영향력의 비결을 이해할 수가 없다.[23] 교황 레오, 추기경 카예타누스, 알레안더, 황제 카를이 루터에 대해 내놓은 평가는 각기 자기 나라 백성들의 정서를 반영한 것으로서, 라틴 혈통과 로마교 신앙을 지닌 현대 저자들 가운데 반복해서 울려퍼진다.

그럴지라도 마르틴 루터가 끼친 영향은 자기 나라의 울타리를 넘어서 널리 퍼져나갔다. 그는 교회와 세계에 속해 있는 인물이다.

루터는 출판할 생각 없이 무수히 남긴 편지글들로써 독일 종교개혁의 초기 역사뿐 아니라 자신의 전기까지 쓴 셈이다. 그는 만천하에 자신의 전모를 조금도 가리지 않고 드러낸다. 그는 대단히 정직하고 솔직한 사람으로서, 논리적 일관성을 따지거나 결과를 두려워하지 않고 순간의 판단에 따라 움직였다. 그의 장점들뿐 아니라 단점들까지도 그의 독일어 저서들의 표면에 나타나 있다. 그는 자신의 저서들에 사도 바울의 서신들 외에 비교할 대상이 없을 정도로 강렬한 개성을 불어넣었다.

루터는 자기 자신을 잘 알았다. 자신이 받은 소명에 대한 숭고한 각성과 자신의 무가치함에 대한 깊은 자각이 루터의 자기 평가에 뗄 수 없이 맞물려 있다.

---

23) Hallam 역시 루터의 독일어 저서들을 무시하면서 그의 논쟁서들을 "형편없는 라틴어로 내지른 고함"이라고 하며, "수치스럽고", "혐오스럽다"고 평가한다. *Literature of Europe in the 15th, 16th, and 17th centuries*, II. 306, N. Y. ed.

그는 독일인들을 위해 복음을 본래대로 다시 발행하는 일에서 자신의 예언자적·사도적 사명을 자각했으며, 그러면서도 아내에게는 하나님께서 어느 시대든 수십 명의 루터를 만드실 수 있으므로 자신에 대해서 너무 염려하지 말라고 편지했다(1542년 1월 6일). 루터는 마지막 유서(1542년 1월 6일)에서 자신을 "하늘과 땅과 지옥에 잘 알려진 사람"인 동시에 "가난하고 가련하고 무가치한 죄인"인데, "하나님께서 귀하신 아드님의 복음을 맡기시고 자신을 교황과 황제와 마귀에 대립하여 당신의 복음을 전하는 자로 삼으셨다"고 말한다. 그 중요한 문서에서 "하나님의 공증인과 그분의 복음의 증인"이라는 서명을 사용한다. 그가 남긴 마지막 말은 "우리는 너나없이 걸인들입니다" 하는 것이다. 첫 번째 총서 서문에서 루터는 자신들의 저서가 모두 사라지고 하나님의 말씀만 읽히기를 바라는 소원을 밝힌다.

루터는 시골의 토양에 뿌리를 둔 민중의 사람이었으나, 영원한 복음을 들고 담대하고도 신실하게 하늘을 의지했다. 그는 귀족의 피라고는 한 방울도 물려받지 못한 평민이었으며, 자신의 비천한 신분을 한 번도 부끄럽게 여긴 적이 없었다. 그러나 과연 당대의 왕이나 황제나 교황이 지적인 역량과 도덕적인 힘에서 그에게 견줄 수나 있을 것인가? 그에게는 넘치는 재능과 불굴의 추진력, 불 같은 기질과 강렬한 열정, 저항할 수 없는 웅변, 자연스러운 재치, 무해한 유머, 철저한 정직과, 강한 믿음과 뜨거운 기도, 그리스도와 복음에 대한 전적인 헌신이 있었다. 그가 남긴 많은 지혜롭고 기발하고 재치 있는 어록이 독일 민중의 속담으로 자리잡았으며, 독일 저자들 가운데 루터만큼 빈번하게 거명되고 인용되는 사람이 없다.

모든 위인들과 마찬가지로, 루터는 자기 내부에 거대한 자기 모순들을 두고 지냈고, 논리의 틀에 얽매이지 않았다. 그는 공인으로서는 거인이었으나 집안에서는 아이였다. 가장 대범한 개혁자였으면서도 보수적인 성직자였다. 이성을 신앙의 시녀로 예찬하면서도, 마귀의 정부(情婦)로 폄하하기도 했다. 사상의 자유를 위해 싸운 투사였으면서도 문자에 예속되었다. 끝까지 교황제를 강렬히 혐오하면서도 가톨릭 교회를 존중했고, 자신이 자기 교회 내에서 교황과 같은 존재였다.

그럴지라도 이런 명백한 모순 속에서도 나름대로 일관성이 있었다. 그는 가톨릭 수사 시절에 행위의 의로움과 양심의 평정을 구하며 살았고, 개신교 종교개혁자가 되어서는 믿음의 의를 발견해낸 사람이 되었다. 이는 의(義)라는 개념이 유대인 사울과 그리스도인 바울 안에서 연결고리가 되었던 것과 같다. 엔진은 동일했으나 결과와 방향은 정반대였다. 루터는 교황 중심의 가톨릭 체제에서 이탈하면서 기독교 가톨릭 체제에 남았다. 본능적으로 교회를 중시한 그의 태도는 조금도 위축된 적이 없고, 다만 종교개혁의 혁명적인 물길에 따라 새롭고 더 큰 힘으로 대체되었을 뿐이다.

루터의 일생은 자연스럽게 세 시기로 나뉜다. 제1기는 로마 가톨릭적이고 수도원적인 시기로서 1517년까지 이어졌고, 제2기는 개신교적이고 진보적인 시기로서 1525년까지 이어졌으며, 제3기는 교회 중심적이고 보수적이고 반동적인 시기로서 1546년까지 이어졌다. 그러나 그는 자유로운 복음에 대한 신념과 교황을 적그리스도로 간주하여 그에게 쏟아부은 증오를 한 번도 포기한 적이 없었다.

루터의 위대함은 세련된 예술 작품과 같지 않고, 창공으로 무한히 솟은 봉우리들과 거친 화강암 바위들, 상쾌한 공기, 신선한 샘물, 푸른 들판이 있는 알프스 산맥과 같다. 그는 자신의 성격이 급하고 격렬하다는 것을 알았으나, 구태여 그것을 억제하려고 하지 않았다. 그가 교황파와 츠빙글리파, 그리고 유대인들을 겨냥하여 쓴 마지막 저서들은 그의 그러한 기질이 남김없이 발휘된, 신학 논쟁 역사에서 비교할 대상이 없는 최악의 저서들이었다. 로마 진영의 브라운슈바이크의 공작 하인리히를 비판한 소책자에는 '마귀'라는 단어가 무려 146번이나 나온다. 마침내 루터는 본인 스스로 토로하듯이 저주하지 않고는 기도할 수 없는 지경이 되었다. 그는 자신의 욕설과 저주를 수사법의 일종으로 여겼다.

슈팔라틴에게 쓴 편지에서 그는 이렇게 말한다. "소란과 분쟁과 격동 없이 복음이 약진할 수 있다고 생각하지 마십시오. 칼로 펜을 만들 수 없습니다. 하나님의 말씀은 칼입니다. 하나님의 말씀은 전쟁과 전복과 분쟁과 파괴와 독입니다. 아모스의 말대로 길에서 곰을 만나듯이, 숲에서 암사자를 만나듯이, 하나님의 말씀은 에브라임의 자녀들을 만납니다." 이 개신교 헤라클레스가 휘두른 곤봉과 해머가 당시 미개한 수준을 벗어나지 못한 독일인들에게 필요했음을 우리는 인정할 수 있다. 세계가 일찍이 겪지 못한 너무나 강력한 영적 독재를 타도하기 위해서 섭리가 그의 불 같은 성격을 도구로 쓰신 것이다. 그럴지라도 그를 가장 아끼고 존경하던 루터의 친구들은 그의 거친 성격에 충격과 비애를 느꼈으며, 로마의 대적들은 물론이고 에라스무스와 츠빙글리, 오이콜람파디우스 같은 사람들도 그의 기질을 매우 부정적으로 평가했다. 이 점만큼 루터를 사도들과 복음서 기자들로부터 분명하게 구분하는 것도 없다.

그러나 루터는 온갖 결점에도 불구하고 독일이 배출한 가장 위대한 인물이며, 역사상 가장 위대한 인물들 가운데 한 사람이다. 그를 가장 잘 알았고 그의 불같은 성격 때문에 가장 큰 곤욕을 치른 멜란히톤은 그를 가리켜 개신교권의 엘리야라고 했으며, 그를 사도 바울과 비교했다. 실제로 루터는 종교적 경험과 신학적 관점에서 이방인들의 사도를 많이 닮았다. 물론 그 사도와 상당한 거리가 있었던 것이 사실이지만, 여느 스콜라 학자들이나 교부들에 비하면 그 사도에게 훨씬 가까이 가 있다. 루터는 복음의 나팔을 불어 교회를 깊은 잠에서 깨어나게 했다. 교황 독재의 멍에를 벗겨버렸고, 그리스도인의 자유를 다시 쟁취했고, 하나님의 거룩한 말씀의 샘을 만민에게 다시 열어주었으며, 그리스도인들을 그들의 유일한 주이신 그리스도에게로 인도했다.

이것이 그의 면류관과 같은 공적이요 그의 영원한 기념비이다.

## 아우구스티누스, 루터, 칼빈

사도들 다음으로 신학 사상의 지도자들로서 저서들을 통해서 기독교 교회에 가장 강한 영향을 끼쳤고 지금도 끼치고 있는 사람들은 아우구스티누스와 마르틴 루터, 그리고 존 칼빈이다. 이들 모두가 사도 바울의 학생들로서, 사도의 죄와 은혜 교리에 영감을 받았고, 오직 하나님 한 분만 위대하시다는 생각에 가득 찼으며, 순수한 인격과 왕성한 활동, 그들 공동의 구주와 주이신 그리스도에 대한 철저한 헌신에서 서로 일치한다. 차이라고 한다면 각기 아프리카인과 독일인과 프랑스인이었다는 점에서 찾을 수 있을 것이다. 세 사람에 버금가는 위치에 놓고 싶은 인물은 영국인 존 웨슬리이다. 그는 영혼들을 그리스도에게로 인도한 유익하고 풍성한 사역으로 영국이 배출한 가장 사도적인 인물이다.

아우구스티누스는 개신교권뿐 아니라 가톨릭권에서도 존경과 감사의 대상이다. 그는 세 사람 중에서 사상이 가장 심오했고, 영혼이 가장 따뜻하고 아름다웠고, 아무리 치열한 논쟁에서라도 독설과 상스러움에서 벗어나 있었으며, 그러면서도 이단들과 분리주의자들에 대한 강제와 박해를 정당화하는 배타적 체제를 옹호했다. 그는 당시의 가시적 가톨릭 교회를 지상에 존재하는 하나님의 나라와 동일시했으며, 중세 가톨릭 체제의 프로그램을 제공했다. (물론 그는 교황제에 관해서 별로 언급하지 않았고, 펠라기우스 논쟁 때는 어떤 교황의 결정은 받아들이면서도 다른 교황의 지위는 인정하지 않았지만.) 세 사람 모두 투사들이었으나 적이 서로 달랐고 무기도 서로 달랐다. 아우구스티누스는 이단 분파들에 대항하여 가톨릭 교회를 위해서, 그리고 거짓 자유에 대항하여 권위를 위해서 싸웠다. 반면에 루터와 칼빈은 로마의 압도적인 권력에서 갈라져 나온 복음적 분파를 위해서, 그리고 독재 권력에 대항하여 이성적 자유를 위해서 싸웠다. 세 사람 중에서 루터가 가장 격렬하고 강인하게 싸운 투사였다. 하지만 오직 루터만 항상 친절한 본성과 함께 튜턴족 특유의 유머를 겸비했으며, 이것이 그의 반어와 풍자에서 독침을 제거한다. 루터는 물기보다 짖는 데 훨씬 능했다. 그는 교황과 그의 추기경들을 티베르 강에 빠뜨려 몰살시키라고 조언했다. 그렇지만 만약 그들이 직위를 박탈당했다면 그들의 목숨을 살리는 데 앞장섰을 것이다. 그는 임종을 앞둔 테첼에게 위로의 편지를 썼으며, 이단들을 태워죽인 데 대해서 항의했다.

루터와 칼빈은 아우구스티누스에게서 많은 것을 배웠으며, 그를 사도들 이후 여느 인간 스승보다 높게 평가했다. 그러나 두 사람은 아우구스티누스와 사명이 달랐으며, 전통 교회를 향해 논쟁적 태도를 취했다. 아우구스티누스는 마니교 이단으로부터 가톨릭 정통신앙으로, 오류의 자유로부터 진리의 권위로 들어가기 위해서 분투한 반면에, 종교개혁자들은 교황제의 부패와 독재에서 나와 복음의 자유로 들어갔다. 아우구스티누스는 교회를 하나님의 말씀 위에 올려놓고 가톨릭 전승의 원리를 확립한 반면에, 종교개혁자들은 말씀을 교회 위에 올려놓고 자유로운 연구를 통해서 성경을 점진적으로 이해할 수 있는 권리를 확보했다.

루터와 칼빈은 영향력이 개신교권에 한정되었고, 로마 교회로부터 인정을 받지 못해 왔으나, 교황제를 도덕적 개혁으로 몰아넣음으로써 원기를 되찾고 새로운 정복 시대를 맞이하도록 해주었다. 로마 교회는 가톨릭권 나라들보다 개신교권 나라들에서 훨씬 더 생명력이 강한데, 이런 현실은 그들이 종교개혁에 큰 빚을 지고 있음을 단적으로 말해준다.

두 분 종교개혁자들 가운데 루터는 좀 더 독창적이고 강력하고 온화하고 대중적이었고, 칼빈은 좀 더 신학적이고 논리적이고 체계적이며, 조직력과 통치 능력이 있었다. 루터가 독일과 스칸디나비아의 개신교 교회들을 장악하고 있다면, 칼빈의 재능은 스위스와 프랑스, 네덜란드, 영국의 개혁교회들의 설립과 신앙고백들을 이룩해냈다. 더 나아가 칼빈은 시민의 자유 신장에 큰 영향을 끼쳤으며, 스코틀랜드와 미국의 장로교회들과 회중교회들에서 여전히 신학적 견해의 주된 틀이 되고 있다. 루터는 재능으로 영감을 부여하고 인격으로 마음을 사로잡는 만면에, 칼빈은 지적 능력과 도덕적 자치 능력 — 교회와 국가 안에서 참된 자유를 누릴 수 있는 비결 — 으로 존경을 받는다.

세 분의 공로는 위대하고 항구적이다. 그러나 아우구스티누스든 루터든 칼빈이든 기독교 세계에 마지막 말을 남기지 못했다. 가장 훌륭한 것은 장차 올 것이다.


## 특주

# 루터에 대한 주요 평가들

루터는 다른 위대한 사람들과 마찬가지로 극찬과 신랄한 비판을 동시에 받아왔다.

특성과 지위가 서로 다른 네 명의 저자들이 해놓은 공정하고 비중 있는 평가를 선별해 보았다. 네 사람 중 한 사람은 성공회 신학자이고, 두 사람은 세속 시인들이며, 마지막 한 사람은 가톨릭 사가이다.

I. 대부제 찰스 줄리어스 헤어(Archdeacon Charles Julius Hare, 1795-1855)는 영어권에서 가장 탁월한 루터 변호서를 썼다. 이 글은 1846년에 발행한 그의 저서 *The Mission of the Comforter*의 제2권에 222쪽 분량의 특주로 처음 발표되었으며, 훗날 그가 죽기 직전에 발행한 제2판(1855)에서는 별책으로 발행되었다.

루터는 영국의 저자들에게 다음과 같은 문학적·신학적·도덕적 근거에서 공격을 받아왔다: 1. 난폭하고 상스러운 논쟁(역사가 Henry Hallam); 2. 논거가 불확실한 이신칭의 교리와 교회 권위에 대한 무시(옥스퍼드 소책자 운동가들과 영국 가톨릭 신자들); 3. 헤세의 필립의 중혼을 묵인함으로써 일부일처제를 느슨하게 생각함(위와 동일 저자들, 그리고 Sir William Hamilton).

이러한 비판들은 폭넓은 지식과 탁월한 역량, 그리고 최상의 기독교 정신을 갖춘 헤어의 토론과 논박에 의해 하찮은 것들로 전락했다(헤어는 영국에서 루터의 저서를 가장 폭넓게 섭렵하고 그에 대한 지식이 가장 해박한 저자이다). 그는 다

음과 같은 말로 자신의 주장을 옹호했다:

"어떤 독자들에게는 내가 루터를 지나치게 높게 평가하는 것처럼 보일 수도 있다. 하지만 이 세상을 살다간 사람들 가운데 루터만큼 마음과 영혼과 목숨을 인류의 눈앞에 적나라하게 드러낸 사람은 아무도 없다. 광활한 하늘처럼, 대범하고 두려울 것 없는 태풍처럼, 루터는 모든 사람들에게 자신의 느낌과 자신의 생각을 있는 그대로 표현했다. 그는 감추고 가릴 줄을 몰랐다. 그가 청중과 친구들에게 남긴 인상이 그런 것이어서, 그들은 그의 펜이나 입에서 떨어지는 단어를 하나라도 놓치지 않고 간직하고 싶어했다. 그러므로 이 세상의 누구도 루터만큼 엄격한 잣대에 노출된 사람이 없었다. 아마도 그만큼 어려운 상황에 처하거나 그만큼 다양한 유혹에 공격을 당한 사람은 다시 없을 것이다. 그렇다면 그는 어떻게 이런 시험과 시련을 뚫고 일어났던가? 그는 하늘에 계신 주님의 보호 아래 믿음의 힘을 통해서 평생 고개를 꺾이지 않고 설 수 있었다. 그는 여전히 그런 기세로 서 있으며, 앞으로도 그렇게 서 있을 것이며, 진정으로 그를 아는 모든 사람들의 사랑 가운데 뿌리를 굳게 내리고 있을 것이다."

**Ⅱ. 괴테.** 독일이 배출한 가장 위대한 시인이자 문인인 그는 여든두 살이던 1832년 3월 11일(죽기 며칠 전)에 루터와 종교개혁에 대해서 다음과 같은 찬사를 남겼다. 다음 내용은 에커만(Eckermann)이 그 비범한 시인의 「대화록」(*Conversations*) 제3권에 수록한 것이다:

"우리는 우리 자신이 루터와 종교개혁에 얼마나 큰 빚을 지고 있는지 잘 알지 못한다. 우리는 신앙적 편협성이라는 족쇄로부터 해방되었으며, 그 터에서 문화가 발달함에 따라 기독교의 근원으로, 그 순수한 상태를 이해하는 데로 돌아갈 수 있게 되었다. 우리는 하나님이 지으신 땅에서 다시 한 번 굳게 버티고 설 용기를 갖게 되었으며, 하나님께서 내리신 인간 본성을 가지고 우리 자신을 느끼고 바라볼 수 있게 되었다. 정신적 문명이 아무리 발달하더라도, 자연과학이 아무리 깊고 넓게 영역을 확장해 가더라도, 인간의 정신이 아무리 크게 확대되어 가더라도, 그것은 복음서들에 찬란히 빛나는 기독교의 숭고함과 도덕적 문화를 넘어서지 못할 것이다.

"그러나 우리 개신교가 숭고한 발전을 이룩해 갈수록 가톨릭은 훨씬 더 빠른 속도로 추격해 올 것이다. 그들은 끊임없이 확대되어 가는 시대의 빛을 포착했다고 느끼는 순간 그것을 잡기 위해 진력할 것이며, 마침내 모든 것이 하나인 지점에 도달하게 될 것이다."

**III. 하인리히 하이네(Heinrich Heine).** 유대인 혈통을 물려받은 시인이자 비평가이자 해학가로서 독일의 볼테르라고 불리는 그는, 볼테르와 마찬가지로 지극히 불손한 태도로 지극히 거룩한 것들을 조롱했으나, 볼테르와 달리 웃음에서 눈물로 건너갈 수 있는, 그리고 모세의 장엄함과 성경의 아름다움을 평가할 수 있는 사람이었으며, 그 종교개혁자에게 다음과 같은 주목할 만한 찬사를 바쳤다:

"루터는 우리 역사에서 가장 위대한 인물일 뿐 아니라 가장 독일인다운 독일인이었다. 그의 인격에는 독일인들의 장점들과 단점들이 대단히 훌륭하게 결합되어 있다. 그는 다른 사람들에게서는 어지간해서는 찾아볼 수 없는, 대개 모순과 괴리라 불리는 특성들도 지니고 있었다. 그는 몽상적인 신비주의자인 동시에 실제적인 행동가였던 것이다. 그의 사고에는 날개뿐 아니라 손도 달려 있었다. 그는 말하고 행동했다. 그는 자기 시대의 입이었을 뿐 아니라 칼이기도 했다. 단어 하나를 놓고 시비를 가리는 냉철한 스콜라주의자였던 동시에 신적 영감에 취한 예언자이기도 했다. 낮에는 교리적 차이를 놓고 지치도록 사색하고 논쟁하다가도, 저녁에는 플룻을 집어들고 밤하늘의 별을 바라보았으며, 선율과 기도에 녹아들었다. 어촌의 아낙네처럼 억세면서도 가녀린 처녀처럼 유순해질 수 있었던 그런 사람이었다. 때로는 떡갈나무를 뿌리째 뽑아버리는 폭풍처럼 거칠다가도, 제비꽃에 입을 맞추는 산들바람처럼 온유하게 되었다. 그는 하나님을 극진히 두려워하고 성령께 자신을 온전히 바치고 순수한 영성에 깊이 잠기곤 했으나, 그러면서도 세상의 영광이 무엇인지 잘 알았고, 그것을 높이 평가했으며, '이 세상에 술과 아내와 노래를 사랑하지 않는 자는 평생 바보로 살 것이다' 라는 유명한 구호도 직접 남겼다.[24] 그는 안에서 정신과 물질이 나뉘지 않는 완벽한, 말하자면 온전한 사람이었다 …… .

---

24) 이것은 오해에서 비롯된 것이다. 참조. §78.

"루터를 존경하는 것은 당연한 일이다! 우리에게 가장 소중한 권리들을 되찾아주고, 오늘날까지 은택을 누리게 해준 그 귀한 분에게 영원한 명예를 돌리는 것이 마땅하다! 그의 견해가 편협했다고 불평하는 것은 소인배의 짓이다. 난쟁이라도 그 거인의 어깨를 타고 올라가면 거인 자신보다 세상이 더 넓게 보이며, 특히 안경을 꼈다면 더욱 그럴 것이다. 하지만 그렇게 해서 숭고한 직관을 갖게 되었다 하더라도 우리에게는 숭고한 정서, 원대한 마음이 없으며, 그것을 우리 것으로 삼을 길이 없다. 루터의 과오들에 대해서 모질게 평가한다면 그것은 더욱 소심한 짓이다. 그의 과오들은 수많은 다른 사람들의 장점보다 우리에게 더 유익을 끼쳤다. 에라스무스의 세련됨과 멜란히톤의 점잖음은 형제 마르틴의 신적 야수성만큼 우리를 이렇게 멀리 오도록 해주지 못했다. 루터가 교황의 권위를 부정하고서 '자신의 교리는 성경의 권위와 이성의 논증에 의해서만 비판받을 수 있다'고 공식적으로 주장한 제국의회에서부터 독일에는 새로운 시대가 시작되었다. 보니파키우스가 독일 교회를 로마에 묶어 놓았던 사슬이 그때부터 끊어졌다 …… 루터를 통해서 우리는 가장 위대한 사상의 자유를 얻었다. 그러나 마르틴은 우리에게 행동의 자유를 주었을 뿐 아니라 행동할 방법까지도 주었다. 그는 정신에다 육체까지 주었기 때문이다. 그는 사고를 표현할 문자를 창안했다. 독일어를 만들어낸 것이다. 이 일을 성경 번역을 통해서 해냈다. 성경의 신적 저자께서 친히 그를 번역자로 선정하시고, 그에게 이미 죽어 묻혀 있던 언어로부터 아직 살아나지 않은 또 다른 언어로 번역하는 기이한 능력을 주셨다. 루터가 어떻게 해서 성경을 번역한 그 언어를 습득하게 되었는지 오늘날까지도 나는 알 수 없다 …… 이 오래된 책은 독일어의 쇄신을 위한 영원한 샘이다." — *Zur Geschichte der Religion und Philosophie in Deutschland*, 2nd ed. 1852, in Heine's *Sämmtl. Werke*, vol. III. 29 sqq.

**IV. 될링거(J. Döllinger).** 19세기의 가장 박식한 가톨릭 사가. 그는 *Lectures on the Reunion of Christendom (Ueber die Wiedervereinigung der christlichen Kirchen*, Nördlingen, 1888, p. 53)에서 루터와 종교개혁에 관해서 다음과 같이 주목할 만한 발언을 한다:

"종교개혁의 원동력과 위력은 독일에서 그 운동을 시작하고 대변한 사람의 인격에는 오직 일부분만 빛을 졌다. 물론 루터의 대단한 정신력과 다면성이 그를 자기 시대와 자기 민중들의 지도자로 만든 것이 사실이다. 게다가 당시의 독일인들 가운데 비텐베르크의 아우구스티누스회 수사였던 그만큼 자기 동족들을 직관적으로 파악하고, 민족 정서에 철저히 사로잡힌 사람이 없었다. 독일인들의 정신과 마음이 마치 유능한 음악가의 손에 들린 플룻처럼 그의 손에서 자연스럽게 움직였다. 그는 기독교 시대의 어떤 사람이 자기 동족에게 준 것보다 더 큰 것을 주었는데, 그것은 독일어와 성경과 교회 찬송가였다. 그의 대적들이 이것 대신에 내놓을 수 있었던 것과, 그들이 루터에게 제시할 수 있었던 답변은 그의 탁월한 웅변 곁에 놓을 때 단조롭고 생기가 없고 미약한 것이었다. 그들은 더듬거렸고, 그는 똑똑히 말했다. 오직 루터만이 독일어와 독일인들의 지성에 지워지지 않는 자신의 정신의 흔적을 남겼다. 심지어 우리 시대 사람들 가운데 루터를 이단의 괴수요 민족의 미혹자로 간주하여 종교적으로 혐오하는 사람들조차 어쩔 수 없이 루터가 사용한 단어들을 가지고 말할 수밖에 없고, 그가 생각해 놓은 것들을 가지고 생각할 수밖에 없다.

"그럼에도 불구하고 지성 세계의 이 거인보다 훨씬 더 강력했던 것은 부패한 교회 체제의 속박에서 해방되기를 바라던 독일인들의 갈망이었다. 만약 루터가 등장하지 않았더라도 종교개혁은 발생했을 것이며, 독일은 가톨릭 국가로 남지 않았을 것이다."

될링거 박사는 1872년 2월에 뮌헨의 박물관에서 바티칸 로마주의자와 논쟁을 벌인 뒤에 위의 내용이 담긴 강연을 행했다.

될링거의 이러한 증언은 그가 로마 가톨릭 역사가이자 종교개혁을 치밀하게 비판한 책을 집필한 저자로서 학식과 재능을 두루 인정받은 인물인 까닭에 특별한 중요성을 지닌다. 그는 종교개혁자들의 저서들을 철저히 연구하여 해박하게 알고 있었고, 루터의 간략한 전기를 쓰기도 했다. 이 전기에서 그는 루터가 가톨릭 교회에 대해서 취한 견해와 행동을 신랄히 비판하면서도 그의 탁월한 지적 능력에 대해서는 공정하게 인정한다. 그 책의 51쪽에서 이렇게 말한다. "만약 우리가 그를 강력한 능력과 재능을 부여받아 위대한 일들을 성취한, 그리고 과단성 있는 입법가로서 수백만 명의 백성들을 자신의 체제에 굴복시킨 위대한 인물이라고 공정하게 인정한다면, 뫼라의 그 농부의 아들을 위대한 인물들의 대열에, 아니 가장 위대한 인물로 평가해야 마땅하다. 또한 그가 사람들을 깊이 이해했고, 탐욕과 돈에 대한 사랑이 조금도 없었고, 다른 사람들을 기꺼이 도우며 살아간 사람이었다는 것도 사실이다."

될링거는 바티칸의 무류성 법령에 반대했다는 이유로 파문을 당했으나(1870), 여전히 가톨릭 신자로 남아 있으며, 종교개혁에 관한 자신의 저서를 철회하지 않는 한 개신교 신자가 될 수 없었다. 하지만 그는 지금이라면 사뭇 다른 내용으로 쓸 것이며, 1870년 이래로 전개된 사건들에 비추어 종교개혁이 독일에 재앙이 아니라 복이었다고 평가할 것이다. *Akademische Vorträge*(Nördlingen, 1888, p. 76)의 한 권에서, 그는 1517–1552년에 독일에서 발생한 사건들이 자신에게 여러 해 동안 수수께끼였고 슬픔과 실망의 대상이었는데(당시에는 교회와 민족이 적대 진영들로 분열된 결과만 바라보았기 때문에), 로마와 독일의 중세사와 위의 기간에 발생한 사건들을 면밀히 연구한 결과, 새로워지고 다시 통일된 독일 민족이 하나님의 섭리의 손에 들려 귀한 도구로 쓰임받았다는 사실과 앞으로 더욱 쓰임받을 것이라는 소망을 갖게 되었다고 고백한다. 이러한 고백은 우리가 그의 관점에서 기대할 수 있는 최선의 결론이다.


## 125. 내 주는 강한 성이요

루터의 불후의 찬송을 소개하면서 이 책을 마치고자 한다. 이 찬송은 그의 인격을 가장 잘 드러낸 작품으로서, 종교개혁의 원동력뿐 아니라 그의 추진력의 비결이 무엇이었는지도 잘 보여준다.

우리 하나님은 이제도 난공불락의 요새이시며
강한 방패와 병기이시니,
우리를 억누르는 모든 악에서
우리를 능히 건져내신다.
우리의 옛 불구대천의 원수는
이제도 우리를 쓰러뜨리려
강한 힘과 깊은 간계를 가지고

흉악한 갑옷으로 무장하니
땅 위에 그 같은 자 없도다.

우리 힘으로 할 수 있는 일이 하나도 없으니
우리 운명은 곧 결정되었다.
그러나 우리를 위해서 장수가 나와 싸우시니
하나님이 친히 보내신 분이라.
이 장수가 누군가?
바로 예수 그리스도시라!
만군(萬軍)의 주시며
참 하나님이요 참 구주이시니
전쟁에 능하신 분이라.

땅과 공중에 마귀들이 가득 차서
저마다 우리를 삼키려 안달하지만
마음이 확고하면 겁낼 일 전혀 없도다.
저들이 우리를 삼키지 못하리로다.
지옥의 흉악한 왕이
제 아무리 분노하며 표효할지라도
우리를 조금도 해할 수 없음은
그의 멸망이 결정된 까닭이라.
한 마디 말씀으로도 그를 물리칠 수 있도다.

하나님의 말씀은 어떤 피조물에게도
결코 굴복하지 않으리.
하나님이 우리와 함께 전장(戰場)에 서서
은혜와 성령을 주신다.
그들이 와서 자식과 아내와
재산과 이름과 명예와 생명을
다 앗아간다 한들

조금도 이긴 게 아니며,
하나님 나라는 여전히 남으리로다!

💬 **독자 여러분들께 알립니다!**

'CH북스'는 기존 '크리스천다이제스트'의 영문명 앞 2글자와
도서를 의미하는 '북스'를 결합한 출판사의 새로운 이름입니다.


필립 샤프 교회사전집 7

## 독일 종교개혁

1판  1쇄 발행 2004년   5월  25일
1판 중쇄 발행 2022년  11월   4일

**발행인** 박명곤   **CEO** 박지성   **CFO** 김영은
**기획편집** 채대광, 김준원, 박일귀, 이승미, 이은빈, 이지은
**디자인** 구경표, 한승주
**마케팅** 임우열, 김은지, 이호, 최고은
**펴낸곳** CH북스
**출판등록** 제406-1999-000038호
**전화** 070-4917-2074   **팩스** 0303-3444-2136
**주소** 서울시 강서구 마곡중앙6로 40, 장흥빌딩 10층
**홈페이지** www.hdjisung.com   **이메일** main@hdjisung.com
**제작처** 영신사

ⓒ CH북스 2004





'그리스도와 그의 나라를 위하여'
CH북스는 여러분의 의견 하나하나를 소중히 받고 있습니다.
원고 투고, 오탈자 제보, 제휴 제안은 main@hdjisung.com으로 보내 주세요.